제 3 판

자동차사고 손해배상소송

이회창 추천 · 이보환 저

육 법 사

제3판의 발간에 즈음하여

저자가 이 책의 개정·증보판을 발간한지 어느덧 20년이 되었고 그동안 수많은 판례들이 쌓였다. 어느 선배님께서 수차 왜 제3판을 내지 않느냐는 권유의 말씀을 주셨기에 이에 용기를 얻고 또 나이 70을 바라보면서 시간 여유도 생겼기에 그간 과거의 연구를 마무리하는 뜻에서 그동안의 대법원판례들을 수집·분석하여 적재적소에 배치하게 되었다.

경찰청 발간의 "교통사고통계" 2009년판에 의하면 우리나라의 2008년도 자동차수는 1,670만대를 넘었고, 교통사고 발생건수가 215,822건이고, 사망자는 5,870명, 부상자는 338,962명에 이르며, 대법원의 사건통계에 의하면 2008년 제1심 법원의 자동차사고손해배상사건 접수건수는 4,019건에 이르고 산업재해사건 994건, 의료과오사건 748건을 합치면 인신사고손해배상사건은 5,761건으로 전체 손해배상사건 22,663건의 25%를 상회하고 있다.

따라서 저자는 이 책이 위와 같은 교통사고를 비롯한 인신사고손해배상사건들을 처리함에 있어서 실무가들에게 다소 도움이 되면 좋겠다는 바람에서 제3판 개정작업을 감행하였고, 작업을 하면서 저자의 견해가 두 차례나 대법원 전원합의체에서 전원일치로 채택된 것을 보고 보람을 느끼기도 하였다.

끝으로 이 책의 출판을 허락하신 육법사 대표 백 욱 사장님께 깊은 감사를 드립니다.

2010. 5.

서울 서초동 사무실에서 저자 씀

개정 · 증보판의 발간에 즈음하여

저자가 이 책을 처음 완성, 발간한지 벌써 만 6년이 넘었고 그동안 자배법에 관한 많은 대법원판결들이 나왔으므로 이 판결들을 필요한 부분에 삽입첨가할 필요가 생겼고 또 그간 4편의 논문을 발표한 것이 있어 이것들도 추가하고 일부 수정이 요구되는 부분이 생겼으므로 이에 개정 · 증보판을 내게 되었습니다.

그동안 보내주신 많은 지도와 편달에 깊은 감사를 드리며 앞으로도 계속되기를 원합니다.

개정 · 증보판의 간행을 쾌락하여 주신 육법사 백낙순사장님께 감사드립니다.

1990. 1.

저 자 씀

추천의 말

날로 늘어가는 자동차교통사고의 건수는 폭발적인 인구 및 차량의 증가와 함수관계에 있으며 서울지역 법원의 경우 접수되는 민사본안사건의 약 4할이 손해배상사건이고 그 태반이 교통사고로 인한 손해배상사건이라고 알려져 있다.

자동차교통사고로 인한 민사소송이 우리나라에서 손해배상소송의 대종을 이룬지는 오래이고 불법행위로 인한 손해배상의 실무와 이론이 실상 교통사고소송사건의 처리를 통하여 형성되어 왔다고 하여도 과언이 아닐 것이다.

그런데 1963년에 자동차손해배상보장법이 공포 시행된 이래 20년의 세월이 흘렀으나 아직까지 위 법이 갖는 실제적 의의와 위 법이 규정한 책임의 이론 및 자동차사고의 책임보험의 문제에 관하여 이 법을 체계적으로 분석하고 그 동안에 집적된 판례들을 정리 분류한 해설서를 보지 못하여 아쉬워하던 차에 이번에 전주지방법원의 이보환부장판사가 그동안 실무에 종사하는 바쁜 틈에서도 꾸준히 연찬한 결과를 한 권의 책으로 펴내어 본서의 발간을 보게 되었다.

본서는 제1장 책임론에서 자동차손해배상보장법상의 운행이론과 면책의 내용에 관하여 항목을 세분하여 판례해설과 더불어 상세하고 광범위한 설명을 시도하고 있으며, 제2장 손해론은 자동차손해배상보장법 뿐만 아니라 민법 또한 국가배상법에 의한 손해일반에 관한 것이라고 보겠고, 부설한 영국의 자동차손해배상 및 보험제도는 우리 자동차손해배상보장법에 의한 자동차사고의 책임보험문제 해석에 있어서 좋은 참고가 될 것이다.

재판업무에 영일이 없는 법관으로서는 선구자적 사명감과 학구의 정열이 없이는 이와 같은 연구서를 펴내기란 여간 어려운 일이 아니다. 새삼 이부장판사의 학문적 열의와 노고를 높이 평가하면서 본서가 손해배상의 실무와 이론에 관심 있는 분들에게 유익한 참고서가 될 것으로 믿어 이에 추천하는 바이다.

1983년 10월

대법원판사 이회창

머 리 말

1983. 5. 26.자 동아일보 사설은 「交通禍의 現實」이란 제하에 다음과 같은 글귀를 싣고 있다. 「교통사고의 현실이란 도대체 어떤 것인가. 나라 전체를 생각할 때 하루에 17명의 목숨을 앗아가고, 358명의 인간을 다치게 하고 있는 것이 현실이다. 치안본부의 조사에 의하면 82건 한해 동안 141,218건의 교통사고가 발생했다. 6,110명이 사망하고 130,605명이 부상했다. ……자동차 10,000대당 사망자가 미국은 3.3명(79년), 일본은 2.1명(81년), 서독은 5.3명(80년), 프랑스가 5.8명(80년)인데 비해서 우리나라는 58명이다. 선진국보다 10여배나 높은 것이다.」

한편 우리나라에서 강제되고 있는 자동차보험은 소위 책임보험이라서 보험금의 한도가 정해져 있고 그 보험금을 초과하는 부분은 임의적 종합보험 또는 공제제도로 보완하고 있기 때문에 보험제도자체가 불완전하고 보험회사와 피해자 사이에서 조차 배상액수에 관한 분쟁이 잦아 법원의 판결을 요구하는 경우가 많다.

이러한 현실로 인하여 법원에 제소되는 손해배상청구사건은 전체 민사사건의 상당부분을 점하고 있고 이와 같은 사건들을 해결하기 위하여 실무가가 들이는 노력과 시간은 다대한 것이다.

필자는 1970년 판사로 임관된 이래 자동차손해배상사건을 다루게 되면서 자동차손해배상보장법을 접하게 되었는데 그 당시만 하더라도 우리나라에는 위 특별법에 관한 문헌이 전무하였고 위 법이 시행된지 얼마 되지 아니하여 판례 또한 그리 많지 아니하였기 때문에 일본의 문헌과 판례들을 조사·분석하지 않을 수 없었다.

그러나 지금은 위 법이 공포 시행된지 20년이 경과되어 그동안 많은 대법원 판례가 집적되어 있다.

그리고 위 판결들은 체계적으로 분류분석 해설되어야 실무가들이 손쉽게 이용할 수 있을 것이므로 누구든 이 작업을 하지 않을 수 없게 된 것이다.

사실 본서의 제1장 책임론 중 면책사유를 제외한 나머지 부분과 제2장 손해론 중 일부분은 "司法論集"과 "法曹"에 발표되었던 것이다.

당초에는 자신의 공부로 자료를 수집 분석 정리하다가 나중에는 위와 같은 체계화의 필요성을 느껴 나머지 부분까지 집필하여 본서를 출간하게 된 것이다.

필자는 박학비재하여 본서에 많은 오류를 범하였을 것으로 생각하나 이 분야의 발전을 위하여 밑거름이 되기로 작정하고 감히 이를 출간하여 이 분야에 관심이 있으신 선배, 동료, 후배제현의 지도와 편달을 기대하오며 본서의 간행을 쾌락하여 주신 육법사 백낙순 사장님께 감사드립니다.

1983. 10. 15.

저 자 씀

1993. 8. 19. 第13991號

한국일보

두 중견判事 離職 잔잔한 파문

"실력파"평판 경제사정 이유 변호사로

법원가 "司法府위상 한단면" 안타까움

9월의 법관정기인사를 앞두고 실력파로 꼽히는 고법부장판사 2명이 변호사개업을 위해 법복을 벗어 법원가에 잔잔한 파문이 일고있다.

이들은 차관급 재산공개대상에 포함되긴 하지만 문제될만큼 재산이 많은것도 아닌데다 업무상 비위가 있었거나 승진서열에서 밀려나 있는 것도 아니어서 사표제출을 바라보는 법관들은 안타까운 마음을 감추지 못하고 있다.

지난17일자와 19일자로 각각 사표수리된 서울고법의 李輸煥부장판사(사시5회)와 陳成會부장판사(사시2회)는 법원내에서 민사법이론및 실무의 대가로 꼽힐만큼 탁월한 실력을 인정받아왔다.

陳부장판사는 강제집행분야의 제일인자로 정평이 나있으며 그가지은법원실무제요는 법관들과 일반직 직원들에게 '바이블'로 통할만큼 널리 읽혀왔다.

또 李부장판사는 자동차손해보상보장법 분야에 조예가 깊어 그의 저서는 교과서와 다름 없는 것으로 평가받아왔다.

특히 陳부장판사는 내년 인사에서 법원장으로 승진할 것이 확실시됐었다.

陳부장판사의 경우 법원장으로 승진하면 지방으로 단독 부임해 몇년간 가족과 떨어져 지내야 하는 부담감등이, 李부장판사는 공대에 다니는 아들의 유학경비조달의 어려움등 경제적 사정이 사표제출의 주된 이유로 알려지고 있다.

또 내년7월께 대법관 13명중 절반이상이 임기만료로 변호사개업을 할 것이 예상됨에 따라 개업시기를 앞당겨 잡았다는 최근의 법원가 사정도 작용했을 것으로 보고 있다.

대다수 법관들은 두 부장판사의 변호사 개업은 사법부의 위상과 현실을 여실히 보여주는 한 단면이라고 말한다.

즉 사회전반적인 공직선호퇴조현상과 법관직에 대한 매력감소, 사법부가 제 위상을 찾지못하고 손가락질당하는 현실이 유능한 법관들의 도중하차를 부채질하고 있다는 것이다.

1월 법원안팎의 신망을 받던 중견법관 2명이 변호사개업을 한 경우에서도 볼수 있듯이 관직에 대한 매력상실 현상은 법원에 빠른 속도로 번져가고 있다.

한 중견법관은 「전통적 명예의식만으로 법관직을 고수하던 시대는 이미 지난것 아니겠느냐」며 「유능한 법관들이 현직을 떠나는 것이 법원조직에 큰 손실이란 점에서 사법부의 체질개선이 절실하다」고 말했다.

【金承錄기자】

저자발표논문

순위	논 문 제 목	게재책명	발행기관	발행연도
1	자배법상 "자기를 위하여 자동차를 운행하는 자"의 의의와 범위	사법논집 제4집	법원행정처	1973.
2	전세권에 관한 소고	사법논집 제6집	법원행정처	1975.
3	자배법상 "타인"의 의의와 범위	사법논집 제9집	법원행정처	1978.
4	인신손해액의 산정	사법논집 제12집	법원행정처	1981.
5	영국의 자동차사고 손해배상 및 보험제도	재판자료 제10집 (외국사법연수논문집 3)	법원행정처	1981.
6	자배법상 "운행"의 의의와 범위	법 조	법 무 부	1981.10.
7	의료과오로 인한 민사책임의 법률적 구성	재판자료 제27집 (의료사고에 관한 제문제)	법원행정처	1985.
8	후유장해로 인한 일실이익의 산정	사법논집 제17집	법원행정처	1986.
9	중간이자공제의 비현실성	인권과 정의	대한변협	1987.
10	불법행위로 인한 특별손해	민사재판의 제문제 사법논집 제19집	사법행정학회 법원행정처	1988.
11	무상동승론	사법논집 제20집	법원행정처	1989.

참 고 문 헌

〔서 적〕

법원행정처 대법원판례카드
법원행정처 법원공보
법원행정처 대법원판례집
법원행정처 대법원판결요지집
법원행정처 고등법원판례집
법률신문사 법률신문
청림각 판례총람
판례월보사 판례월보
김증한・안이준 채권각론 하

中央大學 大審院民事判決錄
法曹會(大審院) 大審院・最高裁判所 民事(刑事)判例集
最高裁判所 最高裁判所判例集
最高裁判所 高等裁判所民事(刑事)判例集
最高裁判所 下級裁判所民事(刑事)裁判例集
最高裁判所 東京高等裁判所 民事判決時報
交通事故民事裁判例集
判例時報社 判例時報
判例タイムズ社 判例タイムズ
有泉 亨 現代損害賠償法講座(3, 7)(日本評論社)
鈴木忠一・三ケ月章 實務民事訴訟講座(日本評論社)
加藤一郎 不法行爲(法律學全集)(有斐閣)
林良 平・中務俊昌 判例不法行爲法(有信堂)
宗宮信次 不法行爲論(有斐閣)
宗宮信次 債權各論(有斐閣)
戒能通孝 債權各論
廣中俊雄 債權各論講義(有斐閣)
末弘嚴太郎 債權各論
吾妻光俊 債權法(弘文堂)
鳩山秀夫 增訂債權法各論

鳩山秀夫　　增訂改版日本債權法總論

我妻　榮　　債權總論

我妻　榮　　判例漫策

我妻　榮　　相續法

末弘・鈴木　　損害賠償範圍論

谷口知平・植林　弘　　損害賠償法概說

鈴木貞吉　　損害賠償範圍論

吉岡　進・鈴木　潔
倉田卓次・原島克己　　判例民事交通訴訟法

舟本信光　　自動車事故民事責任の 構造

木宮高彦・羽成　守　　注釋自動車損害賠償保障法(有斐閣)

金澤　理　　交通事故と 責任保險

西原春夫　　交通事故と 信頼の 原則(成文堂)

高崎尙志　　自動車事故の 責任と 賠償

椎木　錄　　判例硏究 自動車事故損害賠償の 詳解

日本運輸省自動車局編　　改正自動車損害賠償法解說

栗生武夫　　人格權の 發達

山田卓生 外 3名　　判例民法講座(不法行爲編)

我妻　榮・有泉　亨・四宮和夫　　事務管理・不當利得・不法行爲

中川善之助
兼子　一　　實務法律大系 交通事故(靑林書院新社)

倉田卓次　　"判例からみた 自動車事故の 諸問題"

〔논 문〕

김 주 상　　"손해액 산정과 라이프니츠식 계산법" 사법연구자료 3집.

박 우 동　　"생명・신체의 침해로 인한 손해배상액의 산정" 사법논집 5집 199면.

박 준 용　　"손해배상과 산재보험급여의 공제" 사법논집 10집.

진 성 규　　"일실이익의 배상액산정에 있어서의 손익상계" 사법연구자료 7집 147면.

손 지 열　　"기대이익상실손해액의 산정에 있어서 세금을 공제할 것인가" 민사재판의 제문제 1권 93면.

채 태 병　　"사회보장제도와 민법상의 불법행위로 인한 손해배상청구권" 사법연구자료 6집.

末弘嚴太郞　　"被害者としての 家團" 民法雜記帳 216면.

谷水　央　　"免責の 要件" 判タ 212호.

舟本信光	"過失相計に おける 被害者側の 範圍と 斟酌の 程度" 自動車事故民事責任の 構造 80면.
舟本信光	"交通事故訴訟に おける 過失相殺適用の 基準" 實務民事訴訟講座 3권 287면.
吉岡　進	"交通事故訴訟の 課題" 實務民事訴訟講座 3권 24면, 29면, 38면.
原田和德	"自賠法 3條の 他人の 意義" 民事法の 諸問題 25면, 30면.
倉田卓次	"無償同乘論" 判タ 268권 35면.
倉田卓次	"民事交通訴訟の 課題" 21면.
楠本安雄	"逸失利益の 算定" 實務民事訴訟講座(3) 167면, 184면.
楠本安雄	"逸失利益の 算定と 所得額" 現代損害賠償法講座(7) 153면.
楠本安雄	"示談成立後に おける 損害の 增大に ついて" 司法研修所報 34호 37면.
楠本安雄	"新判例評釋" 判タ 259호 166면.
並木　茂	"無償同乘に 關る 反對說の 要點" 民事法の 諸問題(4) 143면.
並木　茂	"民事交通訴訟の 理論的 課題" 法曹時報 22권 5호 54면, 463면.
上村明廣	"積極損害の 認定範圍" 實務民事訴訟講座(3) 145면, 146면.
千種達夫	"子の 傷害と 母の 慰藉料" 判時 159호 4면.
宮本高彦	"自動車をとりまく 諸問題" 日辯連特別研修叢書 44년판 328면.
加藤和夫	"後遺症に よる 逸失利益の 算定" 現代損害賠償法講座(7) 205면.
加藤　了	"逸失利益と 稅金" 判タ 268호 162면.
金澤　理	"近親者間 事故と 自賠法 16條の 請求" 交通事故と 責任保險 105면.
中川良延	"不法行爲に よる 損害賠償請求權" 判タ 124호 20면.
羽生雅則	"生活費の 控除" 判タ 268호 159면.
羽生雅則	"割合的 認定(そのⅠ)" 交通事故判例百選 72면.
羽生雅則 青山揚一	"好意同乘" 現代損害賠償法講座 7권 372면.
野村好弘	"運行供用者と 他人" 交通問題の 現狀と 課題 交通法研究 創刊號 85면.
野村	"自動車事故と 運行供用者責任 上" ヅユリスト 384면 125면.
西原春夫	"幼兒の 死亡・傷害と 損害賠償" 私法 27호 107면.
篠田省二	"過失相殺に おける 被害者の 範圍" 實務法律大系 交通事故 432면.
篠田	"過失相計の 本質" 判タ 268호 169면.
西島梅治	"各種 保險と 損害の 塡補" 判タ 268호 特輯 民事交通訴訟 202면.
小川 外	"交通事故に よる 損害賠償請求訴訟の 諸問題 12" 判タ 187호 40면.
岡垣　學	"慰藉料請求權の 相續性" 實務法律大系 交通事故 389면.
岡垣　學	"慰藉料の 算定" 實務法律大系 交通事故 412면.

藪重　夫　　“過失相殺”總合判例研究叢書(12) 民法 179면, 250면.

田邨正義　　“治療費・入院費”別冊 ヅユリスト 18호 70면.

田邨正義　　“ムチ打ら症の 過剩診療”ヅユリスト 1975. 8. No.48 別冊 交通事故判例百選(第二版) 76면.

末川　　“過失相計に おける 被害者の 過失”民商 30권 1호 2면.

安田　實　　“免責の 要件”判タ 212호.

安田　實　　“民事裁判より みた 信賴の 原則”判タ 220호 35면.

西井龍生　　“判例に あらわれた 生命 身體の 價格”ヅユリスト 137호 13면.

西井龍生　　“判例批評”民商法雜誌 75권 2호 158면.

植林　弘　　“責任無能力者の 賠償請求に おける 監督義務者の 過失斟酌の 許否民商 34권 5호 43면.

薦田茂正　　“附添費用”別冊 ヅユリスト 交通事故判例百選(第2版) 1975. 8. No.48.

高崎尙志　　“損益相計－主として 社會保障との 關聯”ヅユリスト 增刊號(交通事故) 174면.

原島克已　　“自賠法 3條にいわゆる 他人の 範圍”現代損害賠償法講座(3) 121면.

原島克已　　“損益相殺の 對象と なるもの”實務法律大系 交通事故 324면.

長久保武　　“得べかりし 利益の 喪失に よる 損害賠償額の 算定と 稅額”判タ 142호 27면.

窯田隼人　　“災害賠償と 損害賠償”季刊 勞動法 27호 29면.

窯田隼一　　“判例批評”民商法雜誌 47권 6호 127면.

椎木緣司　　“民事過失と 刑事過失”判タ 212호 75면.

瀨戶正二　　“示談時 豫想しなかつた後遺症等か 發生した 場合と 示談の 效力”日最高裁判例解說 民事編 43년도 17事件 144면.

宮崎富哉　　“幼兒の 逸失利益”判タ 212호 117면.

加茂紀久男　　“示談と 事情變更”判タ 268호 185면.

坂　幸憲　　“無職で 素行不良の 者の 逸失利益”ヅユリスト 別冊 交通事故判例百選 1968년 113면.

川井　　“過失相計の 本質”判タ 240호 10면.

篠原引志　　“逸失利益と その 損害額の 測定”現代損害賠償法講座(7) 168면.

川村フク子　　“主婦の 逸失利益”判タ 212호, 交通事故と 民事責任 104면.

研 究 會　　“交通事故に よる 損害賠償請求訴訟の 諸問題”判タ 174호 3면.

寺本　　“運行によつて”判タ 268호 58면.

井上　　“自動車損害賠償保障制度の 實施狀況てえの 問題點”ヅユリスト 172호 42면.

板倉　宏　　“民事過失と 刑事過失”ヅユリスト 臨時增刊特輯 交通事故 328면.

平井　　“過失相計”ヅユリスト 500호 180면.

五十部　　“損害賠償訴訟の 訴訟物, 後遺症と 前訴判決の 旣判力”法學セミナー 1868－5호 62면.

山下末人　　“示談當時 豫想しなかつた後遺症等か 發生した 場合と 賠償請求權拋棄約款の 效力”判時 525호.

吉崎直彌　　“幼兒・兒童の 逸失利益”判タ 268호 155면.

藤井俊彦　　“個人企業經營者の 逸失利益”判タ 268호 144면.

人見康子　　“主婦の 逸失利益”判タ 212호 ヅユリスト 103면.

伊藤高義　　“好意同乘者の 他人性と 運行供用者性”彦根論叢 149호 1면.

本井 巽　　“民事交通訴訟に おける 最近の 課題”判タ 279호 17면.

四宮和夫　　“過失相殺”民法練習 Ⅳ 199면.

海老名　　“自動車損害賠償責任保險”總會法學 32호 22면.

潮海一雄　　“運轉者 또는 運行供用者의 家族이나 無償同乘者는 運行供用者등에게 損害賠償을 請求할 수 있는가”民法學 6(不法行爲の 主要問題 137면).

池田浩一　　“刑事責任と 民事責任”交通事故判例百選 別冊 ヅユリスト 昭 34. 8.

濱崎・佐佐木　　“交通損害賠償訴訟に おける 過失相殺運用上の 諸問題”現代損害賠償法講座(7) 351면.

鈴木重信　　“自動車損害賠償保障法 3條と 信賴の 原則”ヅユリスト No.417.

大府須賀男　　“好意的 協定關係に たいして”民商法雜誌 62권 3호 361면.

石川利夫　　“御小賣商の 逸失利益”ヅユリスト 交通事故判例百選 106면 1968년.

三宅弘人　　“逸失利益と 稅金”判タ 212호 218면.

藤晧一郎　　“交通事故の 民事責任と 信賴の 原則”(上) 判タ 233호 12면.

吉野 衛　　“慰藉料の 算定”實務民事訴訟法講座(3) 198면.

西垣道夫　　“鞭打症における損害算定上の 諸問題”現代損害賠償法講座 318면.

下森 定　　“損益相殺”ヅユリスト 別冊 No.481. 1975. 8. 交通事故判例百選(第2版) 133면.

坂本雄三　　“自動車損害賠償保障法”法律論叢 34권 22호 118면.

後藤　　“停車中の 自動車に 因る 自賠法 3條の 運行槪念”民商 64권 1117면.

山本進一　　“被害者の 範圍”交通事故判例百選(第2版) 139면.

井野口有市　　“損益相計”判例不法行爲法(林・中務編) 362면.

차　　례

제 3 판
자동차사고손해배상소송

제 1 장 책 임 론

제 2 장 손 해 론

제 1 장 책 임 론

제 1 절 "자기를 위하여 자동차를 운행하는 자"의 의의와 범위

I. 서 설

1. 자동차손해배상보장법의 연혁

자동차는 신속과 대량운송 등의 이점과 효용 때문에 사업상은 물론 일상생활에 없지 못할 용구로서 그 이용은 나날이 격증하고 있다. 그러나 동시에 자동차는 생명, 신체, 재산에 대하여 비상한 위협이 되고 있어 「달리는 흉기」라고 까지 불리운다.

개인자유의 보장을 지도이념으로 한 19세기의 법사상하에서는 개인의 자유활동에 의하여 개인에게 손해를 가하여도 자유경쟁의 필연적 결과라는 생각에서 불법행위를 좁게 인정하고, 「과실이 없으면 책임 없다」는 원칙하에 자기가 입은 손해를 타인에게 부담시키려면 그의 고의 또는 과실을 입증케 하고 그것으로 사회의 안정을 유지하였다.

그러나 20세기에 들어서 개인자유의 확보이념으로부터 사회 전체의 향상발전을 법의 이념으로 하게 됨에 이르러 불법행위는 사회에 생긴 손해를 공평타당하게 분담하는 제도로 생각하게 되어 넓게 인정되기에 이르렀다. 그래서 위험한 기업을 경영하여 사업상 이익을 얻는 자가 과실있는 경우에만 책임을 지고, 기업으로부터 필연적으로 발생하는 손해를 피해자에게 부담시킨다고 하는 것은 공평에 반한다 하여 손해의 원인을 부여한 자는 과실이 없어도 책임을 부담한다고 하는 원인주의 · 무과실책임주의 · 결과책임주의가 생겨나고, 그 손해발생원인에 따라 위험책임 · 기업책임 · 보상책임 등이 손해배상이론으로 주창되기에 이르렀다.

자동차의 이용은 불가피하지만 동시에 필연적으로 재해를 동반하고 그 재해에 대하여 피해자에게 가해자의 과실을 입증하라는 것은 편파적으로 부당하기 때문에 구미 대륙의 여러 나라에서는 과실책임의 민법을 수정하는 자동차특별책임법이 일찍부터 제정되어 독일에서는 1909. 5. 3.「자동차교통에 관한 법률」이, 오스트리아에서는 1908. 8. 9.「자동차운전에서 야기되는 손해에 대한 책임에 관한 법률」이, 스위스에서는 1932. 3. 15.「자동차 및 자전거의 교통에 관한 연방법」이 각 제정 실시되었고, 프랑스에서는 민법의 무생물책임규정에 적용에 의하여 무과실책임에 접근시켰고, 영국의 판례법도 피해자구제를 쉽게 하기 위하여 여러 가지 법기술이 사용되었고,[1] 일본에서는 소화 30. 7. 29. 자동차손해배상보장법이 제정되었는바,[2] 우리나라에서도 이와 같은 각국의 입법추세에 따라 1963. 4. 4. 법률 제1314호로서 위 같은법이 제정되어 1963. 6. 1.부터 시행되기에 이르렀다.

2. 자동차손해배상보장법의 성격

가. 민법에 대한 특별규정

자동차손해배상보장법(2009. 2. 9. 법 제9450호 — 이하 '자배법'이라 줄임)은 앞서의 입법연혁에서 본 바와 같이 민법상의 불법행위책임원리의 수정형식으로 출발하여 자동차의 운행으로 사람의 생명·신체가 사상된 경우에 그 손해배상을 보장하는 제도를 확립함으로써 피해자의 보호를 도모하고 자동차 운송의 건전한 발달을 촉진함을 목적(자배법 제1조)으로 제정되었는 바, 그 법 제3조에 의하면, 자기를 위하여 자동차를 운행하는 자(이하 '운행자'라 줄임)는 그 운행으로 다른 사람을 사망하게 하거나 부상하게 한 경우에는 그 손해를 배상할 책임을 진다. 다만, 각 호의 어느 하나에 해당하면 그러하지 아니하다라고 규정하면서, 그 제1호에 승객 아닌 자가 사망하거나 부상한 경우에 ① 자기와 운전자가 자동차의 운행에 주의를 게을리하지 아니하였고, ② 피해자 또

1) 본서 부록 영국의 자동차사고손해배상 및 보험제도 참조.

2) 宗宮信次, 不法行爲論 275면 이하.

는 운전자 외의 제3자에게 고의 또는 과실이 있으며, ③ 자동차의 구조상의 결함이나 기능의 장애가 없었다는 것을 증명한 경우를, 그리고 제2호에 승객이 고의나 자살행위로 사망하거나 부상한 경우를 각 규정하였다.

위 규정내용을 민법 제750조와 비교하면 ① 손해배상의 범위를 인적 손해에 국한시키고, ② 불법행위요건 중 가해자의 고의·과실을 배제하고, ③ 운전자보다도 운행자에게 중한 책임을 과한 결과, 운행자는 앞서의 세 가지 면책요건상 규정한 과실이 있다고 추정함으로써 입증책임을 전도시켜 무과실책임에 가까운 손해배상의무를 정하고 있기 때문에 이와 같은 법규정취지를 종합하면 자배법은 민법 제750조 및 제756조의 특별규정이라고 해석된다.

우리 대법원은 한 때 청구권경합설[3]을 취한 적이 있으나 「자배법은 민법 제750조의 특별규정이므로 자배법의 적용을 소구하지 아니하였다 하여도 민법 손해배상의 규정에 우선하여 자배법을 적용하여야 한다고 누누이 판시[4][5][6][7]함으로써 법조경합설을 취하고 민법의 특별규정임을 확실히 하였고 일본의 학설·판례도 또한 같다.

그러나 자배법이 우선적용된다 하더라도 민법적용이 배제되는 것은 아니다. 따라서 차량의 후진을 유도하던 피해자는 자배법상 "타인"으로는 보호받지 못하므로, 민법상의 불법행위책임을 추궁할 수밖에 없고,[8] 자동차에 키를 꽂아 놓은 채 노상에 방치하여 제3자의 절취운전을 가능케 하고, 그 절취운전으로 인하여 손해를 입은 피해자는 역시 민법상의 불법행위책임을 추궁할 수밖에 없다.[9]

---

3) 대법 1970. 8. 31. 선고 70다714 판례월보 2호 14면.
4) 대법 1967. 9. 26. 선고 67다1695 판례카드 2181.
5) 대법 1969. 6. 10. 선고 68다2071 판례카드 524.
6) 대법 1970. 11. 24. 선고 70다1501 판례카드 9281.
7) 대법 1972. 1. 31. 선고 71다2356 판례월보 19호 26면; 대법 1997. 11. 28. 선고 95다29390〔공 1998. 1. 1. (49), 20〕.
8) 대법 1987. 10. 28. 선고 87다카1388〔공 1987. 12. 15. (814), 1791〕.
9) 대법 1988. 3. 22. 선고 86다카2747〔공 1988. 5. 1. (823), 672〕; 대법 2001. 6. 29. 선고 2001다23201, 23218〔공 2001. 8. 15. (136), 1740〕.

나. 국가배상법에 대한 특별규정

공무원이 그 직무를 집행함에 당하여 고의 또는 과실로 법령에 위반하여 개인에게 손해를 가하면 국가 또는 지방자치단체는 국가배상법에 따라 그 손해를 배상하여야 하고, 동법에 의한 손해배상의 소송은 배상심의회의 결정을 거친 후가 아니면(배상결정을 신청한 때로부터 3월을 경과하면 예외) 소송을 제기할 수 없다(동법 제9조)고 규정하여 사용자가 국가 또는 지방자치단체인 경우에 배상심의전치주의를 채용하고 공무원의 경과실의 경우에는 구상권행사를 제한하고 있으므로 민법 제756조에 대한 특별규정으로 해석되고 있는 바, 위 두 가지 점을 제외하고는 손해배상책임요건은 민법과 다름 없으므로 민법의 특별규정인 자배법은 손해배상책임요건에 관한 한 국가배상법의 특별규정으로 봄이 타당하고, 그것은 자동차의 운행자가 국가 또는 지방자치단체라는 이유로는 사인과 구별할 근거가 없다는 점에서 또한 타당하다.

우리 대법원에서는 두 차례에 걸쳐 「자배법 제1조, 제3조, 제28조의 규정취지를 종합하면 국가와 지방자치단체가 보유하는 자동차의 의하여 타인을 사상하게 한 경우에 일어나는 손해배상책임을 묻는 요건에 관하여는 그것이 국가배상법과 저촉되는 범위에서는 자배법 제3조가 국가배상법의 관계규정보다 우선적용된다」고 판시하였다.[10][11]

따라서 국가 또는 지방자치단체를 상대로 자배법상의 책임을 추궁하려면 먼저 배상심의회의 배상결정을 거쳐야 한다.[12]

3. 자동차손해배상보장법의 입법근거

자배법 특히 동법 제3조의 입법근거는 일반적으로 보상책임원리와 위험책임원리의 2개 원리라고 설명된다. 이 두 원리는 개인주의적 과실책임법리로부터 사회주의적 무과실책임법리로 이전하는 과정에서 창출된 것으로서 보상책임원리란 타인을 사용하여 자기의 활동범위를 확장하고 이윤을 얻는 자는 그 피용

---

10) 대법 1970. 3. 24. 선고 70다135 판례카드 5924.

11) 대법 1972. 7. 25. 선고 72다986 판례월보 24호 36면.

12) 대법 1983. 10. 11. 선고 83다카307〔공 1983. 12. 1. (717), 1656〕.

자가, 사용자의 업무집행에 관하여 타인에게 손해를 가한 때에는 그 손해배상 책임을 부담하는 것이 형평의 관념에 맞는다는 것이고, 위험책임원리란 사회 생활상 위험을 만들어낸 자는 그 위험의 실현에 대하여 책임이 있다는 주장이다. 따라서 위험한 자동차를 운행하여 자기의 활동범위를 넓히고 이윤을 얻는 자는 그 운행으로 타인에게 입힌 손해를 배상토록 하는 것이 형평이념에 맞는다는 생각이 자배법의 입법근거라 할 수 있다.

이와 같은 2개의 입법이념으로부터 판례와 학설은 운행자개념의 구성요소로서 보상책임원리로부터는 「운행이익」을, 위험책임원리로부터는 「운행지배」를 끌어낸다. 이 두 요소는 상호보완관계에 있다고 설명되기도 하지만[13] 한편 뒤에 상술하는 바와 같이 운행이익은 운행지배의 하나의 징표라고 보는 견해가 격증하고 있다.[14]

4. 자동차손해배상보장법 제3조에의 접근방법 — 책임주체설과 책임행위설

자배법 제3조는 운행자책임을 규정한 동법의 핵심이다. 위 법조는 「운행자」라는 책임주체와 「그 운행」이라는 책임행위 및 「인신손해」라는 결과로 분석되는 바, 위 법조의 해석에 관한 접근방법으로는 책임주체를 중심으로 논하는 것과 책임행위를 중심으로 하는 것의 두 가지가 있다.

후자는 위 법 제3조의 책임을 제한하는 방법으로 「그 운행」을 자기를 위한 운행으로 보고, 운행자는 사고당시의 구체적 운행이익이 귀속되는 주체라 하여 사실적 개념으로 파악하는데 통상 구체설이라고 하는 반면, 전자는 「그 운행」을 「그 자동차의 운행」으로 보고, 운행자는 추상적, 일반적으로 자동차에 대하여 운행지배를 갖고 운행이익이 귀속되는 지위에 있는 자로서 그 자동차에 의한 인신손해를 배상할 지위에 있는 자라 하여 운행지를 법적 지위 내지는 규범적 개념으로 파악하는데 이를 추상설이라 한다.

구체설에 의하면, 원고는 사고발생당시 피고가 자기를 위하여 가해자동차를

---

13) 林良 平 · 中務俊昌, 判例不法行爲法 201면.

14) 吉岡 進 외 3인, 判例民事交通訴訟法 24면.

운행하였다는 것을 구체적으로 주장·입증하지 아니하면 아니되므로 소송법적 관점에서 「요건사실설」 또는 「청구원인설」이라고도 하지만, 추상설에 의하면, 원고는 피고가 추상적, 일반적으로 운행을 지배하며 운행이익의 귀속자라는 것 즉, 보유자(소유자 또는 사용권자)임을 입증하면 족하고, 피고는 구체적 운행당시 운행지배를 상실하여 운행이익의 귀속자가 아니었음을 주장·입증하지 않는 한 그 책임을 면할 수 없으므로 「항변설」이라고도 한다.[15]

그러나 추상설은 그 운행을 그 자동차의 운행으로 보는 결과, 무단운전이나 절취운전의 경우에도 일반적, 추상적으로 운행자로 인정되는 자는 언제나 책임을 지게 되므로 이와 같은 불합리를 시정하기 위하여 그 운행을 보유자가 예정한 사람에 의한 경우로 한정한다든가(운전자예정설) 그 보다는 넓게 그 운행에 의하여 소유자의 지배가 상실되지 아니하는 관계가 있는 경우에 한한다(객관설 — 四宮)고 하는 제한이 가하여지고 있다.[16]

이와 같이 추상설은 책임주체를 중심으로 그 판단중에 책임행위의 성부를 판단하여 버리므로 책임주체설이라 부르고, 구체설은 책임행위의 판단중에 책임주체를 논하게 되므로 책임행위설이라고 부른다.

일본에 있어 초기판례의 대세는 구체설에 입각하였었으나,[17] 앞서 본 바와 같이 원고가 피고의 구체적 운행지배와 이익을 입증하는 것은 편파적이고 부당하며 자배법의 입각취지에도 반하므로 소화 30년대에 이르러 벌써 추상설에 입각한 판결례[18]이 나오고, 이어서 항변설,[19] 법적 지위설[20]이 기초한 예가 빈발하여 금일 하급심에서는 이것에 의한 것이 압도적이다.

우리 대법원이 1986. 12. 23. 선고 86다카556 판결에서,[21] 「자동차손해배상보

15) 判例民事交通訴訟法 15면.

16) 日 注釋民法 19권 101면.

17) 東京地判 昭 35. 2. 22. 判例時報 219호 27면; 東京地判 昭 36. 7. 13. 判例時報 278호 22면; 東京地判 昭 37. 3. 31. 判例時報 298호 24면.

18) 大阪高判 昭 37. 7. 26. 下民集 13권 7호 1568면.

19) 東京地判 昭 41. 11. 15. 下民集 17권 1093면; 東京地判 昭 42. 12. 6. 下民集 18권 1142면.

20) 東京地判 昭 40. 12. 20. 判例時報 438호 41면; 東京地判 昭 42. 10. 11. 判例タイムズ 218호 185면.

21) 공 1987. 2. 15. (794), 228; 동지 대법 1987. 7. 21. 선고 87다카51〔공 1987. 9. 15.

장법 제3조 소정의 "자기를 위하여 자동차를 운행하는 자"는 자동차에 대한 운행을 지배하여 그 이익을 향수하는 책임주체로서의 지위에 있는 자를 가르키는 것이고, 한편 자동차의 소유자 또는 보유자는 통상 그러한 지위에 있는 것으로 추인된다 할 것이므로, 사고를 일으킨 구체적 운행이 보유자의 의사에 기하지 아니한 경우에도 그 운행에 있어 보유자의 운행지배와 운행이익이 완전히 상실되었다고 볼 특별한 사정이 없는 한, 보유자는 당해 사고에 대하여 위 법조의 운행자로서의 책임을 부담하게 된다」고 판시한 것, 1988. 9. 13. 선고 88다카80 판결에서,[22] 「자동차손해배상보장법 제3조에서 말하는 "자기를 위하여 자동차를 운전하는 자"라 함은 일반적 추상적으로 자동차의 운행을 지배하여 그 이익을 향수하는 책임주체로서의 지위에 있는 자를 말하는 것」이라고 판시한 것은 모두 추상설, 항변설의 입장을 채택한 것으로 생각된다.

따라서 자배법 제3조의 해석을 위하여 책임주체설에 따라 운행자의 개념과 범위를 보기로 하고, 그 구성분자인 운행이익과 운행지배를 살피고 나아가 자동차의 대차관계, 무단운전, 매매, 수리 등의 각 구체적 경우에 운행자의 인정범위가 어떻게 되는지 살피기로 한다.

II. 운행자의 의의

1. 개념의 정리

자배법 제3조 본문의 「자기를 위하여 자동차를 운행하는 자」 즉, 운행자(일본학계에서는 일본 자배법상 "자기를 위하여 자동차를 운행의 용에 공하는 자"라는 법문에서 "운행공용자"라는 용어를 만들어 쓰고 있으나, 우리 법문과는 맞지 않아 "운행자"로 쓴다)는 위 법조상 책임주체라는 점에서 그 책임을 발생시킨 「운전자 및 운전보조자」로부터 구별되고 한편 동법상 보호대상인 「타인」으로부터 구별된다.

---

(808), 1384〕.

22) 공 1988. 10. 15. (834), 1276; 동지 대법 1987. 4. 28. 선고 86다카667〔공 1987. 6. 15. (802), 872〕; 대법 1991. 5. 10. 선고 91다3918〔공 1991. 7. 1. (899), 1605〕; 대법 1991. 8. 9. 선고 91다7118〔공 1991. 10. 1. (905), 2317〕.

운전자라 함은 타인을 위하여 자동차를 운전 또는 그 보조에 종사하는 자(같은법 제2조 제4호)를 말하는 바, 통상 타인에게 고용되어 보수를 받는 일이 많으나 보수는 요건이 아니므로 호의로 타인을 위하여 운전하는 자도 운전자로 볼 것이다.[23)]

운전자는 타인에 대한 관계에 있어 자배법 제3조의 중한 책임을 지지 아니하나, 운행자 스스로 운전한 경우에는 운행자책임을 면할 수 없고 스스로 피해를 입어도 공동운행자에 대하여 책임을 물을 수 없다.

판례는, 사고당시 자동차를 스스로 운전하지 아니하였어도 자기는 조수석으로 옮겨 앉고 면허 없는 제3자에게 운전을 시킨 경우에는 운전자로서의 지위를 이탈하지 아니하였다 하여 타인으로 인정하지 않지만[24)] 장거리여행 기타 업무상 필요에 의하여 2명 이상이 자동차에 탑승하고 교체운전할 때는 일방이 조수석에서 휴식하고 있다가 타방의 운전담당자 과실에 의하여 손해를 입은 경우에는 타인에 해당한다고 판시한다.[25)][26)]

한편, 운행자는 보유자라는 용어와 같은 의미로 사용되기도 하지만 보유자는 자동차의 소유자 또는 자동차를 사용할 권리가 있는 자로서 자기를 위하여 자동차를 운행하는 자(동법 제2조 제3호)를 말하므로 절취운전의 경우 운전자는 운행자이기는 하나 보유자는 아니므로 양자가 일치되는 개념은 아니다.

운행자라는 개념은 운행지배와 운행이익의 존부에 의하여 성립되므로 차량에 대한 소유권·사용권과는 구별된다. 대법원 1987. 6. 23. 선고 84다카2237 판결은,[27)] 군부대의 차량이 부족하여 군수장교인 대위가 평소 출퇴근 및 군무수행을 위하여 그의 소유인 오토바이 뒤에 부대표시의 번호판을 부착하고, 운행에 소요되는 기름도 부대로부터 공급받으며 기름사용의 용도는 업무일지에 기재하여 대대장의 결재까지 받아 위 오토바이를 운행하던 중, 군수업무를 마치고 위 오토바이를 타고 퇴근하다가 사고를 낸 경우, 국가가 위 오토바이의 운행을 지배·관리할 수 있다 하여 운행자책임을 인정하고 있다.

---

23) 宗宮信次, 不法行爲論 284면.

24) 最高判 昭 44. 3. 28. 判例時報 555호 46면.

25) 대법 1983. 2. 22. 선고 82다128〔공 1983. 4. 15. (702), 586〕.

26) 大阪地判 昭 43. 5. 10. 判例時報 534호 66면.

27) 공 1987. 10. 15. (810), 1511.

2. 운행이익

자동차는 사람과 물건을 단시간에 대량으로 장거리 운송할 수 있으므로 운행이익은 일응 경제적 이익으로 생각된다. 그러나 금전을 받고 타인에게 자동차를 대여한다든가 무상으로 친지, 친척에게 빌려 주는 경우에는 운행으로 인한 직접적 경제적 이익은 차용인에게 귀속되고 소유자는 임료라는 간접적 경제적 이익 또는 정신적 만족감을 얻을 뿐인데 이것을 운행이익이 아니라고 단정할 수는 없다.[28] 자동차임대료도 운행이익에 내포되느냐 하는 문제는 일본에 있어 소위 「드라이브 클럽」(단기간의 자동차임대영업형태)에 관한 판례를 중심으로 논쟁의 대상이 되어 왔다.

위 클럽에 대한 운행자책임을 부정한 소화 37. 12. 26.의 동경고등재판소 판결에서는, 위 클럽은 자동차를 단시일간 임대하고 그 임료를 수득함을 목적으로 하는 것이고, 그 운행에 의하여 직접 자기의 이익을 도모하는 것은 아니라면서[29] 간접적 이익을 운행이익으로 보지 않고, 혹자는 임료는 운행에 의한 이익이 아니고 대여에 인한 이익이라 하여[30] 같은 견해를 취하고 있지만, 그 뒤의 소화 43. 3. 21. 위 같은 재판소 판결에서는 동일사안에 관하여, 「자가용 자동차의 대도업을 경영하는 자도 그 보유차를 운행에 공하여 영리를 도모하는 점에 있어 택시업을 하는 자와 다를 것이 없다. 전자는 보유차를 대여하는 것에 의하여 이익을 꾀하고, 후자와는 달리 보유차를 스스로 운행함에 의하여 이익을 도모하는 것이 아니라는 의미에서, 보유차의 운행에 의하여 이를 꾀하는 것이 아니라는 것은 피상적 견해이고,……자동차는 성질상 당연히 운행에 공하는 것이고, 이것을 대여하는 것은 타인으로 하여금 운행하게 하기 위한 것이고, 따라서 보유차의 대도를 업으로 하는 것은 보유차를 운행에 공함을 업으로 하는 것으로 그 실질에 있어 아무런 차이가 없는 것이다. ……보상책임으로부터 말하여도 또한 위험책임으로부터 말하여도 전자를 후자와 구별할

28) 대법 1987. 1. 20. 선고 86다카1807〔공 1987. 3. 1. (795), 306〕; 대법 1987. 11. 10. 선고 87다카376〔공 1988. 1. 1. (815), 85〕.

29) 判例タイムズ 141호 55면.

30) 西島梅治, 判例評論 97호 96면.

아무런 근거가 없다」고 판시 비판한다.

또한 뒤에 보는 바와 같이 자동차를 임대하여 임료를 받고 또는 명의를 대여하여 명의료를 받아도 그 자동차의 운행을 자기사업의 일부분으로 이용하고 임차인이나 명의차용인을 통하여 혹은 직접으로 차량을 지배하는 경우에는 임대인[31]이나 명의대여인의 운행자책임[32]을 인정함이 판례의 대세이고 또한 정당한 것으로 생각되는데, 이러한 경우에 차량이 임차인이나 명의차용인에 의하여 운행된다는 이유만으로 대여인이 차량운행을 자기사업의 일부로 이용하는 간접적 경제적 이익이나 임료 또는 명의료를 운행이익이 아니라고 단정할 수는 없을 것이다.

다음으로 문제되는 것은 정신적 만족감도 운행이익으로 볼 것인가이다.

자배법이 본래 보상책임의 원리에서 유래된 것이고 운행이익은 원래 경제적 이익을 지칭한 것이었지만 자가용자동차의 격증으로 위험책임의 법리가 오히려 강화된 지금에 있어서는 문제가 아닐 수 없다. 자동차임대차와 사용대차 사이에, 그리고 명의료를 받고 무면허자에게 운송영업을 시키는 자와 처남에게 호의로 명의를 대여한 자와 사이에 대여인들의 운행지배는 실질상 차이가 없음에도 불구하고 무상이라는 이유만으로 결론을 달리할 수 없는 것이므로 정신적 이익도 운행이익으로 보지 않을 수 없다. 따라서 자동차의 대차관계나 명의대여에서 대여자가 얻는 간접적 수익관계 내지 인적 관계에 기한 정신적 만족감이 운행이익에 포함되면 운행이익은 보상책임론과는 점차 멀어지고 오히려 사회에 위험을 작출하는 운행지배를 찾아내는 기초적 평가요소의 하나로 생각되므로 그것은 운행지배로부터 나오는 하나의 징표사실로 파악되는 일이 많게 된다.

---

31) 대법 1987. 1. 20. 선고 86다카1807〔공 1987. 3. 1. (795), 306〕; 대법 1987. 6. 9. 선고 86다카1549〔공 1987. 8. 1. (805), 1132〕.

32) 대법 1987. 4. 14. 선고 86다카899〔공 1987. 6. 1. (801), 792〕; 대법 1988. 3. 22. 선고 87다카1096〔공 1988. 5. 1. (823), 675〕.

3. 운행지배

가. 주관적 요소의 요부

자배법 제3조의 운행자책임은 위험책임원리에 기초를 둔 것이고,[33] 따라서 이 책임을 부담하는 자는 자동차를 자기의 실력적 지배하에 둔 자라야 한다. 그러한 의미에서 운행지배는 자동차의 운행에 관여하여 현실적으로 관리운영할 수 있는 힘의 관계이다.

운행지배는 차에 대한 관계에서 대물적 개념이고, 또한 차에 대한 역관계는 객관적으로 평가되어야 함으로 운행자의 주관적 요소 즉, 자동차를 자기의 실력적 지배하에 둔다는 의욕 내지 인식은 불필요한 것으로 생각된다.

자동차수리업자가 수리의뢰 및 차량반입사실을 몰라도 피용자가 차량을 인수한 이상, 업자는 그 책임과 계산으로 수리할 수 있는 상황에 이르렀으므로 그 지배하에 들어왔다고 하여 운행자책임을 인정한 예[34]와 배송주임 A가 그 보유차를 자기의 피용자 B에게 운전시켜 운송업을 자영하고 있는 경우에 이 사실을 A의 고용회사가 몰라도 B의 사고에 대하여 운행자책임이 있다고 판시한 예[35]들이 그것이다.

그러나 운행지배의 문제가 운행자의 통행인 등 제3자에 대한 관계에서가 아니라, 동승자에 대한 관계 특히 무단운전차량에 무상동승한 자에 대한 관계에서 문제로 될 때에는, 운행자의 주관적 요소가 아니라, 동승자가 무단운전임을 알았느냐 나아가 본래 운행자의 운행지배와 운행이익을 배제하고 무단운전자와 함께 일단으로서 차량을 지배하고 운행이익을 향수하려고 하였느냐 하는 동승자의 주관적 요소는, 본래의 운행자의 동승자에 대한 운행이익과 동 지배가 계속 남아 있느냐 아니면 무단운전자 및 동 무상동승자에게 대내적으로 이선되었느냐를 판단함에 있어 중대한 의미를 갖는다.[36]

---

33) 대법 1987. 7. 21. 선고 87다카51〔공 1987. 9. 15. (808), 1384〕.

34) 東京地判 昭 41. 9. 13. 判例時報 467호 42면.

35) 仙臺地判 昭 44. 4. 14. 判例時報 560호 77면.

36) 후술 무상동승론 참조.

나. 개념의 규범성

운행지배가 차에 관리·간섭을 가능하게 하는 현실적 역관계라는 점에서 사실적 개념이고 또한 대물적 개념이지만, 점유가 이미 사실개념의 구속으로부터 해방되어 법규범 개념으로 파악되듯이, 운행지배도 사실개념의 범주에서 벗어나 현실적인 관리간섭의 역관계만을 고집하지 아니하고 「지배의 가능성」만으로도 족하다는 견해가 통설화되어 있고 판례 또한 같다.[37)38)39)] 이 견해는 간접점유의 인정과 궤를 같이 하는 간접지배의 허용이라 해도 좋을 것이다.

운행지배의 개념이 지배가능성으로 규범화되는 것은 사실개념으로 파악하는 경우에 운행자의 범위가 과도히 축소되고, 인하여 피해자보호를 목적한 자배법의 적용범위가 민법상의 사용자책임보다도 협소하게 되어 그 입법목적 달성이 곤란케 됨을 방지하자는데 있는 것이다.

본래 차에 대한 직접지배가 있는 곳에 운행지배가 있고 운행자는 직접지배를 갖는 자를 말하는 것이어서 초기의 판례도 운행자란 일반적, 추상적으로 당해 자동차를 자기를 위하여 운행하는 자를 말하는 것이 아니라, 사고발생의 원인으로 된 운행이 자기를 위하여 이루어진 자를 말한다고 판시함으로써 구체설에 입각하여 운행지배는 직접지배만을 가리키는 것으로 보았지만,[40)] 차의 운행은 보유자 스스로 하는 경우가 아니면 운전자를 통하여 이루어지고 따라서 운행지배는 사람을 통한 자동차의 지배가 되는 결과, 그 지배가 배타적으로 제3자에게 전속운행되지 않는 한 본래 보유자의 지배는 상실되지 않는다고 점차 확대해석하여 그 차에 대한 지배의 가능성만 있으면 곧 운행지배가 있다고 인정함으로써 운행지배의 개념을 규범적인 것으로 파악하게 되었고 이것이 앞서의 추상설인 것이다.

차금담보를 위하여 맡긴 자동차를 피용자가 무단운전한 경우에도 그 운행은

---

37) 名古屋地判 昭 41. 1. 28. 判例タイムズ 188호 135면.

38) 후술 「영국의 자동차사고손해배상소송 및 보험제도」 서설 참조.

39) 대법 1995. 10. 13. 선고 94다17253〔공 1995. 12. 1. (1005), 3752〕; 대법 1998. 10. 27. 선고 98다36382〔공 1998. 12. 1. (71), 2777〕; 대법 2002. 11. 26. 선고 2002다47181〔공 2003. 1. 15. (170), 217〕; 대법 2004. 4. 28. 선고 2003다24116〔미간행, 종합법률정보 수록〕; 대법 2009. 10. 15. 선고 2009다42703, 42710〔공 2009하, 1847〕.

40) 東京地判 昭 37. 3. 19. 判例時報 295호 35면.

객관적으로 예치인의 운행지배 가능범위내에 있다[41]고 한 것과 운행에 대한 지배의 가능성이 남아 있으면 책임주체로서의 지위를 잃지 않는다[42]고 한 것, 아버지와 생계 및 주거를 같이 하면서 그 보호·감독을 받아 왔으며 경제적으로도 전적으로 아버지에게 의존하는 관계에 있었던 미성년인 아들이 아버지가 통학용으로 사준 오토바이를 운전하다가 사고를 낸 경우, 사회통념상 아버지가 그 오토바이의 운행에 대하여 지배력을 행사할 수 있는 지위에 있고 또한 지배·관리할 책무가 있는 것으로 평가하기에 충분하므로, 아버지도 아들과 함께 자동차손해배상보장법 제3조 소정의 자기를 위하여 그 사고 오토바이를 운행하는 자에 해당된다고 본 사례,[43] 자동차의 소유자가 사고당시 직접 자기의 이익을 위하여 자동차를 사용한 것이 아니라 하더라도 그의 남편으로 하여금 위 자동차를 사용하게 하였다면 그를 통하여 외관상 위 자동차의 운행을 지배하고 운행이익을 향유하는 지위에 있었다고 보아야 한다고 한 판결[44] 판례들은 위 규범적 파악의 예들이다.

다. 중복적 운행지배와 지배의 상실

하나의 자동차에는 한 개의 운행지배가 성립되는 것이 보통이지만 자동차가 수인의 공유에 속한다든가, 조합의 소유에 속한다든가, 수인이 임차 또는 사용대차하여 운행하는 경우에는 그 보유자는 모두 운행지배를 동시에 병존적으로 취득하고 그 운행으로 인하여 타인의 생명, 신체에 손해를 가하면 위 보유자들은 공동불법행위자로서 부진정연대채무를 부담하게 된다. 민법상 조합원 전원[45] 및 연료상을 경영하는 일가의 가족 전원[46]을 운행자로 인정한 판례가 있다.

이에 대하여 일방의 운행지배가 일응 타방으로 이전된 형태를 보이지만 일방의 타방에 대한 인적 관계, 쌍방의 차량에 대한 관리상태 등을 종합하여 양

41) 最高判 昭 43. 10. 18. 判例タイムズ 228호 115면.
42) 名古屋地判 昭 41. 1. 28. 判例タイムズ 188호 135면.
43) 대법 1997. 6. 10. 선고 96다48558〔공 1997. 8. 1. (39), 2131〕.
44) 대법 1988. 6. 14. 선고 87다카2276〔공 1988. 7. 15. (828), 1023〕.
45) 青森地判 昭 38. 5. 7. 判例民事交通訴訟法 38면.
46) 東京地判 昭 43. 10. 13. 判例時報 530호 65면.

쪽의 공동지배관계를 인정하는 경우가 있다. 이와 같은 공동지배관계에서는 당초의 운행지배는 간접지배가 되고 새로운 지배는 직접지배이므로 양자는 중복하여 성립되지만 직접지배를 갖던 자가 그것을 넘겨주면서 지배가능성 조차 잃으면 간접지배는 성립되지 아니하므로 운행지배를 상실하고 따라서 운행자 책임을 면하게 된다.

중복적 지배의 성립과 지배의 상실은 표리관계로서 운행자 범위의 문제이고, 이것은 자동차의 임대차·사용대차·할부판매·수리업자·명의대여·명의잔존 등의 경우에 문제가 되므로 이하 운행자 범위의 확정을 위하여 구체적 사례들을 검토하기로 한다.

Ⅲ. 운행자의 범위

1. 무단운전

무단운전이란 자동차의 보유자와 피용자, 가족 또는 이에 유사한 관계에 있는 자가 보유자의 승낙없이 함부로 자동차를 자기용도로 쓰는 경우를 말한다. 무관계한 제3자가 몰래 사용하는 경우는 일반적으로 절취운전이라 하여 구별되고 이 경우에는 보유자는 운행지배를 상실하는 것으로 생각되고 있다.[47] 우리 대법원의 판례들 또한 같다.[48]

무단운전은 문자 그대로 보유자의 의사에 기하지 않은 운전이고 그것이 문제로 되는 것은 그 반면에 있어 보유자의 의사에 기한 운전인 이상, 보유자는 운행자책임을 면할 수 없다는 당연한 이론이 예정되어 있기 때문이다.

위 보유자의 의사는 명시적일 필요 없이 「운전의 용인」이면 족하고, 그것은 객관적으로 인정되면 좋다고 한다. 객관적 용인은 묵시적 용인은 아니고 — 묵시적으로 용인되면 벌써 무단운전은 아니다 — 용인되었다고 말하여도 어쩔 수 없다는 사실관계를 말하므로 그 존부는 운전자와의 신분관계, 일상의 차량관

47) 判例タイムズ 172호 19면.

48) 대법 2001. 4. 24. 선고 2001다3788〔공 2001. 6. 15. (132), 1208〕; 대법 1998. 6. 23. 선고 98다10380〔공 1998. 8. 1. (63), 1947〕.

리상황 등 기타의 사정을 종합하여 판단할 수밖에 없다.

단적으로 말하면, 신분관계가 가까우면 가까울수록, 관리보관이 허술하면 허술할수록 객관적 용인은 추정된다. 예컨대 관리보관이 엄중하여도 통상은 도난예방이나 일반종업원의 무단운전에 대비한 것이므로 담당운전수나 가족 등은 일응 다르게 생각되고, 관리보관이 허술한 경우에는 내부적으로 엄격히 금지되어 있어도 객관적으로는 일반종업원의 무단운전을 용인한 것이라고 말해도 어쩔 수 없다. 무단운전의 경우에 운행자책임을 인정한 수많은 판례를 검토해 보면 피용운전수나 미성년의 자 등 신분관계가 가까운 경우에는 그것만으로 책임을 인정하고 기타의 사정은 비교적 가볍게 취급하지만, 신분관계가 멀어짐에 따라 기타 사정의 인정이 상세하여지는 경향을 보이는 것은 위 이유 때문일 것이다.[49)]

기타의 사정 중에는 차량의 관리상태, 운행의 시간적 사정, 장소적 거리, 운행기간의 장단이 문제로 된다. 무단운전에 관한 일본의 최고재판소 판결에서는 「사고를 일으킨 당해 운전행위가 제3자의 무단운전에 의한 경우라도 자동차소유자와 제3자와의 사이에 고용관계 등 밀접한 관계가 있고, 또한 일상의 자동차의 운전 및 관리상황 등으로 보아 객관적 외형적으로 자동차소유자를 위한 운행이라고 인정되는 경우에는 위 자동차소유자는 자기를 위하여 자동차를 운행의 용에 공하는 자라 할 것」이라고 판시[50)]한 것은 위 견해의 대표적 표현이고, 우리 대법원 판결도 같은 견해를 취하고 있다.[51)]

일반적으로 피용자, 가족, 지인 등 「사후승낙의 개연성」이 있는 무단사용운

---

49) 判例タイムズ 172호 39면.

50) 最高判 昭 39. 2. 11. 判例不法行爲法(有信堂) 199면.

51) 대법 1978. 2. 28. 선고 77다2271〔공 1978. 4. 15. (582), 10677〕; 대법 1979. 7. 24. 선고 79다817〔공 1979. 10. 15. (618), 12150〕; 대법 1980. 2. 26. 선고 79다2123〔공 1980. 4. 15. (630), 12655〕; 대법 1983. 6. 14. 선고 82다카1831〔공 1983. 8. 1. (709), 1077〕; 대법 1987. 4. 28. 선고 86다카667〔공 1987. 6. 15. (802), 872〕; 대법 1988. 1. 19. 선고 87다카2202〔공 1988. 3. 15. (820), 453〕; 대법 1988. 3. 22. 선고 87다카1011〔공 1988. 5. 1. (823), 674〕; 대법 1992. 3. 10. 선고 91다43701〔공 1992. 5. 1. (919), 1292〕; 대법 1997. 7. 8. 선고 97다15685〔공 1997. 9. 1. (41), 2460〕; 대법 1998. 7. 10. 선고 98다1072〔공 1998. 8. 15. (64), 2075〕; 대법 1999. 4. 23. 선고 98다61395〔공 1999. 6. 1. (83), 1010〕; 대법 2006. 7. 27. 선고 2005다56728〔미간행〕.

전에 의하여는 운행지배는 상실되지 않는다는 판례[52]나 개연성의 인정은 객관적으로 해할 것이므로 사용자와 피용자, 수급과 하수급의 관계에 있다가 고용 또는 하수급관계가 단절되어도 그 가까운 시점에는 아직 피용자·하수급인에 대한 지배관계가 존속되고, 따라서 피용자 또는 하수급인이 보유자의 승낙없이 차량을 제3자에게 대여하여도 이들을 통한 지배는 잔존하므로 사용자 또는 수급인은 운행자로서 책임을 면할 수 없다고 한 판례[53]들은 위 객관적 용인설과 상통한다.

우리 대법원 1986. 12. 23. 선고 86다카556 판결은,[54] 공사현장 공무과장이 일과를 마치고 그 과의 직원들과 가족동반으로 저녁식사를 한 후, 남자직원들과 함께 술집에서 따로 술을 마시고, 운전면허도 없이 회사의 차량관리규정을 위반하여 직원숙소로 차량을 운행하다가 일으킨 사고에 관하여, 「운행지배와 운행이익의 상실 여부는 평소의 차량관리상태, 보유자의 의사와 관계없이 운행이 가능하게 된 경위, 보유자와 운전자와의 관계, 운전자의 차량반환의사의 유무와 무단운행 후의 보유자의 승낙가능성, 무단운전에 대한 피해자의 주관적인 인식유무 등 여러 사정을 사회통념에 따라 종합적으로 평가하여 이를 판단하여야 할 것」이라고 판시하였고, 이와 같은 취지의 판결은 누차 반복되고 있다(대법원 1983. 6. 14. 선고 82다카1831 판결,[55] 1987. 4. 28. 선고 86다카667 판결,[56] 1988. 1. 19. 선고 87다카2202 판결,[57] 1988. 3. 22. 선고 87다카1011 판결[58] 등). 그러나 소유자에게 차를 팔아 준다고 인도받은 A가 자의로 제3자에게 임대하고 그 임차인이 또 타인에게 대여하여 운행 중 발생한 사고에 대하여 소유자와 A와의 사이에 고용가족관계 등 밀접한 관계가 있는지 불분명하고 소유자의 승낙없이 임대되어 제3자에게 인도되었으므로 사고당시의 운행이 객관적, 외형적으로 소유자를 위한 것이라고 인정할 수 없다[59]하여 책임을 부정한 것

52) 東京地判 昭 44. 5. 14. 判例時報 563호 63면.
53) 東京地判 昭 44. 5. 14. 判例時報 563호 63면.
54) 공 1987. 2. 15. (794), 228.
55) 공 1983. 8. 1. (709), 1077.
56) 공 1987. 6. 15. (802), 872.
57) 공 1988. 3. 15. (820), 453.
58) 공 1988. 5. 1. (823), 674.
59) 대법 1973. 3. 27. 선고 73다97 법률신문 1010호.

이 있고, 군 여단장 갑의 자가승용차 운전병 을이 갑 몰래 차를 타고 부대를 빠져나가 술을 마신 후 병으로 하여금 운전하게 하고 이에 동승하여 귀대하다가 사고가 발생하여 사망하였다면 을은 무단운전을 개시하고 나아가 병의 무단운전을 승낙하고 동승한 것이므로 갑에게 자동차손해배상보장법이나 민법 제756조에 따른 배상책임을 물을 수 없다고 한 사례[60]가 있으며, 하급심 판례로서는 운전병도 아닌 경비병이 경비업무에 상관없이 술에 취한 호기심에서 운전수 모르게 시동스위치의 전선을 연결하는 방법으로 운행하다가 행인을 치어 사망케 한 사안에 대하여 피고 대한민국을 위하여 자동차를 운행한 것이라고는 볼 수 없다[61]고 한 것도 있다.

한편 피고조합의 내규에 따른 배차승인절차없이 무단히 차를 운행하였다 하여도 피고의 피용운전수가 피고의 피용자들을 태워 야유회를 마치고 오는 도중 생긴 사고에 대하여 그 운행은 피고를 위한 것이라고 판시[62]한 것이 있다.

우리 대법원 판례들을 조사하여 보면, 차량 소유자의 피용자가 사고 차에 대해 업무 수행을 위한 운행 허락을 받아 사고 차를 운행하여 업무를 마친 후 일시 운행경로를 이탈하여 술을 마시고 숙소로 돌아오던 중에 사고가 발생한 경우,[63] 택시회사 소속 운전사가 회사의 허락을 받거나 신고를 하지 아니하고 개인적인 용무를 위해 처와 아들을 태우고 당해 회사의 자동차운수사업 면허구역을 벗어나 운행을 하다 자신의 과실로 사고를 일으켜 처가 사망한 경우,[64] 갑이 무단운전을 할 수 있었던 것은 회사가 자동차와 열쇠의 관리를 맡긴 을이 열쇠의 관리를 잘못하였기 때문이었고, 사고를 일으킨 갑은 을의 고향후배로 평소 을의 자취방에 자주 와서 잠을 자고 갔으며, 또한 갑과 을의 관계 및 갑이 위 자동차를 운전하고 나간 경위 등에 비추어 갑은 사고가 없었다면 운행 후 위 자동차를 을에게 반환하였으리라고 보이고, 피해자는 길가에 서 있던 사람으로 무단운전이라는 점을 전혀 인식할 수 없었다고 인정되는 경우,[65] 비번인 회사택시 운전사가 동거녀의 언니를 집에 데려다 주기

60) 대법 1992. 11. 10. 선고 92다30849〔공 1993. 1. 1. (935), 88〕.
61) 서울고법 1972. 12. 13. 선고 72나412 판례월보 28호 46면.
62) 서울고법 1972. 8. 30. 선고 72나433 판례월보 26호 29면.
63) 대법 1997. 11. 14. 선고 95다37391〔공 1997. 12. 15. (48), 3792〕.
64) 대법 1997. 1. 21. 선고 96다40844〔공 1997. 3. 1. (29), 613〕.

위하여 회사로부터 비번인 택시를 가사사유로 출고받아 운전하여 가던 중 충돌사고로 언니를 사망케 한 경우,[66] 회사 직원이 담당업무인 제품출고가 지연된 관계로 그 작업을 완료하고 거래처 사람들과 술을 마시느라 늦게까지 회사에 남게 되어 야간근무 중이던 친구 갑에게 회사 소유의 차량을 운전하여 집에 데려다 줄 것을 몇 번이나 간곡히 부탁하여 갑이 위 차량을 운전하다가 사고를 낸 경우, 위 차량은 회사 직원들의 출・퇴근용 차량이지만 출・퇴근시 외에 정해진 퇴근시간보다 늦게 퇴근하는 직원들을 귀가시킬 때에도 사용되고 있으며 위 차량을 평소 회사 사무실 앞에 주차해 두면서 운전기사 외에 다른 직원들도 회사에서 필요할 때에는 운전을 하여 왔고, 갑도 위 차량을 10여회 운전한 적이 있었던 경우,[67] 회사가 직원들의 출・퇴근용으로 사용하고 있는 회사 소유 자동차의 운전사로 하여금 퇴근 후에는 그의 집 앞에 자동차를 주차시키게 하는 등의 방법으로 이를 관리하여 오던 중 위 운전사의 동생이 그가 잠든 사이 위 자동차의 시동열쇠를 몰래 꺼내어 가지고 위 자동차를 운전하다가 교통사고를 일으켰던 경우,[68] 차량소유자의 아들이 무단운전하다가 동승자를 사망시킨 경우,[69] 무면허인 미성년자가 부(父)가 출타한 사이에 바지 호주머니에 넣어 둔 열쇠를 꺼내어 그 무단운행 사실을 알고 있는 친구를 태우고 운전하다가 사고를 낸 경우,[70] 차량소유자 경영의 카센터에서 심부름을 하면서 정비기술을 배우던 외사촌동생이 무단운전하여 여자친구를 동승시켰다가 사고를 낸 경우[71]에 모두 차량소유자의 운행자책임을 인정하였다.

또한 피고경영 사업체의 업무용 차량을, 담당 운전수가 일과 후 형의 집에 가서 근처에 주차시켜 놓고 자는 사이에, 그의 형이 위 동생의 호주머니를 뒤져 열쇠를 꺼내고, 그의 처 및 친구와 놀러갔다가 사고를 낸 경우,[72] 계(稧) 모임 중, 차주인 계원의 승낙 없이 다른 계원이 차를 운행하다가 사고를 일으

65) 대법 1993. 7. 13. 선고 92다41733〔공 1993. 9. 15. (952), 2243〕.
66) 대법 1992. 6. 23. 선고 91다28177〔공 1992. 8. 15. (926), 2230〕.
67) 대법 1992. 5. 12. 선고 91다47079〔공 1992. 7. 1. (923), 1845〕.
68) 대법 1992. 5. 12. 선고 92다10579〔공 1992. 7. 1. (923), 1855〕.
69) 대법 1997. 7. 8. 선고 97다15685〔공 1997. 9. 1. (41), 2460〕.
70) 대법 1998. 7. 10. 선고 98다1072〔공 1998. 8. 15. (64), 2075〕.
71) 대법 1999. 4. 23. 선고 98다61395〔공 1999. 6. 1. (83), 1010〕.
72) 대법 1994. 8. 28. 선고 93다47394〔공 1994. 10. 1. (977), 2515〕.

킨 경우[73]에 모두 보유자의 책임을 인정하였다.

반면에 운전자가 피해자의 요청에 의하여 사고차량을 무단운행하는 것임을 피해자가 알고서 동승한 것이 명백한 경우에는 이러한 차량운행은 피해자에 대한 관계에 있어서 자동차보유자의 운행지배와 운행이익의 범위를 벗어난 것이라고 할 것이어서 자동차소유자에게 자동차손해배상보장법 소정의 자동차소유자로서의 책임을 물을 수 없으며, 또 피해자에 대한 관계에 있어서 외관상 자동차소유자의 사무집행과 관련된 운행이라고 볼 수도 없으므로 민법상 사용자책임을 물을 수도 없다[74]고 판시한 일도 있고, 자동차소유자인 회사의 피용자가 회사의 승낙을 받지 않고 자동차을 개인용무에 무단으로 사용하였고 피해자 역시 그러한 사정을 알면서 자동차에 무상동승한 경우, 그 무단운행이 회사의 업무와는 전혀 관련이 없이 순전히 심야에 장시간의 음주행락을 목적으로 하여 이루어졌고 더구나 사고 당시에는 위 피용자는 주취로 안전운전이 불가능한 상태에 빠져 회사의 피용자도 아닌 제3자가 역시 주취상태에서 회사소재지에서 상당히 거리가 떨어진 목적지를 향하여 자동차를 운전해 가다가 사고를 야기하게 된 경우, 그 일련의 운행경위도 상식적으로 이해하기 어려운 무모한 것인 점을 아울러 고려해 보면, 자동차의 평소의 관리 및 이용상태를 감안하다 하더라도, 적어도 사고 당시에는 무상동승자인 피해자에 대한 관계에 있어서 위 자동차의 운행은 그 소유자인 회사의 운행지배와 운행이익의 범위를 완전히 벗어난 상태에 있었다고 보는 것이 합당하다고 판시한 바도 있으며,[75] 특히 피해자가 운전자의 호의로 무상동승한 경우에는 그가 무단운행의 정을 알았는지의 여부가 운행자의 운행지배 내지 운행이익의 상실 여부를 판단하는 중요한 요소가 된다면서, 피해자인 무상동승자가 운전자의 무단운행에 가담하였다거나 사고 당시 이를 알고 있었다고 하더라도, 그 운행경위나 운행목적에 비추어 당해 무단운행이 사회통념상 있을 수 있는 일이라고 선해할 만한 사정이 있다거나, 그 무단운행이 운전자의 평소 업무와 사실상 밀접하게 관련된 것이어서 소유자의 사후 승낙 가능성을 전적으로 배

73) 대법 1995. 2. 24. 선고 94다41232〔공 1995. 4. 1. (989), 1436〕.

74) 대법 1989. 11. 14. 선고 89다카26536〔공 1990. 1. 1. (863), 26〕.

75) 대법 1994. 9. 23. 선고 94다9085〔공 1994. 11. 1. (979), 2794〕.

제할 수 없는 사정이 있는 경우 등에는 소유자가 운행지배나 운행이익을 전적으로 상실하였다고 단정할 수는 없다고 판시하였다.[76]

일본 판례 중에는 농협의 운전수가 근무시간외에 열차시간에 닿기 위하여 무단히 차를 인출한 경우[77]에 그 조합에 대하여, 보유자의 업무에 종사하지 않는 보유자의 3남이 사업용자동차를 무단운전하다가 사고를 일으킨 경우[78]에 그 보유자에 대하여 각 운행자책임을 인정하고, 공사수급업자로부터 차를 임차한 하수급인의 피용자가 퇴직한 뒤에 무단운전 중 일으킨 사고에 대하여 하도급계약은 소멸되었으나 위 피용자가 현장의 숙사에 기숙하는 등의 사실로부터 수급인의 운행지배는 상실되지 않았다[79]고 판시하고, 택시의 운전수가 무단히 제3자와의 수입분배약정하에 제3자에게 차를 운전시키다가 일으킨 사고에 대하여도 회사의 책임을 인정하였다.[80]

그러나 피용운전수라 하여도 사고당일의 사원을 위한 여행에 참가하지 아니하고 회사가 맡겨 놓은 오토바이를 무단히 인출, 드라이브를 하다가 일으킨 사고에 대하여는 회사의 책임을 부정한 것[81]도 있고, 약간 이색적인 것으로는 고용관계가 없는 자가 무단운전을 하여도 보유자측에 차량관리상의 과실이 있을 때는 자배법 제3조의 책임을 져야 한다고 판시한 것[82]도 있다.

생각건대, 차에 대한 운행지배는 사람을 통한 지배이기 때문에 차를 운전하는 사람이 보유자와 밀접한 인적 관계가 있어 사후승낙의 개연성이 있고 객관적 용인이 인정되는 경우에는 간접지배를 시인하고 운행자책임을 묻는 것이 타당하지만 무단운전의 허용과정에 개입된 보유자의 과실을 객관적 용인의 한 평가요소로 보지 않고 그로부터 직접 운행자책임을 인정하는 것은 위험책임을 기초로 한 자배법의 취지에 맞지 아니하므로 민법상의 과실책임을 묻는 것이 상당하다. 그리고 전시 서울고등법원 판결[83]의 사안은 운전자가 보유자의 피

76) 대법 1996. 7. 26. 선고 96다13194[공 1996. 9. 15. (18), 2603].
77) 最高判 昭 39. 2. 11. 전시 判例不法行爲法 199면.
78) 東京地判 昭 36. 7. 13. 判例時報 278호 22면.
79) 東京地判 昭 42. 12. 6. 判例時報 501호 57면.
80) 東京地判 昭 41. 2. 22. 判例時報 436호 30면.
81) 東京高判 昭 36. 12. 15. 判例硏究 自動車事故損害賠償の詳解 131면.
82) 東京地判 昭 37. 3. 19. 判例時報 295호 35면.
83) 서울고법 1972. 12. 13. 선고 72나412 판례월보 28호 46면.

용자라는 점에서 과연 운행지배가 상실되었다고 해석할 수 있는지 재고할 여지가 있다고 생각된다.

2. 임대차 및 사용대차

대차관계에 있어서는, 조만간 차량의 반환이 예정되어 있다는 의미에서 일반적으로는 대주가 우월적 지위를 점하나, 차에 대한 현실의 지배는 말할 필요도 없이 차주에게 있다. 전자의 우월성과 후자의 현세가 균형을 이루는 경우에는 차에 대한 차주와 대주의 지배가 병존적으로 인정될 수 있다. 실무상 일반적으로 대주에는 운행자성을 부정하는 듯하나, 그것은 차량에 대한 현실의 점유관계에 지나치게 얽매이고 있기 때문이라고 말하지 않을 수 없다. 차량의 대차관계라 하여도 그 실질관계를 보면 일시적 사용대차, 장기간 사용대차, 단순한 차량만의 임대차(렌트 카 등), 운전수가 딸린 임대차, 드라이브 클럽 등이 있으므로 이 모든 경우를 통털어 대주라는 이유만으로 운행지배가 상실되었다고 말할 수는 없다.

우선 장기의 임대차의 경우에 대주의 입장은, 할부판매를 하고 대금담보만을 위하여 소유권을 유보하는 매도인의 입장과 유사하여, 임료에 의한 이익은 얻어도 운행지배권은 없고 차량의 운행은 전적으로 임차인에게 맡겨지므로 운행자는 임차인이라고 생각된다.

그러나 피용운전수와 함께 차를 임대하는 경우에는 대주의 운행자책임을 인정하는 것이 판례[84]·통설인데 그것은 운전수를 통하여 차량운행을 지배한다고 생각하기 때문이다.

반면에, 보유자로부터 그 가족이나 우인 등이 일시 자동차만을 빌려 쓰는 경우에는 현실의 점유를 이전하는 기간이 일시적이므로 차주측의 사용목적도 스스로 한정되고 단시간내에 차량반환이 예정될 뿐 아니라, 많은 경우에 차주와 대주간에 밀접한 인적 관계가 있으므로 차주에 대한 대주의 인적 지배를 통하여 운행을 지배한다고 보는 것이 다수의 판례이다. 이 인적 관계는 친족관계, 지기관계가 많으나 고용관계인 경우도 있다. 판례는 피용자가 사용자의

84) 대법 1993. 4. 23. 선고 93다1879〔공 1993. 7. 1. (947), 1535〕.

소유차를 빌려 쓸 때는 대여기간이 짧지 않아도 운행자책임을 인정한다. 그것은 종업원에 대한 차량의 무상대여는 독립권한을 부여하는 대차가 아니므로 사용자의 관리관계에 영향이 없다고 보기 때문이다.85)

임대차, 사용대차의 경우에 대주에게 운행자책임이 있는가의 여부를 판정함에 있어 다수의 판례는 차를 타인에게 대여하여도 그 자동차의 운행이 배타적으로 차수인만을 위하여 이루어진다고 하는 특단의 사정이 없는 한 대주의 차에 대한 지배는 상실되지 않는다고 하여 원칙적으로 대주의 운행지배를 추정하고, 운행지배의 상실은 특단의 사정으로서 대주에게 주장입증책임을 전환시키고 있다.86) 그러나 이와 같은 다수의 판례와는 반대로 대주는 특단의 사정이 없는 한 운행지배권이 없다는 판결도 있다.87)

차량대차에 관한 우리나라 대법원 판례의 기본입장은 "자배법 제3조 소정의 자기를 위하여 자동차를 운행하는 자는 자동차에 대한 운행을 지배하여 그 이익을 향수하는 책임주체로서의 지위를 가진 자를 의미하며, 자동차의 임대차의 경우, 특별한 사정이 없는 한, 임차인이 임차한 자동차에 대하여 현실적으로 운행을 지배하여 그 운행이익을 향수하는 자"라는 것이다.88) 그러나 위 특별사정을 인정하여 임대인의 보유자성을 인정한 판결들도 보인다. 즉, 대법원 1987. 1. 20. 선고 86다카1807 판결89)이 결혼축의금 대신에 자기가 보유하는 자동차를 혼주에게 스스로 내어주면서 결혼식장까지 혼주와 그의 가족 및 하례객을 운송하도록 운전수까지 딸려주어서 그 운전수가 그 자동차로 이들을 태우고 운행하다가 사고를 냈다면, 특별한 사정이 없는 한, 그 자동차의 운행지배와 운행이익은 여전히 위 자동차의 보유자에게만 있다고 판시한 것, 대

85) 千葉地判 昭 40. 1. 30. 判例時報 422호 46면.

86) 大阪地判 昭 39. 5. 20. 判例時報 397호 50면; 名古屋地判 昭 38. 4. 12. 判例時報 408호 42면; 大阪地判 昭 39. 1. 5. 判例時報 408호 42면.

87) 東京地判 昭 41. 1. 25. 判例時報 443호 37면; 大阪地判 昭 42. 12. 8. 判例タイムズ 216호 178면.

88) 대법 1997. 11. 28. 선고 95다29390〔공 1998. 1. 1. (49), 20〕; 대법 1997. 4. 8. 선고 96다52724〔공 1997. 5. 15. (34), 1382〕; 대법 1993. 6. 8. 선고 92다27782〔공 1993. 8. 15. (950), 1996〕; 대법 2001. 1. 19. 선고 2000다12532〔공 2001. 3. 15. (126), 502〕; 대법 2000. 7. 6. 선고 2000다560〔공 2000. 9. 15. (114), 1864〕.

89) 공 1987. 3. 1. (795), 306.

법원 1987. 6. 9. 선고 86다카1549 판결[90]이, 자기소유의 승용차를 소외회사의 공사장에 임대하면서 그가 고용하고 있는 운전사로 하여금 그곳 직원들의 출퇴근 등을 위하여 위 승용차를 운행하게 하던 중, 위 공사장의 당직자이었던 자가 위 차에 동승 중 피해를 입은 경우에 임대인에게 운행자책임을 인정한 것, 또 대법원 1987. 11. 10. 선고 87다카376 판결[91]이 보유자가 친구에게 무상대차하여 그 친구가 일으킨 사고에 관하여 대여인에게 운행자책임을 인정한 것이 있고, 대법원 1990. 8. 24. 선고 90다카11803 판결[92]은, 피고가 차량 소유자와 차량용역계약에 의하여 트럭을 도로공사 작업장에서 사용하였다면 피고로서는 운전수가 작업반장과 다투고 작업장을 이탈하는 것을 막을 권능이 없으며 운전수의 작업거부 내지 작업장이탈만으로 트럭소유자와의 차량용역계약의 효력이 당장 소멸되는 것이 아니지만 운전수가 피고의 의사에 반하여 트럭을 피고의 작업장 밖으로 가지고 나가면 그 차량에 대한 피고의 운행지배권은 소멸한다고 보아야 할 것이므로 그 후에 일으킨 사고에 대하여는 자동차소유자가 손해배상책임을 질 뿐 피고에게는 그 책임이 있다고 할 수 없다고 판시하였으며, 하급심판결[93]로는 화물자동차운수업자가 월 50,000원의 임료로 1년의 기한으로 차를 대여인도하였으나 계속하여 위 차량의 관리에 대하여 운행지배감독권을 가지고 수시로 그 직원을 파견하여 위 차량에 대한 검사를 실시하도록 하고 공과금과 보험료·조합비·운전수의 급료를 계속 부담키로 예정한 사실을 인정하여 임대인에게 운행자책임을 부담시킨 것이 있고, 일본의 판례로는 운송회사의 대표이사가 그의 개인 소유차를 회사에 임대한 경우에 회사의 피용운전수가 일으킨 사고의 대하여 대표이사의 운행자책임을 인정한 예,[94] 자동차판매회사가 매각차량의 검차수속기간 중 매수인에게 임대한 경우, 매수인의 사고에 대하여 회사의 책임을 인정한 예[95]가 있으며, 사용대차에 관하여는 내일 아침까지라는 약속으로 내객을 보내기 위하여 지

90) 공 1987. 8. 1. (805), 1132.
91) 공 1988. 1. 1. (815), 85.
92) 공 1990. 10. 15. (882), 2008.
93) 서울고법 1971. 8. 26. 선고 71나1384 판례월보 15호 46면.
94) 東京地判 昭 39. 5. 25. 判例タイムズ 164호 190면.
95) 大阪地判 昭 43. 7. 13. 交民集 1권 3호 769면.

인에게 차를 대여한 경우,[96] 차를 일시 친동생에게 빌려 주어 친동생이 피용자에게 운전시킨 경우,[97] 친구에게 일시간 차를 대여한 경우[98]에 모두 운행자책임을 인정하였다.

일본에 있어서 자동차임대차의 특수한 형태로서 불특정다수인을 대상으로 자동차임대를 단기간 행함을 업으로 하는 「드라이브 클럽」이 있다. 이 업자에 대하여 운행자책임을 인정할 것인가에 대하여는 적극설과 소극설이 있고, 판례는 확립되어 있지 않다. 후자는 앞서 본 바와 같이 임료를 운행이익으로 이해하지 아니할 뿐 아니라 대주와 차주간에 인적 관계가 없는 계약당사자에 불과하고 운행에 지배력을 갖지 않는다 하여 운행지배를 부인하나, 전자는 임료를 운행이익으로 보고 업자는 계약을 통하여 차수인을 지배한다 하여 운행지배를 긍정한다.

소화 39. 12. 4.의 일본 최고재판소 판결[99]은 「자동차의 임대업자는 차수인의 운전사용에 대하여 아무런 지배력을 미치지 못한다」고 판시하였으나 이 사건의 1심판결에서는 업자의 책임을 인정하였다.[100] 그러나 제2심판결은 자동차대차의 경우는 특단의 사정이 없는 한 운행은 차주의 의사에 의하여 결정되고, 대주는 운행자체에 대하여 지배력을 미치지 않고 운행에 관한 주의의무가 요구되는 입장에 있지 않다고 하면서 일반의 임대차와 구별할 것이 없다고 판시하였다.[101] 이 판결은 지배상실이라는 특단의 사정에 대하여 대주에게 주장입증책임을 전환시킨 전시 다수판례와 충돌되고 동시에 운행이익의 요건을 자동차의 효용면으로부터 파악한 점에 특색을 보인다.

그러나 위 부정판결에 대하여는 학자들간에 상당한 의견대립을 보였을 뿐 아니라, 그 후의 東京高等裁判所에서는 위 최고재판소 판결은 업자에게 운행지배가 없다는 고등재판소의 사실인정에 기초한 것에 불과하다면서 정반대로 업자의 운행지배를 인정하였다.[102]

96) 大阪地判 昭 41. 3. 26. 判例タイムズ 190호 203면.
97) 大阪地判 昭 39. 5. 20. 判例時報 397호 50면.
98) 東京地判 昭 42. 11. 6. 判例時報 505호 5면.
99) 전시 判例不法行爲法 208면.
100) 東京地判 昭 36. 4. 2.
101) 東京高判 昭 37. 12. 26. 判例タイムズ 141호 55면.

동 판결은 앞서 본 바와 같이 드라이브 클럽과 택시업을 구별할 아무 근거가 없다고 하면서 「…확실히 드라이브 클럽에 있어서는 차의 운전자는 대도업자의 일응의 지배 밖에 있는 계약관계의 당사자이고 택시업에 있어서와 같이 보유자의 피용인은 아니다. 그러나 불법행위책임을 논하는 경우에는 단지 법형식의 외형에 따라서 일을 결정하는 것은 정당하지 않고 그 실질에 응하여 타당한 해결을 할 것이라고 생각한다. …대도업자는 그 의사에 의하여 보유차를 운행에 공하고 차수인은 객관적으로는 업자의 사업집행을 위하여 그 보유차를 운행하는 것이다. 이 경우 외형상은 자가용차가 운행되는 것이고 차수인의 보유차가 운행되는 것은 아니다. 그 주행은 대도업자의 의사에 의하여 그 이익을 위하여 이루어지고 있다. 이와 같은 관계하에서는 법형식에 의하여 차수인은 임대차계약의 당사자로서 대도업자의 지배 밖에 있다하여 차수인이 일으킨 사고에 대하여 책임을 지지 않는다는 것은 결코 사회관계를 타당하게 규율하는 법의 정신에 적합한 것이라고는 생각되지 않는다」고 판시하고, 그 전심인 동경지방재판소 판결[103]은, …Y회사는 소유자동차에 대하여 이용신청을 받는 경우, 면허증에 의하여 신청자가 소형사륜자동차 이상의 운전면허취득자(방침으로는 면허증취득후 6개월 경과한 자)인가를 확인하고, 다시 일시정지 변속장치·방향지시기의 조작·기타 교통법규 전반에 관하여 심사를 하고…이용을 허가하는 것…대여자동차를 전환하는 자는 원칙으로 계약자에 한하고 또한 이용자는 차수할 때 제출한 예정이용시간·예정주행구역의 준수 및 주행 중 발생한 불측의 사고에 대하여는 대소를 불문하고 회사에 연락할 의무를 갖는 것…사용요금은 상당고액이고 사용시간은 대체로 48시간 이내인 사실 등을 인정하면서 특히 대여시간이 짧고 또한 대여에는 여러 가지 제약조건이 따르고 있는 점으로 보아 회사는 이용자와의 사이에 자동차대도계약을 통하여 이용자의 운전 중에도 대여자동차에 대한 운행지배를 의연 보유한다고 인정함이 상당하고, 이용자는 많고 배상자력이 없고, 클럽 경영자는 이용자가 일으킨 사고에 대처하기 위하여 임의보험에 가입하는 등의 방도를 갖는 것을 생각하면 일면 자배법이 입각한 위험책임·보상책임의 법리에 맞고 타

102) 東京高判 昭 43. 3. 21. 判例時報 512호 22면.
103) 東京地判 昭 41. 10. 6. 判例民法講座 不法行爲編 243면.

면 국민의 법감정에도 적합하다」고 판시하고 있다.

생각컨대, 운행지배는 사람을 통한 지배이고 사람에 대한 지배는 밀접한 인적 관계 뿐만 아니라 계약을 통하여도 가능한 것이므로 적극설이 타당한 결론이라고 생각된다.

자동차대여업자에 관련된 우리 대법원의 판례는 다음과 같다. 즉, "자동차대여업체의 손수자동차대여약정에 임차인이 자동차운전면허증 소지자라야 하고 사용기간과 목적지를 밝혀서 임료를 선불시키고 임대인은 자동차대여 전에 정비를 해두고 인도해야 하고 임차인은 사용기간 중 불량연료를 사용하지 말아야 함은 물론 계약기간을 엄수해야 하고 자동차를 양도하거나 질권, 저당권을 설정할 수 없을 뿐 아니라 유상으로 운송에 사용하거나 전대할 수 없고 제3자에게 운전시킬 수도 없게끔 되어 있다면 대여업자는 임차인에 대한 인전관리와 임대목적 차량에 대한 물적관리를 하고 있음을 부정할 수 없어 대여업자와 임차인간에는 임대목적차량에 대하여 대여업자의 운행지배관계가 직접적이고 현재적으로 존재한다."는 것[104]이고, 대여업자와 임차인의 관계에 관하여는, 친구끼리 함께 승용차를 이용하여 여행을 다니기로 한 후 그 중 1인이 그 명의로 렌터카 회사로부터 승용차를 임차하여 자신이 운전하다가 트럭과 충돌하여 모두 사망한 경우, 위와 같은 승용차의 운행 경위, 동승자와 운전자와의 인적관계, 운행 목적 등에 비추어 피해자인 동승자들은 운전자와는 물론 렌터카 회사와의 관계에서도 자동차의 운행지배 및 운행이익을 어느 정도 공유한다고 본 사례[105]도 있고, 자동차 대여업자로부터 자동차를 임차하면서 그 운전사를 소개받아 운행 중 야기된 충돌사고로 자동차 임차인과 그 처가 피해를 입게 된 경우에 있어 자동차 대여업자와 자동차 임차인이 그들 사이의 내부관계에 있어서는 비록 임차인이 자동차에 대한 현실적 지배를 하고 있었지만, 자동차의 운행 경위, 운행의 목적, 자동차 대여업자가 임차인에게 운전사를 소개하여 자동차를 대여하게 된 사정, 자동차의 운행에 운전사를 통하여 자동차대여업자가 간여한 정도 등 모든 정황을 종합하여 볼 때, 자동차

104) 대법 1991. 4. 12. 선고 91다3932〔공 1991. 6. 1. (897), 1380〕; 대법 1991. 7. 12. 선고 91다8418〔공 1991. 9. 1. (903), 2152〕.

105) 대법 1997. 8. 26. 선고 94다37844〔공 1997. 10. 1. (43), 2806〕.

의 운행지배 및 운행이익이 임차인에게 전부 이전된 관계가 아니라 서로 공유하는 공동운행자의 관계에 있어서, 대여업자는 여전히 운전사를 통하여 자동차를 직접적으로 지배한다고 보고 그 손해배상책임을 긍정한 사례[106]도 있으며, 여기에서 한걸음 더 나아가, 자동차대여 회사인 갑이 을에게 자동차를 대여하면서 갑 명의로 영업을 하도록 하고 그 대가를 지급받고 있던 중, 을이 갑 모르게 병의 자동차를 대여영업에 제공하다가 교통사고가 발생한 경우, 운행지배는 현실적인 지배에 한하지 아니하고, 사회통념상 간접지배 내지는 지배가능성이 있다고 볼 수 있는 경우도 포함한다면서 갑의 운행지배 및 그로 인한 손해배상책임을 인정한 사례[107]도 있고, 자동차임대약관에 위배하여 운전하다가 사고가 난 경우에 자동차대여회사를 자동차손해배상보장법상의 자동차 운행자로 인정한 사례[108]까지도 있다.

3. 소유권유보부 할부판매 및 자동차수리업자

가. 소유권유보부 할부판매

자동차를 판매함에 있어 분할지급의 약정하에 대금이 완제되지 않은 경우에 있어서도 매수인의 요구에 따라 차량을 그에게 인도하여 완전한 사용수익권을 부여하면서 대금지급의 담보를 위하여 대금완제시까지 소유권을 매도인이 유보하고 등록명의나 검사증의 명의를 매도인이 가지고 있는 경우가 있다.

명의가 매도인에게 남아 있는 점에 명의대여의 일면을 가지고 있으나, 거래의 실정은 차량의 점검, 정비 및 사용에 대하여 매도인의 지시에 따른다는 약정이 있는 경우도 많다. 그러나 일반적으로 실질상은 물론 사회통념상으로도 당해 자동차의 운행지배나 운행이익은 매수인에게 귀속된다.

판례는 차량의 이전을 기준으로 하여 운행자책임을 부담하는 것은 원칙적으로 매수인이라고 한다. 원칙이라고 하는 것은 첫째 매도인은 자동차판매업자에 한한다는 것이고, 둘째 매도인과 매수인이 모두 책임을 지는 경우가 있다

106) 대법 1992. 2. 11. 선고 91다42388, 42395〔공 1992. 4. 1. (917), 1003〕.
107) 대법 1995. 10. 13. 선고 94다17253〔공 1995. 12. 1. (1005), 3752〕.
108) 대법 1993. 8. 13. 선고 93다10675〔공 1993. 10. 1. (953), 2420〕.

는 뜻이다. 판매업자의 책임을 부정하는 근거는 소유권유보는 단지 대금채권 확보를 위한 것에 불과하기 때문이라는 것이다. 즉, 「자동차를 할부판매하고 그 대금채권의 확보를 위해서만 자동차의 소유권을 유보함에 불과한 자는 운행에 의한 이익의 귀속자가 아님이 명백하고, 또한 자동차의 운행에 대하여 지배권을 갖고 있다고도 말할 수 없다. …… 자동차의 할부판매에 있어서는 매주(賣主)는 계약과 동시에 자동차를 매주(買主)에 인도하고 그 사용을 인정하며 단지 매매대금 등의 채권확보만을 위하여 소유권을 유보하는 것에 지나지 않는다고 인정되므로 소유권은 할부금의 지불이 없을 때에 그 효력을 발휘함에 불과하고 운행에 대한 지배권은 특단의 사정이 없는 한 매주(買主)에만 귀속된다고 해할 것이다. 다만 자동차의 할부판매계약에는 통상 매주(賣主)는 매주(買主)의 영업소 차고 또는 노상에서 차량의 점검을 하고 사용상의 주의를 줄 수 있고, 매주(買主)는 이에 따를 의무가 있다는 규정이 있어 일견 매주(賣主)도 자동차의 운행을 지배하는 것이 아닌가 하고 생각되지 않는 것은 아니나 이들 규정은 매주(買主)에게 사용을 맡긴 사이에 그 미숙하고 난폭한 취급 등 때문에 일어나는 당해 자동차의 가치감소를 방지하고 담보물의 가치를 유지하기 위하여서만 설치된 것이라고 해함이 상당하므로 매주(賣主)에 자동차의 운행에 대한 지배권이 잔류한다는 근거로 되는 것은 아니다」라고 판시[109]한 것이 대표적인 것이고 같은 취지의 판례는 상당히 많다.[110]

그러나 대금담보방법으로는 자동차저당법에 의한 저당권설정의 길이 있고, 또한 이 경우에도 자동차담보가치 감소방지를 위한 관리상의 권능을 유보할 수 있다는 점에서 자동차판매업자를 두둔하는 것이라는 비판이 가해지고 있다.

한편 위와 같은 자동차판매업자와는 달리 매도인과 매수인간에 차량의 공동사용관계・고용관계・명의대여관계 등 밀접한 관계가 있어서 매도인이 상당한 이익을 향수하고 있는 경우에는 가끔 매도인의 책임이 문제로 된다. 즉, 매도인회사의 제품운송을 한 운임으로 월부금을 지불한다는 약정하에 소유권유보부 할부판매를 한 매도인,[111] 영업명의를 대여한 외에 장기에 걸쳐 자기기

109) 東京地判 昭 39. 10. 29. 判例硏究 自動車事故損害賠償の 詳解 177면.

110) 東京地判 昭 38. 2. 7. 判例タイムズ 144호 150면; 東京地判 昭 38. 6. 21. 判例タイムズ 152호 55면; 東京地判 昭 39. 10. 29. 判例時報 394호 71면.

111) 東京地判 昭 39. 4. 25. 判例タイムズ 163호 182면.

업의 일부를 매수인에게 대행시킨 소유권유보부매도인,[112] 차량매도후 매수인에게 자기화물을 전속적으로 운행시키고 그 운임으로부터 월부금·연료비 등을 공제한 월부매도인[113] 등에 대하여 각 운행자책임을 인정한 판례들이 그것이다.

한편 중고차를 타인에게 월부판매하고 인도한 매도인이 소유권을 유보하고 월부대금의 완제를 위하여 매수인에게 운송업을 알선하고 그 운송요금으로부터 월부대금이나 가솔린대금을 추심한 경우 매도인은 매수인의 운송영업에 협력한 것이라 하여 책임을 인정한 판례[114]가 있다. 이와 같이 「자동차운행의 협력자」라는 개념에 의하여 운행자책임을 인정하는 것은 「운행협동자」라든가 「협동운행」이라는 개념과 함께 동경지방재판소가 확립한 것으로 그 노력은 주목할 가치가 있다. 그러나 협력의 범위와 정도, 보유자의 책임인정에 대한 한계를 어디에서 구하느냐는 문제이므로 그 협력의 정도와 보유자의 지위에 따라 자동차가 매도인의 사실상 지배하에 있고 운행이익을 향수하고 있는 경우에 한하여 운행자책임을 인정하여야 할 것이고, 운행협동관계가 있다 하여 곧 그 책임을 인정하여서는 안 될 것이다.

앞서의 판례들을 검토하여 보면 공부상, 보험계약상 또는 차체외부표시상 매도인의 명의가 남아 있을 뿐 아니라 매도인의 영업일부로서 자동차를 전속적으로 이용하는 관계가 있고, 그 운행으로부터 생기는 운임에서 할부금의 변제를 받는 등의 사실적 요소들을 발견할 수 있는바 이것은 객관적 운행지배 및 그 가능성과 운행이익을 추출하려는 정당한 노력의 결과라 생각된다.

이상의 판례들과는 달리, 자동차의 매도를 의뢰하고 인도한 자의 책임에 관하여 대법원은 사실관계에 따라 운행자책임을 인정하기도 하고 부정하기도 한다. 즉, 대법원 1992. 5. 12. 선고 92다6365 판결[115]은, 자동차 소유자 갑의 위임에 따라 그의 형인 을이 주차장을 경영하는 병에게 매도를 의뢰하여 병이 위 자동차를 보관하던 중 정으로부터 원매자가 있다는 연락을 받고 위 자동차를 정에게 인도하여 이를 보관하게 하였는데 그 후 정이 이웃사람에게

112) 松山地判 昭 43. 5. 14. 判例時報 533호 61면.
113) 松山地判 昭 43. 5. 14. 判例時報 533호 61면.
114) 東京地判 昭 38. 6. 28. 判例時報 345호 47면.
115) 공 1992. 7. 1. (923), 1853.

자동차열쇠를 건네주고, 그는 다시 무에게 이를 넘겨주어 무가 운전하다가 사고를 낸 경우, 갑이나 을로서는 병은 물론 다른 사람에 의하여 자동차가 운전되는 것을 예상하거나 용인하였다고 볼 것이고, 위 자동차를 인도한 것도 전문영업자가 아닌 아는 사람을 통하여 이를 매도하고자 한 것이어서 그 매매가 완결되고 이행되기까지는 갑의 운행지배나 운행이익을 완전히 벗어난 것이라고 할 수 없고, 피해자로서는 원칙적으로 자동차 보유자와 운전자와의 관계를 알 수 없는 것이므로 피해자가 무의 무단운전사실을 주관적으로 인식하였다고 인정되지 아니하고, 갑이 자동차를 인도하여 사고가 일어난 기간이나 장소적 간격이 근접하다면 피해자에 대한 관계에 있어서는 갑이 객관적, 외형적으로 자동차의 운행지배와 운행이익을 가지고 있었다고 보는 것이 상당하다고 판시하였고, 대법원 1992. 11. 24. 선고 92다37697 판결[116]은, 자동차를 살 사람을 구해 보라며 자동차와 시동열쇠 및 자동차등록증을 맡긴 자가 자동차에 관하여 운행지배와 운행이익을 가지고 있다고 판시한 반면에, 대법원 1993. 7. 13. 선고 92다24004 판결[117]은, 을이 갑으로부터 금 2,500,000원의 범위 안에서 승용차를 사 달라는 부탁과 함께 그 대금까지 교부받아 가지고 있다가 승용차를 갑의 이름으로 매수한 다음 그 대금 전액을 지급하고 같은 날 소유권이전등록에 필요한 서류 전부를 건네받음과 동시에 승용차까지 인도받았으나 갑이 위 승용차가 마음에 들지 않으니 곧바로 되팔아 달라고 하면서 이를 인수하지 않는 바람에 차량등록명의를 갑 앞으로 이전하지 못한 채 스스로의 비용으로 승용차를 수리한 후 다시 다른 사람에게 이를 매도하려고 그의 사무실 앞길에 세워두고 있던 중 병이 갑이나 을의 승낙도 없이 사무실 책상 위에 있던 자동차열쇠를 가지고 나가서 무단운전하다가 사고를 일으켰다면 갑은 객관적, 외형적으로도 위 승용차의 운행에 있어서 그 운행지배 내지 운행이익을 완전히 상실하였다고 봄이 상당하므로 자동차손해배상보장법상의 자기를 위하여 자동차를 운행하는 자의 지위에 있다고 볼 수 없다고 판시하였다.

---

116) 공 1993. 1. 15. (936), 241.

117) 공 1993. 9. 15. (952), 2236.

나. 자동차수리업자, 접객업소, 세차장 등

자동차수리업자에 관한 운행자책임의 문제는 피용자에 의한 무단운전의 사례가 많아 무단운전의 문제로서 논의되나, 운행자책임을 업자에게 부담시키기 위한 전제로서 운행지배의 범위가 문제된다.

자동차수리계약은 임치와 도급과의 혼합계약이라고 생각되는 바, 임치중에는 임치물에 대한 점유권을 갖는 수리업자가 운행지배를 갖는 점에 대하여는 이미 이론이 없고, 도급의 요소로부터 시운전은 차량의 수리과정에 당연히 포함되어 있는 것으로 된다. 임치물의 사용 재보관에 대하여 임치인의 승낙을 요하는 규정(민법 제694조·제701조·제682조)과의 관계상 수리의뢰자에 대하여 간접적 운행지배가 억측될 수도 있지만, 자동차의 수리를 의뢰하여 인도한 이상 의뢰자는 수리완성 후 다시 인도받을 때까지 의뢰차에 대하여 아무런 관리지배권이 없는 것이므로 업자를 통한 간접지배는 성립될 수 없다.

자동차수리업자에게는 수리·시운전에 필요한 범위내에서의 운전이 허용되어 있고 차량은 업자의 지배하에 있으므로 특단의 사정이 없는 한(사용무단운전만으로는 특단의 사정이라 할 수 없다) 수리의뢰되어 인도받은 후의 운행은 업자의 지배관계에 기한 것이라 할 수 있다. 이것은 일본 최고재판소의 확립된 견해이다.[118]

우리 대법원도 1988. 6. 14. 선고 87다카1585 판결[119]에서, 자동차수리를 의뢰하는 것은 자동차수리업자에게 자동차의 수리와 관계되는 일체의 작업을 맡기는 것으로서, 여기에는 수리나 시운전에 필요한 범위내에서의 운전행위도 포함되는 것이므로, 수리하는 동안의 자동차의 운행지배권은 수리업자에게 있는 것이며,[120] 만일 그 피용자가 수리를 위하여 맡겨진 자동차를 운전하다가 일으킨 사고에 대하여는 특단의 사정이 없는 이상, 수리업자가 자배법 제3조의 운행자로서 책임을 진다고 판시하고, 대법원 1987. 7. 7. 선고 87다카449 판

---

118) 最高判 昭 44. 9. 12. 判例時報 572호 27면.

119) 공 1988. 7. 15. (828), 1022.

120) 대법 2002. 12. 10. 선고 2002다53193〔공 2003. 2. 1. (17), 364〕; 대법 2000. 4. 11. 선고 98다56645〔공 2000. 6. 1. (107), 1160〕; 대법 1999. 12. 28. 선고 99다50224〔공 2000. 2. 15. (100), 370〕; 대법 1995. 2. 17. 선고 94다21856〔공 1995. 4. 1. (989), 1408〕; 대법 1990. 4. 13. 선고 89다카29136〔공 1990. 6. 1. (873), 1065〕.

결[121]에서는 엔진오일 교환업자에게 오일 교환을 위하여 차량을 넘겨주면, 특단의 사정이 없는 한, 위 업자에게만 차량지배권이 있다고 판시하고, 대법원 1988. 10. 25. 선고 86다카2516 판결[122]에서는, 손님이 호텔 나이트클럽에 들어가면서 업소의 주차안내를 맡고 있던 자에게 열쇠를 맡기고 있는 동안은, 그 차량은 위 호텔 나이트클럽이 보관한 것으로 보아야 하며, 맡긴 손님의 차량에 대한 지배는 떠난 것으로 보아야 한다고 판시하였다. 또한 대법원 2009. 10. 15. 선고 2009다42703, 42710 판결[123]은, 공중접객업소의 주차대행 및 관리에 관하여, 여관이나 음식점 등의 공중접객업소에서 주차 대행 및 관리를 위한 주차요원을 일상적으로 배치하여 이용객으로 하여금 주차요원에게 자동차와 시동열쇠를 맡기도록 한 경우에 위 자동차는 공중접객업자가 보관하는 것으로 보아야 하고 위 자동차에 대한 자동차 보유자의 운행지배는 떠난 것으로 볼 수 있다고 판시하면서 그러나 자동차 보유자가 공중접객업소의 일반적 이용객이 아니라 공중접객업자와의 사업・친교 등 다른 목적으로 공중접객업소를 방문하였음에도 호의적으로 주차의 대행 및 관리가 이루어진 경우, 일상적으로는 주차대행이 행하여지지 않는 공중접객업소에서 자동차 보유자의 요구에 의하여 우발적으로 주차의 대행 및 관리가 이루어진 경우 등 자동차 보유자가 자동차의 운행에 대한 운행지배와 운행이익을 완전히 상실하지 아니하였다고 볼 만한 특별한 사정이 있는 경우에는 달리 보아야 한다고 판시하였고, 대법원 1994. 4. 15. 선고 94다5502 판결[124]도 같은 취지를 판시한 바 있었다. 즉, 「자동차의 소유자 또는 보유자가 주점에서의 음주 기타 운전장애 사유 등으로 인하여 일시적으로 타인에게 자동차의 열쇠를 맡겨 대리운전을 시킨 경우, 위 대리운전자의 과실로 인하여 발생한 차량사고의 피해자에 대한 관계에서는 자동차의 소유자 또는 보유자가 객관적, 외형적으로 위 자동차의 운행지배와 운행이익을 가지고 있다고 보는 것이 상당하고, 대리운전자가 그 주점의 지배인 기타 종업원이라 하여 달리 볼 것은 아니다.」라고 판시한 것이

121) 공 1987. 9. 1. (807), 1318.

122) 공 1988. 12. 1. (837), 1470; 동지 대법 1997. 12. 26. 선고 97다35115〔공 1998. 2. 15. (52), 491〕.

123) 공 2009하, 1847.

124) 공 1994. 6. 1. (969), 1446.

그것이다. 그러나 자동차 대리운전을 전문으로 하는 회사의 운전수에게 대리운전을 시킨 경우는 달라서 자동차 대리운전 회사와 대리운전약정을 체결한 자는 차량에 대한 운행지배와 운행이익을 공유하고 있다고 할 수 없고 차량의 단순한 동승자에 불과하다고 한 사례[125]도 있다. 또 세차업자에 관하여도 대법원 1976. 10. 26. 선고 76다517 판결[126]에서, 자동차의 세차를 의뢰한 법률관계는 세차작업의 완료를 목적으로 하는 도급계약관계이므로 세차작업중의 차량의 지배권은 세차업자에게 있어, 특단의 사정이 없는 한, 세차작업중의 차량으로 인하여 야기된 사고에 대한 책임은 세차업자에게 있다고 판시하였다.[127]

일본 하급심 판례로는, 자동차수리업자는 그 종업원이 타인으로부터 사적으로 맡은 자동차에 대하여도 그 종업원에 대한 선임감독의 관계를 통하여 자기의 지배력을 미칠 수 있는 것이라 하여 업자의 책임을 인정한 것[128]이 있고, 자동차판매회사의 외판원이 수개월전에 소유권유보부 할부방식으로 매도한 차를 점검·수리의뢰 받아 보관하던 중 사용무단운전하다가 일으킨 사고에 대하여 판매회사에 책임을 인정한 예도 있다.[129]

또 한가지 문제는 수리완성후 특히 업자가 의뢰자에게 연락한 경우로서, 판례는 적으나 실제의 운전수가 의뢰자측에 속할 때에는 의뢰자에게 반대의 경우는 수리업자에게 책임을 지운다.

수리업자의 아들이자 소방단원이기도 한 자가 소방단으로부터 의뢰받은 수리완성차를 화재발생시에 운전하여 본부로 급행하던 중 일으킨 사고에 대하여 수리업자의 책임을 인정한 예[130]가 있으나, 이 경우에 수리자동차를 본부에까지 가져다 주기로 하였다면 결론은 수긍되나 의뢰자가 찾아가기로 약정되었다면 논쟁의 여지가 있지 않을까 생각된다.

대법원 1993. 2. 9. 선고 92다40167 판결[131]은 자동차의 수리를 위하여 차를

125) 대법 2005. 9. 29. 선고 2005다25755(미간행, 종합법률정보 수록).
126) 공 1976. 12. 1. (549), 9455.
127) 참조 대법 1979. 9. 11. 선고 79다1279(공 1979. 11. 1. (620), 12220).
128) 最高判 昭 43. 9. 27. 判例時報 534호 53면.
129) 大阪地判 昭 42. 1. 20. 判例タイムズ 202호 198면.
130) 札幌地判 昭 32. 8. 9. 不法下民 昭 32년 상 182면.
131) 공 1993. 4. 1. (941), 950.

수리업자에게 인도한 경우에 수리하는 동안의 자동차에 대한 운행지배권은 특단의 사정이 없는 한 자동차보유자(수리의뢰자)에게 있는 것이 아니라 수리업자에게 있다 할 것이나, 보유자의 의뢰를 받고 수리를 위하여 수리업자측에서 의뢰자로부터 차를 인도받아 수리장소까지 운행하는 도중이나 수리를 마친 후 의뢰자에게 돌려주기 위하여 운행하는 도중에 있어서의 운행지배권이 누구에게 있는지에 관하여는 이를 일률적으로 단정할 수 없고 구체적인 경우에 따라 당해 수리의뢰계약의 내용, 특히 의뢰자가 자동차의 운반까지도 의뢰하였는지 여부, 의뢰자와 수리업소와의 종래부터의 거래관계 및 관행 등을 종합하여 결정하여야 한다면서, 자동차정비업체의 직원이 자동차보유자로부터 차를 인도받아 직접 운전하여 가져가 수리를 마친 다음 이를 반환하기 위하여 운반하는 도중에 일어난 사고에 대하여 자동차보유자에게 운행지배권이 있다고 보아 운행공용자로서의 책임을 인정한다고 판시하였고, 대법원 2005. 4. 14. 선고 2004다68175 판결[132]은 자동차의 소유자로부터 수리를 의뢰받은 수리업자가 다시 다른 수리업자에게 수리를 의뢰하여, 다른 수리업자가 자동차를 운전하여 자신의 작업장으로 돌아가던 중 교통사고를 일으킨 사안에서, 자동차 소유자의 의사를 확인하지 않고 다시 수리를 의뢰한 점 등 제반사정에 비추어 원래의 수리업자도 다른 수리업자와 공동으로 위 자동차의 운행지배와 운행이익을 가지고 있었다고 판시한 일이 있다.

4. 수급, 하수급

소위 수급, 하수급의 관계에 있어서 하수급인 또는 피용자가 일으킨 사고에 대하여 수급인이 손해배상책임을 질 것인가의 문제가 있다.

수급인의 사용자책임 성부에 관하여 판례는 다소 엄격하고 「직접간접의 지휘감독관계」를 요구한다. 여기에서의 간접의 지휘감독관계라는 것이 구체적으로 어떠한 사정이 있는 것을 의미하느냐는 의문이지만 운행자책임의 성부에 대하여도 판례는 거의 위와 유사한 결론을 지지한다. 수급인과 하수급인과의 결연관계를 실질적으로 검토한다는 것이고 운행에 대한 지시, 지휘권의 존부

132) 공 2005. 5. 15. (226), 727.

와 강약을 묻는다.[133)]

수급인의 하수급인에 대한 지휘감독권은 하수급인의 사업경영 전반에 개입하여 발동하기 위한 것이라기보다는 수급인의 이해와 관계가 깊은 공사시행에 한하여 유보된 것에 불과한 경우가 많으므로 수급인은 그 유보된 범위내에서만 하수급인을 지휘감독하고 자기기업 경영상의 조직내에 흡수시키고 있는 만큼, 하수급인의 피용자를 수급인의 기업경영조직내에 흡수되어 있다고 말하기 위하여는 직접으로든 혹은 하수급인을 통하여 간접으로든 지휘감독권이 미칠 수 있는 경우가 아니면 안 된다. 물론 위와 같은 이론은 수급인의 하수급인에 대한 사용자책임을 묻는 과정에서 정립된 것이고, 전통적인 과실책임주의에 입각한 19세기의 개념법학적 사고방식은 위험기업이 보급된 금일에 있어서는 타당하지 않고, 자배법의 입법취지와도 맞지 아니한다는 비판이 가해지기도 하지만 자배법 제3조의 기본정신인 위험책임원리는 위험한 자동차를 자기의 실력적 관리지배하에 두는 자에게 책임을 지운다는 점을 생각하면 수급인이 지휘감독권을 유보하지 아니한 하수급인의 기업경영에 관한 사고에까지 책임을 지울 수는 없다 할 것이다.

전속적 하수급인이 그 구성원인 공사반에 재대여한 수급인 자동차의 사고에 대하여 수급인이 공사반에 직접으로 작업지시를 하였다 하여 수급인에게 운행자책임을 인정한 판례는「A가 작업원을 고용하였고 그가 고용계약관계로부터 생기는 일의 법률상 주체이지만 사실상 타의 제3자로부터 보면 피고가 자기의 작업원을 사용하고 있는 것과 다를 것이 없는 상태이므로 본건 사고차의 운행은 A를 위한 것임과 동시에 피고를 위하여 운행되고 있는 것이라 할 것이므로 피고는 A와 공히 운행자라 할 것」이라고 판시하고,[134)] 또 다른 판결에서는「피고 회사는 청부업자로서 수주공사를 수행하기 위하여 상시 전속적인 하청부인을 필요로 하고 외관상 이것을 기업의 일부로 하여 포섭하고 이것을 수족으로 이용하고 지배하여 그 목적인 도로포장을 한 것이고, 본 공사도 역시 피고 A를 그 지배하의 인부와 함께 피고회사의 지배하에서 일하게 함으로써 위 공사의 범위 안에는 피고 A의 피용자인 피고 B에 대하여 직접

133) 日本 判例民事交通訴訟法 56면.

134) 大阪地判 昭 40. 4. 16. 判例タイムズ 184호 176면.

간접의 지휘감독권이 있음을 인정할 수 있으므로 본건 사고당시의 피고 B에 의한 피고 A차의 운행도 피고 A를 위한 것임과 동시에 피고회사를 위한 것이라고 해함이 상당하고, 따라서 피고회사도 피고 A와 함께 피고차를 자기를 위하여 운행한 자라 할 것」이라고 판시한 것[135] 이외에도 건설공사의 수급인에 대하여 현장감독을 파견하여 작업을 지시감독한 수급인,[136] 소규모 하수급인의 인적·물적설비에 의존하여 영업이익을 확보해 온 대건설업자[137]에 대하여 각 운행자 책임을 인정한 사례들이 있고 사리운송인이 일으킨 사고에 대하여 운송을 의뢰한 업자에게 업태의 실질상 운송하청관계에 있다 하여 같은 책임을 과한 예[138]도 있다.

반면에 건물의 일부를 빌려 전속적 하청운송을 하는 자의 피용자가 일으킨 사고[139] 및 일반적 지휘감독관계에 있는 하수급인이 일으킨 사고[140]에 대하여 하수급인이 제3자의 일을 하는 수도 있고, 사고당시도 제3자의 일을 하고 있었다 하여 운행자책임을 부정한 예도 있다.

5. 명의대여 및 명의잔존

가. 명의대여

명의대여자의 운행자책임에 관하여 초기의 판례는 민법 제125조·상법 제24조에 기한 표현책임설, 대여의 위법성으로부터 대여자의 감독의무에 근거를 구하는 위법성설, 인·허가를 요하는 영업에 대하여 명의를 대여하는 것은 피대여자의 영업에 협동·관여하는 것이라는 영업협동설, 영업관여설 등에 근거하고 있었으나 운행자책임의 근거에 관하여 운행이익, 운행지배의 개념이 검토됨에 이르러 소위 실질관계를 구체적으로 묻게 되고 명의대여의 문제도 대차·수급·하수급 등의 문제와 같이 결국 실질적 판단을 받지 않으면 아니

135) 東京地判 昭 41. 4. 21. 判例タイムズ 191호 114면.
136) 東京地判 昭 42. 1. 27. 判例タイムズ 207호 127면.
137) 東京地判 昭 42. 4. 24. 判例時報 505호 42면.
138) 東京地判 昭 43. 1. 30. 判例時報 511호 11면.
139) 大阪地判 昭 43. 2. 10. 判例タイムズ 218호 213면.
140) 東京地判 昭 41. 7. 30. 判例タイムズ 194호 159면.

되게 되었다. 본래 실질적인 소유권 또는 사용권을 갖지 않는 자에 대하여 운행지배·운행이익의 귀속을 묻는 자체가 이례적이라고 말하지 않을 수 없는 것이므로 단지 명의의 소재만을 가지고는 대여자의 책임을 긍정할 수 없을 것이다. 이와 같이 실질관계를 물을 때는 대여된 명의는 실질관계의 존재를 추인하는 하나의 징표에 지나지 않는다. 이 영역에 있어 일반적으로 시인된 판례는 단순한 명의대여는 소유명의의 대여인 경우에도 대여자에 대하여는 운행자책임을 묻지 않는다는 원칙뿐이다.[141]

이와 같이 명의대여자의 운행자책임 성부를 논하는데 있어 실질관계를 검토하여야 한다는 견지에서 보면 민법상 표현대리, 상법상 명의대여자법리를 거래관계 아닌 불법행위와 같은 사실관계에 유추하는 것은 비논리적이므로 운행지배와 운행이익의 귀속 유무에 의하여 책임을 결정하여야 한다는 판례[142]는 정당하고, 운송업의 등록명의·보험가입자명의를 대여한 외에 자기의 화물을 수시로 운송시키고 운임도 일반보다 헐하게 지불한 명의대여자,[143] 매수인 명의를 대여하여 그 이름으로 보험에 가입하고 자신은 자동차를 소유하지 아니하고 명의차용인에게 화물운송을 전적으로 시킨 자,[144][145] 등록명의의 차체상표시를 허락한 외에 기업활동의 일익을 부담시킨 자[146] 등에 대하여 각 운행자책임을 인정한 판례들은 위 실질관계를 검토하여 운행지배를 인정한 점에 정당하지만, 명의대여자는 자기가 책임을 부담할 지위에 있음을 표시한 것이라 하여[147] 또는 명의대여는 암운송업에 협력한 것이라 하여[148] 책임을 인정한 판례들은 위 실질관계의 관점에서 재고되어야 한다. 왜냐하면 명의대여가 위법하다 하여도 그것은 단순한 단속법규 위반에 그칠 뿐임에도 불구하고 그 위법성으로부터 지휘감독권과 그 감독의무를 의제하고 나아가 운행지배의 존재를 간주하는 것은 간접지배 내지 지배가능성의 범위를 부당히 확대하고,

141) 判例民事交通訴訟法 80면.
142) 札幌高判 昭 40. 6. 24. 判例時報 437호 40면.
143) 浦和地判 昭 38. 6. 27. 不法ト民 昭 38년 378면.
144) 東京地判 昭 38. 12. 29. 判例時報 364호 35면.
145) 東京地判 昭 38. 4. 12. 判例時報 334호 43면.
146) 東京高判 昭 43. 2. 16. 判例タイムズ 224호 237면.
147) 神戸姫路地判 昭 35. 12. 27. 判例時報 260호 22면.
148) 東京地判 昭 38. 4. 3. 判例タイムズ 145호 150면.

따라서 위험책임의 원리로부터 점차 일탈하는 것이 아닐까 생각되기 때문이다.

따라서 명의대여자에게 운행자책임을 묻기 위하여는 명의차용인의 사업에 관여 협동하는데서 나아가 자기기업의 일부로서 그를 이용하고 그를 통하여 간접으로 또는 직접으로 자동차를 지배관리하고 있다는 강력한 사실적 요소를 찾아내지 않으면 안 될 것이다.

나. 명의잔존

명의잔존이란 자동차를 매도하고 인도하여 그 실질적 소유권 또는 사용권을 매수인에게 넘겨주었으나 차량의 등록명의, 보험가입자명의, 차체상의 표시 등의 매도인에게 남아 있는 경우이다.

우리나라는 물권변동에 관하여 형식주의를 채택하고 자동차의 소유권이전도 또한 같으므로 공부상 소유명의가 남아 있는 자는 법률상 차량의 소유자이므로 일응 자배법 제3조의 운행자로 추정될 것이지만 차량대금을 모두 수령하고 이전등록에 필요한 일체의 서류를 구비하여 매수인에게 교부함으로써 실질적 소유권을 넘겨주었음에도 불구하고 매수인의 고의 또는 과실로 인하여 그 소유명의 등이 남아 있다 하여도 자동차에 대한 사실상의 지배와 그 운행이익은 매도인에게 잔존하지 아니하므로 운행공용자로 될 수 없음은 당연하고 우리 대법원에서는 누차에 걸쳐 확인한 바가 있다.[149]

Ⅳ. 결 어

자배법은 개인주의적 과실책임이론으로부터 사회주의적, 무과실책임이론으로 이행하는 과정에서 과실책임의 민법원리를 수정하는 형식으로 제정되었고 그것은 보상책임과 위험책임을 기초로 한다.

자배법은 자동차손해배상을 구함에 있어 인신손해에 한하여 가해자의 고의·과실을 묻지 아니하고 오히려 가해자의 과실을 추정하여 그에게 무과실의

149) 대법 1971. 5. 24. 선고 71다617 판례카드 9680; 대법 1970. 9. 29. 선고 70다1554 판례카드 9135; 대법 1999. 5. 14. 선고 98다57501〔공 1999. 6. 15. (84), 1155〕.

입증책임을 과함으로써 입증책임을 전도시킨 결과 민법 제750조, 제756조에 대한 특별규정으로서의 성격을 갖는다.

운행자의 개념은 보상책임원리에서 유래된 운행이익과 위험책임원리에서 추출된 운행지배라는 두 요소로 구성된다. 양자는 상호보완관계에 있지만 자동차가 기업활동의 도구에서 벗어나 개인 일상생활의 용구로 보급되어 자가용자동차가 격증함에 따라 보상책임보다는 위험책임이 자배법의 기본정신으로 강조되고, 따라서 운행이익은 운행지배의 하나의 징표에 불과하다고 생각된다.

그 결과 운행이익은 운행으로부터 직접 얻어지는 경제적 이익에 한정되지 아니하고 간접적인 경제적 이익이나 정신적 만족감을 포섭하게 된다.

운행지배는 위험책임원리상 차량에 대한 운행지시 및 관리를 가능하게 하는 힘의 관계이고, 따라서 초기의 판례는 이것을 사실적 개념으로 파악하였지만 점유개념이 간접점유를 허용하듯이 운행지배도 간접지배 내지는 지배가능성으로도 족하다고 점차 확대해석됨으로써 사실개념에서 벗어나 규범화된다.

더욱이 운행지배의 해석에는 민법상 사용자책임의 외형설의 영향을 받아 객관적인 지배가능성의 범위내에 있으면 운행지배가 있다고 인정하므로 무단운전의 경우에도 객관적 용인이나 사후승낙의 가능성이 객관적으로 인정되면 간접지배를 시인하고, 자동차의 지배는 사람을 통한 지배이므로 운전자와 고용관계가 있거나 가족·친지 등의 관계가 있는 경우는 물론 그러한 관계가 없는 계약의 당사자일지라도 계약내용에 따라 그 계약을 통하여 계약당사자를 지배하고 또한 자동차를 지배한다고 볼 수 있는 경우에는 간접지배를 인정하게 됨에 이르러 자동차임대인의 책임이 긍정된다. 뿐만 아니라 자동차를 소유권유보부 할부판매하고 그 명의를 대여한 경우에도 매도인이나 명의대여인이 매수인이나 명의차용인의 영업에 협력관여하고 나아가 전속적 이용관계를 가지고 자기기업의 일부로 사용하는 경우에는 그들을 통하여 자동차에 대한 간접지배가 성립된다고 본다.

그러나 운행지배의 개념이 규범화한다 하여도 그것은 위험책임에 기초한 즉물적 개념이므로 실질적 사실관계를 떠날 수 없고 그 관계 여하에 따라 간접지배는 중복적으로 인정되는 것이다.

종래의 많은 판례들은 자배법이 피해자보호를 위한 민법의 특별규정이라는 데 집착한 나머지 사용자책임이나 명의대여자책임이 성립하는 경우에는 운행자책임이 성립되는 것처럼 생각하고 있으나 사용자책임은 고용관계를 근거로 사용자의 과실책임을 묻는 것임에 반하여 운행자책임은 위험책임에 기초하여 무과실책임에 가까운 과실책임을 묻는 것인만큼 그 책임요건이 상이하므로 종래 이론 위에 운행자책임을 인정하여서는 안 되고 실질적 관계에 기한 운행지배의 존부라는 관점에서 고찰되어야 하고 운행자책임이 막중하다는 점에서 운행지배의 해석은 엄격하여야 할 것이다.

제 2 절 명의대여와 명의잔존

Ⅰ. 서 설

자동차는 이륜의 소형자동차를 제외하고 자동차등록원부에 등록을 받지 아니하면 이를 운행할 수 없고(자동차관리법 제5조), 자동차소유권의 득실변경은 부동산의 물권변동이 등기하여야 효력이 생기는 것과 마찬가지로 등록을 하여야 그 효력이 생긴다(동법 제6조).

또 이륜의 소형자동차의 사용자는 국토해양부령의 정하는 바에 의하여 관할관청에 사용신고를 하고 차량번호의 지정을 받아야 하며(동법 제48조 제1항), 이륜의 소형자동차의 사용자가 자동차번호의 지정을 받고자 할 때에는 위 자동차의 사용신고서에 당해 자동차에 대한 소유권을 증명하는 서류를 첨부하여야 한다(동법시행규칙 제99조 제1항).

또한 자동차관리법과 건설기계관리법에 의하여 자동차의 등록을 한 자와 위 법에 의하여 이륜소형자동차의 사용신고를 한 자는 자동차의 운행으로 타인의 생명 또는 신체를 사상할 경우에 피해자에게 대통령령이 정하는 금액의 지급책임을 지는 자동차손해배상책임보험에 가입하도록 강제되어 있다(자배법 제5조).

따라서 자동차의 등록명의, 사용신고명의, 보험가입명의를 갖는 자는 일응 자동차의 소유자로 추정되고 따라서 자배법 제2조 제3호 소정의 보유자로 추정된다.

현재의 통설・판례인 항변설(추상설)에 의하면, 원고는 피고가 추상적 일반적으로 자동차의 운행을 지배할 수 있는 지위 즉, 소유자 또는 자동차를 사용할 권한이 있는 자임을 주장・입증하면 족하고, 자동차등록원부나 이륜소형자동차등록대장은 일반인이 쉽게 확인할 수 있으므로 피고가 위 등록명의자임을 입증하는 것은 용이하다.

따라서 위 등록명의자인 피고가 보유자의 책임을 면하려면 자기는 실질적인 소유자가 아닌 명의대여자 또는 명의잔존자임을 주장・입증하지 않으면 안 된다. 명의대여란 전시 등록명의를 유상 또는 무상으로 대여하는 것을 말하고, 명의잔존이란 자동차의 매도 또는 교환・증여 등에 의하여 실질적인 소유권을 넘겼음에도 불구하고 등록명의이전절차가 종료되지 아니함으로써 소유명의가 남아 있는 상태를 말한다.

여객자동차운수사업법 제4조는 여객자동차운송사업을 경영하고자 하는 사람에게 국토해양부장관의 면허를 받도록 규정하고, 동법 제6조는 위 면허에 일정한 기준을 설정하고 있으므로 위와 같은 기준을 갖추지 못하여 면허를 받지 못한 자는 이미 그 면허를 가진 자의 명의로 자동차를 매입・등록하고 위 면허자의 명의로 소위 암운송업을 하는 일이 실제상 종종 일어나 명의대여자의 운행자책임이 문제로 제기되고, 자동차를 할부판매하고 대금완납시까지 소유권을 유보한다든지, 대금의 전부 또는 일부를 받고 차량을 인도하였으나, 매수인에게 운송사업면허가 없다든지 또는 기타의 사정으로, 이전등록절차를 마치지 못하였든가 잔대금의 확보를 위하여 일부러 명의이전을 이행하지 않고 있는 사이에 사고가 발생하면 명의잔존자의 운행자책임이 문제된다.

II. 명의대여자의 사용자책임이론과 그 영향

종래 민법 제756조의 사용자책임에 관하여 명의대여자의 책임을 긍정하는 이론으로는 ① 명의를 대여한 자는 스스로 영업자로서 전적인 책임을 지겠다는 뜻을 표시한 자 혹은 외관상 영업의 사용자 지위에 있는 자로서 책임을 부담한다는 표시설(외관설),[150] 명의대여자는 피대여자 또는 그 피용자를 지휘

150) 大審判 昭 8. 7. 31. 民集 2421면.

감독할 관계에 있으므로 책임을 져야 한다는 지휘감독설,[151] 명의차용인을 외부적으로 관찰하여 명의대여자의 기업을 구성하는 경우에 대여자에게 책임을 인정하는 기업구성설,[152] 자동차운수사업면허명의의 대여는 자동차운수사업법상 금지되어 있는 위법한 행위이므로 책임을 져야 한다는 위법성설,[153] 명의대여자는 명의차용자의 영업에 관여하는 자로 보아 책임을 인정하는 영업관계설[154] 등이 있었다.

그러나 표시설에 대하여는 거래법상의 원리인「표시행위책임」혹은「외관이론」을 자동차사고와 같은 사실행위인 불법행위에까지 추급하는 것은 비합리적이라는 비판이 있었고,[155] 위법성설에 대하여는 암운송과 같은 위법한 명의대여가 이루어진 경우에 그와 같은 명의대여 자체에 의하여 대여자는 사고가 발생하지 않도록 지휘 감독할 책무가 생긴다고 하는 것은 정책론이라면 모르되 대여자와 피대여자 사이의 실질관계를 사상하여 버리고 위법한 명의대여 자체로부터 책임을 끌어내는데 의문이 표시되었으며,[156] 나머지 지휘감독설, 기업구성설, 영업관여설 등은 명의인과 실질적 소유자 및 그 피용자와의 실질관계를 고려하여 거기에 지휘 감독관계가 인정되는 경우에는 명의자의 책임을 인정하는 것으로서 민법 제756조의 해석론으로서는 옳은 방향이라고 말하여지고 있다. 여기에서 말하는 실질관계라는 것은 사실상 지휘 감독을 반드시 요구하는 것은 아니며, 객관적으로 보아서 회사통념상 지휘 감독을 하여야 할 관계가 있다고 평가되는 경우도 포함된다고 풀이되고 있다.[157]

이와 같은 사용자책임의 해석론은 자배법상의 운행자책임의 해석에 영향을 미쳐 명의대여자와 피대여자간의 실질관계를 검토하여 대여자가 피대여자의 사업에 협동하고 있다고 보이는 경우에 책임을 지운다는 사업협동설[158]이 나

151) 大審判 昭 11. 11. 13. 民集 15권 2011면.
152) 我妻, 新法學全集 166면.
153) 末弘, 續民法雜記帳 163면; 加藤, 不法行爲 法律學全集 176면; 札幌高判 昭 38. 12. 28. 判例時報 456호 31면.
154) 吾妻, 注釋判民 昭 8. 166사건.
155) 末弘, 전게서 163면; 加藤, 전게서 176면.
156) 石田,「自動車責任保險の 諸問題」131면.
157) 加藤, 전게서 176면.
158) 東京地判, 昭 38. 4. 3. 判例タイムズ 145호 150면; 東京地判 昭 38. 6. 28. 判例タ

왔으나, 사용자책임은 사용자와 피용자간의 인적 사용관계를 문제삼는 것이고 운행자책임은 자동차운행과의 관계를 문제삼는 것이므로, 보는 각도를 달리하게 되었고 운행자책임은 위험책임이고, 운행자는 운행지배와 운행이익의 귀속주체라는 입장이 통설·판례가 됨에 따라 명의대여자의 책임 성부를 판단함에도 역시 운행지배와 이익의 유무에 의하여야 한다는 견해가 지배적으로 되었다.[159]

Ⅲ. 일본의 판례

명의대여에 관한 일본의 판례 중에는 무면허자에게 자동차운수사업을 할 수 있도록 명의를 대여하고 차고도 대여하고, 차고출입시 차를 검사하여 사고가 나지 않도록 감독하면서 명의료를 받아온 자,[160] 무면허자가 면허영업을 할 수 있도록 차량구입명의를 빌려주고 그 구입자금까지 대여한 후 대여한 자금의 반환을 담보할 목적으로 자기의 명의로 등록을 하고 자기 집의 빈 터에 주차하여 두도록 묵인한 자,[161] 무면허영업을 할 수 있도록 명의를 대여하고 자기의 상품을 우선적으로 운송하게 한 자 등에게 운행자 책임을 인정하였고, 명의잔존의 사안으로는 소유권을 유보하고 차량을 매도한 자가 자기 집에 격납됨을 허용하고, 일을 알선하고 운송료를 받아 할부금과 연료대를 공제해 온 자,[162] 무면허자에게 차량을 소유권유보부 할부판매하고 자기의 제품을 우선적으로 운송시켜 그 운임에서 할부금을 공제해 온 자,[163] 자기의 피용자이었던 자에게 차량을 매각 인도하여 독립시킨 후에도 계속 명의를 유지하고 자기의 거래선에 출입시킨 자,[164] 소유권 유보부 할부판매한 후 전속적 운송관

イムズ 147호 152면; 東京地判 昭 38. 12. 23. 判例時報 364호 35면.

159) 硏究會, 「交通事故による損害賠償請求訴訟の諸問題」 判例タイムズ 174호 3면; 札幌高判 昭 40. 6. 24. 判例タイムズ 178호 116면; 東京地判 昭 40. 7. 14. 判例タイムズ 180호 142면; 東京地判 昭 41. 4. 19. 判例タイムズ 191호 192면.

160) 大審判 昭 8. 7. 31. 민집 2421면.

161) 東京地判 昭 38. 4. 3. 判例タイムズ 145호 150면.

162) 東京地判 昭 38. 6. 28. 判例タイムズ 147호 152면.

163) 東京地判 昭 38. 12. 23. 判例時報 364호 35면.

164) 横浜地判 昭 43. 1. 20. 判例タイムズ 219호 180면.

계를 갖고 차량도 자기 집에 보관시킨 자[165] 등에 대하여 운행자책임을 긍정한 것들이 있다.

이와 같은 판례들을 종합해 볼 때, 판례들은 실질관계로서 전속적 운송관계 등의 종속관계, 차의 보관상황, 명의료 징수의 유무, 운송의 우선적 취급, 운임의 저렴정도, 가솔린·수리비 등의 부담관계 등을 종합적으로 고려하고 있음을 알 수 있다.

그러나 위와 같은 실질관계는 다양하고 그것도 지배와 이익의 귀속이라는 관점에서 볼 때, 결코 결정적 요소라고는 말할 수 없고 단지 하나의 징표라고 보지 않을 수 없다. 이러한 관점에서 위와 같은 실질관계는 차량의 운행을 둘러싸고 명의대여자 또는 명의잔존자가 어떻게 어느 정도로 피대여자 또는 매수인에게 관여하고 간섭하고 지휘 감독하는가 하는 운행지배의 면과 차량의 운행에 대하여 어떤 편의와 이익을 얻는가 하는 운행이익의 면에서 다시 음미되어야 할 것이다.

그러나 앞서 설명한 바와 같이 원래 자배법상 운행자의 책임근거가 위험책임과 보상책임이지만 자동차가 주로 기업활동에 이용되던 과거와는 달리 마이카가 급증하고 있는 오늘날에 있어서는 보상책임의 원리는 퇴조하고 있다고 보지 않을 수 없고, 운행이익 속에 차를 무상대여한 자의 정신적 만족까지 포함시키기에 이르러서는 운행이익은 운행지배를 발견하는 하나의 징표에 불과하다고 보는 소위 일의설이 유력하여짐에 따라 명의대여자나 명의잔존자의 책임 유무를 정함에 있어서도 운행지배를 중시하지 않을 수 없게 된다.

Ⅳ. 대법원 판례의 검토

앞서 명의대여와 명의잔존의 개념을 일응 구별하는 듯 설명하였으나 그 엄격한 구별은 사실상 곤란하다. 예컨대, 소유권을 유보하고 할부판매를 한 경우에는 명의를 대여하였다고 볼 수 있는 측면과 명의잔존이라고 주장할 수 있는 측면이 공존하기 때문이다. 또한 이를 구별할 실익도 없다. 오히려 판례를 분석·검토하는 데는 자동차가 매매·인도되었으나 명의이전이 이루어지지 않

165) 大阪地判 昭 43. 6. 27. 裁判例集 1권 2호 713면.

는 상태에서 사고가 발생된 경우의 매도인의 책임과 소위 지입이라는 명칭의 명의대여와의 두 가지 형태로 구분하는 것이 좋을 것 같다.

우선 자동차매도인의 책임에 관하여 대법원은 전후 9차례 이상의 판결을 하였는데, 자동차를 매도·인도하고 대금을 완급받고 이전등록서류까지 교부하였으나 매수인이 이전등록을 하지 아니한 채 운행하다가 일어난 사고에 관하여는 대법원은 일관하여 매도인에게 운행자책임을 부정하고 있다.[166]

「자동차등록원부에 소유자로 등록된 자가 그 자동차를 남에게 양도하고 그 양수인명의로 이전등록할 수 있게끔 모든 서류를 갖추어 건네주었으나 양수인이 그 명의이전등록을 하지 아니한 채 그 매수한 차를 운행하고 있다면(그 차의 매매대금도 완전히 결제된 경우), 다만 자동차등록원부에 그 차의 소유자로 등록명의만 남아 있는 사람은 자동차손해배상보장법 제3조가 규정하고 있는 "자기를 위하여 자동차를 운행하는 자"라고 말할 수 없다고 보는 것이 상당하다」고 판시한 것이 그것이다.

그러나 매매대금이 완전결제가 되지 아니한 사안에 관하여는 대법원의 견해가 일치되지 않고 있다.

대법원은 당초 1970. 9. 29.자 70다1554호 판결에서 「본건 사고를 일으킨 자동차가 자동차등록원부에 피고 소유로 등록되어 있으나 피고는 이를 소외 1에게 매도하고 매수인은 그의 인도를 받아 소외 2를 운전사로 고용하여 그 자동차를 운행하다가 본건 사고를 일으켰다는 사실만은 원판결에 의하여 적법히 확정된 사실인 이상 아직 등록명의가 매수인명의로 변경되어 있지 아니하고 그 이유가 무엇이든 간에 피고는 자배법 제3조 소정의 자기를 위하여

166) 대법 1971. 5. 24. 선고 71다617 대법원판례집 19권 2집 민 63면·판례월보 11권 38면; 대법 1971. 7. 27. 선고 71다2011 판례월보 14호 11면; 대법 1980. 9. 24. 선고 79다2238〔공 1980. 11. 15. (644), 13211〕; 대법 1983. 12. 13. 선고 83다카975〔공 1984. 2. 1. (721), 163〕; 대법 1984. 2. 28. 선고 83다카1532〔공 1984. 5. 1. (727), 584〕; 대법 1984. 9. 25. 선고 84다333〔공 1984. 11. 15. (740), 1717〕; 대법 1985. 4. 23. 선고 84다카1484〔공 1985. 6. 15. (754), 781〕; 대법 1992. 3. 31. 선고 92다510〔공 1992. 5. 15. (920), 1420〕; 대법 1992. 4. 14. 선고 91다41866〔공 1992. 6. 1. (921), 1577〕; 대법 1994. 2. 22. 선고 93다37052〔공 1994. 4. 15. (966), 1074〕; 동지, 대물변제의 경우 대법 1999. 5. 14. 선고 98다57501〔공 1999. 6. 15. (84), 1155〕; 대법 1996. 7. 30. 선고 95다54716〔공 1996. 9. 15. (18), 2646〕 참조.

자동차를 운행하는 자라고 볼 수는 없는 법」이라고 판시[167]함으로써 매도인이 매매대금을 완급받지 못하였기 때문에 이전등록을 넘겨주지 아니하였다 하더라도 매도·인도하면 책임이 없다는 해석을 가능케 하였었다.

그러나 그 후에는 태도를 달리하여 차량을 매도·인도하였더라도 대금이 완전결제되지 아니하고 이전등록서류도 교부된 바 없다면 자기의 명의로 운행할 것을 허용한 것이라는 이유를 들어 매도인의 운행자책임을 긍정하고 있다. 즉, 「피고회사가 자동차를 매도하고 매매계약금만을 수령하고 약정중도금과 잔대금을 지급받지 아니한 채 그 지급기일이 도래하기도 전에 자동차를 인도하였다면 피고회사는 최소한도 위 매수인이 자동차등록원부에 명의변경등록을 마치기까지에는 피고회사명의로 운행할 것을 허용한 것이라고 볼 수가 있으므로 다른 특별한 사정이 보이지 않는 한 피고회사는 비록 그 운행에 관하여 사실상의 이해관계가 없다 하더라도 이 차를 실제 운행하는 위 매수인과 더불어 그 차를 지배하고 차의 운행에 관한 종업원을 지휘 감독할 책임이 있다 할 것이므로, 피고회사는 자배법 제3조에 정한 "자기를 위하여 자동차를 운행하는 자"에 해당한다고 보는 것이 상당하다 할 것이다(원심이 참조한 본원 1978. 9. 26. 선고 78다294 판결은 매도인이 대금을 완급받고 차를 인도하였으나 매수인의 책임으로 이전등록이 되지 아니 한 사안에 관한 것으로 이 사건에 있어서와는 그 사정이 달라 이 사건에 직접 인용되기에는 적합치가 않다)」고 판시하고,[168] 이어서 1980. 6. 10. 선고 80다591 판결에서도 「피고가 이 사건 사고당시에 이 사건 자동차를 위 조중식에게 매도하고 계약금 수령과 동시에 자동차 및 검사증을 인도하였다 하더라도 아직 잔대금을 받지 못하고 자동차등록명의이전서류도 교부하지 아니한 상태에 있었으므로 비록 전전매수한 위 심홍섭의 피용인이 이 사건 자동차를 운전하였다고 하더라도 이 사건 자동차가 피고의 지배를 완전히 벗어났다고는 할 수 없으니 피고는 이 사건 사고로 인하여 원고들이 입은 손해를 자배법 제3조의 규정에 따라 배상할 책임이 있다」고 판시한 것이 그것이다.[169]

167) 대법 1970. 9. 29. 선고 70다1554 판례총람 10권 1308-8면.

168) 대법 1980. 4. 22. 선고 79다1942 판례월보 122호 6면; 공 1980. 6. 15. (634), 12800; 동지, 대법 1991. 3. 12. 선고 91다605〔공 1991. 5. 1. (895), 1179〕.

169) 판례월보 121호 29면, 공 1980. 8. 1. (637), 12910.

특히 위 80다591 판결에서는 자동차 및 검사증을 인도하였다 하더라도 아직 잔대금을 받지 못하고 이전등록서류도 교부하지 아니한 상태에 있으므로 비록 전전매수한 자의 피용자가 운전하였다 하더라도 이 사건 자동차가 피고의 지배를 완전히 벗어났다고는 할 수 없다고 판시한 부분에 주의할 필요가 있고, 그 앞서의 79다1942 판결에서는 피고회사는 최소한도 매수인이 명의변경등록을 마치기까지에는 피고회사명의로 운행할 것을 허용하였으니 매수인과 더불어 차를 지배하고 운행에 관하여 종업원을 지휘 감독할 책임이 있어 운행자에 해당한다고 판시한 부분에 유의할 필요가 있다.

위 두 판결은 매도잔대금이 남아 있다는 점과 명의가 잔존한다는 사실로부터 전자는 매도인의 운행지배와 이익을 인정하였고, 후자 역시 매도인의 지휘 감독의무 있음을 전제로 운행지배를 긍정하였다고 해석된다.

그러나 자동차를 매도하고 인도한 자는 그 잔대금의 지급이 없는 경우에 계약을 해제하고 원상회복으로서 인도한 자동차의 반환은 구할 수 있다 하더라도 그 이외에 약정에 따라 선이행 받은 매수인의 차량운행에 어떻게 간섭하며, 이를 지배할 수 있는지, 왜 지휘 감독의무가 있는지 알 수 없다.

통상 자동차를 할부판매한 경우에 매도인이 대금채권을 확보하는 수단으로 사용하는 방법에는 대금완제시까지 소유권을 유보하는 방법과 매매의 목적물인 자동차에 저당권을 설정하는 방법이 있고, 후자는 자동차를 제작 판매하는 회사처럼 대량판매를 업으로 하는 자라면 모르되 사인간의 매매에 있어서는 주로 전자가 이용되고 있는 바, 매도인은 원칙적으로 매매계약체결후 매수인에게 자동차를 인도함으로써 운행지배와 운행이익을 상실하여 운행자책임을 지지 않는다는 것이 일본에 있어서의 통설이고 판례의 주장이다.

소유권유보부 할부판매에는 자기명의의 차량을 운행토록 허용하였다는 점에서 사용대차적 면이 있는 것은 부정할 수 없지만 목적물의 반환이 예정되어 있는 것은 아니며 기본적으로는 매매라고 보지 않을 수 없다.[170]

따라서 소유권유보부 할부판매는 법률구성상 계약과 동시에 실질적인 소유권은 매수인에게 이전되고, 매도인은 잔대금채권을 확보하기 위한 매도담보를 설정받은 자로 보아야 하고, 자동차의 현실적인 운행에 개입할 수 없으므로 운

170) 倉田卓次, 「判例からみた 自動車事故の 諸問題」 57면.

행지배나 이익을 갖지 않는다고 보아야 한다.

자동차판매회사나 판매업자가 쓰는 약관에는 ① 자동차의 현상이나 보관장소를 변경할 때는 승낙을 요하며, ② 자동차를 점검하고 사용상의 주의를 줄 수 있으며, ③ 대금지불이 연체되면 계약을 해제하여 자동차의 인도를 구할 수 있다는 등의 기재가 있는 것이 통례이어서 자동차에 대하여 일정한 지배를 미칠 수 있는 것으로 되어 있다.

그러나 이와 같은 지배는 매매대금의 확보를 위한 것으로서 그 한도내에서만 행사할 수 있는 것이므로 이와 같은 자동차에 대한 지배를 가리켜 운행지배와 이익을 갖는다고는 볼 수 없다는 것이 일본 판례의 일반적 경향이고,[171] 우리 대법원의 견해이기도 하다.[172]

물론 위와 같은 분석은 매도인과 매수인을 매매계약의 당사자로서만 본 것이고, 그들 상호간에 특별한 인적 관계가 있어서 자동차를 인도한 후에도 매도인의 운행지배나 이익이 남는 경우까지 부정하는 것은 아니며, 사인간의 매매의 경우에는 사업상의 협력관계 혹은 지배관계가 성립되는 경우도 없는 것은 아니다. 예컨대 앞서 일본 판례들에서 보이듯이 매도인이 자기의 피용자이었던 자를 독립시키면서 자기의 자동차를 소유권을 유보한 채 할부판매하여 인도한 후 계속하여 매도인의 지시에 따라 자기의 사업에 이용하는 전속적 종속관계를 유지시키고 그 운임에서 할부금과 제공한 연료대 및 명의료를 공제하며 차고를 제공하고 운전자를 지휘 감독하고 차량을 안전 점검하는 등 구체적이고 사실적인 운행지배의 실질관계가 인정되는 경우에는 형식상 자동차가 매도되었다 하더라도 운행지배를 인정하는 것이 위험책임을 기본으로 하는 자배법의 취지에 합당할 것이다.

원래 운행은 운전자에 의하여 이루어지는 것이니 운행지배는 운전자에 대한 지휘 감독권이 있어야 인정될 것이고, 운전자가 보유자의 피용자인 경우가 그 전형적인 예가 될 것이다.

그러나 사람과 사람 사이의 지휘 감독은 반드시 고용관계를 전제하지 않더라도 가능하다.[173] 앞서 일본의 판례들이 종속관계를 끌어내기 위하여 설시한

171) 東京地判 昭 48. 9. 18. 判例時報 727호.

172) 대법 1990. 11. 13. 선고 90다카25413〔공 1991. 1. 1. (887), 94〕.

여러 가지 실질관계는 고용관계 아닌 지휘 감독 종속관계를 인정하는 하나의 자료에 불과한 것이다. 그 실질관계의 하나 하나를 분석하면 그것은 도급계약, 연료판매계약, 차고대여계약, 명의대여계약, 운송계약, 할부판매계약에 불과하여 그 자체로부터 지휘 감독관계가 성립되는 것은 아니다. 그러나 위와 같은 계약이 대등한 당사자 사이에 1회에 그치는 것이 아니라 계속적으로 반복되고 차량운전자 또는 그 실제 운행자가 명의자에 대한 관계에서 약자적 지위에 있는 수급인, 연료외상매수인, 차고차수인, 명의차수인, 운송인, 할부매수인의 지위에 서게 되면 대등관계는 종속관계로 변화된다고 보지 않을 수 없고, 위와 같은 제 계약에 연관된 자동차의 운행은 종속적 전속관계하의 운전자를 통하여 명의자가 지배한다고 볼 수 있고, 명의자는 위 운행을 자기사업의 일부로서 혹은 저렴한 운임을 지불하고 할부금이나 연료대금을 확보하고 명의료를 받는 등 운행이익을 갖고 있다고 볼 수 있으므로 이와 같은 실질관계를 검토한 후에 운행자책임을 지우게 되는 것이다.

이와 같이 볼 때 자동차매도인이 그 대금을 완급받지 못하였다는 점은 매수인의 운행을 간섭할 수 있는 하나의 근거가 될 수는 있다. 그러나 그것은 하나의 가능성에 불과하고 실제로 잔금의 확보를 위하여 어떻게 관여하였느냐 하는 문제와는 다르다.

매매대금의 확보를 위한 전시 할부판매약관은 차량의 가치보전에 그치고 운행지배의 근거가 될 수 없듯이, 잔대금의 잔류는 계약해제와 원상회복을 구할 수 있는 무기가 될 뿐 운행을 지배할 직접근거는 아니다.

그럼에도 불구하고 대법원이 여타의 관계를 분석 설시하여 종속적 지배관계를 인정함이 없이 잔대금이 남아 있다는 사실에서 곧바로 매도인의 책임을 인정한 것, 특히 전전매매된 경우에까지 매도인의 책임을 인정한 것은 이해하기 어렵다.

또한 위 대법원 판례가 제시한 바, 자기의 명의로 운행할 것을 허용하였다는 이유도 그 자동차의 운행에 관하여 자동차운수사업법상 일정한 기준을 갖추어 교통부장관의 면허를 받은 자만이 운행할 수 있는 경우에 그와 같은 면

173) 대법 1989. 7. 25. 선고 88다카24752〔공 1989. 9. 15. (856), 1292〕은 매도인의 매수인의 종업원에 대한 지휘·감독의무를 인정하였다.

허를 가진 자가 무면허자에게 차량을 양도하고 자기의 명의와 면허 밑에서 운행토록 협력하였다면 자동차운수사업법 제26조가 「자동차운송사업자는 여하한 방법을 불문하고 그 명의로 자동차운송사업을 타인에게 경영하게 하지 못한다」고 규정한 명의이용금지조항에 위배된 위법한 행위이고, 이와 같은 위법한 행위를 한 자가 스스로 위법사실을 들어 면책를 주장할 수 있게 하는 것은 법의 이념에 반하고, 또한 운행지배의 개념이 사실적 개념에서 출발하여 규범화함으로써 위험책임의 이념으로부터 보아서 운행을 지배할 책무가 있는 자에게는 사실상 지배를 하지 않고 있는 자에게도 운행지배를 인정하는 것이 타당하다는 관점에서 운행지배를 인정할 수 있겠지만, 위와 같은 소위 암운송의 여부를 따져봄이 없이 자기의 명의로 운행할 것을 허락하였다는 사실로부터 곧바로 운행을 지배할 의무가 있다고는 볼 수 없을 것이다.[174]

그리하여 우리 대법원 1992. 4. 14. 선고 91다4102 판결에서 다음과 같이 결론지었다. 즉, 자동차손해배상보장법상 자동차 보유자의 운행지배는 현실적으로 보유자와 운전자 사이에 사실상의 지배관계가 존재하는 경우만이 아니라 간접적이거나 제3자의 관리를 통한 관념상의 지배관계가 존재하는 경우도 포함하는 것이므로, 자동차를 매도하고도 자동차 등록명의를 그대로 남겨 둔 경우에 매도인의 운행지배 유무는 매도인과 매수인 사이의 실질적 관계를 살펴서 사회통념상 매도인이 매수인의 차량운행에 간섭을 하거나 지배관리할 책무가 있는 것으로 평가할 수 있는지의 여부를 가려 결정하여야 한다[175]고 하거나 차량의 매매로 인한 매도인의 운행지배권이나 운행이익 상실여부를 판단함에 있어서는 대금수수나, 자동차검사증 교부 이외에 위 차량의 이전등록서류 교부에 관한 당사자간의 합의내용, 위 차량의 매매경위, 차량인도여부, 인수차량의 운행자 차량의 보험관계 등에 관하여도 심리를 하여야만 할 것[176]이라는 것이다.

다음으로 명의대여사안을 보기로 한다. 전술한 바와 같이 자동차를 매도하고 잔대금을 완급받기 전, 이전등록절차가 완료되기 전에 자동차를 인도하여

174) 반대, 대법 1995. 1. 12. 선고 94다38212〔공 1995. 2. 16. (986), 877〕.

175) 대법 1992. 4. 14. 선고 91다4102〔공 1992. 6. 1. (921), 1553〕; 대법 1994. 9. 23. 선고 94다21672〔공 1994. 11. 1. (979), 2796〕.

176) 대법 1990. 12. 11. 선고 90다7203〔공 1991. 2. 1. (889), 457〕.

운행할 수 있게 한 자는 대법원이 설시한 바와 같이 이전등록완료시까지 자기의 명의로 운행할 것을 허용한 것이니, 이러한 점에서 명의를 대여하였다고 볼 수 있고, 따라서 위와 같은 사안에 관한 대법원의 태도와 그에 대한 전술 비판은 그대로 명의대여에 관하여도 타당할 것이나 매매를 동반하지 않는 순수한 명의대여사안이 있으므로 보기로 한다.

대법원 1991. 2. 26. 선고 90다6460 판결[177]은, 빌라건설회사가 빌라 입주자들의 교통편의를 위하여 차량을 매입하여 준 뒤 그 운행은 빌라입주자들의 자치기구인 빌라관리회에서 운전사를 고용하고 입주자들로부터 일정요금을 받아 연료비, 보수비, 보험료, 제세공과금 등의 차량운영관리비에 충당하여 왔으나, 그 등록명의는 위 관리회가 법인이 아니어서 위 회사 명의로 소유권이전등록을 하여 둔 것이라면, 비록 회사가 위 차량의 운행에 관하여 실제로는 별다른 이해관계가 없다고 하더라도 위 차량은 대외적으로는 여전히 위 회사의 소유인 것이고, 또 위 차량의 등록명의를 그 명의로 유보하여 둔 채 운행할 것을 허용한 것으로 볼 것이므로 위 회사는 자동차손해배상보장법 제3조 소정의 "자기를 위하여 자동차를 운행하는 자"에 해당한다고 판시하였고, 대법원 1989. 6. 27. 선고 88다카18405 판결[178]은, 지방자치단체가 설치, 운영하는 공립학교의 교직원과 학생들 통근용으로 그 학교 교장과의 합의에 따라 버스를 실질적으로 운행하던 자가 자신의 친척결혼식 하객수송용으로 그 버스를 운행하던 중 사고를 일으킨 것이라 하더라도 자동차등록과 보험가입이 학교명의로 되어 있고 학교를 위하여 전속적으로 이용되어 왔으며 버스의 전면에 학교의 이름을 한글로 크게 적어 넣어 누가 보든지 학교차량임을 알기 쉽게 표시하여 두었으며 학교 당국에서 차량운행의 관리와 운행에 따른 감독을 하였고, 등, 하교시 이외에는 버스를 학교에 주차시켜 놓았다면 그 지방자치단체는 객관적으로 버스의 운행을 지배 관리할 수 있는 지위에 있었다고 할 것이므로 자동차손해배상보장법 제3조 소정의 자기를 위하여 자동차를 운행하는 자에 해당한다고 판시한 것이 그것이다.

그러나 대법원은 1977. 7. 12. 선고 77다91 판결에서 「어느 차량이 지입이라

177) 공 1991. 4. 15. (894), 1068.
178) 공 1989. 8. 15. (854), 1154.

는 용어로써 회사에 등록되고 회사의 상표와 일련번호를 차체에 표시하였다 할지라도 회사내에서의 차량운행질서와 상품판매질서에 한해서 회사의 지휘감독을 받는 정도라면 회사가 위 차량을 자기를 위하여 운행한다거나 또는 그 운전사를 회사의 피용자라고 볼 수 없다」고 판시하였고,[179] 그 후 대법원 1992. 10. 27. 선고 92다35455 판결[180]은, 갑으로부터 승용차를 매수하여 인도받은 자가 매매업소에 승용차의 매도를 의뢰하고 이를 인도하였다면 승용차의 등록명의가 갑에게 남아 있었다 하더라도 특단의 사정이 없는 한 승용차에 대한 갑의 운행지배권은 떠난 것으로 보아야 하고, 매매업소 직원이 승용차의 매매알선을 위하여 운행하였다면 갑을 위하여 운행한 것이라 할 수 없다고 판시하였고, 또한 대법원은 2004. 4. 28. 선고 2003다24116 판결[181]에서, 사회복지법인의 전임 후원회장 등이 자신들의 비용으로 차량을 구입한 후 등록원부상 소유 명의를 법인 명의로 해 둔 채 위 차량을 운행하다가 그 직에서 해임된 이후에도 법인의 운행중지 및 차량인도 요구 등에 불응하면서 타인으로 하여금 위 차량을 운행하게 하여 교통사고를 일으킨 경우, 위 차량에 대한 법인의 운행지배와 운행이익이 상실되었다고 판시하였으며, 대법원 1991. 12. 27. 선고 91다33940 판결[182]은, 소규모 운송업자가 노선화물자동차운송회사와의 화물취급소 위탁경영계약에 따라 위 회사의 전체적인 화물운송계획에 따른 지시 아래 위 회사의 영업소라는 상호로 서울 시내 일정구역의 화물연계수송 및 집배화 업무를 전속적으로 위탁받아 처리하던 중 그 약정내용에 위반하여 타인으로부터 개별적으로 화물의 직송을 의뢰받아 고용운전수로 하여금 그 화물의 운송업무를 수행하게 하다가 사고를 일으키게 된 경우 위 사고차량의 운행은 전혀 위 운송사업면허업자의 의사에 반하여 이루어진 것으로서 위 운송사업면허업자는 위 고용운전수의 운전행위에 관하여 실질적인 지휘감독권을 미칠 수 없게 되는 결과 그 차량에 대한 운행지배를 상실한 것으로 볼 것이라고 판시하였다.

이러한 판결들은 앞서 제시한 자동차매도인의 책임에 관한 판결에서 매도인

179) 대법 1977. 7. 12. 선고 77다91 대법원판례집 25권 2집 민 168면.

180) 공 1992. 12. 15. (934), 3297.

181) 미간행, 종합법률정보 수록.

182) 공 1992. 3. 1. (915), 778.

의 명의로 이전등록될 때까지는 자기의 명의로 운행할 것을 허용하였으므로 매수인과 더불어 그 차를 지배하고 차의 운행에 관한 종업원을 지휘 감독할 책임이 있고, 비록 전전매수인의 피용자가 운전하였다 하더라도 매도인의 지배를 완전히 벗어났다고는 할 수 없어 운행자책임을 져야 한다고 판시한 것과 명백히 모순되는 것이지만, 앞서 상술한 바와 같이 차량 명의 내지 차체표시명의를 대여하였다는 사실로부터 법이 운행지배를 강요하고 의제할 근거가 희박한 반면, 자동차의 운행이란 자동차 그 자체의 관리가 아니라 당해 장치를 용법에 따라 사용하는 것이고, 자동차의 사용은 운전자의 운전행위를 통하여 이루어지는 것이니 운전자의 운전을 지휘 감독 통제할 권한이 없는 자에게 또 그와 같은 책무를 과할 수 없는 자에게(자동차운수사업법상 금지된 사업면허의 대여자와는 다르다) 운행지배를 인정할 수 없다는 점으로부터 타당한 결론이라 할 것이다.

또 서울고등법원은 1981. 2. 13. 선고 80나2646 판결에서 화물운송회사인 피고가 자기명의로 차량을 구입하여 지입토록 허락한 자동차가 일으킨 사고에 관하여 「피고는 1979. 10. 13. 소외 현대자동차주식회사와 이 사건 화물자동차를 포함한 10대의 자동차에 관하여 매매계약을 체결한 후, 위 소외 한청일로부터 이 사건 화물자동차의 대금과 번호대금을 영수하고 차량잔대금을 위 소외회사에 입금시켜줌으로써 위 한청일이 이 사건 화물자동차를 피고명의로 매수하여 이를 인수할 수 있도록 협력한 사실이 인정되므로 피고는 위 소외인에게 운송업을 시킬 목적으로 차량명의와 영업명의를 대여한 것으로 인정된다.

그런데 자동차운수사업법은 자동차운송사업을 경영하고자 하는 사람으로 하여금 동법 소정의 기준을 갖추어 교통부장관의 면허를 받도록 하고 여하한 방법을 불문하고 그 명의로서 타인에게 자동차운송사업을 경영하게 하지 못한다고 규정하고 있으므로 이와 같은 규정에 위배하여 피고가 무면허자인 위 한청일에게 면허영업이 운송업을 할 수 있도록 차량명의 내지 영업명의를 대여한 이상, 피고는 위 소외인의 영업수행 및 자동차의 운행에 관하여 지배를 미칠 수 있는 위치에 있고, 위험책임 등 자배법의 정신과 전시 자동차운수사업법의 규정취지에 비추어 지입차량의 운행에 관하여 지배 관리의 책임이 있다고 보아야 하므로 이 사건 화물자동차는 피고의 운행지배 밑에 있었다고 인정할 수 있다」고 판시함으로써 강행법규를 위반하여 영업면허를 대여하고 차량소유명의를 대여한 자에게 운행지배의 책임을 과하고 운행지배를 의제하였다.

이것은 자동차운수사업법이 자동차가 위험물임을 감안하여 일정한 기준을 갖춘 자에게만 사업을 허가하고 통제하려는 취지를 갖는 것임에 비추어 위험책임인 자배법상 운행자책임의 하나의 증거가 됨을 판시한 것으로 역시 타당하다고 본다.

여기에서 한 가지 유의할 사항이 있다. 그것은 같은 차량소유명의의 대여라 하더라도 면허영업인 운송사업면허의 대여사용을 동반하는 경우와 그렇지 아니한 경우가 있는 것이다.

자가용화물자동차는 부가가치세법 제5조 소정의 사업자등록증을 가진 자는 자동차운수사업법 제56조, 동 시행규칙 제56조 소정의 사용신고를 하고 이를 운행하여야 하고, 따라서 이와 같은 차량을 이전등록함에는 전시 사용신고를 동시에 하게 되는데, 위 사업자등록증이 없는 자는 사실상 매수, 인도받았음에도 등록명의는 매도인이 명의로 남겨둔 채 운행하는 경우도 있다.

그러나 위 사업자등록증은 국가의 세무행정상 요구되는 것에 불과하므로 위 운수사업면허의 대여와 동시할 수 없고, 따라서 혼동함은 곤란할 것이다.

그러나 사업자등록명의와는 달리, 종래 중기관리법에서 허가제로 되어 있던 건설기계대여업이 건설기계관리법 및 같은법시행령에 의하여 신고제로 변경되면서, 건설기계대여업종이 종합건설기계대여업, 단종건설기계대여업 및 개별건설기계대여업으로 나뉘고, 2인 이상의 법인 또는 개인이 종합건설기계대여업 혹은 단종건설기계대여업을 공동으로 운영할 경우에는 대표자의 명의로 신고서를 제출하고 이에 각 구성원이 연명하여 신고하도록 규정하고 있는바, 이러한 경우 그 사업신고 대표자가 자동차손해배상보장법 제3조 소정의 운행자책임을 지는지 여부는 건설기계관리법 및 같은법시행령이 공동운영을 하도록 규정한 취지 및 대표자와 연명신고자 사이에 체결된 관리계약에서 정해진 사업협동관계 내지 지휘·감독관계 등 실질관계를 따져 사회통념상 대표자가 그 건설기계에 대한 운행을 지배하여 그 이익을 향수하는 책임주체로서의 지위를 가지고 있는지 여부에 따라 결정되어야 하기 때문에, 건설기계관리법 및 같은법시행령상의 종합건설기계대여업 일반건설기계대여업 등의 신고대표자가 연명신고자 소유의 건설기계에 대하여 그 소유자와 함께 자동차손해배상보장법 제3조 소정의 자기를 위하여 자동차를 운행하는 자에 해당한다고 보는 것을 우리 대법원의 확립된 판례로 보인다.[183)]

V. 결 어

자동차의 운행지배는 자동차 차체 내지 가치의 지배가 아닌 사용의 통제이고 규범화되어 가기는 하지만 사실적인 개념이며, 자동차사용의 통제는 운전수라는 사람을 통하여 이루어지고, 따라서 운행지배를 인정하려면 직접 혹은 간접으로 운전자를 지휘, 감독, 통제할 수 있지 않으면 안 된다. 피용자가 전형적이겠지만 그와 같은 관계가 아니더라도 영업명의, 차량명의를 대여하고 자기기업의 일부를 구성시켜 전속적 계속적으로 종속관계를 유지시킨다면 피용자에 준하여 운행지배를 인정할 수 있고, 또한 위와 같은 지휘 감독이 법상 요구되는 자는 운행을 지배할 책무가 있으므로 사실상 지배하였느냐의 여부에 관계없이 운행지배를 인정하여야 할 것이다.

제 3 절 운행의 의의와 범위

I. 운행의 의의와 한계

자배법 제3조는 「자기를 위하여 자동차를 운행하는 자는 그 운행으로 다른 사람을 사망하게 하거나 부상하게 한 때에는 그 손해를 배상할 책임을 진다」고 규정하고 있다. 따라서 자동차가 관련되어 발생한 인신사고라 하더라도 그것이 자동차의 운행에 의하여 사상한 것이 아니면 자배법은 적용되지 아니하고, 그 결과 가해자측으로서는 자배책보험의 보험금을 받을 수 없고, 피해자로서도 가해자측의 자력이 충분하지 못할 때는 손해의 전부 또는 일부를 배상받

183) 대법 2007. 7. 26. 선고 2006다13339 판결〔미간행〕; 대법 2001. 5. 15. 선고 2001다18643 판결〔공 2001. 7. 1. (133), 1390〕; 대법 1998. 6. 12. 선고 97다30455 판결〔공 1998. 7. 15. (62), 1863〕.

지 못하는 경우가 생기므로 당해 인신사고가 자동차의 「운행」으로 인한 것인가 아닌가는 중대한 문제가 된다.

자동차의 「운행」이란 무엇인가? 자배법 제2조 제2항은 「이 법에서 "운행"이라 함은 사람 또는 물건의 운송 여부에 불구하고 자동차를 당해 장치의 용법에 따라 사용하거나 관리하는 것을 말한다」고 정의하고 있다.

한편, 자동차관리법(2009. 2. 6. 법 9109호)은 그 제5조에서 「자동차(이륜자동차를 제외한다)는 자동차등록원부에 등록한 후가 아니면 이를 운행하지 못한다」고 규정하면서, 그 제2조 2호에서 「"운행"이란 사람 또는 화물의 운송여부에 관계없이 자동차를 그 용법에 따라 사용하는 것을 말한다」고 정의하고 있다.

자배법은 자동차의 운행으로 사람이 사망 또는 부상하거나 재물이 멸실 또는 훼손된 경우에 손해배상을 보장하는 제도를 확립하여 피해자를 보호하고 자동차운송의 건전한 발달을 촉진함을 목적으로 하며(제1조), 자동차관리법은 자동차의 등록, 안전기준, 자기인증, 제작결함시정, 검증, 정비, 검사 및 자동차관리사업 등에 관한 사항을 정하여 자동차를 효율적으로 관리하고 자동차의 소유권을 공증하고, 자동차의 안전도를 확보함으로써 공공의 복리를 증진함을 목적으로 하여 그 목적하는 바가 약간 다르지만 두 법률이 자동차에 의한 위험의 결과를 또는 미연방지를 규율하는 교통법규라는 점에서 「운행」을 정의한 내용은 특단의 사유가 없는 한 같은 의미로 이해해야 하리라고 생각된다.[184]

그러나 자배법 제2조 제1호, 자동차관리법 제2조 제1호 제3조 및 같은법시행규칙 제2조에 의한 별표 1의 각 규정에 의하면 배기량 49.6씨씨 오토바이는 자동차손해배상보장법 제3조 소정의 자동차에 해당하지 아니하므로 배기량 49.6씨씨 오토바이의 운행으로 인한 사고는 자동차손해배상보장법 제3조가 적용되는 자동차의 운행으로 인한 사고의 범위에 포함되지 않는다(대법원 1993. 8. 27. 선고 93다16932[공 1993. 10. 15. (954), 2624]).

위 두 법률은 「당해 장치」의 의미에 관하여 아무런 정의규정이 없어 그 뜻에 관하여 학설과 판례는 견해의 차이를 심하게 보이고 있다. 우리나라에는 이

184) 中村行雄, "自賠法における「運行」及び「運行によつてべ」" 現代損害賠償法講座 96면.

에 관한 판례로 1980. 8. 12. 대법원 제3부에서 선고한 80다904 판결을 시작으로 3건의 판결이 보일 뿐 그 외에 판례나 학설이 공간된 것이 보이지 아니하므로 주로 일본의 학설과 판례를 종합 검토하여 보기로 한다.

1. 원동기설

이 설은 자동차의 「운행」이라는 것은 자동차를 원동기에 의하여 이동시키는 것을 말한다고 하면서 「당해 장치」를 「원동기장치」라고 해석하고 자동차의 위험은 자동차가 원동기라는 장치에 의하여 이동하는데 있다고 본다.

따라서 자동차의 원동기가 작동되지 않는 한 자동차는 운행되는 것이 아니라고 해석한다. 일찍이 자동차가 목적지로 가다가 주유소에 들려 급유를 끝낸 후, 클러치(clutch)에 고장이 있어 그 곳에서 원동기를 정지시키고 주유소의 종업원으로부터 세척용 기름통을 넘겨받아 그 종업원이 비춰 주는 전등 밑에서 고장난 곳을 닦던 중 돌연 자동차의 배터리선이 끊어져 발화되어 운전자가 갖고 있던 석유통에 인화되었기 때문에 이 통을 내던졌는데, 이것이 위 종업원에게 맞아 불붙은 기름을 뒤집어쓰고 화상을 입어 사망한 사고에 관하여 일본의 神戶地方裁判所는 그 판결이유에서 「운행이라는 것은 자동차를 당해 장치의 용법에 따라 사용하는 것 즉, 자동차를 원동기에 의하여 이동시키는 것이라고 해하여야 할 것인바」 본건 사고는 자동차 정지 중에 발생한 것이므로 「운행 중에 발생한 사고가 아님은 물론, 본건 사고발생과 자동차의 운행과의 간에 상당 인과관계가 있다고도 볼 수 없다」고 하면서 자배법 제3조의 적용을 부정하였다.[185)]

이 설에 의하면 원동기에 의한 주행상태가 아닌 경우, 예컨대 자동차가 원동기의 작동에 의하지 아니하고 타력에 의하여 내리막길을 주행하는 도중 또는 원동기의 조작에 의한 주행의 전후 즉, 발진이전 및 정지후는 당해 자동차가 도로상에 있더라도 「운행」 중이라고는 할 수 없게 된다. 물론 자동차 특유의 위험성은 그것이 원동기의 작동에 의하여 도로상을 주행할 때 생기는 것이기는 하지만 기름을 절약하기 위하여 내리막길에서 엔진을 끄고 가다가 사고

185) 神戶地判 昭 34. 4. 18. 下民集 10권 4호 781면.

를 일으킨 경우 또는 정차직후 문을 열었는데 후속차량이 그 문에 접촉되어 사고가 일어난 경우에 이와 같은 사고를 「운행으로」 인한 사고가 아니라고 하는 것은 운행의 개념을 너무 좁게 해석하여 피해자를 보호코자 하는 자배법의 취지에도 반한다고 보지 않을 수 없다. 이 설을 수정하고 나온 것이 다음에 보는 「주행장치설」이다.

2. 주행장치설

이 설은, 「자배법 제2조의 당해 장치라는 것은 엔진장치 즉, 원동기장치에 중점을 둔 규정이지만 반드시 그 장치에만 한정하는 취지는 아니고 다른 여러 가지 주행장치를 포함하는 취지」라고 해한다. 그리하여 자동차의 운전에 관한 장치 이외에도 운송과 불가분의 관계에 있는 것 즉, 측판 후판, 버스나 승용차의 문 등 사회통념상 운송에 필요한 장치를 「당해 장치」에 포함시키고 있다. 그러나 뒤에 보는 고유장치설과는 달리 주행 또는 운송과는 관계없는 덤프 카의 덤프나 크레인 차의 크레인 등은 그 자체가 별도의 목적을 갖고 있기 때문에 그 조작중 발생한 사고라도 운행에 의한 것으로는 보지 아니한다.

일본의 최고재는, 8세의 소년이 엔진 고장으로 정지된 삼륜차를 로프로 매어 끌고 가던 견인차량에 타고 가다가 지상에 뛰어내렸는데 견인되어 딸려오던 위 삼륜차에 치어 사망한 사안에 관하여, 「자동차가 엔진 고장으로 자력주행할 수 없는 경우라도 당해 자동차가 핸들이나 브레이크의 조작에 의하여 조종의 자유를 갖고 이러한 것들을 조작하면서 로프에 의하여 견인되어 주행하고 있는 경우에는 "운행"에 해당한다」고 판시하였다.[186] 그러나 견인되는 차량의 앞바퀴 또는 뒷바퀴가 들려져서 견인되는 경우에는 조종의 자유가 전혀 없으므로 "운행중"이라고는 할 수 없을 것이다.

그러나 이 설은 주행을 전제로 하여 조종의 자유를 갖는다는 점을 이유로 하고 있으므로 자동차가 정지상태에서 인신사고를 일으킨 경우에는 "운행중" 이라고 볼 수 없다는 점에서 뒤의 고유장치설과 차이가 있다.

---

186) 最高判 昭 43. 10. 8. 判例時報 537호 45면, 判例タイムズ 228호 1~4면.

3. 고유장치설

이 설은 주행장치설에서 한 걸음 더 나아가 「당해 장치」를 「자동차의 구조상 설비되어 있는 각 장치(기관, 조향, 전동, 제동, 전기, 연료, 냉각, 배기, 기타 장치) 외에 크레인차의 크레인, 덤프 카의 덤프, 보통트럭의 측판 후판 등 당해 자동차 고유의 장치」로 보아서 이러한 장치의 전부 또는 일부를 그 목적에 따라 조작하면 운행에 해당한다고 해석한다.[187]

운전자가 교통경찰관의 지시에 따라 차를 도로변에 정차시키고 단속에 응하기 위하여 차도쪽의 문을 열고 내리려 할 때, 후방에서 오토바이를 타고 달려오던 피해자가 그 핸들 한족 부분을 위 열린 문에 접촉 당하여 넘어지고 때마침 뒤쫓아 오던 삼륜차에 치어 사망한 사고에 관하여 일본의 하급심 판례는 「자배법에서 말하는 자동차의 운행에는 수송교통기관으로서의 자동차가 점의 존재가 아닌 물체라는 사실로부터 위치의 이동 즉, 주행만이 포함되는 것이 아니라 주행의 전제가 되는 도로상 공간의 일부를 점유하여 문을 열고 닫는 등 부수적인 장치를 사용하는 것도 포함된다고 해석하는 것이 당연하므로 정차중 문의 개폐에 의하여 생긴 본건 사고도 또한 가해차의 운행에 의한 것임은 말할 필요도 없다」고 판시하였다.[188]

이 판결은 부수적 장치를 특히 한정하지 아니하므로 자동차관리법시행령(2009. 3. 27. 령 제21376호) 제8조에 열거된 21여종에 달하는 자동차의 장치 즉, ① 원동기 및 동력전달장치, ② 주행장치, ③ 조정장치, ④ 조향장치, ⑤ 제동장치, ⑥ 완충장치, ⑦ 연료장치 및 전기・전자장치, ⑧ 차체 및 차대, ⑨ 연결장치 및 견인장치, ⑩ 승차장치 및 물품적재장치, ⑪ 창유리, ⑫ 소음방지장치, ⑬ 배기가스발산방지장치, ⑭ 전조등・번호등・후미등・제동등・차폭등・후퇴등 기타 등화장치, ⑮ 경음기 및 경보장치, ⑯ 방향지시등 기타 지시장치, ⑰ 후사경 창닦이기 기타시야를 확보하는 장치, ⑱ 속도계・주행거리계 기타 계기, ⑲ 소화기 및 방화장치, ⑳ 내압용기 및 그 부속장치, ㉑ 기타 자

187) 海老名, 「自動車損害賠償責任保險」 總會法學 32호 22면.
188) 大阪地判 昭 40. 1. 29. 判例タイムズ 183호 185면.

동차의 안전운행에 필요한 장치로서 국토해양부령이 정하는 장치 등을 포함하게 될 것이다.

이 판결에 이어서 크레인차의 크레인 등 특수자동차 고유의 장치를 그 목적에 따라 조작하면 「운행」에 해당한다고 하는 판례(소화 43년 4월 24일 松山地裁 宇和島支部 판결)가 나타났다. 이 판결은 그 이유에서 운행이라는 것은 위치의 이동인 주행을 요건으로 하지 아니하며 자동차의 구조상 통상 설비되어 있는 각 장치 또는 크레인차의 크레인 등 당해 특수자동차 고유의 장치를 그 목적에 따라 조작하는 경우도 포함시켜 해석함이 상당하다면서 사고당시 사고를 낸 크레인차가 지상에 고정된 정지상태에 있었더라도 위 차에 설치되어 있는 크레인 장치를 그 목적인 화물운반에 쓰려고 조작하다가 잘못하여 사고를 일으켰다면 바로 그것은 자배법 소정의 "자동차의 운행"에 의하여 사고가 발생된 것이라고 하여 크레인의 조작중 일어난 사고에 관하여 보유자에게 자배법 제3조의 책임을 인정하였다.[189]

이 판례 이후에 파우워 · 쇼벨(power-shovel)의 선회중 사고,[190] 콘크리트믹서(concrete-mixer) 회전중의 사고,[191] 불도저(bulldozer)의 공사장에서의 후진중 사고,[192] 트럭 · 크레인(truck crane)의 철골 조립중의 사고,[193] 쇼벨 · 로다의 쇼벨 조작중의 사고[194]에 관하여 모두 보유자의 책임을 인정하였다.

일본에서는 위와 같은 판례의 집적이 있은 후, 소화 52. 11. 24. 최고재판소는 「자배법 제2조 제2항에서 말하는 "자동차를 당해 장치의 용법에 따라 사용"한다는 것은 자동차를 엔진 기타 주행장치에 의하여 위치를 이동시키는 주행상태에 두는 경우만이 아니라 특수자동차인 크레인차를 주행정지상태에 두고 조종자가 고유장치인 크레인을 목적에 따라 조작하는 경우도 포함한다」고 결론지었다.

---

189) 松山地裁 宇和島支判 昭 43. 4. 24. 交通民事判例集 1권 472면, 동 1권 색인해설호 198면.

190) 名古屋地判 昭 46. 12. 20. 判例タイムズ 275호 335면, 判例時報 661호 70면.

191) 德島地判 昭 44. 9. 27. 交通民事判例集 2권 4호 1030면.

192) 札幌地判 昭 47. 12. 27. 判例タイムズ 298호 421면.

193) 名古屋地判 昭 47. 5. 31. 交通民事判例集 5권 3호 774면.

194) 函館地判 昭 47. 6. 28. 交通民事判例集 5권 3호 871면.

이와 같이 고유장치설은 당해 장치를 주행장치만이 아니라 특수차량 또는 중기의 고유장치까지 포함하는 것으로 보고, 따라서 운행은 주행 뿐만 아니라 위 특수차량·중기고유장치의 조작, 작동까지 포함하는 것으로 해석함으로써 주행장치설에서 진일보한 설이라 할 수 있다.

당초 우리나라 자배법은 제2조 제1항에서 「이 법에서 "자동차"라 함은 도로운송차량법 제3조에 규정하는 자동차를 말한다」고 정의하였었으나, 2008. 3. 28.자로 공포한 법률 제9065호로써 위 정의규정을 개정하여 「"자동차란 「자동차관리법」의 적용을 받는 자동차와 건설기계관리법의 적용을 받는 건설기계 중 대통령령이 정하는 것을 말한다」고 규정함으로써, 위 제2조 제1항의 내용에 「건설기계관리법에 의한 건설기계 중 대통령령이 정하는 것」을 위 자동차의 개념에 포함시켰고, 자배법시행령 제2조에서 덤프트럭, 타이어식 기중기, 콘크리트 믹서트럭, 트럭적재식으로 된 콘크리트 펌프, 트럭적재식으로 된 아스팔트 살포기, 타이어식 굴삭기 등 건설공사에 사용할 수 있는 기계 6종을 건설기계로 규정하고 있으니, 이와 같은 법 개정 이전에는 일본에서와 같이 학설로써 해결하여야 되었겠으나, 이 개정 이후에는 위와 같은 이론전개가 없더라도 그 조작중의 사고는 법조문의 해석상 당연히 "운행중의 사고"로 볼 수 있게 되었다.

환언하면, 우리나라는 원동기설 및 주행장치설에서 한 걸음 더 나아가 고유장치설을 택하였다고 해석할 수 있을 것이다.

우리나라의 판례를 보면, 버스의 승객이 몰래 지입한 인화물질이 스며나와 바닥에 흘러퍼지고 거기에 성냥 불꽃이 떨어져 화재사고가 발생된 사안에 관하여, 대구고등법원은 「자동차의 운행으로 그 승객을 사상한 때라 함은 자동차의 당해 장치 즉, 비단 그 원동기 뿐만 아니라 그 자동차를 구성하고 있는 제반요소, 예컨대 창문과 차체로 차단된 공간으로서의 버스내부까지를 포함한 장치 일체를 승객운송에 기여하는 용법에 따라 사용한 것이 직접 또는 간접으로 그 승객의 사상의 원인이 된 것으로 통상 시인되는 경우를 일컫는데…… 위 차내의 화재는 승객의 휘발유 지참행위와 성냥 불꽃을 던진 행위가 그 주된 직접적 원인이 되어 발생되었다 할지라도 위 버스의 원동기에 의한 진행시 차체의 진동이 있어 그 진동 때문에 위의 휘발유가 스며나오게 되었고, 그 조명시설 현상이 승객의 소지품을 찾는데 적당치 못하여 성냥불을 켜지 않으면 안 될 사정이었을 뿐 아니라 위 버스의 자체나 창틀 등의 설비로 인하여 위 버스의 공기가 쉽사리 환기되지 못하도록 구성된 까닭에 위 휘발유가 위 차내의 공기에 섞인 그대로 정체되어 있어서 위 화재발생이 용이하게 되었으며, 또 그와 같은 순간적인 폭발성화재에 당하여는 좌석의 배열이나 출입문 등 차의 구조가 승객의 탈출 등 대피에 부적당한 상태이었기에 그 손해가 발생 또는 확대되었음을 인정할 수 있고, 그와 같은 사실은 위 화재발생의 간접적이나마 통상의 원인이 되는 요인이라 할 것이고 그러한 요인은 위 버스의 당해 장치 즉, 위에서 본 차체의 장치 일체의 그 용법에 따른 사용에서 비롯되었다하겠으므로 자배법 제3조의 책임을 져야 한다」고 판시하였고(79나683), 이 판결을 지지한 1980. 8. 12.자 대법원 판결(80다904)은, 「당해 장치를 비단 그 원동기 뿐만이 아니라 자동차를 구성하고 있는 창문과 차체로 차단된 공간으로서의 자동차의 내부까지를 포함한 장치 일체를 말하는 것이라고 볼 것이라는 전제하에 이 건 버스차내의 화재는 그 판시 승객의 휘발유지참행위와 성냥 불꽃을 던진 행위가 그 주된 원인이 되어 발생하였다 할지라도 그 인정사실과도 같이 위 버스의 원동기에 의한 진행시의 진동 때문에 위 지참휘발유통이 흔들려 비닐 마개 틈으로 휘발유가 스며 나와 버스 바닥에 흘러 퍼지게 되었고, 그 버스의 조명시설이 승객의 소지품을 찾는데 적당치 못한 사정이 있었으며 그 밖에 출입문 등 위 차의 구조가 승객의 탈출 등 대피에 부적당한 상태이었음이 위 화재발생의 간접적 원인이 되었다 할 것인데, 그러한 요인들은 위에서 본 장치 일체의 그 용법에 따른 사용에서 비롯되었다 할 것이므로 위 사고는 위 버스의 운행으로 승객들에게 사상의 손해를 입게 한 경우로서 위 버스 소유자인 피고는 자동차손해배상보장법 제3조 소정의 배상책임을 지게 된다고 하였음은 수긍되는 법률의 해석과 적법한 사실인정에 의한 정당한 판단이라 할 것」이라고 판시하였다. 이 판례는 "운행"에 관한 우리나라 대법원의 최초의 것으로 보이는데 당해 장치를 원동기 뿐만 아니라 창문과 차체로 차단된 공간으로서의 자동차의 내부까지를 포함한 장치 일체를 포함시키고 있는 점에서 고유장치설을 취하고 있다고 볼 수 있다.

그렇다면 버스의 선반에서 물건이 떨어지거나 버스의 바닥이 미끄러워 주행

중 승객이 부상한 경우도 피해자 자신의 과실이 상계되거나 보유자면책가능성의 문제는 차치하고 역시 운행중의 사고로 볼 수 있을 것이다.

뿐만 아니라 주행중인 화물자동차의 적재함으로부터 적재물이 떨어져 행인이 사상한 경우 역시 운행중의 사고로 보아도 좋을 것이다.[195]

우리 대법원은, 자동차손해배상보장법 제2조 제2호에 자동차의 '운행'이라 함은 사람 또는 물건의 운송 여부에 관계없이 자동차를 당해 장치의 용법에 따라 사용하는 것을 말한다고 규정하고 있고, 여기서 당해 장치란 운전자나 동승자 및 화물과는 구별되는 당해 자동차에 계속적으로 고정되어 있는 장치로서 자동차의 구조상 설비되어 있는 당해 자동차 고유의 장치를 말하므로, 이와 같은 각종 장치의 전부 또는 일부를 각각의 사용목적에 따라 사용하는 경우에는 운행중에 있는 것이므로, 트럭타로 견인되는 트레일러의 적재함에 부착되어 있는 쇠파이프는 당해 장치라고 볼 수는 있으나 사고가 쇠파이프의 사용목적에 따라 사용하다가 발생한 것이 아니고 그 철구조물을 철거하는 수리작업 과정에서 발생한 경우, 자동차의 운행중 일어난 사고로 볼 수 없다고 판시한 예[196]가 있으나, 화물 하차작업중 화물고정용 밧줄에 오토바이가 걸려 넘어져 사고가 발생한 경우에는, 화물고정용 밧줄은 적재함 위에 짐을 실을 때에 사용되는 것이기는 하나 물건을 운송할 때 일반적·계속적으로 사용되는 장치가 아니고 적재함과 일체가 되어 설비된 고유장치라고도 할 수 없다는 이유로, 그 사고는 자동차의 운행으로 인한 것이라고는 볼 수 없다고 한 원심판결을 수긍한 사례[197]도 있고, 불도저의 운반을 위하여 불도저의 무게를 줄이기 위해 앞의 삽 부분과 뒤의 니퍼 부분을 제거한 상태에서 통상적인 방법대로 트레일러에 상차작업을 하던 중 무게 불균형으로 불도저가 전복되어 불도저 운전자가 사망한 경우, 그 사고는 트레일러의 고정장치인 적재함으로의 상차작업에 즈음하여 발생한 사고라고는 할 수 있어도 트레일러의 운행으로 말미암아 일어난 것이라고는 볼 수 없다고 한 사례도 있다.[198]

나아가 우리 대법원은, 자동차손해배상보장법 제3조 본문 및 제2조 제2호에

195) 最高判 昭 52. 11. 24. 判例タイムズ 357호 231면.
196) 대법 1996. 5. 28. 선고 96다7359〔공 1996. 7. 15. (14), 1998〕.
197) 대법 1996. 5. 31. 선고 95다19232〔공 1996. 7. 15. (14), 2013〕.
198) 대법 1997. 1. 21. 선고 96다42314〔공 1997. 3. 1. (29), 615〕.

의하면, 자기를 위하여 자동차를 운행하는 자는 그 운행으로 인하여 다른 사람을 사망하게 하거나 부상하게 한 때에는 그 손해를 배상할 책임을 지고, 그 '운행'이라 함은 사람 또는 물건의 운송 여부에 관계없이 자동차를 그 용법에 따라 사용 또는 관리하는 것을 말한다고 규정되어 있는바, 여기서 '자동차를 그 용법에 따라 사용한다.'는 것은 자동차의 용도에 따라 그 구조상 설비되어 있는 각종의 장치를 각각 장치목적에 따라 사용하는 것을 말하는 것으로서, 자동차가 반드시 주행 상태에 있지 않더라도 주행의 전후단계로서 주・정차 상태에서 문을 열고 닫는 등 각종 부수적인 장치를 사용하는 것도 포함하는 것이고, 한편 자동차의 용도에 따라 그 구조상 설비되어 있는 각종의 장치는 원칙적으로 당해 자동차에 계속적으로 고정되어 사용되는 것이지만 당해 자동차에서 분리하여야만 그 장치의 사용목적에 따른 사용이 가능한 경우에는, 그 장치가 평상시 당해 자동차에 고정되어 있는 것으로서 그 사용이 장치목적에 따른 것이고 당해 자동차의 운행목적을 달성하기 위한 필수적인 요소이며 시간적・공간적으로 당해 자동차의 사용에 밀접하게 관련된 것이라면 그 장치를 자동차에서 분리하여 사용하더라도 자동차를 그 용법에 따라 사용하는 것으로 볼 수 있다고 판시하면서 구급차로 환자를 병원에 후송한 후 구급차에 비치된 들것(간이침대)으로 환자를 하차시키던 도중 들것을 잘못 조작하여 환자를 땅에 떨어뜨려 상해를 입게 한 경우, 이는 자동차의 운행으로 인하여 발생한 사고에 해당한다고 판시한 사례도 있다.[199]

그러나 문제는 화물자동차가 정지하여 적재물을 내리는 작업 중 발생된 사고이다. 일본에 있어서의 학설과 보험채무는 소극적이어서 일반 불법행위 내지는 사용자책임의 문제라고 본다. 그러나 소화 46. 5. 12.자 大阪地判[200]과 이 판결의 항소심 판결인 소화 47. 5. 17.자 大阪高判은 적극설을 취하였다. 사안의 개요는 보통화물자동차가 철근을 싣고 목적지인 철공소 앞 도로에 이르러 도로변에 주차하여 하차작업을 함에 있어 작업원이 적재함의 좌측판과 후판을 제쳐놓고 적재대 위의 철근 일속을 도로 위에 투하하였는데 때마침 도로 위를 걸어가던 유아의 하퇴부에 맞아 사망한 사고이다. 이 사건에 관하여 판

199) 대법 2004. 7. 9. 선고 2004다20340, 20357〔공 2004. 8. 15. (208), 1335〕.
200) 判例月報 125호 41면.

결은 「자배법 제2조에서 말하는 “당해 장치”라는 것은 자동차의 차종, 용도에 따라 구조상 설비되어 있는 각 장치, 예컨대 덤프카의 덤프는 물론 보통화물자동차의 하대(荷台), 측판 등 고유의 장치를 지칭한다고 해석」하고, 동조에서 「“사람 또는 물건의 운송 여부에 불구하고”라고 규정한 것은 운행이라는 개념이 사람이나 물건을 장소적으로 이동시키는 소위 운송과는 다르다는 것을 의미하는 동시에 자동차를 용법에 따라 사용하는 것만으로 족하다」 또는 「운행은 엔진에 의하여 자동차를 이동시키는 경우에 한하지 아니하고 정차중의 문의 개폐, 하물의 하차 등 자동차의 이동에 밀접하게 관련하는 경우도 포함한다」면서, 「요컨대 “운행”이라는 관념은 자동차에 수반되는 특수한 위험이 존속하는 기간, 결국 그 주행중 및 이것과 밀접하여 그 연결선상에 있다고 보이는 주・정차를 포함하고,…… 목적지 부근의 노상에 주차하여 하차작업이 진행되고 있는 동안과 같이 주행과 밀접한 관계가 있고, 또한 화물자동차로서의 용법 즉, 적재함에 실려 있는 적재물을 적재함으로부터 분리하기 위하여 고유의 장치인 적재함을 사용하고 있는 상태하에서는 역시 “운행”의 개념 속에 포함시키는 것이 타당하다」고 결론지었다.

또한 비슷한 사안에 관하여 福岡地裁 小倉支部 판결도 적극설을 취하였다.[201] 사안은 심야에 통나무를 적재한 화물자동차의 바퀴가 펑크났기 때문에 노변에 주차시키고, 다른 화물자동차를 동원하여 그 옆에 대놓고 적재물을 옮겨 싣던 중 약 20분 후에 달려온 자동이륜차가 위 차의 적재함으로부터 3.4미터 돌출되어 있던 통나무에 접촉되어 부상한 사고이다. 위 판결은 「자동차를 당해 장치의 용법에 따라 사용하는 것은 자동차를 엔진에 의하여 이동시키는 경우에 한하지 아니하고, 적재물을 옮겨 싣기 위하여 주행과 주행의 중간에 자동차를 단시간 도로상에 위법주차시킨 경우도 포함한다고 해할 것」이라고 판시하여 나중 온 화물차 보유자의 운행자책임을 긍정하였다.

그러나 우리 대법원은, 가해자가 화물차량의 적재함에 철근을 싣고 목적지인 공사장으로 운전하여 가서 골목길도로 상에 차량을 정차시키고 적재함에 올라가 철근다발을 화물차량 우측편 도로 상으로 밀어 떨어뜨리는 방법으로 하역작업을 하던 중 그 철근다발을 화물차량의 뒤편에서 다가오던 피해자의

201) 寺本嘉弘, 判例タイムズ 268호 60면.

등 위로 떨어지게 함으로써 그를 사망에 이르게 한 경우, 그 사고는 가해자가 주위를 잘 살피지 아니하고 철근다발을 밀어 떨어뜨린 행위로 인하여 일어난 것이고 차량의 적재함이나 기타 차량의 고유장치의 사용으로 인하여 일어난 것이 아니므로 차량의 운행으로 말미암아 일어난 것으로 볼 수 없다고 판단한 원심판결을 수긍한 사례도 있고,[202] 인부가 통나무를 화물차량에 내려놓는 충격으로 지면과 적재함 후미 사이에 걸쳐 설치된 발판이 떨어지는 바람에 발판을 딛고 적재함으로 올라가던 다른 인부가 땅에 떨어져 입은 상해가 자동차의 운행으로 말미암아 일어난 사고가 아니라고 판시한 사례도 있다.[203]

그러나 지게차의 작업 중 사고에 관하여는, 지게차라고 하는 것은 화물을 운반하거나 적재 또는 하역작업을 하는 특수기능을 하는 건설기계이므로 지게차가 그 당해 장치인 지게발을 이용하여 화물을 화물차에 적재하는 것은 지게차의 고유장치를 그 목적에 따라 사용하는 것으로서 운행에 해당하고, 그 적재된 화물이 떨어진 사고가 지게차의 운행으로 말미암은 사고인지의 여부는 그 적재행위와 화물의 추락 사이에 상당인과관계를 인정할 수 있는지의 여부에 따라서 결정될 문제라고 할 것인바, 사고가 지게차 운전자가 다른 각재다발을 적재하기 위하여 계속 작업을 하던 중에 일어난 것이어서 시간적, 장소적으로 서로 근접되어 있을 뿐만 아니라 적재된 각재다발에 다른 외부의 힘이 작용하여 떨어졌다고는 보이지 않는 경우에는 그 사고는 지게차의 운행으로 인하여 발생하였다고 봄이 상당하고, 각재다발이 적재과정에서 바로 떨어지지 않았다고 하여 이를 달리 볼 것은 아니라고 판시한 사례가 있다.[204]

대법원은 1988. 9. 27. 선고 86다카2270 판결[205]에서, 엔진고장 수리를 위하여 도로상에 버스를 정차하면서 뒷바퀴에 설치하였던 큰 돌을 도로상에 방치한 채 출발하여 그 돌이 다른 대형 차량의 바퀴에 부딪혀 튕겨져나가 맞은편에서 오던 봉고차 안의 승객을 치사케 한 경우에 관하여, 「자동차손해배상보장법 제2조 제2호의 "자동차를 당해 장치의 용법에 따라 사용하는 것"의 문구 가운데 "당해 장치"란 자동차의 용도에 따라 그 구조상 설비되어 있는 각

202) 대법 1996. 9. 20. 선고 96다24675〔공 1996. 11. 1. (21), 3141〕.
203) 대법 1993. 4. 27. 선고 92다8101〔공 1993. 7. 1. (947), 1539〕.
204) 대법 1997. 4. 8. 선고 95다26995〔공 1997. 5. 15. (34), 1371〕.
205) 공 1988. 11. 1. (835), 1320.

종의 장치를 말하고, "용법에 따라 사용하는 것"은 위와 같은 각종 장치를 각각의 장치목적에 따라 사용하는 것을 의미하므로, 원심이[206] 설시한 사실관계 하에서는, 이 사건 사고가 자동차손해배상보장법 제3조의 자동차의 운행으로 말미암아 발생된 것이라고 말할 수는 없어, 피고에게 같은 규정 소정의 책임을 인정한 원심판단에 소론 위법이 없다고 할 수 없으나……」라고 판시함으로써 고유장치설의 입장을 확인한 것으로 보인다.

4. 차고출입설

이 설은 「당해 장치」를 고유장치설[207] 또는 주행장치설과 마찬가지로 해석하지만 「자동차를 …사용」한다는데 중점을 두어 일단 차고로부터 나온 이상 소임을 마치고 다시 차고에 들어갈 때까지는 그 도중에 주·정차 등에 의하여 노상에 남아 있는 경우도 역시 자동차의 사용은 계속되고 있다는 견해로서 소화 45. 3. 26. 橫濱地裁 판결이 이 설에 가깝다. 사안은 운전수가 밤중에 가로등도 없는 시가지 노상에 자동차를 주차시켰는데 그 도로를 자동이륜차를 타고 있던 피해자가 위 주차된 자동차의 좌측 후부 반사경이 진흙에 가려져 잘 보이지 않았기 때문에 위 차에 접촉하여 사망한 사고이다. 위 판결은 도로운송차량법 제41조가 「자동차는 그 장치인 반사기가 운수성령에서 정하는 보안상의 기술기준에 적합하지 아니하면 운행하지 못한다」고 규정하고 있는 바로부터 위 사고차의 반사기 상태는 바로 보안기준에 위반한 것이고, 여기에서 말하는 운행이라는 것은 「정차는 물론 주차도 포함하는 것이라고 해하여야 할 것이고 자동차의 주차도 역시 당해 자동차의 운행공용의 개념에 들어가는 것」이라 하여 보유자의 운행자책임을 긍정하였다.

이 차고출입설은 자동차가 교통의 장에 있는 동안은 그것이 주행 중이든 일시정지 혹은 장기간 정지 중이든 묻지 아니하고, 사람에 대하여 특유의 위험을 내포하고 있다는 전제하에 그러한 상태에 있음으로 말마임아 사람의 생명,

206) 광주고법 1986. 9. 17. 선고 85나235 판결, 대구지방변호사지 "형평과 정의" 제4집 1989. 7. 발행 179면 인용.

207) 東京地判 昭 44. 7. 16. 判例時報 574호 46면; 判例タイムズ 239호 255면; 동지 東京地判 昭 45. 1. 23. 判例タイムズ 246호 309면.

신체에 대하여 손해를 일으키면 자배법 제3조의 책임을 긍정할 것이라는 것으로 소수설이지만 근시 유력한 학설의 지지를 받고 있다.[208]

우리 대법원도, 야간에 소형화물차를 운전하던 자가 편도 1차로의 도로상에 미등이나 차폭등이 꺼진 채 우측 가장지리에 역방향으로 불법주차된 덤프트럭을 지나쳐 가다가 덤프트럭 뒤에서 길을 횡단하려고 갑자기 뛰어나온 피해자를 충격하여 상해를 입힌 사안에서, 위 덤프트럭 운전자의 불법주차는 차량운행상의 과실로서 위 교통사고 사이에 상당인과관계가 있다고 판시한 사례도 있고,[209] 고속도로 상에서 선행 교통사고가 발생한 후 운전자가 피보험차를 사고지점인 1차로에 그대로 둔 상태에서 동승자가 운전자의 부탁으로 후행차량들에 대한 수신호를 하던 중 후행차량에 충격당한 사고가 발생한 사안에서, 피보험차의 운전자의 불법 정차와 후행 교통사고 사이의 상당인과관계를 인정한 사례도 있다.[210]

이상 보아온 바와 같이 「운행」의 개념규정에 대하여 판례나 학설은 모두 점차 확대되어가고 있는 경향을 보여 결국 「차고출입설」에 까지 이르렀다.

「원동기설」이나 「주행장치설」은 어느 것이나 「운행」의 해석으로서는 너무 좁다. 그렇다면 「고유장치설」과 「차고출입설」은 어느 것이 자배법 제2조・제3조의 해석으로서 보다 타당성을 가질까?

우리나라와 일본의 자배법의 모델이 된 서독의 도로교통법(Strassenverkehrgesetz) 제7조는 자배법 제3조와 내용에 있어서 공통점이 많고, bei dem Betrieb des Kraftfahrzeugs(자동차의 운행에 제하여)를 중심으로 하여 Halter(보유자)의 책임을 규정하고 있다. 참고로 서독의 연방최고재판소의 저명한 판례를 보면, 이미 독일공화국 최고재판소(Reichsgericht)시대로부터 모터의 고장없이 단시간 정차중인 자동차에 의한 사고는 운행에 의한 것이라 하여 그 보유자에게 배상의무를 인정한 판단은 위 재판소 및 많은 고등재판소의 판례에서 볼 수 있다. 그러나 반대로 연료부족 또는 기계고장에 의하여 자동차가 종착지로 가는 도중에 도로상에 완전 정지상태가 되어 상당시간을 기다리지 않

208) 判例タイムズ 266호 253면.

209) 대법 2005. 2. 25. 선고 2004다66766[공 2005. 4. 1. (223), 489].

210) 대법 2008. 5. 29. 선고 2008다17359[미간행].

으면 주행능력을 회복할 수 없을 때는 도로교통법 제7조에서 말하는 운행중이라고는 할 수 없는 것으로 되어 있었다.

그러나 1959. 1. 9. 서독 연방최고재판소 제6소법정은 「자동차가 모터고장에 의하여 고속도로상에 정지하는 것은 도로교통법 제8조에 의한 책임의 기초가 되는 운행상 위험의 하나에 해당한다. 그 정지상태의 시간의 장단은 문제가 되지 않는다」라고 판시하였다.[211)]

사실은 원고 소유의 화물자동차가 모터 고장으로 밤중에 자동차도로의 우측에 정지하고 약 1시간 반쯤 경과하였을 때, 피고 B_1의 부(夫)이고 동 B_2의 부(父)인 운송업자 A가 운전하던 화물자동차가 위 원고 자동차의 후방으로부터 충돌하여 쌍방 자동차가 물적 손해를 입은 외에 A가 사망한 사고이다. 이 사고의 원인은 위 A가 정지중이던 원고차의 미등과 경보등을 목격하고 적시에 추월선으로 방향전환을 하였어야 함에도 불구하고 이를 게을리한 것에 기인하며 오로지 A의 과실에 기인하는 것이라 하여 A의 상속인들인 피고들에게 손해배상을 청구하였다. 제1심은 원고의 주장을 인정하였고, 제2심은 독일 민법 제823조・제196조에 의하여 피고들의 배상의무를 인정하면서 원고차의 정지상태를 운행상태라고 해하여 도로교통법 제17조를 적용하여 손해액의 반액에 대하여서만 배상청구를 인용하였다. 원고는 정지중의 화물자동차는 모터고장에 의하여 주행능력을 상실하였으므로 운행중이라 할 수 없고, 그러한 본건에 도로교통법 제7조 및 제17조를 적용할 수는 없다 하여 상고하였다. 전기 소법정은 이에 대하여 자동차가 정차중인 화물자동차에 추돌함으로써 발생된 사고는 정차중인 화물자동차가 도로교통법 제7조에서 말하는 운행상태에 있었기 때문이고 화물자동차가 모터 고장에 의하여 상당 장시간에 걸쳐 고속도로상에 정지하여 있음으로써 전기와 같은 추돌사고가 발생한 경우에도 그 판단은 다를 것이 없고, 결국 자동차가 자력으로 주행을 계속할 능력이 있느냐 없느냐 하는 것은 도로상에 정지함으로써 사람에 대하여 위험을 작출하는 점에 아무런 의미가 없디고 설시하여 전기 항소심의 판단을 지지하였다.

원래 자동차는 궤도를 따라 운행하지 아니하고 「원동기에 의하여 움직이는 육상교통기관」이라는 점에 그 「특수한 위험」을 가지고 있으므로, 자배법의 입

211) BGH 29, 163.

안자가 그 책임성립요건으로서 자동차가 사람의 손에 의하여 조작되는 것임을 전제로 하여 전혀 정지하여 있는 동안에 외부로부터 힘이 가해져 발생한 사고와 같이 당해 자동차가 내포하는 기계력의 위험성이 발현된 사고라고 볼 수 없는 것에 대하여 "운행"의 개념으로부터 제외하였던 것이며, 그것은 "운행"을 기계공학적(maschinentechnisch)인 개념으로 파악하였기 때문이라고 설명되고 있다.[212)]

그러나 금일과 같이 자동차에 의한 교통량이 급격히 증가하고 그것이 계속되면 교통의 장의 일부를 점유하고 있는 차량이 그 흐름에 저항하여 정지하고 있음으로써 다른 차량 또는 운행인에게 주는 위험성은 주행중인 자동차의 그것에 뒤떨어지지 않을 정도로 큰 것이고, 자배법은 「위험책임」을 그 지도이념의 하나로 삼고 있으므로 운행의 개념은 이것을 교통기술적(Verkehrs technisch)인 이해 밑에서 파악하지 않으면 안 된다고 한다.[213)]

이와 같이 생각하면 자동차가 도로상에 정지하고 있는 시간의 장단 결국 단순한 정차이든 혹은 이것을 넘는 주차이든 우연히 기계의 고장에 의하여 주행불능의 상태가 되었는가 아닌가는 물을 필요가 없는 것이 되고 만다.

자동차의 도로상 정지가 단시간이면 그 정지상태가 다른 차량 내지는 통행인에게 주는 위험성은 비교적 작고, 정지상태가 장시간 계속됨에 따라서 그 장해에 의한 위험성은 점점 증대하기 때문이다. 주행과 주행과의 사이에 있는 일시정지상태가 「운행중」에 포함된다고 보는 것은 금일에 있어서는 일반적으로 승인된 것이며, 만일 정지상태가 장시간에 걸쳤다 하여 당해 자동차의 책임문제를 단시간 정지한 자동차의 책임보다 우대한다면 교통기술적 관점으로부터는 명백히 모순이라고 하지 않을 수 없게 된다.

뿐만 아니라 자배법 제3조는 그 단서에서 자동차에 구조상의 결함이나 기능상의 장해에 의하여 사고가 발생한 경우에는 보유자는 배상책임을 면할 수 없다고 명백히 하고 있는데, 만일 모터 고장 등 자동차 자체의 기능상장해에 의

212) 吉岡, 「交通事故訴訟の 課題」 實務民事訴訟講座 3권 29면; 野村, 「自動車事故と運行供用者責任 上」 ジユリスト 384호 125면; 寺本, 「運行によつて」 判例タイムズ 268호 58면; 後藤, 「停車中の 自動車に 因る 自賠法 3조の 運行概念」 민상 64권 1117면.

213) 中村行雄, 전게 논문 現代損害賠償法講座 3 交通事故 105면.

한 정지상태를 동조 본문의 「운행」에 해당하지 아니한다 하여 그 책임의 전제 조건을 부정하여 버린다면 그러한 장해 때문에 생긴 정차중의 자동차에 의한 사고책임은 넓게 부정되어 버리고 말 것이며, 그것은 동조 단서의 정신 나아가서는 자배법의 위험책임이념에 반하는 것이고, 도로교통상의 위험책임은 이러한 종류의 사고에도 확장되지 않으면 안 될 것이다.

따라서 자동차는 운전자가 이것을 교통에 쓰기 위하여 일반교통의 장(도로)에 두고 그것에 의하여 작출되는 위험한 상태가 계속되는 한 계속하여 「운행상태」에 있는 것이라고 하여야 하고, 도로로부터 끌어내어 차고 내지 도로 이외의 장소에 둘 때 비로소 "운행"은 차단된다고 한다.

생각건대, 법률의 해석에 있어서 입법자들의 의도는 충분히 존중되어야 하지만 법률의 규율대상은 끊임없이 변하고 확대되어 가는 것이므로, 입법자들이 예상치 못한 규율대상이 출현하더라도 당초의 법률규정의 규율을 받게 하는 것이 그 입법취지에 반하지 않고 오히려 그 취지를 살리기 위하여 필요한 것이라면, 법률을 해석적용하는 사람으로서는 당연히 이를 이행할 의무가 있다고 보지 않을 수 없다.

당초 입법자들이 운행의 개념을 기계공학적으로 파악하였다 하더라도 과다한 교통량이 끊임없이 물 흐르듯 계속되는 현재의 도로상황을 볼 때 위와 같은 흐름을 저해하여 도로상에 주·정차하는 것은 자동차가 갖는 특유한 위험이고 그 위험의 정도는 엔진에 의한 이동에 비하여 결코 적지 않은 것이며, 자배법은 자동차를 위험물로 보고 그것에 의하여 발생되는 위험책임을 규율하는 것이므로 전시와 같은 위험은 당연히 자배법의 규율대상이 되어야 하고, 이와 같은 요청에 따른다면 운행의 개념은 교통기술적인 측면에서 이해되지 않으면 안 된다고 생각한다.

Ⅱ. 운행과 사고와의 인과관계

자배법 제3조는 「자기를 위하여 자동차를 운행하는 자는 그 운행으로 타인의 생명 또는 신체를 사상한 때, 그 손해를 배상할 책임을 진다」고 규정하여 운행과 사상 간에 인과관계를 요구하는 듯 보인다. 이것은 운행과 사고와의 인과관계와 사고의 사상 간의 인과관계의 양자를 포함하는 것으로 해석되나, 후자는 손해배상의 범위의 문제이므로 여기에서는 전자만을 다루기로 한다.

전자 즉, 운행과 사고와의 관계에 관하여 종래의 학설과 판례는 상당인과관계를 요구하는 상당인과관계설[214]을 취하여 왔다. 그러나 근래에는 사실상의 인과관계만으로 족하다는 사실상의 인과관계설[215]과 "운행에 즈음하여" 사고가 발생하면 족하다는 계기설이[216] 유력하게 나타났다.

상당인과관계설은 자동차의 운행과 사고와의 사이에 상당인과관계가 존재하여야 하고, 그것은 자배법 제3조의 책임을 발생시키는 성립요건으로 본다.

책임성립요건으로서의 상당인과관계가 무엇인가 하는 기준과 내용이 명확한 것은 아니지만 일응 그러한 원인이 있으면 통상 그러한 결과가 예상된다고 말할 수 있는 경우, 다시 말해서「원인행위에 대하여 결과현상이 다수의 경우에 수반될 개연성이 있거나 결과발생 또는 그 가능성을 조성할 현저한 위험이 있고, 이와 같은 사정은 가해자 또는 일반인이 행위당시에 예견하였거나 예견할 수 있었음을 요한다」고 설명한다.[217]

따라서 운행과 사고와의 인과관계가 의문되는 경우에는 원고가 위와 같은 상당인과관계를 주장하고 입증하여야 하게 된다. 예컨대 자동차가 자전거에 접근하여 질주하였기 때문에 자전거 운전자가 깜짝 놀라고 또 자동차의 풍압 때문에 안정을 잃고 쓰러져 부상당하였다든가 또는 제1차선을 앞서 달리던 차량이 갑자기 제2차선으로 진입하였기 때문에 제2차선을 주행하던 차가 이를 피하려고 급우회전하여 노변으로 가던 자전거를 충격한 경우에 전시 상당인과관계설에 의하면 부상당한 원고는 위와 같은 접근질주가 있으면 통상 그와 같은 전도가 발생되고 그와 같은 사정은 피고나 일반인이 예상할 수 있는 것이라는 점 혹은 돌연한 차선변경은 통상 진입노선을 주행하는 차에게 위험을 발

214) 日本運輸省自動車局編, 改正自動車損害賠償法解說 25면, 最高判 昭 43. 10. 8. 判例タイムズ 228호 1~4면; 大阪高判 昭 46. 5. 17.

215) 小川,「交通事故に よる 損害賠償請求訴訟の 諸問題 12」判例タイムズ 187호 40면 이하; 寺本, 判例タイムズ 268호 58면.

216) 大阪地判 昭 46. 5. 12. 判例タイムズ 266호 253면; 京都地判 昭 45. 1. 27. 判例タイムズ 247호 233면; 木宮, 判例評論 122호 139면.

217) 末弘・鈴木, 損害賠償範圍論 151면; 加藤, 不法行爲(法律學全集) 154면.

생시키고 그로 인하여 사고가 발생하는 것이 일반적으로 예상되는 것임을 주장·입증하여야 하게 된다.

그래서 상당인과관계설을 취한 판례들은 손해배상책임을 발생원인을 판시하면서 한결같이 위와 같은 상당인과관계의 존재를 많은 노력을 들여 설시하고 있는 것이다.

그러나 자배법 제3조 단서는 운행에 관한 무과실입증을 가해자에게 부담시키고 있으므로 위와 같이 운행과 사고 간의 상당인과관계를 원고에게 주장·입증시키는 것은 모순이 아닐 수 없다.

따라서 자동차의 운행에 즈음하여 또는 이에 관련하여 사고가 발생하고 그러한 운행이 없었더라면 사고는 일어나지 않았을 것이라는 사실상의 인과관계 또는 자연적, 조건적 인과관계가 있으면 보유자의 책임성립을 인정하고, 피고에게 책임을 인정하는 것이 부당하다고 생각되는 경우에는 자배법 제3조 단서의 면책주장을 받아들이는 것이 자배법의 입법취지에 맞는다고 생각된다.

운행과 사고와의 인과관계에 관한 대법원판례들을 검토한다.

1. 불법행위의 도구로서 이용된 경우

대법원 2006. 4. 13. 선고 2005다73280 판결[218]은 속칭 날치기 범행을 하기로 마음먹고 승용차를 정상적인 용법에 따라 운행하여 가면서, 같은 방향 왼쪽 앞을 걸어가고 있던 피해자의 핸드백을 잡아채고는 피해자가 핸드백을 빼앗기지 않으려고 아직 잡고 있는 상태에서 위 승용차를 가속하여 도주함으로써, 피해자가 그 힘을 이기지 못하여 차에 끌려오다가 핸드백을 놓치면서 뒹굴면서 넘어졌고 그로 인하여 상해를 입은 사안에서, 승용차의 운행과 사고 사이에 상당인과관계가 있다고 판시하였고, 대법원 2004. 10. 28. 선고 2004다39689 판결[219]은, 소외 1이 이 사건 차량을 20～30km의 속도로 운행하면서 위 차량의 운전석 창가에 매달려 쫓아오던 우영옥의 손을 쳐 동인을 도로에 떨어뜨리고 도주하였는데, 그 직후 소외 2가 영업용택시를 운전하여 반대방향에서

218) 공 2006. 5. 15. (250), 794.

219) 미간행, 종합법률정보에 수록.

진행하여 오다가 위 택시의 좌측 앞바퀴로 우영옥을 역과하여 사망에 이르게 한 것이라면, 이 사건 차량의 운행과 우영옥의 사망과는 상당인과관계가 있다고 할 것이므로 이 사건 차량의 운행으로 인하여 위 사고가 발생한 것이라고 할 것이라고 판시하였다.

2. 추격중의 사고

대법원 1997. 9. 30. 선고 97다24276 판결[220]은 차량 운전자가 오토바이 운전자와 시비가 붙어 차량을 운전하여 오토바이를 추격하던 중 그 오토바이 운전자가 당황한 나머지 넘어져 사고를 당한 경우, 차량의 운행과 사고발생 사이에 상당인과관계가 있다고 판시한 바 있다.

3. 주정차중의 사고

대법원 2003. 9. 23. 선고 65936, 65943 판결[221]은, 골목길에 주차시킨 오토바이가 앞·뒤 바퀴에 바람이 빠져서 쓰러질 위험성이 높았음에도 오토바이 소유자가 그대로 방치하면서 매일 시동만 걸어준 경우, 위 오토바이 위에서 어린 아이가 놀다가 깔려 사망하였다면 자동차손해배상보장법 제3조 소정의 '운행으로 인한 사고'에 해당한다고 판시하였다.

그러나 불법주정차 중 일어난 사고에 관하여는 인과관계를 인정한 것도 있고, 부인한 것도 있다.

즉, 대법원 1991. 7. 9. 선고 91다14291 판결[222]은, 야간에 편도 2차선 직선도로의 2차선에 불법주차(차폭등 또는 미등을 안 킴)시켜 놓은 15톤 덤프트럭을 오토바이가 추돌한 사고에 대하여 트럭 소유자의 자동차손해배상보장법 소정의 자기를 위하여 자동차를 운행하는 자로서의 손해배상책임을 인정하였고, 대법원 1993. 2. 9. 선고 92다31101 판결[223]은, 야간에 지하철공사장 부근을 주

220) 공 1997. 11. 1. (45), 3281.
221) 미간행, 종합법률정보에 수록.
222) 공 1991. 9. 1. (903), 2132.
223) 공 1993. 4. 1. (941), 942.

행하다가 불법주차중이던 트럭에 추돌하여 발생한 사고에 대하여 지하철 시공회사에게 손해배상책임을 인정한 원심판결을, 사고장소가 지하철 공사구역 내인지 여부에 대한 심리미진의 위법이 있다는 이유로 파기하면서, 위 사고가 트럭이 미등 및 차폭등을 켜지 않은 채 주차하여 둠으로써 발생하였다면, 이는 트럭 운전사의 트럭운행과 관련하여 발생한 것이어서 트럭소유자는 자동차손해배상보장법 소정의 자기를 위하여 자동차를 운행하는 자로서 위 사고로 피해자가 입은 손해를 배상할 의무가 있다고 판시하였다.

그러나 반면에 대법원 1990. 11. 9. 선고 90다카8760 판결[224]은 야간에 오토바이 운전자가 오토바이를 운행하던 중 오토바이의 오른쪽 핸들부분 등이 인도가장자리에 방치된 폐품냉장고에 충돌되고, 그 충돌로 인하여 그곳에서 6, 7미터 가량 떨어진 인도경계선에 인접한 차도상에 주차되어 있던 봉고트럭 적재함 아래 부분에 다시 충돌됨으로써 사망한 경우, 봉고트럭을 야간에 차도에 주차함에 있어 미등 및 차폭등을 켜두는 등으로 주차표시를 하지 아니하였다고 하더라도 주차지점이 도로교통법상 주차금지된 곳이 아니며 비록 차도상이기는 하나 도로 우측편에 주차시켰기 때문에 통상의 차량통행에 지장이 없었고 차를 도로에 주차한 점이나 차의 미등 및 차폭등을 켜 놓지 아니한 것이 가령 도로교통법위반의 잘못이 있다손치더라도 그로 인하여 오토바이운전자가 위 차를 뒤늦게 발견하여 사고가 일어났다고 인정되지 않는다면 위 사고와 위 차의 주차사이에 상당인과 관계가 있다고 할 수 없다고 판시하였고, 대법원 1995. 2. 3. 선고 94다33866 판결[225]은 노상주차된 트럭을 오토바이가 들이받은 교통사고에 관하여 사고지점은 주차금지구역이 아니고, 비상점멸등, 미등, 차폭등을 켜놓아 주차운전자로서의 주의의무를 다하였다고 판시하였으며, 대법원 1991. 6. 25. 선고 91다3024 판결[226]은 야간에 차도 3차선상에 미등 및 차폭등을 켜놓지 아니한 채 주차한 트레일러와 추돌한 교통사고에 대하여 주・정차금지구역이 아니고 장애물 식별에 어려움이 없을 정도로 조명시설이 되어 있는 등 하여 트레일러 운전사에게는 과실이 없다고 판시하였다.

224) 공 1991. 1. 1. (887), 41.
225) 공 1995. 3. 1. (987), 1152.
226) 공 1991. 8. 15. (902), 2007.

이와 유사한 사례로서 대법원 1991. 11. 26. 선고 91다13564 판결[227]은, 주차는 할 수 없으나 잠깐 동안의 정차는 가능한 도로폭이 24미터 정도의 편도 3차선인 일반 간선도로상에서 장거리 운행 중 타이어 점검을 위하여 트럭을 시동이 걸려 있는 상태에서 미등과 차폭등을 켜고 점멸 경고등까지 작동시킨 채 3차선 도로의 가장자리에 인도쪽으로 붙여 일시 세워 두고 타이어를 점검한 후 다시 출발하려고 운전석에 타는 순간 피해자 운전의 승용차가 뒤에서 위 트럭을 들이 받음으로써 사고가 발생하였으며 당시 위 트럭이 세워져 있었던 지점에서 상당한 여유를 두고 좌측으로 2개의 차선이 있었고 또한 일직선 도로이기 때문에 야간이기는 하나 시야에 별다른 장애가 없었다면 위 트럭운전자는 정차시 운전자로서의 주의의무를 다하였다고 할 것이라고 판시한 바 있다.

다른 한편 주정차조치가 완전하지 못하여 일어난 사고에 관하여 대법원 1997. 8. 26. 선고 97다5183 판결[228]은, 한강 선착장 주차장에 브레이크만 살짝 당기어 주차시킨 승용차가 비탈면을 굴러서 강물에 빠짐으로써 동승자가 사망한 것이 자동차의 '운행'으로 말미암은 것이라고 판시하였고, 대법원 2004. 3. 12. 선고 2004다445, 452 판결[229]은, 안전하게 정차하기 어려운 곳에 자동차를 정차하거나 자동차를 정차함에 있어 지형과 도로상태에 맞추어 변속기나 브레이크를 조작하지 아니함으로써 자동차가 추락하여 사람이 사망하거나 부상한 경우, 이를 자동차의 운행으로 인한 사고로 보아야 한다고 판시한 바 있다.

그러나 분리된 수반차량사고에 관하여 대법원 1997. 8. 22. 선고 96다10218 판결[230]은, 영업용 자동차 종합보험계약에 견인차의 기본보험요율에 20%의 할증요율을 가산한 '견인차의 견인 중 위험담보요율'에 관한 규정을 둔 것은 다른 차량을 견인하는데 사용되는 특수연결장치를 한 자동차가 수반차량과 견인관계를 형성하는 경우에 견인차 단독으로 운행될 때보다 사고의 위험과 손해의 범위가 증가하기 때문에 이를 담보하기 위한 것이므로 견인차와 수반

227) 공 1992. 1. 15. (912), 277.

228) 공 1997. 10. 1. (43), 2823.

229) 미간행, 종합법률정보수록.

230) 공 1997. 10. 1. (43), 2781.

차량이 연결되어 있거나 적어도 연결을 시도하는 중이어서 견인차와 수반차량을 하나의 차량으로 인식할 수 있는 경우에만 수반차량에서 비롯된 사고를 견인차에서 비롯된 사고로 볼 수 있으므로 수반차량이 어떤 목적에서든지 일단 견인차에서 완전히 분리된 경우에는 가사 견인차에의 연결이 예정되어 있다 하더라도 수반차량에서 비롯된 사고를 견인차에서 비롯된 사고로 볼 수 없고, 또한 분리된 수반차량 자체만의 운행 사고로 인한 별도의 보험계약이나 특별요율에 관한 규정이 없다 하더라도 그러한 사정만으로 견인차에 대한 보험계약이 담보하는 보험사고의 범위를 함부로 확장하여 해석할 수 없으므로 트레일러가 견인 자동차에서 분리되어 12시간 이상이나 지난 상태에서 제동장치가 풀려 도로로 굴러 내려감으로써 발생한 사고는 그 보험계약에 의하여 담보되는 견인자동차의 운행 중 사고에 해당한다고 볼 수 없다고 판시하였다.

4. 하차중의 사고

대법원 1994. 8. 23. 선고 93다59595 판결[231]은, 자동차손해배상보장법 제2조 제2호는, "운행"이라 함은 사람 또는 물건의 운송 여부에 관계없이 자동차를 당해 장치의 요법에 따라 사용하는 것이라고 정의하고 있는바, 자동차를 당해 장치의 용법에 따라 사용한다는 것은 자동차의 용도에 따라 그 구조상 설비되어 있는 각종의 장치를 각각의 장치목적에 따라 사용하는 것을 말하는 것으로서 자동차가 반드시 주행상태에 있지 않더라도 주행의 전후단계로서 주・정차 상태에서 문을 열고 닫는 등 각종 부수적인 장치를 사용하는 것도 포함한다고 판시한 다음, 자동차를 운행하는 자는 운행중에 일어난 모든 사고에 대하여 책임을 지는 것이 아니라 그 중에서 운행으로 말미암아 일어난 사고에 대하여만 책임을 지는 것이므로, 버스가 정류소에 완전히 정차한 상태에서 구 심신장애자복지법 소정의 장애 2급 해당자인 승객이 열린 출입문을 통하여 하차하다가 몸의 중심을 잃고 넘어져 부상한 경우 이는 자동차 운행중의 사고이기는 하나 운행으로 말미암아 일어난 것이라고는 볼 수 없다는 이유로 자동차손해배상책임을 부인하였다.

231) 공 1994. 10. 1. (977), 2500.

그러나, 대법원 1998. 9. 4. 선고 98다22604, 22611 판결[232]은 동승자가 주차한 자동차에서 하차하다가 차량 밖의 터널바닥으로 떨어져 다친 사고가 자동차의 운행으로 인한 사고라고 판시하면서, 그 곳에는 도로 우측단에 나지막하게 설치된 턱의 아래로 높이 4.3m의 터널이 관통하고 있었는데, 김지호는 그 사실을 모른 채 차량 우측 앞바퀴가 도로 우측의 턱에 닿도록 바짝 붙여 주차하였고, 피고 최달식도 위와 같은 사실을 모른 채 조수석 문을 열고 차량의 밖으로 나오다가 우측 아래의 위 터널 바닥으로 떨어져 원심 판시와 같은 부상을 입게 되었음을 알 수 있는바, 사실관계가 위와 같다면, 김지호가 이 사건 차량을 사고 지점에 주차시키고 동승자로 하여금 하차하도록 한 것은 자동차를 당해 장치의 용법에 따라 사용하는 것으로서 차량의 운행에 해당하고, 이 사건 사고는 위 차량의 운행과 상당인과관계가 있다고 보아야 할 것이라고 결론지었다.

5. 날아온 철판 또는 불량적재와 사고

대법원 1997. 7. 11. 선고 96다39837 판결[233]은, 승용차가 앞서 가던 화물차를 추월하기 위하여 급차선 변경으로 진행하는 사이에 앞에서 날아온 철판을 미처 피하지 못하여 동승자가 사망한 경우, 이는 승용차의 운행으로 말미암아 발생한 사고이므로 운행자는 자동차손해배상보장법 제3조에 따라, 보험자는 상법 제724조 제2항에 따라 피해자에 대하여 그 사고로 인한 손해를 각자 배상할 책임이 있다고 판시하였고, 대법원 1991. 4. 23. 선고 90다18357 판결[234]은 야간에 적재량 및 그 기준을 초과하여 적재함 뒤로 돌출되게 화물을 적재한 화물트럭이 고속도로 주행선상에서 선행차량들의 접촉사고로 정차하였다가 그 후행차량에 의해 발생한 추돌사고에 대하여 운행자의 과실이 없다고 판시하였다.

232) 공 1998. 10. 1. (67), 2399.
233) 공 1997. 9. 1. (41), 2474.
234) 공 1991. 6. 15. (898), 1460.

제 4 절 다른 사람의 의의와 범위

Ⅰ. 서 설

자배법 제3조는 「자기를 위하여 자동차를 운행하는 자는 그 운행으로 다른 사람의 생명 또는 신체를 사상한 때에는 그 손해를 배상할 책임을 진다」고 규정하고 있는 바, 위 "다른 사람"은 「운행자 및 당해 자동차의 운전자, 운전보조자를 제외한 그 이외의 자」라고 일반적으로 정의되고 있다.[235]

위 일반적 정의에 의하면 운행자 즉, 자기를 위하여 자동차를 운행하는 자와 운전자 및 운전보조자는 일응 자배법의 보호대상인 다른 사람에서 제외된다.

한편 위와 같은 자동차의 운행관여자가 아닌 이상은 그 피해자가 운행자의 피용자라거나 가족, 근친자 혹은 무상동승자라고 하더라도 그는 다른 사람으로서 자배법상의 후한 보호를 받게 된다.

그러나 사고를 일으킨 당해 자동차의 운전수라 할지라도 그가 책임질 수 없는 차량정비책임자의 과실로 인한 사고 또는 상대방 차량의 일방적인 100%의 과실로 인한 사고의 경우에도 운전수는 자배법에 의한 보호가 거부되어야 할 것인가? 운전을 담당하지 아니하고 조수석에 있었던 운전수는 보호대상인가 아닌가? 만일 그가 무면허의 조수에게 운전을 맡기고 있었다면 그래도 다른 사람으로서 보호할 것인가?

운행자라 하더라도 다른 사람과 함께 공동으로 자동차를 운행하는 자라면 그는 다른 사람인가 아닌가? 하는 이 모두가 의문으로 제기되지 않을 수가 없다.

뿐만 아니라 피해자가 운행자의 피용자라거나 운행자의 부양을 받고 있는 직계비속 또는 처 기타 근친자인 경우에도 운행자는 순전한 다른 사람에 대한 관계에서와 마찬가지로 자배법상의 책임을 져야 할 것인가?(이 문제는 자배법 제12조에 따라 피해자가 보험회사에 대하여 손해배상액의 지급을 청구하는 경

235) 最高判 昭 42. 9. 29. 判例時報 497호 41면.

우에 문제로 된다).

피해자가 호의에 의하여 무상으로 동승한 경우에도 운행자는 유료승객이 사상한 경우와 전혀 동일한 손해배상책임을 져야 할 것인가 아니면 그 책임은 감경될 것인가? 감경된다면 그 이유는 무엇이며 감경의 정도는 어떻게 정할 것인가?

이와 같은 의문을 풀어보고자 하는 것이 본질의 목적이다. 편의상 일응 다른 사람으로부터 제외되는 운행관여자와 운행자와 특수한 인적 관계하에 있는 비운행관여자로 나누어 고찰키로 한다.

Ⅱ. 운행관여자

1. 운전수

가. 운전을 한 무과실의 운전수

우리나라의 대법원은 1971. 6. 8. 선고 71다710・711호 사건 판결에서 「과실있는 사고자동차의 운전자는 자배법 제3조 본문의 타인에 포함되지 아니한다」고 판시[236]한 바 있는데 그렇다면 과실없는 운전수는 다른 사람에 포함된다는 반대해석을 하여도 좋다는 의미인가? 이 문제는 일본에 있어서 자동차의 바퀴가 노면의 틈에 빠져 끼어든 순간에 "다이롯트・암"이 부러지고 인하여 핸들의 조작기능을 상실함으로써 다리 밑으로 떨어져 운전수가 사망하자 그 유족들이 자배법을 근거로 손해배상청구를 한 사건을 둘러싸고 크게 논쟁이 이루어졌다. 그러나 제1심인 동경지방재판소는 물론 그 항소심인 동경고등재판소 및 상고심인 최고재판소는 한결같이 원고청구를 기각하였다.[237]

당시 원고측의 주장과 그것을 옹호하는 적극설[238]의 논거는, 첫째 자배법 제1조는 피해자의 범위를 한정한 바 없고, 둘째 자배법 제3조는 민법 제750조

236) 대법원판례집 19권 2집 민 103면.

237) 東京高判 昭 35. 9. 22. 判例交通事故 1권 1126면; 最高判 昭 37. 12. 14. 判例時報 327호 36면; 判例タイムズ 141호 51면; 判例交通事故 1권 1130면.

238) 現代損害賠償法講座 3권 134면; 原島克己, 「自賠法 3條 本文に いわゆる 他人の範圍」.

및 제756조의 특칙인데 제756조의 「제3자」 중에는 가해자 아닌 피용자가 포함되므로[239] 피해자를 민법보다 더 후하게 보호한다는 자배법이 피용자인 운전수를 제외한다고는 볼 수 없고, 셋째 운전수가 자배법상 책임주체로 되어 있기는 하지만 그것은 책임행위의 유책적 담당자에 대하여만 타당하며 자배법 제3조 단서가 「자기 및 운전자」라고 표현하여 운전수를 운행자와 나란히 책임주체로 규정하여 보호의 객체가 아닌 듯 보이지만 그것은 자배법 제정당시나 현재나 교통사고의 피해자중 일반보행자나 승객이 압도적 다수를 점하기 때문에 그렇게 표현된 것뿐이고, 넷째 운전수가 자배법상 책임보험의 피보험자로 되어 있을지라도 그것은 유책운전자에 한정된다는 점을 내세우고 있다.

그러나 전시 日 最判에서 시인된 1심판결[240] 및 2심판결은 소극설의 입장에서 첫째 자배법 제1조는 입법목적의 명시규정일 뿐이고, 둘째 자배법이 민법 제756조의 특칙이라고 할지라도 그 입법취지와 목적을 달리하므로 다른 사람 중에 운전수를 포함한다고 볼 수 없고, 셋째 자배법은 운행자와 운전자를 책임주체로, 승객과 통행인을 보호객체로 규정하고 위 보호객체의 보호를 일반 불법행위에 있어서 보다 더 후하게 보호하려는 것이 그 입법취지이고, 그 때문에 운전자를 피보험자로 규정하고 있을 뿐 피해자로는 예정하지 않고 있음을 이유로 다른 사람으로는 보지 아니한다.

후설이 타당하다고 본다. 왜냐하면 운전수는 사고를 미연에 방지할 선관주의의무를 부담하는 자이므로 자배법은 책임의 주체로 상정하였다고 보는 것이 순리적이라고 생각되기 때문이다.

따라서 앞에서 본 대법원 판례는 반대해석을 허용하는 취지는 아니라고 보는 것이 타당하다.

나. 운전을 하지 않은 운전수

앞서 본 바와 같이 운전수를 「다른 사람」으로부터 제외시키는 이유는 그가 사고를 미연에 방지할 선관주의의무를 부담하기 때문이므로, 현실적으로 운전

239) 最高判 昭 32. 4. 30. 民集 11권 646면.
240) 東京地判 昭 34. 12. 18. 判例交通事故 1권 1124면.

을 담당하지 아니한 운전수는 사고방지책임이 없고 원칙적으로는 운전자가 아니므로 다른 사람으로서 보호되어야 할 것이다.

대법원 1983. 2. 22. 선고 82다128 판결[241]은, 운전사 2인이 장거리를 교대로 운전하여 오는 경우, 비번인 교대운전자는 위험에 당하여 담당운전자로부터 요청이 있는 등 특단의 사정이 없는 한, 자기의 당번에 대비하여 수면 휴식함이 허용된다 할 것이므로, 사고당시 조수석에 앉아 수면 휴식중이던 교대운전자는 자동차손해배상보장법 제3조의 "다른 사람"에 해당한다고 판시하였고, 대법원 1989. 4. 24. 선고 89다카2070 판결[242]은 사고자동차의 운전사가 자동차회사의 단체협약, 취업규칙, 인사관리규정 및 복무규정에서 규정한 운전대여 금지나 근무교대시간엄수 등을 제대로 지키지 못한 점이 있었다 하더라도 같은 회사 사고 택시의 운전사이며 운전숙련자인자에게 운전을 맡기고 자신은 운전석 옆좌석에 앉아 있었던 것이라면 그 운전사가 사고 택시의 운전자라고는 볼 수 없어 자동차손해배상보장법 제3조 소정의 '다른 사람'에 해당한다고 판시하였고, 대법원 1993. 9. 14. 선고 93다15946 판결[243]은 신조차탁송업자가 운전자 을에게 지시하여 자동차를 현대자동차주식회사의 울산공장에서 인수하여 광주영업소까지 운송하도록 지시하였는데 을은 운전자 갑과 함께 운전함에 있어 도중에 갑이 운전하여 오던 중 교통사고를 일으켜 조수석에 타고 있던 을을 사망하게 한 사건에서 을은 탁송업자의 지시에 의하여 2대의 차량을 인수하기 위하여 갑과 함께 광주에서 울산까지 갔으나 자동차 1대만을 인수하여 갑과 함께 울산에서 경산까지는 을이, 그 다음에는 갑이 각 운전하여 오다가 88고속도로상에서 갑의 잘못으로 사고가 발생하여 조수석에 타고 있던 을이 사망하였고, 을이나 갑은 모두 탁송업자에게 피용된 운전사라면, 을은 이 사고에 있어서 자동차손해배상보장법 제3조 소정의 다른 사람으로 보는 것이 상당하다고 판시하였으며, 대법원 1997. 11. 28. 선고 97다28971 판결[244]은 차량의 운전사가 차량 소유자인 사용자의 묵인하에 전에도 자신을 대신해 그 차량을 운전한 적이 있는 운전숙련자인 자신의 형에게 운전을 맡기고 동

241) 공 1983. 4. 15. (702), 584.

242) 공 1993. 6. 15. (946), 1455.

243) 공 1993. 11. 1. (955), 2770.

244) 공 1998. 1. 1. (49), 70.

승해 가던 중 사고로 사망한 경우, 사망한 운전사는 자동차손해배상보장법 제3조 소정의 타인에 해당한다고 판시하였다. 일본의 하급심판례를 보면 운전자격있는 동승의 조수에게 사고차의 운전을 맡기고 조수석에 있었던 운전수,[245] 2명의 운전수가 교체운전중 조수석에서 가면(假眠)하고 있던 운전수,[246] 화물자동차에 동승하여 조수석에서 가면중 사망한 견습운전수,[247] 장거리 운송에서 가면중이던 부운전수[248]를 모두 다른 사람으로 인정하고 있고 이것은 타당한 결론이라고 할 수 있다.

그러나 운전수가 사고자동차에 탑승을 하였으나 현실적으로는 운전을 하지 아니한 경우라 할지라도 그가 운전을 하여야 할 지위에 있으면서 직무상의무에 위반하여 또는 법령에 위반하여 무면허의 조수나 제3자에게 운전을 맡긴 사이에 피해를 당한 경우에는 위와 같은 운전위탁행위 자체가 선관주의의무의 위반이므로 그 운전수에게 사고에 직결되는 과실이 없었다 할지라도 그 이유로써 운행자에게 대항할 수는 없다고 보는 것이 정의관념에 합치되므로 「다른 사람」으로서 보호될 수는 없다고 하여야 할 것인 바, 운전면허없는 동승자에게 운전을 맡긴 운전수,[249] 업무명령에 반하여 조수에게 운전을 맡기고 조수석에 동승하였던 정운전수,[250] 무면허자에게 차량의 조작을 맡기고 변속장치를 점검하기 위하여 차에 밑에 들어간 운전수[251]들을 모두 다른 사람으로 인정하지 아니한 판례들에 의하여 지지되고 있다.

한 걸음 더 나아가 운전수가 다른 사람에게 운전을 시키고 있어도 그 운전자가 운전교습생인 경우에는 지도원의 수족으로서 운전하는 것으로 보아야 하므로 지도원 자신의 운전행위로 간주된다.[252]

---

245) 大阪地判 昭 41. 8. 20. 判例タイムズ 195호 150면.

246) 大阪地判 昭 43. 5. 10. 判例時報 534호 66면; 岐阜地 多治見支判 昭 44. 9. 26. 判例交通事故 1권 1134면.

247) 名古屋地 半田支判 昭 45. 3. 30. 判例交通事故 1권 1134의 1면.

248) 神戸地 伊丹支判 昭 46. 6. 21. 判例タイムズ 267호 293면; 判例交通事故 1권 1134의 2의 4면.

249) 東京地判 昭 40. 4. 26. 判例時報 406권 22호, 判例交通事故 1권 1134의 3면.

250) 最高判 昭 44. 3. 28. 判例交通事故 1권 1134의 5면.

251) 神戸地 伊丹支判 昭 46. 5. 31. 判例交通事故 1권 1134의 9면; 判例タイムズ 267호 291면.

우리 대법원도 2000. 3. 28. 선고 99다53827 판결[253]에서 자동차손해배상보장법 제3조에 의한 배상책임은 자동차의 운행으로 인하여 '다른 사람'을 사망 또는 부상하게 한 때에 인정되는바, 사고 당시 당해 자동차를 운전한 자는 여기서의 '다른 사람'에 포함되지 않으며, 사고 당시 현실적으로 운전을 하지 않았더라도 당해 자동차를 운전하여야 할 지위에 있는 자가 법령상 또는 직무상의 임무에 위배하여 다른 사람에게 운전을 위탁하였고, 상대가 운전무자격자나 운전미숙자인 때에는 역시 마찬가지로 보아야 한다면서, 이삿짐센타 화물차의 운전과 이에 부착된 고가사다리의 작동을 담당하던 종업원이 자신은 깔판을 타고 올라 탄 다음 이삿짐센타에서 짐을 나르는 종업원으로서 운전면허도 없는 자에게 고가사다리를 조작하도록 지시하여 그의 작동미숙으로 땅에 떨어져 사망한 경우, 망인이 자동차손해배상보장법 제3조 소정의 '다른 사람'에 해당하지 않는다고 판시하였다.

생각건대 「다른 사람」으로부터 제외되는 운전수는 원칙적으로 운전을 담당한 자이지만 그가 운전을 하지 않고 있었다 하더라도 그것이 법령이나 업무명령의 위반의 결과인 경우에 운전수의 지위를 이탈한 것이 아니라고 간주되는 것은 그에게 사고를 미연에 방지할 주의의무가 의연히 남아 있기 때문이고, 따라서 「다른 사람」으로부터 제외시키는 것이 자배법의 취지에도 부합된다고 생각되기 때문이다.

2. 운전조수

자배법 제2조 제4항은 "이 법률에서 운전자라고 하는 것은 다른 사람을 위하여 운전 또는 운전의 보조에 종사하는 자를 말한다"고 정의하므로 운전수에 관한 설명을 그대로 원용할 수 있다.

그러나 위 규정에도 불구하고 운전조수는 다른 사람에 포함되는 경우가 많을 것이다. 그것은 조수의 과실은 사고발생을 유발하는 일이 적기 때문이다.

대법원 1999. 9. 17. 선고 99다22328 판결[254]은 자동차손해배상보장법 제3조

252) 原島克己, 전게 논문.

253) 공 2000. 5. 15. (106), 1055.

에서 말하는 '다른 사람'이란 '자기를 위하여 자동차를 운행하는 자 및 당해 자동차의 운전자를 제외한 그 이외의 자'를 지칭하므로, 당해 자동차를 현실로 운전하거나 그 운전의 보조에 종사한 자는 같은법 제3조 소정의 다른 사람에 해당하지 아니한다고 할 것이나, 당해 자동차의 운전자나 운전보조자라도 사고 당시에 현실적으로 자동차의 운전에 관여하지 않고 있었다면 그러한 자는 같은법 제3조 소정의 타인으로서 보호된다고 판시하였다.

그러나 대법원 1987. 10. 28. 선고 87다카1388 판결[255]은 갑과 을이 같이 사고차량에 동승하여 운전업무에 종사하여 오던 중 사고당일 을이 위 차량을 후진함에 있어 갑이 그 후진을 유도하다가 을의 과실로 갑이 사고를 당하게 되었다면 갑은 을의 위 운전업무에 관여한 자로서 자동차손해배상보장법 제3조의 "다른 사람"에 해당한다고 할 수 없다고 판시하였고, 일본에는 버스의 차장이 후진유도중 실족하고 인하여 그 차에 역과된 경우[256]나 가해차의 후퇴를 유도하던 운전수의 동료[257]는 운전을 보조하고 있던 자이므로 다른 사람으로는 볼 수 없다는 판례가 있다.

3. 공동운행자

가. 문제의 소재

「다른 사람」 중에 운행자가 포함되지 아니한다는 전시 소화 42. 9. 29. 日最判의 정의를 그대로 따르면 공동운행자의 1인이 피해자가 된 경우에 그는 「다른 사람」으로부터 제외된다. 이와 같은 입장에서 그 이상의 검토없이 피해자로 된 공동운행자의 청구를 기각한 하급심 판례는 많다.[258] 그 대부분은 공동운행자이냐 아니냐를 판단하는 과정에서 쌍방의 운행관여 정도를 보아서

254) 공 1999. 11. 1. (93), 2190.

255) 공 1987. 12. 15. (814), 1791.

256) 札幌地判 昭 43. 6. 12. 判例交通事故 1권 765면.

257) 東京地判 昭 45. 11. 2. 判例交通事故 1권 1138면.

258) 長野地 松本支判 昭 44. 8. 28. 判例時報 571호 74면; 東京地判 昭 45. 2. 23. 判例タイムズ 246호 248면; 新潟地判 昭 45. 7. 27.; 札幌地 瀧川支判 昭 45. 10. 16.; 青森地判 昭 45. 11. 20. 判例時報 627호 67면; 大阪地判 昭 47. 1. 22. 判例タイムズ 267호 338면; 名古屋地判 昭 47. 3. 22. 判例タイムズ 279호 330면.

피해자의 운행관여의 정도가 동등 이상인 경우에는 타인성을 인정하지 않았다고 말할 수 있다. 그러나 개중에는 피해자가 일반보행자이었다면 당연히 다른 사람으로 보호될 수 있었을 사안에서도 피해자가 공동운행자라는 이유로 곧바로 「타인성」을 부정하고 본래의 운행자의 책임을 부정한 것도 있다.259)

이러한 하급심 판례들은 대체로 「운행자」와 「다른 사람」은 전혀 양립할 수 없는 대립개념으로 생각하는 듯 보인다.

그러나 학설은 공동운행자의 경우까지 위 정의를 적용하는 것을 의문시한다. 일찍이 野村교수가 지적한 바와 같이 「운행자」라고 하는 것은 자배법 제3조의 책임을 누구에게 부담시키느냐 하는 가해자의 책임면으로부터 본 개념임에 대하여, 「다른 사람」이라고 하는 것은 자배법의 구제를 어느 범위의 사람에게까지 인정할 것인가 하는 피해자보호의 면으로부터 본 개념이므로 전시 하급심의 입장처럼 양립 불가한 것은 아니다.

하급심 판례중에도 위와 같은 관점에서 「타인성」을 인정한 것이 있는데, 피용자의 무단운전자동차에 알면서 동승하였던 피해자에 대하여, 본래의 운행자에 대한 관계에서는 후술의 책임상대론의 입장에서 원고청구를 기각하였지만 위 피해자와 무단운전 피용자와를 공동운행자로 인정하면서도 그것만으로 곧 피용자의 불법행위책임을 면할 적극적 이유는 되지 아니한다 하여 「타인성」을 긍정한 예260)와 수급인이 임차한 차량을 운전수를 붙여 하수급인에게 공여하고 임료는 하청대금에서 공제하면서 그 지휘감독은 자기의 현장감독에게 맡겼던 바, 위 차량에 의하여 하수급인의 자(子)가 역과된 사안에 관하여 하수급인도 공동운행자임을 인정하면서 「공동운행자 상호간에 있어서도 직접 사고에 관여하지 않는 한 대내적으로는 다른 사람으로서 보호되어야 한다」는 기준을 제시하면서 하수급인의 수급인에 대한 청구를 인용한 예261) 등이 그것이다.

그렇다면 「다른 사람」으로 보호되는 공동운행자는 어떤 기준에서 인정하며 어느 정도까지 보호할 것이며 그 근거는 무엇인가? 우선 공동운행자의 태양을

259) 札幌地 瀧川支判 昭 45. 10. 16. 交通民事判例集 3권 5호 1544면.
260) 名古屋地判 昭 43. 8. 9. 判例タイムズ 226호 114면.
261) 大阪地判 昭 47. 7. 30. 判例タイムズ 277호 260면.

검토한다.

나. 공동운행자의 태양

(1) 수인이 단일의 공동목적을 위하여 차를 운행하고 경비도 공동부담하는 자동차운수업의 동업자나, 동일 목적지에의 장거리여행을 위하여 자동차를 빌려 교체운전하는 공동임차인은 진정한 내지는 전부적 공동운행자라 할 수 있고,[262)]

(2) 수인이 자동차를 공유하고 경비도 분담하지만 구체적 운행은 항상 어느 1인이 독점적으로 하는 경우, 예컨대 격일제 사용의 경우는 부분적 공동운행자라 할 수 있고,

(3) 수인중 1인이 자동차를 보유하고 혼자서 경비를 부담하지만 그와 신분관계 또는 계약관계가 있는 다른 사람도 자기목적을 위하여 수시로 차를 이용할 수 있는 예컨대 패밀리・카(Family-car)의 경우는 절충적 공동운행자라고 할 수 있고,

(4) 수직적으로 운행지배가 중복되는 예컨대 렌트・카(Rent-car)의 업자와 임차인,[263)] 단기 임대차 및 사용대차의 임대인과 임차인 관계는 중첩적 공동운행자라고 부를 수 있을 것이다.

위 4가지 유형중 진정한 공동운행자의 경우에는 그 차량이 공동목적을 수행하고 있는 이상, 각 운행자의 운행지배가 그 전부에 미친다고 보아야 하므로 그 중 1인이 그 차의 피해자가 될지라도 다른 사람으로 보호될 수는 없다.[264)]

그러나 (2) 내지 (4)의 공동운행자의 1인이 예컨대 보행중 자기의 운행차량에 피해를 입은 경우에는 (1)의 경우와는 다르다. 그는 대외적으로 일반보행자에 대하여는 운행자로서 책임주체가 되지만, 타의 공동운행자에 대한 관계에서는 사고당시의 운행지배의 실질상 다른 사람으로 보호될 여지가 있기 때문이다.[265)]

262) 대법 1992. 6. 12. 선고 92다930〔공 1992. 8. 1. (925), 2135〕; 대법 1991. 3. 27. 선고 91다3048〔공 1991. 5. 15. (896), 1281〕.

263) 뒤의 270) 판결.

264) 앞의 262) 판결.

265) 原島克己, 現代損害賠償法講座 3권 交通事故「自賠法 3條 本文に いわゆる 他人

다. 학 설

학설은 일반적으로 공동운행자는 대외적으로는 책임주체이면서 대내적으로는 보호의 객체가 될 수 있다고 본다. 어느 경우에 보호를 받을 수 있느냐 하는 기준설정을 둘러싸고 몇 개의 학설이 전개되어 있다. 이 학설들은 원래 호의동승자에 대한 책임론을 중심으로 발전된 것으로 뒤에 상술하겠지만 공동운행자의 타인성 인정에도 기준이 되므로 간단히 소개하기로 한다.

(1) 타인성조각설과 운행자성조각설(책임상대설)

이 양설은 배상의무자의 운행자성은 사고자동차의 객관적 지배로부터 생기는 절대적인 것임에 반하여, 타인성은 본래 상대적인 개념이라 하면서, 「원칙적으로 피고로 된 공동운행자 이외의 모든 자는 다른 사람에 해당하지만 그 피해자가 사고자동차의 운행에 배상의무자보다 일층 직접 관여한 특별사정이 있는 경우는 예외적으로 타인성을 조각한다」고 보는 것이 타인성조각설이고, 위 경우에 배상의무자의 운행자성이 피해자에 대한 관계에서 상대적으로 조각된다고 보는 것이 책임상대설 혹은 운행자성조각설이다.

위 양설은 타인성 내지 운행자성을 상실시키는 피해자의 운행관여를 어떻게 파악할 것이냐만이 문제일 뿐, 환언하면 피고의 책임 유무만이 문제일 뿐 책임의 정도 내지 양적 파악은 책임론의 평면에서는 다루지 아니하고 손해론의 단계에서 과실상계, 형평원칙, 위자료참작 등으로 조정한다.

그러나 위 양설은 보유자책임의 양적 처리이전에 책임의 성부판단단계에서 피해자의 타인성 또는 피해자에 대한 운행자성이 조각되면 원고의 청구는 전부기각이 되어 버린다. 예컨대 앞서의 수급인과 하수급인과의 소송에서 하수급인이 수급인보다 일층 직접운행에 관여하여 그 정도가 60%라고 인정되면 40%의 타인성이 존재함에도 불구하고 원고는 전부패소로 된다. 이와 같은 불합리를 수정하려는 것이 다음의 설이다.

(2) 비율적 책임설

전시 양설은 공동운행자 1인의 타방에 대한 책임을 질과 양으로 구분하여 단계적으로 해결함에 대하여 이 설은 피해자인 공동운행자의 인격적 측면을, 대외적인 운행자성과 대내적인 타인성의 합체로 파악하여 대외적으로는 운행

の 範圍」 121면.

자의 비율에 따른 손해배상책임을 지고, 대내적으로는 타인성의 비율에 합당한 보호를 받는다고 한다. 그러나 이 설은 피해자의 비율적 보호에 중점을 둔 나머지 그 피해자가 대외적으로 운행자성의 비율에 따른 책임만을 부담한다는 오류을 범하였다. 일반불법행위법상 공동운행자는 공동불법행위자로서 연대하여 100%의 책임을 져야 하기 때문이다.

(3) 수정책임상대설

전설의 위 불합리를 보충하고자 수정책임상대설은 배상의무자인 공동운행자의 운행자성을 비율적으로 파악한 후, 그것을 책임론이 아닌 손해론의 단계로 수평이동을 시켜서 과실상계의 유추적용에 의하여 상대적 책임의 양적 처리를 시도한다. 따라서 이 설에 의하면 가해자가 된 공동운행자는 피해자인 공동운행자의 운행관여사실 및 그 정도, 환언하면 자신의 운행자성의 감소를 항변(과실상계항변과 유사)하고 입증에 성공하면 그 인정된 비율, 예컨대 60% 또는 40%는 그대로 손해액 산정에 투영되어 전손해중 위 비율에 따른 손해에 관하여는 책임을 면하게 된다. 이 설은 배상의무자의 책임만을 상대적, 비율적으로 파악할 뿐 피해자인 공동운행자의 대외적 책임은 문제 삼지 아니한다. 왜냐하면 가해자인 공동운행자의 운행자성 감소에 관한 주장은 책임론의 평면에서 손해론의 평면으로 이동시켜 과실상계유사의 항변으로 보기 때문이다.

이 설은 지금까지의 전통적 손해배상이론과 그 궤를 같이하여 실무상 채용함에 아무런 저항감이 없어서 좋다.

라. 공동운행자의 타인성

전부적 공동운행자에게 타인성을 인정할 수 없음은 앞서 말한 바와 같고, 부분적 공동운행자중 1인이 피해를 입는 경우 그는 경비를 분담하고 그 익일은 스스로 자기개인목적을 위하여 차를 운행할 수 있는 지위에 있으므로 대외적으로는 운행자임을 부정할 수 없으나 대내적으로는 전적으로 타공동운행자를 위한 운행이고, 그러한 의미에서는 다음에 보는 임대인이 임차인 운행의 자동차에 보행중 충돌당하여 피해를 입은 경우와 별로 다를 것이 없으므로 다른 사람으로서 보호될 여지가 있다. 그러나 가해한 공동운행자의 운행은 공유관계와 그 목적, 경비분담 등에 의하여 시간적·장소적으로 대폭 제한되어 있다고 보아야 할 것이므로 피해 입은 공동운행자에 대한 그의 운행자성은 크게 감소될 것으로 생각된다.

절충적 공동운행자인 경우는 여러 단계가 있을 수 있다. 특히 패밀리·카인 경우, 후에 친족의 타인성에서도 상술하지만 부부동업체를 위한 경우는 전부적 공동운행자로 보아야 할 것이고, 반면에 부모의 보호감독을 받는 유아는 공동운행자성 자체가 부정되어 완전한 타인성을 인정받겠지만 성년의 가족이나 그에 가까운 자녀들이 수시로 자동차를 자유롭게 사용할 수 있는 경우에는 그 운행이 가족 공동목적 예컨대 여가유흥 또는 내객송영 등에 사용되고 있는 한 피해가족은 완전한 다른 사람으로 보호될 수는 없다. 구체적 사안의 실질적인 운행지배의 정도와 향수이익을 고려하여 보유자(예컨대 부)의 운행자성이 제한되었음을 인정하고 책임을 감경하여야 할 것이다. 그러나 보유자 자신이 피해를 당하였다면 다른 가족들이 절충적 공동운행자로 인정되더라도 그것을 이유로 자신의 운행성 감소를 주장할 수는 없을 것이고 그것이 금반언의 원칙에도 적합하다.

중첩적 공동운행자의 경우, 예컨대 임대인이 임차인의 차량에 피해를 당한 경우에 운행지배가 완전히 임차인에게 이전되었다면 그는 완전한 다른 사람으로 보호되지만 실질적으로 어느 면이든 지배를 남겨가지고 있다면 그 범위에서는 임차인의 운행자성은 감소되고 감소비율에 따라 책임감경을 인정하여야 할 것이다.

우리 대법원은 복수의 운행자가 있는 경우에 관하여 아래와 같은 원칙을 판시하였다. 즉, 「자동차손해배상보장법 제3조에서 말하는 '다른 사람'이란 '자기를 위하여 자동차를 운행하는 자 및 당해 자동차의 운전자를 제외한 그 이외의 자'를 지칭하는 것이므로, 동일한 자동차에 대하여 복수로 존재하는 운행자 중 1인이 당해 자동차의 사고로 피해를 입은 경우에도 사고를 당한 그 운행자는 다른 운행자에 대하여 자신이 위 법 제3조 소정의 타인임을 주장할 수 없는 것이 원칙이고, 다만 사고를 당한 운행자의 운행지배 및 운행이익에 비하여 상대방의 그것이 보다 주도적이거나 직접적이고 구체적으로 나타나 있어 상대방이 용이하게 사고의 발생을 방지할 수 있었다고 보이는 경우에 한하여 비로소 자신이 다른 사람임을 주장할 수 있을 뿐」이라는 것이다.[266][267][268]

위와 같은 원칙 아래, 승용차를 빌려 자신은 동승하고 다른 사람에게 운전을 시켰다가 사고를 당하여 사망한 경우, 차를 빌려준 자에 대한 관계에서 다른 사람임을 주장할 수 없고,[269] 렌트카 회사로부터 승용차를 빌려 직접 운전하다가 사고를 일으켜 사망한 자 역시 다른 사람임을 주장할 수 없으나,[270] 운전수가 있는 굴삭기를 임차하여 사용하던 중 그 중기에 치어 사망한 임차인은 다른 사람으로 본다고 판시하였으며,[271] 대리운전의 경우, 자동차 대리운전회사와 대리운전약정을 체결한 자는 차량에 대한 운행지배와 운행이익을 공유하고 있다고 할 수 없고, 차량의 단순한 동승자에 불과하다고 판시하였다(대법원 2005. 9. 29. 선고 2005다25755 판결).

그 외에도 소외 갑, 을, 병은 모두 군 동료들로서 함께 주말에 놀러가기 위하여 그 중 소외 갑이 렌트카회사로부터 자동차 1대를 임차하기로 계약을 체결하고 소외 을은 그의 보증인이 되는 등, 위 소외인들이 비용을 균등부담하기로 하고 자동차를 임차하여 소외 갑이 운전하고 가던 중 충돌사고가 일어나 모두 사망하였다면, 사고자동차의 운행경위, 동승자와 운행자와의 인적관계, 운행목적 등에 비추어 볼 때, 소외 을 및 병은 운전자인 소외 갑과는 물론이요 렌트카회사와도 자동차의 운행지배 및 운행이익을 어느 정도 공유한다고 할 것이어서, 렌트카회사에게 위 사고로 인하여 소외 을 및 병이 입은 모든 손해의 배상을 부담하도록 하는 것은 손해의 공평부담을 지도원리로 하는 손해배상제도의 근본취지에 어긋난다고 할 것이므로, 렌트카회사가 배상하여야 할 손해액을 산정함에 있어 이와 같은 사유를 참작하여 감액하기로 하되, 그 비율은 위와 같은 사실관계에 비추어 40퍼센트로 보는 것이 상당하다고 본 원심의 판단은 정당하다고 판시한 일[272]도 있으나, 피해자가 공동음주유흥을 위하여 차량소유자에게 무면허음주운행을 하게 하였다는 사정만으로 자동

---

266) 대법 1989. 6. 27. 선고 88다카12599〔공 1989. 8. 15. (854), 1148〕.
267) 대법 1991. 7. 9. 선고 91다5358〔공 1991. 9. 1. (903), 2118〕.
268) 대법 1992. 3. 13. 선고 91다33285〔공 1992. 5. 1. (919), 1301〕.
269) 대법 2001. 11. 30. 선고 2000다66393〔공 2002. 1. 15. (146), 166〕.
270) 대법 2000. 10. 6. 선고 2000다32840〔공 2000. 12. 1. (119), 2293〕.
271) 대법 1997. 7. 25. 선고 96다46613〔공 1997. 9. 15. (42), 2668〕.
272) 대법 1991. 3. 27. 선고 91다3048〔공 1991. 5. 15. (896), 1281〕.

차손해배상보장법에 의한 손해배상책임을 구할 수 없는 공동운행자에 대항한다고 볼 수 없다 한 사례도 있으며,[273] 자동차 소유자가 수리업자에게 단순히 그 수리만을 위하여 자동차를 인도한 것이 아니라, 수리업자로부터 그 자동차를 매수하겠다는 의사표시를 받자 그 매매대금결정을 위하여 그로 하여금 자동차를 운행하여 볼 것을 승낙하여 그 목적의 시운전을 할 수 있도록 하기 위해서도 그 자동차를 인도한 뒤, 그 수리업자가 부품 구입 및 유흥 목적으로 이를 운전하다가 사고를 낸 경우, 자동차 소유자는 수리업자가 그 자동차의 수리에 필요한 범위 내에서 이를 운전하는 것 외에도 그 매수가격 결정을 위한 성능시험을 위해서도 이를 운전할 것을 용인하였고, 그 차량이 자신의 의사대로 수리나 매수가격 결정을 위한 시운전의 목적대로만 운행되지 아니하고 시운전을 겸한 수리업자의 개인적인 용도로 이용되어질 가능성이 있다는 점을 쉽게 예상할 수 있었으므로, 그 자동차에 대한 일반적, 추상적인 운행지배와 운행이익을 가지고 있다고 추인되는 소유자로서는 사고 당시의 자동차의 운행에 있어 그 운행지배 내지 운행이익을 완전히 상실하였다고 단정하기에는 부족하고, 오히려 수리업자와 공동으로 그 자동차의 운행지배 내지 운행이익을 가지고 있었다고 보아야 한다고 판시한 사례[274]도 있고, 운송의뢰인과 운송인 간의 제품운송 용역계약의 내용에다가 화물차가 운송의뢰인의 용도에 맞게 개조되었고, 적재함 외부에 운송의뢰인의 명칭이 도색되어 있으며, 운송의뢰인의 배차 지시에 따라 전적으로 운송의뢰인의 제품만을 운반하고 있었다고 보이는 점 및 사고 당시 화물차를 운전한 운전자는 운송의뢰인의 배차 지시에 따라 운송의뢰인의 공장으로 오던 중이었던 점을 종합해 보면, 운송의뢰인은 사고 당시 화물차의 운행을 지배하는 책임주체로서의 지위에 있었으므로 운송의뢰인과 운송인 공동으로 그 화물차에 대한 운행지배 및 운행이익을 누리고 있다고 판단한 원심판결을 수긍한 사례[275]도 있다.

---

273) 대법 1993. 5. 11. 선고 92다2530〔공 1993. 7. 15. (948), 1665〕.

274) 대법 1996. 6. 28. 선고 96다12887〔공 1996. 8. 15. (16), 2354〕.

275) 대법 1997. 5. 16. 선고 97다7431〔공 1997. 7. 1. (37), 1843〕.

Ⅲ. 비운행관여자

1. 피용자

동일 사용자에 고용된 피용자의 1인이 다른 피용자의 업무집행상 불법행위로 손해를 입은 경우 그가 민법 제756조 제1항의 「제3자」에 해당한다고 하는 것은 공동자의 원칙(Fellow Servant Rule 또는 Doctorine of Commonemployment)이 존재하지 아니하는 우리나라나 일본 법제하에서는 통설과 판례[276]로 되어 있다.

공동자의 원칙이란 다른 피용자의 행위에 의하여 피해를 입은 피해자에 대하여 사용자는 손해배상책임이 없다는 영미법상의 원칙이다. 우리 법제하에는 그러한 원칙도 없고 생길 근거도 없으므로 피해 입은 피용자는 당연히 「제3자」에 포함되고, 위 제756조보다 더 피해자를 보호하려는 자배법 제3조상의 「다른 사람」에 해당시킴은 당연한 논리이고 판례 또한 같다.[277]

대법원 1990. 10. 30. 선고 90다카26126 판결[278]은, 피고가 매월 대가를 받고 운행경비는 소외 갑이 부담하기로 약정하여 피고 소유의 봉고차를 가정용품 소매업을 하는 소외 갑의 업무를 위하여 운행하였고 원고는 소외 갑의 판매원으로서 사고당시 외판을 위하여 피고가 운전하는 위 봉고차를 타고 돌아다니던 중 상해를 입은 경우 위 봉고차의 운행은 소외 갑 또는 피고 자신을 위한 것이고 원고는 자동차손해배상보장법 제3조 소정의 "다른 사람"에 해당한다고 판시한 바 있다.

---

276) 最高判 昭 32. 4. 30. 민집 11권 646면.

277) 大阪地判 昭 40. 3. 5. 判例時報 404호 43면; 判例交通事故 1권 1141면; 横浜地判 昭 43. 11. 28. 判例交通事故 1권 1142의 1면; 東京地判 昭 44. 10. 1. 判例時報 582호 84면; 判例交通事故 1권 1142의 2면; 福岡地判 昭 45. 8. 28. 判例交通事故 1권 1143면.

278) 공 1990. 12. 15. (886), 2416.

2. 가족・근친자

가. 서

가족・근친자의 자배법 제3조상의 문제는 사고자동차가 패밀리・카이거나 그에 유사한 형태로 운행되는 경우에 가족구성원이 동승중 또는 차밖에서 피해를 입은 후 자배법 제10조에 따라 보험회사에 직접 손해배상청구를 하고 보험회사가 그 청구를 거절함으로써 야기되었다. 쟁점의 하나는 가족은 사고차의 공동운행자로서 「다른 사람」에는 포함되지 않는 것은 아닌가 하는 것이고, 다른 또 하나의 쟁점은 자배법 제10조의 전제가 되는 동법 제3조상의 책임을 운행자가 가족・근친자에게도 면제 또는 감경됨이 없이 모두 부담하느냐 하는 점이다.

나. 친족의 타인성

이것은 친족의 공동운행자성과 표리관계를 이룬다. 피해자인 가족 또는 근친자가 보유자와 함께 공동운행자로 인정되면 지금까지의 판례는 모두 다른 사람으로서의 자격을 부정하여 왔다. 예컨대 부부가 각각 독립된 영업체를 운영하면서 그 영업이익을 합쳐 그것으로써 그들의 각 영업과 가족공동의 편리를 위하여 부(夫) 명의로 자동차를 구입하였던 바, 딸이 운전중 동승하였던 모가 사망한 경우에 부부를 공동운행자로 인정하여 타인성을 부정한 것,[279] 부부가 자동차를 임차하여 피용인에게 운전을 시켜 드라이브를 하던 중 사망한 일방은 타방과 함께 공동운행자라 하여 타인성을 부정한 것[280]들은 그 전형적인 예이다. 위와 같은 예들은 진정한 공동운행자에 가까운 것이므로 결론에 있어서도 별 불합리는 없다.

반면에 피해자인 가족이 나이 어린 아동이거나 미성년자인 경우 또한 처라도 남편의 차를 가족으로서 부양의 일방법으로 반사적으로 이용한 경우에는 공동운행자성을 부정하고 다른 사람으로서 보호한다. 위와 같은 견해를 취하

279) 長野地 松本支判 昭 44. 8. 28. 判例時報 571호 74면, 判例交通事故 1권 1180의 5면.
280) 東京地判 昭 45. 2. 23. 判例交通事故 1권 1164면.

고 있는 판례는 부(父) 운전의 자동차에 동승중 사고로 사망한 6세 미만의 여식,[281] 부모의 드라이브 차량에 동승중 피해입은 6세, 4세의 자녀,[282] 형이 운전하던 부 소유 차량에 동승중 부상한 18세의 동생,[283] 부가 보유하는 자동차의 앞 근처에서 놀던 자(子)가 그 자동차에 역과된 경우의 피해자[284]를 모두 다른 사람으로 인정하였고, 보유자의 처라 할지라도 자동차가 남편의 특유재산이고 아무런 사용권도 없어 운행지배를 인정할 수 없는 경우,[285] 부가 운전하는 자동차에 동승중이었던 처라도 그 자동차를 부가 통근 등을 위하여 구입하고 유지비도 그가 전담하고 처는 동승하는 일도 드물고 운전면허도 없는 경우에 타인으로 인정하고 있다.[286]

그러나 한편 부 소유의 자동차를 부로부터 빌려 친구와 교체운전 드라이브중 조수석에 있다가 사망한 여식[287]과 아버지로부터 그 소유의 오토바이를 빌려 친구와 함께 드라이브중 커브 길에서 친구의 운전 잘못으로 부상한 아들[288]은 모두 부와 함께 공동운행자라 하여 다른 사람으로서의 보호를 거부하였다.

그러나 후례의 피해자들은 전시의 진정한 공동운행자에 가까운 부부와는 거리가 있다. 판례에 제시된 공동운행자 인정의 요인은 ① 자동차의 구입명의, ② 관리비부담의 형태, ③ 주된 운전자, ④ 자동차의 사용태양, ⑤ 면허의 유무, ⑥ 운전보조사실의 유무 등을 열거하고 있다. 따라서 이러한 제점을 종합 고려하면 위 판례가 공동운행자라는 전제 하나만을 가지고 원고청구를 모두 기각한 것은 의문이다. 앞서 본 바와 같이 그 운행지배와 이익의 비율을 살핀 후 아직 갖고 있는 운행자성의 비율에 따른 책임을 지는 것이 옳지 않을지?

---

281) 東京地判 昭 44. 7. 16. 判例交通事故 1권 1159면.

282) 東京地判 昭 45. 2. 23. 判例交通事故 1권 1164면.

283) 松江地判 昭 45. 4. 22. 判例交通事故 1권 1165면.

284) 高松高判 昭 47. 6. 28. 判例交通事故 1권 1180면.

285) 東京地判 昭 42. 11. 27. 判例時報 500호 8면, 判例交通事故 1권 1153면; 東京高判 昭 44. 4. 5. 判例交通事故 1권 1154면.

286) 最高判 昭 47. 5. 30. 判例時報 667호 3면, 判例交通事故 1권 1178면, 判例タイムズ 278호 106면.

287) 名古屋地判 昭 47. 3. 22. 判例交通事故 1권 1180의 6면.

288) 新潟地判 昭 45. 7. 27. 判例交通事故 1권 1180의 8면.

그 이외의 부정판례들은 피해가족이 운행이익이나 지배를 갖을 수 없는 유아, 아동 또는 처이므로 타인성 인정은 타당하다 할 것이다.

대법원 2002. 12. 10. 선고 2002다51654 판결[289]은, 차량 소유자의 이혼한 전처가 사고 차량에 대하여 실질적으로 운행지배와 운행이익을 가진다고 보아 자동차손해배상보장법 제3조 소정의 '다른 사람'에 해당한다고 볼 수 없다고 판시하였고, 대법원 2004. 4. 28. 선고 2004다10633 판결[290]은 망인이 자신의 용무를 위하여 차량 소유자인 사실혼 배우자로부터 차량을 빌린 후 망인과 가깝게 지내는 자로 하여금 운전하게 하고 자신은 그 차에 동승하였다가 교통사고를 당한 경우, 망인은 자동차손해배상보장법에서 규정하는 운행자에 해당하므로 사실혼 배우자에 대하여 같은법 제3조의 '다른 사람'임을 주장할 수 없다고 판시한 일이 있다.

3. 무상동승자

가. 문제의 제기

무상동승자란 문자 그대로 대가를 지불함이 없이 다른 사람의 차량에 동승한 자이다. 무상동승자는 사고차량의 보유자도 운전자도 또한 그 보조자도 아니므로 일응 자배법 제3조 소정의 다른 사람임에 의문이 없다. 그러나 무상동승자라도 세밀히 내용을 분석하면 여러 가지 유형이 있고, 특히 그가 사고차량이 보유자의 피용자에 의한 무단사용임을 알면서 혹은 무단사용을 종용하여 그 차량에 동승하고 그 진로를 좌우하며 속력을 내게 하고 짐을 싣는 등 그 차량의 운행을 지배하고 운행이익을 향수하다가 사고를 당하여 피해를 입었다면, 그가 당연히 「다른 사람」에 해당한다 하여 보유자의 손해배상책임을 추구하게 하여서는 곤란하다. 위와 같은 경우에 혹자는 위 차량의 보유자는 운행지배와 이익을 상실함으로써 운행자의 지위를 이탈하였으므로 손해배상책임을 면한다고 이론을 구성하고(운행자성조각설 또는 책임상대설), 혹자는 위 피해자는 스스로 운행지배와 이익을 취득하여 운행자가 됨으로써 「타인

289) 공 2003. 2. 1. (171), 359.
290) 미간행, 종합법률정보에 수록.

성」을 상실하여 자배법 제3조의 「다른 사람」 자격을 상실하였다고 이론을 구성한다(타인성조각설). 또한 혹자는 무상동승의 태양에 따라 본래의 보유자는 그가 상실한 운행자성의 비율에 따라 손해배상책임이 감경된다고 하기도 하고 피해입은 무상동승자는 그가 취득한 운행자성 만큼 타인성을 비율적으로 상실하여 그 비율만큼은 손해배상청구권이 소멸된다고 한다(비율책임설 및 수정책임상대설).

어쨌든 무상동승자는 문리적으로는 자배법 제3조의 다른 사람이면서 때로는 다른 사람으로부터 제외되기도 하고, 때로는 타인성의 일부를 상실하여 손해배상청구권의 일부를 잃기도 한다. 어떤 경우에 무슨 이유로 그러한 구체적 타당성 있는 결론을 도출할 수 있느냐 하는 것이 무상동승자의 타인성론 내지 무상동승론이다.

나. 개념의 정리

민사교통소송의 여명기에 있어서 독일의 호의운송(Geflaligkeitsfahrt)의 이론이나 영미의 동승자법(Automobile Guest Statute)의 이론에 접한 처음에는 무상동승이 곧 호의동승이라고 이해되기도 하였지만, 곧 내용의 차이가 자각되어 양 개념은 구별되었다. 호의동승은 호의를 입어서 무상으로 동승하는 것이므로 양 개념은 상당부분이 중복되지만 외연은 무상동승이 약간 크다.[291]

大村須賀男은 호의동승의 개념적 요소를 ① 계약성의 결여 ② 무상성 ③ 호의성이라고 한다.[292] 따라서 무상이라 해도 강요형동승이나 잠입형동승 또는 운송 자체에 대하여는 대가의 지불이 없어서 무상처럼 보이지만 다른 비용 속에 포함되어 있는 때(호텔 손님의 송영)와 운송자 자신을 위한 의사・고문변호사의 송영,[293] 상사의 묵인하에 통근을 위하여 회사차에 동승하는 경우[294]는 호의동승이라 할 수 없다. 반면에 유상처럼 보이지만 운송대가가 아닌 감사의 표시나 연료 값의 일부를 부담하는 경우[295]는 호의동승이라 할 수

291) 倉田卓次, 「無償同乘論」 判例タイムズ 268호 24면.
292) "好意的協定關係に ついて" 民商法雜誌 62권 3호 361면.
293) 東京地判 昭 40. 2. 24. 下民集 16권 2호 321면.
294) 福岡地 直方支判 昭 47. 4. 19. 交通民事判例集 5권 2호 565면.
295) 鹿兒島地判 昭 47. 4. 20. 判例時報 682호 69면.

있다.

어쨌든 호의동승자는 첫째 호의에 의하여 무상으로 장소적 이전의 이익을 향수하므로 운행자가 갖는 운행이익과 유사한 이익을 가지며, 둘째 동승에 의하여 운행경로의 변경 등 본래의 운행에 일정한 영향을 미치는 점에 운행자가 갖는 운행지배와 유사한 지배를 가지며, 셋째 개인적 관계 등에 의하여 「운행권내」에 들어가고, 따라서 「운행에 관한 내부자성」을 갖게 되는 특질을 갖는다. 그러므로 이론적으로는 호의동승이 중심이 되고 그 밖의 무상동승은 호의동승에 관한 이론이 맞는가가 시험되는 정도에 그친다.

그러나 호의동승이나 무상동승이나 법문상 용어가 아닌 자배법 제3조 적용상의 문제이므로 넓은 무상동승을 고찰의 대상으로 삼는다.

다. 무상동승의 유형

무상동승은 이것을 논하는 자마다 자기의 이론구성에 편리하도록 분류한다. 무상동승 전반에 관한 통일적 이론구성에 성공한 정설은 아직 없으므로 각 논자의 분류를 알아봄으로써 그들의 이론검토에 도움을 얻고자 하는 것이다.

(1) 吉岡판사는 ① 운행자가 동승자에 대하여 장소적 이전을 약속하였다고 보이는 것, ② 계약이라고까지는 말할 수 없지만 운행자로부터 동승을 승낙 또는 인용받은 것, ③ 피용운전수로부터 동승을 허용받았으나 그것은 운행자의 예상 밖이고 또한 동승자는 운행자가 허용하지 않는다는 것을 알았거나 알 수 있었을 때, ④ 위 경우에 동승자가 자기의 편의를 위하여 코스를 변경시키고 속력을 내게 하며 화물을 무겁게 하는 것, ⑤ 운전수가 승낙하지 아니하였음에도 불구하고 승차하여 하차를 요구하는 것, ⑥ 운전수 모르게 승차한 것 등으로 분류하고,[296]

(2) 舟本판사는 ① 강요형동승, ② 지배형동승, ③ 잠입형동승, ④ 상용형동승, ⑤ 편승형동승, ⑥ 호의동승으로 나누며,[297]

(3) 宮本변호사는 ① 강제동승, ② 권유동승, ③ 호의동승, ④ 유인동승,

---

296) 實務民事訴訟講座「交通事故訴訟の 課題」3권 24면.

297)「過失相計に おける 被害者側の 範圍と 斟酌の 程度」自動車事故民事責任の 構造 80면.

⑤ 협박동승으로는 구분하고,[298]

(4) 原田판사보는 ① 운행자와 운전자가 동일인격에 속하는 경우와 ② 별개인격에 속하는 경우로 나누고, 후자를 다시 ① 운전자가 운행자를 위하여 운행하고 있는 경우와 ② 무단운전중인 경우 및 ③ 잠입형동승으로 분리한다.[299]

(5) 本井巽은 운행목적에 따라서 ① 동승자만을 위한 것, ② 공동목적, ③ 편승, ④ 운전자만을 위한 것으로 나누고, 다시 동승경위에 따라서 ① 피해자의 강요, ② 무상동승, ③ 의뢰편승, ④ 유인하여 승낙을 얻어 탄 경우, ⑤ 유인하여 탄 경우로 분류한다.[300]

라. 학설과 판례

(1) 위험승인설(위험인수설)

무상동승을 의뢰한 자는 사고에 대한 위험을 승낙한 자이므로 손해배상을 구할 수 없다는 설이다. 그러나 자동차가 달리는 흉기임을 인식하였다하여 곧 위험을 승낙한 것으로는 볼 수 없다. 만일 그러한 이론이 인정된다면 금일 우리들이 교통기관을 이용하는 것은 거의 위험의 승낙이 되어 버릴 것이다.[301] 그래도 이 설은 무상동승의 독특한 형태인 잠입형동승에 관하여 부분적으로 채택하는 자가 있다. 즉, 倉田판사는 잠입형동승을 무상동승중 예외의 하나로 보아서 호의동승에 관한 책임상대설의 과실상계적 운용설의 적용을 포기하고, 잠입동승의 경우에도 운행자의 운행자성자체는 감쇄되는 것이 아니지만[302] 이 동승자에게 보호를 거부하는 것은 「자기위험에 기한 행위」이기 때문이라고 주장한다.[303]

---

298) 宮本高彦, 「自動車を とりまく 諸問題」 日辯連特別硏修叢書 44. 328면.

299) 「自賠法 3條の 他人の 意義」 民事法の 諸問題 130면.

300) 「民事交通訴訟に おける 最近の 課題」 判例タイムズ 279호 17면.

301) 潮海一雄, 「운전자 또는 운행공용자의 가족이나 무상동승자는 운행공용자등에게 손해배상을 청구할 수 있는가」 民法學 6(不法行爲의 重要問題 137면).

302) 차의 트렁크에 잠입하는 것은 선창에 잠입하여 밀항하는 것과 같이 본래의 운행의 좌우하지는 않는다. 물론 밀항이 발견되어 되돌아간다면 강요형동승 이상으로 운행공용자의 운행공용자성은 현저히 감쇄된다.

303) 倉田卓次, 「無償同乘論」 判例タイムズ 268호 35면.

또한 吉岡판사도 자신이 분류한 ⑤, ⑥의 경우에는 그의 이론인 타인성조각설의 적용을 포기하고 「위험의 전면적 승인」이 있다고 보아서 보유자의 책임을 부정한다.

따라서 이 설은 운전수의 승낙없이 동승한 경우나 잠입형동승을 해결하는 하나의 방법에 불과할 뿐, 무상동승 일반을 해결하는 방법론으로는 긍정될 수 없다.

(2) 면책특약설

운전자와 동승자 사이에 묵시의 면책특약이 있다는 설이다. 그러나 이 설은 의제가 너무 강력하고 또한 면책의 대상이 인간의 생명・신체에 관한 배상책임이므로 묵시만으로 특약이 있다는 것은 상식에 어긋난다.[304]

(3) 무상수치인의 책임감경이론의 유추설

계약법 분야에서는, 무상으로 채무를 부담한 자는 그 책임이 감경된다(예컨대 민법 제695조의 무상수치인). 이것을 무상운송의 경우에 유추하여 운전자는 고의 또는 중과실에 대하여만 책임을 부담한다는 것이다. 그러나 인신사고에 관하여 경과실책임을 면제하는 것은 타당하지 아니하고 경과실과 중과실과는 양적 차이에 불과한데 과실의 경중에 따라 책임의 유무가 결정되는 것은 사안을 공평하게 해결하는 방법이 될 수 없다.[305]

(4) 개별적 해결설(일반조항제한설)

(i) 학 설; 이 설은 대표하는 並木판사보는 자배법에는 무상동승에 관한 보유자의 책임제한규정이 없고, 이것은 피해자의 보호를 철저히 하려는 취지이므로, 동법 제4조[306]에 의하여 적용되는 민법상의 제한규정에 의할 수밖에 없고 그것으로써 족하다고 하면서 무상동승자와 보유자 사이의 인적 관계・동승경위・그 태양・동승후의 거동 등을 종합하여 무상동승자가 예정코스를 대폭 변경지시하는 등 보유자가 아니면 할 수 없는 행위를 한 경우에는 조리상 그 자신에게 자동차 관리의무가 있어 「다른 사람」에 해당하지 아니하므로 본래의 보유자는 책임을 부담하지 아니하고, 그 차에 의한 제3의 피해자 즉,

304) 전게 민법학 6(不法行爲의 重要問題 137면).

305) 전게 민법학 6(不法行爲의 重要問題 137면).

306) 자기를 위하여 자동차를 운행하는 자의 손해배상책임에 관하여는 전조의 규정에 의하는 외에 민법의 규정에 의한다.

보행자나 다른 차의 탑승자에 대하여 본래의 보유자와 함께 그 운행관리의 분량에 따라 연대책임을 지는 반면, 정규의 수단에 의하지 아니하고 또한 동승장소가 변칙적인 잠입동승의 경우에는 과실상계의 대상으로 되지만 통상의 무상동승의 경우는 위자료참작사유로 됨에 그친다고 한다. 그는 결론적으로 무상동승을 어떻게 정의하든 운행자의 책임을 부정할 수는 없으며 다기다양한 형태의 무상동승을 하나의 이론으로 설명하는 것은 불가능하고 필요도 없다고 주장한다.[307)]

(ii) 판 례; 무상동승에 관한 정설이 아직 정립되지 아니하였으므로 지금까지의 많은 판례는 종래의 민법상 이론에 따라 구체적 타당성을 꾀하였다고 볼 수 있고, 그 대표적 채용이론은 과실상계 · 신의칙 · 형평이론 · 위자료참작론 등이다.

술 기운 띤 피용자의 무단운전차량에 동승한 자[308)]에 대하여 2할, 음주운전임을 알면서 동승한 자에 대하여 5할,[309)] 음주고속운전을 제지하지 아니하고 동승한 자에 대하여 3할,[310)] 과속(80km) 폭주를 제지하지 아니하고 동승한 자에 대하여 1할,[311)] 운전경험이 일천하고 도로불량을 알면서 그 자의 운전을 용인한 동승자에 대하여 2할[312)]을 각 과실상계한 사례가 있고, 신의칙을 적용하여 피용자의 무단운전차량에 동승하여 코스를 변경시킨 자에 대하여 손해액의 50%를,[313)] 그리고 상용형(常用型) 내지 편승형 호의동승자에 대하여 30%의 감액을 인정한 판례[314)]도 있고, 형평의 원칙을 적용하여 호의동승자의 손해중 8%를 감액한 예도 있고,[315)] 한편 심야의 드라이브에 유혹되어 운전자가 면허취득후 얼마 되지 아니함을 알면서 동승한 자,[316)] 친족 · 우인 · 지인 등의

307) 並木茂,「無償同乘に 關る 反對說の 要點」民事法の 諸問題 143면.

308) 東京地判 昭 43. 3. 30. 判例時報 518호 13면, 判例タイムズ 219호 115면.

309) 橫浜地判 46. 4. 13. 判例タイムズ 226호 251면.

310) 浦和地判 昭 46. 7. 6. 交通民事判例集 4권 4호 1031면.

311) 宮崎地判 昭 47. 3. 10. 交通民事判例集 5권 2호 352면.

312) 橫浜地判 昭 46. 6. 20. 交通民事判例集 5권 3호 825면.

313) 東京地判 昭 45. 11. 11. 判例時報 621호 60면.

314) 鹿兒島地判 昭 47. 4. 20. 判例時報 682호 69면.

315) 靜岡地判 昭 46. 11. 27. 交通民事判例集 4권 6호 1714면.

316) 名古屋地判 昭 47. 1. 26. 判例タイムズ 277호 323면.

관계에 있는 자가 함께 놀러갔다가 오던 중 음주운전으로 인한 전락사고에서 피해를 당한 자[317] 등에 대하여 위 각 내용을 위자료참작사유로 보고 있는 것들은 모두 이 설을 따른 것으로 볼 수 있다.

(iii) 비 판; 동승자가 운행자라고 인정될 수 있는 정도의 운행지배와 이익을 취득하면 타인성을 상실하게 될 것임은 쉽게 이해된다. 그러나 문제는 타인성을 상실하지 아니한 동승자에 대하여 무상동승을 손해의 감액사유로 할 수 있느냐는 것이다. 동승 자체는 상계되어야 할 과실은 아니다. 요즈음 과실상계가 손해의 공평부담이라는 지상과제 달성의 중요무기이기는 하지만 원래 손해액을 상계할 과실은 손해발생과 손해확대에 원인을 부여하는 것이어야 하기 때문이다. 앞서의 판례중 음주폭주운전을 제지하지 아니하고 동승한 사실은 과실이라고 말할 수 있을지 모르지만 호의동승 자체는 과실이라고 볼 수 없고, 따라서 신의칙이라든가 형평의 원칙이라는 일반원칙을 동원할 수 밖에 없다. 그러나 이와 같은 방법은 호의동승의 특성을 파악하여 자배법상의 보유자책임에 제한을 가하려는 이론적·학구적 노력의 포기로 밖에는 볼 수 없다.

(5) 타인성조각설

(i) 학 설; 이 설은 자배법 제3조가 「자기를 위하여 자동차를 운행하는 자는 그 운행으로 "다른 사람"의 생명 또는 신체를 사상한 때 그 손해를 배상할 책임을 진다」고 규정하므로 위 법조에 의한 운행자책임을 추궁할 수 있는 원고는 "다른 사람"에 해당하여야 하는데, 무상동승자는 경우에 따라 "다른 사람"으로 볼 수 없는 경우가 있고, 그러한 경우에는 보유자의 책임을 물을 수 없다는 설로서 일본의 吉岡판사, 舟本信光 및 山口和易 등이 주장하는 설이다.

즉, 吉岡판사는 앞서 본 바와 같이 무상동승을 여섯 가지로 분류한 후 세번째의 동승자(피용운전수로부터 동승허락을 받았으나 그것이 보유자의 예상 밖이고 동승자도 위 사정을 알았거나 알 수 있던 경우)와 네번째 동승자(동승자가 자기의 편익을 위하여 특히 코스를 변경시키고 가속을 명하고 하중을 증가시킨 경우)는 본래의 운행자의 운행지배를 부분적으로 배제하여 스스로 운행자가 되고, 그것도 운행에 보다 직접 관여한 자라 하여 "타인성"을 상실한다고 주장하며,[318]

317) 釧路地 帶廣支判 昭 45. 11. 10. 交通民事判例集 3권 6호 1754면.

舟本판사는 전시 5가지 분류 중 강요형동승(폭행 협박에 의한 제압지배형)의 전부와 지배형동승(업무・신분관계로부터 사실상의 강제맹종을 초래하며 운전자가 동승자에게 종속되어 복종하는 경우로서 동승자가 극단적으로 무모한 속도를 지시하고 대폭적인 코스변경을 명령하여 할 수 없이 운행내용이 질적으로 변경된 경우 또는 무단운전인 줄 알면서 동승한 위험한 드라이브, 탈선적 향락을 위한 동승 등 소위 운행자책임의 상대화가 논의되는 태양은 운전자와 동승자가 공동하여 독자의 운행지배를 갖는다고 보아서 지배형동승에 포함시켜도 좋다)의 일부는 본래의 운행자와 함께 경합적으로 운행자의 지위를 갖게 되고, 위 이외의 지배형동승자와 잠입형동승자의 대부분은 운전자의 지위를 갖게 되어[319] "다른 사람"의 지위에서 일탈하고, 그 이외의 무상동승자들은 일반적으로 타인성이 조각되지는 않지만 그들이 "위험의 소인" 또는 "윤리적 소인"을 갖는다 하여 과실 상계를 적용 또는 준용하면서 잠입형동승과 상용형동승의 일부는 운전보조자의 지위를 갖게 되어 동승이 태양, 사고의 내용에 따라 타인성을 상실한다고 한다.[320][321]

(ii) 판 례; 이 설의 입장을 취한 것으로 보이는 판례로는 보유자의 피용인이 원고 등 친구들과의 유흥목적으로 무단사용운전으로 심야드라이브 중 충돌사고를 일으킨 경우에 사고차량은 주로 위 유흥 그룹의 지배하에 그들의 이익을 위하여 운행된 것이므로 원고는 타인에 해당되지 않는다고 판시한 것,[322] 남편명의로 구입하여 딸에게 운행시키던 차에 처가 부상한 경우, 그 차량은 처의 영업을 위하여 처의 돈으로 매수하였고, 유지비도 처의 영업수입에서 지출된 사실을 인정하면서 처 자신이 운행자라는 이유로 손해배상청구를 부인한 것,[323] 운송회사의 운전수가 회사의 승낙없이 제3자를 위하여 운행코스를 변경하여 멀리 돌아 운행중 일으킨 사고에 대하여 제3자는 타인에 해당하지 않는다고 판시한 것,[324] 원・피고 및 친구 등 3인이 비용균등부담하에

318) 實務民事訴訟講座 3권 24면.
319) 의문이 아닐 수 없다.
320) 「自動車事故民事責任の 構造」 9면.
321) 왜 보조자가 되는지 설명이 없다.
322) 山口地 下關支判 昭 45. 10. 30. 判例タイムズ 261호 335면.
323) 青森地判 昭 45. 11. 20. 判例時報 627호 67면.

운전면허있는 피고명의로 렌트·카(Rent car)를 빌려 피고운행중 조수석에서 입은 상해사고에 관하여 원고의 타인성을 부정한 것[325]들이 있다.

(iii) 비 판; 요컨대 이 설은 피해자의 배상권리자로서의 적격으로부터 접근하는 방법이다. 즉, 자배법 제3조의 다른 사람은 배상의무자 이외의 모든 자가 이에 해당하지만(원칙), 단지 그 피해자가 「당해 사고의 원인으로 된 사고 자동차의 운행에 배상의무자보다 일층 직접관여하였다」고 하는 특별사정이 있는 경우(예외)에는 그의 타인성은 조각된다고 보는 것이다.[326] 그러나 이 설은 무상동승중 위와 같은 예외적인 경우가 아닌 경우에는 그 능력을 발휘할 수 없으므로 吉岡판사 자신도 피해자의 타인성이 인정되는 경우에는 과실상계나 위자료참작론을 들고 나오며 舟本도 타인성조각이론과 과실상계이론을 사용한다.

이 설이 무상동승자에 대한 제외규정이 없는 현행법제하에서 위와 같은 제한이론을 창출한 점은 높이 평가되어야 할 것이지만 타인성 부정의 전제로서 운행자성의 취득을 들고 있는 것은 의문이다. 운행자는 대외적으로 중대한 책임을 부담하고 객관적으로는 운행지배와 이익이 인정되어야 하므로 그 인정은 신중을 기하여야 한다.[327] 즉, 전시 판례 중 친구 피용자의 무단사용운전임을 알면서 탈선향락을 위하여 동승한 자 및 피용운전수의 승낙하에 동승하여 코스를 우회시킨 동승자를 곧 운행자로 인정하고 타인으로서의 보호를 전면 부정한 것은 지나친 감이 없지 않다.[328]

요컨대 이 설은 무상동승자가 본래의 운행자보다 일층 직접적으로 운행에 관여하면 운행자성을 갖게 되어 타인성을 상실한다는 것인데, 지배형동승이나 강요형동승이라면 모르되 과연 어느 때 타인성을 조각한다고 인정하여야 할지 그 기준이 모호하다. 또한 타인성을 상실한 동승자가 대외적으로 운행자의 책임을 부담하여야 하느냐 하는 것도 의문이 아닐 수 없다.

(6) 운행자성조각설(책임상대설)

---

324) 東京高判 昭 47. 1. 21. 判例時報 653호 37면.

325) 大阪地判 昭 47. 1. 21. 判例タイムズ 276호 338면.

326) 吉岡, 전게서 24면 이하.

327) 倉田, 「無償同乘論」 27면.

328) 羽生·青山, 「好意同乘」 現代損害賠償法講座 7권 372면.

(i) 학 설; 이 설의 주창자인 原田판사는 (A) 운행자가 동승자의 편승을 예상하지 못하였고 알았더라면 거절하였을 것이고, (B) 동승자는 위와 같은 사정을 알았거나 알 수 있었을 때에 한하여 운행자의 피해동승자에 대한 책임이 배제된다고 한다. 어떤 차량이 충돌사고를 일으켜 동승자와 상대방 차량의 승객에게 피해를 입힌 경우에 사고를 낸 차량의 무상동승자에게 위 (A)(B)의 사정이 있는 경우에는 보유자는 위 승객에 대하여는 책임을 부담하지만 무상동승자에 대하여는 면책된다는 주장이다. 이러한 의미에서 운행자의 책임은 상대적이고, 보유자가 위와 같은 동승자에게 책임을 지지 않는 이유는 그가 승차하는 시점에 보유자와의 내부관계에서는 그 차에 대한 운행지배가 보유자부터 무상동승자에게 이전되었기 때문이라고 한다. 이것은 보유자와 무상동승자간의 내부관계에 있어서는 보유자는 그 차에 대한 운행지배를 상실하여 자배법 제3조의 책임주체로서의 지위로부터 이탈되고 그 무상동승자 자신이 운행지배를 취득한다고 보는 것이다. 그러나 외부관계 즉, 통행인이나 상대방 차량의 승객 등에 대한 관계에서는 운전자와 보유자와의 관계를 검토하여 보유자가 운행지배와 이익을 상실하였다고 인정되지 않는 한 면책될 수 없다. 요컨대 이 설은「내부관계에 있어서 운행지배의 완전한 이전」의 유무에 따라 보유자의 운행자성의 존부를 무상동승자에 대한 관계에서 판단하는 것이다.[329]

(ii) 판 례; 이 설을 취한 것으로 보이는 판례도 몇 개 있다. 우선 우리나라 대법원은 1971. 3. 23. 선고 71다254 판결[330]에서「원심 설시의 이 사건 사실관계에 의하면, 이 사건 사고차량의 운전원도 아닌 소외 김호는 피고회사내 규칙에 위반하여 그 열쇠를 몰래 꺼내어 피고회사의 직무와 아무런 관련없이 추석휴일의 야간에 처녀들과 놀러가기 위하여 이 사건 자동차를 운행하게 되었다는 것이고, 피해자 역시 이와 같은 사정을 알면서 이 사건 자동차에 탑승하고 늦도록 여기저기를 놀러다니게 되었다는 것이므로 이와 같은 사정하에서는 외관상으로도 이 사건 사고차량의 운행이 그 보유자인 피고회사를 위한

329) 原田,「自賠法 3條の"他人"の意義」民事法の諸問題 Ⅳ 125면.

330) 판례월보 9호 55면, 동지 대법 1978. 2. 28. 선고 77다1987〔공 1978. 5. 1. (583), 10707〕.

운행이었다고는 할 수 없다고 함이 상당할 것이니 이 사건 사고는 객관적으로 보아 피고회사를 위하여 자동차를 운행하다가 일어난 사고라고는 볼 수 없다는 원심판단에 자동차사고로 인한 손해배상책임의 법리를 오해한 위법이 있다고 할 수 없다」고 판시한 바 있는데 이와 같은 설시의 기본은 본설에 가깝다고 생각된다.

일본의 하급심 판례 중에는 사고차량 소유회사의 피용인이 음식점여성을 동승시켜 놀러가다가 일으킨 사고에 관하여 위 운행은 피고회사를 위한 것이 아니고, 위 운행이 회사의 지배와 이익을 일탈한 것임은 적어도 위 여성이 피용인과 술을 마시러 가기 위하여 동승할 때 알았다 할 것이고, 적어도 알 수 있었던 사정이 있었다고 하여 회사의 책임을 부정한 예,[331] 피용인의 사용운전차량에 호의동승한 여자가 함께 술을 마시고 놀러 다니다가 일어난 사고에 관하여 그 운행목적이 업무와 전혀 관계가 없음을 피해자가 알았다는 이유로 보유자의 책임을 부정한 예,[332] 무단운전임을 알면서 피고회사의 피용인의 유혹에 응하여 야간 드라이브에 동승한 자는 회사에 대하여 운행자책임을 추구할 수 없다고 판시한 사례,[333] 회사 피용자의 무단사용운전인 줄 알면서 주행에 협력관여한 동승자에 대하여 회사의 운행자책임을 부정한 사례[334] 등은 모두 위 운행자책임상대설과 같은 이론으로 볼 수 있다.

(iii) 비 판;　이 설에 대하여 타인성조각설을 취하는 吉岡판사는, 타인성은 본래 상대적 개념이지만 운행자성은 객관적인 운행지배로부터 인정되는 것이므로 이것을 상대적으로 파악하는 것은 적절하지 못하다고 하고,[335] 舟本판사는, 운행자책임은 본래 차에 대한 관리상의 위험책임으로서 차와 운행자와의 관계로부터 가능한 한 정형적·일의적으로 처리되어야 할 것이므로 피해자의 주관적 요소 즉, 운전자의 무단성·업무외 운전 등에 대한 인식 등 확

331) 名古屋地判 昭 43. 8. 9. 判例時報 529호 31면.

332) 名古屋地判 昭 44. 8. 8. 判例時報 570호 71면.

333) 千葉地 松支判 昭 44. 9. 24. 交通民事判例集 2권 5호 135면; 東京高判 昭 47. 6. 7. 判例時報 678호 44면.

334) 靜岡地 濱支判 昭 44. 1. 29. 判例時報 546호 82면; 大阪地判 昭 47. 10. 26. 判例タイムズ 289호 345면.

335) 「交通事故訴訟の 課題」 實務民事訴訟講座 38면.

정곤란한 요건에 의하여 책임의 상대화를 꾀하는 것은 책임파악의 근거와 사이에 모순을 느낀다고 비판하고,[336] 倉田판사는 이 설은 타인성조각설이 충분히 설명하지 못한 피용인의 사적 관계에 기한 무상동승자의 청구를 기각함에 유효하기는 하지만, 운행자와 동승을 예상하지 못하였다든가 운행자가 동승을 알았더라면 이를 거절하였으리라는 것을 동승자가 알았다든가 하는 주관적 요건의 중복은 문제가 아닐 수 없다고 말하고,[337] 並木판사보는, 운행자책임이 위험책임임을 내세우면서 보유자가 무상동승을 예상하였는가의 여부는 별 의미가 없다고 비판한다.[338]

생각건대 운행자책임은 앞서 舟本판사와 並木판사보가 지적한 바와 같이 위험책임의 원리에 기초를 두고, 따라서 차량에 대한 운행지배와 이익이 객관적으로 인정되느냐의 여부에 의하여 결정되어야 하는 것인데, 여기에 왜 운행자의 동승예상 및 동승자의 주관적 인식이 영향을 미치느냐 하는 점을 이론적으로 설명하지 못하는 점에 큰 약점이 있다. 또한 이 설은 並木판사보가 지적하듯이 근친자인 무상동승자는 보유자가 알았더라도 거절하지는 않을 것이므로 자배법 제3조의 보호를 받게 되고, 전혀 타인인 무상동승자는 보유자가 동승을 예상할 수 없고 알아도 거절할 것이므로 위 보호가 거부될 것인데 이는 법감정에 반하게 된다.

나아가 동승자가 그 차량 운전자가 보유자인지 피용인인지 모르고 동승한 경우에는 (B)의 요건이 흠결되므로 100% 보호를 받게 되는데, 그가 다소 코스를 변경시켰다든가 가속을 지시하였다든가 함께 유흥목적이 있었던 경우에 과연 그 결론이 타당할 것인지 의문이 없을 수 없다.

어쨌든 전시 1971. 3. 23.자 및 후술 1978. 2. 28.자 대법원 판례는 재검토를 요한다고 생각한다. 보유자의 운행자책임은 운행지배를 이유로 하는 것이며, 운행지배는 보유자 자신이 아니면 피용자·가족 등 인적 관계있는 사람을 통하여 이루어지기 때문에 이와 같은 사람에 의하여 운행되고 있는 한 보유자의 지배는 크든 작든 계속되고 있다고 보아야 하며, 그 보유자의 관리 소홀이 있

---

336) 自動車事故民事責任の 構造 8면.

337) 倉田, 전게논문 28면.

338)「無償同乘に 關る 反對說の 要點」民事法の 諸問題 4권 143면.

으면 그만큼 운행지배는 의제되어야 하는 것이고, 그 때문에 운행지배는 규범적 개념으로 변하는 것이다.

그렇다면 위 사안의 운전자가 본래의 운전수는 아니더라도 보유자의 피용인임에 틀림없고 열쇠의 관리소홀로 그 운행이 이루어진 이상 보유자의 운행지배는 계속되고 있다고 보아야 할 것이며, 그 지배가 피용인에게 배타적・독점적으로 이전되었다고도 볼 수 없다. 위 운행이 무단사용이라도 시간적・장소적으로 제한되어 있는 것이며 반환도 예정되어 있다고 보아야 하기 때문이다.

그리고 피해 입은 동승자가 무상으로 또는 호의로 탑승을 하였고, 또 그가 위 무단사용운전을 알았거나 알 수 있었다고 하더라도 그와 같은 주관적 사유는 보유자의 운행지배를 완전히 배제하여 보유자의 운행자성을 상실시킬 수도 없거니와 위 무단운전자의 무단운전성, 환언하면 보유자의 운행자성 배제정도에 피해자의 위 주관적 사유를 합쳐 보아도 보유자의 지배이탈은 단정할 수 없을 것이다. 위 동승자가 가속을 시켰다든가 경로를 변경시켰다든가 하중을 더하였다는 등의 운행지배에의 관여사정도 보이지 않는 위 사건에서는 위 피해자에 의한 보유자의 운행지배 감소도 인정되지 않을 것이니 어떠한 근거에서 보유자의 운행자성을 부정하였는지 이해하기 어렵다고 아니할 수 없다.[339]

(7) 비율적 책임설

(ⅰ) 학 설; 앞서 본 타인성조각설이나 운행자성조각설은 운행자의 책임을 무비율적으로 다시 말하면 전부책임이냐 책임전무냐(all or nothing)하는 식으로 파악한다. 즉, 타인성이나 운행자성이 조각되었다고 인정되면 원고는 전부패소하고 그렇지 않으면 전부승소가 된다. 그러나 최근 무상동승자 중 특히 호의동승자는 어느 정도로 예컨대 60%의 운행자성을 갖고 그 한도에서 스스로 운행자이므로 본래의 보유자에 대한 관계에서는 위 운행자성의 취득비율 만큼 배상청구권이 부정된다는 학설이 등장하였다.[340]

---

339) 후술 무단무상동승 부분 참조.

340) 野村好弘, 「運行供用者と 他人」 交通問題の 現狀と 課題 交通法硏究 창간호 85면; 伊藤高義, 「好意同乘者の 他人性と 運行供用者性」 彦根論叢 149호 1면; 交通民事判例集 3권 색인 해설호 321면; 金澤 理, 「近親者間 事故と 自賠法 16條の 請求」 交通事故と 責任保險 105면.

이 설은 野村好弘·伊藤高義·金澤 理 등에 의하여 주장되는 바 그 이론의 출발은, 운행자라고 하는 것은 자배법 제3조의 책임을 누구에게 부담시킬 것인가의 문제이고, 타인이라고 하는 것은 동조의 보호를 어느 범위까지 인정할 것인가의 문제로서 그 양자는 서로 배척하는 관념은 아니고 중복되어도 지장이 없다는 데 있다. 앞서의 타인성조각설이 「운행자이므로 타인으로서 보호될 수 없다」고 하는 사고를 비판하여 호의동승자에 있어서는 타인성과 운행자성이 동시에 존재할 수 있고, 동승자는 그가 취득한 운행자성만큼만 타인성을 상실하고 그 한도에서 보호를 거부당한다고 생각한다.341) 이것을 비율책임설이라고 한다.

이 설은 뒤에 설명하는 수정책임상대설이 호의동승자에 대한 보호가 제한되는 이유를 위 동승자가 취득한 운행자성 만큼 본래 보유자의 운행자성이 감소되었다는 점에서 구하고 있는 것과 대조를 이룬다. 즉, 비율책임설에 의하면 동승자가 40%의 운행자성을 취득하여도 본래 보유자의 그것은 의연히 100%라고 설명하지만 수정책임상대설은 60%로 감소된다고 한다.

이 설은 타인성조각설의 변종으로서 그것의 무비율성을 수정하여 비율적으로 책임을 정하려는 것인데, 이것은 원래 무비율적인 책임인정이 각종 사건의 뉘앙스를 살리지 못하고 전부책임이냐 책임전무냐 하는 극단적 결론을 가져옴으로써 사안의 실태에 맞는 정의를 실현하지 못하는 결점을 보완하는 점에 훌륭한 방향을 제시하고 있다고 볼 수 있다.342)

(ii) 판 례; 일본의 하급심 판결중 이 설에 입각한 것으로는 소화 46. 8. 30.자 大阪地判이 있다. 동 판결은 그 판시에서 운행자성과 타인성은 확립적인 것이 아니며 고정적으로 어느 한 쪽으로만 파악하여야 할 이론적 필연성도 없다면서 본래 타인의 지위에 있던 자가 완전한 운행자로 되기까지에는 여러 가지 태양이 있을 수 있고, 그 사이에 있어서는 양자의 지위를 병유한다고 보는 것이 타당하며 양자의 중간에 있든가 오히려 운행자에 가까운 경우에는 배상의무가 배상청구권을 초과하므로 혼동과 동일현상에 의하여 배상청구권은 부정된다고 한다(그러나 이 결론은 뒤에 보는 바와 같이 의문이다).

---

341) 伊藤, 전게서 3면 이하.

342) 倉田, 전게서 29면.

이러한 이론하에 호의동승자의 배상청구권중 30%를 부정하였다.[343] 그 외에도 보유자의 처 조카가 친구 3명과 함께 사고차량을 빌려 2일간 예정으로 여행을 하다가 사고로 동승자가 피해 입은 사안에 관하여 동승자의 타인성을 인정하면서도 운행자로 인정되는 한도에서 일정비율의 손실을 부담하여야 한다 하여 60%의 청구권을 부정한 사례[344]도 있고, 차남이 아버지의 차를 동의없이 끌어내어 친구와 같이 놀러갔다가 일으킨 사고에 관하여 3할의 배상청구권을 부정한 예[345]도 있다.

(iii) 비 판;　생각건대, 이 견해는 타인성조각설이 운행자의 책임을 무비율적으로 파악하는데 불만을 품어 운행자의 호의동승자에 대한 책임을 비율적으로 인정하여 보자는 발상에서 나와 호의동승자가 갖게 되는「운행이익에 유사한 이익」과「운행지배에 유사한 지배」등에 착안하여 그것을 동승자의 운행자성으로 파악하면서 그 이익과 지배의 정도를 운행자성의 양으로 파악하고, 그 비율만큼 타인성의 조각을 인정하고 조각된 타인성의 비율만큼 손해배상청구권을 부정하는 것이다.

그러나 이 설의 최대의 난점은 타인성조각의 이유를 동승자가 획득한 운행자성에서 구하는 점이다. 이미 倉田판사가 적절히 지적한 바와 같이[346] 동승자가 원고로 되는 경우에는 문제가 없지만 그를 피고로 삼는 경우를 상정한다면 문제는 심각해진다.

이 설은 동승자에게 운행자성을 인정하기 때문에 비록 그것이 10%에 그친다고 해도 본래의 보유자의 책임과는 부진정연대채무관계에 서게 되는 고로 전손해에 대하여 책임을 지게 되는 것이다. 호의를 받아들여 잠시 동승한 자가 일반보행자나 상대방 차량의 승객 등에게 사고에 의한 전손해의 배상책임을 부담하여야 한다는 것은 상식에 반한다.

실제의 사안들은 앞서의 판례에서 보았듯이 대체로 원고이지만 이 설을 취한다면 피해자는 언제든지 동승자를 피고로 삼을 터인즉 이러한 경우에도 대비하여 빈틈없는 이론이 구성되어야 할 것이다.

---

343) 交通民事判例集 4권 4호 1252면.

344) 高知地判 昭 47. 3. 9. 判例タイムズ 283호 187면.

345) 大阪地判 昭 47. 5. 30. 判例タイムズ 283호 304면.

346) 倉田, 전게서 33~35면.

(8) 수정책임상대설(책임상대설의 과실상계적 운용설)

이 설은 호의동승자의 타인성을 무비율적으로 조각시키는 타인성조각설을 수정하여 타인성을 비율적으로 상실시키는 비율적 책임설과 마찬가지로, 호의동승자에 대한 운행자의 운행자성이 상실된다는 운행자성조각설 또는 책임상대설을 수정하여 운행자성의 비율적 조각을 인정하는 것이다.

이 설이 비율적 책임설과 다른 점은, 비율적 책임설은 동승자의 타인성조각원인을 그가 취득하는 운행자성에 두기 때문에 그가 피고로 되는 경우에 손해배상책임을 지게 되는 부차적인 곤란을 유발시키는데 반하여, 이 설은 위와 같은 모순을 피하기 위하여 동승자의 타인성을 문제시하는 것이 아니라 운행자의 운행자성만을 문제로 삼는 것이다. 다시 말하면 전설에서는 보유자의 운행자성은 100%이지만 동승자가 60%의 운행자성을 취득하였기 때문에 그는 나머지 40%의 타인성만이 남게 되고 그 한도내에서만 보호를 받는다고 설명하지만, 후설은 동승자의 운행자성은 문제로 삼지 아니하고 보유자의 운행자성이 제3자에 대하여는 100%일지라도 동승자에 대한 관계에서는 40%의 운행자성이 감소되고 결국 60%만 남게 되므로 그 한도에서만 책임을 진다고 설명한다.

이 설명방법은 과실상계의 경우와 동일하다. 과실상계가 책임론상의 문제점을 손해론의 평면으로 투영하는 것처럼, 이 설도 피해자의 주관적 사유를 책임감소사유로 보아 손해론의 평면으로 이동시켜 처리하는 점에서 과실상계와 유사하다. 그러나 호의동승 또는 무상동승 자체는 아무런 과실이 아니므로 위 조작을 과실상계 그 자체라고 강변할 수는 없다. 물론 과실상계의 기능이 오늘날에 있어서는 엄밀한 의미에서 손해의 발생과 확대에 관한 피해자의 과실만을 문제로 하지 않는다는 것은 널리 알려진 사실이고, 소위 「제반의 사정」에는 불법행위소송의 이념인 손해의 공평한 부담이라는 목적실현을 위하여 참작되어야 할 일체의 간접사실이 포함되고 위자료와 나란히 일종의 조정적 기능을 담당하고 있는 것도 사실이다.

따라서 이 설은 과실상계의 의의와 역할을 재평가하고 이것을 의식적으로 확장하여 적용함으로써 실무상 곤란을 초래함이 없이 구체적 사안에 타당한 결론을 내리는 것으로 평가되고, 따라서 "책임상대설의 과실상계적 운용설"이라고도 불리운다.

이 설은 이론적으로는 책임상대설로부터 출발하지만 요건으로서는 위 설의 그것에 구애될 것은 아니라고 한다. 왜냐하면 전설의 제요건은 보유자의 운행자성이 어느 동승자에 대하여 0까지 배제되어 버리지만 여기서는 비율적으로 배제되는 것이 허용되기 때문이다.

표지(標識)로서는 오히려 자배법 제3조의 「자기를 위하여 자동차를 운행하는 자」라는 문언에 의거할 수밖에 없다고 한다. 그것은 민법 제756조의 "업무집행성"에 해당한다. 운행자책임의 본질은 위험물관리책임이므로 그 책임은 그 운행이 「자기를 위하여」 제용되는 정도에 비례하여야 할 것이므로, 예컨대 운전자가 무상동승자의 말에 따라 업무시간 외에 운전하였다든가 혹은 보유자가 당초 예정한 경로를 버리고 대폭 우회하는 노선을 택하여 주행하였다든가 하여 사고를 일으키고 보행자와 동승자가 부상한 경우에, 운전자가 자기의 종업원이라든가 우회하여도 목적지에의 주행 자체가 포기된 것이 아니라면 보유자는 자기를 위한 운행임을 전연 부인할 수는 없지만, 업무외의 운전인 이상, 크든 작든 그의 운행자성은 감소되어 있다고 보지 않을 수 없다. 업무외에서는 40%, 경로변경에서는 30%라고 생각하여 볼 수도 있다.

그러나 손해배상책임의 유무판단에서는 즉, 과실상계 등 손해론에 가기 전에는 비율적 책임은 인정될 수 없으므로 보유자는 40% 또는 70%의 운행자성밖에 없음에도 불구하고 일단 100%의 배상책임이 발생된다. 이때에 40% 또는 70%의 책임을 100%로 끌어올리는 수정이론이 곧 외형이론이다.

즉, 사고차량에 부상당한 보행자를 위하여는 외형이론에 의하여 운행자의 책임은 100%로 수정된다. 그러나 위와 같은 업무외 운전이나 우회운전을 시킨 동승자에 대하여는 외형이론에 의한 책임수정은 일어나지 아니하고 필요도 없으므로 운행자는 60% 또는 70%의 책임만을 부담한다는 것이다.

이와 같은 보유자의 책임조각사유는 추상적 일반적인 그의 책임이 인정된 후에 과실상계항변과 유사하게 항변으로서 이루어진다.

이 경우에 보유자의 책임조각의 비율은 「자기를 위한 운행」이 어느 정도로 침해되었는가를 기준으로 하여야 하겠지만 이 점의 판단에 있어서 「보유자가 동승을 알았다면 거절하였을 것임을 알았느냐 몰랐느냐」하는 동승자의 주관적 요건을 문제 삼을 필요는 없다.

이 요건은 보유자와 운전자가 다른 사고에서는 효과를 발생시키지만 양자가 일치하는 경우에는 소위 잠입동승을 제외하면 무단동승이라는 문제는 발생되지 아니하므로 별효과를 나타내지 못한다.

결국, 무상동승자에 대하여는 어느 정도 운행자성의 감소가 있다고 본다. 노선변경도 가속도 시키지 않는 단순한 편승(hitchhike)에서는 그 감소도는 거의 없지만 강요형동승에 있어서는 가장 크게 일어난다고 본다. 이 설은 일본의 倉田판사에 의하여 주창되었다.[347)]

이 설에 대하여 金澤 理는, 만일 운행자와 동승자의 운행자성의 비율이 50%식 분속(分屬)할 때는 손해론의 평면에서는 배상액이 반감되겠지만 그 이전에 책임론의 단계에서 동승자는 운행자가 되어버리고 "타인"이 될 수 없으므로 동승자 또는 공동운행자의 운행자성이 50%식 분속하거나 상회하는 경우에는 피해자 보호가 전면 부정되어 불만이라고 비판한다.[348)]

그러나 위 비판은 수정책임상대설이 책임론에서는 운행자의 운행자성을 문제로 삼지 않고(물론 동승자의 운행이익과 지배에 대한 침해가 너무 커서 보유자의 운행자성을 배제하고 독점적·배타적인 운행지배와 이익을 획득함으로써 보유자가 면책되는 경우도 있을 수는 있다) 통상 손해론의 평면에서 다루고 있음을 간과한 것이다. 따라서 동승자(또는 공동운행자)는 피고가 보유자임을 입증하면 족하고, 보유자의 운행자성 감소는 피고의 손해론에 있어서의 항변사유에 불과하므로 피해자가 보유자의 운행자성을 50% 또는 60%를 침해하였다 하여 책임론 단계에서 타인성을 상실한다는 결론은 나오지 않는다.

이 설에 입각한 것으로 해석되는 판례는 아직 보이지 않지만 전통적인 손해배상이론과도 위화감이 없고 구체적 타당성을 기할 수 있어 가장 발전된 이론으로 생각되고, 따라서 판례도 이 설을 따라야 할 것으로 생각한다.

---

347) 倉田卓次, 「無償同乗論」 判例タイムズ 268호 35면.

348) 金澤 理, 「自動車事故と 保險責任」 103면.

4. 무상동승론

가. 서 론 ── 대법원판례의 개관과 문제의 제기 ──

무상동승자의 손해배상청구에 관한 대법원의 판례들은 우선 쉽게 두 부류로 분류할 수 있다.

그 첫째는 무단사용운전차량에 무상동승하였다가 피해를 입고 손해배상을 청구한 사건에 관한 것들이고,

그 둘째는 위의 경우를 제외한 무상동승자의 손해배상에 관한 것들이다.

첫째 부류에 관한 것으로는, 7개가 눈에 띄는데, ① 대법원 1971. 3. 23. 선고 71다254 판결[349]은 피고회사의 피용운전수가 추석날 자동차열쇠를 몰래 훔쳐, 동료들을 태우고 자동차를 운행하여, 극장구경을 가던 이 사건 피해자를 포함한 동네 처녀들을 적재함에 태우고 밤늦게 놀러 다니다가, 위 피해자를 간음하려고 그녀만 적재함에 태우고 급히 전진함으로써 위 피해자가 추락 사망한 사안에서, 「이와 같은 사고는 …… 피고회사를 위하여 자동차를 운행하다가 일어난 것이라 볼 수 없고, 피해자 또한 김호가 위 자동차를 피고회사와는 관련 없이 운행한다는 것을 알면서 탑승이 금지된 적재함에 타고 있다가 사망하였다고 보는 것이 상당하다고 하여 원고들의 이 사건 손해배상청구를 배척」한 원심판결을 시인하였고, ② 대법원 1978. 2. 28. 선고 77다1987 판결[350]에서는, 사고당일 영업행위를 할 수 없는 비번중의 택시를 그 소속 운전수도 아닌 자가 무단운행하는 것을 피해자가 알면서 탄 경우, 특별한 사정이 없는 한, 그 택시의 운행을 가르켜 택시회사를 위한 운행이라고 인정할 수 없다고 회사의 책임을 부정한 원심판결을, 「사실관계가 그러하다면 이 사건 사고택시 운행에 있어서 피고회사는 자동차손해배상보장법 제3조에서 말하는 소위 자기를 위하여 자동차를 운행하는 자에 해당한다고 볼 수 없다」고 시인하였고, ③ 대법원 1981. 3. 10. 선고 80다2973 판결[351]에서는, 「회사소속의 사고차량

349) 대법원판결집 19권 1집 민 2252면.
350) 공 1978. 5. 1. (583), 10707.
351) 공 1981. 5. 1. (655), 13798.

을 그 회사와 아무 관계도 없는 제3자가 자기의 개인적인 용무를 위하여 무단운행하는 정을 알면서도 피해자가 이를 이용하여 위 차에 편승하였다면, 위 차의 운행을 가리켜 회사를 위한 운행이라 할 수 없다」고 판시하였으며, ④ 대법원 1982. 6. 8. 선고 82다카335 판결[352]에서는, 원고가 무단운전연습 중 파손시킨 자동차를 수리하기 위하여 동차에 타고, 운전사로 하여금 운행케 하여 정비공장으로 가다가 사고를 당한 경우, 위 운행은 무단운전행위의 연장이라 할 것이고, 자동차 손괴의 원인이 원고의 불법운전에 기인한 이상, 그 수리책임은 원고에게 있다 할 것이므로, 위와 같은 운행이 반드시 자동차 보유자의 이익에 귀속된다고 볼 수도 없으므로 보유자를 위한 운행에 해당하지 아니한다고 판시하였고, ⑤ 대법원 1984. 11. 27. 선고 84다카858 판결[353]에서는, 차량의 조수 겸 운전사가 친구들과 술 마시러 놀러 다니면서, 차주나 그 관리자 몰래 차량을 운행하다가 사고를 일으키고, 더욱이 사고가 사망한 자의 제의에 의하여 한밤중에 취중 드라이브하던 중 야기된 것이라면, 이 운행은 객관적으로나 외형적으로도 소유자를 위한 것이라고 할 수 없다고 판시하였고, ⑥ 대법원 1989. 3. 28. 선고 88다카2134 판결[354]에서는, 「피해자가 운전자의 호의로 무상동승한 경우에는, 그가 무단운행의 정을 알았는지의 여부가 운행자의 운행지배 내지 운행이익의 상실여부를 판단하는 중요한 요소가 된다」고 판시하였고, ⑦ 대법원 1991. 2. 12. 선고 90다13291 판결[355]은, 회사의 경비원이 운전연습을 하려고 그 경비실에 있는 회사 열쇠보관함에서 승용차의 열쇠를 꺼내어 운전하던 중 사고를 내었고 피해자가 그러한 무단 운전사실을 전혀 인식하지 못하였다면 회사의 위 승용차에 대한 운행지배 및 운행이익을 상실한 것으로 볼 수 없다고 판시한 것들이 그것이다.

위와 같은 일련의 판례들을 읽다 보면, 몇가지 의문이 제기된다.

첫째는 전시 다섯번째의 84다카858 판결과 관련하여, 운행자의 무상동승자에 대한 관계에서도, 통행인과 같은 제3자에 대한 관계에서와 마찬가지로 소위 외관이론이 적용되는 것인가?

---

352) 공 1982. 8. 15. (686), 641.

353) 공 1985. 1. 15. (744), 74.

354) 공 1989. 5. 15. (848), 670.

355) 공 1991. 4. 1. (893), 976.

둘째, 그렇다면 왜 전시 판결들은 동승자가 무단운전인 정을 알았다는 주관적 요소를 요구 내지는 중시하는가?

셋째, 동승자의 위와 같은 주관적 요소가 갖추어지기만 하면, 보유자의 운행자성은 무조건 상실되는가? 다시 말해서, 동승자의 주관적 요소가 구비되고, 그가 무단운전자와 함께 일단(一團)으로 간주되고 그 일단에게 운행지배와 운행이익이 대내적으로(즉, 위 일단과 운행자와의 관계에서) 배타적·독점적으로 이전되었다는 특단의 사정이 없어도, 운행자의 운행자성을 부인할 것인가? 대내적으로 배타적 독점적인 지배와 이익의 이전을 인정할 수 없는 경우, 책임을 비율적으로 인정할 수는 없는가 하는 것이 그것이다.

무상동승에 관한 두 번째 부류의 판례들은 무단운전차량에의 동승이 아닌 무상동승 내지 호의동승에 관한 것들인데, 대법원 1987. 1. 20. 선고 86다카251 판결[356]을 시초로 하여 1989. 1.까지 2년 사이에 11개가 선고되었다.

위 판결은, 「자동차교통사고에 있어서 피해자가 사고차량에 무상으로 동승하여 그 운행으로 인한 이익을 누리는 지위를 갖게 된다고 하여, 특별한 사정이 없는 한, 피해자에게 과실이 있다고 할 수 없다(당원 1971. 12. 14. 선고 71다2177 판결; 1976. 1. 13. 선고 75다1414 판결 참조)할 것이므로, 원심이 같은 취지에서 이 사건 사고차량에 무상으로 동승한 원고 박미경의 과실을 부인하고, 피고의 책임을 감경하는 사유로 삼지 아니한 조치에, 주장하는 바와 같은 법리를 오해한 위법이 있다 할 수 없다」고 판시하였다.

이 판문 자체는 무상동승사실이 상계될 과실은 아니라는 것으로 지극히 당연하나, 그 원심판결[357]에 의하면, 「그런데 피고(한국자보)는, 위 이두해(운전자)가 위 사고당시 주취상태에서 운전하였고, 원고 박미경 및 그의 아버지 소외 망 박영운은 이러한 사정을 알면서 운행을 요청하여 무상으로 호의동승하였으니, 피고의 보험금지급의무는 면제 또는 감경되어야 한다는 취지로 주장을 한다. 그러므로 살피건대, (증거)를 종합하면, 위 이두해와 박영운은 서로 이웃에 거주하는 친구로서, 위 사고당일 사고차량을 함께 타고, 다른 친구집안의 결혼식에 참석하였다가 돌아오게 되었는데, 위 박영운이 귀가도중, 그의

356) 공 1987. 3. 15. (796), 361.

357) 공간된 바 없으나 서울고등법원 판결원본집을 참조하였음.

“처남집에 들러 처인 원고 안정자와 딸인 원고 박미경을 데리고 가야겠다”고 말하자, 위 이두해는 “마침 자신도 아들의 전학관계로 주민등록상의 주소지를 박영운의 처남집으로 옮겨놓은 일이 있어 인사를 해야겠으니 함께 그곳에 들렀다 가자”고 말하면서 자진하여 서울 강남구 세곡동 소재 박영운의 처갓집에 들러 인사를 마친 다음, 위 박영운, 원고 박미경·안정자를 그의 차에 태우고 돌아오다가 위 사고를 일으킨 사실을 인정할 수 있고, 이와 다른 증거는 없으며, 위 이두해가 위 사고당시 주취상태에 있었다는 피고의 주장사실은 이를 인정할만한 증거가 없다. 사실이 위와 같다면, 위 자동차의 운행, 경위에 비추어 그 운행은 위 이두해의 지배하에 있었다 할 것이고, 비록 원고 박미경 등이 무상으로 동승하였다고 하더라도 위 사유만으로써 피고의 보험금지급의무를 면제 또는 감경할 수는 없다 하겠으니 피고의 위 주장은 받아들이지 아니한다」고 되어 있고, 이 원심판결을 확정시킨 것이므로, 무상호의동승에 관한 최초의 판결임에는 틀림없다.

그런데 위 대법원판결에서 인용된, 대법원 1971. 12. 14. 선고 71다2177 판결[358]은 피해자가 무면허 오토바이운전임을 알면서 그 뒷자석에 편승하였다가 사고를 당한 사안에서 그 사실만으로는 피해자에게 과실이 없다는 것이고, 또 1976. 1. 13. 선고 75다1414 판결[359]은 오토바이 뒷자석에 타고 있었다는 것만으로 원고에게 과실을 인정할 수 없다는 내용이어서 좀 의아스럽다.

어쨌든 이 판결은 그 후에 선고된 무상동승에 관한 대법원판결에서 두 번이나 인용되었는데, 그 첫번째는 대법원 1987. 4. 14. 선고 84다카2250 판결[360]인바, 동 판결은「자동차교통사고에 있어서 피해자가 원심인정과 같은 경위로 사고차량에 무상으로 동승하여 그 운행으로 인한 이익을 누리는 지위를 가졌다 하여, 특별한 사정이 없는 한, 이를 손해배상액의 감경사유로 삼지 아니함이 상당하고, 또한 이는 당원의 견해라 할 것이니(당원 1987. 1. 20. 선고 86다카251 판결 참조), 위와 같은 무상동승 자체를 피고의 책임감경사유로 삼은 원심판단은 손해배상책임의 감경에 관한 법리를 오해한 것으로 위법하다」하여 원

358) 대법원판결집 35권 1집 민 16·17면.
359) 대법원판결집 35권 1집 민 16·17면.
360) 공 1987. 6. 1. (801), 775.

심판결을 파기하였다.

위 원심판결[361]은 교인들이 교회소유 봉고차를 무상으로 빌려 놀러가던 중 사고가 발생된 사안에 관한 것으로 그 일부를 옮겨 적으면, 「피고는, 위 자동차가 피고 교회 신도들의 총유재산이고, 총유자인 탑승자들에게 무상대여하여 그들이 운행하다가 사고가 발생한 것이므로 위 자동차의 탑승자들은 공동운행자로서 사고당시 피고보다 직접적·현재적·구체적으로 운행이익과 운행지배를 누렸으므로 위 법조 소정의 "타인"이 아니고 따라서 탑승자의 일부인 원고 문종훈과 위 망 김점선은 손해배상청구권이 없다고 주장하나, ……(증거)……에 의하면, 피고 교회는 신도들의 주일예배를 위한 교회왕래와 신도들의 길흉사나 친목행사 등에 사용하기 위하여 신도들의 헌금으로 위 자동차를 구입한 다음, 교회 차량관리부에서 위 자동차를 직접 관리하고, 운전사는 별도로 두지 않은 채, 목사나 집사들이 운전한 사실, 위 자동차에 탑승한 사람들은 모두 교회신도들인데, 그들이 갹출한 유류대와 관광비용으로써 운행비용에 충당하고, 그 중 한사람인 소외 망 임헌오가 운전을 담당하여 도고온천에 놀러가기로 한 다음, 교회차량관리부로부터 위와 같은 목적에 사용해도 좋다는 승낙을 얻어 온천관광을 하던 중 위 사고를 일으킨 사실이 인정될 뿐이고, 그 사실관계하에서는 피고 교회의 차량관리부가 위 자동차를 직접관리하면서 정해진 절차에 따라 사용허가를 하여 신도들로 하여금 본래의 용도에 맞는 일에 사용하도록 한 것이어서, 피고 교회로서는 위 자동차에 대한 운행지배와 운행이익을 여전히 갖고 있다고 할 것이고, 사용자들이 타인성을 상실할 정도로, 피고 교회보다 더 직접적으로 운행이익을 갖거나 운행지배를 하였다고 볼 수는 없으므로 피고의 주장은 받아들이지 아니한다. 그러나 원고 및 망 김점선은 그들의 이익을 위하여 피고로부터 무상으로 자동차를 빌려 사용한 사람들로서 호의에 의한 동승자이므로, 피고에게 손해의 전부를 배상하게 함은, 공평의 원칙 내지 신의칙에 반한다 할 것이므로, 배상금액의 범위를 감축하기로 하고, 동승의 경위, 목적, 운행과정 등에 비추어 감액비율을 40퍼센트로 정한다」고 되어 있다.

따라서 이 대법원의 판결이 공동운행자에 가까운 무상동승자에 대하여, 단

---

361) 서울고법 판결원본집 참조, 서울고법 1984. 10. 15. 선고 84나3383 판결.

순한 편승에 가까운 무상동승사안에 관한 전시 86다카251 판결을 인용하면서, 무상동승을 배상액 감경사유로 보지 않는 것이 당원의 판례라고 선언한 것은 의문시된다.

그런데 전시 최초의 판결은 대법원 1987. 7. 7. 선고 87다카69 판결[362]에서 또 인용되었다. 동 판결은 「자동차교통사고에 있어서 피해자가 사고차량에 무상으로 동승하여 그 운행으로 인한 이익을 누리는 지위에 있었다 하더라도 특별한 사정이 없는 한, 그 점만으로 피해자에게도 과실이 있었다 하여 가해자의 책임을 감경하는 사유로 삼을 수 없다 할 것인바(당원 1987. 1. 20. 선고 86다카251 판결 참조), 원심이 같은 취지에서, 원고가 이 사건 사고차량에 무상으로 동승하게 된 점은 피고의 책임을 감경할 사유가 될 수 없다고 판단한 것은 정당하다」고 판시하였다.[363] 원심인 서울고법 1986. 11. 12. 선고 86나12140 판결[364]의 내용은, 「원고는 서울 은평구 갈현동에서 수입상품점을 경영하고 있는데 강남 쪽으로 이를 옮겨 볼 생각으로 점포를 물색하기 위해 친구의 소개로 피고가 경영하는 서초동 소재 부동산소개소에 갔다가, 갈현동에 있는 원고의 점포로 돌아가는 길에, 피고가 자신이 위 사고차량으로 한남동 쪽으로 일을 보러 가는데, 같은 방향에 있는 가까운 버스정류장까지 데려다 주겠다고 하며 동승할 것을 권유하므로 이에 위 사고차량에 무상으로 동승하게 되었던 사실이 인정되는바, 위와 같은 사정 아래서라면, 원고가 무상으로 위 차량에 승차하였다 할지라도 그 얻은 이익에 비추어 형평의 원칙상 피고의 손해배상액을 감액함이 상당하다고는 인정되지 아니하므로 피고의 위 주장은 이유 없다」고 되어 있다.

따라서 이 사안은 단순한 호의무상편승(생각하기에 따라서는 고객에 대한 서비스이므로 무상동승이 아니라고 볼 수도 있다 — 후 상설)이고, 위 선행인용 판결이 확정시킨 사안도 동종이므로 그 인용은 적절하다고 보여지나 무상동승이 과실로 될 수 없다는 부분은 원심판결을 보아도 왜 들어갔는지 모르겠다(상고이유에서 그렇게 주장했는지 알 수 없다).

---

362) 공 1987. 9. 1. (807), 1310.

363) 동지 대법 1988. 9. 27. 선고 86다카481〔공 1988. 11. 1. (835), 1317〕.

364) 서울고법 판결원본집.

그 후 대법원 1987. 9. 22. 선고 86다카2580 판결[365]은, 원심[366]이, 사고당일 비가 와서 건축공사장의 목공인 원고가 쉬고 있던 중, 피고의 트럭운전사인 소외 조희영이가 물건을 팔러 김제등지에 가니 함께 가서 놀고 오자는 제의를 하여 무상으로 동승하였다가 사고를 당한 사안에서, 원고는 운행이익의 향유자로서 운행공용자의 지위를 피고와 나누어가진다 할 것이며, 따라서 그 운행으로 인하여 자신에게 발생할 수 있는 위험도 역시 분담하는 것이 타당하다면서 재산상 손해의 15%를 감액하였는데, 「비록 원고가 이른바 무상동승자라 하더라도, 원심이 설시한 바와 같은 경위로 이 사건 사고차량에 타게 된 원고에게 그 자동차보유자인 피고에 대한 관계에서 15% 정도의 자동차보유자성을 인정한 원심의 판단은 그대로 수긍되지 아니하여, 자동차사고에 관한 손해배상의 법리를 오해한 위법이 있는 것」이라고 파기하였다.

대법원 1987. 12. 22. 선고 86다카2994 판결[367]에서도, 피고회사 소속 운전수가 차량관리책임자의 허락을 받아, 추석을 지내려고 피고소유 화물트럭을 운전하여 그 고향인 옥천에 왔다가 형으로 하여금 위 트럭을 운전케 하여 학교운동회 구경을 갔다가 귀가하던 중, 위 운동회 구경을 하고 나온 같은 마을사람 10여명으로부터 태워달라는 요구를 받고 적재함에 태우고 가다가 전복사고를 일으켜 적재함에 타고 있던 원고가 부상한 사안에서, 「차량의 운행자로서 아무 대가를 받은 바 없이, 오직 동승자의 편의와 이익을 위해서 동승을 제공하고, 동승자로서도 그 자신의 편의와 이익을 위해서 그 제공을 받은 경우라 하더라도, 그 사실만 가지고 동승자에게 자배법 제3조에서 말하는 보유자성을 인정하기는 어렵다(당원 1987. 9. 22. 선고 86다카2580 판결 참조). 다만 운행의 목적, 호의동승자와의 인적관계, 피해자가 차량에 동승한 경위, 특히 동승요구의 목적과 적극성 등의 제반사정에 비추어, 가해자에게 일반의 교통사고와 같은 책임을 지우는 것이 신의칙이나 형평의 원칙에 비추어 매우 불합리한 것으로 인정되는 경우에는 그 배상액을 감경할 사유로 삼을 수도 있을 것이다. 그러나 이 사건의 경우, 원심이 판시한 사실관계에 의하면, 원고 조남

365) 공 1987. 11. 15. (812), 1625.

366) 광주고법 1986. 10. 10. 선고 85나499 판결.

367) 공 1988. 2. 15. (818), 327.

주가 사고당시 집으로 돌아가는 사고차량에 운전자의 호의로 단순히 편승한 경우로서, 그 운행 중에 일어난 사고로 입은 손해의 일부를 위 원고가 부담하여야 할 이유가 있다고 할 수 없으니, 같은 취지의 원판결은 정당하다」고 판시하였다.

이 판결은 무상동승이 감액사유가 될 수 있음을 방론으로 교시한 점에서 중요한 의미를 갖는다.

그런데 대법원 1988. 6. 28. 선고 88다카2516 판결[368]은 「차량의 운행자가 아무런 대가를 받음이 없이 오직 동승자의 편의와 이익을 위해서 동승을 제공하고, 동승자로서도 그 자신의 편의와 이익을 위해서 그 제공을 받은 경우라 하더라도, 그 사실만을 가지고는 동승자에게 자배법 제3조에서 말하는 자동차의 보유자성을 인정할 수 없다(당원 1987. 12. 22. 선고 86다카2994 판결; 1987. 9. 22. 선고 86다카2580 판결 등 참조)」고 판시하였고, 대법원 1988. 9. 13. 선고 86다카774 판결[369]에서도, 피고 지시로 물건을 배달하는 기회에 목적지가 같은 방향인 처남(원고)을 동승시켰다가 사고를 당한 경우에, 「원고에게 보유자성을 인정할 수 없고……피고에게 손해배상책임을 지우는 것이 신의칙이나 형평의 원칙에 비추어 매우 불합리한 것으로는 인정되지 아니하므로 같은 취지에서 피고의 손해배상책임을 감경하지 아니한 원심의 판단은 옳다」고 판시하였고, 대법원 1988. 9. 13. 선고 88다카30 판결[370]에서도, 피고로부터 승용차를 빌려 그의 형과 가족을 태우고 추석성묘를 가다가 형이 부상한 사안에서 위와 같은 판시를 반복하였다.[371]

대법원 1991. 2. 22. 선고 90다17705 판결[372]은, 차량 소유자가 경영하는 업소에 고용된 운전사가 차량을 그 소유자의 승낙을 받지 아니하고 개인용무에 무단으로 사용하였고 피해자들 역시 그러한 사정을 알면서 위 차량에 동승하였다가 사고를 당하였다고 하더라도 위 사고차량의 보관이 전적으로 위 운전사에게 일임되어 있어 그의 개인 용무에도 위 차량을 손쉽게 이용할 수 있는

368) 공 1988. 8. 15. (830), 1160.
369) 공 1988. 10. 15. (834), 1266.
370) 공 1988. 10. 15. (834), 1276.
371) 동지 대법 1989. 1. 31. 선고 88다카3625〔공 1989. 3. 15. (844), 349〕.
372) 공 1991. 4. 15. (894), 1059.

점, 사고 당일 위 운전사가 평소처럼 일단 귀가하였다가 친구들을 만나기 위하여 위 차량을 운전하고 나와 술을 마신 후 귀가길에 사고에 이르게 된 점, 위 운전사의 친구들인 피해자들이 동인과 함께 술을 마신 후 그 권유에 따라 동승하게 된 사정 등 위 차량의 관리상태, 운전경위, 동승경위 등을 참작하면 차량 소유자가 차량에 대한 운행지배 및 운행이익을 상실한 것이 아니라고 본 원심의 판단은 정당하다고 판시하였고, 대법원 1992. 6. 9. 선고 92다10586 판결[373]은, 자동차의 운행자가 아무런 대가를 받음이 없이 동승자의 편의와 이익을 위하여 호의로 동승케 하였다고 하여도 이런 사실만으로는 그 동승자를 운행이익 내지 운행지배를 가지는 자동차손해배상보장법 제3조 소정의 운행자에 해당한다고 할 수 없고, 다만 호의동승자와 운행자의 인적 관계, 동승의 경위, 동승요구의 목적과 적극성 등 제반사정에 비추어 사고차량의 운행자에게 일반의 교통사고와 같은 책임을 지우는 것이 신의칙이나 형평의 원칙에 비추어 매우 불합리하다고 인정되는 경우에는 그 배상액을 감경할 수 있다면서 야간근무를 마친 운행자가 친구와 함께 기분전환하러 해수욕장에 가면서 자신의 권유로 동향의 선후배 사이이고 같은 회사 같은 부서에 근무하고 있던 피해자를 동승하게 하였다가 돌아오던 길에 교통사고가 발생한 것이라면 호의동승이라 하더라도 차량운행자의 손해배상책임을 감경할 만한 사유가 있었다고 보기는 어렵다고 판시하였다.

위 판례들과는 달리 무상동승을 이유로 배상액을 감경한 원심판결을 시인한 대법원판결도 내려졌다.

대법원 1989. 1. 31. 선고 87다카1090 판결[374]이 바로 그것인바, 이 판결은 그 모두에서 전시 1987. 12. 22. 선고 86다카2994 판결을 인용, 같은 취지를 설시한 후, 「원심이 확정한 바에 의하여 이 사건 사고의 경위를 보면, 당시 안동에는 안동지구 금융기관책임자들로 구성된 금요회라는 모임이 있었는데, 사고 전날 피고은행 안동지점장인 망 박시동과 농협중앙회 안동군지부장인 원고를 포함한 회원들은 모임을 가진 후, 휴식 겸 식사를 위하여 울진군 소재

373) 공 1992. 8. 1. (925), 2128; 동지 대법 1991. 2. 12. 선고 90다14461〔공 1991. 4. 1. (893), 978〕.

374) 공 1989. 3. 15. (844), 339.

백암온천에 가기로 결의를 하여, 1983. 7. 1. 위 박시동이 피고소유의 이 사건 차량에 원고 등을 태우고 운전하여 온천에 가서 일박하고, 다음 날 아침 다시 위 차량에 원고 등을 태우고 안동으로 돌아오다가 운전부주의로 도로중앙선을 침범하여 맞은편에서 오던 버스와 충돌하여 위 박시동은 사망하고, 원고는 뇌실질내 혈종, 뇌좌상 등의 상해를 입었다는 것이고, 나아가 원심은, 피고은행은 위 차량의 운행에 관하여 운행이익 내지 운행지배의 존재를 부인할 수 없기 때문에, 피고가 자동차손해배상보장법상의 자기를 위하여 자동차를 운행하는 자로서 사고로 인한 손해배상의 책임은 있더라도, 사고차량의 운행목적은 금요회의 정상적인 업무를 일단 마친 후, 피해자를 포함한 금요회의 회원전원의 결의에 의하여 온천으로 휴식 겸 식사를 하러가는 데 있었다는 것, 사고차량의 전속운전사가 있음에도 불구하고 경비절약을 이유로 운전사가 아닌 망인이 스스로 운전하였고, 원고는 그 차량에 같은 회원으로서 호의로 동승하였다는 것 등 사정을 참작한다면, 피고은행으로서의 책임은 원고에 대한 관계에서 상당한 정도 감액조정하는 것이 신의칙이나 공평의 원칙에 합당하다고 인정하고, 그 감액의 정도에 있어 3할은 원고 스스로 분담하는 것이 상당하다는 취지로 판시하였다. 원심의 위와 같은 인정 판단은 수긍되고, 소론과 같은 손해배상책임에 관한 법리오해가 있다 할 수 없다」고 판시한 것이 그것이다.

그러나 대법원 1992. 11. 27. 선고 92다24561 판결[375]은, 피고가 원주시에 있는 직장으로부터 홍천읍에 있는 그의 자택으로 퇴근하는 길에, 동서인 피해자를 같은 홍천에 있는 그 피해자의 집으로 데려다 주기 위하여 편승시켰던 사안에서, 단순히 호의로 동승하였다는 사실만으로 책임감경사유로 삼을 수 없다고 판시하였고, 대법원 1996. 3. 22. 선고 95다24302 판결[376]은, 피해자가 직장동료 운행차량에 동승하였다는 사실만 알아 볼 수 있고, 두 사람 모두 사망하여 동승경위나 운행목적을 알 수 없었던 경우에도 단순히 호의로 동승하였다는 사실만으로 배상액감경사유로 삼을 수 없다고 판시한 반면, 대법원 1997. 11. 14. 선고 97다35344 판결[377]에서는, 약혼남자가 운전하는 차량에 동승하였

375) 공 1993. 1. 15. (936), 254.
376) 공 1996. 5. 15. (10), 1345.
377) 공 1997. 12. 15. (48), 3842.

다가 피해를 입은 경우, 보유자의 책임을 15% 감경시켰다.

이상과 같은 일련의 판례들을 읽어보면 몇 가지 의문이 제기된다.

첫째, 전시 88다카2516 판결이, 86다카2994 및 86다카2580 판결을 인용하면서 판시한 바 그리고 전시 92다10586 판결이 판시한 바와 같이 무상동승사실만 가지고 동승자에게 자배법 제3조의 보유자성을 인정할 수 없다는 이유가, 무상동승자에 대한 배상액감경주장을 배척함에 적절한 것인가? 자배법 제3조의 보유자성이 인정되면 통행인 등 제3자에 대하여 책임을 지게 되는데, 그 정도로 강력한 운행지배와 이익이 인정되어야만 배상액을 감경시킬 수 있고, 그 정도에 미치지 못한다면 전혀 감경이 부인되어야 하는가?

동승자의 배상청구를 거절함에 있어 그가 운행자성을 띄어 타인성을 상실하였기 때문이라는 것은 소위 타인성조각설인데 이는 전부승소가 아니면 전부패소가 되는 실무율 때문에 비율적 책임설로 발전되었다고 본다면, 그리고 그것마저 수정책임상대설 내지 책임상대설의 과실상계적 운용설로 진전되었다고 본다면, 우리 대법원은 아직도 타인성조각설에 머무르고 있는 것인가?

둘째, 전시 86다카2994 판결은 무상동승자의 배상청구가 신의칙이나 형평의 원칙에 비추어 매우 불합리할 때는 배상액을 감경할 수 있다고 판시하였고, 87다카1090 판결은 위 견해에 좇아 3할을 감경한 원심판결을 확정시켰으며, 97다35344 판결은 15%를 감경시켰는바, 그렇다면 우리 대법원이 무상동승에 관하여는 신의칙이나 형평의 원칙에 따라 개별적으로 해석함에 그치고, 통일적인 이론의 전개는 포기한 것인가?

전시 무단운전차량에의 무상동승자가 무단운전의 정을 알았을 때는, 그 보유자는 위 동승자에 대한 관계에서 운행자라고 볼 수 없다 하여 소위 운행자성조각설 내지 책임상대설의 입장을 보이고, 그 이외의 동승자에 대한 책임감경주장을 거절함에는 앞서 본 바와 같이 타인성조각설적 입장을 보이고, 또 그 중간단계에서는 신의칙, 형평의 원칙에 의한 해결책을 보이는데, 신의칙이라는 일반조항의 적용에서 고려해야 할 징표들은 무엇인가? 그것들을 자배법상 책임요소인 운행지배나 운행이익의 비율로 설명하는 것은 불합리, 불가능한 것인가?

셋째, 동승자에 대한 책임을 감경하는 경우, 구체적 사안을 유형적으로 분류하고 그 비율을 상정해 보는 것은 가능한가?

대체로 이와 같은 의문들이 우선 떠오른다. 따라서 본서는 이 의문들을 해결함에 필요한 전제이론들을 간략하게 살펴보고, 그 이론에 따라 해결을 시도함에 그 목적이 있다.

나. 무상동승자에 대한 책임감면이론

(1) 개념의 정리

무상동승이란 승객으로서 장소적 이전에 대한 대가 즉, 운임의 지불없이 타인의 차량에 승차함을 의미한다. 그것은 운행자나 운전자의 호의에 의하여 이루어지는 일이 많으므로 호의동승이라는 개념과 혼용되기도 하지만, 호의에 의하지 아니하고 운전자의 유혹에 의하여 또는 동승자의 강요에 의하여 이루어지는 일도 있으므로 무상동승의 외연이 더 크다고 할 수 있다.

또 대가의 지불이 없어서 무상처럼 보이지만 다른 비용 속에 포함되어 있는 때, 예컨대 호텔손님의 송영이나 백화점, 수영장, 골프장 등에서 손님유치를 위하여 차량을 제공한다든가, 운행자나 운전자의 이익을 위한 차량제공 예컨대 의사의 왕진, 고문변호사, 가정교사 등의 송영은 무상동승이라 할 수 없다.[378]

일본의 하급심판결 중 동승사실을 재산상 손해에 관하여는 물론, 위자료에서조차 참작사유로 하지 아니한 사례들을 보면, 그것들은 무상동승 내지 호의동승이라고 볼 수 없는 경우가 많다. 개중에는 이를 명언한 것도 있으나 그렇지 않은 것들도 상당수 있다.

예컨대 근로자 또는 피용자가 고용주소유차량에 동승하였을 때, 그것이 근로에 대한 부차적 보수(fringe benefit)라고 하는 것이 명백하지 아니한 경우라도, 고용·피용의 관계가 있고 동승이 업무수행과 관계가 인정되면 무상동승이라 단정하고 책임감경에 고려하는 것은 곤란하다.[379]

---

378) 東京地判 昭 40. 2. 24. 下民集 16권 2호 321면.

379) 참조판례 東京地判 昭 47. 1. 21. 交通民事判例集 5권 1호 55면; 札幌地判 昭 47. 2. 25. 交通民事判例集 5권 1호 828면; 福岡地 直方支判 昭 47. 4. 19. 交通民事判例集 5권 2호 565면; 東京地判 昭 47. 12. 20. 交通民事判例集 5권 6호 1736면; 東京地判 昭 48. 12. 21. 交通民事判例集 6권 6호 1923면; 大阪地判 昭 50. 8. 7. 交通民事判

반면에, 유상처럼 보이지만 운송대가가 아닌 사례표시나 연료대의 일부를 부담하는 경우[380]는 호의동승이라 할 수 있다. 그러나 차량구입대금의 일부를 부담하고 매월 유대를 지급하여 그것이 운송대가라고 보아야 할 경우,[381] 또 공동여행에서 운전을 담당시킬 목적으로 끌어들이고 유대까지 부담시킨 경우[382]는 무상동승이나 호의동승이라 할 수 없을 것이다.

어쨌든 호의동승자는 첫째, 호의에 의하여 또는 무상으로 장소적 이전의 이익을 향수하므로 운행자가 갖은 운행이익과 유사한 이익을 가지며, 둘째, 동승에 의하여 운행경로의 변경, 속도변경 등 본래의 운행에 일정한 영향을 미치는 점에서 운행자가 갖은 운행지배에 유사한 지배를 하며, 셋째, 개인적 관계 등에 의하여 「운행권내」에 들어가고 따라서 「운행에 관한 내부자성」을 갖게 되는 특질을 갖는다. 그러나 무상동승은 호의동승을 내포하는 개념이고 호의의 점을 제외하면 공통점이 대부분이므로 본서에서는 넓게 무상동승을 고찰대상으로 삼는다.

(2) 무상동승의 유형적 고찰

무상동승을 유형적으로 분류하는 것은 뒤에 보는 각 이론의 주창자들이 그들의 이론을 그럴듯하게 전개하기 위한 필요에서 시도된 것이고 따라서 각 이론의 주창자마다 구구하다.[383] 그러므로 그들 나름대로 만들어낸 유형은 그들의 이론 이해에 필요하나, 본서는 그들 이론을 개괄적으로 검토함에 그칠 것이므로 그들이 만든 유형의 소개는 생략하기로 한다.

다만, 저자는 우리 대법원판례와 일본의 하급심판례들을 중심으로 그것들을 보다 쉽게 이해하고 그 흐름을 분석하여 향후 실무처리에 도움이 되었으면 하는 생각을 갖고 있으므로, 위와 같은 목적에 따라 저자 나름대로 분류해 보고자 한다.

例集 8권 4호 1114면; 新潟地判 昭 52. 1. 24. 交通民事判例集 10권 1호 63면; 山口地 宇部支判 昭 53. 4. 14. 交通民事判例集 11권 2호 564면; 千葉地判 昭 57. 12. 24. 交通民事判例集 15권 5호 1402면.

380) 鹿兒島地判 昭 47. 4. 20. 判例時報 682호 69면.

381) 大分地 中津支判 昭 50. 11. 21. 交通民事判例集 8권 6호 1672면.

382) 札幌地判 昭 57. 2. 12. 交通民事判例集 15권 1호 230면.

383) 상세는 132면 이하 참조.

우선, 잠입형동승에 관하여는 그것이 통상의 무상동승과는 아주 다르고, 위 동승자에 대한 배상책임은 소위 위험인수설 또는 위험승인설에 의하여 부정됨에 별 이론이 없는 것으로 생각되고,[384] 또 강요형동승 역시 강요에 의하여 동승한 자에게 운행이익과 운행지배가 배타적 독점적으로 이전됨으로써 본래의 운행자는 운행자성을 상실하고, 동승자 스스로를 운행자로 보는 데 이론이 없을 것으로 생각된다.

그 중간형태로 볼 수 있는 것들은, 서론에서 우리 대법원판례들을 두 부류로 분류한대로, 무단운전차량에의 무상동승(이하 무단무상동승이라 부른다)과 그 이외의 무상동승(이하 승인호의동승이라 부른다)으로 분류할 수 있겠다.

전자는 후자와 달리, 전시 대법원 1989. 3. 28. 선고 88다카2134 판결이 판시한대로 동승자의 주관적 요소가 중시되는 점에서 특색을 갖고 있기 때문이다. 무단무상동승이라 하여도 동승전에 무단운전임을 알았던 사전지정(知情)무단무상동승과 동승후에 이를 알게 된 사후지정(知情)무단무상동승은 그 평가에 있어 차이를 두어야 하고, 또 운행자나 운전자의 운행이익이나 운행지배에 영향을 주지 않고, 가는 길에 코스를 변경함이 없이 태워다 주는 단순한 편승과 코스 변경, 운행시간연장, 화물적재를 동반하는 변경동승, 한걸음 더 나아가 공동목적 예컨대 장·단기간의 여행, 유흥, 드라이브 등의 목표 아래 운행하는 공동목적동승으로 구별할 수 있겠고, 또 동승경위에 따라 운전자의 유인 내지 유혹에 의한 동승, 동승자의 요구 내지 강청에 의한 동승으로 구별할 수도 있다.

승인호의동승은 일시적 동승, 간헐적 동승(예컨대 출·퇴근, 등하교, 쇼핑, 여행, 레저), 상용형동승(출퇴근, 등하교)으로 나눌 수 있고, 위 각 유형마다 단순편승, 변경동승으로 또 동승경위에 따라 유인유혹동승, 요구강청동승으로 구분할 수 있다.

이와 같은 동승의 경위, 빈도, 목적, 형태 등을 보유자의 책임을 비율적으로 인정함에 중요한 의미를 갖기 때문이다.

표를 만들면 다음과 같다.

---

384) 상세는 133면 참조.

승인호의동승	일시적 동승	단순편승	유인·유혹동승
	간헐적 동승	변경동승	
	상용적 동승	공동목적동승	요구·강청동승
무단무상동승	사전지정동승	단순편승	유인·유혹동승
		변경동승	
	사후지정동승	공동목적동승	요구·강청동승

(3) 책임감면이론과 판례

(ⅰ) 타인성조각설[385]; 이 설은 피해자의 배상권리자로서의 적격으로부터 접근하는 것이다. 즉, 자배법 제3조의 "다른 사람"은 배상의무자 이외의 모든 자가 이에 해당되지만(원칙), 단지 그 피해자가 「당해 사고의 원인으로 된 사고자동차의 운행에 배상의무자보다 일층 직접관여하였다」고 하는 특별사정이 있는 경우(예외)에는 본래의 운행자의 운행지배를 부분적으로 배제하고 스스로 운행자가 됨으로써 그의 타인성은 조각된다고 설명한다.

이 설이 타인성조각의 단계로 제시한 「본래운행자보다 일층 직접운행에 관여」한다는 것이 어떤 경우에 인정되느냐 하는 기준의 모호성이 문제일 뿐 아니라, 그와 같은 극단적 예외적인 경우에까지 이르지는 못하는 많은 중간적 사안을 해결함에 무력하여 그 주창자들마저 과실상계유추적용 내지 위자료참작론으로 보완을 시도한다.

위와 같은 예외적 사안 또는 그것에 가까운 사안에 관하여 위 설을 채택한 것으로 보이는 듯한 몇 개의 일본 하급심판결들도 찾을 수 있다.[386]

그러나 보다 중요한 문제는 위 설이 타인성조각의 이유로서 동승자가 운행자성을 취득한다는 것을 들고 있는 점이다. 동승자에게 운행자성을 인정하면 그 동승자는 운행인 등 대 제3자 관계에서 자배법 제3조의 중한 책임을 져야 하기 때문이다.

이러한 관점에서 볼 때, 앞서 소개한 우리나라 대법원의 일련의 판례들 즉,

385) 상세는 136면 이하 참조.

386) 상세는 136면 이하 참조.

88다카2516 판결, 86다카774 판결, 88다카80 판결, 92다10586 판결들이 운행자의 동승자에 대한 책임감경항변을 배척하는 이유로서 동승자에게 자배법 제3조의 운행자성을 인정할 수 없기 때문이라는 것을 설시한 것이 과연 합리적이냐 하는 의문이 제기된다.

물론, 동승자에게 자배법 제3조의 운행자성이 인정되면 그는 타인성을 잃고 배상청구권을 상실하게 됨은 물론이다. 그러나 그 단계에까지 가지는 않더라도 운행자에 대한 내부자적 대내관계에서 그가 운행이익에 유사한 이익을 향수하고 운행지배에 유사한 지배를 하고 있다면, 따라서 그 범위내에서 본래의 운행자의 지배와 이익이 감소되었다면, 운행자의 책임을 감경시켜 주는 것이 공평할 것이기 때문이다.

그래서인지 모르겠으나, 위 판례들 후에 선고된 대법원 1989. 1. 31. 선고 87다카1090 판결[387] 및 같은 날짜 선고 88다카3625[388] 판결에서는 위와 같은 설시는 보이지 않는다. 진보적 일면으로 생각된다.

(ii) 운행자성조각설(책임상대설); 이 설은 타인성조각설과는 반대로 운행자의 배상의무자로서의 적격에서 접근하고 있다. 즉, 운행자의 책임은 누구에게나 똑같이 절대적인 것이 아니라, 통행인과 같은 외부자에 대한 책임은 절대적이지만, 동승자에 대하여는 그와 달라질 수 있는 상대적인 것으로 이해한다. 운행자는 동승자와의 내부관계에서는 그 차에 대한 운행이익과 운행지배를 상실하여 자배법 제3조의 책임주체로서의 지위에서 일탈되고, 동승자 스스로가 운행지배를 취득한다고 본다.

전시 ① 대법원 1971. 3. 23. 선고 71다254 판결, ② 1978. 2. 28. 선고 77다1987 판결, ③ 1981. 3. 10. 선고 80다2973 판결, ④ 1982. 6. 8. 선고 82다카335 판결, ⑤ 1984. 11. 27. 선고 84다카858 판결 등이 무단무상동승사안에서, 위 차의 운행을 가르켜 운행자를 위한 운행이라고 볼 수 없다고 판시한 것은 운행자성조각설 내지 책임상대설로써 설명될 수 있다(물론 후술의 수정책임상대설로도 설명될 수 있다). 동승자에 대한 운행자의 책임을 전면 부인한 일본하급심판결들 중에는 이 설에 입각한 것으로 볼 수 있는 것들이 상당수있는

387) 공 1989. 3. 15. (844), 339.
388) 공 1989. 3. 15. (844), 349.

데 대개 무단무상동승사안이다.[389]

(iii) 비율적 책임설[390]; 이 설은 타인성조각설의 발전적 변형이다. 타인성조각설이, 동승자는 운행자성을 취득하였으므로 타인으로서 보호될 수 없다 하여 전면적으로 배상청구를 부정하는 무비율적 사고를 가졌음을 비판하여, 동승자에게는 운행자성과 타인성이 동시에 존재할 수 있고 그가 취득한 운행자성의 비율만큼만 타인성을 상실하고 그 감소된 타인성의 비율한도내에서 배상청구권이 소멸된다는 주장이다.

이 설의 난점은 타인성조각이 이유를 동승자의 운행자성 취득에서 찾는 점으로 앞서 설명한 타인성조각설에 대한 비판이 그대로 적용될 수 있겠다. 호의로 동승하였다 하여 자배법 제3조의 책임을 지운다면 큰 혼란이 일어날 것이다.

이 설을 채용하였다고 설명될 수 있는 일본하급심판례들은 상당히 많다.[391]

이러한 판례들은, 동승자의 타인성을 부정할 수는 없지만, 동승경위, 목적·태양 등 제반사정을 고려하면 운행자성을 분유하고 있다든가, 운행자적 성격을 겸유하고 있으므로 그 범위내에서 비율적으로 책임을 분담하여야 한다는 식으로 판시하고 있다.

(iv) 수정책임상대설(책임상대설의 과실상계적 운용설); 이 설은 책임상대설의 발전적 변형이다. 책임상대설이 운행자의 책임을 무비율적으로 파악함으로써 야기되는 중간단계의 모순적 상황을 균형있게 비율적으로 해결하려는 설이다. 따라서 이 설은 경우에 따라, 본래의 운행자의 운행자성은 동승자에 대한 관계에 있어서 동승자가 그 운행에 의하여 얻는 이익과 그 운행에 대하여 미치는 지배의 정도에 따라 비율적으로 감소되고 그 감쇄된 비율만큼 책임

389) 상세는 138면 이하 참조.

390) 상세는 142면 이하 참조.

391) 大阪地判 昭 46. 8. 30. 交通民事判例集 4권 4호 1252면; 高知地判 昭 47. 3. 9. 判例タイムズ 283호 187면; 大阪地判 昭 47. 5. 30. 判例タイムズ 283호 304면; 函館地判 昭 48. 8. 6. 交通民事判例集 6권 4호 1267면; 東京高判 昭 49. 12. 27. 交通民事判例集 7권 6호 1748면; 鳥取地判 昭 50. 2. 26. 判例タイムズ 324호 290면; 福岡地判 昭 51. 3. 24. 交通民事判例集 9권 2호 414면; 福岡地 小倉支判 昭 53. 3. 20. 交通民事判例集 11권 2호 425면; 松山地判 昭 53. 6. 23. 交通民事判例集 11권 3호 886면; 高松高判 昭 56. 7. 10. 判例タイムズ 450호 141면.

도 감소된다는 주장이다.

이 설은 타인성조각설이나 비율적 책임설이 운행자의 책임부정 또는 책임감소의 이유로서 동승자의 운행자성 취득을 제시함으로써 발생되는 부작용을 예방하기 위하여, 동승자의 운행자성은 언급하지 않고 오직 운행자의 운행자성만을 고려의 대상으로 한다.

이 설은 과실상계가 책임론 단계에서 거론되지 아니하고 손해론의 평면에서 작용하는 것처럼, 무상동승자에 대한 감액주장을 과실상계항변처럼 처리하기 때문에 책임상대설의 과실상계적 운용설이라고도 부른다.

이 설은 가장 정교하게 발전적으로 수정되었으므로 이 설에 찬성하고 싶다. 이 설을 채택한 것으로 보이는 일본 하급심판례들도 찾을 수 있다.[392]

(v) 개별적 해결설(일반조항해결설); 이 설은, 자배법에는 무상동승에 관한 책임제한규정이 없으므로, 자배법 제4조에 의하여 적용되는 민법상의 제한규정에 의할 수밖에 없고 또 그것으로 족하다는 것이다. 무상동승에 관하여 정설이 확립되지 아니하여 지금까지도 이와 같은 견해에 서 있는 판례는 무수하다. 그 대표적인 것들은 과실상계유추적용설, 신의칙 · 형평이론설, 위자료참작설 등이다.

그러나 우리 대법원판례들도 수차 판시한 바와 같이, 호의동승 또는 무상동승이 상계될 과실은 분명 아니다. 그래서 유추적용이라 하는 모양인데, 과실상계에 있어 소위 피해자측이라는 불확정개념을 도입함으로써 많은 혼란이 야기되듯이, 과실상계론의 확장에는 많은 문제가 파생된다. 상계할 과실은 손해의 발생과 확대에 인과관계를 갖는 것으로서 비난의 요소가 있어야 하므로 과실상계유추적용설은 무리가 있고, 위자료참작설은, 무상동승사실이 손해액의 대부분을 차지하는 재산적 손해에 영향을 줄 수 없다는 데 큰 약점이 있다.

신의칙이나 형평의 원칙으로 배상액을 제한하려는 설은, 원고의 배상청구를 제한하는 이유를 설명함에 있어서, 자배법 특유의 이론 즉, 운행지배나 운행이익으로 이를 설명할 수 있음에도 불구하고, 단지 신의칙 또는 형평의 원칙을

392) 東京高判 昭 50. 2. 26. 交通民事判例集 8권 1호 14면; 奈良地判 昭 50. 3. 31. 交通民事判例集 8권 2호 460면; 千葉地 松戶支判 昭 51. 12. 14. 交通民事判例集 9권 6호 1699면.

전면에 내세워 그 이상의 이론적 탐구를 포기하는 것이 아닌가 하는 아쉬움을 버릴 수 없다.

우리 대법원 전시 1987. 12. 22. 선고 86다카2994 판결이, 배상액감경사유로 참작하라는 운행의 목적, 호의동승자와 운행자와의 인적관계, 피해자가 차량에 동승한 경위 특히 동승요구의 목적과 적극성 등의 제반사정은 자배법상의 운행이익과 운행지배의 정도를 판단하는 징표적 사실이라 할 수 있다.

위와 같은 사유 이외에도 그 동승이 일시적인가 아닌가? 과거에 간헐적으로 이루어졌던가? 상용형인가? 단순편승인가? 변경동승인가? 공동목적달성을 위한 것인가? 운행자 또는 운전자의 운행에 관한 지배력은 어느 정도 변경되는가 등 모든 요소들을 운행이익과 운행지배라는 관점에서 파악하고 본래 운행자의 운행자성을 비율적으로 파악하여야 보다 형평에 충실하고 신의칙에 맞는다고 생각된다.

우리 대법원은 호의동승에 관하여 아래와 같은 견해를 확립함으로써 일반조항해결설을 취한 것으로 보인다. 즉, 차량의 운행자가 아무런 대가를 받지 아니하고 동승자의 편의와 이익을 위하여 동승을 허락하고 동승자도 그 자신의 편의와 이익을 위하여 그 제공을 받은 경우, 그 운행목적, 동승자와 운행자의 인적관계, 그가 차에 동승한 경위, 특히 동승을 요구한 목적과 적극성 등 여러 사정에 비추어 가해자에게 일반 교통사고와 동일한 책임을 지우는 것이 신의칙이나 형평의 원칙으로 보아 매우 불합리하다고 인정될 때에는 그 배상액을 경감할 수 있으나,[393] 사고 차량에 단순히 호의로 동승하였다는 사실만 가지고 바로 이를 배상액 경감사유로 삼을 수 있는 것은 아니며,[394] 이 경우 그 책임감경 사유에 관한 사실인정이나 책임감경의 비율을 결정하는 것은 그것이 현저히 형평의 원칙에 비추어 불합리하다고 인정되지 아니하는 한 사실심의 전권에 속하는 사항이라고 판시한다.[395]

---

393) 대법 1996. 3. 22. 선고 95다24302〔공 1996. 5. 15. (10), 1345〕; 대법 1995. 10. 12. 선고 93다31078〔공 1995. 12. 1. (1005), 3720〕; 대법 1990. 4. 25. 선고 90다카3062〔공 1990. 6. 15. (874), 1145〕.

394) 대법 1992. 11. 27. 선고 92다24561〔공 1993. 1. 15. (936), 254〕.

395) 대법 1997. 11. 14. 선고 97다35344〔공 1997. 12. 15. (48), 3842〕; 대법 1990. 4. 25. 선고 90다카3062〔공 1990. 6. 15. (874), 1145〕.

다. 무상동승의 유형에 따른 책임감경비율의 고찰

(1) 무단무상동승자에 대한 책임비율

서론에서 거시한 일련의 우리나라 대법원판례들에 의하면, 무단운전차량임을 알면서 동승한 피해자에 대하여는 손해배상책임이 전면 부정되는 것으로 보인다. 그러나 무단무상동승이라 하여도 단순한 편승도 있을 수 있고, 코스만을 변경시키는 우회동승도 있을 수 있고, 유흥의 공동목적을 위한 동승도 있을 수 있다. 더욱이 단순한 편승후에 무단운전임을 알게 되었으나, 하차함이 없이 가다가 사고를 당했다고 가정하는 경우, 과연 손해배상을 전면부정하는 것이 타당할 것인가 의문이 생긴다. 무단무상동승중에서도 공동목적을 가지고 교대운전을 하고 연료 값도 분담하는 등 운전자와 동승자들을 일단으로 볼 수 있는 경우[396]에는 그들에게 운행지배와 이익이 배타적·독점적으로 이전됨으로써 본래 운행자의 운행자성이 대내적으로 상실되었다고 보아도 좋을 것이다. 또 운송회사의 운전수가 회사승낙없이 제3자를 위하여 코스를 변경하고 멀리 돌아 장거리동승을 시킨 경우[397]에도 위와 같이 몰아붙일 수도 있을 것이다. 대법원 1982. 6. 8. 선고 82다카335 판결이, 무단운전연습중 파손시킨 차량을 수리하러 가는 차량에 동승하였던 피해자에 대한 관계에서 운행자의 책임을 부정한 견해는 이해할 만하다. 그러나 피해자의 제의에 의하여 이루어진 취중의 무단 드라이브 중의 사고에 관한 84다카858 판결의 사안, 비번택시 운전수의 제의에 의하여 이루어진 음주후 드라이브 중 일어난 사고에 관한 77다1987 판결 사안, 정비공의 제의에 의한 음주 드라이브 사안[398] 등에 있어서, 피용운전수에 의하여 운전되거나 그의 승낙과 동승하에 운행되고 그것이 일시적인 것으로서 반환예정되어 있음에도 불구하고, 절취운전과 마찬가지로 운행자의 지배와 이익이 배타적 독점적으로 이전되었다고 단정하여도 좋을까? 위와 같은 경우 5~60%의 운행자성이 소멸되었다고 볼 여지는 없을까?(위와 같은 사안에서는 음주운전차량에의 동승사실을 또 과실상계할 수 있음은 물론이다)

---

396) 静岡地 浜松支判 昭 44. 1. 29. 判例タイムズ 233호 126면.

397) 東京高判 昭 47. 1. 21. 交通民事判例集 5권 1호 1면은 책임을 전면부인.

398) 서울고법 1981. 2. 9. 선고 80나4163 고등법원판례집 1981. 민 127면.

더욱이 강간위기를 모면하려고 탈출을 시도하였던 피해자(71다254 판결), 친구의 이사를 도와주려고 동승하였던 피해자(80다2973 판결)들에 대하여, 그들이 무단운전임을 알았다는 이유만으로 손해배상을 전적으로 부인하는 것이 타당한가 하는 의문을 갖게 한다.

일본 하급심판례들 중에서도 동승자가 무단사용운전임을 알았다는 이유만으로 운행자를 면책시킨 판례들[399]은 다수 발견된다. 그러나 무단운전이라고는 해도 귀가 도중 종업원들끼리 음식을 한 정도이고, 운행자로서도 종업원에게 차량의 보관을 맡긴 이상 당연 예상할 수 있는 종류의 무단운전인 경우, 신의칙에 의하여 20%만 감액한 사례도 있다.[400]

(2) 승인호의동승자에 대한 책임감경

승인호의동승유형중 운행자의 지배와 이익에 별 영향을 주지 않는 것은 일시적 단순편승일 것이다. 우리 대법원은 이와 같은 편승에 대하여 관대한 태도를 보인다. 전시 복덕방주인의 고객에 대한 편승제공(87다카69), 물품배달중의 단순편승(88다카80), 시골 운동회 구경꾼에 대한 단순편승(86다카2994) 등의 사안에서 동승자에 대한 책임감경항변을 모두 배척하고 있다.

호의로 제공된 편승이익을 누렸다 하여 배상청구를 감경하는 것은 지나치다고 보는 듯하고, 이론상으로도 본래 운행자의 지배나 이익에 별 영향이 없으니 타당하다고 할 수 있다. 그러나 일본의 하급심판례에서는 30%[401] 또는 50%[402]를 감액한 것이 눈에 뜨인다.

그러나 단순한 편승이 아니라 편승자의 요구에 의하여 코스가 변경되는 경우[403]에는 동승자의 이익을 위한 운행이 되고 방향변경 지시, 화물적재, 승차인원의 증가에 의하여 운행지배에도 영향을 주게 되므로 책임감경비율이 커질 것이다.

---

399) 名古屋地判 昭 44. 8. 8. 交通民事判例集 2권 4호 1096면; 千葉地 松戶支判 昭 44. 8. 24. 交通民事判例集 2권 5호 1350면; 福岡地 小倉支判 昭 48. 4. 25. 交通民事判例集 6권 2호 756면.

400) 新潟地判 昭 48. 2. 22. 判例時報 706호 59면.

401) 東京地判 昭 49. 7. 16. 交通民事判例集 7권 4호 1045면; 大阪地判 昭 46. 8. 30. 交通民事判例集 4권 4호 1252면.

402) 東京高判 昭 52. 7. 4. 交通民事判例集 10권 4호 929면.

403) 岡山地判 昭 56. 9. 3. 交通民事判例集 14권 5호 1040면.

우리 대법원판례 중 전시 결혼식후 귀가중 사건(86다카251)은 동승자가 코스의 변경을 요구하고 처자를 또 동승시킨 점에서 단순한 편승으로 볼 수 없는 면이 있지 않은가 생각된다.

다음, 호의동승이라 하여도 동승자와 공동목적하에 운행되는 경우에는 동승자와 운행자가 내부적으로는 공동운행자로 되는 경우를 상정할 수 있다. 동승자들과 함께 장거리여행을 간다든지, 유흥을 위한 드라이브를 한다든지, 연료값 등 경비를 분담하고 교대운전을 하는 경우가 전형적인 예가 될 것이다.

이러한 경우, 동승자에 대한 내부적 관계에서 본래의 운행자의 운행자성은 50% 또는 70%로 감소될 수 있다.

전시의 우리 대법원판례들 중, 온천여행 후 유흥목적으로 계속 동승운행한 86다카481 판결사건, 동생이 빌린 차에 형의 가족을 태우고 강릉으로 추석성묘를 갔던 88다카80 판결사안, 장사하러 가는 차량에 유흥목적으로 동승하였던 87다카2580 판결사안들은 단순호의편승으로 보기 곤란한 점들이 있음에도 불구하고, 모두 경감항변을 부인한 점에 의문이 생긴다. 더욱이 교회의 청년신도들이 공동하여 비용을 갹출하여 유대등비용을 분담하고 자동차를 교회로부터 무상으로 빌려 운전도 그들 중 1인이 담당하여 온천관광을 하다가 일으킨 사고에 관한 대법원 1987. 4. 14. 선고 84다카2250 판결 사건은, 동승자 모두가 차량소유자인 비법인사단의 구성원이고, 비법인사단 구성원의 상호 친목이라는 공동목적을 위하여 스스로 운행한 점에서 의문이다. 따라서 1989. 1. 13. 선고 87다카1090 판결에서, 금요회사건에 관하여 30%의 책임경감을 시인한 것은 올바른 방향전환으로 생각된다.

공동목적을 위한 일시적 호의동승에 관하여 일본의 하급심판결들은 30 내지 40%의 책임감경을 인정하고 있다.[404)]

위와 같은 호의동승도 일시적인 것이 아니라, 사고전에 간헐적으로 이루어

404) 大阪地判 昭 46. 8. 30. 交通民事判例集 4권 4호 1252면; 東京地判 昭 48. 2. 27. 交通民事判例集 6권 1호 343면; 東京高判 昭 49. 12. 17. 交通民事判例集 7권 6호 1748면; 奈良地判 昭 50. 3. 31. 交通民事判例集 8권 2호 460면; 札幌地判 昭 57. 12. 10. 交通民事判例集 15권 6호 1636면; 札幌地判 昭 58. 6. 24. 交通民事判例集 16권 3호 841면; 東京高判 昭 58. 7. 26. 交通民事判例集 16권 4호 1034면; 東京高判 昭 59. 5. 31. 交通民事判例集 17권 3호 603면.

진 일이 있었다던가, 상용형인 경우에는 그러한 동승자에 대한 운행자의 운행자성은 보다 많이 감소된다고 보아야 할 것이다. 장기간 출퇴근 또는 등하교 때마다 호의편승 또는 호의변경동승한 경우에는 일시적 우발적 편승과는 달리 보아야 할 것이고, 또 동승이나 편승이 동승자의 요구·강청·유인·유혹에 의한 것인가 아니면 운행자나 운전자의 유인·유혹·강요에 의한 것인가 하는 동승경위도 운행자의 지배와 이익의 정도를 결정함에 유의할 사항이다.

동승의 경위와 목적 그리고 사고시까지의 경과에 따라서 무상동승 내지 호의동승 자체가 부정될 수도 있다. 일본 하급심판결중 우인간의 연대의식의 표현방법으로 동승한 사안,[405] 말동무로 동승하였던 사안,[406] 피고에 의하여 적극유인된 사안[407] 등에서 배상액의 감경을 부인한 것들은 그 일례라 할 수 있겠다.

라. 결 어

이상에서 살핀 바와 같이 저자는 우리 대법원의 무상동승판례들을 무단무상동승사례와 승인호의동승사례로 나누어 보았다. 전자에 관한 사안에 관하여는 대법원 1989. 3. 28. 선고 88다카2134 판결이 교시한대로 피해자가 무단운전임을 알고 동승하였느냐 하는 주관적 요소가 운행자의 운행지배 내지 운행이익의 상실여부를 판단함에 있어 중요한 요소가 된다. 그러나 그 정을 알았다는 이유만으로 동승피해자에 대한 손해배상을 전면 부정하는 것은 너무 경직된 견해가 아닌가 하는 의문이 있다.

그 동승자를 무단운전자와 함께 공동목적수행을 목표로 한 일단으로 간주할 수 있고, 그들을 가르켜 여행목적을 위하여 친구들끼리 비용을 갹출하여 자동차를 공동임차하고 교대운전하는 일단과 비견할 수 있을 정도라면, 운행자에 대한 내부적 관계에서, 운행이익과 지배가 그들에게 배타적 독점적으로 이전되고 따라서 본래 운행자의 이익과 지배는 상실되었다고 보아도 좋을 것이나, 그 정도에까지 이르지 못하는 경우에는 구체적 사안에 따라 운행자의 운행자

405) 名古屋地判 昭 48. 11. 21. 交通民事判例集 6권 6호 1830면.

406) 東京地判 昭 53. 3. 28. 交通民事判例集 11권 2호 470면.

407) 福岡地 小倉支判 昭 49. 2. 8. 交通民事判例集 7권 1호 166면.

성을 비율적으로 파악하고 그 비율만큼만 책임을 인정하는 것이 손해의 공평분담이라는 이념에 합치되고 온당하다고 생각된다.

다음, 승인호의동승사안에 관하여, 당초 일시적 호의편승자에 대한 배상액감경을 거부하였던 원심을 시인한 결론은 정당하였으나, 그 판시에서 호의동승은 상계될 과실이 아니라는 취지로 원심을 시인한 점, 그리고 그 이후에 위 판결을 인용하면서 호의동승을 배상액감경사유로 삼지 않는 것이 대법원의 견해라고 선언한 점, 그리고 호의동승자에 대한 배상액감경주장을 배척하는 이유로서 동승자를 자배법 제3조의 운행자로 볼 수 없기 때문이라고 판시한 점 등은 과도기적 혼란은 아니었나 하는 생각이 드나, 이것은 곧 대법원 1987. 12. 22. 선고 86다카2294 판결로써 일단 정리되면서 정당궤도에 진입한 것으로 보이고, 대법원 1989. 1. 13. 선고 87다카1090 판결에 의하여 확고해졌다고 생각된다.

그러나 신의칙 내지 형평의 원칙을 감액이유로 제시한 점은, 자배법상 성문규정이 없기 때문이라는 점에서는 수긍할 수 있으나, 성문법국가에서도 명문에 반하지 않는 한, 판례에 의한 입법유사기능이 법원에 부여되어 있다고 생각되므로, 자배법의 고유한 이론에 의하여 그 이유를 판시함이 더 낫지 않을까 하는 아쉬움을 남긴다. 그 이론이 최후의 수정책임상대설임은 이미 앞서 설명한 바와 같다.

제 5 절 면책사유

Ⅰ. 서 설

1. 자배법 제3조 단서의 의의

자배법 제3소는 그 본문에서 「자기를 위하여 자동차를 운행하는 자는 그 운행으로 다른 사람을 사망하게 하거나 부상하게 한 경우에는 그 손해를 배상할 책임을 진다」고 규정하면서 그 단서에서 「다만, 다음 각호의 어느 하나에 해당하면 그러하지 아니하다. 1. 승객이 아닌 자가 사망하거나 부상한 경우에 운전자가 자동차의 운행에 주의를 게을리하지 아니하였고, 피해자 또는 자기 및 운전자 외의 제3자에게 고의 또는 과실이 있으며, 자동차의 구조상의 결함이나 기능상의 장해가 없었다는 것을 증명한 경우 2. 승객이 고의나 자살행위로 사망하거나 부상한 경우」라고 규정하고 있다.

위 제3조는 민법상 사용자책임과 대비할 때, 네가지 특성을 갖는다.

첫째, 민법상 사용자책임은 타인을 사용하여 어느 사무에 종사하게 한 사용자에게 부담시키는 책임이지만 위 자배법 제3조의 운행자책임은 고용・피용의 관계를 떠나 자동차에 대한 운행지배와 운행이익을 갖는 자에게 인정되는 것으로서 그 책임주체가 사용자책임의 주체보다 광범위하게 되고,

둘째, 사용자책임은 피용자의 고의・과실을 전제로 하여 인정되지만, 운행자책임은 피용운전자의 과실이 입증되지 아니하여도 전시 단서규정의 면책사유를 주장・입증하지 못하면 도리없이 책임을 져야 한다는 점에서 무과실책임에 접근하고 있으며,

셋째, 민법상 사용자책임은 사용자가 피용자의 선임 및 그 사무감독에 상당한 주의를 하여도 손해가 있을 경우에는 면책되지만, 운행자책임은 피해자가 승객인 경우에는 고의 또는 자살행위가 없으면 책임을 져야 하고,[408] 승객 이외의 자가 사상한 경우에는 ① 운전자가 자동차의 운행에 관하여 주의를 태만히 하지 아니하고, ② 피해자 또는 자기 및 운전자 이외의 제3자에게 고의・과실이 있으며, ③ 자동차의 구조상 결함 또는 기능의 장해가 없었다면 세가지 요건을 증명하여야만 면책된다는 점에서 면책사유가 강화되어 있으며,

넷째, 민법상 사용자책임을 묻고자 하는 원고는 피용자의 고의・과실 및 사용자의 사무집행에 관하여 불법행위가 발생되었음을 주장・입증할 책임을 지지만, 자배법 제3조상의 운행자책임을 묻는 원고는 피고가 사고자동차의 소유자 또는 사용권있는 자임을 주장・입증하면 족하고, 피고가 제3조 단서상의 면책사유 있음을 주장하고 입증하지 못하는 한 원고승소판결이 선고되기 때문에 입증책임이 전환되어 있다.

---

408) 대법 1986. 3. 11. 선고 85다카229〔공 1986. 5. 1. (775), 622〕; 대법 1980. 9. 24. 선고 80다1430〔공 1980. 12. 1. (645), 13285〕; 대법 1970. 1. 27. 선고 69다1606 대법원판례집 18권 1집 민 82면; 대법 1969. 6. 10. 선고 68다2071 대법원판례집 17권 2집 민 177면.

이러한 의미에서 자배법 제3조 단서야말로 운행자가 책임을 면할 수 있는 최선의 길이다.

이 면책조항에 관하여는 우선 두가지 문제가 야기된다. 첫째는 운행자는 피해자가 승객이 아닌 경우에 전시 면책사유 세가지를 모두 주장·입증하지 않으면 아니되는가 하는 것이고, 둘째는 단서가 정한 이외의 사유로는 면책을 인정할 수 없는가 하는 것이다.

2. 주장·입증의 범위

우선 첫째 점에 관하여 일본에 있어서 종래의 통설은 이를 긍정하고[409] 하급심의 판례도 거의 여기에 따랐었다.[410]

그러나 위와 같이 엄격하게 해석하면, 교차로에서 신호대기중 전방주시를 해태한 후속차에 의하여 추돌 당함으로써 앞으로 밀려나가고, 인하여 회전차량과 충돌하여 회전차량의 운전자나 승객을 부상케 한 사건에 있어서, 위 추돌를 당한 차량에 우연히도 전조등 하나가 고장나 있었다면 동 차량의 보유자는 위와 같은 기능상의 장해가 있었다는 사실 때문에 그것이 사고와 인과관계가 없더라도 면책되지 못하게 되는 결과가 된다.

그러나 위와 같은 결론이 부당함은 더 말할 필요가 없다. 그 결과, 운행자가 책임을 면하기 위하여는 반드시 전시 세가지 사유 전부를 주장·입증하지 않으면 안 되는 것이 아니라 사고발생과 인과관계가 없는 사유는 그것을 주장·입증하지 않아도 그 사유가 사고발생과 아무런 인과관계가 없다는 것을 주장·입증하면 족하다고 해석하는 견해[411]가 나타났고, 일본의 최고재도 이를 시인하기에 이르렀다.[412]

동 판결은 당해 사고가 어린 피해자를 제대로 감호하지 못한 보호자의 과실

409) 谷口 央, 民事法の諸問題 Ⅲ 99면.

410) 東京地判 昭 38. 6. 24. 判例タイムズ 147호 133면.

411) 小川 外, 「交通事故に よる 損害賠償請求訴訟の 諸問題」 判例タイムズ 196호 32면.

412) 最高判 昭 45. 1. 22. 민집 24권 1집 40면, 判例時報 585호 42면, 判例タイムズ 244호 157면.

에 의한 것이고 가해자에게는 아무 과실이 없었다는 주장·입증만 하였는데, 원심은 위 사고가 자동차의 구조상 결함이나 기능상의 장해에 의하여 생긴 것이 아니라는 점까지 판단설시함으로써 주장하지 아니한 사유를 판단한 위법이 있다는 상고이유에 대하여 「위 요건사실 중 어느 요건사실의 존부가 당해 사고발생과 관계없는 경우에 있어서까지 그 요건사실을 주장·입증하지 않으면 면책될 수 없다고까지 해할 필요는 없고, 이와 같은 경우에는 운행공용자는 위 요건사실의 존부는 당해 사고와 관계가 없다는 뜻을 주장·입증하면 족하고, 항상 위 단서 소정의 요건사실 전부를 주장·입증할 필요는 없다고 해하는 것이 상당하다.

이것을 본건에 대하여 보건대, 본건 기록에 비추어보면 피상고회사에 있어서 자기가 본건 사고차의 운행에 관하여 주의를 게을리하지 않았다든가, 자동차에 구조상의 결함 또는 기능의 장해가 없었는가 어떤가는 본건 사고와 관계가 없다는 뜻의 암묵의 주장을 하고 있는 것으로 해석되고 원심도 그 뜻을 인정·판단하고 있는 것이라고 해하지 못할 바 아니므로 원판결에 소론의 위법은 없다」고 판시하였다.

실무상 통상 피고는 당해 사고가 피고측 운전자의 운행상 과실에 의한 것이 아니라 피해자 본인 또는 제3자의 과실에 인한 것이므로 면책되어야 한다고만 주장할 뿐 그 외의 무결함이나 무장해는 주장조차 하지 아니하므로 법원이 무결함·무장해는 본건 사고와 인과관계가 없다는 암묵의 주장을 석명하여 조서에 기재하여 두면 좋을 것이다.[413)]

우리 대법원도 1985. 7. 9. 선고 84다카2479 판결[414)]에서, 「준비서면에 의하면 본건 교통사고는 오직 원동기장치자전거를 운전하던 소외 황용하가 갑자기 진로를 좌측으로 전환하면서 도로중앙선을 넘어 횡단한 과실만에 의하여 발생한 것이라고 주장하고 있음이 분명하며 원심에서도 그 주장을 유지하고 있음이 뚜렷한 바 이는 위 법조 단서에 본 면책에 관한 항쟁으로 볼 것이다. 이런 맨책주장이 있는 경우에는 법원으로서는 제3자인 위 황용하의 고의 과실을 가려보고 또 피고소유 자동차의 구조상의 결함 및 기능장해 유무에 관

413) 谷口 央, 民事法の諸問題 III 101면.

414) 공 1985. 9. 1. (759), 1111.

한 석명권을 행사하고 경우에 따라서는 그 입증을 촉구하는 등 심리를 하여야 할 것」이라고 판시하여 같은 견해를 보이고, 대법원 1987. 3. 24. 선고 86다카1073 판결[415]에서 반복 판시하고 있다.

3. 제3조 단서 이외의 면책사유

가. 불가항력

자배법 제3조 단서에는 해당하지 않지만 운전자나 피해자 또는 제3자에게도 귀책사유가 없고 사고자동차에 기능상의 장해와 구조상의 결함도 없이 사고가 발생된 경우, 운행자는 자배법 제3조의 책임을 져야 할 것인가?

예컨대 관광버스가 산중 도로상을 운행하고 있을 때, 일기예보에도 없던 집중폭우를 만나 절벽이 무너져 내림으로써 버스가 토사에 밀려 강으로 전락되어 승객이 사상한다든지,[416] 야간에 산간도로나 고속도로상을 운행하는 차량의 앞 유리창에 새가 날아와 부딪쳐 유리가 깨짐으로써 운전수가 핸들조정을 잘못했다든지, 지진・낙뢰・돌풍 등 천재지변이 생겨 사고가 발생되었다면 운행자에게 책임을 인정할 것인지 의문시된다.

위와 같은 사고의 결과는 그 자동차의 승객을 사상에 이르게 할 수도 있고 또 다른 연쇄사고를 일으켜 타인을 사상케 할 수도 있을 것인바, 운행자의 책임은 어찌될 것인가? 이와 같은 사고의 경우에도 운행자는 면책되지 않는다는 견해도 있으니[417] 대개의 학자는 면책을 긍정하는 것 같다.

생각건대 위 양설의 분기점은 자배법 제3조의 책임을 어떻게 해석하느냐에 있는 것 같다. 전설은 자배법 제3조의 책임은 이미 과실책임이라기보다 무과실책임에 가깝고 단서에 면책사유가 정해져 있는만큼 단서 소정의 면책 이외는 인정될 수 없다는 입장이고, 후설은 자배법 제3조의 책임이 입증책임의 전환이나 면책사유의 강화, 책임주체의 확장에 불구하고 기본적으로는 과실책임이기 때문에 위 단서 소정의 면책사유가 아니더라도 운행자에게 책임을 물을 수 없

415) 공 1987. 5. 15. (800), 714.

416) 鈴木重信, 「自動車損害賠償保障法 3條と信頼の原則」 ジュリスト No. 417. 27면 1969. 2. 15.

417) 坂本雄三, 「自動車損害賠償保障法」 법률논총 34권 22권 118면.

는 불가항력의 경우에는 면책을 인정하지 않을 수 없다는 입장으로 생각된다.

특히 면책긍정설의 입장에서는 자배법의 모법이라는 독일의 도로교통법 제7조의 규정을 내세운다. 즉, 동조가 자동차보유자의 배상의무는 사고가 자동차의 구조상 결함 및 기능상 장해에 기하지 않은 피할 수 없는 사유에 의하여 발생된 경우에는 면책되고, 특히 사고가 피해자 혹은 운행에 종사하지 않는 제3자 또는 동물의 거동에 기인하는 경우에 있어서 자동차의 보유자 및 운전자가 사건의 상황에 따라 요구되는 주의의무를 모두 준수한 때에는 사유는 피할 수 없었던 것으로 본다고 규정하고 있음에 비추어 보아도 자배법이 불가항력의 경우에까지 책임을 인정한 것은 아니라고 해석한다.[418]

앞서 설명한 바와 같이 자배법 제3조 단서는 승객이 사상한 경우에는 승객의[419] 고의 및 자살행위로[420] 인한 때가 아니면 운행자는 책임을 지게 되어 있고, 우리 대법원은 1970. 1. 27. 선고 69다1606 판결에서 「피고 신진자동차 운전수에게 운전상 과실이 없었다 하더라도 소론 자동차손해배상보장법 제3조 단서의 규정하는 바 자기를 위하여 자동차를 운행하는 자가 자동차운행으로 승객을 사상케 한 경우에 고의 및 과실행위로 인하여 사상한 경우에만 손해배상면책사유로 하는 취지는 자동차의 운행으로 승객이 사상한 경우에는 그 승객에게 고의가 있었다는 것이 입증되지 않는 한 그 자동차를 자기를 위하여 운행하는 자는 자기의 고의·과실의 유무에 불구하고 이에 대하여 손해배상책임을 지는 뜻으로 해석함이 상당하다(대법원 1969. 6. 10. 선고 68다2071 판결 참조).[421] 그럼에도 불구하고 원심이 피고 신진자동차주식회사 소속 택시

418) 加藤一郞, 注釋民法(19) 103면; 鈴木重信, 전게 논문.

419) 대법 2008. 2. 8. 선고 2006다18303〔공 2008상, 437〕은, 승객이란 자동차 운행자의 명시적·묵시적 동의하에 승차한 사람을 의미하는데, 반드시 자동차에 탑승하여 차량 내부에 있는 사람만을 승객이라고 할 수 없고, 운행 중인 자동차에서 잠시 하차하였으나 운행 중인 자동차의 직접적인 위험범위에서 벗어나지 않은 사람도 승객의 지위를 유지할 수 있으며, 그 해당여부를 판단함에는 운행자와 승객의 의사, 승객이 하차한 경위, 하차 후 경과한 시간, 자동차가 주·정차한 장소의 성격, 그 장소와 사고 위치의 관계 등의 제반 사정을 종합하여 사회통념에 비추어 결정하여야 한다고 판시하였다.

420) 대법 1997. 11. 11. 선고 95다22115〔공 1997. 12. 15. (48), 3743〕은 위의 고의 또는 자살은 승객의 자유로운 의사결정에 기하여 의식적으로 행한 행위에 한정된다고 판시하였다.

승객인 원고들이 그 운행중의 사고로 발생한 손해배상청구를 동 피고측에 고의·과실이 없는 불가피한 사고라는 이유로 이를 배척한 조치는 위 자동차손해배상보장법 제3조의 법의를 오해한 위법이 있다」고 판시한 바 있다. 그러나 위 사실은 반대방향에서 오던 차가 갑자기 선행차를 추월하려고 도로 중앙으로 나옴으로써 정면충돌한 사고이고 전시와 같은 불가항력적 사고에 관한 것은 아니다.

그러나 피해자가 피고 차량의 승객인 경우에는 그 승객에게 고의·자살행위가 없는 이상, 가사 피고의 피용운전수에게 과실이 없고 제3자의 과실이 사고의 유일한 원인이었다 하더라도 피고가 그 제3자에게 청구함은 별론으로 하고 피고는 면책될 수 없으므로 그와 같은 의미에서는 무과실책임이라고 보지 않을 수 없고, 피해자가 승객이 아닌 타인인 경우에도 운행자나 그 피용운전자에게 과실이 없다 하더라도 피해자나 제3자에게 고의·과실이 있음을 주장·입증하지 못하면 책임을 면할 수 없으니 입증책임의 전도뿐만이 아니라 과실책임 자체가 무과실책임으로 확장·변경되었다고 보지 않을 수 없다.

일본에서는 1968. 8. 18. 岐阜懸下의 국도 41호선의 上麻布白川間에서, 등산을 위하여 가던 관광버스 2대가 예상치 못하였던 맹렬한 집중폭우의 내습을 받아 절벽이 무너지고 토사가 쏟아져 내림으로써 그 토사에 밀려 飛彈川에 전락되고 백여인이 사망하였는데 일본 정부는 결국 자배법을 적용하여 배상금을 지불토록 관계기관에 촉구한 일이 있었다.[422)]

위와 같은 결정을 정치적 결단이라고 쉽게 넘길 수도 있겠지만, 승객에 대한 보유자의 책임이 법조문 그대로 무과실책임이고 불가항력 조차 인정하지 않는 취지로 해석한다면 이론상으로도 정당화된다.

어쨌든 자배법의 책임규정이 운행자와 피해자간의 균형있는 손해의 분배를 이상으로 하고 있는 한 동 법조들의 해석은 이상과 조화되지 않으면 안될 것이고, 그렇게 본다면 불가항력적 사유까지 운행자에게 책임을 지운다는 것은 피해자의 보호가 과도하고 운행자에게 편파적으로 불리하다.

특히 우리나라의 현실과 같이 강제보험의 보험금이 소액으로 제한되어 있어

---

421) 동지 대법 1993. 5. 27. 선고 93다6560〔공 1993. 8. 1. (949), 1879〕.

422) 鈴木重信, 전게 논문.

그 초과부분을 운행자 스스로 부담하여야 하는 제도하에서는 운행자가 종합보험에 가입하고 있지 않는 한 파산하기 십상이고 종합보험에 가입되어 있어도 운행자의 책임으로 돌리는 한 그 운행자에 대한 보험료는 사고로 인하여 증가하게 마련이다.

영국에서는 차주의 책임을 엄격하게 제한하는 대신에 보험에 의하여 전보되지 아니하는 손해는 보험회사협회에서 배상책임을 지도록 제도화되어 있다.[423)]

영미법 체계하에서는 차주의 책임을 엄격히 제한하는 반면에 피해보상을 받지 못하는 피해자를 없애기 위한 별도의 제도적 장치를 마련하고 있다.[424)]

따라서 그들의 보험제도는 개인의 손해배상을 담보하는 손해보험적 성격으로부터 사회보장적 성격으로 이행되고 있다.

그러나 우리나라의 자배법은 피해자보호라는 이상을 달성하기 위하여 책임주체를 확장하고 책임을 가중시켰으면서도 그 책임을 사회적으로 분산시키는 강제보험제도가 지극히 미흡한 상태인 까닭에 오히려 차주가 과도한 책임을 지지 않을 수 없게 되었다.

따라서 제도적으로 미완성인 상태하에서는 피해자와 차주간의 손해분담을 조화있게 하기 위하여 차주의 책임을 부당히 확대하여서는 곤란하다.

보유자에게 귀책사유가 없는 불가항력적 사고의 책임까지 보유자에게 배상을 명하는 것은 법의 이념이 아닐 것이고, 따라서 자배법상 보유자책임의 기초는 그 확장과 가중에도 불구하고 여전히 과실책임주의에 입각하고 있다고 해석함이 상당할 것이다.

나. 정당방위와 긴급피난

자배법 제4조는「자기를 위하여 자동차를 운행하는 자의 손해배상의 책임에 관하여는 제3조의 규정에 따르는 외에는 민법의 규정에 의한다」고 규정하고 있는데, 민법 제761조는 타인의 불법행위에 대하여 자기 또는 제3자의 이익을 방위하기 위하여 부득이 타인에게 손해를 가한 자는 배상할 책임이 없다. 그러

423) 본서 〔부록〕 영국의 자동차사고손해배상 및 보험제도 참조.

424) 본서 상동.

나 피해자는 불법행위자에 대하여 손해의 배상을 청구할 수 있고, 위의 규정은 급박한 위난을 피하기 위하여 부득이 타인에게 손해를 가한 경우에 준용한다고 규정하고 있다. 그러므로 전시 민법상의 정당방위와 긴급피난의 규정은 자동차교통사고에 관하여 적용될 수 있다.

예컨대 강도가 총기나 흉기를 가지고 해치려 하였기 때문에 부득이 그 강도범인을 자동차로 치고 갔다면 운행자의 행위는 정당방위라 할 수 있다.[425]

전시 민법 제761조 본문 중 두번째 나오는 "타인"은 먼저 나오는 "타인"과는 그 범위가 일치되지 아니하고 제3자까지도 포함한다는 의미에서 형법상의 정당방위와는 다르고,[426] 따라서 위 강도를 피하기 위하여 급히 도주하다가 제3자를 부상시킨 경우에는 정당방위가 논의될 수 있을 것이다.

또한 예컨대 반대방향에서 오던 차량이 갑자기 중앙선을 넘어왔기 때문에 충돌을 피하기 위하여 급우회전을 하고 그로 인하여 우측차선을 주행하던 제3자의 차량과 충돌사고를 일으켰다든지, 선행차량이 갑자기 자기차선으로 들어왔기 때문에 추돌사고를 피하기 위하여 부득이 우측차선으로 진입하므로 인하여 그 차선의 후속차량과 충돌을 했다면 위 법조의 정당방위를 논의할 수 있을 것이다.

그러나 위와 같은 경우에 운전자가 취한 응급조치에 통상의 운전수를 기준으로 하여 하등의 잘못이 없는 것이라면 위와 같은 사고는 막바로 자배법 제3조 단서의 면책사유에 해당할 것이므로 정당방위를 들고 나올 여지가 없게 될 것이다.

그리고 전시 정당방위와 긴급피난의 차이는 전자는 사람에 의한 불법행위임에 반하여, 후자는 사람 이외의 물건이나 천재지변에 의한 위난이 그 대상이라는 데 있으며 그 위난은 가해자 스스로의 잘못이 경합되어 발생된 것은 포함되지 않는다.[427]

따라서 대법원은 1975. 8. 19. 선고 74다1487 판결[428]에서 자동차운전수로서는 주간의 강우설과 야간의 기온강하로 인하여 교량위의 노면은 일반노면과

425) 加藤, 注釋民法(19) 103면.

426) 加藤, 注釋民法(19) 332면.

427) 대법 1968. 10. 22. 선고 68다1643 대법원판례집 16권 3집 민 110면.

428) 공 1975. 10. 15. (522), 8624.

는 달리 지열이 없어 결빙형성이 되기 쉽다는 사정까지를 감안하여 교량 위를 통과할 때에는 감속서행하여 선행차량들에 대하여 빙판 때문에 일어나는 사태를 잘 주시할 주의의무가 있다고 할 것인데, 피고회사 소속 속리산고속버스를 운전하던 소외 김승부가 이러한 주의의무를 위배하여 만연히 시속 80킬로미터의 과속으로 본건 교량을 통과하다가 전방의 사고와 서행 및 추월선 주행을 경고하는 수신호하는 사람을 발견하지 못하고 전방 주행선상의 사고차량을 그 후방 60미터 지점에서 비로소 발견하고 감속치 못하고 핸들을 과대 조작한 과실이 이 건 사고발생의 원인이 된다는 원심 판시부분은 수긍할 수 있고, ……민법 제761조 제2항에서 규정하고 있는 긴급피난의 요건 중 급박한 위난이라 함은 가해자의 고의나 과실에 의하여 조성된 것은 포함되지 아니한다고 함이 상당할 것이므로 원심이 본건 사고발생과정에 관하여 피고회사 소속 운전수 김승부에게도 과실이 있다고 단정하고, 이와 같은 경우에는 긴급피난이 성립될 수 없다고 판단한 원심의 조치는 정당하다고 판시하였다.

Ⅱ. 운행자 및 운전자의 무과실

1. 운행자의 무과실 — 선임감독상의 과실

자배법 제3조 단서는 피해자가 승객 이외의 자인 경우에 면책의 제1요건으로서 운행에 관하여 운행자 및 운전자의 무과실을 요구하고 있으므로 민법 제756조 제1항 단서가 사용자의 선임감독상 무과실을 면책사유로 한 것과는 달리 운전자에게 운행상 과실이 있으면 면책되지 아니하고, 따라서 운행자의 선임감독상 무과실은 주장할 이익이 없다.

그리고 운전자가 무과실인 경우에는 운행자의 선임감독상 과실은 통상 논의할 여지가 없다.

그러나 운전자가 차량 운전 중 돌연히 간질발작, 심장마비, 일시실명 등을 일으켜 사고를 낸 경우에는 사고발생 당시 심신상실상태에 빠져 있어 과실을 추급하기 곤란하게 되고, 따라서 운행자의 선임감독상의 과실을 따져 볼 필요가 생긴다.

위 경우중 간질발작의 경우,[429] 간질병자는 운전면허수험자격이 없으므로(도로교통법 제82조 제1항 제2호) 위와 같은 병을 숨기고 면허를 얻어 운전업무에 종사한 운전자에게 운행에 관한 과실을 인정하지 않을 수 없고, 따라서 가사 운행자가 그를 채용할 때의 신체검사에서 위 병을 발견할 수 없었다 하더라도 운행자는 운전자의 과실 때문에 면책을 주장할 수 없을 것이다.

그러나 돌연한 심장마비나 일시실명 등의 경우에는 문제가 다르다. 물론 그와 같은 사태에 이르기 전 운전자가 신체에 이상을 느꼈다면 즉시 운전을 중지할 주의의무가 있다 할 것이므로[430] 이와 같은 의무에 위배하여 운전을 계속함으로써 사고를 발생시켰다면 운전자의 과실에 인한 것이고, 따라서 운행자는 면책될 수 없겠으나, 돌연히 그와 같은 증상이 생겼다면 운행자의 선임감독상 과실이 문제될 수 있다.

이와 같은 경우에 운행자가 운전자를 채용함에 있어 엄밀한 건강진단을 실시하였고, 채용후에도 정기적으로 신체검사를 행하고 조기에 이상을 발견하려고 만전을 기하였으나 현대 의학상 사전에 발견이 불가능하였다는 등의 사정이 밝혀지면 불가항력에 준하는 것으로서 면책이 고려되어야 할 것이다.[431]

2. 운전자의 무과실

자배법에서 "운전자"라 함은 다른 사람을 위하여 자동차를 운전하거나 운전을 보조하는 일에 종사하는 자를 말하므로(자배법 제2조 4항) 면책사유의 요건이 되는 운전자의 무과실 속에는 조수의 무과실도 포함되고, 따라서 후진을 유도하는 조수의 잘못으로 사고가 발생되면 운전자가 무과실이라도 운행자는 면책되지 아니한다.[432]

어쨌든 운전자의 과실이란 운전을 업으로 하는 자에게 부여된 주의의무의 위반이고 운전자가 다하여야 할 업무상 주의의무에 관하여 도로교통법에 많은

429) 중앙일보 1978. 7. 19.자 기사.

430) 도로교통법(2008. 6. 13. 법 제9115호) 제45조 과로시 운전금지.

431) 谷水 央,「免責の 要件」判例タイムズ 212호; 安田 實,「免責の 要件」判例タイムズ 212호.

432) 札幌地 小樽支判 昭 37. 11. 6. 判例タイムズ 141호 45면.

규정들이 있다.

즉, 도로교통법은 제4장에서 운전자 및 고용주 등의 의무라는 제하에 무면허운전, 취중운전, 과로운전 등을 금하고 안전운전의무를 과하면서 구체적으로는 제한속도, 차선의 준수, 앞지르기방법, 건널목통과, 교차로통행방법, 차량간의 우선순위, 주정차방법, 신호방법, 경음기의 사용 등에 관하여 상세한 규정들을 두고 있다.

따라서 운전자는 우선 위와 같은 도로교통법상 부여된 제규정들을 준수할 주의의무가 있고, 이와 같은 의무이행을 해태하고 그로 인하여 사고를 일으켰다면 전시 규정위반은 일응 과실이 된다.

이러한 의미에서 도로교통법상 운전자에게 주어진 제의무는 형식적 추상적으로 운전자의 과실인정의 기준이 된다.

그러나 운전자에게 도로교통법 위반의 범법사실이 있다고 하여 곧바로 과실이 인정되는 것은 아니다. 예컨대 운전자가 무면허라든가, 취중운전을 했다든가, 다소의 제한시속을 초과한 위법이 있다 하더라도 사고발생의 구체적 상황에서 위 도로교통법 위반사실이 아무런 원인력을 조성하지 않은 경우 즉, 무면허・취중운전이었지만 면허를 가진 운전자 또는 술 먹지 않은 운전자에 못지 않는 운전을 하였다든지,[433] 제한시속을 지켰다 하더라도 피할 수 없는 사고이었다면[434] 위 법규위반이 도로교통법상 처벌대상이 됨은 별론으로 하고 사고와는 원인관계가 없고, 따라서 이를 가리켜 손해배상책임의 원인이 되는 과실이라고는 말할 수 없다.

뿐만 아니라 사고와 인과관계가 있는 법규위반이 있더라도 그 법규위반을 정당화할 수 있는 사유가 있는 경우에도 위와 같은 형식적인 법규위반만을 들어 과실이라고 할 수 없다. 예컨대 운전자가 과실 없는 충돌사고를 당하여 핸들고장을 일으켜 중앙선을 침범함으로써 연쇄사고를 낸 경우와 같이 법규준수가 불가능하였던 경우, 골목길에서 대로로 일단정지함이 없이 돌진해 나온 차량과의 충돌을 피하기 위하여 급좌회전함으로써 중앙선을 넘은 경우, 전조등이 끊어진 차를 100여 미터 떨어진 차고로 끌고 가면서 도로변에 붙여

433) 廣島地判 昭 42. 5. 31. 判例タイムズ 209호 217면.

434) 대법 1980. 2. 12. 선고 79도3004〔공 1980. 4. 1. (629), 12639〕.

감속서행 중 추돌을 당한 경우 등에서는 위와 같은 객관적인 법규위반이 곧 과실로 되지는 않는다.[435]

미국판례에 있어서 법규위반과 과실에 관한 입장은 ① 법규위반=과실, ② 법규위반은 과실추정사유, ③ 법규위반은 과실인정에 관하여 고려할 증거라는 세가지 견해가 있으나 일본판례의 입장과 같이 제3설이 유력하다고 한다.[436]

국민들에게 법규준수를 강조하기 위하여 법규위반을 민사과실로 결부시켜야 한다는 뜻에서 제1설을 주장하기도 하지만 이와 같은 견해에 대하여는 교통법규가 그 실현을 위하여 제재규정을 두고 있음에도 불구하고 그 법규위반과 인과관계가 없는 손해배상의 근거로 삼는 것은 법이 정한 제재 이상의 제재를 가하는 것이 되어 부당할 뿐 아니라 과실의 실질을 부당히 확대하는 것이라 보지 않을 수 없다.

제2설을 취하는 경우, 교통법규위반사실이 있고 사고발생의 결과가 있으면 양자간에 인과관계가 없다는 것이 주장・입증되지 않는 한 과실은 추정된다.

제3설을 취하게 되면 법규위반이 과실인정의 중요증거가 되지만 때에 따라서는 그것이 예측의무 내지 결과회피의무위반이라는 점을 들어내야 할 필요가 생길 것이다.

생각컨대 일반의 불법행위책임의 근거가 되는 과실과 법규위반과의 관계에서는 제3설이 타당하겠지만 자배법상 운행자책임의 면책사유로서의 운전자무과실을 논함에 있어서 법규위반을 고려할 때는 운전자에게 교통법규 위반사실이 인정되면 그것이 사고발생과 인과관계가 없다는 주장・입증이 없는 한 과실을 추정하고, 따라서 면책을 허용하지 않는 것이 입증책임을 전환시킨 자배법의 입법정신에 맞는다고 생각된다.

그러나 한편 운전자가 법규를 준수하였다 하여 곧 무과실이 되는 것은 아니다. 법규가 정한 주의의무의 기준은 최저한인 경우가 많고 운전자에게 법규위반이 없어도 특정상황에서 통상인에게 요구되는 주의를 해태하였다고 인정되는 경우에는 과실이 인정된다.

좌회전시 좌회전신호를 하였다는 것만으로 특수상황에서 요구되는 주시, 감

---

435) 藤倉皓一郎,「交通事故の 民事責任と 信頼の 原則」(上) 判例タイムズ 233호 12면.

436) 藤倉皓一郎, 전게 논문 11면.

속, 정지 등 다른 주의의무가 모두 면제되는 것은 아니다. 통상의 상황에서는 법규준수가 우선 필요한 조건이지만, 사고가 일어난 상황에서는 이른바 특별사정이 존재하는 경우가 상당히 많기 때문에 법규준수로서 충분한 주의를 다한 것이라고는 할 수 없어 청신호에 따라 교차로에 진입하는 경우라도 적신호에서 청신호로 바뀌자마자 진입하게 될 때는 이미 청신호에 따라 교차로를 진입하였으나 아직 통과하지 못한 차량이 있을지도 모른다는 것을 예견하고 그러한 차량과의 충돌을 정지함에 족한 조치를 취할 주의의무가 있다고 하지 않을 수 없다.[437)][438)]

어쨌든 운전자의 과실유무를 판정함에 있어서 우선 사고와 인과관계가 있는 교통법규 위반사실이 있었는가를 살피지만 그 실질적 내용을 탐구하면 그것은 발생된 결과를 미리 예측하고 그 예측된 결과를 회피함에 족한 조치를 취하여야 함에도 불구하고 이를 부주의로 이행하지 못한 것이 과실로 된다.

결과예측의무와 결과회피의무의 설정기준은 보통의 사리분별능력과 운전기술을 갖춘 운전자이다. 따라서 문제된 사건의 당해 운전자가 보통의 운전자보다도 사려가 깊고 운전기술이 뛰어나 그가 주의력과 기술을 충분히 발휘하였더라면 당해 결과의 발생을 예측할 수 있었고 피할 수 있었다하더라도 보통의 운전자로서는 예측도 회피도 불가능하였다면 그는 무과실이 될 것이다.

그런데 결과예측의무를 설정함에 있어서는 통상의 경우, 보행자나 다른 차량과의 충돌을 고려하게 되므로 소위 피해자의 거동에 대한 합리적인 판단이 전제된다. 통상의 분별있는 사람이라면 도저히 취할 수 없는 이상한 행동은 일반적으로 예상할 수 없는 것이므로 그와 같은 거동을 예측하지 못하였더라도 그것은 과실이 될 수 없다.

도로교통법은 피고 차량의 운전자에게만 적용되는 것이 아니라 모든 운전자와 보행자에게도 적용되고, 따라서 도로상의 모든 차량과 보행자가 일응 도로교통법이 정한 바에 따라 행동하리라고 믿어도 잘못이 아닐 것이다.

자동차운전자는 누구나 운전면허를 얻어야 운전할 수 있고, 면허취득에는

---

437) 대법 1995. 10. 13. 선고 95다29369[공 1995. 12. 1. (1005), 3774]; 대법 1994. 10. 25. 선고 94다8693[공 1994. 12. 1. (981), 3084].

438) 藤倉皓一郎, 전게 논문 12면 참조.

시험이 수반되므로 모든 운전자는 시험과 경험을 통하여 도로교통법을 숙지하고 있다고 보아도 좋다.

그러나 보행자의 경우는 사정이 다르다. 유아나 아동(도로교통법 제11조 제1·3항), 맹인, 농아자는 물론 도로교통에 익숙치 못한 촌로나 산간 부녀자들의 보행도 예상되는 일이므로 보행자마다 도로교통에 관한 지식이 다르고 따라서 모든 보행자가 도로교통법에 따라 질서있게 행동하리라고 기대할 수는 없다.

따라서 운전자는 보행자의 외모에 따라 그들의 연령·신분 등을 예측하고 그에 따라 대응할 주의의무가 있다고 볼 수 있다. 뒤에 상술하는 바와 같이 신뢰의 원칙이 배제되는 경우가 바로 위와 같은 경우이다.

그러나 위와 같은 예외적인 경우를 제외하면 통상의 경우, 운전자는 다른 교통관여자가 교통법규를 준수하고 사고발생을 회피하기 위한 적절한 행동을 취할 것이라고 신뢰하여 행동하면 족하고, 그 교통관여자가 교통법규에 위반된 행동을 취할 것까지 예견하여 행동할 필요는 없게 된다.[439]

이것이 "신뢰의 원칙"이며 이 원칙이야말로 운전자의 예견의무의 범위를 축소시키고 자동차의 고속교통기관으로서의 효용을 보장하는 원리이다.

따라서 운전자가 신뢰의 원칙에 따라 상대방(피해자 또는 제3자)이 교통법규를 준수하여 사고방지에 필요한 적절한 행동을 취하리라고 믿고 행동하였으나 상대방이 위와 같은 신뢰에 반하여 감히 법규를 위반한 무모한 행동을 감행함으로써 사고가 발생되었다면 그것은 바로 자배법 제3조 단서가 말하는 "자기와 운전자가 자동차의 운행에 관하여 주의를 게을리하지 아니하고 피해자 또는 자기 및 운전자 이외의 제3자에게 과실"이 있는 경우에 해당하는 것이 되고, 그 때문에 면책사유 유무 판정에 관하여 신뢰의 원칙이 차지하는 중요한 역할을 실감하게 된다.

그러나 신뢰의 원칙은 결국 운전자의 과실유무를 판정하는 기준의 하나임에 그치는 것이고, 그것이 독자적인 원리로서 활동하는 것은 아니다.

어쨌든 운전자 과실의 내용은 결과예견의무 해태와 결과회피의무의 해태이

439) 最高判 昭 41. 12. 20 刑集 20권 10집 1212면; 대법 1987. 3. 24. 선고 86다카1073〔공 1987. 5. 15. (800), 714〕; 대법 1988. 10. 11. 선고 87다카1130〔공 1988. 11. 15. (836), 1402〕.

다.

결과예견의무와 결과회피의무는 논리적으로 선후관계에 있으나 후자가 반드시 전자를 전제로 하는 것은 아니다.

예컨대 황색중앙선이 겹으로 설치되어 이는 도로에서는 반대방향에서 진행하여 오는 차량이 중앙선을 침범하여 자기차선으로 주행하여 오는 일은 없으리라고 신뢰하여 무사히 교행하리라고 믿을 수 있어 갑작스런 중앙선침범으로 인한 충돌사고를 예견할 의무는 없고, 따라서 그와 같은 사고를 대비한 감속서행이나 피양의무가 부여되지는 않지만[440] 상대방 차량이 위와 같은 신뢰를 깨고 중앙선을 침범한 경우에도 통상의 운전자로서 이를 피할 수 있는 시간과 거리가 있었다면 이를 회피할 의무가 부여되고 이를 회피하지 못하였다면 그것 역시 과실이 된다.

3. 피해자 또는 자기 및 운전자 이외의 제3자의 과실

피해자에는 가해차의 운전자와 보유자가 포함되지 아니하고[441] 여기에서의 제3자라는 것은 피해자 및 배상의무자(보유자, 운행종사자) 이외의 자를 말한다.

피해자 또는 제3자에게 과실이 있다는 주장은 막연하여서는 안되고, 예컨대 보행자가 신호를 무시하고 차량 직전으로 뛰어 들었다든가 신호대기 정지중인 차량을 후속차량이 전방주의를 태만히 하여 추돌하였다든가 하는 식으로 구체적 사실을 주장하지 않으면 안 된다.

그리고 여기에서 말하는 과실은 손해배상책임을 추궁하기 위한 요건이 아니라 운행자면책을 위한 요건이므로, 책임능력자의 주의의무위반을 지칭하는 것이 아니고, 과실상계에 있어서 참작대상이 되는 과실과 같은 의미이다. 따라서 초등학교 취학아동의 부주의도 여기의 과실에 포함된다.

그러나 유아(도로교통법 제11조 제1항 6세 미만)나 정신병자가 피해자인 경우에

440) 最高判 昭 46. 6. 25. 刑集 25권 4집 655면; 대법 1981. 12. 22. 선고 81다955〔공 1982. 3. 1. (675), 220〕; 대법 1991. 8. 9. 선고 91다9169〔공 1991. 10. 1. (905) 2319〕.

441) 最高判 昭 37. 12. 14. 民集 16권 12호 2407면.

는 피해자 과실조차 논할 수 없고, 친권자·감호의무자 등의 감호상 과실이 제3자의 과실로 등장하게 될 것이다.

독일의 도로교통법 제7조 제2항은 피해자, 제3자, 동물의 거동(Verhalten)을 면책사유의 하나로 규정하므로[442] 과실능력 유무를 논할 필요가 없지만, 우리 자배법은 과실을 요구하고 있으므로 사리변별능력이 없는 자의 부주의한 거동은 피해자의 과실로는 논할 수 없게 되기 때문이다.

또한 가축의 거동이 사고의 원인이 된 경우에도 그 점유자(민법 제759조 참조)의 책임이 인정되는 경우에는 제3자의 과실로 다룰 수 있지만, 야수나 야조의 거동에 의하여 사고가 난 경우에는 앞서 설명한 바와 같이 불가항력에 의한 면책주장은 별론으로 하고, 여기의 면책사유로는 주장할 수 없을 것이다.

도로, 하천 기타 토지의 공작물의 설치·보존·관리 등의 하자(민법 제758조, 국가배상법 제5조 참조)에 기한 사고에 관하여도 그 관리책임이 인정되는 경우에는 제3자의 과실이 주장될 수 있겠으나 그렇지 못한 경우에는 불가항력에 의한 면책사유에의 해당여부를 판단하여야 할 것이다.[443]

4. 신뢰의 원칙

가. 의의와 형성과정

(1) 의 의

신뢰의 원칙은 제2차 대전전의 독일 및 그 후의 서독에서 형사상의 과실인정의 기준으로써 발전되어온 법리인데 일반론으로 말한다면 「어떤 위험한 일에 종사하는 자는 특단의 사정이 없는 한 다른 관여자가 사고회피를 위하여 적절한 행동을 취하리라고 신뢰하여 행동하면 족하고, 따라서 타인이 이에 반하는 행동을 취할 것임을 염두에 두고 행동할 필요는 없다」는 것이다.

근대문명의 발달은 사회의 이익과 필요 때문에 위험업무의 수행을 불가피하게 민들었고, 그 업무 종사자에 대한 주의의무의 범위를 합리적으로 제한하여야 할 필요가 생기게 되었다.

---

442) 安田 實, 「免責の 要件」 判例タイムズ 212호 165면.

443) 安田 實, 전게 논문 166면.

소위 위험분배의 법리가 승인되고 그 구체적 적용으로서 나타난 것이 신뢰의 원칙이라고 한다. 즉, 신뢰의 원칙은 어떤 위험업무종사자의 위험부담을 경감시키는 동시에 그 업무에 종사하는 다른 사람에 대하여 위 경감된 위험부담을 전가시키는 조작을 정당화하는 법리라고 말할 수 있다.

위와 같은 위험분배를 정당화하는 기초는 위험업무의 사회적 필요성과 위험방지를 위한 물적 시설의 합리적 대책 및 관계자의 위험방지에 대한 정당한 인식에 두고 있다.

이것을 자동차교통이라는 위험업무에 적용시키면 신뢰의 원칙은「자동차운전자는 다른 교통관여자가 교통법규를 준수하고 사고를 회피하기 위한 적절한 행동을 취하리라고 신뢰하여 운전하면 족하고, 따라서 타인이 위 신뢰에 반하는 행동을 취하는 것은 염두에 둘 필요가 없다」는 것이 된다.

따라서 이 원칙 적용의 한계는 그 시대의 사회사정 즉, 교통환경과 교통관여자의 교통법규에 대한 인식 및 준법정신의 정도에 따라 변화된다.[444]

(2) 독일에서의 형성과정

앞서 언급한 바와 같이 이 원칙은 전전의 독일과 전후의 서독에서 형사판례를 통하여 형성되었고, 그 후 민사판례에까지 영향을 미쳐 이제는 민・형사를 통하는 원칙으로 확립되었다.

신뢰의 원칙이 시인되기까지 독일판례의 태도는 매우 엄격하여 1927. 1. 4.자 제국재판소 제1형사부 판결에서는, 운전자는 도로상에서 타인의 이해할 수 없는 행동도 사정 여하에 따라 계산에 넣을 의무가 있다고 많은 제국재판소가 판결하여온 것은 고수되어야 한다면서 자동차운전수는 조우하게 되는 사람 또는 추월하려고 하는 사람을 알지 못하는 때에는 항상 그들이 본래 정신적으로 둔하여 경고를 아주 늦게 받아들이고, 또한 그러한 사람은 놀래서 반대로 행동할런지도 모른다는 것을 계산에 넣지 않으면 안 된다고 판시하였고,[445] 1931. 2. 13.자 제국재판소 제1형사부 판결은 언제 어느 때라도 교통자의 부주의하고 무분별한 교통법규위반의 행동조차 계산에 넣지 않으면 안 된다고 판시하였다.[446]

---

444) 安田 實,「民事裁判より みた 信頼の 原則」判例タイムズ 220호 35면 이하.

445) 4. 1. 1927. RG St 61~121 西原春夫,「交通事故と 信頼の 原則」81면에서 전재.

그러나 1935년경부터 위와 같은 견해를 근본적으로 고쳐 「자동차운전자가 보행자의 법규에 위반된 어리석은 태도까지도 이해하지 않으면 안 된다는 것은 거의 정당하다. 그러나 이것은 일상생활상의 필요와 자동차교통의 본질, 특성, 중요성의 견지로부터 인용될 수 있는 한계에 있어서만 타당하다. 따라서 자동차운전자는 생각할 수 있는 모두 부주의한 행동을 고려할 필요는 없고 오히려 그때의 모든 사정을 합리적으로 판단하여 그와 같은 부주의한 행동을 할 만한 유인이 있었던 경우에만 그와 같은 의무가 있다고 해석하여야 할 것이다. 그러나 일반적으로는 자동차운전자로서는 교통이 빈번하지 않고 먼 곳까지 잘 보이는 시가지에서, 접근하고 있는 자동차를 전혀 고려하지 않고 보행자가 차도에 들어서는 사태까지 계산에 넣을 필요는 없다」고 판시하기에 이르렀고,[447] 그 후에도 같은 사고방식의 판례가 계속되다가[448] 전후 연방재판소에 계승되고,[449] 많은 하급심 판례가 따르면서 판례의 기본적 태도로 굳어져 신뢰의 원칙은 확립되기에 이르렀다.

위와 같이 신뢰의 원칙을 확립한 판례들은 형사사건에 있어서 형사상의 과실을 인정함에 있어 하나의 기준으로서 위 원칙을 확립한 것이었다.

그러나 위 원칙은 곧 민사상의 손해배상책임을 인정하는 과정에도 영향을 미쳐 1957. 11. 22.자 연방재판소 제4민사부 판결[450]에서는 특별한 이유가 없는 한 상대방이 완전한 교통위반을 범하고 또한 아무런 주의도 기울이지 않은 채 차도에 들어서는 것을 계산에 넣을 필요는 없다고 판시하였고, 1958. 2. 4.자 연방재판소 제4민사부 판결[451]에서는 보차도의 구별이 없는 노폭 3미터

446) 13. 2. 1931. RG St 65~135 安田 實의 判例タイムズ 전게 논문에서 전재.

447) 9. 12. 1935. RG St 70~71 전게 논문에서 인용.

448) 17. 1. 1938. RG St 72~55 전게 논문에서 인용; 12. 5. 1939. RG St 73~206 전게 논문에서 인용.

449) 8. 7. 1952. BGH St 3~49 西原春夫, 전게서 95면에서 재인용; 23. 10. 1959. BGH VRS 18~52 西原春夫, 전게서 95면에서 재인용; 18. 11. 1960. BGH VRS 20~129 西原春夫, 전게서 95면에서 재인용; 18. 10. 1963. BGH VRS 26~28 西原春夫, 전게서 95면에서 재인용; 20. 12. 1963. BGH VRS 20~129 西原春夫, 전게서 95면에서 재인용; 14. 8. 1964. BGH VRS 27~346 西原春夫, 전게서 95면에서 재인용.

450) BGH VRS 14~86 西原, 전게서 104면 인용.

451) BGH VRS 14~259 西原, 전게서 106면 인용.

의 일방통행로를 시속 약 20킬로미터로 주행하던 오토바이 운전자가 같은 방향으로 도로 중앙을 걷고 있던 58세의 여자를 보고 사고발생지점으로부터 94미터 전방에서 경음기를 울렸으나 반응이 없어 사고지점 37미터 전방에서 한 번 더 경음기를 울렸더니 머리를 우측으로 돌려보고 좌측으로 갔으므로 운전자는 그 여자의 우측을 무사통과하리라 생각하고 그대로 진행하였던 바 사고지점 반미터 지점에서 돌연 우측으로 왔기 때문에 충돌한 사고에 관하여 「피고가 제2회의 경고를 준 후 원고가 머리를 우측으로 돌리고 비스듬히 좌로 일보 갔을 때 그 사태로부터 원고가 자기를 통과시키려고 우측을 열어주는 것으로 생각한 데에 책임은 없다. 이 경우, 피고로서는 원고가 좌측에 서 있을 것으로 신뢰하여도 좋고 또한 원고가 원동기부자전거가 접근하여 오는 직전에 돌연히 차도의 우측으로 걸어가리라고 예상하여 그 운전방법을 정한 필요는 없고 제3의 경고를 할 필요도 없다」고 판시하였고, 또한 1957. 4. 26.자 연방재판소 제4민사부 판결[452]에서는 노폭 4.3미터의 차도와 노폭 1.3미터의 보도가 좁은 구거에 의하여 구분되어 있는 곳의 보도상을 원고가 처와 함께 걸어가다가 보도에 나무전주가 있었으므로 처의 통행을 방해하지 않도록 전주를 돌아 차도에 들어섰다가 뒤에서부터 보도와의 사이에 80센티미터를 두고 진행하여 온 피고의 자전거에 충돌 당하여 부상한 사안에서 「보행자는 도로교통령 제37조 제1항에 의하여 보도를 이용하지 않으면 안 된다. 차도는 제1차적으로는 차량의 통행을 위한 것이다. 만일 보행자가 보행토록 명받은 보도를 떠나 차도에 들어서려 할 때는 차량의 교통에 주의하고 이것을 고려하는 태도를 취하며 특별히 차량의 진로에 들어와 방해하지 않도록 주의할 의무를 부담한다. 이 점은 특히 본건과 같이 어두어진 경우에 적용된다. 차도에 있는 교통관여자는 일반적으로 보행자가 이와 같은 의무를 준수하리라고 신뢰하여도 좋다. 그런 고로 그와 같은 교통관여자는 보행자가 접근하여 오는 차량 쪽을 사전에 돌아보지도 않고 돌연 차도에 들어서는 것은 계산에 넣을 필요가 없다. 이것은 교통법을 지배하고 따라서 자전거와 보행자간에도 타당한 신뢰의 원칙상 명백하다」고 판시함으로써 민사법 분야에서도 확립되었다.

(3) 일본에서의 형성과정

---

452) BGH VRS 13~20 西原, 전게서 107면 인용.

일본에 있어서도 전전은 물론 종전 후 상당기간 동안 교통사고에 관한 자동차운전자의 주의의무는 엄격한 것이었다.

大正 11년 5월 11일자 대심원 판결[453]이 정차하여 있던 전차의 옆을 3척 남짓 떨어져 통과하다가 전차 뒤에서 돌출한 피해자를 충격·사망시킨 사안에서 하차객이 부주의하게도 돌연 전차 차장대의 배후로부터 자동차의 진로를 향하여 걸음을 옮기는 경우라 하더라도 그러한 사례는 우리가 일상생활상 목도하는 바로서 자동차조정자로서는 본래 이런 점에 유의하여야 하므로 이러한 경우 충돌을 예방하기 위하여 전차에 접근하기 전에 정차하든가 적어도 서행하는 등 업무상 가장 적절한 조차방법을 취함으로써 급거 위해를 피할 길로 나아가지 않으면 안 된다고 판시한 것이라든지, 소화 11년 5월 12일자 대심원 판결[454]이 교차로사고에 관하여 교차점을 통과하려 할 때에는 혹 측면도로로부터 마차·자동차 등의 돌진이 없다고 보장할 수 없으므로 진로를 경계하여 아무 때라도 급정차를 할 수 있도록 미리 감속하고 만일 측면도로로부터 마차·자동차 등이 진행하여 오는 것을 발견하면 즉시 급정차를 하고 또는 서행을 계속하는 등 적당한 조치를 취함으로써 사고의 발생을 미연에 방지할 의무가 있다고 판시한 것이라든지, 소화 3년 8월 2일자 대심원 판결[455]이 통행인이 돌연 후퇴함으로써 충돌한 사고를 유죄로 판시하고, 소화 13년 12월 9일자 대심원 판결[456]이 통행자가 언제 놀라서 행동의 적정을 잃고 불측의 행동을 취할지 알 수 없으므로 동인의 자세태도 등을 주시하고 서로 접근하는 거리를 목측하고 정차조치를 취할 때의 타력진행을 가산하여도 충돌을 피할 수 있을 정도의 속력으로 운전하는 등 위험의 발생을 미연에 방지할 업무상 주의의무가 있다고 판시한 것들이 그것이다.

위와 같은 판례들이 내려진 시기에 있어서의 시대적 상황은 자동차의 속도도 지금처럼 빠르지도 않았고 그 수도 적었으므로 자동차교통에 의한 사회적 이익보다는 인명이 더 존중되었고, 교통환경이나 도로도 정비되어 있지 아니하였으며 사람들의 교통질서의식도 낮았었기 때문에 당시의 시대적 환경으로

453) 大審判 刑集 1권 274면, 西原, 전게서 191면 인용.
454) 大審判 刑集 15권 617면, 西原, 전게서 193면 인용.
455) 법률신문 2918호 15면, 西原, 전게서 193면 인용.
456) 大審判 刑集 17권 912면, 西原, 전게서 194면 인용.

서는 오히려 당연한 판결이었다고 볼 수도 있다.

그러나 시대가 변하여 자동차의 속력이 빨라지고 그 수가 급변히 증가되고 도로가 정비되고 신호기가 설치되며 도로표지가 완비되고 각급 학교나 매스컴을 통하여 교통교육이 실시되고 사람들의 교통질서의식이 점고됨에 따라 자동차의 고속도교통기관으로서의 사회적 이익이 막중하게 됨으로써 질서를 무시하는 사람의 인명만을 내세워 그 이익을 몰각시킬 수 없게 되었고, 그에 따라 판례의 태도도 변화하지 않을 수 없게 되었다.[457]

따라서 운전자의 주의의무에 관한 판례들의 태도는 점차 완화되게 되었다. 추월당하는 자동차가 사전 신호도 없이 자동차의 진로로 돌입하는 것은 예견가능성이 없고,[458] 반대방향에서 오던 자동차가 갑자기 자기의 진로로 들어오는 아주 드문 경우까지 예견할 의무는 없으며,[459] 도로변에 정지되어있던 삼륜차가 갑자기 발진하여 자기 진로로 들어오는 것은 예견하기가 극히 곤란하고,[460] 교차로에서 좁은 도로로부터 급히 나오는 차량에 대비하여 급정차할 수 있을 정도로 서행할 의무는 없다고 판시[461]한 것이라든지, 사람이 옆길에서 도로로 갑자기 뛰어나오는 것은 예견가능성이 없고,[462] 정차중인 전차 뒤에서 돌연히 자동차의 진로로 나타나는 것도 예견가능성이 없으며,[463] 도로에 접한 건물로부터 자동차의 진로로 튀어나오는 것은 통상 예견하기 곤란하다고 판시[464]한 것들이 그것이다.

이와 같은 판결들은 위 각 사실을 들어 피해자들의 행동이 극히 부주의한 이례적인 일들로서 그런 것까지 예견하고 결과회피를 위하여 일단정지 또는 급정차가 가능하게 서행하여야 한다면 고속도교통기관으로서의 자동차의 성능이 완전히 몰각된다는 점을 들면서 결국 예견가능성 내지 예견의무를 부정하였을 뿐 신뢰의 원칙을 언급한 것은 아니었다.

457) 西原春夫, 「交通事故と 信頼の 原則」 197면 이하.
458) 東京高判 昭 31. 12. 22. 判例時報 106호 26면.
459) 大阪高判 昭 38. 4. 8. 判例タイムズ 192호 173면.
460) 静岡簡裁 昭 34. 2. 9. 下裁刑集 1권 2호 357면.
461) 岡崎簡裁 昭 34. 2. 14. 下裁刑集 1권 2호 379면.
462) 福岡高裁 昭 32. 5. 10. 高裁特報 4권 10호 248면.
463) 岡崎簡裁 昭 33. 10. 20. 一審刑集 1권 10호 1695면.
464) 西原, 전게서 200면 이하.

그러나 소화 30년 12월 21일자 名古屋高裁 판결[465]에서는 긴급자동차의 사고에 관하여, 소방자동차를 운전하는 경우에는 통행하는 차마와 보행자에게 피양의무가 과하여져 있으므로 차마 등이 통상 피하리라고 믿는 것은 조리상 당연하므로 피해자가 어느 때 도로 중앙으로 진행하여 올지도 모른다는 것에 대처할 주의의무는 없다고 판시하고, 소화 34년 3월 16일자 名古屋高裁 판결[466]에서는 「자동차의 운전자로서는 설사 S(부친)와 그가 동반한 K(유아) 등이 자기의 진로 전방의 국도 좌단에 서 있는 것을 발견하였다 하여도 이 두 사람은 피고인의 자동차가 진행하여 오는 것을 알고 이것이 통과하기를 대기하고 있었고, 또한 국도를 횡단한다 하여도 S는 K를 데리고 자동차 통과 후에 횡단하리라고 기대하여 자기 운전을 계속하는 것이 통상이고, 이 경우 K와 같은 유아를 동반하는 어른이 자동차의 진로 직전에서 그 동반하던 유아의 손을 놓아 자기보다 앞서 유아로 하여금 혼자 나가게 하여 국도를 횡단시키는 무모하고 위험한 행동을 취하는 일은 아마도 없으리라고 신뢰하는 것은 당연하다.

그래서 운전자로서는 상대방이 위험한 행동을 취하리라고 인정되지 않는 한 상대방 스스로가 자동차와 충돌하는 등의 위험을 회피하기 위하여 적절한 행동을 취하리라고 신뢰하여 운전하면 족하고, 상대방이 언제 어떠한 불측의 행동을 취할지도 모른다고 걱정하여 그와 같은 만일에 일어날지도 모르는 희유의 위험을 예견하고 이것에 대비하여 항상 경적을 울리고 혹은 감속하는 등 만전의 조치를 강구하여 사고의 발생을 미연에 방지할 의무를 과할 수 없는 것이라고 해하여야 할 것이다」고 판시하였고, 이와 같이 신뢰의 원칙을 적용하여 피고인의 무과실을 판시한 하급심 판례들[467]이 계속되다가 드리어 소화 41년 12월 20일 최고재판소 제3소법정 판결에 이르러 위 신뢰의 원칙이 시인되었다.

동 판결은 소형 트럭을 운전하여 교통정리가 행하여지지 않는 교차점을 우

---

465) 西原, 전게서 210면.

466) 高裁刑集 12권 4호 270면, 西原, 전게서 211면 전재.

467) 田川簡裁 판결 昭 35. 1. 14. 下裁刑集 2권 1호 59면; 西原, 전게서 212면 전재; 大阪高判 昭 41. 11. 21. 下裁刑集 8권 11호 1413면; 仙臺高判 昭 30. 12. 21. 刑事裁判例集 46면; 行橋簡裁 昭 34. 10. 10 下民刑集 1권 10호 2171면.

회전(우리나라와는 반대로 차량이 좌측통행을 하는 점에 유의)하려 하여 교차점의 중앙 부근에서 엔진정지를 일으킨 피고인이 다시 엔진을 시동하여 좌측방의 안전만을 확인하여 시속 약 5킬로미터의 속도로 천천히 우회전 진행을 시작하였을 때 우측방으로부터 피해자가 제2종원동기부자전거를 운전하여 진행하여 오는 것을 약 5미터의 거리까지 접근해서야 알아차리고 다시 급정차하였으나 미치지 못하여 자기차의 전부 밤바를 위 자동차의 좌측에 충돌시켜 상해를 가한 사안에 관하여, 이러한 경우에 「자동차 운전자로서는 특별한 사정이 없는 한 우측방으로부터 오는 차량이 교통법규를 지키고 자기차와의 충돌을 회피하기 위하여 적절한 행동을 취할 것임을 신뢰하여 운전하면 족하므로 본건 피해자의 차량과 같이 감히 교통법규를 위반하여 자기차의 전면을 돌파하려 하는 차량이 있을 수도 있다는 것까지도 예상하여 우측방에 대한 안전을 확인하고 그렇게 함으로써 사고의 발생을 미연에 방지할 업무상 주의의무는 없다고 해하는 것이 상당」하다고 판시하였다.

그 다음 해인 소화 42년 10월 13일자 최고재판소 제2소법정 판결[468]은 다시 신뢰의 원칙을 확인하여 우회전하는 오토바이와 이를 추월하려던 오토바이가 충돌한 사안에 관하여 「차량의 운전자는 서로 타의 운전자가 교통법규에 따라 적절한 행동을 취할 것을 신뢰하여 운전하여야 할 것이고 그와 같은 신뢰가 없으면 일시라도 안심하여 운전할 수 없는 것이다. 그래서 모든 운전자가 교통법규에 따라 적절한 행동을 취함과 동시에 그 점을 서로 신뢰하여 운전한다면 사고발생이 미연에 방지되고 차량 등의 고속도교통기관의 효용이 충분히 발휘될 것이라고 생각된다. 따라서 차량운전자의 주의의무를 고려함에 당하여는 이 점을 충분히 배려하지 않으면 안 되는 것이다. 이와 같이 보면 본건 피고인과 같이 중앙선의 약간 좌측으로부터 우절의 신호를 하면서 우회전을 개시하려고하는 원동기부자전거의 운전자로서는 후방으로부터 오는 타 차량의 운전자가 교통법규를 지키고 속도를 떨어뜨려 자기차의 우회전을 기다려 진행하는 등 안전한 속도와 방법으로 진행할 것으로 신뢰하여 운전하면 족하고, 본건의 피해자와 같이 감히 교통법규에 위반하여 고속도로 중앙선의 우측으로 나와서까지 자기차를 추월하려고 하는 차량이 있을 수도 있다는 것

468) 最高刑集 21권 8호 1099면.

까지 예상하여 우후방에 대한 안전을 확인하고 그렇게 함으로써 사고의 발생을 미연에 방지할 업무상 주의의무는 없다고 해함이 상당하다. 또한 본건 사고당시의 도로교통법 제34조 제3항에 의하면 ……피고인의 우회전이 동조에 위반(원동기부자전거가 우회전하는 경우 미리 그 전방에서부터 가능한 한 도로의 좌측에 붙이고 교차점의 측단을 따라 서행하여야 한다. —필자 주)되고, 동 제121조 제1항 제5호의 죄를 구성하는 것임은 말할 것도 없으나 이 점은 위 주의의무 존부와는 관계없다」고 판시하면서 원판결을 파기하고 무죄를 선고하였다.

뿐만 아니라 소화 43년 12월 24일자 최고재판소 제3소법전 판결[469]은 「자동차 운전자로서는 특별한 사정이 없는 한 그와 같은 교통법규 무시(신호위반 —필자 주)의 차량이 있을 수 있다는 것까지도 예상하여야 할 업무상 주의의무가 없다고 해하여야 할 것임은 소위 신뢰의 원칙에 관한 당소법정의 소화 40년(あ) 제1752호, 동 41년 12월 20일자 판결이 판시하고 있는 바와 같다」고 판시함으로써 동 원칙을 확립시켰다.

이와 같이 확립된 신뢰의 원칙은 과실인정기준에 있어 중대한 변화를 가져온다. 즉, 종래의 과실인정은 「타인의 부적절한 행동은 예견불가능이었는가」라는 기준에서 과실유무를 판단하였으나 신뢰의 원칙을 적용하면 「타인이 부적절한 행동을 취하지 않는다고 신뢰한 것은 상당하였는가」하는 기준에서 판단케 되므로 위와 같은 신뢰의 상당성이 인정되면 사실상 예견가능하였다 하더라도 예견의무위반이 없으므로 무과실로 되고, 따라서 과실의 범위가 좁아지게 되는 것이다.[470]

이와 같이 형사법 분야에서 형성확립되어가던 신뢰의 원칙은 민사법 분야에도 영향을 미쳐 소화 39년 1월 9일자 大阪地裁 판결[471]에 이르러 교차점에서 우회전하는 차량과 이 차량의 후방으로부터 제한시속을 초과하여 추월하려던 차량이 충돌한 사안에 관하여, 「피고 M은 우회전에 즈음하여 후방으로부터 추월차의 유무를 확인하지 않았지만 원래 자동차운전수 또는 추월금지장소인 교차점에서 우회전함에 있어 특별한 사정이 없는 한 후방으로부터의 추월차

469) 判例タイムズ 230호 254면.
470) 西原, 전게서 218면 이하.
471) 判例タイムズ 168호 118면.

의 유무 등 후방의 안전을 확인할 주의의무가 있는 것은 아니다」라고 판시하면서 운전자 및 운행공용자의 민사상 과실의 성립을 부인하였고, 그 항소심인 大阪高裁 소화 42년 1월 31일자 판결은 원판결을 지지하면서 「자동차운전자가 교차점을 우절함에 당하여 교차점의 전방 30미터 지점으로부터 우회전신호를 하면서 도로의 중앙선에 바짝 붙여 서행할 때는 특별한 사정이 없는 한 후방에서 오는 타의 차량이 교통법규를 지키고 자기차와의 충돌을 피하기 위한 적절한 조치를 취할 것임을 신뢰하여 운전하면 족하고, 감히 교통법규에 위반하여 교차점에서 자기차를 추월하려고 하는 차량이 있을 수도 있다는 것까지도 예상하여 후방의 안전을 확인할 주의의무는 없다」고 판시하였다.

위 판결 이래 의식적 명시적으로 신뢰의 원칙을 적용하여 운행자 또는 운전자의 과실을 부정하고 자배법 제3조의 면책을 인정한 재판례가 점차 증가하게 되었다.[472]

특히 신뢰의 원칙을 적용함에 적극적 태도를 보인 것은 교통정리가 행하여지고 있는 교차점에서 적신호를 무시하고 진입하여 온 차량과의 충돌사고이었다.

소화 44년 6월 12일자 大阪高裁 판결[473]은 「일반적으로 청신호가 나와 있는 교차점으로 진입하는 자동차의 운전자는 특단의 사정이 없는 한 적신호가 나와 있는 방향으로부터 이것을 무시하고 돌입하는 차량이 있을 수 있다는 것까지 예상하여 좌우를 주시할 주의의무는 없는 것이라고 해함이 상당하다」하고, 신뢰의 원칙의 민사사건에의 적용에도 언급하여 「신뢰의 원칙이 민사사건에도 형사사건에 있어서와 전혀 마찬가지로 적용될 수 있느냐 없느냐 하는 것은 하나의 문제이나 그 일반론은 제쳐두고 본건과 같이 신호기가 있는 교차점을 청신호에 따라 진입하는 운전자에 대하여는 신뢰의 원칙을 적용하여야 할 가장 전형적인 경우이고, 이와 같은 경우에는 민사사건에 있어서도 신뢰의 원칙이 적용되어야 할 것이다. 피해자의 보호를 강조하는 나머지 그러한 경우에도 역시 신호무시의 차량이 있을 것까지도 예상하여야 할 주의의무를 긍정하는 것은 지나치다」라고 판시한 외에, 같은 류의 사고에 관하여 신뢰의

472) 西原, 전게서 229면.

473) 判例タイムズ 236호 141면.

원칙을 적용한 소화 43년 10월 30일자 東京高裁 판결,[474] 소화 43년 5월 18일자 大阪地裁 판결[475] 등이 운행자에 대한 자배법 제3조 단서의 면책을 인정하면서 신뢰의 원칙을 명시적으로 채용하였다.

그 다음으로 신뢰의 원칙이 비교적 잘 인정된 것은 회전중의 사고이었다.

즉, 소화 42년 6월 12일자 高松高裁 판결,[476] 소화 42년 12월 22일자 大阪地裁 판결[477] 등은 우회전(우리나라의 좌회전에 해당)신호를 하면서 중앙선 좌측에 붙어 우회전을 개시한 운전자로서는 후속차량의 운전자가 교통법규를 지켜 속도를 감하고 우회전을 기다려 통과하는 등 안전한 속도와 방법으로 진행할 것으로 신뢰하여 운전하면 족하고, 감히 교통법규에 위반하여 고속도로 중앙선의 우측으로 나와서까지 자기차를 추월하려는 차량이 있을 수 있다는 것까지 예상하여 일시정지하는 등 하여 후방의 안전을 확인할 의무는 없다고 판시하고 자배법상 면책을 인정하였다.

반대방향에서 진행하여 온 차량과의 충돌사고에 관하여도 소화 42년 12월 22일자 鳥取地裁 판결[478]은 「운전수가 대향차를 100미터 전방에서 발견하였을 때 대향차도 자기차를 발견하였을 것이므로 대향차가 좌측의 진로를 취하든가 적어도 중앙부근의 진로를 지속할 것이라고 신뢰하여 당연히 안전하게 교행할 수 있다고 판단한 점에 무리가 없고, 이 점에 대하여 과실이 없으며 대향차의 비상식적인 곁눈팔이 운전을 사전에 예측하여 이에 대처할 조치를 취하였어야 하였다고 기대할 자료는 없다」면서 자배법 제3조의 책임을 부인하였다.

소화 43년 9월 24일자 최고재 제3소법정 판결[479]은 명시적으로 신뢰의 원칙을 채용하고 있지는 않으나 위와 같은 사고방식을 간취할 수 있는 것으로 병진차간의 사고에 관하여, 「이와 같이 선행차에 이어서 이미 추발(추월과는 달리 자기차선을 유지함 —필자 주) 태세에 있는 자는 특별한 사정이 없는 한 병진하

474) 判例タイムズ 232호 195면.
475) 判例タイムズ 224호 242면.
476) 判例タイムズ 216호 240면.
477) 判例時報 518호 67면.
478) 判例タイムズ 216호 247면.
479) 判例タイムズ 228호 112면.

는 차가 교통법규를 위반하고 진로를 변경하여 돌연 자기차의 진로로 들어올 것까지도 예상하여 그로 인하여 생기는 사고의 발생을 미연에 방지하기 위한 서행, 기타 피양조치를 취할 업무상 주의의무는 없다」고 판시하였다.

결국 이와 같이 보아올 때, 일본에 있어서도 자배법 제3조 단서의 면책을 인정함에 있어 형사사건에 관하여 확립한 신뢰의 원칙이 적극적으로 원용되고 있다고 말할 수 있다.[480]

(4) 우리나라에서의 형성과정

우리나라에 있어서도 종래 법원이 요구하여 온 자동차운전자의 주의의무는 엄격한 것이었다고 말할 수 있다.

예컨대, 「도로의 교차점을 통과하려고 할 때에는 도로의 전방뿐만 아니라 좌·우 양측을 주시하여 자동차의 진로를 횡단코자 하는 자의 유무를 확인하고 우 횡단자가 있을 때에는 깊이 그 자의 거동에 유의하여 자동차가 완전히 그 지점을 통과할 때까지 충돌을 피할 수 있도록 만전의 조치를 취할 의무가 있다」고 판시한[481] 것이라든지, 「자동차을 야간에 운전하는 자는 전조등의 조명범위내는 물론 그 범위내로부터라도 통행인 기타 장애물이 돌연히 진로에 나타나는 경우에는 경적을 취명하여 피하게 하거나 속도를 완화하여 즉시 정차하여 미연에 사고를 방지할 주의를 다할 의무가 있다」고 판시한[482] 것이라든지, 「피해자가 튀어나온 곳이 횡단보도가 아니라 하더라도 도로우측에 정차중인 버스를 왼편으로 추월하려는 자동차운전자는 그 버스 앞에서 사람이 느닷없이 튀어나오는 수가 있는 것이므로 이로 인해서 발생할 사고를 미연에 방지할 주의의무가 있음에 변함이 없다」고 판시한[483] 것들이 그러한 예로 거시될 수 있을 것이다.

그러나 이와 같은 대법원의 태도는 먼저 형사사건에 관하여 완화되기 시작하여 대법원 1970. 2. 24. 선고 70도176 판결[484]은 「원심이 ……위에서 본 사

---

480) 西原, 전게서 241면.

481) 대법 1957. 10. 7. 선고 4290민상399 대법원민사판결원본 26집 82면, 판례총람 채권 4-2(A)권 898면.

482) 대법 1957. 2. 9. 선고 4289민상676 대법원민사판결원본 22집 269면, 판례총람 형법 20-1권 549면.

483) 대법 1970. 7. 28. 선고 70다684 대법원판례집 18권 2집 민 221면.

고는 오로지 1심 상피고인 전용말이 본건 사고장소와 같은 추월을 금지한 곳에서는 앞에서 가고 있는 피고인의 차량을 추월하지 말아야 할 주의의무에 위배하여 무모하게 그를 추월하려고 한 과실에 기인하여 발생하였다 할 것이고, 위 전용말이 적절하게 교통법규를 준수하여 진행할 것이라는 신뢰하에 우측 전방에 진행 중인 손수레를 피하여 반대방향에서 오는 차량이 없음을 확인하고 위 손수레와 안전간격을 유지하면서 중앙선을 약간 침범하여 자동차를 운행 중이던 피고인에게는 중앙선을 침범하였다는 점에서 본건 사고 예방에 관한 주의의무의 존부와는 직접적으로 아무런 관계가 없는 도로교통법 제11조의 소정 규정을 위반한 점에 관한 책임이 있음은 별론으로 하고, 후방에서 오는 차량의 동정을 살펴 동 차량이 무모하게 추월함으로써 야기될지도 모르는 사고를 미연에 방지하여야 할 주의의무까지 있다고는 볼 수 없다고 판단하였음은 정당하다」고 판시하고, 대법원 1974. 7. 26. 선고 74도1074 판결[485]에서는 소로와 대로가 교차하는 교차로에서 소로로부터 대로 차량의 우선권을 무시하여 일단정지함이 없이 대로에 돌입함으로써 발생된 사고에 관하여, 「원심 판결은 ……위 사고지점 우측의 30도 경사진 교차로는 피고인 운행의 대로에 이르는 소로로서 도로교통법상 우선통행권은 대로상을 운행하는 피고인측에 있었고, 우측교차로에서 사고발생의 대로에 진입하는 차량 등은 일단정차하여 대로상을 진입하기에 앞서 안전 유무를 확인할 의무가 있는 것이므로 우선통행권이 있는 피고인으로서는 우측교차로로부터 주의를 게을리하고 무모하게 대로상에 진입하는 차량이 없을 것을 기대 신뢰하고 운행할 수 있으며, 피고인은 그런 기대신뢰하에서 전방 좌우를 주시하며 서행하였고, 또한 위 사고지점의 지형상 피해자의 브레이크 고장난 자전거가 갑자기 빠른 속도로 진입하는 것을 미리 발견할 수도 없는 상황이었으므로 순간적으로 이와의 충돌을 회피운행할 이유도 없었다 할 것인즉, 이 사건 사고는 피고인에게 운전업무상 과실로 인한 것이라 볼 수 없고, 피해자 자신의 과실에 귀책할 수밖에 없다 할 것이라고 단정하고 피고인에게 무죄를 선고하였다.

기록을 살펴보면, 위 원판시와 같은 사실을 수긍할 수 있으며, 위 사실에 기

484) 대법원판례집 18권 1집 형 26면.

485) 판례총람 형 20-1권 562-125면.

록에 나타난 사고지점의 교통 및 도로상태와 시간들을 참작할 때 자전거를 타고 내려온 피해자가 일단정지 표지가 있는 장소에서 정지도 아니하고 우회하여 도로를 횡단할 지점인데도 불구하고 대로에 좌회전 진입한 점을 보아 피고인에게 과실이 없고 피해자에게 과실이 있다는 원심의 판단은 정당」하다고 판시하여 신뢰의 원칙에 따라 운전자의 과실을 부정한 원심결을 지지하였다(대법원 1977. 3. 8. 선고 77도409 판결[486]도 동지 판례).

뿐만 아니라 중앙선을 침범하여 반대방향에서 오던 차량과 충돌한 사안에 관하여 대법원 1976. 1. 13. 선고 74도2314 판결[487]은 「자동차를 운전하는 자는 상대방향에서 운행하여 오는 차량(자동차・삼륜차 등 운전면허시험에 합격한 자만이 그 면허증을 교부받고 운전할 수 있는 차량을 말한다)이 중앙선을 침범하여 자기가 운전하는 차량 전방에 진입하는 등의 기색을 엿볼 수 있는 특별한 사정이 없는 상황하에서는 그 차량이 교통법규를 준수할 것이고, 따라서 중앙선을 침범하고 자기가 운전하는 차량 전방에 진입하는 일을 없을 것이라고 믿고 운행함은 의당 시인되어 마땅하다 할 것이므로, 이와 같은 상황하에서 상대방에서 운행해 오던 차량이 교통법규를 어기고 중앙선을 침범하여 자기가 운전하는 차량의 전방에 진입할 것까지 예견하고 감속을 하는 등 충돌을 사전에 방지할 조치를 강구하지 않으면 안 될 업무상의 주의의무가 있는 것이 아니라 할 것이고, 이런 경우에 상대방의 차량이 중앙선을 침범하고 그로 인하여 충돌 등 사고가 발생하였을 때에는 그의 직접적인 원인은 상대방의 차량에 있다고 하여야 할 것인 즉, 원판결에서 적법하게 인정한 전시 사실에 의하면, 피고인은 상대방향에서 운행하여 오던 피해차량이 교통법규를 어기고 중앙선을 넘어서 피고인이 운전하던 차량의 진행방향으로 돌입하지 않으리라고 믿고 사건 사고지점을 시속 약 50킬로미터의 속도로 운행하던 중, 상대방향에서 약 50킬로미터로 진행하여 오던 피해 차량이 돌연 교통법규를 어기고 중앙선을 넘어 피고인의 차량 진행전방의 10미터 지점에 진입함으로 다른 응급조치를 취할 겨를이 없이 급제동을 취했으나 진행탄력으로 미급하여 동 삼륜차와 충돌하였음이 명백한 바, 피고인이 위 피해차량에 교통

486) 판례총람 형법 20-1권 562-163면, 대법원판례집 25권 1집 형 40면.

487) 대법원판례집 24권 1집 형 3면, 공 1976. 4. 1. (533), 9010.

법규를 어기고 중앙선을 넘어 피고인이 운전하는 차량의 진행방향으로 돌입하지 않으리라고 믿고 사건 사고지점을 운행한 소위 제1심에서 인정한 전시 사정하에서 의당 시인되어야 할 것이고, 본건 충돌은 피해차량이 위와 같은 교통법규를 어기고 운행한 데 그 직접적인 원인이 있었다고 할 것이고, 피고인이 교통법규를 다소 어기고 제한속도를 약간 넘어 운행하였다고 하더라도 그가 앞서 말한 바의 신뢰할 수 있는 상황하에서의 운행이었음이 명백한 이상, 피고인에게 본건 충돌의 책임은 물을 수 없는 것이라고 하여야 할 것」이라고 판시하였고, 대법원 1977. 3. 8. 선고 77도409 판결[488]은 「원심은 ……인정사실에 기하여 사고지점은 피해자가 진행하고 있던 농로인 소로로부터 피고인이 진행하고 있던 대로에 연결되는 곳으로서 도로교통법상 우선통행권은 대로상을 운행하는 피고인측에 있었고, 소로에서 대로에 진입하는 차량들은 일단정지하여 대로상에 진입하기에 앞서 전방 및 좌우를 잘 살펴 안전 여부를 확인할 주의의무가 있는 것이므로 우선통행권이 있는 피고인으로서는 좌측소로에서 위와 같은 주의의무를 게을리하여 무모하게 대로상에 진입하는 차량들이 없을 것으로 기대 신뢰하는 것은 당연하다 할 것이고, ……일반적으로 넓은 도로를 운행하여 통행의 우선순위를 가진 차량의 운전수는 교차로에서는 좁은 도로의 차량들이 교통법규에 따라 적절한 행동을 취할 것을 신뢰하여 운전한다 할 것이므로 좁은 도로에서 진행하는 차량이 일단정지를 아니하고 계속 진행하여 큰 도로로 진입할 것을 사전에 예견하고 이에 대한 정지조치를 강구할 것을 기대할 수 없다. ……그리고 피해자가 운전면허를 받은 운전수인 경우에 한하여 교통법규에 따라 적절한 행동을 취할 것을 기대하고 신뢰할 수 있는 것은 아니며 일반적인 건전한 양식을 가진 사람이라면 이 사건과 같은 상황에서 버스진행로에 진입하지 않을 것이므로 피고인이 이러한 점을 기대하고 신뢰하였다고 인정한 원심의 판단은 정당」하다고 판시하였던 것이다.

이와 같이 대법원은 형사사건상 운전자의 과실 유무를 인정함에 있어 1970년에 이미 신뢰의 원칙을 적용한 이래, 수차에 걸쳐 동 원칙의 적용을 판시하였던 것이다.

488) 대법원판례집 25권 1집 형 40면, 판례총람 형법 20-1권 562-163면.

이와 같이 형사사건에 관하여 먼저 형성 인정되기 시작한 신뢰의 원칙은 민사상 불법행위책임요건으로서의 과실인정, 나아가서는 자배법상 면책사유로서의 무과실의 인정에도 영향을 미치게 된다.

즉, 서울고등법원 1972. 9. 20. 선고 72나780 판결[489]은 「피고는 다투기를, 위 사고는 소외 박기춘의 과실로 인하여 일어난 것이 아니라 오로지 피해자인 소외 망 강상철의 과실로 인하여 일어난 것일뿐더러 피고 소유트럭에는 아무런 구조상의 결함이나 기능의 장해도 없었으므로 피고로서는 위 각 손해를 배상할 책임이 없다고 주장한다.

그러므로 살펴보건대, 야간에 폭이 8.4미터나 되어 대형 자동차도 충분히 자유롭게 교행할 수 있을 뿐더러 자동차나 사람이 별로 왕래하지도 않는 평탄하고 곧은 도로에서 정상적으로 제한속도를 지키면서(시속 35킬로미터의 속도로) 도로 우측부분으로 트럭을 운전 진행하고 있던 소외 박기춘으로서는 도로 우측변에 사람이 앉아있는 지의 여부까지 살펴보아야 할 주의의무가 없음은 물론 반대방향으로부터 진행하여오는 위 택시를 발견한 경우라도 특별한 사정이 없는 한 그 택시 역시 교통법규를 지켜 자기통행부분대로 진행을 계속하면서 위 트럭과의 충돌 등 교통사고가 일어나지 않도록 적절한 조치를 취할 것으로 신뢰하고 그에 따라 운전을 계속하면 족한 것이지 그 택시가 불과 15미터의 아주 가까운 거리(0.56초 남짓이면 충돌할 거리)에 이르러 갑자기 도로의 중앙부분을 넘어 자기 통행부분으로 진행하여 들어오는 것까지도 예상하여 속도를 감하고 도로 우측 끝 부분 쪽으로 진행하는 등 트럭과 택시의 접촉·충돌에 의한 위험의 발생을 미연에 방지할 특별조치를 강구하여야 할 주의의무는 없다고 보는 것이 옳겠으므로 위 소외인이 위와 같이 위 택시가 갑자기 자기 통행진로부분으로 침범하여 들어오는 것을 발견하고 급정차조치를 취한 이상 위 사고의 발생에 관하여 위 트럭의 운전사인 위 소외인이나 그 소유자인 피고에게는 그 트럭의 운행에 관한 주의의무를 태만히 한 과실은 없었다고 하겠고, 위 (1)에서 인정한 사실관계로 미루어본다면 오히려 위 사고는 피해자인 소외 망 강상철이 자동차운전수에게 요구되는 주의의무를 태만히 한 과실로 인하여 일어난 것으로 인정될 뿐더러 피고 소유의 위 트럭에는 아무런 구조상

489) 고등법원판례집 1972. 민사 81면.

의 결함이나 기능의 장해도 없었음이 또한 명백하다. 그렇다면 피고로서는 자동차손해배상보장법 제3조 단서 전단 소정의 자동차손해배상책임 면제사유가 모두 증명되었으니 같은법에 따른 손해배상책임이 없음은 물론 위 사고가 소외 박기춘의 과실로 일어난 것임을 전제로 한 민법 제756조에 따른 손해배상책임도 없다」고 판시하였다.

그 후 대법원은 민사사건에 관하여 신뢰의 원칙을 명시하지는 않았지만 위 원칙의 정신에 입각하였다고 볼 수 있는 판결을 하였고, 동 판결들은 뒤에 보는 바와 같이 민사사건에 관하여도 신뢰의 원칙을 확립한 판결에서 인용되었다.

즉, 대법원 1972. 2. 22. 선고 71다2642 판결[490]은 오토바이를 타고 시속 50킬로미터 속력으로 도로 중앙에서 좌우로 곡선을 그리며 달려오는 피해자를 보고 이와 교차하는 자동차의 운전수로서는 보통의 경우에는 오토바이를 운전하는 자도 주의를 하여 반대방향으로 운행하는 자동차를 안전하게 교차하도록 할 주의의무가 있으므로 속도를 줄이고 오토바이를 주시하여 경우에 따라 급정차할 수 있는 태세를 갖추면 되는 것이고, 피해자가 만취하였고 또 운전면허도 없는 자임을 미리 알아차려 일단정지하거나 대폭 감속하여 도로우측으로 접근운행하여야 할 주의의무까지는 없다고 판시하였고, 대법원 1973. 6. 12. 선고 73다280 판결[491]은 위험한 곡로에서 도로 중앙선을 제한시속을 초과한 과속으로 운전하여 오던 A가 반대방향 우측에서 진행하여 오는 택시의 전면 좌측부분을 충돌케 하였다면 오로지 위 A의 과실로 인하여 발생한 사고라면서 택시운전수에게는 아무런 과실이 없다고 판시하였다.

위와 같은 신뢰의 원칙적 사고에 기한 판결 후에 대법원은 1980. 6. 10. 선고 80다618 · 619 판결[492]에 이르러 신뢰의 원칙을 명시적으로 시인하였다. 즉, 동 판결은 「원심은, 이 사건 사고가 발생한 지점은 노폭이 20미터이고 중앙선이 표시된 왕복 4차선의 도로로서 원고는 위 사고당시 중앙선으로부터 약 2.8미터 떨어진 1 · 2차선의 경계를 따라 운행하고 있었는데 소외 민석이가 반대편

490) 판례총람 4-2(B)권 928-376면, 판례월보 20호 41면.
491) 판례총람 4-2(B)권 928-559면, 판례월보 35호 25면.
492) 공 1980. 8. 15. (638), 12955.

1차선에서 덤프트럭을 운전하고 번호미상의 소형 승용차의 뒤를 안전거리도 유지하지 아니한 채 뒤따라오다가 동 승용차가 좌회전하기 위하여 정지하는 것을 뒤늦게 발견하고 그 충돌을 피하려고 갑자기 핸들을 좌측으로 돌려 중앙선을 침범하여 위 원고가 진행하던 차선의 중심부까지 진입함으로써 위 사고가 발생한 것이고, 그와 같은 사정하에서라면 반대편에서 오는 차량이 차선을 지키면서 정상적으로 운행하리라고 믿고 자기의 차선으로 운행한 위 원고에게는 아무런 과실이 없다고 할 것이라고 판단함으로써 피고의 주장을 배척하고 있는바 기록에 비추어 보니 원심의 위와 같은 사실인정이나 판단은 정당」하다고 판시한 것이 그것이다.

그리고 대법원은 그 다음 해에 이르러 1981. 12. 22. 선고 81다955 판결[493]에서 「자동차운전자가 반대방향에서 오는 다른 자동차와 교행하는 경우 일반적으로는 상대방 자동차가 정상적인 방법에 따라 그 차선을 지켜 운행하리라는 신뢰를 갖는 것이므로 특별한 사정이 없는 한 미리 상대방 자동차가 중앙선을 넘어 자기 차선 앞으로 들어올 것까지도 예견하여 운전하여야 할 의무는 없다고 함이 당원의 일관된 판례(대법원 1972. 2. 22. 선고 71다2642 판결, 1973. 6. 12. 선고 73다280 판결, 1976. 1. 13. 선고 74도2314 판결 등)임은 소론과 같다」고 판시함으로써 신뢰의 원칙이 대법원의 일관된 판례임을 확언하기에 이르렀다.

나. 민사법에의 도입가부

이상에서 보아온 바와 같이 서독, 일본 및 우리나라 모두 신뢰의 원칙은 형사상 과실의 유무를 판정하는 하나의 기준으로 형성 정립된 후 민사분야에까지 확대 적용됨으로써 이제는 민·형사를 통하여 과실인정의 기준으로써 판례상 확립되었다 할 수 있다.

그러나 형사에서 확립된 신뢰의 원칙을 민사분야에까지 적용하는 것이 타당한가 하는 점에 관하여 의문이 없는 것은 아니다. 그 첫째는 형사법상 과실의 개념과 민사법상의 그것은 다른 것이라는 일반론에 기한 것이고, 둘째는 형법에서는 유죄냐 무죄냐 하는 all or nothing적 사고가 지배하지만 민사 특히 불

493) 판례월보 142호 53면, 동지; 대법 1991. 8. 9. 선고 91다9169〔공 1991. 10. 1. (905), 2319〕.

법행위 분야에 있어서는 손해의 공평한 분담이라는 이념하에서 과실상계의 제도가 설치되어 있음에도 불구하고 신뢰의 원칙을 적용함으로써 한푼의 손해배상까지 거절하는 것은 위 이념에 반하는 것이 아니냐 하는 것이다.

따라서 민사법분야에의 신뢰의 원칙 적용에 소극적 입장을 취하는 견해는 형사상의 과실은 국가 대 개인의 관계에서 국가형벌권을 행사함에 처벌할 가치가 있는 부주의이냐 아니냐를 판단함으로써 그 유무가 정하여지는 것이어서 그 판정에 엄격성이 요구되는 것이지만, 민사상의 과실은 국가가 제재를 가할 정도의 부주의가 아니더라도 가해자와 피해자간의 손해분담의 적정이라는 이념하에서 그 존재를 인정하는 것이 타당하다고 생각되는 경우에는 이를 인정하여야 하는 것이어서 형사상 무과실이라도 민사상 과실이 인정되어야 할 경우가 있고, 따라서 형사상 유무죄를 판정하는 신뢰의 원칙은 손해의 공평타당한 분담을 이상으로 하는 민사법에는 그대로 적용될 수 없고 과실상계제도의 운영과도 조화되지 않으며 교통법규 위반자가 끊이지 않는 형상하에서 신뢰의 원칙을 적용하면 사고발생이 증가할지도 모른다는 우려를 표시한다.[494]

그러나 소극설도 상대방에게 적신호 위반이라든가 중앙선침범과 같이 중대한 교통법규 위반이 있을 때, 항상 이것을 예견하여 행동할 주의의무가 있다고까지 말하는 것은 아니고, 교통관여자 상호간, 운전자 상호간에서는 어느 정도 상식화되어있는 교통위반은 오히려 예측할 의무가 있다는 정도로서, 말하자면 제한적으로 신뢰의 원칙을 고려하자는 것에 지나지 않는다.[495] 또 혹자는 민・형사상의 과실을 통일하되 일정한 손해액까지는 손해배상의 「저부구조」로서 무과실손해배상제도를 만들고, 그 이상은 「상부구조」로 만들어 그 책임 유무를 정함에 있어 형사상의 신뢰의 원칙을 적용하는 것이 바람직하다고 말한다.[496]

그러나 생각컨대 형사상 과실인정은 엄격하여야 하고, 민사과실은 그 인정이 완화되어야 한다는 사고는 피상적이다. 실무상 신뢰의 원칙이 적용되어야

494) 倉田卓次, 判例からみた 自動車事故の 諸問題 101면; 藤倉皓一郎, 「交通事故の 民事責任と 信頼の 原則 上」 判例タイムズ 233호 8면.

495) 倉田, 전게서 101면.

496) 椎木緣司, 「民事過失と 刑事過失」 判例タイムズ 212호 75면.

하지 않을까 하는 점이 검토될 정도의 과실이라면 형사책임은 실형의 선고를 면하든가 벌금형 정도로 가볍게 처벌될 것임을 예측할 수 있는 반면에, 민사상 손해배상책임의 유무를 정함에 있어서는 과실이 인정되면 막대한 손해배상책임을 지게 되고 보험제도가 완비되어 있지 아니한 우리나라에서는 파산의 위험마저 느껴야 하는 경우가 적지 않으니 오히려 민사과실의 인정 여부는 형사과실인정에 비하여 조금도 그 비중을 낮게 평가할 수 없는 것이다.

또한 사고발생의 증가 우려나 피해자보호의 만전을 기한다는 점도 신뢰의 원칙을 적용하면 아주 비상식적인 교통법규 위반행위를 한 피해자는 손해배상을 받을 수 없게 되어서 스스로 조심하게 되므로 오히려 사고가 감소하리라고 기대할 수 있고, 피해자의 보호라 할지라도 운전자에게 무리한 요구를 강제함으로 교통체증을 일으키고 도로시설의 빈곤이나 준법정신의 결여를 운전자나 보유자에게 전가하면서까지 도모하는 것은 오히려 공평을 결하게 되고,[497] 과실상계제도와의 저촉문제도 앞서 과실상계에서 언급한 바와 같이 자배법의 입법취지상 민법 제396조에 의한 면책을 인정하기 곤란하므로 오히려 신뢰의 원칙은 자배법상 면책사유의 인정에 있어 더욱 절실하게 된다고 볼 수 있으므로 적극설이 타당하다고 하지 않을 수 없다.

다. 신뢰의 원칙의 구체적 적용

(1) 차량 상호간의 경우

(ⅰ) 교통정리가 행하여지고 있는 교차로에서의 사고; 도로를 통행하는 보행자 또는 제차는 신호기, 안전표지가 표시하는 신호 또는 지시와 교통정리를 위한 경찰관(또는 그 보조자)의 지시 또는 신호에 따라야 한다(도로교통법 제5조). 그러므로 교통정리가 행하여지고 있는 교차로에서 교통경찰관의 진행신호 또는 신호기의 청신호에 따라 도로를 횡단하는 경우에는 신뢰의 원칙이 비교적 획일적으로 적용될 수 있는 전형적인 경우라 할 수 있다.

일반적으로 신호가 청으로 변경된 직후라든가 이미 황색으로 변한 후에 교

---

497) 安田 實, 「免責の 要件」 判例タイムズ 212호 165면; 「民事裁判よりみた 信頼の原則」 判例タイムズ 220호 34면; 池田浩一, 「刑事責任と 民事責任」 交通事故判例百選 別冊ジュリスト 昭 34. 8면; 板倉 宏, 「民事過失と 刑事過失」 ジュリスト臨時増刊特輯 交通事故 328면.

차로에 진입한 경우 또는 교차로 통과 중 신호가 황으로 변경된 경우는 별론으로 하고, 그렇지 않은 경우에는 교차로에 진입한 운전자는 좌우로부터 적신호를 무시하고 교차로에 진입하는 차량은 없으리라고 신뢰하는 것이 상당하다.

우리 대법원은 1972. 2. 22. 선고 71도2354 판결[498]에서 「피고인이 진행신호에 의하여 신호대기선을 출발할 즈음, 최수권의 차량이 시청쪽 도로의 약 100미터 전방에서 진행하여 오는 것을 보았으나 그때는 이미 시청편 도로의 신호등은 노랑의 좌회전신호였으므로 교통규칙상 당연히 신호대기선에서 정차할 것을 예상할 수 있는 일이고, 위 최수권의 차량이 신호대기선 가까이 이르렀을 때는 다시 "빨강"의 정지신호로 바뀌었을 뿐 아니라 그때는 이미 피고인이 운전하던 차량이 위 네거리의 중앙부분을 향하여 진입하고 있었으므로 비록 차량의 소통이 많지 않은 오전 6시경이라 할지라도 위 최수권의 차량이 신호대기선을 넘어 피고인 차량의 전면을 가로질러 위 네거리를 횡단하려는 의도 아래 계속 진행하여 온다는 것은 결코 쉽게 예상할 수 없는 일이라 하지 않을 수 없으므로 피고인에게 위 최수권의 차량이 신호대기선을 넘어 계속 진행하여 올 것을 사전에 예견하고 이에 대한 사전조치를 강구할 것을 기대할 수 없다」고 판시한 바 있고, 대법원 2003. 4. 11. 선고 2003다3607, 3614 판결[499]에서는, 신호대기를 위하여 정지하여 있는 자동차의 운전자는 특별한 사정이 없는 한 뒤에서 오토바이가 진행하여 오는 것을 보았다고 하더라도 그 오토바이도 신호대기를 위하여 정지하리라고 신뢰하면 족한 것이지, 정지하지 아니하고 앞쪽의 신호대기중인 자동차를 피하여 오른쪽으로 진로를 변경하여 갓길을 따라오던 속도 그대로 진행하다가 자동차 전방으로 갑자기 진로를 변경할 것까지 예상하여 진행신호가 들어온 경우에도 출발을 하지 않고 정지하여 오토바이의 동태를 살핀다든가 하는 등의 안전조치를 취할 주의의무는 없다고 판시한 바 있으며, 소화 43년 12월 24일자 일 최고재 제3소법정 판결[500]은 「본건의 사실관계에 있어서는 교차점에 있어서 청신호에 의하여 발진한 피고인의 차가 적신호를 무시하여 놀입하여 온 상대방의 차와 충돌한

498) 대법원판례집 20권 1집 형 37면.
499) 공 2003. 6. 1. (179), 1176.
500) 判例タイムズ 230호 254면.

사안이라는 의심이 농후한 바, 원판결은 이와 같은 경우에 있어서도 피고인으로서는 신호를 무시하여 교차점에 진입하여 오는 차량이 있을 수도 있음을 예상하여 좌우를 주시할 의무가 있다고 하여 피고인의 과실을 인정한 것이나 자동차운전자로서는 특별한 사정이 없는 한 그와 같은 교통법규무시의 차량이 있을 수 있다는 것까지도 예상하여야 할 업무상의 주의의무는 없다고 해하여야 할 것임은 소위 신뢰의 원칙에 관한 당소법정의 소화 40년(あ) 제1752호, 동 41년 12월 20일자 판결이 판시하고 있는 바와 같다. 그래서 원판결은 타에 아무런 특별한 사정에 해당하는 사실을 인정하지 아니하였음에도 불구하고 피고인에게 위의 주의의무 있음을 전제로 하여 피고인의 과실을 인정한 것이므로 원판결에는 법령해석의 잘못 심리미진 또는 중대한 사실오인의 의심이 있고, 그 위법은 판결에 영향을 미치는 것임이 명백하므로 원판결을 파기하지 않으면 현저히 정의에 반하는 것으로 인정된다」고 판시하였다.

(ii) 교통정리가 행하여지지 아니하는 교차로에서의 사고; 도로교통법 제26조는 교차로통행방법에 관하여 교통정리가 행하여지고 있지 아니하는 교차로에 진입하려고 하는 제차는 이미 다른 도로로부터 교차로에 진입하고 있는 제차가 있을 때에는 당해 차의 진행을 방해하여서는 아니 되고(제1항), 우선순위가 같은 제차가 동시에 교차로에 진입하려 할 때에는 우측도로의 제차에게 진로를 양보하여야 하나(제3항), 교차로에 진입하려는 제차는 당해 차가 통행하고 있는 도로의 폭보다 교차하는 도로의 폭이 넓은 도로인 때에는 서행하여야 하며, 폭이 넓은 도로로부터 그 교차로에 진입하려고 하는 제차가 있을 때에는 넓은 도로를 통행하는 제차에게 진로를 양보하여야 한다(제2항)고 규정하고 있다.

즉, 도로교통법은 교차로를 대로와 소로의 교차로와 폭이 같은 도로끼리의 교차로로 나눈 뒤 전자의 경우에는 대로의 통행차량에게 후자의 경우에는 우측도로의 차량에게 우선권을 부여한 것이고, 따라서 우선통행권있는 차량의 운전자는 우선권 없는 차량의 운전자가 자기의 우선권을 존중하고 위 우선권에 관한 규정에 따라 교차로에 진입하지 않으리라고 신뢰할 수 있게 된다.

우리 대법원은 1973. 10. 10. 선고 73도2236 판결[501]에서 「위 교차로의 통행

501) 공 1973. 12. 1. (477), 7573.

상황으로 보아서 위 창신동 방면에서 나오는 차량은 위 교차로에서 우회전하여 청계천 8가 방면으로 진행할 수 있는 외에는 위 교차로를 가로질러 진행할 수 없는 곳이오, 피고인이 진행하던 도로는 차량의 행렬이 줄이어 계속되는 도로라 한다. 이러한 경우의 자동차 운전수인 피고인에게는 교차로 진입에 앞서 일시정지 또는 서행하여 다른 진입로에서 나오는 차량이 있는지의 여부를 확인한 후에 재출발할 주의의무를 요구할 수는 없다 할 것이다. 더욱이 교차로 통행의 우선순위는 폭이 넓은 도로에서 진입하는 피고인에게 있다 할 것이므로 창신동 방면에서 나온 오토바이가 교차로를 가로질러 달려들 것이라고는 예상할 수 없기 때문」이라고 판시하였고, 1974. 7. 26. 선고 74도1074 판결[502]은 「위 사고지점 우측의 30도 경사진 교차로는 피고인 운행의 대로에 이르는 소로로서 도로교통법상 우선통행권은 대로상을 운행하는 피고인측에 있었고, 우측 교차로에서 사고발생의 대로에 진입하는 차량 등은 일단정차하며 대로상을 진입하기에 앞서 안전 유무를 확인할 의무가 있는 것이므로 우선통행권이 있는 피고인으로서는 우측 교차로부터 주의를 게을리하고 무모하게 대로상에 진입하는 차량이 없을 것을 기대 신뢰하고 운행할 수 있으며, 피고인은 그런 기대신뢰하에서 전방좌우를 주시하고 서행했고, 또한 위 사고지점이 지형상, 피해자들의 브레이크 고장난 자전거가 갑자기 빠른 속도로 진입하는 것을 미리 발견할 수도 없는 상황이었으므로 순간적으로 이와의 충돌을 회피운행할 이유도 없었다 할 것인즉, 이 사건 사고는 피고인에게 운전업무상 과실로 인한 것이라고 볼 수 없고, 피해자 자신의 과실에 귀책할 수밖에 없다 할 것이라고 단정하고 피고인에게 무죄를 선고하였다. ……원심의 판단은 정당」하다고 판시하였으며, 1977. 3. 8. 선고 77도409 판결[503]은 「도로교통법상 우선통행권은 대로상을 운행하는 피고인측에 있었고, 소로에서 대로로 진입하는 차량들은 일단정지하여 대로상의 진입하기에 앞서 전방 좌우를 잘 살펴 안전 여부를 확인할 주의의무가 있는 것이므로 위와 같은 주의의무를 게을리하여 무모하게 대로상에 진입하는 차량들이 없을 것으로 기대 신뢰하는 것은 당연하다 할 것이고,…… 일반적으로 넓은 도로를 운행하여 통행의 우선순위

502) 판례총람 제20-1권 제268조 562-125면.

503) 대법원판례집 25권 1집 형 40면.

를 가진 차량의 운전수는 교차로에서는 좁은 도로의 차량들이 교통법규에 따라 적절한 행동을 취할 것을 신뢰하여 운전한다 할 것이므로 좁은 도로에서 진행하는 차량이 일단정지를 아니하고 계속 진행하여 큰 도로로 진입할 것을 사전에 예견하고 이에 대한 정지조치를 강구할 것을 기대할 수 없다」고 판시하였다.

그런데 도로교통법 제27조 제1항 제1호는 교통정리가 행하여지고 있지 아니하며, 그 좌우를 확인할 수 없는 교차로에서는 서행하여야 한다고 규정하고, 동조 제2항 제1호는 교통정리가 행하여지고 있지 아니하며 교통이 빈번한 교차로에서는 일시정지를 하여야 한다고 규정하고 있다. 따라서 위와 같은 서행 및 일시정지의무는 좌우를 확인할 수 없거나 교통이 빈번한 교차로인 경우에 항상 준수되는 것인지 아니면 대로와 소로임이 명백하여 우선권이 확실히 인지되는 교차로에는 적용이 없는 것인지 해석상 의문이 생기지 않을 수 없다.

이 점에 관하여 하나의 중요한 판단의 기준을 제공하는 것은 소화 43년 7월 16일자 일 최고재 판결이다. 피고인은 노폭 7.6미터의 도로를 시속 30킬로 정도로 진행하여 교통정리가 행하여지고 있지 않고 좌우를 확인할 수 없는 본건 교차로에 이르렀는데 이것과 교차하는 노폭 7.7미터의 도로를 시속 약 70킬로로 질주하여 온 피해자의 원동기부자전거가 피고인의 자동차의 우측면에 충돌 사망하였다. 피해자가 달리고 있던 도로쪽에는 일시정지의 표지가 있었으나 피고인 쪽에는 서행표지도 없고 교통량도 많았으나 우선도로로 지정되어 있지는 않았는데, 일본 최고재는 피고인의 과실을 긍정하면서 다음과 같이 판시하였다. 즉, 「차량 등이 도로교통법 제42조에서 말하는 "교통정리가 행하여지지 않는 교차점에서 좌우를 확인할 수 없는 곳"에 진입하려고 하는 경우에 있어서 그 진행하고 있는 도로가 동법 제36조에 의하여 우선도로의 지정을 받고 있을 때 또는 그 노폭이 명백히 넓기 때문에 동조에 의하여 우선통행권이 인정되고 있을 때에는 곧 정지할 수 있는 속도로까지 감속할 의무가 있다고 해석하기 곤란하지만 본건과 같이 노폭 약 7.6미터의 그다지 넓지 않은 도로에서 이것과 교차하는 도로의 폭도 거의 같은 때에는 이것과 교차하는 도로편에 동법 제43조에 의한 일시정지의 표지가 있어도 동법 제42조의 서행의무는 면제되지 않는 것이라고 해하여야 할 것이다. 왜냐하면 우선도로 또는 노폭이 명백히 넓은 도로를 진행하는 경우에는 그 운전자에게도 또한 이것과 교차하는 도로를 진행하는 차량 등의 운전자에게도 당해 교차점에 있어서 우선통행의 순위가 명백하게 되어 있고, 그 간에 혼란이 생길 여지가 없으나, 본건과 같이 교차하는 쌍방도로의 폭이 거의 같은 경우에는 일시정지의 표지가 있어도 그 것이 없는 편의 도로를 진행하는 차량의 운전자로서는 그 표지의 존재를 인식하는 것이 반드시 가능한 것만은 아니며 만일 위 인식을 갖는 자에 대하여만 동법 제42조의 서행의무를 면제한다면 당해 교차점에 있어서의 교통규정은 일률적이 못되고 오히려 무용의 혼란을 일으킬 것이기 때문이다」라고 판시한 것이다.

따라서 전시 도로교통법 제27조 제1항 제1호·제2항 제1호에서 요구하는 서행 및 일시정지의무는 대로와 소로의 교차점임이 확실한 곳에서는 면제되는 것이라고 해석함이 상당하다. 만일 그렇지 않다면 위와 같은 곳에서 우선통행권에 따라 우선도로를 달리는 자동차는 모두 전시법규들을 위반한 것이라는 이상한 결론에 도달하게 된다.[504]

다음으로, 교차로에서 문제가 되는 것은 선진입차량 운전수의 신뢰이다. 전시 도로교통법 제26조 제1항은 「교통정리가 행하여지고 있지 아니하는 교차로에 진입하려고 하는 제차는 이미 다른 도로로부터 교차로에 진입하고 있는 제차가 있을 때에는 그 차에 진로를 양보하여야 한다」고 규정하고 있으므로 이미 교차로에 진입한 차량은 다른 도로에서 오는 차량이 위 규정에 따라 자기의 통행을 방해하지 않으리라고 신뢰하게 된다. 이에 관한 판례로는 일본 하급심의 것으로 소화 37년 10월 25일자 東京高裁 판결,[505] 소화 39년 5월 13일자 大阪高裁 판결,[506] 소화 41년 11월 21일 大阪高裁 판결,[507] 소화 43년 8월 19일자 仙臺高裁 판결[508] 등이 있다.

(iii) 교행중의 사고; 도로교통법 제14조 제2항은 「차마의 운전자는 차로가 설치되어 있는 도로에서는…… 그 차로를 따라 통행하여야 한다」고 규정한

504) 西原, 「交通事故と 信頼の 原則」 254면.
505) 判例タイムズ 192호 197면.
506) 判例タイムズ 192호 203면.
507) 西原, 전게서 265면 전재
508) 西原, 전게서 266면 전재

다. 따라서 자동차운전자는 반대방향에서 오는 차량이 중앙선을 넘어 오지 않으리라 신뢰할 수 있다.

우리나라 서울고등법원 1972. 9. 20. 선고 72나780 판결[509]은 자동차 운전자는 특별한 사정이 없는 한 반대방향에서 달려오는 차량이 교통법규를 지켜 중앙선을 침범하지 않을 것으로 신뢰할 수 있는 것이므로 반대방향의 가해차량이 불과 15미터의 가까운 거리에서 갑자기 중앙선을 넘어 침범함으로써 피해차량과의 충돌사고가 일어났다면 피해차량의 운전자에게는 과실이 없다고 판시하였고, 대법원 1975. 8. 19. 선고 74다1487 판결[510]은 「본건 경부고속도로는 자동차전용의 도로로서 중앙에 상·하행 차선을 분리하는 중앙분리대를 설치하여 고속도로 운행차량이 반대차선 및 중앙분리대를 침범하지 못하게 되어 있으므로 이러한 고속도로상을 운행하는 자동차운전수들은 통상의 경우 반대차선의 차량이 자기 차의 진로 전방에 나타나리라는 것을 예상할 수 없다고 봄이 상당하다 할 것이고(대법원 1973. 10. 31. 선고 73다1123 판결 참조), 특별히 반대차선상의 연쇄충돌사태와 반대차선의 차량이 중앙분리대를 넘어오는 사태를 이미 보아서 알 수 있었다는 사정에 있고, 그에 상응하는 다른 조처를 객관적으로 기대할 수 있었을 것이라는 구체적 사정이 인정된다면 예외적으로 반대차선상으로 주행하던 차량이 중앙분리대를 넘어 진로 전면에 나타나는 것에 대비하여 그 위험발생을 방지함에 필요한 피양을 위한 적절한 조치를 기대할 수 있음에 불과하다 함이 상당」하다고 판시하였고, 대법원 1976. 1. 13. 선고 74도2314 판결[511]은 「자동차를 운전하는 자는 상대방향에서 운행하여 오는 차량(자동차·삼륜차 등 운전면허시험에 합격한 자만이 그 면허증을 교부받고 운전할 수 있는 차량을 말한다)이 중앙선을 침범하여 자기가 운전하는 차량 전방에 진입하는 등의 기색을 엿볼 수 있는 특별한 사정이 없는 상황하에서는 그 차량이 교통법규를 준수할 것이고, 따라서 중앙선을 침범하고 자기가 운전하는 차량 전방에 진입하는 일은 없을 것이라고 믿고 운행하는 것은 의당 시인되어 마땅」하다고 판시하였고, 1979. 1. 23. 선고 78도2747

509) 고등법원판례집 1972. 민사 81면.
510) 공 1975. 10. 15. (522), 8624.
511) 공 1976. 4. 1. (533), 9010.

판결[512]도 같은 취지를 판시한 후, 대법원 1980. 6. 10. 선고 80다618·619 판결[513]도 같은 취지를 반복하였고, 대법원 1981. 12. 22. 선고 81다955 판결에서는 「자동차운전자가 반대방향에서 오는 다른 자동차와 서로 교행하는 경우 일반적으로는 상대방 자동차가 정상적인 방법에 따라 그 차선을 지켜 운행하리라는 신뢰를 갖는 것이므로 특별한 사정이 없는 한 미리 상대방 자동차가 중앙선을 넘어 자기 차선 안으로 들어올 것까지도 예견하여 운전하여야 할 의무는 없다고 함이 당원의 일관된 판례(대법원 1972. 2. 22. 선고 71다2642 판결, 1973. 6. 12. 선고 73다280 판결, 1976. 1. 13. 선고 74도2314 판결 등)」라고 판시[514]함으로써 중앙선 준수에 관한 신뢰의 원칙을 확립하였다.[515]

(iv) 회전중의 사고; 도로교통법은 교차로에서의 회전에 관하여 제차가 우측으로 방향을 전환하려고 할 때에는 미리 도로의 우측단을 서행하여야 하고, 좌측으로 방향을 전환하려 할 때에는 미리 도로의 중앙선에 따라 교차로의 중심내측을 서행하되, 서울특별시장·광역시장 또는 도지사가 교차로의 상황에 따라 특히 필요하다고 인정하여 지정한 경우에는 외측을 통과하여야 한다고 규정한다(동법 제25조 제1·2항).

그리고 위 규정에 따라 차량이 회전준비하여 도로의 우측단 또는 중앙선에 붙여 서행하면서 좌우로 방향을 전환하기 위하여 손 또는 방향지시기로써 신호를 하였을 때에는 그 뒤의 후속차량은 신호를 한 앞차의 진행을 방해하여서는 아니 된다고 규정한다(동법 제25조 제3항).

그러나 좌회전차량은 직진차량 또는 우회전차량에 대하여 우선권을 인정하여야 하고 따라서 도로교통법 제26조 1항에 의하여 교통정리가 행하여지고 있지 아니하는 교차로에 진입하려고 하는 제차는 이미 다른 도로로부터 교차로에 진입하고 있는 제차가 있으면 당해 차의 진행을 방해할 수 없음에도 불구하고 좌회전차량은 직진차량 또는 우회전차량에 양보하여야 한다(동법 제26

512) 공 1979. 4. 15. (606), 11707.

513) 공 1980. 8. 15. (638), 12955.

514) 공 1982. 3. 1. (675), 220.

515) 동지 대법 1985. 12. 24. 선고 85다카562〔공 1986. 2. 15. (767), 314〕; 1985. 11. 26. 선고 85다카1258〔공 1986. 1. 15. (768), 122〕; 1988. 3. 8. 선고 87다카607〔공 1988. 5. 1. (823), 653〕; 1989. 3. 14. 선고 88다카9203〔공 1989. 5. 1. (847), 604〕.

조 제4항). 다만, 좌회전차량이라 할지라도 이미 교차로에서 좌로 방향을 전환하고 있는 때에는 직진차 또는 우회전차량도 당해차의 진행을 방해할 수 없다(동법 제26조 제1항).

따라서 우회전차량이 도로의 우측단을 서행하면서 우회전의 수신호 또는 방향지시기에 의한 신호를 하고 회전을 개시한 이상 후속차량에 대하여는 물론 직진차량에 대하여도 그 차량들이 자기차의 진행을 방해하지 않으리라고 믿을 수 있게 되고, 또한 좌회전차량은 도로의 중앙선에 붙여 서행하면서 손 또는 방향지시기에 의하여 좌회전신호를 하고 중심내측을 서서히 좌회전하는 이상 역시 후속차량과 직진차 및 우회전차가 자기의 진행을 방해하지 않으리라고 신뢰할 수 있게 된다.

우리 대법원 1972. 7. 11. 선고 72다830 판결[516]은 우회전차량을 후속차량이 추월하려다 충돌한 사안에 관하여, 「원심이 본건 사고지점 광주시 금남로 5가 네거리 한일은행 광주지점 앞 노상 교차지점에서 전방의 정지신호(붉은색)가 되어 정차 대기 중인 원판시 피고예하 통근버스가 진행신호(푸른색)가 났으므로 동 버스가 시속 5킬로미터의 서행으로 유동 방면으로 우회전하면서 정당한 노선을 진행하던 중 뒤늦게 위 정지선에서 출발하여 동일방향으로 진행하여 위 버스를 추월하려고 한 신성렬이 운전하는 싸이카가 위 버스의 후미로부터 우측을 진행하여 추월하고자 질주하다가 위 버스의 전면부분을 그 싸이카의 좌측 발판으로 충격시켜 전도함으로써 본건 사고가 발생한 사실을 확정하고 본건 가해버스 운전자에게 업무상 과실 있음을 인정할 수 없고, 도리어 신성렬이 싸이카 운전에 있어 교통법규에 위배하여 버스의 우측에서 앞지르려 하였을 뿐 아니라 일단정지한 곳에서 사고지점까지는 불과 얼마 안 되는 거리(7~8미터 내지 10미터) 사이에 사고가 난 상황이었음을 인정하여 위 버스운전자가 백미러 등을 이용하여 싸이카의 질주를 발견하였다 할지라도 대책행동을 취할 여유가 없었을 상황이었음을 인정하여 위 버스운전자에게 아무런 업무상 과실 있었음을 인정할 수 없다고 판단하였음은 정당」하다고 판시하였다.

참고가 되는 일본 하급심 판례로는 피해자전거가 전방주시를 게을리하여 좌

516) 판례총람 5-1권 968-141면, 추 3-178면.

회전(우리나라의 우회전에 해당)을 하려고 정차중인 피고 차의 좌측(우리나라로 보면 우측) 전부 휀더에 충돌한 사고에 피고의 면책을 인정한 것이 있다.[517]

좌회전차량과 후속차량과의 충돌사고에 관하여는 적절한 우리나라 판례를 발견하지 못하여 일본 최고재 판결을 인용한다(일본은 차량이 좌측통행이므로 이해의 편의상 우측통행으로 바꾸어 씀 — 필자 주).

피고인은 제1종 원동기부자전거를 운전하여 노폭 약 10미터의 일직선으로 앞이 잘 내다보이고 왕래하는 차량도 없는 도로를 진행하여 왔는데 사고지점의 약간 전방에서 도로의 좌측에 있는 소로로 들어가기 위하여 중앙선의 약간 우측을 좌회전신호를 하면서 시속 약 20킬로로 진행하여 좌회전을 개시하였다.

피고인은 그때 좌후방을 힐끗 보았으나 그 좌후방 약 15미터 내지 17.5미터 지점에서 제2종 원동기부자전거를 시속 60킬로 내지 70킬로의 고속으로 운전하여 피고인을 추발[518]하려고 하던 피해자가 있음을 발견하지 못하고 그대로 좌회전을 계속하였기 때문에 중앙선 좌측 약 2미터 지점에서 피해자의 차와 접촉 전도시켜 사망케 한 사안에 관하여 신뢰의 원칙을 설명한 후 「이렇게 보면 본건 피고인과 같이 중앙선의 약간 우측에서 좌회전신호를 하면서 좌회전을 개시하려고 하는 운전자로서는 후방으로부터 오는 타 차량의 운전자가 교통법규을 준수하고 속도를 떨어뜨려 자차의 좌회전을 기다려 진행하는 등 안전한 속도와 방법으로 진행하리라고 신뢰하여 운전하면 족하고, 본건의 경우와 같이 감히 교통법규에 위반하여 고속도로써 중앙선의 좌측으로 나와서까지 자기차를 추월하려고 하는 차량이 있을 수도 있다는 것까지 예상하여 좌후방에 대한 안전을 확인하고 그렇게 함으로써 사고의 발생을 미연에 방지할 업무상 주의의무는 없다고 해하는 것이 상당하다」고 판시한 바 있다.[519]

좌회전차량과 직행차량과의 충돌사고에 관하여는 소화 41년 12월 12일자 일 최고재 판결[520]을 참고할 가치가 있다.

---

517) 東京地判 昭 39. 11. 28. 判例タイムズ 172호 122면.

518) 앞지르기(추월)와는 달리 선행차의 진로로 들어가지 않고 자기 차선을 유지하면서 앞서가는 것을 뜻함.

519) 最高判 昭 42. 10. 13. 最高刑集 21권 8호 1099면, 西原, 전게서 269면 재인용.

520) 最高刑集 20권 10호 1212면.

일본에서는 차량이 좌측통행이므로 이해를 돕기 위하여 우측통행으로 상황을 바꾸어 사안과 판지를 소개하면, 소형 트럭을 운전하여 교통정리가 행하여지고 있지 아니한 교차로를 좌회전하려고 하다가 교차로의 중앙 부근에서 엔진정지를 일으킨 피고인이 다시 엔진을 시동하고 우측방의 안전만을 확인하고 시속 약 5킬로의 속도로 천천히 좌회전 진행을 하였을 때, 좌측방으로부터 피해자가 제2종 원동기부자전거를 운전하여 진행하여오는 것을 약 5미터의 거리까지 접근해서야 비로소 알아차리고 즉시 급정차하였으나 미급하여 위 자전거와 충돌한 사안에 관하여 「본건과 같이 교통정리가 행하여지지 않는 교차점에 있어서 좌회전 도중 차도 중앙부근에서 일시 엔진의 정지를 일으킨 자동차가 다시 시동하여 시속 약 5킬로의 저속(보행자의 속도)으로 발차 진행하려고 할 때에 자동차 운전자로서는 특별한 사정이 없는 한 좌측방으로부터 오는 차량이 교통법규를 준수하고 자기 차와의 충돌을 회피하기 위한 적절한 행동을 취할 것을 신뢰하여 운전하면 족한 것이어서 본건 피해자의 차량과 같이 감히 교통법규를 위반하여 자기 차의 전면을 돌파하려는 차량이 있을 수도 있다는 것까지도 예상하여 좌측방에 대한 안전을 확인함으로써 사고의 발생을 미연에 방지하여야 할 업무상의 주의의무는 없다고 해하는 것이 상당」하다고 판시한 것이 그것이다.

소화 41년 5월 31일자 大阪地裁 판결[521]은, 피고인의 충돌지점의 전방 약 50미터 지점에서 자기가 운전하는 자동차의 좌회전신호를 하면서 그때까지의 시속인 약 40킬로의 속도를 약간 감하여 동서로 통하여 도로를 동으로부터 서로 향하여 진행하였던바 좌회전을 위하여 일시정지하였을 때, 60.4미터 전방에 자기 차의 반대방향으로부터 진행하여 오는 자동차를 발견하였으나 앞서 통과할 수 있을 것으로 생각하여 시속 약 10킬로의 속도로 좌회전을 개시하여 6.4미터 전진한 지점에서 우측방을 보았을 때 34.8미터 전방에 위 자동차의 좌측을 상당한 고속도로 동차를 추발하는 오토바이를 발견하였으나 먼저 통행할 수 있을 것으로 생각하여 그대로의 속도로 진행을 계속하였는데 그곳에서 6.8미터 전진한 지점에서 위 오토바이와 충돌한 사안에 관하여 신뢰의 원칙에 따라 피고인의 과실을 부정하면서 「피고인으로서는 피해자측에서 피

521) 判例タイムズ 192호 210면.

고인 운전차를 발견하여 속도를 감하고, 혹은 진로를 변경하는 등 적절한 조치를 취하리라고 신뢰하고 기대하는 것은 지극히 당연한 것이고, 피해자측의 전방부주시, 속도위반 등의 과실을 예상하여 이것에 대응하는 조치를 강구하지 않으면 안 된다고 해할 수는 없다」고 판시한 바 있고, 교통신호가 있는 교차점에서 좌회전하는 차량이 신호가 황으로 변한 후 교차점에 진입한 차와 충돌한 사안에 관하여 명시적으로 신뢰원칙을 적용하여 좌회전차량의 과실을 부정한 판례도 있다.[522]

또 중앙선을 돌파하여 좌회전하다가 직진차량과 충돌한 사고에 관하여도 자기 차선을 따라 정상적으로 운행하는 차량운전자는 반대방향으로부터 진행하여 오는 차량이 좌회전이 금지되는 직선도로에서 중앙선을 넘어 자기 차선으로 들어오는 일은 없으리라고 신뢰할 수 있으므로 좌회전금지를 범하고 중앙선을 돌파하여 자기 차선으로 진입함으로써 야기될지도 모르는 사고를 예측하고 이에 대비할 주의의무는 없다고 하지 않을 수 없다.

대법원 1973. 10. 31. 선고 73다1123 판결[523]은 「원심이 채택한 증거의 내용과 원판결에 의하면 본건 사고는 피고 회사 소속 크레인차 운전수인 조종원이가 경인고속도로상에서는 인터체인지 지점을 돌아오는 경우 이외에는 자회전하여 반대방향으로 진입할 수 없음에도 불구하고 야간에 더욱이 좌회전신호등이나 차체 위에 있는 경광등도 켜지 아니한 채 반대방향에서 차량이 오는 지의 여부도 확인치 아니하고 위험한 고속도로의 반대방향으로 회전 진입함으로써 피해자인 원고 김재곤이 운전하는 차량과 충돌하였으며 그 충돌한 부위가 동 조종원이 운전하던 차량의 전면인 점으로 보아 동 조종원이 피해자 차량과 근접한 거리에 있을 시점에서 진입한 것이고, 이러한 경우에 고속도로를 주행중이던 원고 김재곤으로서는 미리 이를 예견하여 사고를 미연에 방지할 수는 없었을 것이라 인정되고 동 김재곤이 당시 주행선을 달리지 아니하고 추월선을 달리고 있었다 하여도 이는 부평 인터체인지를 지난 150미터 기리에 불과하고 당시는 부평에서 고속도로로 진입하는 차량을 피하기 위하여 일시 추월선으로 진입한 데 불과한 것으로 이 점만으로 본건 사고에 피

522) 廣島高判 昭 43. 10. 25. 判例タイムズ 229호 315면.

523) 판례총람 4-2(A)권 928-516면.

해자인 위 김재곤의 과실이 있는 것으로 단정하기 어렵다」고 판시한 바 있고, 대법원 1974. 10. 22. 선고 74도2411 판결[524]은 「피고인은 1973. 11. 25. 08:05쯤 부산 범일동에서 ……구포방면으로 향하여 진행중 같은 날 08:05쯤에 부산진구 개금동 소재 한진주유소로부터 약 100미터 상거한 지점을 시속 약 90킬로미터의 속도로 질주할 때, 반대방향 일차선상에 소속 미상 트럭이 중앙선을 넘어 좌회전하려다가 피고인의 운행차를 보고 일단정지를 하고 있는 것을 보았던바, 이러한 경우, 운전업무에 종사하는 피고인으로서는 위 속력을 줄여 위 트럭이나 그 후미의 차량이 급히 좌회전하더라도 이를 피하여 충돌되지 않도록 할 수 있는 조치를 취하여 사고를 미연에 방지할 업무상 주의의무가 있음에도 불구하고 이를 태만히 하여 같은 속도 진행하다가 위 트럭 가까이에서 위 트럭이 좌회전하려고 움직이는 것을 보고 그때서야 비로소 속력을 줄인 과실로 위 트럭 후미에서 그보다 앞서 먼저 좌회전하기 시작하여 동 중앙선을 완전히 침범한 상피고인의 트럭을 발견하고 급정차조치를 취하였으나 미급하여 피고인의 차 앞부분으로 그 트럭의 우측 앞 타이어 뒷면 배터리 적재소 부분을 충격하여 그로 인하여 피고인의 차에 타고 있던 사람들에게 그 설시 상해를 입혔다고 하였다.

그러나 (증거)에 의하면, 피고인 윤병영의 차와 부딪힌 트럭과 그 앞에 미리 정차하였던 또 다른 트럭이 좌회전하려던 지점은 좌회전을 할 수 없는 데라는 것이므로 피고인은 위 앞 트럭이 중앙선을 좀 넘어 좌회전신호를 보내며 정지한 것을 약 100미터 떨어진 지점에서 보았다 하여도 위 화물자동차는 피고인차가 안전히 통과한 후가 아니면 절대로 그 의도대로의 좌회전을 할 수 없을 것이니 피고인은 그 차를 보기 전의 속력으로 그 후에도 운행을 계속하였음은 당연한 조치라 하겠으니 피고인에게 앞 화물차가 정차한 것을 본 후에 속력을 줄이지 않았다고 하여 운전자로서의 어떤 의무의 해태가 있다고 볼 수 없을 것이다. 그러하거늘 원심이 반대의 견해에서 피고인이 속력을 줄여 좌회전하는 화물차가 들어섬으로 생길 사고에 대비하여야 된다는 취지에서 피고인에게 업무상 과실을 인정한 조치는 자동차 운전자의 업무상의 의무에 대한 법리를 위배한 위법이 있다」고 판시한 바 있다. 대법원 1989. 3. 14.

524) 판례총람 20-1권 562-131면.

선고 88다카9203 판결[525]은, 반대방향에서 주행하여 오던 자동차가 좌회전하기 위하여 회전신호를 조작하면서 정차하고 있었다면 일반적으로 직진자동차의 진행이 끝나고 나서 회전하겠다는 뜻이 담긴 것이라고 할 것이므로 직진자동차의 운전사로서는 정지한 자동차에 의하여 그 진로가 침범되지 아니하리라는 신뢰를 가지고 주행할 수 있고 이를 비정상적 대처라 할 수 없다고 판시하였으며, 서울고등법원 1976. 10. 20. 선고 76나965 판결[526]은 차량 운전수는 회전표시의 방향지시등도 켜지 않고 반대편 방향에서 오는 차량이 좌회전금지구역에서 좌회전을 위하여 중앙선을 넘어 자기가 운전하는 전방으로 진입하여 오는 것까지도 예상하여 운전할 의무가 있다고 할 수는 없다고 판시한 바 있다.

(ⅴ) 중앙선침범 추월중 사고; 반대방향으로부터 진행하여 오는 차량이 무리한 추월을 감행하여 중앙선을 넘어 자기차의 전면에 진출함으로써 야기된 사고에 있어서도 자기 차선을 준수한 운전자에게는 신뢰의 원칙이 적용된다. 일본의 판례를 보면(우리나라와 달리 차량이 차측통행인 사실을 주의) 소화 42년 8월 19일자 大阪高裁 판결[527]은, 피고인이 중앙선으로 구분된 국도의 좌측차선을 시속 약 60킬로로 진행중 반대차선의 약 48미터 지점을 2대의 자동차가 연속하여 진행하여 오고 있는 것을 보았으나 그대로 진행을 계속하였던 바 전방 약 18미터 지점에서 2번째의 차량이 선행차를 추월하려고 하여 중앙선을 넘어 자기 차선으로 진입하는 것을 보고 즉시 핸들을 좌로 틀면서 급정차조치를 취하였으나 서로 충돌한 사안에 관하여 「중앙선에 의하여 대향차선이 구분되어 있는 국도에서 제한속도를 준수하여 정상적으로 좌측차선내를 진행하고 있는 경우에는 대향차가 있어도 자동차운전자로서는 특별한 사정이 없는 한 대향차가 교통법규를 지켜 자기 차와의 충돌, 기타 사고를 일으키지 않도록 적절한 행동을 취하리라고 신뢰하여 운전하면 족한 것이므로 대향차가 지근거리에서 돌연 무리한 추월을 꾀하여 중앙선을 돌파하여 진출하여 올 것까지 예상하여 감속서행하고, 또 도로 좌측단에 붙어 진행하는 등 자

525) 공 1989. 5. 1. (847), 604.

526) 고등법원판례집 1976. 민사 3권 185면.

527) 日 下裁刑集 9권 8호 1049면.

기 차와 대향차와의 접촉충돌에 의한 위해의 발생을 미연에 방지함에 족한 특별한 조치를 강구하여야 할 주의의무는 없다고 해하는 것이 상당」하다고 판시한 바 있고, 또한 소화 42년 4월 28일자 山形地裁 酒田支部 판결[528]은, 반대방향으로부터 진행하여 온 대형 덤프카와 교행하려 할 때 그 덤프카의 뒷면에서 추월하려고 자기 차의 전면으로 나온 오토바이와 충돌한 사안에 관하여 「무릇 자동차운전자는 서로 상대방이 법규를 준수하여 적법상당한 운전행위를 하리라는 것, 환언하면 난폭한 조종행위는 하지 않으리라는 것을 기대하고, 또 이것을 전제로 운전하는 것이라 하여야 할 것이므로 본건과 같은 경우 즉, S자형 커브로서 도로 양측에 인가가 줄지어 있어 전방투시가 나쁘고 그것도 노폭이 6.6미터의 좁은 도로상에서 대향의 덤프카와 교행하려고 하는 경우, 그 대향 덤프카의 배후로부터 이를 추월하려고 하여 자기의 진로로 갑자기 진출하여 오는 난폭한 차가 있을 것이라는 것은 운전자의 상식에 비추어 일반적으로 예측할 수 없는 것이다. 운전자에 대하여 교행을 하려는 차의 뒤에 후속하는 차가 있을 것이라는 예측은 요구할 수 있어도 그 후속차가 본건과 같은 도로상황하에서 선행차를 추월하려고 갑자기 자기의 진로로 들어오리라는 것까지 예측시켜 이러한 차와의 불측의 사고를 피하기 위하여 미리 여기에 대처할 수 있는 태세를 갖추라고 요구하는 것과 같은 것은 현재의 도로상황 교통상식(상대방도 또한 차의 운전자이다)에 비추어 지나치게 가혹한 것이다. 따라서 본건의 도로상황하에서는 교행하는 차의 후방차가 선행차를 추월하려 하여 갑자기 자기의 진로로 들어올 것을 예측하여 이것에 대비하고 또한 이것과의 불측의 사고를 회피하기 위하여 미리 감속서행하여야 할 의무는 없다」고 판시하여 피고인의 과실을 부정한 예가 있다.

(vi) 추발중인 사고; 앞지르기는 통상 추월이라고도 하는데 그것은 제차가 앞선 다른 제차의 측면을 통과하여 그 차의 앞으로 나아가는 것을 말한다(도로교통법 제2조 제27호).

위 정의에서 "그 차의 앞"이 같은 차선만을 의미하는 것인지 그 옆의 차선까지도 의미하는 것인지 명확치 않으나 도로교통법 제21조가 앞지르기 방법에 관하여 반대방향의 교통 및 앞 차와의 전방교통에도 충분한 주의를 하고 앞

---

528) 日 下裁刑集 9권 4호 513면.

차와의 속도 및 진로 또는 도로의 상황에 응하여 안전한 속도와 방법으로써 진행하여야 한다고 규정하고, 같은법 제22조가 앞지르기 금지 지점으로서 교차로·도로의 모퉁이 부근·경사로의 정상부근 등을 규정하고 있는 점을 종합하면 앞선 차가 진행하고 있는 바로 그 차선의 전방을 뜻하는 것으로 해석된다. 따라서 1차선을 주행중인 차가 2차선상을 주행중이던 차량의 옆을 통과한 후, 자기 차선을 그대로 유지하면서 앞서 가거나 2차선을 달리던 차가 같은 차선을 앞서 가던 차량의 좌측을 통과한 후 1차선을 유지하면서 앞서가는 것은 앞지르기가 아니다.

이 점을 앞지르기 즉, 추월과 구별하여 위와 같은 주행방법을 일본에서는 추발이라고 표현하는 것 같다. 이러한 추발을 하는 때에 추발 당하는 제차가 갑자기 종전의 진로를 변경함으로써 추발차량과 충돌하는 사고는 흔히 일어나고 특히 자전거를 추발할 때, 그 자전거가 추발차량의 진로로 갑자기 들어옴으로써 충돌사고를 일으키는 경우가 많다.

우선 차량 상호관계에 관한 도로교통법을 보면 제차는 차선이 설치되어 있는 곳에서는 그 차선에 따라 통행하여야 하고(도로교통법 제14조 제3항), 그 진로를 변경하거나 좌회전 또는 좌로 횡단하려 할 때에는 그 행위를 하고자 하는 지점으로부터 30미터 앞의 지점에 달하였을 때 왼팔을 수평으로 펴서 차체의 좌측 밖으로 내밀거나 오른팔을 차체의 우측 밖으로 내어 팔꿈치를 굽혀 수직으로 올리거나 좌측의 방향지시기 또는 등을 조작하는 방법으로 그 행위가 끝날 때까지 신호를 하여야 하며(같은법 제38조 및 같은법시행령 제21조), 제차는 그 진로를 변경하고자 할 경우에 그 변경하고자 하는 진로를 진행하여 오는 제 후속차와의 충돌을 피할 수 있는 필요한 거리를 확보할 수 없는 때에는 그 진로를 변경하여서는 안 된다(같은법 제19조 제2항).

따라서 예컨대 1차선을 주행하는 차량의 운전자는 2차선을 앞서가는 차량이 전시와 같은 신호를 하지 않는 이상, 앞선 2차선상의 차량의 좌측인 1차선을 주행하여 앞서 가려고 하는 경우에도 피추발차량이 갑자기 자기 차선을 침범하여 진로를 변경하는 일은 없으리라 신뢰할 수 있게 된다.

위와 같은 신뢰는 노변을 주행하는 자전거의 좌측을 통과하여 앞서는 경우에도 타당할 것이다.

일본이나 독일에서는 자전거의 옆을 지나 추발할 때에 갑자기 자전거가 추발차량의 전면으로 진로를 변경함으로써 야기된 사고에 관하여 추발차량 운전자의 무과실을 선언한 판례가 많다.

예컨대 1953년 4월 23일자 연방재판소 판결[529]은 갑이 승용차를 운전하여 노폭 9미터의 국도를 시속 70킬로로 주행중, 전방우측에 을과 병이 각각 자전거를 타고 동일방향으로 진행하다가 교차로 전방 5미터 지점에 이르러 을이 병의 어깨를 두드리며 헤어지는 것을 보았다. 그러나 을은 의연히 종래의 진로를 유지하였으므로 갑은 이것을 추발하려고 약간 좌로 틀고 조금 감속하여 접근하였다. 그런데 교차점의 중앙에서 을이 아무런 신호도 없이 돌연 좌회전하였기 때문에 이것과 충돌하고 을을 치사시켰다는 사안에 관하여 「원판결이 확정한 바에 의하면 자전거운전자가 헤어진 시점에 이르기까지는 을이 돌연히 좌회전하리라고 생각할 단서는 조금도 갑에게 부여되지 않았다. 이 을의 태도가 신속하고 유동적인 교통이 이루어지는 국도상에서는 현저히 경솔하고 불합리한 것임은 말할 필요도 없다. 이와 같은 운전방법을 피고인이 계산에 넣을 필요는 없다」고 판시한 바 있고, 소화 43년 6월 1일자 白河簡裁 판결[530]은 「본건 피고인처럼 그대로 진행하면 선행 자동차와 사이에 충분한 거리를 둔 상태로 추발할 수 있는 화물자동차의 운전자로서는 위 선행차에 추종하여 이것을 추발함에 있어 특별한 사정이 없는 한 위 선행 자전거가 교통법규를 지켜 후방으로부터의 자동차와의 충돌위험을 미연에 방지하기 위한 적절한 행동을 취할 것임을 신뢰하여 운전하면 족한 것이므로 본건 피해자의 자전거처럼 감히 교통법규에 위반하고 아무런 신호도 함이 없이 돌연 도로를 횡단하려고 하는 것까지 예상하고 항상 이것에 대비하여 그와 같은 경우에도 곧 급정차할 수 있을 정도로 감속서행함으로써 사고의 발생을 미연에 방지할 업무상 주의의무는 없는 것이라고 해함이 상당하다」고 판시한 바 있다.

그 이외에도 1951. 10. 18.자 독일 연방재판소 판결,[531] 1955. 11. 17.자 연방재판소 판결,[532] 소화 30년 12월 21일자 仙臺高裁 판결,[533] 소화 42년 5월 8일

529) BGH St 4-182 西原, 전게서 118면 재인용.

530) 日 下裁刑集 10권 6호 631면.

531) BGH NJW 1952-35 西原, 전게서 119면 인용.

532) BGH VRS 10-213 西原, 전게서 120면 인용.

자 大津地裁 판결,[534] 소화 42년 4월 28일자 西條簡裁 판결,[535] 소화 36년 6월 6일자 東京高裁 판결,[536] 소화 31년 12월 22일자 東京高裁 판결[537] 등 수많은 예가 있다.

(2) 차량과 보행자간의 경우

보행자는 보도와 차도의 구분이 있는 도로에 있어서는 차도를 횡단할 때나 도로공사 등으로 보행의 통행이 금지되어 있을 때, 기타 부득이한 경우를 제외하고는 보도를 통행하여야 하고, 보도와 차도의 구분이 없는 도로에 있어서는 도로의 좌측 또는 길가장자리구역으로 통행하여야 한다(도로교통법 제8조 1·2항).

그리고 도로를 횡단하는 경우에 횡단보도가 설치된 도로에서는 횡단보도로 횡단하여야 하고 횡단보도가 설치되어 있지 않은 도로에서는 최단선으로 횡단하여야 한다(도로교통법 제10조).

따라서 원칙적으로 차도는 차량통행을 위한 곳이고 보도는 보행자를 위한 장소이므로 보행자가 보도를 떠나 차도로 들어설 때에는 차량의 통행에 유의하여 이를 방해하지 않을 의무를 부담하게 된다고 할 수 있다.

이 원칙을 단적으로 표현한 것은 독일의 1957. 4. 26.자 연방재판소 판결[538]이다. 이 판결은 보도상의 전주를 피하여 차도로 내려섰다가 후방으로부터 보도와 75 내지 80센티미터의 간격을 두고 진행하여 온 자전거에 충돌당하여 전도·부상한 사안에 관하여 자전거운전자의 과실을 부정하면서 「75센티 내지 80센티 간격으로 충분한가 어떤가의 문제를 판단함에 있어서 피고가 보행자의 존재를 계산에 넣지 않으면 안 되었다고 하는 것은 결코 결정적인 역할을 못한다. 보행자는 도로교통령 제37조 제1항에 의하여 보도를 이용하지 않으면 안 된다. 차도는 제1차적으로 차량의 통행을 위한 것이다. 만일 보행자가 보행토록 명하여진 보도를 떠나 차도에 들어서려 할 때에는 차량의 통행

533) 日 刑事裁判集 46면, 西原, 전게서 282면 인용.

534) 判例タイムズ 220호 105면.

535) 日 刑事裁判集 108면, 西原, 전게서 284면 인용.

536) 東高時報 12권 6호 12면, 西原, 전게서 286면 인용.

537) 判例時報 106호 27면.

538) BGH VRS 13-20 西原, 전게서 134면 인용.

에 주의하고 이것을 고려하여 특히 차량의 진로에 들어가 차량통행을 방해하지 않도록 할 의무를 진다. 이 점은 특히 본건과 같이 어둡게 된 경우에 타당하다. 차도상에 있는 교통관여자는 일반적으로 보행자가 이와 같은 의무를 준수할 것이라고 신뢰하여도 좋다. 그런고로 그와 같은 교통관여자는 보행자가 접근하여 오는 차량 쪽을 사전에 돌아보지도 아니하고 돌연 포장된 차도에 들어선다는 것은 계산에 넣을 필요가 없다. 이 점은 교통법을 지배하고 따라서 자전거와 보행자 사이에도 타당한 신뢰의 원칙으로부터 명백하다」고 판시한 것이 그것이다. 뿐만 아니라 1967. 2. 17.자 연방재판소 판결[539]은 야간에 노폭 1.5미터의 보도로부터 7.9미터의 차도로 돌연 보행자가 뛰어들어 충돌사망한 사안에 관하여 운전자의 과실을 부정하면서 「피고인은 예컨대 보행자가 명정하여 있음을 인식하였다든가 기타 보도의 가장자리가 특히 나쁜 상태이었다든가 하는 특별한 사정이 없는 경우에는 피해자가 배후로부터 오는 차량에 주의하지도 않고 돌연히 좌를 향하여 차도에 들어오는 것은 계산에 넣을 필요가 없다」고 판시하였다.

또한 소화 35년 1월 14일자 일본 田川簡裁 판결[540]은 노단을 걷고 있던 보행자가 돌연 튀어나온 사안에 관하여 「자동차를 운전하는 자는 항상 전방 좌우를 주의하여 사고의 발생을 미연에 방지하기 위하여 만전의 조치를 취할 수 있는 태세로써 종사하지 않으면 안 될 의무가 있음은 물론이나 자동차가 고속교통기관으로서 보급 발달한 현재 진로의 노견에 보행자가 있다고 해서 그때마다 상대방(사리분별능력이 없는 유아라면 모르되)이 갑자기 진로에 나타날지도 모른다는 만일을 예상하여 서행하지 않으면 안 된다면 자동차로서의 기능은 현저히 저해된다. 따라서 운전자로서는 상대방이 스스로 자동차와 충돌하지 않도록 위험을 피하기 위한 적절한 행동을 취하리라고 신뢰하여 운전하면 족한 것이고, 공소사실에서 말하는 바와 같은 상대방의 불측의 행동을 예견하고 이것에 의한 사고발생을 미연에 방지할 의무까지도 부과되어 있다고는 해할 수 없다」고 판시하여 보행자에 대한 운전자의 신뢰를 인정하였다.

따라서 보행자는 보도가 있는 도로에서는 보도를, 보도가 없는 곳에서는 노

539) BGH VRS 32-437 西原, 전게서 138면 인용.

540) 日 下裁刑集 2권 1호 59면, 西原, 전게서 308면 인용.

견을 보행하여야 하고, 차도와 보도의 구분이 없는 도로의 중앙부분은 차량 통행을 위한 곳이므로 그 곳으로 들어올 때는 진행차량의 보행을 방해하지 않고 충돌을 회피하기 위한 조치를 취할 의무가 발생되므로 차량 운전자는 보행자가 위와 같은 의무를 준수하리라고 신뢰할 수 있게 된다.

(ⅰ) 보행자 돌출에 의한 사고; 차량과 보행자와의 충돌사고중에는 노변에 정차되어 있는 차량의 바로 뒷면 또는 앞면의 보이지 않는 곳으로부터 갑자기 보행자가 도로횡단을 개시하여 진행차량의 전면 진로에 돌출함으로써 야기되는 사고가 많다. 또 노변의 점포나 가옥으로부터 사람이 튀어나와 차량 진로에 나타남으로써 일어나는 사고도 가끔 볼 수 있다. 이와 같은 경우에도 운전자에게 신뢰의 원칙을 적용할 수 있을까?

앞서 인용한 바와 같이 대법원 1970. 7. 28. 선고 70다684 판결[541]은 「피해자가 튀어나온 곳이 횡단보도가 아니라 하더라도 도로우측에 정차중인 버스를 왼편으로 추월하려는 자동차운전자는 그 버스 앞에서 사람이 느닷없이 튀어나오는 수가 있는 것이므로 이로 인해서 발생할 사고를 미연에 방지할 주의의무 있음에 변함이 없다」고 판시한 바 있는데, 과연 위와 같은 주의의무가 있다면 결국 자동차운전자는 노변에 정차된 차량의 옆을 통과할 때마다 그 차량의 보이지 않는 곳으로부터 느닷없이 사람이 튀어나오더라도 즉시 정차할 수 있는 느린 속도로 진행하지 않으면 안 되게 되는데 이렇게 한다면 자동차 교통은 정체될 수밖에 없고, 따라서 자동차의 효용은 현격히 저하되고 그로 인한 사회적 경제적 손실은 막대하게 될 것으로 생각된다.

1959. 5. 27.자 독일의 연방재판소 결정[542]은 피고인이 차폭 1.7미터의 자동차를 운전하여 노폭 7.5미터의 도로를 통행중 도로 좌측단의 버스정류소에 버스가 정차하여 있는 것을 보았으므로 2.3미터의 간격을 두고 그 옆을 통과하려고 하여 속도를 시속 35킬로까지 감하였다. 그런데 버스의 뒤로부터 8살의 여자 생도가 급히 나왔기 때문에 그녀와 충돌하였던 사고에 관하여 신뢰의 원칙에 대하여 언급하면서 「일반적으로 특별한 이유가 없는 한 자동차운전자는 명백히 교통에 익숙치 못한 자 특히 유아가 문제로 되지 않는 경우에는

541) 대법원판례집 18권 2집 민 26면.

542) BGH St 13-169 西原, 전게서 138면 인용.

불합리한 태도 또는 예기할 수 없는 교통위반의 태도를 계산에 넣을 필요가 없다. 성인이 주위도 둘러보지 아니하고 또는 기타 자기의 의도를 고지하지도 아니하고 돌연 차도에 들어서는 것도 마찬가지로 계산에 넣을 필요는 없다. …… 특히 자동차운전수는 버스의 배후에서 나타난 보행자가 — 천천히든, 빠르든, 걷든, 뛰든 — 교통을 고려함이 없이 전차도를 횡단하려고 시도하리라는 것은 계산에 넣을 필요가 없다. ……이와 같은 태도는 도로교통의 이루어놓은 발전과 진보한 교통교육・교통경험에 비추어 보면 이미 전형적인 교통위반이라고는 볼 수 없게 되어있다. 이와 같은 일이 일어나는 것은 비교적 드물다. 자동차운전자가 교통에 익숙히 않은 자의 태도에 주의하지 않으면 안 되는 것은 운전자가 그와 같은 자로 인식하였거나 또는 의무에 따라 주의하였더라면 인식할 수 있었던 경우 또는 특별한 사정(예컨대 학교, 아동유원지, 노인의 집의 근처라든가 버스가 스쿨버스로 사용되고 있다든가)이 그와 같은 자의 접근을 말하고 있는 경우에 한정된다」고 판시하여 버스가 정차장에 정차하여 있다는 것만으로는 위 특별사정이라고 할 수 없다면서 운전자의 신뢰를 시인하였다.

일본의 소화 42년 10월 14일자 新宮簡裁 판결[543]은 주차중인 마이크로 버스의 옆을 통과할 때 그 버스의 뒤편에서 돌연 보행자가 도로를 횡단하려고 달려나왔기 때문에 충돌한 자동차운전자의 과실에 대하여 「본건 사고현장과 같이 보・차도의 구분 없이 보행자도 차량도 동일한 도로를 이용하는 장소에 있어서는 보행자라 하여도 고속도교통기관인 차량의 사회적 유용성을 고려하여 특히 차량과의 접촉에 의한 사고발생에 대하여는 충분한 주의를 할 필요가 있음은 말할 필요가 없고, 사소한 주의로 차량과의 접촉・충돌을 피할 수 있는 경우에는 그와 같은 주의를 다할 의무가 있다고 해하여야 한다. 따라서 통상의 경우에는 차량의 운전자는 보행자가 위와 같은 사소한 주의를 하여 행동할 것이라고 기대하고 신뢰하여 운전하는 것이 허용된다고 해석된다(그렇지 않으면 고속도교통기관인 차량의 기능은 현저히 감쇄되고 그 사회적 효용도 현저히 상실되게 되기 때문이다).

따라서 본건의 경우에 있어서 주차중인 마이크로 버스의 후방으로부터 노상

---

543) 判例タイムズ 220호 132면.

으로 나와 도로를 횡단하려는 보행자는 버스의 후방에서 일단정지하여 도로의 좌우를 둘러보는 정도의 아주 사소한 주의를 하면 쉽게 노상차량의 접근을 인식할 수 있어 위 차량과의 충돌을 피할 수 있으므로 상기의 견지에서 위의 보행자에게는 그와 같은 사소한 주의를 할 의무가 있는 것으로 해석된다. 따라서 노상의 측단에 운전자만이 승차하여 있는 버스가 주차하여 있을 뿐인 상황하에서는 버스의 측방을 통과하는 자동차의 운전자는 버스의 보이지 않는 곳으로부터 보행자가 무모하게도 보도를 횡단하기 위하여 튀어나오는 것과 같은 일은 없을 것이라고 신뢰하여 차량을 주행하는 것이 허용되는 것 — 즉, 위와 같은 무사려, 무모한 행동을 취하는 보행자와의 접촉을 피하기 위하여 감속·서행하여야 할 의무는 일반적으로는 없다고 해석된다」고 판시하였다.

(ii) 횡단보도 횡단중의 사고; 우선 횡단보도 횡단중 사고에 관하여 보자. 보행자는 횡단보도가 설치되어 있는 도로에서는 횡단보도로 횡단하여야 하며(도로교통법 제10조 제2항), 도로를 통행하는 보행자·제차는 신호기·안전표지가 표시하는 신호 또는 지시와 교통정리를 위한 경찰관(이를 보조하는 자를 포함)의 지시 또는 신호에 따라야(동법 제5조)하므로 제차는 교통정리가 행하여지고 있는 곳에서 신호기 또는 경찰관의 신호에 따라 도로를 횡단하는 보행자의 통행을 방해할 수 없고(동법 제27조 제1항), 운전자에게는 보행자가 횡단보도를 통행하고 있을 때에는 일시정지하거나 서행하여 그 통행을 방해하지 않도록 하여야(동법 제27조)하므로, 교통정리가 행하여지고 있는 횡단보도를 신호에 따라 횡단하는 보행자는 물론 교통정리가 행하여지고 있지 아니한 횡단보도라 할지라도 횡단보행자는 차량이 그의 통행을 방해하지 않으리라고 신뢰하는 것이 허용되게 된다.

무엇이 통행을 방해하지 않는 것이냐는 명백치 않으나 일본의 도로교통법 제38조 제1항의 규정 즉, 「차량 등은 보행자가 횡단보도에 따라 도로의 좌측부분을 횡단하고 또는 횡단하려고 할 때에는 당해 횡단보도의 직전에서 일시정시하고 또한 그 통행을 방해하지 않도록 하지 않으면 안 된다」는 내용과 서독의 도로교통령 제37조의 a의 규정 즉, 「횡단보도에 있어서는 모든 보행자는 차량이 도달하기 전에 횡단보도에 있을 때는 모든 차량에 우선한다」는 내용, 도로교통령 제9조 제3항의 a의 「궤도차를 제외한 차량의 운전자는 횡단보도에 따라 차도를 횡단하려 하고 있는 것이 명백한 보행자에 대하여는 그 횡단을 용이하게 하지 않으면 안 된다. 이 때문에 차량의 운전자는 적당한 속도로 보행자에 접근하지 않으면 안 되고 필요한 경우에는 정지하지 않으면 안 된다」고 한 취지를 비교 검토해 보면 보행자가 횡단보도를 따라 차도에 내려서면 운전자는 횡단보행자에 앞서 안전하게 횡단보도를 통과하는 것이 명백치 않은 이상, 서행하거나 일시정지하여 보행자의 횡단에 지장을 주어서는 안 되는 것이라고 해석하고 싶다.

따라서 횡단보도에서 신호에 따라 횡단하는 보행자는 물론 교통정리가 행하여지고 있지 아니한 횡단보도라 할지라도 일단 보도에서 차도로 내려서서 횡단을 개시한 이상, 차량이 그의 통행을 방해하지 않을 것이라고 신뢰를 부여할 수 있으므로 위와 같은 횡단보행자가 충돌 부상한 경우에는 피해자의 과실은 일응 없는 것이라 할 수 있다.

그러나 이와 같은 신뢰는 규정만으로부터 추출한 것이고 뒤에 상술하는 바와 같이 신뢰에는 상당성이 있어야 하고, 그 상당성은 교통관여자들의 교통수준 및 교통환경에 의하여 형성되는 것이므로 우리나라의 교통관여자들처럼 횡단보행자들을 무시하는 현재 사정하에서는 보행자 스스로 자기 안전을 위하여 조심할 수 밖에 없고, 따라서 위와 같은 신뢰를 100% 가질 수는 없게 되므로 상계할 과실이 없다고는 할 수 없을 것이다.

그러나 횡단보도에서 신호에 따라 횡단하는 보행자에게는 신호변경 직후가 아닌 이상 100%의 신뢰를 부여하는 것이 타당하고, 반대로 횡단보도라 할지라도 횡단신호가 아닌 횡단자 정지신호인 이상 운전자는 횡단보행자가 없을 것이라고 신뢰할 수 있고, 따라서 횡단금지신호를 무시하고 횡단하다가 사고가 발생하여도 운전자는 무과실로서 면책되어야 할 것이다.

(iii) 비횡단보도 횡단중의 사고; 보행자는 보도와 차도의 구분이 있는 도로에서는 보도를, 위 구분이 없는 곳에서는 도로의 좌측을 통행하여야 하므로 일응 차도와 보도의 구분이 없는 도로의 중앙부위는 차량 통행을 위한 곳이라 할 수 있고, 따라서 보행자가 이곳을 횡단하는 경우에는 스스로 위험회피를 위하여 적절한 행동을 취하여야 하고, 그 결과 운전자로서는 일반적으로 보행자가 그와 같은 적절한 조치를 취하리라고 신뢰할 수 있게 된다.

그래서 1960. 7. 1.자 서독 연방재판소 판결[544]은 전조등을 하향시킨 상태이었지만 시속 50킬로이었기 때문에 반대방향에서 주행해 오던 차량의 전조등과의 사이로 들어온 술취한 횡단자를 보지 못하고 충돌 치사시킨 사안에 관하여 과실치사죄의 성립을 인정한 원판결을 파기하면서 「피해자가 빠른 걸음으로 도로를 횡단하여 피고인의 전조등 불빛 가운데로 직접 부상하여 온 것은 부정할 수 없다. 왕래가 심한 국도를 횡단하는 보행자의 이와 같은 교통위반태도를 피고인은 특정의 단서가 없는 한 계산에 넣을 필요가 없다. 그렇지 않다면 자동차운전자에게 보행자의 속도로 주행할 의무를 지우는 것으로 되어 버린다」고 판시하였고, 1963. 10. 18.자 연방재판소 판결[545]은 대형버스의 운전자가 부주의하게 차도로 들어선 보행자를 보지 못하고 접촉 치사시킨 사안에서 운전자의 유죄를 인정한 원판결을 파기자판하여 무죄를 선고하면서 「자동차운전자는 보행자가 차량을 보았거나 곧 볼 것이므로 그곳에 정지할 것으로 상정하는 것이 지당한 경우에는 그 진행을 계속하여도 괜찮다. 운전자가 정지하지 않으면 안 되는가 혹은 진행을 계속하여도 좋은가는 보행자의 표정·태도가 어떠한 인상을 내포하고 있는가에 달렸다」고 판시함으로써 적용을 배제할 특별한 사정이 없는 한 신뢰의 원칙은 적용된다는 취지를 보였다.

그러나 보행자는 횡단보도가 설치되어 있지 아니한 도로에서는 최단선이기는 하지만 그 도로를 횡단할 수 있는 것(도로교통법 제10조 제3항)이고, 특히 교통정리가 행하여지고 있지 아니하는 교차로 또는 그 부근의 도로를 횡단하는 경우에는 그 통행을 방해받지 아니하는 것(동법 제27조 제3항)이므로 이와 같은 보행자의 권리를 생각하면 전시와 같은 신뢰원칙의 적용은 제한받지 않으면 안 된다고 생각한다.

따라서 보·차도의 구분도 횡단보도의 설치도 없고 교통정리도 행하여지고 있지 아니하는 교차로나 그 부근에서는 보행자의 차도이용은 도로교통법상 허용된 권리이므로 차도가 일차적으로 차량통행을 위한 것임을 내세워 운전자에게 신뢰의 원칙을 적용할 수는 없다 할 것이다.

544) BGH VRS 19-283 西原, 전게서 142면 인용.

545) BGH VRS 26-28 西原, 전게서 143면 인용.

라. 신뢰의 원칙과 적용한계

(1) 개 설

신뢰의 원칙은 일반적으로 「특별한 사정이 없는 한 모든 교통관여자(차량의 운전자, 보행자 등)는 타의 관여자가 교통질서를 준수할 것이라고 믿어도 좋고 따라서 타인이 교통질서에 위반하는 태도를 취할 것은 염두에 둘 필요가 없다」는 것으로 정의된다.[546]

따라서 "특별한 사정"이 있으면 신뢰의 원칙은 적용되지 않는 셈이 되는데 이 특별한 사정이란 무엇인가?

신뢰의 원칙은 문자 그대로 상대방에 대한 신뢰로부터 출발하는 것이기 때문에 위와 같은 신뢰를 허용할 수 없는 객관적 사정을 가리켜 일응 특별한 사정이라고 말할 수 있게 된다.

한편 위와 같이 상대방을 신뢰할 수 없는 객관적인 특별한 사정이 있는 경우에는 상대방에 대한 신뢰는 타당하다고 볼 수 없고, 따라서 특별사정이란 신뢰의 상당성을 조각·소멸시키는 사정이라고도 말할 수 있다.

환언하면 신뢰의 원칙은 신뢰의 상당성을 인정할 수 없는 특별한 사정이 있는 경우에는 적용될 수 없으므로 이 상당성이야말로 신뢰의 원칙을 적용할 수 있느냐 없느냐를 판가름하는 기준이요, 한계이다.

그러면 구체적으로 어떤 사정이 신뢰의 원칙을 적용할 수 없게 하는 특별한 사정인가?

첫째는, 신뢰의 상대방이 유아·아동·노인·신체장애자 등과 같이 교통법규나 질서에 익숙치 못하거나 활동이 자유롭지 못하여 정상성인에 비하여 교통법규에 적합한 행동을 기대하기 곤란한 객관적 사정이 있는 경우이고,

둘째는, 주위의 사정이 상대방의 적절한 행동을 기대하기 곤란하여 상대방의 부적절한 행동을 쉽게 예견할 수 있는 경우이다. 예컨대 교통정리가 신호기에 의하여 이루어지고 있는 교차로에서 황색의 신호가 나와 있는 경우에는 그 신호가 바뀌기 전에 통과하려는 차량을 흔히 볼 수 있고, 신호가 변경된 직후에는 아직 통과를 완료하지 못한 차량이 흔히 있을 수 있으므로 이와 같은 경우에는 운전자에게 진행신호가 떨어졌다 하더라도 자기의 신호를 100%

546) 西原, 전게서 13면, Floegel-Hartung, a.a.O Welzel, a.a.O.

신뢰하여 진행할 수 없게 되고 또한 교통정리가 행하여지고 있지 아니한 교차로에서 교차되는 양 도로의 노폭이 같거나 거의 비슷한 경우에는 우측차량 우선의 원칙이 적용되어[547] 우측도로에서 진입하는 차량은 좌측도로에서 진입하는 차량이 자기 진행을 방해하지 않을 것이라고 신뢰할 수 있지만 좌측도로로부터 오는 차량이라도 이미 교차로에 진입하고 있을 때에는 그 차가 우선하게 되므로[548] 좌측도로차량이 스스로 먼저 진입하였다고 생각하는 경우에는 우측도로차량에게 진로를 양보하지 아니하게 되고, 우측차량은 자기의 우선권을 내세워 좌측차량이 정지할 것으로 생각하고 진행할 가능성이 크고, 그로 인하여 충돌사고의 위험이 자주 발생하는 것은 흔히 보는 바이므로 위와 같은 경우에는 좌측도로차량에 대한 신뢰는 제한받을 수밖에 없게 된다.

셋째로, 스스로 교통법규를 위반한 자에게도 신뢰의 원칙을 원용할 수 있게 하느냐 하는 문제이다. 즉, 스스로 교통법규를 위반하고 그것이 사고발생의 한 원인이 된 경우에는 적어도 그 자에게는 신뢰의 원칙을 원용할 수 없게 하는 것이 타당하지 않느냐 하는 것이다.

그러나 이 문제도 간단치는 않다. 우선 사고발생과 인과관계가 없는 단속법규 위반, 예컨대 면허증불소지・추돌사고에 있어서 전조등 고장은 그 이유만으로 신뢰의 원칙의 원용을 거절할 수 없다.

뿐만 아니라 교통법규위반이 당해 사고와 인과관계가 있느냐 없느냐를 결정하는 것은 쉽지가 않다. 예컨대 상대방 차량이 중앙선을 넘어와 정면 충돌을 일으킨 경우, 자기 차선을 유지한 차량이 제한시속 50킬로미터를 초과하여 시속 60킬로미터 달렸다고 인정되는 경우에 상대방 차량이 아주 가까이 접근하였을 때 중앙선침범이 일어났다면 피해자로서는 설령 시속 50킬로미터로 주행하였다 하여도 그 사고를 피할 수 없었을 것이고, 따라서 피해차량의 속도위반은 사고와 인과관계가 없겠지만 만일 피해차량이 제한시속을 지켰더라면 충돌직전에 정차할 수 있는 떨어진 지점에서 중앙선을 침범하였는데 피해차량이 속도위반을 하였기 때문에 충돌되었다면 인과관계는 부인할 수 없게 된다.

(2) 피해자가 유아・노인 등 특수상태에 있는 경우

547) 도로교통법 第26조 第3항.

548) 도로교통법 第26조 第1항.

(ⅰ) 유아, 아동의 경우; 서독의 1962. 7. 27.자 연방재판소 판결[549]은 차량의 운전자는 일반적으로 특별한 교통상의 위험이 발생할지도 모른다고 생각할 단서나 사정이 있는 경우에만 이와 같은 위험을 염두에 두면 좋은데, 이와 마찬가지로 유아에 대하여도 노상에 있는 것을 실제로 보았다든가 보지 못했더라도 그와 같은 애들이 노상에 나타날 수 있다고 생각해야 할 특별한 유인이 생긴 경우에만 이들에 대하여 명하여진 고도의 주의를 하면 좋다고 판시하였다.

우선 특별한 주의를 기우려야 하는 유아는 몇 살까지인가. 우리 도로교통법은 6세 미만의 자를 유아라고 정의하면서 보호자 없이 보행하는 것을 금하고 있음[550]을 상기할 필요가 있다. 그러면 도로교통법에서 13세 미만 6세 이상으로 정의하면서 보호자로 하여금 교통이 빈번한 도로에서 놀지 못하게 하는 아동[551]의 경우는 어떤가?

일률적으로 말하기는 어렵다. 그러나 요즈음 유치원에서부터 초등학교에 이르기까지 교통교육을 실시하고 있는 점에 비추어 볼 때, 1962. 9. 28.자 서독의 연방재판소 판결[552]이 12세의 소녀가 피해자인 사건에 관하여 아침 등교시간에 등교중임이 명백하여도 피해자가 미경험적인 태도는 취하지 않을 것으로 신뢰할 수 있다고 판시한 것은 수긍할 만하다.

그러나 아동이라 하더라도 그들이 처한 상황에 따라서는 신뢰의 원칙을 적용할 수 없는 경우를 인정하지 않을 수 없게 된다.

예컨대 도로변에 몰려있던 아동들 중 일부가 길을 건너가고 나머지 아이들도 그들을 따라 길을 건널 가능성을 예측할 수 있다던가,[553] 형이 먼저 길을 건넜기 때문에 동생도 따라갈 가능성이 있다든가, 노변에서 장난치는 아이들이 차량의 진행에 전현 관심 없이 놀이에 열중하고 있는 경우[554]가 그것이다.

549) BGH VRS 28-371 西原, 전게서 165면 인용.

550) 도로교통법 제11조 제1항.

551) 동법 제11조 제1항.

552) BGH VRS 24-47 西原, 전게서 167면 인용.

553) 大審判 大 13. 3. 31. 大審刑集 4권 401면.

554) 東京高判 昭 32. 2. 11. 東高時報 8권 2호 34면; 大審判 昭 9. 11. 22. 大審刑集 13권 1531면.

한편 유아라 하더라도 어른이 보호 아래 있다고 인정되는 경우에는 신뢰의 원칙을 적용할 수 있다.[555]

그리고 운전자가 유아나 아동을 미리 보지는 못하였으나 나타날 수 있다고 예견할 수 있는 곳이란 주택이 밀집되어 있는 주택가 내의 소로, 초등학교·유치원·어린이놀이터 근처의 도로를 열거할 수 있을 것이다.

(ii) 노인의 경우; 노인은 유아와는 달라서 교통법규나 질서에 익숙치 않다고는 할 수 없으나 귀가 어두워져서 잘 듣지 못하고, 눈이 흐려져 상황판단을 잘하지 못하고, 활동이 불편하여 적시에 적절한 행동을 취할 수 없는 경우가 많으므로 운전자는 특별히 주의할 필요가 있다. 그러나 노인은 유아와는 달리 체격으로는 구별되지 아니하므로 가까이서 관찰할 수 있을 때까지는 노인임을 알 수 없는 경우도 있다. 그러나 거동으로 보아 타인의 원조를 필요로 하는 자라는 인상을 주는 경우[556]에는 정상 성인과 같은 태도를 기대·신뢰할 수 없게 된다.

(iii) 명정자의 경우; 술에 취한 사람은 정상인에 비하여 판단능력이 저하되고 행동이 자유롭지 못하므로 보행자의 거동에 의하여 명정자일지 모른다는 의심을 불러일으킬 경우에는 정상인에게 기대할 수 있는 행동을 취하리라고 신뢰할 수 없게 된다.

사람들이 술을 많이 마시는 부활제 날(유럽의 경우) 취객의 귀가시간에 시골길을 통과한다는 사실만으로 도로의 중앙에 서있는 자가 명정자일지도 모른다는 것을 계산에 넣을 필요는 없겠지만[557] 술집이 즐비한 서울 무교동 거리에서 밤 12시 가까이에 거동이 부자유스런 사람이 있다면 명정자로 의심할 단서가 된다고 볼 수 있을 것이고, 음력 정초, 추석날 밤늦게 시골길에 갈짓자 걸음걸이의 사람이 보였다면 역시 명정자로 인정할 사정으로 보아야 할 것이고, 따라서 그들에게는 신뢰를 줄 수 없을 것이다.

(3) 주위상황이 신뢰를 불허하는 경우

(i) 차량 상호간의 사고; 피해자의 거동·태도로부터 그 사람이 교통상

555) 1956. 3. 15. 연방재판소 판결, BGH St 9-92; 名古屋高判 昭 34. 3. 16. 高裁刑集 12권 4호 270면.

556) RG St 72-55 帝國裁判所 판결 1938. 1. 17.

557) BGH VRS 18-52 1959. 10. 23. 연방재판소 판결.

부적절한 행동을 하고 있는 사실을 인식하였거나 그와 같은 행동을 취하리라고 쉽게 예견할 수 있었던 경우에는 신뢰의 원칙은 배제된다.

서독의 연방재판소는 「스스로 교통질서에 따라 행동하고 있는 교통관여자는 원칙적으로 타의 교통관여자도 교통규칙을 준수하리라고 기대하여도 괜찮으나 판례가 예외를 인정하는 것은 즉, 타인의 교통질서 위반태도를 계산에 넣어야 할 유인이 생겨 있거나 또는 충분히 유의하면 생겨 있다고 하지 않으면 안 되는 경우이고, 그 외에 예외를 이루는 것은 종종 행하여지기 때문에 주의깊은 운전자라면 신중히 계산에 넣을 것이라고 생각되는 교통위반」이라고 판시[558]한 일이 있다. 위 유인은 이미 존재하는 모든 사정을 합리적으로 숙려하면 예견할 수 있는 것이어야 한다.[559]

앞서 설명한 바와 같이 교통정리가 행하여지는 교차점이라 하더라도 신호기가 점멸식으로서 황색신호가 점멸하고 있는 사이에는 진행통과차량은 특히 좌우를 주시하여야 하므로, 좌우차량의 정지를 절대적으로 신뢰할 수는 없고,[560] 교통정리가 행하여지고 있지 아니한 교차로에서 노폭이 같거나 대소가 불분명한 경우에 우측도로 차량은 자기의 우선권을 믿고 좌측도로 차량이 양보할 것으로 신뢰할 수 없으며,[561](이와 같은 교통위반은 종종 발생되므로 사려깊은 운전자는 예측가능하기 때문에) 같은 이유에서 후속차량이 선행차량과 사이에 충분한 안전거리를 유지하지 않는 일은 흔히 있는 것이기 때문에 선행차량운전자는 후속차량이 안전거리를 유지할 것이고, 따라서 자기가 급정차하여도 추돌사고는 일어나지 않는다고 신뢰할 수는 없다.[562]

반대방향에서 오는 차량이 자기의 진로를 침범하여 오는 경우, 상대방차량이 다시 그의 진로로 복귀하리라고 기대·신뢰할 수 있겠지만 너무 가까워서 복귀에 지장이 있을 듯하면 또한 자기차를 보고도 종래의 태도를 유지하면

558) 1958. 9. 17. 연방재판소 결정 BGH St 12-81.
559) 1935. 12. 9. 帝國裁判所 판결 RG St 70-71.
560) 名古屋高判 昭 42. 3. 1. 判例タイムズ 220호 115면; 東京高判 昭 33. 7. 31. 高裁特報 5권 8호 347면.
561) 東京高判 昭 42. 4. 13. 判例タイムズ 220호 116면.
562) 1964. 8. 11. Bayer 最高裁判所 판결, Bayer. ObLG VRS 28-140, 西原, 전게서 156면 인용.

이미 신뢰할 수 없는 상황이므로 경음기를 울려 되돌아 가도록 촉구하거나 감속하면서 노변에 피하여 그 차량의 통과를 기다리는 등 임기응변적 조치를 취하여 안전히 교행토록 하지 않으면 안 된다.[563)]

우리 대법원의 1981. 12. 22. 선고 81다955 판결[564)]은 교행중의 사고에 관하여 「자동차운전자가 반대방향에서 오는 다른 자동차와 서로 교행하는 경우, 일반적으로는 상대방 자동차가 정상적인 방법에 따라 그 차선을 지켜 운행하리라는 신뢰를 갖는 것이므로 특별한 사정이 없는 한 미리 상대방 자동차가 중앙선을 넘어 자기 차선 앞으로 들어올 것까지도 예견하여 운전하여야 할 주의의무는 없다고 함이 당원의 일관된 판례(대법원 1972. 2. 22. 선고 71다2642 판결, 1963. 6. 12. 선고 73다280 판결, 1976. 1. 13. 선고 74도2314 판결 등)임은 소론과 같으나 상대방 자동차가 비정상적인 방법으로 운행하리라 함을 미리 예견할 수 있는 특별한 사정이 있는 경우에는 위와 같은 신뢰를 할 수 없는 것이고, 자동차운전자는 모름지기 상대방 자동차가 비정상적인 방법으로 운행할 것까지 신중하게 계산에 넣어 사고를 예방할 수 있는 모든 수단을 강구할 의무가 있다 할 것이다.

이 사건에서 원심이 확정한 바에 의하면 이 사건 당시 피고 소유 버스와 반대방향에서 달려오던 소외 망 허단이 운전하는 포니승용차는 사고지점이 황색중앙선이 그어져 있는 2차선 아스팔트 포장도로로서 약 200미터 정도 직선도로이고 그 앞에 선행차나 다른 장애물이 없어 중앙선을 넘어 들어올 필요가 전혀 없는 곳인데도 아무 까닭 없이 약 48킬로미터의 시속으로 중앙선을 넘어 피고 버스의 진행차선으로 들어왔다는 것이고, 피고버스 운전사인 소외 김학준이 이를 처음 발견하였을 때에는 충돌을 피하여 안전하게 노변에 붙여 정차할 충분한 거리를 유지하고 있었는데 위 김학준은 위 승용차가 자기 차선으로 돌아갈 것이라고만 가볍게 믿은 나머지 경적을 울려서 상대방에게 주의를 환기시키거나 스스로 감속함이 없이 제한시속 50킬로미터의 위 지점을 시속 71킬로미터로 계속 달리다가 거리가 근접할 때까지도 위 승용차가 자기 차선으로 되돌아가지 않자 비로소 급정차하고자 하였으나 미치지 못하여 이를 들이

563) 最高判 昭 42. 3. 16. 判例時報 480호 67면.

564) 판례월보 142호 53면.

받게 되었다는 것이므로 이러한 경우라면 위 김학준으로서는 위 승용차가 비정상적인 방법으로 운행하여 올지도 모른다는 것을 충분히 예견할 수 있었다 할 것이고, 앞서 본 당원 판례들에 나타난 바와는 그 상황을 달리하는 것이고, 원심이 위 김학준에게 여유를 가지고 충돌을 예방할 수 있는 방법을 강구하지 않은 과실이 있다고 인정한 판단은 정당」하다고 판시함으로써 신뢰의 원칙이 적용배제되는 특별사정을 판시한 일이 있고 전시 인정사실에 비추어 신뢰의 배제는 정당하다고 보았다.

대법원 1987. 2. 10. 선고 86다카1759 판결[565]은 「국도로부터 고속도로와 국도의 교차점으로 진입하는 픽업트럭의 운전수로서는 고속도로에는 차량의 왕래가 빈번하고 때로는 정지신호를 무시하고 그대로 진행하는 차량도 있을 수 있으므로 비록 신호등이 직진신호라고 하더라도 고속도로를 따라 진행하는 차량이 있는지를 살펴보고 그러한 차량이 있는 경우에는 이들이 완전히 통과한 연후에 진행할 의무가 있다 할 것이므로 위 교차로의 신호등이 직진신호로 되어 있는 것만을 믿고 고속도로를 통행하는 차량이 있는지를 살피지 아니한 채 그래도 진행하다가 사고가 발생하였다면 운전수의 위와 같은 과실은 그에 대한 손해배상액을 정함에 있어서 마땅히 참작하여야 할 것」이라고 판시하였으나, 신호변경 직후라면 모르되, 그렇지 아니한 경우라면 의문이 없을 수 없다.

대법원 1988. 10. 11. 선고 87다카1130 판결[566]은 「원심이 적법하게 확정하고 있는 사실에 의하면 이 사건 사고지점은 편도 4차선(따라서 왕복 8차선)의 비교적 넓은 교차로이고 당시는 심야인 데다가 피고의 스텔라 차량은 교차로 부근에서 정차하던 중에 왼쪽에서 1차선상을 교차로를 행하여 봉고앰블런스 자동차가 경광등을 켜고 사이렌을 울리면서 시속 60킬로미터로 질주해 오는 외관상 긴급자동차로 보이는 차를 보았다는 것이고 그랬으면 이를 먼저 보내고 서서히 출발하는 등 사고발생을 방지하기 위한 주의의무가 있음에도 불구하고 자기 진행차선의 신호기의 신호만을 보고 이에 따라 그대로 운행하다가 적신호를 무시하고 무모하게 달려온 봉고앰블런스차와 충돌하여 이 사건 사

565) 공 1987. 4. 1. (797), 421.

566) 공 1988. 11. 15. (836), 1402.

고를 발생케 했다는 것인바, 소론 신뢰의 원칙이란 교통사고의 발생에 있어서 피해자나 제3자에 의한 교통법규위반 등의 이상행동이 개재되었을 때에 당시의 제반사정에 비추어 그와 같은 이상행동은 없을 것이라고 신뢰하는 것이 상당한 경우에는 가해차량의 운행공용자 내지 운전자의 책임이 부정된다는 사고방식을 의미하는 것이므로 그것을 적용할 수 있으려면 교통사고에 관여되었던 피해자나 제3자의 정상적인 행동을 신뢰할 수 있을 상당성이 있어야 할 것인데 위와 같은 원심확정의 사실관계 아래에서는 신뢰의 원칙의 적용요건이 구비된 것이라고 볼 수 없어 피고에게도 자동차손해배상보장법 제3조 소정의 책임을 면할 수 없다고 판단한 원판결에 잘못은 없다」 판시하고 있고, 타당한 판시라고 생각된다.

우리 대법원은 신뢰의 원칙을 적용할 수 없는 경우에 관하여 판결한 예가 있다. 즉, 대법원 1990. 6. 22. 선고 90다카6733 판결[567]은 자기 차선을 따라 자동차를 운행하는 원고로서는 자기 차선의 반대방향에서 오는 다른 차량도 자기 차선을 따라 운행하리라고 믿는 것이 보통이므로 그 중앙선을 침범하여 자기 차선까지 돌입할 경우를 예상하여 운전할 주의의무는 없다고 하겠으며, 원고가 이 사건 사고지점의 도로현황을 숙지하고 있어서 반대방향에서 진행하여 오는 차량이 통상 중앙선을 침범하여 운행하는 사정을 숙지하고 있었다던가, 반대방향에서 진행하여 오는 이 사건 사고버스가 중앙선을 침범하여 자기 차선으로 돌입하여 운행하는 것을 미리 목격하였으므로 이에 대처하여야 할 상황이었다는 등의 사정이 없는데도 원심이 만연히 사고지점이 130도의 좌회전 급커브지점이고 사고 당시는 안개가 끼어 시야에 장애가 있었으므로 원고는 속도를 줄이고 앞을 잘 살피면서 진행할 의무가 있었음에도 이를 게을리하였다 하여 원고에게 자동차 운전자로서의 이 사건 사고에 대한 과실을 30% 인정하여 과실 상계한 것은 교통사고에 있어서 운전자의 과실에 관한 법리를 오해하였거나 증거 없이 사실을 인정한 위법이 있다고 판시한 바 있고, 대법원 1990. 3. 27. 선고 88다카3670 판결[568]은, 자동차의 운전자가 반대방향에서 오는 다른 자동차와 서로 교행하는 경우 일반적으로 상대방 자동차가

567) 공 1990. 5. 15. (872), 951.

568) 공 1990. 8. 15. (878), 1548.

정상적인 방법에 따라 그 차선을 지키면서 운행하리라는 신뢰를 갖는 것이므로 특별한 사정이 없는 한 중앙선을 넘어 자기 차선 앞으로 들어올 것까지도 예견하여 운전하여야 할 의무는 없고 다만 반대편에서 오토바이가 자기차선을 벗어나지 않는 범위 내에서 중앙선을 따라 마주오고 있었다면 자동차운전자로서는 오토바이가 장차 중앙선을 넘어올지도 모르는 비정상적인 상태로 운행하고 있었던 경우에만 이를 피하여 충돌을 방지할 조치를 취할 주의의무가 있다고 판시한 것들이 그것이다.

특히 야간 교행시 반대방향에서 오는 차량이 자기의 진로를 침범하여 주행하여 오고 있는 경우에는 경음기를 울리고 전조등을 깜박이는 등 주의를 환기시켜야 하고, 그럼에도 불구하고 교통법규 위반적 태도를 시정하지 않을 때에는 이미 상대방은 신뢰할 수 없게 되므로, 감속 혹은 일단정지의 준비를 취하면서 노변으로 피하지 않으면 안 된다는 일본 하급심 판례[569]가 있다.

추월 혹은 추발의 경우에도 피추월차량이 자기의 진로로 갑자기 방향전환을 하는 일은 없을 것으로 일반적으로 신뢰할 수 있으나 상대방이 짐을 많이 실은 자전거로서 불안정하게 보이든가 한 손에 우산 다른 한 손으로 핸들을 잡고 가는 자전거인 경우라든가[570] 하는 경우에는 통상적 신뢰는 할 수 없게 된다.

또한 교통정리가 행하여지고 있는 교차로에 있어서도 신뢰의 원칙이 배제되는 경우가 있다. 대법원 1994. 10. 25. 선고 94다8693 판결[571]은 교차로의 신호가 진행신호에서 주의신호 내지 정지신호로 바뀌는 경우에도 그 교통신호에 따라 정지함이 없이 진행하던 속도 그대로 교차로를 통과하는 차량이 흔히 있는 것이 현실이며, 이는 자동차를 운전하는 사람이면 누구든지 쉽게 예상할 수 있는 상황이므로, 교차로 정지선 맨 앞에서 신호를 받기 위하여 정지하였다가 출발하는 자동차 운전자는 다른 방향에서 그 교차로를 통과하려는 차량의 운전자가 교통신호를 철저히 준수할 것이라는 신뢰만으로 자동차를 운전할 것이 아니라 좌우에서 이미 교차로를 진입하고 있는 차량이 있는지 여부

569) 大阪高判 昭 42. 8. 29. 下裁刑集 9권 8호 1056면.
570) 高松高判 昭 42. 12. 22. 下裁刑集 9권 12호 1517면.
571) 공 1994. 12. 1. (981), 3084.

를 살펴보고 또한 그의 동태를 두루 살피면서 서행하는 등 어느 때라도 정지할 수 있는 태세를 갖추고 출발하여야 할 업무상의 주의의무가 있다고 보아야 할 것이고, 현실적인 차량 운전자의 교통도덕 수준 등에 비추어 이와 같은 주의의무를 부과한다 하더라도 그것이 사회적 상당성의 한도를 넘는 과대한 요구라고 말할 수 없을 것이라는 전제 아래, 교차로에서 정지하였다가 신호에 따라 출발한 운전자에게도 구체적 상황에 비추어 과실이 있다고 하여 면책주장을 배척한 원심판결을 수긍하였으며, 대법원 1995. 10. 13. 선고 95다29369 판결[572)]은 교차로의 신호가 진행신호에서 정지신호로 또는 정지신호에서 진행신호로 바뀌는 즈음에는 신호를 위반하여 교차로를 통과하는 차량이 종종 있으므로 신호가 정지신호에서 진행신호로 막 바뀐 즈음에 진행신호를 따라 교차로를 통과하려는 자동차 운전자는 비록 자신은 교통신호를 준수하면서 운행하고 있다고 하더라도, 좌우에서 이미 교차로를 진입하고 있는 차량이 있는지 여부를 살펴보고 또한 그러한 차량이 있는 경우 그 동태를 두루 살피면서 서행하는 등으로 사고를 방지할 태세를 갖추고 운전하여야 할 주의의무가 있다고 판시한 바 있다.

(ii) 차량과 보행자간의 사고; 도로를 횡단하는 보행자를 충돌하는 사고에 있어서도 운전자는 보행자가 차도에 들어왔으므로 스스로 안전조치를 취하리라고 가볍게 신뢰할 수 없는 경우가 많다. 예컨대 도로를 횡단하던 보행자가 다가오는 차량을 보고 멈칫 섰다고 하더라도 그 태도로부터 곧 보행자가 자기를 통과시켜주는 것이라고 속단·신뢰할 수는 없다.[573)] 이러한 경우 운전자도 보행자를 보고 감속하는 것이 통례이므로 보행자로서는 운전자가 자기의 횡단을 허용하는 것이라고 오신할 수가 있기 때문이다. 또한 노상의 장애물을 발견하였을 때에는 신뢰의 원칙을 원용할 수 없는 특별사정이 발생된 것이라는 판례도 있다. 즉, 1956. 11. 15.자 서독 연방재판소 판결[574)]은 노상의 사람을 물건으로 오인·역과치사시킨 사안에 관하여 「확실히 연방재판소가 불변의 판례에서 확정하였듯이 스스로 교통규정을 준수하고 있는 모든

572) 공 1995. 12. 1. (1005), 3774.

573) 1960. 1. 22. 연방재판소 판결 BGH VRS 18-302; 1961. 11. 10. 연방재판소 판결 BGH VRS 22-128.

574) BGH St 10-3. VRS 12-54.

교통관여자는 타의 교통관여자도 교통질서에 적합한 태도를 취하리라고 신뢰하여도 좋다. 그러나 이와 같은 신뢰가 무언가의 이유에 의하여 이미 시인될 수 없는 교통상의 사태가 자동차 운전자에게 보여진 때에는 그 순간부터 이상의 것은 이미 타당할 수 없게 된다. 피고인이 차도상에 장애물을 인식하였을 때 당해 피고인의 눈에 들어온 상황은 바로 그와 같은 성질의 것이었다. 그와 같은 지각이 있었던 순간 이후 이 장애물이 살아있는 사람이라는 점을 계산에 넣지 않으면 안 되었다」고 판시한 것이 그것이다.

보행자 충돌사고에 관하여 신뢰의 원칙 적용을 배제하고 특별사정을 인정한 우리 대법원 판결이 몇 개 있다.

즉, 1972. 12. 26. 선고 71도1401 판결은 「고속도로를 자동차로 고속(본건에서는 시속 80킬로미터) 운행하는 운전자는 보행인이 그 도로의 주행선 방면으로 뛰어드는 일이 없으리라는 신뢰 밑에서 운행한다고 보아야 하고, 그 도로의 보수공사를 하는 노무자들이 일하는 옆을 지날 때도 마찬가지라 하겠으니 고속도로의 관리청은 적어도 그들이 고용한 노무자들에게 도로 중앙에 뛰어드는 일이 고속교통기관의 필요성과 가치성을 저버리는 결과가 되며 위험한 일이라는 취지를 엄중히 알리고 취업시켰다고 예상되므로 그들도 일반보행자와 같이 주행선에 뛰어드는 일이 없다는 신뢰를 운행자가 가지고 있어도 마땅하다고 보아야 할 것이기 때문이다.

그러나 본건과 같이 보수노무자들을 향하여 신문뭉치가 던지어진 특별한 상황하에서라면 그 물건에 대한 호기심에 이끌린 피해자가 주행성(2차선) 중앙 방향으로 언제 뛰어들지 모르는 사태가 예상되므로 운전자인 피고인은 이 돌발사태에 대처한 전방주시의무, 기타의 사고방지의무를 안고 있다고 함이 딴 것으로 바꿀 수 없는 인명존중과 교통기관이 우리 생활에 끼치는 막대한 공헌과를 가치형량하는 시점에서 끌어낼 수 있는 타당한 견해라 하겠다.

그런데 이 사건에 있어서 만일 피고인이 위와 같은 운전상의 주의의무를 제대로 다 했더라면 원판결 확정사실로 미루어 피고인의 사고의 원인이 된 신문뭉치가 앞 차에서 내동댕이쳐지는 것을 80미터 후방에서 보았어야 할 것이고, 따라서 사고는 미연에 방지될 수 있었음이 분명히 추인된다고 하겠으므로 원판결의 위와 같은 판단에는 도로사정 기타 주위의 정상으로 허용된 고속도를 유지하는 운전자에게 적용되는 신뢰의 원칙이 배제될 경우가 있음을 잊어 고속차량의 운전에 있어서의 업무상의 과실의 법리를 오해한 허물을 범하였다」고 판시한 바 있고,[575] 1977. 9. 28. 선고 77도2559 판결[576]은 강변도로사고에 관하여 「피고인은 이 사건 피해자가 원심 판시와 같이 도로 안으로 들어간 공을 주워가지고 나오는 것을 20미터 전방에서 발견하였다는 것이니 그렇다면 설사 강변도로가 그 판시와 같이 차량의 전용도로이기 때문에 그 도로상을 운행하는 자동차 운전자에게는 일반적으로 도로 안으로 사람이 들어오리라는 것을 예견하여 그에 대비한 감속 등 조치를 취하여 운행할 것을 요구할 수는 없다고 하더라도 이 사건에 있어서와 같이 20미터 전방에 사람이 있는 것을 발견하였고 시속 50킬로미터의 속력으로 운행한 것이었다면 …… 자동차를 운전하는 자로서는 그 사람의 동정을 주의 깊게 살펴 불의에 야기될지도 모르는 사고를 미연에 방지하여야 할 업무상 주의의무가 있다고 보아야 할 것임에도 불구하고 원심 판결이 …… 피고인에게 과실이 있다고 할 수 없다고 판단하였음은 …… 업무상 과실에 관한 법리를 오해한 것」이라고 판시한 것이 있으며, 대법원 1987. 9. 29. 선고 86다카2617 판결[577]은 「횡단보도상의 신호등이 보행자정지 및 차량진행신호를 보내고 있다 하더라도 도로상에는 항상 사람 또는 장애물이 나타날 가능성이 있을 뿐만 아니라 사고지점이 차량과 사람의 통행이 비교적 번잡한 곳이라면 이러한 곳에서는 교통신호를 무시한 채 도로를 무단횡단하는 보행자가 흔히 있는 것이어서 자동차를 운전하는 사람이면 누구든지 이를 쉽게 예상할 수 있는 상황이므로 이러한 곳을 통과하는 자동차운전수는 보행자가 교통신호를 철저히 준수할 것이라는 신뢰만을 가지고 자동차를 운전할 것이 아니라 좌우에서 횡단보도에 진입한 보행자가 있는지 여부를 살펴보고 또한 그의 동태를 잘 살피면서 서행하는 등 보행자의 안전을 위해 어느 때라도 정지할 수 있는 태세를 갖추고 자동차를 운전하여야 할 주의의무가 있다 할 것이니 위와 같은 주의의무를 태만히 한 채 차량진행신호만 믿고 운전하다가 사고를 일으켰다면 운전수에게도 과실이 있

575) 대법원판례집 20권 3집 형 62면.

576) 판례카드 11693, 관계조문 형법 268조, 공 1977. 11. 1. (571), 10321, 판례총람 형 20-1 562-178면.

577) 공 1987. 11. 15. (812), 1632.

다고 할 것이다」라고 판시하여, 각 신뢰원칙이 배제되는 예외상황을 판시하고 있다.

(4) 신뢰의 원칙을 원용하려는 자에게 교통법규위반이 있는 경우

신뢰의 원칙은 타인의 적절한 태도를 믿어도 좋다는 것이므로 이 원칙을 원용하여 자기의 과실을 부정하려는 자는 스스로 교통법규를 위반하지 않아야 한다는 것이 이 원칙을 적용함에 있어 가하여지는 제한이다. 환언하면 스스로 교통법규를 위반한 자는 타인에 대하여도 교통법규에 적합한 행동을 기대·신뢰할 수 없다는 것이다. 그래서 1958. 9. 17.자 서독 연방재판소 결정[578]은 「스스로 교통질서에 따라 행동하고 있는 교통관여자는 원칙으로서 타의 교통관여자도 현행의 교통규칙을 준수할 것이라고 기대하여도 좋다」고 판시하여 위 원리를 명백히 하였고, 1957. 7. 4.자 연방재판소 판결[579]은 야간에 노폭 6.2미터의 얼어붙은 도로에서 추월하려고 중앙선을 침범하였던 피고인의 승용차가 반대방향에서 과속으로 질주하여 오던 오토바이를 충돌시킨 사안에 관하여 피고인에 대한 신뢰의 원칙 적용을 배제하면서 「피고인은 이와 같은 교통위반에 의하여 반대방향으로부터 오는 오토바이 운전자가 규칙에 적합한 태도를 취할 것이라고 하는 신뢰의 기초를 스스로 파괴한 것」이라고 판시하였다.

그러나 가해자의 모든 법규위반이 신뢰의 원칙을 원용할 수 없게 만드는 것일까? 가해자가 도로교통법규에 위반하여 면허증을 소지하고 있지 않았다든가, 승차인원을 초과하였다 하더라도 그것이 사고의 발생과 아무런 인과관계가 없다면 위 원칙의 원용은 배제될 수 없을 것이다. 따라서 위 원칙의 원용을 배제시키는 교통법규위반은 그것이 사고와 인과관계가 있어야 하고, 따라서 제한시속을 10킬로미터 초과하였더라도 10미터 전방에서 선행 피추월자전거가 갑자기 자기 진로로 방향전환을 하였기 때문에 충돌하였고, 제한시속을 지켰더라도 피할 수 없는 사고이었다면 신뢰원칙의 적용은 배제될 수 없을 것이다. 같은 이유에서 1963. 12. 20.자 연방재판소 판결[580]은 야간에 제한시속

578) BGH St 12-81, 西原, 전게서 174면 인용.
579) BGH VRS 13-225, 西原, 전게서 174면 인용.
580) BGH VRS 26-203, 西原, 전게서 177면 인용.

인 50킬로미터를 초과하여 58킬로미터로 달리다가 갑자기 횡단하던 보행자를 치인 사안에 관하여 「만일 차량의 운전자가 전방을 주시하여 교통질서에 적합한 주행을 하였다 하여도 정지에 의한 충돌을 피할 수 없었다면 제한속도 위반이 있다 하여도 그것만으로 사고의 야기에 책임이 있다는 비난의 기초가 되지는 않는다」고 판시하였고, 사고당시 운전자가 음주운전을 하였다 하더라도 술 안마신 운전자가 취할 수 있는 태도를 취하였다면 과실책임을 물을 수 없다고 판시하였다.[581)]

우리 대법원 1970. 2. 24. 선고 70도176 판결[582)]은 도로 우측변으로 가는 손수레들을 피하여 반대방향으로부터 오는 차량이 없음을 확인하고 약간 중앙선을 침범하면서 주행하던 피고인 차량을 후속차량이 추월하다가 반대방향으로부터 오는 자전거를 피하려고 좌회전하였다가 좌측 가로수를 들이받고 그 반동으로 위 자전거를 충격, 그 자전거를 타고 있던 사람을 넘어뜨려 피고인 차량의 뒷바퀴에 역과하게 한 사건에 관하여 「원심이 증거에 의하여 …… 위에서 본 사고는 오로지 1심 상피고인 전용달(후속추월차량 운전수)이 본건 사고장소와 같은 추월을 금지한 곳에서는 앞에서 가고 있는 피고인의 차량을 추월하지 말아야 할 주의의무에 위배하여 무모하게 그를 추월하려고 한 과실에 기인하여 발생하였다 할 것이고, 위 전용달이 적절하게 교통법규를 준수하여 진행할 것이라는 신뢰하에 우측전방에 진행중인 손수레를 피하여 반대방향에서 오는 차량이 없음을 확인하고, 위 손수레와 안전간격을 유지하면서 중앙선을 약간 침범하여 자동차를 운행중이던 피고인에게는 중앙선을 침범하였다는 점에서 본건 사고예방에 관한 주의의무의 존부와는 직접적으로 아무런 관계가 없는 도로교통법 제11조의 소정 규정을 위반한 점에 관한 책임이 있음을 별론으로 하고, 후방에서 오는 차량의 동정을 살펴 동 차량이 무모하게 추월함으로써 야기될지도 모르는 사고를 미연에 방지할 주의의무까지 있다고는 볼 수 없다고 판단하였음은 정당하다」고 판시하여 전시 이론을 명확히 하고 있다. 즉, 스스로 중앙선 침범의 법규위반이 있어도 후속자량에 대하여는 무모한 추월을 하지 아니하리라고 기대·신뢰할 수 있다는 결론이다.

---

581) 1961. 5. 2. 연방재판소 판결 BGH VRS 21-5, 西原, 전게서 178면 인용.

582) 대법원판례집 18권 1집 형 26면.

다음에 소개하는 대법원 판결들은 법규위반자라도 그 위반이 사고와 인과관계가 없을 때에는 신뢰의 원칙 적용이 배제되지 않는다는 점을 판시하고 있다.

즉, 1982. 10. 12. 선고 82다카818 판결[583]은 「원심은 원고가 어린시절에 소아마비를 앓은 하반신불구자로서 거동이 자유스럽지 못하고 운전면허가 없음에도 불구하고 90씨씨 오토바이를 임의로 개조한 그 판시 삼륜차를 운전하고 경기 양주군 미금면 도농리 검문소 앞 차도를 운행하다가 반대방향에서 자기 차선을 넘어 원고가 진행하는 차선으로 운행하여 오던 소외 한상호 운전의 피고 소유 차량에 충돌되어 그 판시와 같은 상해를 입은 사실을 인정하고 본건 사고에 관하여는 원고에게도 신체활동이 자유스럽지 못한 사람으로서 오토바이를 허가없이 삼륜차로 개조하여 이를 면허없이 운전하였던 탓으로 충돌을 피하지 못한 과실이 있다는 이유로 피고가 배상할 손해액을 정함에 있어서 이를 참작하고 있다.

그러나 원심 판시와 같이 원고가 자기 차선으로 차량을 운행하다가 반대방향에서 차선을 넘어 들어온 피고 소유의 차량과 충돌하게 되었다면 이건 충돌사고는 위 한상호가 자기 차선을 넘어 그 반대차선으로 차량을 운행한 데 그 직접적 원인이 있었다 할 것이요, 자기 차선으로 차량을 운행하고 있던 원고가 신체활동이 자유스럽지 못한 사람으로서 운전면허가 없다거나 그 차량이 불법하게 개조된 것이라 하더라도 특별한 사정이 없는 한 그와 같은 사유 그 자체가 본건 사고발생의 원인이 되었다고는 볼 수 없다고 할 것이다.

기록에 의하면, 이 건 사고지점은 중앙선이 설치되어 있는 편도 일차선도로임을 알 수 있는데 이와 같이 차선의 여유가 없는 도로에서 자동차를 운전하는 경우 가사 그 운전자가 운전면허를 가진 사람으로서 신체활동이 자유롭고 그 자동차가 구조와 기능에 있어서 정상적인 차량이라 하더라도 반대방향에서 진행하여 오던 차량이 차선을 넘어 들어오게 되면 특별한 사정이 없는 한 그 차량과의 충돌을 피하기 어려울 것이다.

이 건 사고의 발생에 관하여 원고에게도 충돌을 피하지 못한 과실이 있었는가의 여부를 판단하려면 먼저 위 한상호가 운전하던 차량이 차선을 넘어 들어올 당시 그 차와 원고가 운전하던 차량의 거리, 그 두 차량의 속도 및 제동거

583) 공 1982. 2. 15. (694), 1081.

리 기타 도로와 교통의 상황 등을 밝혀 본 다음 원고가 신체활동이 자유로운 사람으로서 운전면허가 있고 또 그가 운전한 차량이 불법으로 개량한 차가 아닌 경우, 충돌을 피할 수 있었는지 여부를 심리해 보지 않으면 안 될 것이다. 원심이 이와 같은 점에 대하여 아무런 심리도 하지 아니한 채 막연히 본건 사건에 관하여는 원고에게도 신체활동이 자유롭지 못한 사람으로서 오토바이를 허가없이 개조하여 이를 면허없이 운전하였던 탓으로 충돌을 피하지 못한 과실이 있다고 판단한 것은 심리미진과 이유불비의 위법을 범한 것」이라고 판시하였다.

대법원 1997. 1. 24. 선고 96다39158 판결[584]은 중앙선이 설치된 도로를 자기 차선을 따라 운행하는 자동차 운전자로서는 마주오는 차량도 자기 차선을 지켜 운행하리라고 신뢰하는 것이 보통이므로, 상대방 차량의 비정상적인 운행을 예견할 수 있는 특별한 사정이 없다면 상대방 차량이 중앙선을 침범해 들어올 경우까지 예상하여 운전하여야 할 주의의무는 없다면서, 혈중알코올농도 미상의 주취상태로 전방에 횡단보도가 설치된 편도 1차선 도로를 법정 제한속도를 시속 14㎞ 정도 초과하여 운행하였다는 사실만으로는 반대방향에서 불법주차된 트럭을 피하려다 넘어지면서 중앙선을 침범해 온 오토바이와 충돌한 데 대하여 운전자에게 과실이 없다고 판시하였고, 대법원 1995. 10. 12. 선고 95다28700 판결[585]은 중앙선이 설치된 도로를 자기 차선을 따라 운행하는 자동차 운전자로서는 마주오는 자동차도 자기 차선을 지켜 운행하리라고 신뢰하는 것이 보통이므로, 상대방 자동차의 비정상적인 운행을 예견할 수 있는 특별한 사정이 없다면 상대방 자동차가 중앙선을 침범해 들어올 경우까지 예상하여 운전하여야 할 주의의무는 없으며, 또한 운전자가 제한속도를 초과하여 운전하였다는 사정만을 들어 그에게 과실이 있다고 탓할 수는 없고, 다만 그와 같이 과속운행을 하지 아니하였더라면 상대방 자동차의 중앙선 침범을 발견하는 즉시 정차 또는 감속으로 충돌을 피할 수 있었다는 사정이 있었던 경우에 한하여 과속 운행을 과실로 볼 수 있다고 판시하였으며, 같은 취지의 판결은 위 판결 이전에도 수차례 있었다.[586]

584) 공 1997. 3. 1. (29), 638.
585) 공 1995. 12. 1. (1005), 3744.

5. 구조상 무결함 · 기능상 무장해

자배법 제3조 단서가 정하는 면책사유의 세번째 요건은 사고자동차에 구조상의 결함이나 기능의 장해가 없어야 한다는 것이다. 이것은 자배법상 보유자의 책임이 위험물책임임을 가장 명료하게 표현하는 것이라고 말할 수 있다.

여기서 말하는 구조상의 결함이란 무엇인가? 서독의 도로교통법상 구조상의 결함에 대응하는 문언은 자동차의 「성질상의(in der Beschaffenheit)결함」인데 서독법의 해석으로는 성질상의 결함은 ① 구조(Konstruktion), ② 제조방법(Bauausführung), ③ 손질(Pflege)의 결과에 결함이 있는 것을 말하고, 기능의 장해란 성질상의 결함에 기하지 아니하는 기능장해 예컨대 차바퀴에 의하여 높이 튀어오른 돌이 결함이 없던 조정장치에 충격을 가하여 조정이 불가능하게 된 경우를 말한다고 한다.[587]

우리 자배법상 구조상의 결함을 서독의 성질상 결함과 같이 해석하는 것이 타당할 것인가?

생각컨대 우리 자배법은 구조상의 결함과 기능의 장해를 나란히 규정하고 있는데 기능의 장해란 각 장치가 규정대로 작동하지 않는 것을 의미하므로 위 성질상의 결함중 제조방법이나 손질, 정비상의 결함이 있게 되면 당연히 기능의 장해가 발생될 것이기 때문에 위와 같은 결함은 기능의 장해로부터 구별할 필요가 없게 된다. 예컨대 브레이크 파이프가 조악품으로 제조되었다고 하더라도 그것이 운행중 파열되지 않은 한 사고의 원인이 될 수 없으므로 파열됨으로써 브레이크가 작동하지 않았을 때는 기능의 장해가 발생되므로 위 파이프의 품질이나 정비는 문제 삼을 필요가 없다.

그러나 순수한 구조상의 결함은 기능상의 장해를 동반하지 않고도 사고의 원인이 될 수 있는 경우가 있다. 예컨대 광범위한 시계상의 사각(死角)을 갖는 자동차는 사각 자체가 사고의 원인이 될 수 있다.[588]

---

586) 대법 1994. 9. 9. 선고 94다18003〔공 1994. 10. 15. (978), 2618〕; 대법 1992. 4. 10. 선고 91다44469〔공 1992. 6. 1. (921), 1542〕; 대법 1990. 6. 26. 선고 90다카2441〔공 1990. 8. 15. (878), 1575〕.

587) Müller, a.a.O.S. 240ff. 谷水 央, 「免責の 要件(1)」 判例タイムズ 212호 161면.

이러한 의미에서 우리 자배법상 구조상의 결함은 제조방법이나 정비상 결함 또는 재료상의 하자를 제외한 순수한 자동차 설비상의 결함만을 의미한다고 보는 것이 옳지 않을까 생각한다.

그러나 이와 같은 구별은 실무상은 필요도 실익도 없다. 단, 우리 대법원은 1965. 3. 30. 선고 64다1434 판결[589]에서 「차량을 운전하는 업무에 종사하는 자는 차량을 운행하기 전에 차량을 정비하여 기관 기타에 고장유무를 확인하여 만일 고장이 있음을 발견하였을 때에는 이를 수리하여 운전도중에 브레이크 고장 등으로 인하여 사고가 발생함을 미연에 방지할 주의의무가 있다」고 판시함으로써 정비상 과실에 기인한 사고를 운전자의 운행상 과실로 보고 있고, 같은 설도 있으나[590] 자배법이 운행상 과실 외에 기능의 장해를 따로 규정하고 있으므로 이와 같은 면책요건의 하나로 판단하는 것이 어떨까 생각한다.

다음의 문제는 모든 결함과 장해에 대하여 보유자는 책임을 지는가 하는 것이다. 서독에서는 현재의 과학기술상 불가피한 것까지 책임을 지우는 것은 타당치 않다는 견해가 있다.[591] 일본의 하급심 판결에는 브레이크 드럼의 나사가 풀려 호싱구로부터 빠져나와 브레이크가 작동하지 아니하게 됨으로써 야기된 사고에 관하여 위 하자는 일상의 점검정비에 의하여는 발견될 수 없는 것이라고 하면서도 나사가 우로 감겨있던 것을 후에 제조방법을 고쳐 좌로 감게한 것을 보면 현재의 공학기술상 불가피한 결함 내지 장해는 아니었다면서 면책을 부인한 것이 있다.[592]

그리고 이와 같은 면책요건의 입증방법으로는 자동차가 소정의 보안기준에 적합하고 소정의 검사를 받았고, 정기점검을 받았기 때문에 결함이나 장해가 없었다는 것을 증명하여야 할 것이다. 사고원인과 관련하여 결함과 장해가 문제로 되면 그와 같은 결함이나 장해가 없었다든가 또는 사고와 인과관계가 없다는 것을 감정 등의 방법으로 증명하여야 할 것이다. 사고의 원인으로 되지 않는 결함이나 장해는 면책과는 아무런 관계가 없음은 두말할 필요도 없다.

---

588) 谷水 央, 「免責の 要件(1)」 判例タイムズ 212호 61면.
589) 대법원판례집 13권 1집 민 82면.
590) 安田 實, 「免責の 要件(2)」 判例タイムズ 212호 166면.
591) Geigel. a.a.O.S. 440, 安田, 전게 논문.
592) 東京地判 昭 42. 9. 27. 判例タイムズ 211호 164면.

제 2 장 손 해 론

제 1 절 서 설

민법 제750조는 고의 또는 과실로 인한 위법행위로 타인에게 손해를 가한 자는 그 손해를 배상할 책임이 있다고 규정한다. 그리고 민법 제750조의 특별 규정으로 해석되는 자배법 제3조는 자기를 위하여 자동차를 운행하는 자는 그 운행으로 타인의 생명 또는 신체를 사상한 때에는 그 손해를 배상할 책임이 있다고 규정한다.

한편 민법 제758조는 공작물의 설치 또는 보존의 하자로 인하여 타인에게 손해를 가한 때에는 공작물점유자가 손해를 배상할 책임이 있고, 점유자가 손해의 방지에 필요한 주의를 해태하지 아니한 때에는 소유자가 손해를 배상할 책임이 있다고 규정하고 있다.

우리나라의 손해배상청구사건의 실태는 위와 같이 손해배상책임규정에 따른 자동차교통사고로 인한 인신사고 손해배상과 광산사고로 인한 인신사고 손해배상 및 한국전력주식회사를 상대로 한 공작물의 설치·보존상의 하자를 이유로 한 인신사고 손해배상 등의 청구사건이 그 대부분을 차지하고 있다.

물론 위의 두가지 소송형태는 그 책임발생 원인을 달리하기는 하지만 모두 인신사고로 인한 손해배상이라는 점에 공통성이 있다. 사고로 인하여 불구가 되는 경우에 있어서의 손해액의 산정은 물적 손해와는 달리 사람의 몸에 교환가치를 인정할 수 없기 때문에 직접적인 계산은 불가능하고, 따라서 피해자의 수입감소액을 손해로 계산하는 간접적 방법을 사용함으로써 종래 치료비, 장례비와 같은 적극적 손해와 휴업손해, 잃어버린 기대수입, 퇴직금 등의 소위 소극적 손해와 위자료인 정신적 손해 등 세가지 분류하는 소송물 삼분설이 판례와 학설의 주류를 이루어 오면서 소극적 손해에 관하여는 이것을 사고가 없었더라면 얻을 수 있었던 잃어버린 이익 즉, 일실이익으로 이해하여 왔고 이와 같은 사고방식을 가리켜 "소득상실설"이라 칭하였다. 이 설은 현실적으로 근로소득을 얻고 있었던 자가 사고로 인하여 그 소득의 전부 또는 일부를 상실한 케이스에서는 그런대로 설득력이 있었지만 무직자, 유아와 같은 연소자, 가정주부와 같이 근로소득이 없는 자가 사상한 사건에서는 그 소득을 가정 또는 추정하지 않을 수 없게 됨으로써 비난을 면치 못하여 반성이 일어나게 되었고, 이와 같은 가정과 추정을 과감히 버리고, 사상으로 인한 노동력의 상실 그 자체를 손해로 보고 피해자가 얻고 있었던 소득은 위 상실된 노동력을 평가하기 위한 하나의 자료인 간접사실로 보자는 "가동능력상실설"이 나타나게 되었다. 이 설에 의하면 사상으로 인한 가동능력의 상실 그 자체를 손해로 보기 때문에 이 손해는 적극적 손해로 파악되고, 따라서 소송물은 재산적 손해와 정신적 손해로 구분하는 이분설을 취하게 된다.

소송물을 이분하느냐, 삼분하느냐 하는 것은 기판력에 의한 별소의 제한, 파기환송시의 파기범위 및 그에 따른 환송심의 심리범위, 항목간의 유용 등에 관하여 중요한 의미를 가지므로 일실이익의 성격을 어떻게 이해하느냐와 밀접하게 관련을 갖는다.

뿐만 아니라 일실이익은 인신사고 손해배상액의 대부분을 차지하기 때문에 소송의 중핵을 이루게 되고, 따라서 그 이론구성의 성패는 손해배상이론의 성패를 좌우한다고 보아 지나치지 아니하고 갖가지 손해를 파악하고 산정하는데 영향을 미치고 있다.

우리나라나 일본의 종래의 통설・판례는 소송물 삼분설과 소득상실설에 입각하여 왔다고 말할 수 있다.[1]

일본에서도 소화 42. 11. 10. 최고재판소가 가동능력상실설을 부정하였으나 소화 46년부터 47년 초경까지 주로 교통사고 민사판례집에서 추출된 22건 중 3건을 제외한 나머지는 모두 가동능력상실설을 취하였다 하고,[2] 西島梅治 교수는 위 설을 통설・판례라고까지 말하고 있다.[3]

---

1) 대법 1976. 10. 12. 선고 76다1313 대법원판례집 24권 3집 민 116면, 공 1976. 11. 15. (548), 9390; 最高判 昭 42. 11. 10. 民集 21권 9호 2532면; 加藤一郎, 不法行爲 227면; 岩村引雄, 判例タイムズ 200호 46면.

2) 實務法律大系 交通事故 284면.

3) 判例タイムズ 278호 64면, 전게서 284면.

그런데 우리나라 대법원은 일실이익산정에 기초가 되는 순이익을 정함에 있어 세금을 공제할 필요가 없다는 이유를 설시하면서, 1979. 2. 13. 선고 78다1491 판결(전원합의체)[4]에서 「생명이나 신체에 대한 불법행위로 인하여 가동능력의 전부 또는 일부를 상실함으로써 일실하는 이익의 액은 그 피해자가 그로 인하여 상실하게 된 가동능력에 대한 총평가액으로서 소득세 등 제세금액을 공제하지 아니한 금액이라고 봄이 상당하다」고 판시[5]한 이래, 2차례나 같은 견해를 판시함으로써 세금 비공제설을 취한다는 판례를 확립함과 아울러 일실이익을 상실한 가등능력의 총평가액으로 보는 전시 가동능력상실설을 채택하였고, 이 판결은 대법원 1989. 1. 17. 선고 88다카122 판결[6]에서도 확인하였다.

그렇다면 지금까지 취하여 왔던 소득상실설에 기한 손해배상의 이론은 다시 가동능력상실설에 의하여 재검토, 재구성되지 않으면 안 될 것이다.

이 연구는 이와 같이 우리 대법원이 획기적으로 채택·확립한 가동능력상실설에 기초하여 종래 취하여 온 여러 가지 이론을 비판하면서 손해배상액 산정에 있어 구체적인 이론을 재구성함으로써 보다 설득력 있는 손해배상액의 산정방법을 찾아보려는데 그 목적이 있다.

제 2 절 소득상실설과 가동능력상실설

사상으로 인하여 노동능력의 전부 또는 일부를 상실한 경우에 피해자가 입은 손해는 사고가 없었더라면 그가 얻을 수 있었으리라고 생각되는 이익의 합계라고 파악한 것이 종래의 통설과 판례이었다. 즉, 사상 그 자체를 손해로 보는 것이 아니라 사상의 결과로 생긴 소득의 상실 즉, 금전적 수입의 감소를 손해로 파악하였고, 사고전후의 수입을 대비하여 차액을 산출한 후 그것을 손해액으로 보았으므로 소득상실설 혹은 차액설이라고 불리어졌다. 이 설에 의하면 피해자의 수입이 사고후 명백하게 감소된 경우에는 그 손해액을 산정하는

4) 대법원판례집 27권 1집 민 98면, 공 1979. 5. 15. (608), 11774.

5) 대법 1979. 9. 25. 선고 79다284〔공 1979. 12. 1. (621), 12256〕; 대법 1979. 12. 28. 선고 79다1727〔공 1980. 3. 1. (627), 12538〕.

6) 공 1989. 3. 1. (843), 294.

데 어려움은 없다. 그러나 다음과 같은 경우에는 설명하기 곤란한 문제가 발생한다.

첫째, 피해자가 현실적으로 근로소득을 얻고 있지 아니한 무직자, 가정주부, 학생, 유아 등인 경우에 그들에게 피해가 없다고 단정할 것인가?

이 경우에도 종래의 통설과 판례는 소위 농촌일용노동임금 또는 도시일용노동임금을 기초로 하여 그들의 손해액을 산출하고 그 이유로서 적어도 농촌 또는 도시일용노동에 종사하여 그 임금을 얻을 수 있었을 터인데 당해 사고로 인하여 이를 상실하게 되었다고 설명하였다.

그러나 이와 같은 소득은 가정된, 추정된 소득이지 현실적인 수입은 아니므로 본래의 소득개념으로는 이미 설명하기 어렵게 되고, 위와 같은 가정, 추정된 수입은 오히려 상실된 피해자의 노동능력에 대한 평가액이라고 보는 것이 오히려 솔직한 것이다.

둘째, 수상으로 인하여 노동능력의 일부를 상실하였으나 실질적인 수입의 감소가 없는 경우에 위 차액설에 의하여 소득의 감소가 없으므로 손해는 부정되고 종래의 판례도 그렇게 판시하여 왔다.

우리나라 대법원이 1967. 11. 28. 선고 67다2270 판결에서 「원고는 본건 사고가 없었더라면 농촌노동으로 매월 4,400원의 수입을 얻을 수 있는 계산이 되나 원고는 제대후 초등학교 수위로 근무하여 월 5,000원의 수입을 얻고 있으니 …… 결국 본건 사고로 인하여 상실되는 수익이 없음에 귀착되므로 재산상 손해배상청구를 배척한 것은 정당하다」고 판시하고,[7] 또 1971. 12. 28. 선고 71다2254 판결에서는 「광부 퇴직후의 예상수익인 일반농업노임액이 노동능력 상실정도를 감안하고도 오히려 사고전에 받던 광부노임보다 많은 경우에는 일실이익의 손해가 있다고 볼 수 없다」고 판시한 것이 그것이다.[8]

그러나 사고로 인하여 노동력의 일부를 상실한 것이 명백함에도 불구하고 우연히 국가의 도움으로 노동력을 많이 쓰지 않고도 견딜 수 있는 직장을 얻었다든지 또는 사고당시의 원고의 노임이 일반농촌일용노임보다 적었기 때문에 잔존 노동력에 의한 농촌수입이 종전의 광부노임을 상회한다 하여 아무런

7) 판례총람 4-2(A)권 928-45면.

8) 판례총람 4-2(A)권 928-367면, 판례월보 18호 54면.

손해가 없다고 단정할 수 있을 것인가?

한편 우리 대법원은 1979. 9. 25. 선고 79다1410 판결[9]에서 피해자의 실수입이 일반도시일용노임보다 적을 때는 계속해서 그와 같이 적은 임금을 받고 일한다고는 볼 수 없으므로 일반도시일용노임을 기초로 하여도 좋다고 판시한 바 있으니 전시 광부의 손해를 부정하는 것이 타당한지는 더욱 의문이다.

사무직에 근무하는 사람이 왼쪽 다리를 잃었다든지 왼손을 잃었으나 회사의 호의로 계속 근무하여 수입의 감소가 없는 경우라도 위와 같은 결과는 회사 간부들과의 인적 관계로 인한 인정상의 선처 또는 사고 후의 핸디캡을 극복하면서 전보다 더 열심히 일을 하기 때문에 생기는 것일지도 모른다.

사고 없이 이와 같이 더 열심히 일한다면 그는 더 좋은 수입을 올릴 수 있었을 터인데 노동력의 일부를 상실하였기 때문에 종전과 같은 수입 밖에 얻지 못한다면 그에게 손해가 없다 할 수 없고, 장래 회사 간부들의 변경으로 인적 관계가 단절된다든지 하는 경우에는 노동력의 하자를 들어 사직을 당할 수도 있고 승진에서 탈락될 수도 있을 터인데 이와 같은 사정을 모두 무시하여 버리고 손해가 없다고 단정하여도 좋은가? 이러한 경우라도 현재의 순수입 또는 개연성 있는 종래의 순수입에 노동력상실비율을 곱한 손해액을 인정하는 것이 옳지 않을까?

대법원 1995. 1. 20. 선고 94다38731 판결[10]은 현실적인 장애사실이 인정되고 그 장애가 완전히 극복되지 아니하였다면 설령 피해자가 사고로 인한 상해의 후유증에도 불구하고 종전과 같은 직장에서 종전과 다름없는 수입을 얻고 있다 하더라도 당해 직장이나 수입이 피해자의 가동능력의 정상적인 한계에 알맞은 것이었다는 사정까지 나타나지 아니하는 한 피해자가 신체적인 기능장애에도 불구하고 아무런 재산상의 손해도 입지 않았다고 단정할 수는 없는 것(당원 1994. 4. 12. 선고 93다52372 판결 참조)이라고 판시하였고 이는 확립된 판례라고 할 수 있을 것이다.[11]

---

9) 공 1979. 11. 15. (620), 12226.

10) 공 1995. 2. 15. (986), 889.

11) 대법 1994. 9. 30. 선고 93다58844〔공 1994. 11. 1. (979), 2827〕; 대법 1994. 8. 26. 선고 94다25810〔공 1994. 10. 1. (977), 2527〕; 대법 1991. 2. 12. 선고 90다13291〔공 1991. 4. 1. (893), 976〕.

셋째로 피해자의 일실이익 산정의 기초가 되는 소득액을 정함에 있어 소득세를 공제할 것인가에 관하여 종래 공제설과 비공제설로 양분되어 있었고 각 설마다 여러 가지 이유를 제시하여 왔었다.[12]

그리고 공제설의 근거가 될 하나의 큰 이유는 소득상실설을 취하였기 때문이라고 말할 수 있다. 즉, 피해자가 사고로 인하여 잃게 된 순수익은 세금을 공제한 잔액이라고 보지 않을 수 없었기 때문이다.

그러나 가동능력상실설의 입장에서는 앞서 본 1979. 2. 13. 선고 78다1491 전원합의체 판결[13]이 명시하듯이, 생명이나 신체에 대한 불법행위로 인하여 가동능력의 전부 또는 일부를 상실함으로써 상실하는 수익의 액은 그 피해자가 그로 인하여 상실하게 된 가동능력에 대한 총평가액으로서 소득세 등 제 공과금을 공제하지 아니한 금액이라고 보게 되는 것이다. 왜냐하면 피해자의 가동에 대한 대가는 세금을 공제하기 전의 총급여액이고, 세금은 그 급여액에 대하여 징수하는 공과금인 까닭이다. 따라서 소득상실설의 입장에서는 쉽사리 공제설을 취하게 됨으로써 매년 변하다시피하는 각종 세율을 추적, 산출, 공제하지 않으면 안 되는 실무상의 곤란을 야기시켰던 것이다.

넷째로 피해자가 군사원호보상법에 의하여 연금을 받고 있다가 사고사망한 경우에 그의 일실이익을 산정함에 있어 이를 급여에 가산하여야 할 것인가 하는 문제에 관하여 소득상실설을 취하면 이를 긍정하지 않을 수 없다.[14]

그러나 연금은 전상자의 생활보장을 본래의 목적으로 하고 일신전속성이 있어 상속이 허용되지 않는다고 보아야 하므로 연금을 일실이익산정의 기초수익에 포함시키기 곤란하고, 따라서 소득상실설과는 들어맞지 아니한다.

그러나 가동능력상실설에서는 쉽게 이 문제를 설명할 수 있다. 이 설은 연금은 가동능력에 대한 대가가 아니므로 원칙적으로 가동능력의 평가자료로 볼 수 없다고 설명하게 된다.

나섯째 소득상실설은 사상 자체를 손해로 보지 않고 사고로 인하여 지출된 금액 및 상실한 장래의 이익을 손해로 보기 때문에 적극적 손해에 관하여는

12) 진성규, 「일실이익의 배상액산정에 있어서의 손익상계」 사법연구자료 7집 147면 이하.
13) 대법원판례집 27권 1집 민 98면.
14) 最高判 昭 41. 4. 27. 民集 20권 4호 449면.

각 금원이 지급된 때 발생된 셈이 되고, 이때부터 지연손해금을 붙이게 된다. 따라서 각 금원(치료비, 장례비 등)이 지급된 날을 찾아 지연손해금을 덧붙여야 하는 번거로움이 생기게 된다. 그러나 판례는 모두 예외 없이 사고일로부터 지연손해금을 붙여주고 있는바, 이는 소득상실설로써는 설명이 곤란하다.

그러나 가동능력상실설에서는 사상 그 자체를 손해로 보고, 손해액은 상실된 능력의 평가액으로 보기 때문에 사상이 발생한 때에 손해는 발생된 것이고, 따라서 그날부터 지연손해금을 지급하여야 한다는 순조로운 결론을 낼 수 있게 된다.

여섯째로 소득상실설은 인적 손해를 재산적 손해와 정신적 손해로 나누고 전자를 다시 적극적 손해와 소극적 손해로 분류하는 소위 소송물 삼분설과 쉽게 결합하였다고 볼 수 있다. 삼분설에서는 위 세가지 손해는 독립된 소송물로 봄으로 각 그 청구액을 넘어 인용할 수 없고, 서로 융통하여 한편의 초과청구부분을 다른 한편의 미달된 청구액에 가산하여 인용할 수 없게 된다.

그러나 한편, 위 세가지 손해 중 하나만을 청구하고 나머지를 후에 청구할 수도 있다. 과연 이와 같은 이론적 결과는 그대로 타당한 것일까?

사고로 인한 손해배상을 일거에 해결하는 것이 소송경제상 유리하고 정책적으로도 이를 유도할 필요가 있다고 본다. 또한 원고의 법률지식이라든가 또는 소송기술의 부족으로 더 받을 것을 못 받게 되는 것도 어쩔 수 없다고 말하게 될 것이다.

그러나 가동능력상실설을 취하면 일실이익이란 상실된 가동능력의 평가액이므로 가동능력의 상실은 소유물건의 상실처럼 소극적 손해가 아닌 적극적 손해로 파악할 수 있게 되므로 그 손해는 소비된 치료비, 장례비, 의족·의수대가 과실상계에 의하여 삭감을 당하게 되더라도 원고가 청구를 잘못한 탓으로 일실이익으로 더 받을 수 있었던 것을 덜 받게 되는 경우에는 모두 같은 적극적 손해라는 견지에서 위 삭감된 치료비나 장례비, 의족대가 일실이익의 일부로 전용되어 인정될 수도 있다는 논리도 전개할 수 있고 변론주의에도 반함이 없이 피해자의 보호에도 충실하게 될 것이다.

제 3 절 일실이익의 산정

Ⅰ. 서

일실이익이란 사고가 없었더라면 얻을 수 있었던 소득의 합계로서 소극적 손해로 파악되어 왔고 이것이 종래의 소득상실설의 입장이다. 그러나 가동능력상실설에서는 사고로 인하여 잃어버린 피해자의 가동능력에 대한 총평가액으로 보고, 따라서 적극적 손해로 파악하게 된다. 그러나 가동능력에 대한 총평가액이라고 해도, 가동능력에 물건처럼 교환가치를 인정할 수는 없으므로, 그 평가에 있어서는 피해자의 순수익을 기초로 가동기간을 곱하고 중간이자를 공제하는 방법 외에는 도리가 없고, 따라서 소득상실설에서의 산정방법과 조금도 다를 것이 없다.

단지 생활비나 세금을 공제할 것이냐에 관하여 또한 피해자가 가동능력의 활용에 의하지 아니한 연금 또는 군사원호보상법에 의한 급여를 받고 있었던 경우에 그 소득을 기초순수입에 산입할 것이냐에 관하여는 견해를 달리하게 될 뿐이다.

어쨌든 상실한 가동능력을 평가하기 위하여 그 산정에 기초가 될 순수입을 추출하는 것이 첫째 작업이요, 둘째는 피해자의 가동기간의 인정이며, 셋째는 중간이자의 공제방법이 문제로 된다.

Ⅱ. 기초수입의 산정

1. 근로소득에의 한정

가동능력을 평가하기 위한 기초수익에는 가동능력의 발휘에 의한 수입만이 포함되어야 한다. 전술한 바와 같이 소득상실설의 입장에서는 사고로 인하여 얻을 수 있었던 소득을 상실한 경우에는 그것은 배상하지 않으면 안 된다고 하여야 하게 되고, 따라서 피해자가 공무원연금법이나 군사원호보상법 등에 의하여 연금을 받고 있다가 사망한 경우에는 그 연금의 상실도 배상의 대상이 될 가능성이 있었다. 그러나 위와 같은 수입은 가동능력의 발휘에 따른 대가가 아니며 과거의 노동의 대가 혹은 국가를 위하여 봉사한 자의 생활보장을 도모하려는 정책적 고려에서 지급되고 일신전속적 성격(물론 법에 따라 유족에게 지급되는 경우에는 본인의 수급권 상실로 인한 손해배상청구권은 상속될 수도 없다)을 갖는 것이므로 가동능력에 대한 평가의 자료가 될 수 없다.

뿐만 아니라 개인기업주의 손해를 산정함에 있어서도 그의 투자자본에 대한 자본수입은 가동능력에 의한 것이 아니므로 기초수입에 산입될 수 없다. 따라서 개인기업에 관한 노무가치설도 기업주의 근로소득부분을 기업수익으로부터 추출하기 위한 이론이었다고 말할 수 있고 가동능력상실과 일치한다고 볼 수 있다.

대법원 1985. 5. 28. 선고 85다카85 판결은 과수원을 소유하고 있던 자가 사고당시 직접 과수원을 경영한 것이 아니라 이를 임대하여 임대료만을 받아 왔다면 비록 사고로 인하여 사망하였다 하더라도 임료상당의 수입을 사망전과 마찬가지로 계속 얻을 수 있을 것이므로 이 부분 손해배상청구는 실당하다고 판시하였다〔공 1985. 7. 15. (756), 915〕.

2. 근로소득 인정상의 문제

가. 급여생활자의 경우(승급 및 수입증가 개연성)

급여생활자의 일실이익을 산정함에는 사고당시의 급여를 기준으로 하는 것이 원칙이고,[15] 장래의 불확실한 변동은 고려될 수 없다.[16]

위 급여는 근로기준법상 임금이라고 생각됨으로 위 법 제2조 제5호에서 정의한 「사용자가 근로의 대가로 근로자에게 임금, 봉급, 그 밖에 어떤 명칭으로든지 지급하는 일체의 금품」을 말하는 것이다. 따라서 본봉, 현업수당, 급식수당, 특근수당, 상여금 총액이 이에 포함된다.[17]

---

15) 대법 1971. 7. 27. 선고 71다1349 대법원판례집 19권 2집 민 232면; 대법 1977. 7. 26. 선고 77다481〔공 1977. 9. 15. (568), 10243〕.

16) 대법 1966. 2. 20. 선고 65다2636 대법원판결요지집 576면, 판례카드 1548.

17) 대법 1973. 7. 23. 선고 73다106 판례총람 24-2권 1142-18-15면; 대법 1969. 4. 15.

원래 상여금은 사용자가 경영실적, 근무성적 등을 참작하여 재량적 은혜적으로 지급하는 불확정한 급여로서 임금에 포함되는 것은 아니나[18] 노사간에 합의된 보수규정상은 위와 같은 취지로 되어있더라도 사실상 계속적 정기적으로 일률적인 지급이 이루어져 왔다면 이것은 호의적, 은혜적 급여를 떠나 임금의 일종으로 보지 않을 수 없다고 누차 대법원은 판시하였다.[19] 따라서 위와 같은 상여금은 모두 임금으로 일실이익산정의 기초가 될 것이다.

그러나 학부형이 조직한 육성회에서 학교법인의 종업원에게 지급하는 금원[20]이라든가 수당 중에서도 특수직, 예컨대 전투경찰에만 지급되는 전투수당, 동원식비 등은 그 직을 수행할 수 있는 기간 동안만 인정하여야 할 것이고, 철도종사원의 승무여비처럼 출장시마다 소비되는 일시적 지급액은 실경비의 대가적 성질을 가지므로 근로수입으로는 볼 수 없다.[21] 뿐만 아니라 판공비나 정보비 등도 형식적으로는 근로의 대가는 아니다. 그러나 보수의 변형으로 볼 여지도 있는 현실태를 고려하면 문제가 될 수 있다.

대법원 1983. 9. 27. 선고 83다카705·706 판결[22]은 「매월 고정급료가 아닌 일역기본금을 받고 있던 피해자가 사고전의 한달 동안에 받은 기본임금이 그 이전의 두달 동안의 그것에 비하여 이례적으로 많은 경우에는 다른 사정이 없는 한 장래에도 계속하여 당연히 이례적으로 많은 위 기본임금 상당의 임금을 받게 되리라고 기대할 수 없으므로 피해자의 장래수익상실로 인한 손해액을 산정함에 있어서 특별한 사정이 있음을 밝히지 않은 채 이례적으로 많은 임금을 기초로 함은 위법」이라고 판시한다.

급여에 관한 장래의 불확실한 변동은 고려될 수 없지만 수입증가의 가능성

선고 68다2084 판례총람 4-2(A)권 928-108면; 대법 1976. 9. 28. 선고 76다1497〔공 1976. 11. 1. (547), 9369〕; 대법 1973. 9. 25. 선고 73다510 판례총람 4-2(A)권 928-476면.

18) 대법 1973. 3. 27. 선고 72다2425 판례총람 24-2권 1142-18-4면, 공 1973. 6. 1. (465), 7308.

19) 대법 1976. 10. 26. 선고 76다502 판례총람 24-2권 1142-18-32면; 대법 1976. 6. 22. 선고 76다439 판례총람 24-2권 1142-18-19면.

20) 대법 1974. 2. 27. 선고 73다498 판례총람 24-2권 1142-18-14면.

21) 대법 1971. 10. 22. 선고 71다1982 판례총람 4-2(A)권 928-358면.

22) 공 1983. 11. 15. (716), 1582.

이 객관적으로 확실시되는 경우에는 그것을 기준으로 삼아야 한다.

따라서 사고당시에 이미 노임인상에 관한 협상이 진행되고 있었고 변론 종결 이전에 이미 인상이 이루어졌다면 그 인상 이후는 인상된 급료를 기준으로 하지 않으면 안 된다.[23]

대법원 1977. 5. 10. 선고 75다2278 판결[24]에서 농촌일용노임보다 적은 수입을 얻고 있던 사진사에 관하여 「설사 이 사건에 관한 원심 구두변론 종결 당시의 농촌노동임금이 위 사진사로서의 수입보다 상회한다고 하더라도 반드시 상회하는 농촌노임을 기초로 하여야 할 이유는 없다」고 판시하여 원칙적인 입장을 보였으나, 1979. 9. 25. 선고 79다1410 판결[25]에서는 「불법행위로 인하여 신체에 상해를 입은 피해자의 상실수익액의 산정에 있어서는 그 불법행위 당시의 피해자가 종사하고 있던 업무로부터 얻는 금액을 표준으로 하는 것이 타당하다 하더라도 그 수익이 장래 증액될 것으로 기대되는 개연성과 사정이 있는 경우에는 그 기대수익도 그 산정에 있어 고려되어야 함이 상당하다」면서, 「농촌노동으로 인한 수익이 원고가 사고당시에 업무의 대가로 받고 있던 급여액보다 월등히 다액이라 하여도 일반적으로 농업노동에 종사한다는 것은 특단의 사정이 없는 한 건강한 사람이라면 누구라도 가능한 것이고, 또 농업노동에 종사하는 경우에 평균임금 상당의 수익을 받는다는 것도 개연성이 있다 할 것이므로 원고가 장래에도 계속해서 앞서 말한 적은 액수에 만족하면서 가동연한을 마칠 것이라는 특단의 사정이 없는 한 원고의 청구에 따라 농촌노동임금을 전제로 하여 수익상실액을 산정한 것에 손해배상액의 산정기준에 관한 어떤 법리오해가 있다는 논지는 이유 없다」고 판시하였다. 그러나 개연성은 객관적 확실성이 요구되고 확실성의 정도는 강하게 요구된다. 판례는 증인의 증언과 그 증인의 확인서의 기재내용이 승급을 입증하여도 그것은 개연성을 상당한 정도로 확실하게 인정할 수 있는 자료로서는 부족하다고 판시한 일이 있다.[26]

---

23) 대법 1980. 9. 9. 선고 80다1488〔공 1980. 11. 1. (643), 13171〕; 대법 1977. 11. 18. 선고 76다2418 판례월보 93호 15면.

24) 공 1977. 6. 15. (562), 10078.

25) 공 1979. 11. 15. (620), 12226.

26) 대법 1977. 6. 7. 선고 76다1056 판례월보 89호 15면.

위의 판결들을 음미해 보면 상충되는 느낌이 생긴다. 즉, 일실이익의 산정은 불법행위 당시의 수입을 기초로 하되 수입증가의 개연성이 상당한 정도로 확실한 경우에만 그것을 참작하여야 한다는 기본입장에서 보면 특정직업을 가진 자가 그 수입이 일용노임보다 적다는 이유로 일용노동자로 될 개연성이 과연, 상당정도 확실하다고 말할 수 있을지 의문이 생기지 않을 수 없다.

그리하여 대법원에서는 위의 의문에 답하기 위하여 1980. 2. 26. 선고 79다1899 판결[27]로써 전원합의체 판결을 하기에 이르렀다. 이 판결에서 다수의견은 「불법행위로 인하여 신체장애를 일으켜 노동력을 상실한 피해자의 일실수익을 산정하는 경우에는 원칙적으로 그 노동력 상실당시의 피해자의 수익을 기준으로 하여야 함은 소론과 같으나 그 수익이 장차 증가될 것이 상당한 정도로 확실시되는 객관적 자료가 있는 때에는 그 증가될 수익도 의당 고려되는 것이라 할 것이며(당원 1977. 11. 18. 선고 76다2418 판결 참조), 한편 일반노동노임이 증가일로에 있는 점은 공지의 사실이라 할 것이고 또 공장 등에서 직공으로 종사하는 자는 거기서 얻는 수익보다 일반노동임금이 훨씬 많은 경우에는 일반노동에 종사하리라는 개연성이 농후하다고 할 것이므로 별단의 사정이 없는 한 변론종결당시의 일반노동임금이 노동력 상실당시 현실로 얻은 수익보다 다액일 때는 그 노동임금을 선택하고 이를 기준으로 하여 그 일실수익을 산정함을 정당하다 할 것이니(당원 1969. 10. 14. 선고 68다1284 판결 참조), 이런 취지에서 「원심판결이 노동력 상실 당시 프레스직공으로 월수 금 79,200원의 수익을 얻은 원고의 일실수익을 산정함에 있어서 본건 변론종결시의 일반농촌일용노임을 기준으로 그 후의 일실손해를 산정한 조치엔 수긍이 간다. 본건의 경우 노동력을 상실할 당시에 원고가 일정한 직업이 없어 수익이 없었다면 일반일용노임이 일실손해 산정의 기초가 되는 점에는 이론이 없을 것이니 그렇다면 원고가 프레스공으로 수익이 있었기 때문에 일반노임보다 적은 액수를 배상받아야 한다는 불합리하다고 할 것이니 원판시에는 소론과 같은 위법이 없다」고 판시하였고, 이에 대하여 소수의견은 「사람의 생명이나 신체를 침해한 경우, 그로 인한 손해를 산정할 때는 그가 재화를 획득하는 능력을 평가하여 산출하는 것이 통례이므로 재화획득능력은 피해자가 일정한 직업에

27) 공 1980. 5. 1. (631), 12690.

종사하고 있었다면 거기서 얻거나 얻을 수 있는 수익이 산정기준이 될 것이나 일정한 직업이 없는 때는 그가 본시 불구여서 노동에 종사할 수 없거나 노동에 종사할 의사가 없는 등 특수사정이 없는 한 최소한 일반일용노동에 종사할 것으로 보아 그 노임을 기준으로 하는 것이다.

따라서 본건 피해자인 원고가 좌수 사지를 절단 당할 당시, 피고 경영의 공장에서 프레스공으로 월수 금 79,200원의 수익을 얻고 있었던 본건에 있어서는 그 수익이나 장차 그 수익이 증가될 객관적 사정이 있었다면 그 증가될 수익을 일실손해의 산정기준으로 삼아야 할 것은 두말할 필요도 없을 것이다.

위 다수설은 일반일용노동임금이 프레스공으로 얻은 수입보다 다액일 때는 일반노동에 종사할 개연성이 농후하니 이 노동임금을 산정기준으로 하여야 한다는 것이나 어디다가 근거를 두고 일반일용노동에 전신할 개연성이 있다고 하는 것인지 납득할 수 없다.

아마 사람은 경제적 동물이기에 수익이 많은 곳으로 전직하는 것이 상례라는 점을 기조로 하는 것 같으나 원고가 견습공이나 임시 일용직공이 아닌 바에야 일반일용노동임금이 현재의 수익보다 다소 높다고 하여 일정한 공장에서 기술을 요하는 프레스직공으로 얻는 고정적인 수입을 팽개치고 일용노동으로 전신한다는 것은 상상도 할 수 없는 노릇이다.

그러므로 원고가 본건 사고가 없었더라도 일반일용노동에 종사하리라는 특수사정을 엿볼 수 없는 본건에 있어서는 노동력 상실당시에 프레스공으로 얻었거나 얻을 수 있는 수익을 일실손해산정의 기준으로 하여야지 그렇지 아니하고 피해자를 보호한다는 점에 눈이 가리어 현재의 취업과 아무런 관련도 없는 일반일용노임을 기준으로 하여 일실손해를 계산한 원심의 조치에는 일실수익에 관한 법리오해의 위법이 있다고 아니할 수 없다.

원판시를 유지하는 다수의견은 본건 사고당시 원고가 아무 정직이 없었다면 결국 일반노동임금을 기준으로 할 것이 아닌가고 반문하고 있으나 사고당시 무직이었다면 재화획득능력을 평가할 기준이 없기 때문에 하다 못해 신체장애가 없는 사람이라면 최소한 일반일용노동에 종사하는 것으로 보아 그 노임을 산정기준으로 하는 것이 손해배상에 있어서 공평관념에 합당하다고 본 데서 나온 귀결인 만큼 우연히도 일반일용노동임금이 실지취업에서 얻는 수익보다 많다 하여 언제든지 그 실지수익을 도외시하고 다액인 일용노임에 따라야 한다는 일반론을 도출함은 도리어 불합리하다고 할 것이니 다수의견에 반론을 제기하는 바이다」라고 판시하였다.

생각컨대 다수설은 사고당시의 수입의 일용노임에 미달할 경우에는 일용노동으로 전향할 개연성이 농후하고 그 정도는 상당한 정도로 확실하다고 하는 일반론을 이끌어냈고, 그것은 무직자인 경우보다도 더 적은 손해배상액을 받게되는 불합리를 피하려는데 있는 것으로 보인다. 그러나 소수의견은 위와 같은 개연성을 부인하고 위와 같은 일반론의 도출은 부당하다고 보면서 일용노임보다 적은 임금은 우연적 사정이니 할 수 없다는 취지로 보인다.

대법원에서는 지금까지 수입증가의 개연성은 상당한 정도로 확실시되어야 한다면서, 광부의 경우 사고당시 승급추진운동이 진행중이었고, 변론종결 이전에 이미 그것이 현실된 경우에는 이를 장래의 손해액 산정의 기초로 인정하였고, 뒤에서 보는 바와 같이 일정기간 계속근무하면 당연히 호봉이 오르는 교육공무원에 대하여는 승급을 인정하면서 군인에 대하여는 이를 부정하는 등 상당히 강한 개연성의 입증을 요구하여 왔다. 그럼에도 불구하고 이 사건에서 다수설이 직업전환에 따른 급여증가의 개연성을 상당히 확실하다고 본 것은 무직자와의 균형을 고려한 것으로 생각된다.

그러나 특정기술을 습득한 고정급여취득자가 불안정한 일용근로자로 전직할 개연성이 크다는 것은 일용노임이 고정급여보다 많다는 사정을 참작해도 그 개연성의 정도가 "상당히 확실"하다고 보기 어렵다.

필자의 실무경험에 의하면 정부노임단가표나 건설노임단가표상의 기술직노임은 일용노임보다 다액으로 되어 있다.

그러나 실제, 공장 등에서는 특히 근로자가 미성년자이거나 경력이 비교적 짧은 경우에 위 단가표상의 임금보다 적은 임금을 받는 일이 종종 있다.

한편 위 단가표상의 노임보다 더 많은 노임을 받는 고경력자도 있을 것이다. 그것은 단가표상의 노임은 평균치에 불과한 것이기 때문이다.

그렇다면 위 기능인이 일용노동자로 전환할 가능성보다는 오히려 저임금을 받더라도 상당기간 수련을 쌓아 일용노임보다 많은 기능인으로서의 임금을 받을 개연성이 더 크다고 보는 것이 옳을 것이다.

따라서 이 사건과 같은 경우에 원고로서는 전시 단가표상의 노임을 받을 때까지(예컨대 성년에 달할 때까지 혹은 4~5년의 경력을 쌓을 때까지)는 사고 당시의 임금을 기준으로 그 이후는 단가표상의 임금으로 청구할 수 있다고 보아야 할 것이고, 그렇게 하였어야 다수설이 걱정하는 무직자와의 불균형이 없어질 것이다.

결국 일정한 기능을 가진 고정급여자가 장래성도 없는 불안정한 일용노동자로 전직할 개연성이 상당한 정도로 확실하다는 일반론은 무리한 것으로 생각되며, 원고가 잘못 청구한 사안에서 무직자와의 균형만에 집착한 나머지 생긴 결론이 아닌지 의심스럽다.

다음 급여생활자의 급여를 어떻게 주장·입증할 것인가의 문제가 있다. 대법원은 1992. 11. 13. 선고 92다14526 판결[28]에서 불법행위로 인한 손해배상사건에서 피해자의 일실이익은 사고 당시 피해자의 소득을 기준으로 하여 산정할 수도 있고 추정소득에 의하여 평가할 수도 있는 것이며, 이와 같은 일실이익의 산정은 불확정한 미래사실의 예측이므로 당해 사건에 현출된 구체적 사정을 기초로 하여 합리적이고 객관성 있는 기대수익을 산정할 수 있으면 족하고 반드시 어느 한쪽만을 정당한 산정방법이라고 할 수 없다고 판시한 이래 이 견해를 반복판시하였다.[29]

그리고 실제소득과 통계소득과 차이가 있는 경우에는 장차 통계소득만큼 얻을 수 있으리라는 특수사정이 인정되는 경우에 한하여 통계소득을 기준으로 일실이익을 산정할 수 있다고 계속 판시함으로써 확립된 판례가 된 것으로 보인다. 즉, 대법원 2006. 3. 9. 선고 2005다16904 판결[30]은 피해자에 대한 사고 당시의 실제수입을 확정할 수 있는 객관적인 자료가 현출되어 있어 그에 기하여 합리적이고 객관성 있는 기대수입을 산정할 수 있다면, 사고 당시의 실제수입을 기초로 일실수입을 산정하여야 하고, 임금구조기본통계조사보고서 등의 통계소득이 실제수입보다 높다고 하더라도 사고 당시에 실제로 얻고 있던 수입보다 높은 통계소득만큼 수입을 장차 얻을 수 있으리라는 특수사정이

28) 공 1993. 1. 1. (935), 101.

29) 대법 1994. 9. 27. 선고 94다26134〔공 1994. 11. 1. (979), 2818〕.

30) 공 2006. 4. 15. (248), 581.

인정되는 경우에 한하여 그러한 통계소득을 기준으로 일실수입을 산정하여야 한다고 판시하였으며, 같은 취지는 그 이전에도 수차례 있었다.[31)]

따라서 사납금을 기준으로 한 월급 외에 사납금을 초과하는 금액을 자기 수입으로 하는 택시운전수의 총수입은 불확실하고 입증되지 아니하므로 통계수입을 기초로 일실이익을 산정할 수 있다고 판시하였고, 이와 같은 특수사정이 인정되지 아니하는 일용 전기배전공에 대하여는 통계수입에 의한 산정을 거절하였다.[32)]

과거에 대법원은 같은 수입증가의 가능성이라 하더라도 급여생활자의 승급에 관하여는 상당히 강력한 입증을 요구하였다.

즉, 1966. 2. 28. 선고 65다1888 판결[33)]에서 군인에 관하여 일정한 기간의 경과로 당연히 승급 승진한다고는 볼 수 없으므로 이를 전제로 한 손해의 계산은 정당하지 아니하다고 판시하고, 또 1974. 3. 26. 선고 73다502 판결[34)]에서는 국민학교교원에 관하여 「교육공무원법 제33조 및 교육공무원보수규정 제10조의 규정 취지로 보아 교육공무원 정년인 만 65세까지 계속 근무하면서 당연히 원판시와 같이 승급한다고는 보기 어려우므로 원고가 장차 만 65세에 이르기까지 계속하여 그와 같이 승급할 것이라는 특별한 사정은 원심이 이 점을 뒷받침하는 증거로 삼은 듯한 원심 증인 A의 막연한 증언만 가지고는 이를 인정하기에 부족하다」고 판시하고, 1974. 4. 23. 선고 73다271 판결[35)]에서도 같은 교육공무원에 관하여 교육공무원은 계속근무하면 호봉이 올라가고 그에 따라 봉급이 올라가는 것은 교육공무원의 보수규정상 명백하다는 이유로 승급을 고려하여 일실이익을 산정한 서울고법의 원심 판결을 파기하고 전시 73다502 판결을 인용하였다.[36)]

그러나 일본의 학자는 관공서와 같이 명확한 승급규정이 있는 경우에는 그

---

31) 대법 2004. 10. 15. 선고 2003다39927〔공 2004. 11. 15. (214), 1818〕; 대법 1994. 9. 27. 선고 94다26134〔공 1994. 11. 1. (979), 2818〕.

32) 대법 2001. 7. 27. 선고 2001다29001〔공 2001. 9. 15. (138), 1956〕.

33) 대법 1966. 2. 28. 선고 65다1888 판례총람 4-2(A)권 928-288면.

34) 공 1974. 5. 1. (487), 7795.

35) 서울고법 1972. 12. 22. 선고 72나1794 특례월보 28호 66면.

36) 법률신문 1974. 6. 3.자 1062호.

것에 준하여 승급을 예측함에 이론이 없을 것이라면서 위와 같은 규정이 없더라도 동료의 과거 혹은 사고후의 승급실적을 참작하여 승급을 인정하여야 할 것이라고 주장하고, 일 최판 소화 43. 8. 27.은 중소기업의 사무원이 본인과 같은 정도의 노력・능력있는 동료의 사고후의 평균승급률에 준하여 승급가능성을 추인한 원판결을 시인하였다.[37)]

이 판례는 「상당정도의 개연성」, 「상당한 확실성」이라고 하는 영미의 "reasonable probability", "reasonable certainty"를 생각케 하는 기준을 내세워 증명도의 감경을 시인하고 있다. 일본의 일부 하급심 판례들은 위 판결 후에도 상당히 고도의 증명을 요구하고 있으나[38)] 연령별 임금통계 등에 기준하여 승급주장을 인정한 예도 있다.[39)] 장래의 승급에 관하여 엄격한 구체적 증거를 요구하는 태도는 유아의 일실이익에 관한 판례법과 수미일관하지 않을 뿐 아니라 결과적으로 공무원과 대기업 종업원을 우대하여 일실이익의 불평등을 증대시켜 타당치 않다는 비판이 있다.[40)]

우리 대법원도 1984. 2. 14. 선고 83다카2105 판결[41)]에 이르러서는 전시 73다502 판결과는 달리 지방공무원보수규정상 모든 공무원은 원칙적으로 1년마다 승급하고 징계처분, 직위해제, 휴직 등의 승급제한사유가 있는 경우에 한하여 예외적으로 승급할 수 없도록 되어 있다면 위 규정에 의한 승급으로 원고의 손해는 증액될 것이 기대되는 충분한 객관적 개연성이 있다 할 것이고 이는 위 규정이 공포시행된 이상 객관적으로 주지하는 사실로 보아야 할 것이므로 지방공무원의 일실이익의 사정에 있어서는 특별히 위 승급제한에 관한 예외적 사유가 있음에 대한 입증이 없는 한 의당 위 승급규정에 의하여 매년 승급할 승급액을 기준으로 하여야 한다고 판시하였다.

---

37) 民集 22권 8호 1704면.

38) 東京地判 昭 45. 3. 20. 判例時報 590호 65면; 大阪高判 昭 45. 11. 26. 交通民事判例集 3권 6호 1684면.

39) 盛園地判 昭 47. 1. 20. 交通民事判例集 5권 1호 49면; 東京地判 昭 47. 7. 18. 交通民事判例集 5권 4호 990면.

40) 楠本安雄, 現代損害賠償法講座 7권 144면.

41) 공 1984. 4. 15. (726), 509.

나. 개인기업주의 경우

(1) 전액설

개인기업에 있어서의 수입은 그 경영자 개인에게 귀속된다는 이유로 일본에서는 한 때 개인기업수익의 전액을 일실이익산정의 기초로 해야 한다는 설이 있었다.

일본 대심원 소화 4. 7. 4. 판결[42]은 요리업자 사망의 경우에 「원심은 손해배상의 범위는 영업의 자본·영업에 참가한 가족 등의 활동에 인한 수익 기타 비용을 공제한 영업자의 순익이 아니면 안 됨에도 불구하고 그 순익을 알 수 없으므로 상고인의 청구를 배척한다고 하나 원판결의 소위 가족 등의 활동에 인한 수익이라는 것이 가족 등의 공동경영자로서의 활동에 인한 것인지 또는 영업보조자로서의 활동에 인한 수익인지 그 뜻이 명백치 아니하고, 따라서 원판결의 당부를 판정하기 어렵다. 만일 이것을 공동 경영자로서의 활동에 인한 수익이라고 할 때는 그 가족 등에게 귀속할 액수를 공제하는 것은 당연하나 영업보조자로서의 활동에 인한 수익이라 할 때에는 그 수익은 영업주의 이익으로 돌아갈 것임은 물론이므로 이를 영업주의 이익에서 공제할 것이 아니다」라고 판시한 일이 있고, 東京地方裁判所는 소화 31. 9. 29. 잡화상 경영주에 관하여 「개인기업은 회사기업과는 달라 경영자 개인을 떠나 별개독립의 존재를 가질 수 없고, 결국 경영자 개인에 종속하는 것이므로 경영자 개인이 그 기업을 통하여 올릴 수 있는 수익은 모두 경영자 개인에게 귀속하고, 장래 얻을 수 있었던 이익의 상실에 대하여도 그 이치는 다르지 않다. 다만 점포 등의 고정기반을 갖는 개인기업에 있어서는 일견 경영자의 변경·교체에 관계없이 기업이 계속될 것 같지만 이 경우에 있어서도 역시 그 기업은 경영자 개인의 수완·역량에 의하는 것이라고 말할 수 있으므로 전주인이 상실한 얻을 수 있었던 수익과 후의 주인이 얻을 수 있는 이익과는 반드시 중복하는 것이라고는 할 수 없다」고 판시한 것이 그것이고,[43] 廣島高裁 岡山地判 소화 37. 1. 22. 판결[44]도 다다미, 돗자리 및 그 재료 소매상 주인의 일실이익 산정

---

42) 判例タイムズ 268호 144면.

43) 下民集 7권 9호 2757면, 判例タイムズ 268호 144면.

44) 下民集 13권 1호 53면.

에 관하여 같은 견해를 나타냈으며, 위와 같은 견해에 찬성한 학설도 있다.[45)]

(2) 노무가치설

그러나 전시 다다미, 돗자리 소매상사건의 상고심인 일 최판 소화 43. 8. 2. 판결[46)]이 전시 전액설을 부정한 이래 소위 노무가액설이 판례가 되었고 통설이 되었다.

동 판결은 「기업의 영업상의 이익은 기업관리자의 지식능력도 포함하는 개인적 노무에 의한 것 외에 자본의 활용 · 점포 · 상표권 · 특허권 · 영업면허권 등에 의한 자본적 수입이 포함되어 있을 뿐 아니라, 또한 점포의 규모 · 장소적 이익 등의 물적 설비 · 종업원의 지식 · 노무 등의 인적 조직에 의한 각 수익이 포함되어 있고, 이러한 것들이 전체로서 유기적으로 통합결집되어 영업활동을 하고 영업의 전수익을 발생시키는 것이다. 이 영업수입의 원칙은 개인기업이든 법인기업이든 묻지 아니하고 일관하여 타당한 철칙이다. 개인기업의 경우에는 당해 기업관리자에 대한 생명침해에 의하여 그 관리자로서의 노무의 전부를 상실하게 되었다 하여도 당해 기업에 종래부터 있었던 전시 자본적 수익이나 물적 설비 및 인적 조직 등에 의한 총합적 수익의 전부가 침해되었다고는 말할 수 없다. 따라서 이 경우에 얻을 수 있었던 영업이익을 상실하였다 하여 배상을 구할 수 있는 것은 당해 영업에 대하여 피해자가 갖고 있던 노무의 가액이고 영업상 수익의 합계 그것은 아니다 …… 따라서 사상에 의하여 상실한 피해자의 노무의 가액은 일반적으로 말하여 종전의 영업수익으로부터 사후의 후속관리자에 의한 영업수익을 차인한 액으로 평가하는 것이 정당하다 …… 기업주가 생명 또는 신체를 침해당하였기 때문에 그 기업에 종사할 수 없게 됨으로써 생기는 재산상의 손해액은 원칙적으로 기업수익 중에 점하는 기업주의 노무 기타 기업에 대한 개인적 기여에 기한 수입부분의 비율에 의하여 산출할 것이고, 기업주의 사망에 의하여 폐업할 수밖에 없게 된 경우 등 특단의 사정이 없는 한 기업주 생존 중의 종전의 수익 전부가 기업주의 위 노무 등에 의하여서만 취득된 것이라고 볼 수는 없다」고 판시한 이래, 수많은 하급심 판결이 이를 답습하였고,[47)] 많은 학자가 이 설에 동조하였다.[48)]

45) 石川利夫, 「御小賣商の逸失利益」 ジュリスト 交通事故判例百選 106면 1968.

46) 民集 22권 8호 1522면.

우리나라 대법원은 1979. 6. 12. 선고 79다460 판결[49]에서 지물포 경영주에 관하여 상가에서 자본금 1,000만원으로 견적기술자와 경리직원 각 1인을 두고 지물포를 경영하다가 사망한 자의 일실이익은 특별한 사정이 없는 한 사망당시 지물포를 자영함으로써 얻고 있는 수익을 기준으로 산정하여야 하고 동인이 같은 규모의 다른 유사지물포에 고용될 경우에 얻는 금액을 기준해서는 안 된다고 판시한 바 있었으나, 1980. 11. 11.에 선고한 80다67 판결[50]에서는 「개인기업주가 생명을 잃어 그 기업을 운영할 수 없게 되어 생길 재산상의 손해액은 원칙적으로 기업수익 속에 들어있는 기업주의 개인적 공헌도에 의한 수익부분의 비율에 따라 산정(강학상 노무가치설)하여야 할 것」이라고 판시하였고, 1980. 4. 22. 선고 80다52 판결[51]에서도 같은 취지를 선언하였으며, 또한 1977. 5. 10. 선고 76다2403 판결[52]에서도 집장수의 일실이익에 관하여 「일반적으로 개인사업에서 올리는 수익이 주로 사업주 개인의 노무·수완·신용 기타 그 사업주 개인에 특유한 사정에 연유한 것으로 인정되고 그 사업의 자본적 이득은 미미해서 무시해도 그리 불합리하다고는 할 수 없는 정도의 것이거나 또는 그 사업주 개인의 사망으로 인하여 그 사업은 부득이 폐업을 하지 않을 수 없게 되었다거나 하는 특별한 사정이 없는 한 사업을 경영하던 자가 사망함으로써 상실된 것이 예상되는 그 사업주 개인의 수익금을 산출함에 있어서는 그 사업경영에서 생기는 사업소득 중에서 그를 위해 사업주 개인이 어느 정도의 기여를 하였는가에 대한 합리적 평가에 의하여 산정되는 부분이 이에 해당되는 것이라고 할 것이므로 일실이득을 산출함에 있어서는 사업소득에서 각종 세금을 제외한 나머지는 어디까지나 그 사업자체의 순수익이고 그 사업에 기여한 사업주 개인 바로 그 사람의 수익이라고 단정

47) 東京地判 昭 45. 5. 27. 判例タイムズ 252호 256면; 東京地判 昭 44. 9. 26. 判例タイムズ 241호 213면; 名古屋地判 昭 40. 7. 28. 判例タイムズ 190호 203면.

48) 栗生武夫, 「人格權の發達」 38면; 宗宮信次, 債權各論 395면, 不法行爲論 306면; 千種達夫, 「生命身體貞操の 價額」 法律時報 6권 8호 11면; 西井龍生, 「判例に あらわれた 生命 身體の 價額」 ジュリスト 137호 13면.

49) 공 1979. 8. 15. (614), 12007.

50) 공 1981. 1. 1. (647), 13365.

51) 공 1980. 6. 1. (633), 12785.

52) 공 1977. 6. 15. (562), 10082.

할 수 없다고 하여야 할 것이다」라고 판시함으로써 전액설을 택하지 아니하고 노무가액설을 취하였다.

대법원 1982. 12. 28. 선고 82다카1297 판결[53]은 원고 정도의 기술자를 고용하였을 경우 월 70 내지 80만원 준다는 원심채택의 증언내용은 원고와 같은 정도의 기술능력을 가진 자를 대체고용한 경우의 그 노임액의 증거는 될 수 있을지언정, 중기정비기능사 자격을 가진 자로서 정비 및 부품판매업을 하고 있는 원고의 노동능력상실로 인하여 그 기술능력 외에 원고 정도의 사업경영의 수완, 신용 등 경영능력까지 갖춘 자를 대체고용한 경우의 임금의 자료는 되지 못한다고 할 것이므로 원고의 기술 및 경영능력에 의한 수입액을 인정하기 위하여서는 원고의 기술 및 경영능력의 기여도에 상응하는 금액에 관하여 심리하여야 한다고 판시한 바 있고, 대법원 1986. 1. 21. 선고 83다카585 판결[54]은 개인약국을 경영하는 약사의 노무 등 개인적 기여도가 차지하는 수입부분을 산정하려면 월간 총매상액 중 인건비, 조세, 기타 공과금, 약품구입비만을 공제할 것이 아니라 약국경영에 투자한 투하자본금 및 약국건물을 임차할 경우의 임차보증금상당액에 대한 이자상당액과 월세상당액 등 투하자본이 기여한 수입액도 공제하여 이를 산정하여야 한다고 판시하고, 대법원 1986. 9. 9. 선고 86다카451 판결[55]에서도 개인사업을 경영하는 사람의 일실수입을 산정함에는 그 사업체의 매상고, 거래선, 필요경비 등을 참작하여 먼저 그 사업체의 수입금을 확정하고 이 중에서 사업주 개인의 기여에 의한 부분을 가려내어 이를 기초로 하여야 한다고 판시하여 같은 견해를 재확립한 바 있다.

(3) 노무가치설에 의한 일실이익의 산정

위 설에 의한 사업주 개인의 일실이익을 산출함에는 우선 기업 자체의 수익을 산정하고 그 수익에 대한 사업주의 기여정도를 확정하여야 하는 바, 기업 자체의 수익을 산정함에 있어 위법수입도 포함시켜야 하는지 또한 무신고(세무서)수입도 사업체의 수입으로 볼 것인지 하는 문제가 있고, 기여정도는 어떻게 파악할 것인지의 문제가 곤란한 과제로 등장한다.

53) 공 1983. 3. 1. (699), 366.
54) 공 1986. 3. 1. (711), 372.
55) 공 1986. 10. 15. (786), 1304.

(ⅰ) 위법수입의 포함 여부; 이 문제는 일본에 있어서 주로 암운송업을 중심으로 논의되어 왔는데 전부인용설과 일부인용설 그리고 전부부정설로 나누어져 있다.

전부인용설을 취한 일 최판 소화 39. 10. 29. 판결[56]은 사업주가 도로운송법에 위반하여 영업을 하여도 그가 타인과 체결한 운송계약이 무효가 되는 것이 아니므로 운송임을 청구하여 수령할 수 있다는 이유를 들고, 大阪高裁 소화 43. 3. 28. 판결[57]은 도로운송법 제4조 제1항의 취지는 사업의 공공성을 비추어 운송질서의 유지와 부당경쟁방지에 있을 뿐 영리 자체를 직접 규제하려는 것이 아니므로 무면허영업을 반도덕적인 추악한 행위라고는 할 수 없고, 그 위법성은 미약하므로 그 영업이익을 가리켜 법의 보호를 받을 가치가 없다고는 할 수 없다는 이유를 제시하였다.

그러나 東京地判 소화 45. 4. 10.자 판결[58]은 전시 大阪高判을 이론적 전제로 하여 「원칙적으로는 무면허운송사업자의 일실이익은 긍정하여야 할 것이나 무면허의 사실은 수익의 확실성·영속성의 점에 있어서 면허를 받은 자에 비하여 떨어진다고 해하여야 하므로, 이 점을 고려하지 않으면 안 된다」고 하여 약 반액을 인용하였고, 名古屋地判 소화 45. 6. 24. 판결[59]은 종전의 무면허운송사업에 의한 일실이익의 산정을 부정하고 근로의 의사와 능력이 손상당하였다는 이유로 운송통신업 노동자의 평균임금만을 인용하였다.

그러나 한편 소화 41. 10. 8.자 東京地判[60]은 위법행위의 계속을 전제로 하는 일실이익은 법의 보호를 받을 가치가 없다는 이유를 들어 암운송업자의 청구를 기각하였고, 東京地判 소화 43. 3. 28. 판결[61]도 같은 취지를 판시한 바 있으며, 東京地判 소화 44. 3. 24. 판결[62]은 노동기준법에 위반하여 인부모집업을 한 피해자의 일실이익에 관하여 법률상 보호할 가치가 없다는 이유로 청

56) 民集 8권 8호 1823면.
57) 判例時報 520호 56면.
58) 交通民事判例集 3권 2호 528면, 判例タイムズ 248호 166면.
59) 判例タイムズ 253호 216면.
60) 下民集 17권 949면.
61) 交通民事判例集 1권 1호 315면.
62) 判例タイムズ 234호 212면.

구를 배척하였으며, 무면허안마사의 청구도 신의성실원칙에 반하여 허용할 수 없다고 전부부정한 판례[63]도 있다.

우리나라 대법원에서는 1966. 10. 18. 선고 66다1635 · 1636 판결[64]에서 피해자가 법이 금지하고 있는 매춘행위를 하는 것을 전제로 하여 손해액을 산정하는 것은 부당하다고 판시하였고, 1972. 2. 29. 선고 72다46 판결[65]에서는 무면허측량사의 일실이익에 관하여 「측량법 제32조에는 등록된 측량사 또는 측량사보가 아니면 기본측량 또는 공공측량에 종사할 수 없고(1971. 1. 19. 동법 개정법률 제2294호에 의하면 제1급 및 제2급 측량사로서 장관의 허가를 받아야 함), 동법 제37조(위 개정법률 제38조)에는 이에 위반한 자에게는 벌칙이 규정되어 있으므로 등록 또는 허가 없이 측량을 업으로 하는 것은 법률이 금지하고 있는 것이 명백하다 할 것인바 …… 원심은 원고가 범법행위를 계속하여 얻을 수 있는 수익을 손해배상의 기초로 하고 있는 것이 되어 잘못이라 아니할 수 없고」라고 판시하였으며, 1978. 2. 14. 선고 77다1650 판결[66]에서는 무면허중기조종사에 관하여 「중기관리법 제19조에 의하면 중기를 조종하고자 하는 자는 건설부장관이 시행하는 중기조종사 면허시험에 합격하고 그 면허를 받아야 하며, 같은법 제34조 제7호에 의하면 면허없이 중기를 조종한 자는 6월 이하의 징역 또는 30만원 이하의 벌금에 처하도록 되어 있어서 중기조종사 면허없이 중기를 조종하는 행위는 법이 이를 금하고 있음을 알 수 있는바, 이와 같이 법이 금하고 있는 행위를 함으로써 얻을 수 있는 수익을 원고의 청구를 인용하는 근거로 하는 것은 부당하다 아니할 수 없다」고 판시하였고, 1967. 6. 27. 선고 67다872 판결[67]에서는 무면허이발사에 관하여 「원판결에 의하면 원심은 증거에 의하여 원고는 1943. 9. 18. 출생하여 1964. 5. 4.에 군에 입대한 자로 입대전에는 이발사로서 월 평균 8,000원의 수입이 있었던 사실을 인정하고 또 원고는 이발사로서 정식면허는 없고 면허 있는 이발사보다 그 수입이 약 30% 적다는 사실은 당사자 사이에 다툼이 없다 하여 위 원고가 제

63) 宮崎地 延支判 昭 44. 10. 7. 交通民事判例集 2권 5호 1430면.
64) 大民原 108집 577면, 판례총람 4-2(A)권 928-23면.
65) 판례월보 20호 54면, 판례총람 4-2(A)권 928-377면.
66) 공 1978. 4. 15. (582), 10673.
67) 판례총람 4-2(A)권 928-30면.

대하면 8,000원의 70%에 해당하는 수입이 있는 것을 전제로 하여 동 원고의 장래 가득이익에 대한 손해배상청구를 인정하고 있다.

그런데 이용사 및 미용사법 제5조에는 이용사의 면허를 받은 자 아니면 이용을 업으로 할 수 없다고 규정되어 있으며 이와 같은 법 제15조에는 제5조의 규정에 위반한 자에 대한 벌칙이 규정되어 있으므로 면허 없이 이용을 업으로 하는 것은 법률이 금하는 바임이 명백하다 할 것인바, 그렇다면 원심은 원고가 범법행위를 계속하여 얻을 수 있는 수익을 손해액 산출의 기초로 하고 있는 것이 되어 잘못이라 할 수 없고 논지는 이유 있다(다만 이용사 및 미용사법에 의하면 이용사면허를 받지 아니하였다하더라도 보조원으로서 이용사의 업무를 보조하는 경우가 있음이 엿보이는 바, 원심이 원고의 이용사 보조원자격으로서의 수입을 인정한 취지라면 원고가 같은법시행령 소정의 보조원자격 있음을 확정하였어야 하였을 것이다)」라고 판시함으로써 위법수입을 전제로 한 손해배상액 산정을 전부 부인하고 최후의 판례는 면허 있는 이용사 수입의 70%를 인용하였음에도 불구하고 그것을 잘못이라고 판시함으로써 일부인용을 거부하였고 사실상 측량, 증기운전, 이용의 능력이 있느냐를 문제시하지 않았다.

그러나 한편 무면허전공에 관하여는 1976. 1. 27. 선고 75다599 판결[68]에서 「일반적으로 범법행위를 계속하여 얻을 수 있는 수익을 불법행위에 인한 재산상 손해로 인정할 수 없음은(대법원 1972. 2. 29. 선고 72다46 판결, 1966. 10. 18. 선고 66다1635 · 1636 판결 각 참조) 소론과 같으며 한편 전기공사업법 제22조 · 제26조의 규정한 바에 따르면 전기공사에 종사하는 기술자는 상공부장관의 면허를 받아야 하며, 이 면허를 받은 자가 아니면 전기공사관리에 종사할 수 없게끔 규제되어 있다.

그러나 기록에 의하면 피해자는 서울전업사의 단순한 고용원이라 하며 동인은 면허소지자 아닌 소위 전공임이 뚜렷하므로 원판시의 전기기술자라는 용어는 전기공사를 수급하거나 공사관리 책임 있는 위 법상의 기술자가 아니라 단순히 전기공사에 관련한 노무를 제공하는 자라는 취지로 이해 못할 바 아니며, 이와 같은 노무제공을 금하는 규정이 없고 또 금할 이유도 없으니 그로 인하여 얻는 수익을 범법행위 내지 부정행위로 인한 수익이라 할 수 없다 할 것이

---

68) 공 1976. 3. 1. (531), 8950.

므로 그 수익상실을 일실손해로 단정한 원판시에는 아무런 잘못이 없다」고 판시하였고 또한 무면허복덕방에 관하여도 1968. 1. 23. 선고 67다2502 판결[69]에서 복덕방 개업에는 면허가 불필요하고 신고만에 의하여 영업을 할 수 있으므로 그와 같은 절차 없이 영업을 하였다 하더라도 위법수입이라 하여 배상청구를 부정할 수 없다고 판시한 바 있다.

또한 대법원 1986. 3. 11. 선고 85다카718 판결[70]에서는 「범법행위를 계속함으로써 얻을 수 있는 소위 위법소득을 일실이익손해액 산정의 기초로 삼을 수 없음은 논지와 같다.

그러나 위와 같은 위법소득의 기준은 법이 이를 금하고 있다고 하여 일률적으로 부인할 것은 아니고 그 법규의 입법취지와 위반행위에 대한 비난가능성의 정도 특히 그 위반행위가 가지는 위법성의 강도 등을 종합하여 구체적, 개별적으로 판단하여야 할 것」이라고 전제한 후, 「염관리법 제1조에 의하면 동 법률은 염전의 개발과 염의 수급을 조절함으로써 염업의 건전한 육성을 도모하고 국민경제발전에 기여함을 목적으로 한다고 규정하고, 동 제3조 제1항은 염 또는 함수의 제조자는 상공부장관의 허가를 받도록 되어 있고 동 제7조의4는 무허가제조염은 이를 판매할 수 없으며, 동 제11조는 위 각 조항에 위반하면 형사처벌을 받도록 규정하고 있어 허가 없이 염제조업을 경영하는 행위는 법이 이를 금하고 있음을 알 수 있으나, 한편 염관리법시행령 제4조는 염제조자의 지위를 승계한 자는 상공부장관에게 그 승계신고를 하고 위 장관이 위 신고를 받은 때에는 그 신고인에게 당해 허가증을 갱신하여 교부하도록 되어 있는바, 이와 같은 승계신고에 있어서는 승계인에게 특별한 자격요건이 필요한 것도 아니고(생산 또는 수입한 염 자체의 규격 및 품질검사만이 엄격히 법정되어 있다), 염제조업의 임대를 금지하는 규정도 없으므로(오히려 증인 이윤재의 증언에 의하면 이를 전대하여 온 것이 일종의 관례로서 이를 금하는 행정관청의 조치는 없었다는 것이다) 전차인이라 하더라도 신고만 하면 당해 갱신허가증이 교부되어 당연히 염제조업을 할 수 있는 것으로 보이니 위의 승계신고인에 해당하는 원고가 당국에 승계신고를 하지 아니한 채 염제조업을 경

69) 판례카드 1059.

70) 공 1986. 5. 1. (775), 624.

영하여 왔다고 하더라도 이를 들어 일실이익 산정의 기초로 삼을 수 없는 위법소득이라고 단정할 수는 없다고 할 것이다.

따라서 위와 같은 염전경영으로 인한 수입을 일실이익산정의 기초로 한 원심의 조치는 정당하고 거기에 소론과 같은 법리오해의 위법이 있다 할 수 없으니 논지는 이유 없다」고 판시하고 있다.

이와 같이 우리 대법원 판례에서 전부인용 또는 부정한 판례는 있으나 일부만을 인용한 판례는 보이지 않는다. 생각컨대 위법한 수익활동이라 하여도 행위에 따라 위법성의 강도가 다르다. 매춘행위, 무면허의료행위, 변호사 자격 없이 하는 법률사무 취급행위와 같이 그 강도가 심하여 반사회적 내지는 반윤리적 색채를 띨 때에 그 수입을 기초로 일실이익을 산정할 수는 없다. 또 정당한 접객행위와 함께 매춘행위까지 하는 경우에는 매춘행위로 인한 수입으로 인정되는 부분만이 부정되어야 할 것이다.

그러나 위반되었다는 법률규정이 단순한 단속법규에 지나지 않을 때는 그 위법성은 강하지 않고 반윤리적·사회적이라고도 할 수 없고, 이와 같은 단속법규 위반을 이유로 일실이익을 부정하여 법의 보호를 주지 않는 것은 너무 가혹하고 오히려 법의 형평의 반하는 결과가 될 것이다.

따라서 문제는 그 중간영역에 있다. 반윤리적·도덕적이라는 관념은 시대의 흐름에 따라 유동적인 것이다. 또 지역에 따라 차이가 있을 수 있다. 반사회적이라 하여도 반윤리적·도덕적이라고 단정하기 어려운 경우도 있을 수 있다. 모든 행정법규는 사회의 질서를 유지하려는 행정목적이 있고 그와 같은 법규의 위반은 반사회적이라고는 할 수 있을지 모르나 반윤리적이라고 하기에는 지나친 경우도 있을 것이다. 따라서 법이 달성하려는 행정목적과 이를 위반한 피해자의 일실이익을 부정함으로써 그가 입은 불이익을 비교 교량하여 중간선에서 해결할 수밖에 없다.

그의 수익을 완전부인하는 것은 가동능력의 정당한 평가라 할 수 없고, 또 모두 인정하는 것도 정의감과 신의칙에도 반한다. 이러한 견지에서 일본의 하급심 판례들이 사업의 영속성, 이익의 확실성을 내세워 일부만을 인용한 조치도 일응 수긍이 간다. 그러나 명확히 내세울 점은 위법한 행위의 소득은 신의성실의 원칙상 또한 법의 정의관념상 100%를 받아줄 수 없고 제재적 의미에서라도 법원은 그의 가동능력을 평가할 때 참작하지 않으면 안 된다는 것이다. 손해배상제도는 손해의 사회적 분담을 균형있게 하려는 정책학의 소산이며 위와 같은 행정법규들은 손해분담을 정함에 있어 무시되어서는 곤란하다. 따라서 무면허운송업자나 전기기술자자격은 있으나 전기사업면허가 없는 자에게는 운전수 또는 전기기술자의 평균임금보다는 많이 그러나 위 사업의 수입에서 평가된 근로수입보다는 적게 중간수입을 인정하는 것이 어떨까 생각된다.

여기에서 한가지 언급할 것이 있다. 즉, 산업사회에서는 여러 가지 기능공이 있고 또 국가에서는 자격시험을 거쳐 자격을 부여하는 것이 있고, 한편 건설물가노임표에는 각종 기능공에 따라 임금의 차이가 있다. 그러나 위 건설물가노임표에 나타나는 기능공의 노임은 위 국가인정의 유자격자에 한정하고 있지는 않은 것 같다. 이것은 필자가 개인적으로 지득한 사실인데 만일 소송상 문제를 삼으면 위 물가표 작성기관에 사실조회를 하면 될 것이다. 물론 위와 같은 자격을 갖춘 자와 그렇지 못한 자와의 가동능력은 달리 평가하는 것이 옳지 않을지?

(ii) 무신고수입의 문제; 개인영업자에 대하여는 사고전의 수입을 어떻게 파악하느냐가 또한 문제이다. 세무서에의 확정신고액의 범위 안에서 청구하는 경우에는 입증도 용이하지만 그 이상의 수입이 있었다고 주장하는 사례도 적지 않다. 신고 이상의 수입이 입증되면 이것을 손해로 인정하지 않을 수 없다는 것이 일본의 통설적 견해이다.[71] 그것은 신고하지 아니한 소득이라도 그 소득 자체가 위법하게 얻어진 것은 아니므로 이의 청구가 공서양속이나 신의칙에 반하는 것은 아니라고 해하기 때문이다.[72] 그리고 위 견해는 탈세가 광범위하게 행해지고 있는 현실에 비추어 보면 수긍도 간다.

그러나 일본에서는 최근 손해배상법의 공평의 원칙, 신의칙의 견지로부터 과실상계 유추의 방법에 의하여 손해의 전액청구를 제한하려는 견해도 제창되고 있으며,[73] 이것은 아무런 용서해야 할 사정이 없는 탈세자가 막대한 실수입을 주장・입증하려는 경우에는 신의칙에 반한다 하여 배척하고, 평균적

71) 小川照二郎, 法曹時報 18권 8호 71면; 山口正夫, ジュリ 381호 178면; 東京地判 昭 41. 5. 26. 判例時報 446호 16면.

72) 大阪地判 昭 44. 1. 29. 交通事故民事判例集 2권 1호 118면.

73) 加藤了, 「逸失利益と 稅金」 判例タイムズ 268호 162면.

소득액까지 제한시키는 것이 선량한 시민이나 가해자로부터도 납득될 것이다.[74] 이 점에 관하여 우리 대법원은 수차례에 걸쳐 적극설의 입장을 취하였다.[75] 즉, 불법행위 당시 일정한 수입을 얻고 있던 피해자의 일실수입손해액은 객관적이고 합리적인 자료에 의하여 피해자가 사고 당시에 실제로 얻고 있었던 수입금액을 확정하여 이를 기초로 산정하여야 하고, 이 경우 피해자가 세무당국에 신고한 소득이 있을 때에는 신고소득액을 사고 당시의 수입금액으로 보는 것이 원칙이라 할 것이지만, 만일 신고된 소득액이 피해자의 직업, 나이, 경력 등에 비추어 현저히 저액이라고 판단되거나 신고소득 이외에 다른 소득이 있었다는 점에 대한 객관적이고 합리적인 자료가 있다면 신고소득액만을 피해자의 사고 당시 수입금액으로 삼을 수는 없다는 판시가 그것이다. 그리고 일실이익 산정은 사고당시의 수익을 기초로 해야 하므로 사고후의 신고한 소득은 의도적으로 확대신고하는 일이 실무상 없지 아니므로 주의할 필요가 있을 뿐 아니라 과거의 수익도 몇 년간의 수익을 평균하는게 바람직하고 5년간의 평균치를 기초로 한 일본하급심의 판례도 있다.[76]

(iii) 기여정도의 측정; 기업은 물적 설비와 인적 조직의 유기적 결합체이다. 따라서 기업의 수익은 이와 같은 결합체의 활동의 산물이고 그 경영자 개인의 근로소득은 아니다.

그러므로 개인기업의 수익중에는 ① 투하자본에 대한 이자·사업주 개인소유로 제공된 점포의 임료상당액·한 곳에서 계속하여 영업을 함으로써 얻은 영업권(고객권)·특허권·상표권 등에 의한 수익, ② 가족이 제공한 근로의 대가, ③ 종업원의 노무대가, ④ 동업자의 노동의 대가 등이 포함되어 있다. 그러나 일실이익 산정의 기초가 되는 것은 사업주 개인의 근로의 대가뿐이므로 위 ①~④에 열거된 수익은 모두 공제되지 않으면 안 된다.

원칙은 위와 같다 하여도 그 구체적인 산정에는 문제가 많다. 우선 개인기업체에는 장부가 잘 정리되어 있지 않고 소득신고도 실소득보다는 적게 하기

---

74) 楠本安雄, 「逸失利益の 算定」 實務民事訴訟講座 3 交通事故 167면.

75) 대법 2006. 3. 9. 선고 2005다16904〔공 2006. 4. 15. (248), 581〕; 대법 1997. 12. 12. 선고 97다36507〔공 1998 상, 277〕; 대법 1994. 9. 30. 선고 93다37885〔공 1994 하, 2826〕.

76) 廣島高裁 岡山支判 昭 37. 1. 22. 下民集 13권 1호 53면.

때문이다. 먼저 투하자본의 이자는 은행금리에 의할 것인가, 사채금리에 의할 것인가? 실제의 상업경영의 실태를 감안하면 그 중간정도가 타당하지는 않은지? 또한 영업권이라 하여도 소위 권리금을 주고 영업권을 매입하였다면 투하자본으로 산입하면 되겠지만 그렇지 않은 경우에는 그 인근의 비슷한 규모의 상점에 대하여 주어지는 권리금에 대한 전시 이자 상당액을 영업권에 의한 수익으로 보아 무방할 것이다. 그러나 상표권, 특허권은 얼마의 이익을 가져온다고 평가할 것인가? 구체적 사정에 따라 거래의 실상을 파악하여 합리적으로 해석할 수밖에 없을 것이다.

또 가족, 종업원의 근로는 대체노동력을 구할 때 지급하여야 할 금액으로 산정하면 족할 것이고 또 동업자가 있다면 그와의 약정에 따른 분배액을 공제하여야 할 것이다.

(iv) 구체적 경우의 검토; 먼저 사고후 폐업이 된 경우에는 사고전의 전 수익에서 앞서 본 투하자본의 이자, 영업권, 특허권 등으로부터 발생된다고 평가되는 수익, 가족, 종업원 등의 근로대가를 공제한 나머지를 사업주의 근로소득으로 볼 것이다.

그러나 기업이 계속되고 있는 경우에 사업에 관여하였던 가족이 영업을 이어가면서 수입의 감소가 생겼다면 일응 그 감소액을 기준으로 할 것이다. 그러나 이 경우에도 가족이나 종업원의 근로시간이 연장되었다면 그 연장근로에 대한 대가도 합산되어야 할 것이다. 또 종업원을 더 채용하여 종전과 같은 수입을 올리고 있다면 그 채용비용이 기준이 될 것이고, 수입감소가 생겼다면 그 액수도 가산하여야 할 것이다.[77]

(v) 둘 이상의 수입이 있는 업무에 종사하고 있는 경우; 대법원은 불법행위 당시 피해자가 둘 이상의 수입이 있는 업무에 종사하고 있었던 경우 일실수익의 산정방법에 관하여 불법행위의 피해자가 사고 당시 두 가지 이상의 수입원에 해당하는 업무에 동시에 종사하고 있는 경우에는 각 업무의 성격이나 근무 형태 등에 비추어 그들 업무가 서로 독립적이어서 양립 가능한 것이고, 또 실제로 피해자가 어느 한쪽의 업무에만 전념하고 있는 것이 아닌 경우에 한하여 피해자의 일실수익을 산정함에 있어 각 업종의 수입 상실액을 모

77) 藤井俊彦, 「個人企業經營者の 逸失利益」 判例タイムズ 268호 144면.

두 개별적으로 평가하여 합산하여야 한다고 수차 판시[78]하였으며, 이는 확립된 견해로 보인다.

그리하여 피해자가 중기운전사이면서 중기임대업을 한 경우[79] 노무주임과 철강 도·소매업을 겸영하는 경우,[80] 중국음식점과 간이음식점 등 둘을 경영하는 경우,[81] 주지와 장의업을 겸영하는 경우[82]에 모두 두가지 수입을 합산하여야 한다고 판결하였다.

(4) 대체노동력고용비설

이상에서 본 바와 같이 근무가액설의 입장에서 사업주의 근로소득을 산정함에는 많은 곤란한 문제가 있어 심리나 입증에 상당한 노력이 요구된다. 그러나 과연 이와 같은 방법을 써야 하는가? 사실 이와 같은 입장은 소득상실설의 견지에서 정확한 소득을 추출하려는 데 있었다고도 볼 수 있다.

그러나 가동능력상실설의 입장에 선다면 막바로 사업주의 가동으로 인한 수입의 평가로 들어갈 수 있다.

앞서 보조종업원을 채용하여 종전수입을 올리고 있는 경우에서 보았듯이 그 고용비용은 바로 사업주 근로의 평가액이라 할 수 있고, 능력을 전혀 상실한 경우에도 사업주와 같은 정도의 지식과 능력을 가진 사람을 고용하는데 필요한 비용을 바로 상실한 가동능력의 평가액이라 할 수 있게 된다.

우리 대법원 일찍부터 이와 같은 견해를 취하여 왔다. 즉, 1966. 9. 20. 선고 66다1215 판결[83]은 양조장, 과수원, 양돈업을 경영하던 사업주에 관하여 「원심은 본건 망 박재호가 장래 얻을 수 있으리라고 예상되는 이익을 산정함에 있어서 다음과 같이 계산하고 있다. 즉, 위 망인은 사망당시에 종업원 10여명을 사용하는 양조장을 경영하는 한편 약 4,500평의 과수원 및 돼지 70마리의 양돈업을 경영하고 있었는데, 그의 사망으로 위의 사업체에 대한 주인으로서의 관리하는 사람이 없어졌기 때문에 그 유가족인 원고들은 위의 양조장의

78) 대법 1997. 12. 12. 선고 97다36507〔공 1998. 1. 15. (50), 277〕.
79) 대법 1997. 12. 12. 선고 97다36507〔공 1998. 1. 15. (50), 277〕.
80) 대법 1993. 7. 13. 선고 93다9880〔공 1993. 9. 15. (952), 2290〕.
81) 대법 1996. 2. 13. 선고 94다42149〔공 1996. 4. 1. (7), 926〕.
82) 대법 1996. 3. 8. 선고 95다32693〔공 1996. 5. 1. (9), 1205〕.
83) 판례총람 4-2(A)권 928-295면.

관리인으로서는 소외 박승식을 고용하여 한 달에 25,000원씩 지급하고 있고, 또 과수원 기타의 관리인으로서는 박재섭을 고용하여 한 달에 30,000원씩을 지급하고 있으니 필경 위 두사람에게 지급하는 돈 55,000원에서 생활비 10,000원을 공제한 나머지인 45,000원은 위 망인이 생존하였더라면 그가 활동함으로써 얻을 수 있는 한 달의 이익이라고 추정되는 것이다. 위 죽은 박재호의 경우처럼 급여소득자가 아니고 사업소득자인 경우에 있어서는 원심이 위에서 본 바와 같은 기준에 의하여 산정한 금액이 그가 사망할 당시의 사업소득액 이하의 것이라면 이러한 금액은 필경 그 사망 당시의 그 노동력에 의한 실지 수익이었다고 보아도 무방할 것이다」라고 판시하였고, 또 1967. 12. 26. 선고 67다1806 판결[84]에서는 양계업자에 관하여 「양계에 관한 기술은 대체성이 없는 것이 아니므로 망인이 원판시와 같은 규모로 양계업을 하다가 사망하였다 하여도 망인과 같은 정도의 기술을 가진 자를 고용하면 그 유족들은 특별한 사정이 없는 이상 양계업을 경영할 수 있다고 볼 수 있을 것이니 양계업을 경영하지 못한 것으로 인한 손해금을 청구하는 것은 실당하고 다만 망인과 같은 정도의 기술자를 고용함으로써 인하여 지급하게 되는 손해액을 손해액 산정의 기준으로 하는 것이 상당하다」고 판시하였고, 1968. 11. 5. 선고 68다1599 판결[85]에서는 제과업 경영주에 관하여 「원심이 피해자 갑의 제과업 경영으로 인한 월수 130,000원의 상실이익 배상청구는 동인이 위 기업을 1,000,000원의 자본과 종업원 및 공장장을 두고 제과업을 경영함으로써 얻을 기업이익은 피해자의 생사 여부에 불구하고 얻을 수 있는 수익이므로 그 기업에 의한 수익상실을 손해배상으로 청구할 수 없다 하여 동 청구를 배척하고 동인이 다른 곳에서 채용된다면 적어도 제과기술자에게 지급될 수입에 대한 상실이익을 본건 사고로 인한 손해액으로 인정한 조치는 정당하다」고 판시한 것이 있고, 1979. 7. 10. 선고 79다534 판결[86]에서는 식품판매업자에 관하여 「그 매상고 · 종업원의 수 및 수입금 등을 참작하고 위 망인과 동등 정도의 학력 · 경험 및 활동능력을 가진 경영자를 고용하는 경우의 보수 상당을 일실이익의

84) 판례총람 4-2(A)권 928-47면, 대법원민사판결원본 122집 496면.

85) 판례총람 4-2(A)권 928-311면.

86) 공 1979. 9. 15. (616), 12067.

상실이라고 본 원심의 판단은 퍽 합리적인 조치로서 정당」하다고 판시하면서 전시 1968. 11. 5. 선고 68다1559 판결을 인용함으로써 대체노동력고용비설을 취하였다고 볼 수 있다.

생각컨대 노무가액설은 소득상실설적 사고방식이고 대체노동력고용비설은 가동능력상실설적 접근방법이라고 말할 수 있겠으나 양설은 결과에 있어서 같아야 한다고 생각된다.

전시 1979. 6. 12. 선고 79다460 대법원 판결은 전설을 긍정하고 후설을 배척하는 듯 보이지만 그것은 앞서 말한 바와 같이 대체노동력고용비용이라는 것이 몇몇 증인의 증언에 의존하게 됨으로써 부당히 낮은 액수 또는 높은 액수로 나타나는 비과학성에서 생기는 부당한 결론을 피하려는 데 그 목적이 있었던 것으로 생각된다. 그렇기 때문에 그와 같은 불합리가 보이는 경우에는 접근방법을 달리하여 그 입증의 증명력을 체크하지 않으면 안 된다고 생각한다.

또 대체노동력고용비설이 일응 손쉽고 타당한 면도 있으나 입증의 증명력을 생각할 때는 문제점이 많고 또 대체성이 없거나 극히 희박한 경우 즉, 개인적 특성이 강한 예술가, 일부 자유업에 있어서는 대체노동력고용설은 채택할 여지가 없고 노무가액설에 따라 그의 수입을 기초로 하지 않을 수 없게 되므로 양설은 서로 보완관계에 있다고 보지 않을 수 없게 된다. 따라서 전시 1979. 7. 10. 선고 79다534 판결은 양설의 조화적 방법을 채택한 원심의 판결에 만족을 표시함으로써 양설의 보완적 관계를 확인한 것으로 생각된다.

대법원 1991. 8. 9. 선고 91다2694, 91다2700(병합) 판결[87]은 개인사업을 경영하는 사람의 일실수입을 산정함에 있어서는 특단이 사정이 없는 한 실제 얻고 있던 수익을 기준으로 하여 그 기업수익 속에 들어있는 기업주의 개인적 공헌도에 의한 수익부분의 비율에 따라 산정하여야 할 것이나, 실수입액에 대한 기업주의 개인적인 기여도 내지 노무가치를 측정하기 위한 사업체의 총수입금액과 필요경비 등을 인정할 객관적인 자료가 없는 경우에는 그 사업체의 규모와 경영형태, 종업원의 수 및 경영실적 등을 참작하여 피해자와 같은 정도의 학력, 경력 및 경영능력 등을 가진 사람을 고용하는 경우의 보수상당

87) 공 1991. 10. 1. (905), 2316; 동지 대법원 1989. 6. 13. 선고 88다카10906〔공 1989. 8. 1. (853), 1059〕.

액 즉, 대체고용비로 기대수입손해를 산정하는 것도 일응 합리적인 방법이 된다면서, 자신소유의 차량을 이용하여 개별화물자동차운송사업을 경영하여 온 피해자의 일실수입을 직종별임금실태 조사보고서상 육상운송업자의 평균임금 정도의 대체고용비를 기초로 산정한 원심의 조치가 정당하다고 한 사례가 있다.

다. 가정주부, 무직자, 연소자의 경우

(1) 가정주부

가사만을 전담하는 가정주부의 일실이익을 부정하였던 견해는 지금은 일응 극복되었다고 볼 수 있으나 그 이론은 구구하여 통일을 보지 못하고 있고 그 때문에 구체적인 산정에 있어서도 차이가 생긴다.

따라서 이 문제는 아직도 해결하여야 할 몇 가지 과제를 내포하고 있으므로 과거의 이론을 검토하는 것이 앞으로의 해결에 도움이 될 것이다.

東京控訴院 소화 11. 4. 22. 판결[88]은 38세의 주부사망사건에 관하여 그녀가 수입으로서 일정한 대가를 취득할 관계에 있다고는 원고 등도 주장하지 않는 바이고, 또 그러한 관계에 있음을 인정할 아무런 자료도 없는 본건에서는 피해자와 동성으로서 연령과 건강상태가 대개 같은 자라면 누구라도 종사할 수 있는 일에 대한 최저임금을 표준으로 하여 피해자의 얻을 수 있었던 이익을 산정하여 배상을 명할 수 있다는 견해는 아직 수긍키 곤란하다고 판시한 일이 있었다.

그러나 소화 39. 6. 24. 일본 최고재판소가 유아의 일실이익산정이 가능하다고 판시한 이래 일본에서는 여러 가지 통계자료를 구사하여 피해자의 장래예측의 정확성에 부심하여 왔으나 이론적 통일은 기하지 못하였고 학설 또한 같다. 가정주부의 일실이익을 긍정하는 이론은 다음의 2가지로 집약할 수 있다.

그 하나는 주부의 노동 그 자체를 가정경제와 연관시켜 수익성을 인정하려는 것이고, 다른 하나는 주부가 장래 취업할 일반적 가능성을 중시하여 장래 현실화될 잠재적 가동능력에 착안하여 손해액을 산정하려는 사고방식이다.

전자의 견해는 다시 ① 일본 민법 제762조 제2항이나 제768조를 근거로 하

88) ジュリスト 別冊 交通事故判例百選 1968. 102면.

여 부부공동생활에서 부부가 공동협력하여 취득 축적한 적극재산을 기준으로 부의 수입액으로부터 부부공동생활에 필요한 경비를 빼고 난 것의 반은 처의 노동의 대가로 보아 일실이익 산정의 기초로 삼으려는 설과 ② 처가 생존하였더라면 면하였을 경비를 주부노동의 수익성의 근거로 보려는 설로 나누어 진다.[89]

후자의 견해에 대하여는 장래 부와의 이별, 사별, 부의 질병, 경제적 불황 등으로 부의 수입에 의존할 수 없게 된 주부는 스스로의 노동력을 팔아 생계를 유지하지 않을 수 없고, 젊은 노동력의 부족을 통감하고 있는 경제계의 사정에 의하여 부인의 재취업의 문제가 클로즈・업되고 있으며 소화 35년에 있어서 일본 여자의 노동인구 중 46.6%가 유배우자이며 부와 이별, 사별한 부인을 합치면 66.6%에 달한다는 통계를 내세우기도 한다.[90]

그러나 위 제설은 모두 완전한 것이 못된다.

즉, 전설에 의하면 만일 가사노동의 경제적 가치가 통계에 의하여 현출된다면 모르거니와 그렇지 못한 경우에는 유사노동에 대한 경제적 가치 즉, 가정부의 임금을 표준으로 산출하지 않을 수 없게 된다.

그러나 대법원은 1968. 12. 24. 선고 68다536 판결[91]에서 「원판결이 확정한 사실에 의하면 망 김숙희는 …… 가정주부이며, 변론의 전취지에 의하면 망 김숙희는 여자고등학교를 졸업하였다는 것을 주장하였음에도 불구하고, 원판결은 망 김숙희 학력・경력(가정주부로서의 지위) 등에 대하여는 아무런 판단도 하지 아니한 채 그의 장래 얻을 수 있는 수입을 산정함에 있어 식모살이를 할 것을 전제로 그가 얻을 수 있는 최소한의 수입을 산정하였는바, 그의 학력에 관하여 아무런 판단도 하지 아니하였음은 심리미진의 위법이 있을 뿐만 아니라 특별한 사정이 없는 한 망 김숙희가 장래 얻을 수 있는 최소한의 수입이 아내이자 모인 가정주부가 아닌 식모살이의 수입 밖에 얻을 수 없는 것이라고는 얼핏 단정할 수 없는 것임에도 불구하고 식모살이를 한다는 전제하에 장래 얻을 수 있는 수입을 계산하였음은 손해배상의 법리를 오해한 위법

89) 川村フク子「主婦の 逸失利益」判例タイムズ 212호, 交通事故と 民事責任 10면.
90) 전동 논문 103면.
91) 판례총람 5-2권 998-44면.

이 있다」고 판시하였다.

사실 주부의 노동가치를 가정부의 그것과 동시하는 데는 여러 가지 문제가 있다. 대학을 졸업하여 상당한 지식을 가진 주부가 자녀들의 공부를 매일 한 두시간씩 돌보아 주고 있다면 그것 역시 가정교사를 채용한 것과 같은 경제적 가치를 갖는다. 유복한 주부라서 가정부를 고용하고 스스로는 별로 노동을 하지 않는 주부의 노동과 수입이 적어서 돈이 들 일이라면 무엇이나 손수 해내는 밤늦게까지 일하는 주부노동과는 경제적 가치가 다를 것이므로 통계에 의한 가정부노임으로 획일적인 산정을 하는 것은 곤란하고, 따라서 그 주부의 학력·경력·가족의 수·경제사정이 모두 참작되어야 할 것이다. 그러나 그렇다고 하여 유한주부의 일실이익은 극소한 것으로 보아도 좋을까?

후설에 관하여도 의문은 많다. 우선 주부의 취업가능성을 부인할 수 없는 현실이기는 하지만, 그것은 무직자나 미성년남자의 가능성과 비교하면 현저히 떨어질 것이고, 또 그 산정의 기준으로 삼겠다는 공동축적재산은 부부별산제를 취하고 있는 우리 법제하에서는 얼른 수긍키 곤란할 뿐 아니라[92] 부의 수입이 적어서 축적된 재산이 없는 경우에는 가사 주부가 다른 주부보다 두배의 노동을 하였더라도 그녀의 일실이익은 아주 적게 평가되지 않으면 안 되는 결과로 되어 부당하게 되고 주부가 생존하였더라면 면하였을 것이라는 경비는 결국 가정부고용비용과 근사하게 될 것이므로 전설에 대한 문제점이 그대로 남게 된다.

생각컨대 소득상실설의 입장에서는 현실적인 소득을 일실이익산정의 기초로 하기 때문에 대가를 현실적으로 받지 못하는 주부에 대하여는 일실이익을 부정할 수밖에 없었을 것이고, 그것이 초기의 전시 일본 판례가 나오게 된 이유일 것이다.

그러나 결론은 부당하다고 생각되었기 때문에 일실이익 산정의 기초가 되는 소득은 현실적인 대가뿐만 아니라 경제적 가치를 갖는 것도 포함시키려고 시도하고 그 경제적 가치의 인정에 부심한 나머지 앞서와 같은 제설이 출현된 것으로 생각한다.

사실, 주부노동은 신분관계나 가정공동체의 본질상 대가가 지불되지 않고

92) 人見康子,「主婦の 逸失利益」 전시 주 88)의 ジュリスト 103면.

있을 뿐 그것이 경제적으로 무가치한 것은 아니며, 적극재산의 감소를 방지하는 형태로 나아가 공동축적재산의 형태로 혹은 이혼시 재산분할의 형태로, 사망시 상속분의 형태로 나타나는 것이다.

그러나 소득상실설을 떠나 가동능력상실설을 취하게 되면 일실이익은 상실한 가동능력의 총평가액이 되고, 가동능력의 평가는 현실적인 급여가 없더라도 그것이 경제적 가치를 갖는 한 그 평가의 자료가 될 것이므로 전시 여러가지 설이 제시한 근거들은 모두 가동능력의 경제적 가치를 수긍케 하는 이유로 포섭될 수 있다.

문제는 평가의 기준이다. 대법원은 1971. 4. 30. 선고 71다467 판결[93]에서 보통 건강체의 가정주부는 특별한 직업이 없다 하더라도 특별한 사정이 없는 한 일반농업노동임금 정도의 수입은 있는 것이라고 보아야 한다고 판시한 바 있다. 실무에 있어서 주부의 일실이익 산정은 도시 또는 농촌의 일반일용노임을 기초로 하고 별다른 고려나 검토를 하지 않는 듯 보인다.

그러나 이것은 최저수준의 인정이다. 일본만 하더라도 가정부임금설, 여자노동자 평균임금설, 총합판단설 등이 있으나 근시는 주부의 연령, 가정상태를 고려하고 장래 및 현재의 노동실태를 보아 개별적으로 인정하여야 할 것이라고 하고 있다.[94]

결국 어떤 주부가 유복하여 가정부를 두고 거의 일을 아니하다가 장래 스스로 가사를 돌보지 않으면 안 될 사정이 생길 가능성이 있다면 또한 빈곤하여 많은 노동을 하고 있더라도 장래 경제적 발전가능성이 있다면 사고당시의 대체노동력고용비용에 의하여 전가동기간을 고정하는 것은 타당치 않을 것이고 가족수와 가정에서의 역할도 충분히 고려하지 않으면 안 될 것이다.

(2) 무직자, 연소자, 학생

불법행위당시의 수익 그 자체를 일실이익 산정의 기초로 보는 소득상실설은 무직자의 일실이익 산정에 한계의 벽을 느끼지 않을 수 없게 되지만 가동능력상실설은 무직자와 연소자, 학생 등의 일실이익 인정근거를 가장 설득력있게 설명하게 된다.

---

93) 판례총람 4-2(A)권 928-232면.

94) 沖野 威,「東京地裁民事交通部の 損害賠償算定の 實務傾向」判例タイムズ 별책.

대법원 1971. 11. 30. 선고 71다1642 판결[95]에서 「사고당시 아무런 직업이 없었다 하여도 장래에도 수입이 없을 것이라 단정할 수 있는 특별한 사정이 없는 한 수입상실액을 산정함에 있어 최저의 수입인 농촌일용노동자의 임금 상당액을 기준으로 하였음에 무슨 위법이 있다고 할 수 없다」고 판시한 바 있고, 일본의 학설과 판례도 현실로 이익을 취득하고 있지 않아도 장래 수익을 취득할 가능성이 있는 피해자에게 일실이익 배상청구권을 인정하여 왔다.[96]

혹자는 가동능력의 평가에 있어서 가동의사, 의욕, 가동의 개연성을 참작하여야 할 것이므로 노동하지 않는 금리생활자나 직업적 범죄자의 가동능력의 평가액은 낮아지는 것이 당연하더라도 제로로 볼 수는 없을 것이라고 하지만[97] 그것은 소득상실설을 취할 때 취업의 가능성을 근거로 하였기 때문에 나온 발상으로 생각되며 가동능력상실설의 견해를 취하면 가동의 의사 및 그에 의한 취업이 가능성은 문제가 아니고 가동시켜 수익할 수 있는 능력이 있었느냐 하는 것만이 문제가 되므로 위 견해는 찬성하기 곤란하다.

그런데 무직자라 하더라도 일시 이직된 자는 일용노임을 기준으로 할 것은 아니라고 생각된다. 그가 특정기능과 경험이 있어 그러한 직종에 취업할 가능성이 있는 경우에는 그 직종의 평균소득액을 기초로 하여야 할 것이다.[98]

서울고등법원은 1981. 2. 13. 선고 80나2646 판결[99]에서 일시 이직한 무직자에 관하여 「……을 종합하면 위 소외 망 백도성은 1974년부터 세운상가에 위치한 전기제품판매상점에서 판매원으로 일하여 1977년 사직할 당시에는 월급 130,000원을 받다가 소외 중앙전기판매주식회사의 영업사원으로 발탁되어 1978년부터는 위 회사에 근무하여 6개월 후에는 영업과장으로 승진하여 이 사건 사고가 발생되기 5일전인 1979. 10. 25. 퇴직할 당시는 월급 150,000원에 연 300%의 상여금을 지급받아 왔으나 좀더 많은 수입을 얻기 위하여 1980년

---

95) 판례총람 4-2(A)권 928-362면, 판례월보 17호 27면.

96) 坂 幸憲, 「無職で 素行不良の 者の 逸失利益」 ジュリスト 別冊 交通事故判例百選 1968. 113면, 大審判 昭 7. 12. 23.

97) 楠本安雄, 「逸失利益の 算定と 所得額」 現代損害賠償法講座 7권 153면.

98) 전게서 153면.

99) 개인적으로 입수한 판결.

도부터는 월급을 올려줄 터이니 계속 근무해 달라는 위 소외 회사의 간청을 뿌리치고 스스로 전기제품판매업을 경영하고자 퇴직하였던 사실」을 인정하여 월 200,000원 정도의 수입을 인정한 사례가 있다.

한편 미성년자, 유아, 학생에 대하여도 학설과 판례는 무직자와 마찬가지로 일정 연령에 달하면 취업할 개연성이 높다 하여 일실이익을 인정하여 왔다.

일본에서는 소화 39. 6. 24. 최고판[100]이 유아의 상실이익의 산정가능성을 확립하였고, 우리 대법원 판결로는 1965. 6. 15. 선고 65다664 판결[101] 및 1967. 7. 1. 선고 66다654 판결[102]에서 이를 긍정하면서 「장래의 최저수입이라 할 수 있는 노동임금 상당의 수입」은 있을 것이라고 보아야 한다고 판시하였다.

일본의 판례들은 연소자의 일실이익을 산정함에 있어서 ① 전산업상용 남자 또는 여자노동자의 평균임금을 기초로 가동 전기간을 고정하는 방식, ② 초임금 평균액에서 전기간을 고정시키는 방식과 ③ 초임금 평균액에서 시작하여 순차 승급을 예상하여 연령 구분별 평균임금에 따라 변동시키는 방법을 사용한다고 한다.[103]

우리나라에는 아직 위와 같은 통계가 사용되고 있지 않지만, 사실 좋은 가정의 자녀가 성년에 달하여 일용노동에 종사할 것임을 전제로 하는 것은 넌센스가 아닐 수 없으므로 한시 바삐 전산업노동자의 평균임금 또는 전국 사무직 근로자의 평균임금이 연령별, 학력별로 산출되어 이와 같은 자료를 이용하여야 할 것이다.

연소자, 무직자라 하더라도 그가 전문직업을 얻기 위한 수습과정에 있을 때에는 그 수습기간 경과후부터는 그 직종에 종사할 것임을 전제로 일실이익을 산정하여야 할 것이다. 그러한 피해자는 특단의 사정이 없는 한 위 수련기간 후에는 그러한 직종에 종사할 개연성이 농후하기 때문에 그의 가동능력은 위 전문직업인으로서 평가하는 것이 타당할 것이기 때문이다.

그런데 대법원은 1980. 4. 8. 선고 79다76 판결[104]에서 의과대학 간호학과 1

100) 民集 18권 5호 874면 이하.
101) 대법원민사판결원본 93집 157면, 판례총람 4-2(A)권 928-4면.
102) 판례총람 4-2(A)권 928-20면.
103) 주 97) 전게 논문 152면.
104) 공 1980. 6. 1. (633), 12772.

학년 학생에 관하여 「전문직 양성의 대학에 재학중 사망한 경우에 있어서 그 일실이익 산정에 있어서는 동 피해자가 졸업 후 그 전문직을 선택하지 아니할 특별사정이 없는 한 그 전문직 취업자의 일반통계에 의한 수입의 평균수치를 기초로 하여 산정하여야 할 것이고, 이를 특별사정에 속하는 것으로 보고 사고당시 그 특별사정을 알았거나 알 수 있었는지의 여부를 심리하여 그 판단 여부에 따라 기초사실을 달리할 것은 아니라 할 것」이라고 판시하였고, 또 1981. 1. 3. 선고 80다1732 판결[105]에서는 기계공업고등학교 3학년에 재학하면서 배관기능사 2급의 국가기술자격시험에 합격하여 등록을 마친 피해자에 관하여 「불법행위로 인하여 노동력이 상실되고, 그로 인하여 수익이 상실되는 경우에 그 일실이익에 대한 배상을 함에 있어서 그 액의 산정은 노동력 상실당시의 수익을 기준으로 하여야 함은 당연하나 장래 그 수익이 증가될 것이 확실하게 예측할 수 있는 객관적 자료가 있는 경우에는 장차 증가될 수익도 일실수익을 산정함에 있어 마땅히 고려되어야 한다 할 것인바(대법원 1979. 5. 22. 선고 79다579 판결 참조), 원심이 이와 같은 취지에서 그 사건 사고당시 서울기계공업고등학교 3학년에 재학하면서 배관기능사 2급 국가기술자격시험에 합격하여 1979. 5.경 그 등록을 마친 원고 김성권이 장래 군복무를 마친 후의 일실수익을 산정함에 있어서 동 원고는 위 학업을 마친 후에 배관공으로서의 수익을 얻을 수 있는 고도의 개연성이 있다 하여 이 사건 변론종결일에 가까운 1979. 9. 배관공의 일용임금인 금 7,740원을 위 일실수익산정의 기초사실로 하였음은 정당」하다고 판시하였으나, 한편 1978. 2. 28. 선고 77다1976 판결[106]에서는 의과대학교 3학년 1학기를 수료하고 휴학중에 있었던 피해자에 관하여는 「원심은 사람의 사망으로 인한 장래의 수익상실손해액은 원칙적으로 사망당시의 수익을 기준으로 하여 산정된 손해액을 통상의 손해라 할 것이고, 장래에 특별한 자격을 취득하거나 특별한 기술을 습득하여 얻게 될 수익을 기준으로 한 손해는 이른바 특별사정으로 인한 손해라고 할 것이라고 전제한 다음, 이 사건 자동차 사고당시 부산대학교 의과대학 3학년 1학기를 수료하고 휴학중에 있던 원고들의 아들인 망 양대선이 본건 사고가 없

105) 공 1981. 3. 15. (652), 13631.

106) 공 1978. 5. 1. (583), 10705.

었더라면 위 대학에 복학하여 이를 졸업한 후 의사국가고시에 합격하고 면허를 받아 의사로서의 수입을 얻을 수 있었을 것이라는 원고들의 주위적 청구는 위에서 말한 이른바 특별사정으로 인한 손해에 속하는 것이라고 보고, 본건에 있어서 원심이 채택한 증거들에 의하면 위 의과대학의 졸업자 또는 졸업예정자 중 의사국가고시응시자의 합격률이 1968년도부터 1976년도까지는 90 내지 95%였고 1977년도는 100%이었던 사실은 인정이 되지만 그렇다고 해서 이러한 사실만으로써 위 망인이 장래 위와 같은 과정을 거쳐 의사의 자격을 취득하고 의사로서 종사할 수 있을 것이라는 것이 반드시 예견된다고는 할 수 없으므로 결국 원고들은 위 특별한 사정으로 인한 손해에 관하여 그 입증을 다하지 못한 것이라는 취지로 판단하여 원고들이 주위적 청구를 배척…… 한 원심 판단은 정당」하다고 판시하였다.

생각컨대 전시 77다1976 판결은 전문직이 되는 것은 소위 "특별사정"으로 보았음에 대하여 79다76 판결은 이를 부정한 것으로 모순되는 견해로 보지 않을 수 없다. 민법 제763조에서 준용하는 동법 제393조 2항은 "특별사정"으로 인한 손해는 불법행위자가 그 사정을 알았거나 알 수 있었을 때에 한하여 그 손해를 배상하도록 규정하고 있다. 그러나 일정한 과정을 거쳐 전문직업인이 되느냐의 여부는 불법행위자가 알 수 없는 일이므로(특히 교통사고에 있어서) 이를 불법행위자의 주관 여하에 따라 결정할 특별사정이라고는 볼 수 없으며 단지 가능성, 개연성의 문제로서 배상대상인 손해로 볼 것이냐 또는 가동능력 평가의 자료로 할 만큼 개연성이 상당한 정도로 확실하냐 하는 문제이므로 후자의 판결이 옳다고 생각한다. 그리고 그 개연성도 학업을 계속할 지능적, 경제적 능력이 없어 복학하여 졸업할 가능성이 희박하다는 특별사정이 없는 한 전시와 같은 사정이라면 복학, 졸업 및 자격취득의 개연성이 충분하다고 볼 수 있지는 않을지?[107)]

라. 생활비의 공제

(1) 손익상계설과 노동력재생산비설

사망한 피해자의 생활비를 총수입에서 공제하는 것은 오늘의 통설·판례이

107) 후술「불법행위로 인한 특별손해」 참조.

다.[108)]

왜 생활비를 공제하여야 하느냐 하는 근거에 관하여는, 피해자의 생활비는 사고로 인하여 지출을 면하게 된 이익이므로 공제되어야 한다는 손익상계설의 입장과 생활비는 수익을 올리기 위한 필요경비로서 기업의 순이익은 총수익에서 손금을 공제하여야 하는 것과 마찬가지로 공제되어야 한다는 필요경비설(노동력재생산비설)이 있다.[109)]

대법원 판례는 부상자의 일실이익을 산정함에 있어서 생활비를 공제하는 것은 손익상계의 법리를 오해한 위법이 있다[110)]고 하거나 사망한 연소자의 양육비를 동인의 일실이익에서 공제할 수 없다[111)]는 등으로 생활비의 공제는 손익상계인 듯한 표현을 쓰고 있다.[112)]

또한 법원 실무에서는 거의 예외 없이 사망한 피해자의 월 또는 연수입 총액에서 먼저 생활비를 공제하고 있으며 대법원에서는 그 판결들을 시인하고 있다.

생각컨대 손익상계란 사고로 인하여 손해를 입은 반면, 그로 인하여 이익을 얻는 경우에 불법행위자가 배상하여야 할 손해는 위 얻은 이익을 공제한 나머지라는 법리이다. 따라서 손익상계는 사고로 인하여 피해자에게 발생된 손해 중 피해자 자신의 과실비율에 따른 상계를 하고 난, 가해자가 책임질 손해액을 산정한 다음에 피해자가 얻은 이익을 공제하게 되므로 예컨대 사고로 인한 사상으로 유족이나 피해자가 산업재해보상보험법에 따라 유족급여, 장례비, 휴업급여, 요양급여, 장애급여 등을 받으면 과실상계를 한 후에 위 각 수령금원을 공제하는 것이다.[113)]

손익상계설은 사망으로 인하여 망인은 생활비의 지출을 면하게 되었으므로 동액 상당의 이익을 얻게 되었으니 그 이익을 공제하여야 하고, 부상의 경우에

---

108) 김증한 · 안이준, 채권각론 하 848면.

109) 박우동, 「생명 · 신체의 침해로 인한 손해배상액의 산정」 사법논집 5권 199면; 篠原引志, 「逸失利益と その 損害額の 測定」 現代損害賠償法講座 7권 168면.

110) 대법 1964. 3. 22. 선고 66다119 판례카드 1443.

111) 대법 1964. 4. 19. 선고 66다422 판례카드 1363.

112) 진성규, 전게 논문 133면.

113) 대법 1981. 6. 9. 선고 80다3277〔공 1981. 7. 15. (660), 13990〕.

는 여전히 생활비를 지출하게 되므로 위와 같은 이익이 없으니 공제할 수 없다는 것이다. 과연 그렇다면 생활비는 월수입에서 미리 공제하여 호프만 수치를 곱하고 과실상계할 것이 아니라, 생활비를 공제하지 아니한 수입을 기초로 손해액을 산정하고 과실상계를 하고 난 금액에서 생활비에 호프만 수치를 곱한 총이익액을 공제하여야 하고, 그 결과는 현행법원의 실무에서와 같은 전자의 계산결과보다 현저히 감소된다. 따라서 대법원이 전시 생활비의 공제를 손익상계의 한 형태로 보는 듯하지만 하급심의 전시와 같은 관행적 판결을 용인해 온 것은 손익상계설로써는 설명하기 곤란하다.

오히려 일실이익은 얻을 수 있었던 이익이고 그것은 순이익을 말하므로 생활비를 공제한 나머지라는 소득상실설의 입장 또는 생활비는 소득을 얻기 위한 필요경비이므로 이를 공제한 나머지만이 배상대상이라는 필요경비설 또는 생활비는 노동력 재생산에 필요한 경비이므로 공제되어야 한다는 노동력재생산비설로써 설명할 수밖에 없다.

그렇다면 왜 부상자의 일실이익 산정에서는 생활비를 공제하지 않는가? 생활비를 써야만 소득을 올릴 수 있다는 논리는 부상자에게도 같이 적용되어야 하지 않는가? 그러나 부상자의 경우에는 생활비의 공제가 무의미하다.

왜냐하면 부상자의 손실은 사고전의 소득에서 사고후의 소득을 뺀 나머지가 될 것이고, 사고전의 순수입의 산출을 위하여 총수입에서 생활비를 공제하면 사고후의 순수입 산출에서도 생활비를 공제한 나머지를 순수입으로 보게 되며 위 전후 순수입의 차액이 손실이 되는 것이니 양쪽에서 모두 생활비를 공제하지 아니한 전후 총수입의 차액과 일치하기 때문이다.

가동능력상실설의 일실이익은 상실한 가동능력의 총평가액이 되고, 그 평가의 기초되는 수입은 가동능력의 발휘로 인한 수입에서 그 능력을 가동시키기 위한 경비 즉, 생활비를 공제한 나머지 순수입이 되고 따라서 노동력재생산비설과 이론을 같이 하게 된다.

결국 생활비 공제의 근거로서 손익상계설은 부적당하다고 보지 않을 수 없고, 가동능력상실설의 입장과 궤를 같이 하는 노동력재상산비설이 가장 타당한 이론이라 할 것이다.

(2) 생활비의 범위와 세금

세금은 생활비에 포함시킬 수 있는가? 생활비에 내포되는 비용은 생존에 필요한 비용만이 아니라 교양오락비, 교제비 등 어느 정도 사치적인 지출도 금일의 문화생활에서는 생활비에 포함시키는 것이 타당할 것이다. 그것은 어떤 사람이 어느 수준의 급여를 받고 사는 경우, 그 사람의 신분·직업·경제적 지위에 따라 통상 필요한 교제비나 문화·오락비를 소비하는 것은 당연하고 따라서 그 비용은 그가 그러한 수입을 얻기 위하여 자연스럽게 지출하는 금원이기 때문이다.

그러나 문제는 세금 등 공조·공과금을 생활비에 포함시킬 수 있느냐이다. 지금까지 세금을 생활비로 본 판례는 없는 것 같다. 그러나 생활비가 수입을 얻기 위하여 사회생활상 당연히 지출되는 비용이라면 세금 역시 납세의무를 지고 있는 국민으로서 그 지출은 사회생활상 당연한 것이고 그것은 일정한 수입을 올리는데 필요한 금원이라고 생각할 수 있다.

종래 세금의 공제 여부에 관하여는 공제설과 비공제설이 대립하여 왔고, 전자의 근거로는 손해배상금에 세금을 부과하지 아니하는 현행 세제상 피해자는 세금 상당의 이득을 얻게 되고, 이 이득은 사고로 인한 것이니 상계되어야 한다는 손익상계설[114]과 손해배상제도의 목적은 피해자가 상실한 실질적 이익을 전보하자는 것인데 그 실질적 이익은 세금을 공제한 나머지이므로 세금은 공제되어야 한다는 실질수익추정설[115]이 있고, 후자의 근거로는 세법상 손해배상금에는 과세할 근거가 없으므로 배상권리자는 납세의무가 없으니 의무없는 세금을 이익이라 하여 손익상계의 대상으로 삼을 수는 없으며 이를 공제하는 것은 세법의 입법취지에 반한다는 설[116]과 일실이익의 배상은 상실한 가동능력에 대한 보상으로써 소득이 아니므로 세금을 공제할 수 없다는 설,[117] 일실이익의 본질은 상실한 가동능력의 평가액이고 수입액은 이것을 평가하는 측정수단이므로 그 수입액은 세금공제전의 수입을 기초로 하여야 하

114) 長久保武,「得べかりし 利益の 喪失による 損害賠償額の 算定と 稅額」判例タイムズ 142호 27면.

115) 東京地判 昭 45. 8. 12. 交通民事判例集 3권 4호 1211면; 대법 1969. 2. 4. 선고 68다2178 전원합의체판결 대법원판례집 17권 1집 민 167면.

116) 長久保武, 民事法の 諸問題 II 235면.

117) 三宅弘人,「逸失利益と 稅金」判例タイムズ 212호 218면.

므로 공제될 수 없다는 설[118]이 있다.

생각컨대 손해배상제도의 목적은 피해자로 하여금 사고 이전의 상태로 복귀시키는데 있고, 따라서 사고후의 재산상태가 그 이전의 상태보다 증가되어서는 아니되므로 사고 이전이었다면 당연히 지출하게 되는 세금의 지급을 사고로 인하여 면하게 됨으로써 동액 상당의 증가를 초래한다면 이는 부당하다고 하지 않을 수 없고, 그 때문에 손익상계설에서는 그 공제를 주장하고 실질수익추정설에서는 배상할 소득은 실질소득이니 먼저 공제하여야 한다고 주장하는 것이다.

위 공제설의 부당성을 지적하는 이유 중 세제를 근거로 내세우는 설은 문제점이 있는 것 같다. 세법이 손해배상금을 소득으로 보지 않고 과세대상으로 삼지 않는 취지를 피해자를 후하게 보호하려는데 있다고 보는 것은 아전인수격이고, 오히려 손해배상금은 손해에 대한 전보이고 소득으로는 볼 수 없다는 소박한 사고방식에서 나왔다고 보는 것이 솔직할 것이다. 그리고 납세의무가 없기 때문에 이익이 없다는 생각은 사고의 전과 후를 보지 않고 세법만을 보았기 때문인 것으로 생각된다. 상계할 이익은 사고와 상당인과관계가 있으면 족하고 모든 경우에 그러한 결과가 생긴다면 그것이 세법상의 결과라 하더라도 상당인과가 있다고 보아야 할 것이다.

단지 공제설을 전시와 같은 손익상계설이나 실질수익추정설에 근거하는 경우, 그 세액은 엄격한 주장과 입증의 대상이 되고 자주 변동하는 세율을 일일이 추적하여 산출하여야 한다는 실무상의 곤란이 뒤따른다.

사실 공제설이 타당성을 갖는다고 생각하면서도 비공제설을 취하게 되는 것도 위와 같은 실무상의 난점을 피하려는 데 있었던 것은 아닐지?

그러나 전술한 바와 같이 종래의 소득상실설에 여러 가지 난점이 있다 하여 이를 버리고 가동능력상실설을 취하면 일실이익은 상실한 가동능력의 평가액으로 보게 되고 수입은 그 평가의 자료에 불과하게 된다. 전시 대법원의 전원합의체 판결은 가동능력상실설에 입각하여 비공제설을 취하였으나 거기에는 문제점이 있다.

---

118) 손지열, 「기대이익상실손해액의 산정에 있어서 세금을 공제할 것인가」 민사재판의 제문제 1권 93면.

즉, 손해배상에 있어서의 손해는 그가 잃은 것만큼이어야 하고 그것을 초과할 수는 없다. 사고가 없었더라면 당연히 지출될 세금의 지급을 면하므로 동액 상당의 재산증가가 생긴다면 부당하다. 물론 가동능력상실설에서는 상실한 능력에 대한 보상액을 지급받을 뿐이므로 경제적 가치의 증가는 없다고 말할지 모른다. 그러나 가동능력에 대한 평가는 그 능력을 발휘함으로써 얻는 수입을 기초로 할 것인데 능력발휘에 의한 순수입은 그 능력을 만드는데 필요한 경비를 공제한 나머지가 될 것이고 사실상 피해자가 받아 온 수입은 세금을 공제한 것이며 세금은 납세의무를 지는 국민으로서 사회생활상 당연히 지출되는 금원이니 육체적으로 의·식·주에 필요한 생활비와 같이 손금으로 처리되어야 할 비용이 아닌가?

그렇다면 세율을 일일이 찾아내어 공제하는 실무상의 난점은 또다시 회생하는 것이 아닌지 걱정이 될 것이다.

그러나 가동능력상실설을 취하면 수입은 능력평가의 한 자료에 불과하여 그것이 엄격한 입증의 대상이 되는 것이 아니고 법원에 상당한 재량권이 주어지므로 종전의 실무에서처럼 정확한 세액을 산출할 필요는 없고 단지 수입액의 몇% 정도라고 인정하거나 생활비처럼 다툼 없는 사실로 정리하여도 좋을 것이다.

자본주의사회에서는 능력의 금전적 평가는 수입을 기준으로 할 수 밖에 없고, 수입의 차이는 같은 비율의 노동력을 상실한 경우라도 손해배상액의 차이를 가져오지만, 수입이란 사람이 사람답게 사는데 필요한 만큼은 되어야 하므로 잘 조직된 사회라면 어떤 직종에 있든지 수입은 비슷하여야 하고 그러한 사회에서는 손해배상액에도 별로 큰 차이는 없을 것이며 그것이 바람직한 현상이라고 말할 수 있다.

이와 같은 올바른 사회현상을 성취하기 위하여 소득세에 관하여 누진세율을 적용하는 것이며 이 이상은 손해배상에서도 현실되지 않으면 안 된다.

그럼에도 불구하고 손해배상액 산정에서 소득세를 참작하지 않는다면 고소득자일수록 유리한 결과를 얻게 되고 그것은 자본주의의 병폐를 시정하려는 국가사회적 방향에 반하게 된다.

자주 변동되는 세율을 추적하여 정확한 세액을 산출하는데 질린 나머지 그 회피책에만 급급하였던 것은 아닌지 모르겠다. 오히려 앞서 말한 바와 같이 정확한 세율을 찾을 필요없이 다만 수입의 몇 할을 뺀 나머지가 순수입이라는 법원의 재량적 평가를 허용하는 것이 가동능력평가설에도 부합되고 소득격차에 의한 배상액의 현격한 차이 이로 인한 국민의 위화감을 감소시킬 수 있지 않을지?[119)]

(3) 액수 인정상의 문제

생활비에 관한 주장 입증책임은 누구에게 있는가? 이 문제는 생활비의 본질을 어떻게 파악하느냐에 따라 대답이 달라진다고 볼 수 있다.

일실이익을 상실한 소득으로 보고 생활비의 공제는 사망으로 인하여 지출을 면한 이익이므로 공제되어야 한다는 손익상계설의 입장에서는 피고의 주장 입증사항이 되겠지만 일실이익을 상실한 노동력의 평가액으로 보고 가동능력의 평가는 순수익을 기초로 하여야 하며 생활비는 가동능력을 생산함에 필요불가결한 재생산비이므로 공제되어야 한다는 노동력재생산비설을 취하면 가동능력의 평가는 법원의 자유로운 영역이고 가동능력 평가상 필요한 생활비의 인정 역시 당사자의 주장이나 입증에 구애될 것은 없게 된다.

손익상계설의 부당성은 앞서 지적한 이유 이외에 주장 입증책임을 피고에게만 지울 수 없다는 점에서도 그러하다. 피고에게 생활비 공제의 주장과 입증책임이 있다고 보는 입장에서는 만일 피고가 그 주장을 빠뜨렸거나(실무상 하는 경우가 많지 않다) 입증을 다하지 못한 경우에 생활비를 공제하지 아니한 수입총액을 일실이익으로 보게 될 터인데 그 결론이 부당함은 말할 필요도 없다.

또한 원고는 생활비를 과소하게 주장·입증하고 피고는 과다하게 주장·입증하는 경우에 법원은 한쪽의 입증을 배척하고 다른 한쪽의 입증을 받아들여 부당한 생활비를 인정하여야 할 것인가? 이것 역시 그렇게 할 수는 없을 것이고 법원은 양측의 입증을 건전한 상식과 경험칙에 의하여 중간적인 액수를 인정하는 것이 타당할 것이므로 이러한 견지에서도 노동력재생산비설이 옳을 것 같다.

실무상 생활비는 그 수익의 3분의 1임에 다툼이 없다고 조서상 정리하는 일이 대부분인 것으로 알고 있으나,[120)] 때때로 피고 대리인은 좀더 많은 액수를

119) 진성규, 전게 논문 사법연구자료 7집 159면 이하 참조.

주장하려고 하고 있고 피해자가 미성년이거나 학생 또는 독신인 경우 그와 같은 경향은 더욱 두드러지며 그 태도는 우리나라 국가배상법시행령 제6조 「손익상계」에 관한 생활비 공제에 관한 비율표상, 부양가족의 유무 및 그 수에 따라 최고 40%에서 최하 25%까지 차등 규정하고 있음에 비추어 보아도 충분히 수긍이 가는 것이다.

만일 피고가 50%의 공제주장을 고수하고 원고가 30%의 공제주장을 굽히지 아니하고 쌍방이 그럴듯한 입증을 하는 경우에는 법원으로서는 피해자의 총수입과 그의 사회적 경제적 지위를 고려하고 전시 시행령을 참고하여 독자적인 액수와 비율을 인정할 수 있어야 할 것이다.

사실 일찍이 대법원이 지적[121]한 바와 같이 생활비의 인정은 가상적일 수밖에 없다. 현재는 미성년자라 하더라도 나이가 들면 결혼하여 배우자가 생길 것이며 해가 가면 아이들을 갖게 될 것이니 현재 그가 독신이라 하여 가동기간을 다 마칠 때까지 그 수입의 40%를 생활비로 지출할 것이라는 전시 시행령의 규정에도 문제는 있다.

사실 좀더 그럴듯한 가상을 한다면 통계를 내서 통상 몇 살에 이르면 결혼을 하고 결혼후 몇 년이 지나면 아이를 하나 낳고 또 몇 년이 지나면 아이가 둘이 된다고 보고 그에 따라 생활비의 공제를 체감하는 것이 옳을지 모른다. 또 수입도 일용노동자가 아닌 급여생활자로 인정하는 경우에는 학력과 연령에 따른 승급도 인정하는 것이 바람직할 것이다. 앞서 승급에 관하여 언급한 바와 같이 우리 대법원은 너무 승급가능성을 엄격히 보고 있는 것은 아닌가 하는 느낌을 갖게 된다.

다시 생활비 인정의 문제로 되돌아와 우리 대법원의 판례를 보면 1966. 6. 28. 선고 66다874 판결[122]에서는 「월 평균 총수입 중에서 경험칙에 의하여 인정한 동인의 기관사로서의 생계비 매월 3,000원씩 공제하였던 것임이 명백하고 기록상 그 조치에 어떠한 잘못이 있었다고는 인정되지 않는 바」라고 판시하여 경험칙에 의한 생계비의 인정을 시인하였으나 1968. 7. 16. 선고 68다279

---

120) 대법 1990. 2. 27. 선고 89다카19580〔공 1990. 4. 15. (870), 766〕.

121) 대법 1977. 5. 10. 선고 76다2403 판례월보 88호 11면.

122) 판례카드 8501.

판결에서는 「소극적 손해액을 산정함에 있어서 이들 광부의 생계비와 제반 공과금은 경험칙상 대체로 총수입액의 4할이 소요될 것이라고 인정하여 이들이 장래 얻을 수 있는 수입액 중에서 이를 공제하였으나 이와 같은 생계비와 제반 공과금을 인정함에 있어서는 증거에 의하여야 할 것이고 막연히 경험칙상 대체적 추측으로 인정할 수 없는 것」이라고 판시하여 경험칙에 의한 인정을 부인하였다.

그러나 한편 1977. 2. 8. 선고 76다2673 판결[123]에서는 「월평균수입이 148,577원인 도시 사람의 월 생계비가 10,000원이라고 함은 특별한 사정이 있었음이 인정되지 않는 본건에 있어서는 당시의 경제사정이나 우리의 생활경험에 비추어 지나치게 적게 책정된 것이라고 아니할 수 없다. 그렇다면 원심의 위와 같은 사실인정이 비록 증거에 의한 것이라고 하더라도 이는 우리의 경험칙에 어긋나는 채증이 되거나 그렇지 않으면 그 심리를 다하지 아니한데 기인되었다」고 원심 판결을 파기 환송하였다.

생각컨대 생활비는 가동능력 생산에 필요한 비용이고 가동능력의 평가액은 총수입에서 생활비를 공제한 순수익을 기초로 산출하여야 한다는 실체법 이론상 그리고 그 주장 입증을 피고에게 맡겨 둘 수만은 없다는 견지에서 손익상계설은 채택하기 곤란하고 앞서 지적한 바와 같이 과실상계이전에 총수입으로부터 생활비를 공제하고 있는 법원의 실무와도 맞지 않는다고 보지 않을 수 없다.

따라서 일실이익에 관하여 가동능력상실설을 생활비에 관하여 노동력 재생산비설을 취하는 한 생활비의 공제는 가동능력평가과정의 한 단계에 불과하고 그 평가의 기초인 순수입은 간접사실에 지나지 않게 되며 그 평가는 법원의 자유로운 영역이 될 것이므로 당사자의 주장·입증에 구애됨이 없이 건전한 상식과 경험칙에 반하지 않는 한 증거에 의하든 경험칙에 의하든 무관하리라고 생각한다.

마. 가동능력상실률에 의한 계산

피해자가 사망한 경우에는 가동능력을 완전히 상실한 것이므로 노동능력 상

123) 판례월보 84호 18면.

실비율에 의한 계산이 있을 수 없겠으나 단지 불구화됨으로써 노동능력의 일부 또는 대부분을 상실한 경우에는 앞서 본 바와 같은 여러 가지 방법에 의하여 피해자의 순수입을 산출한 다음 그것을 기초로 노동능력 상실비율을 곱하여 상실한 순수입을 산정한다.

그러나 이것은 피해자가 노동력의 일부 또는 대부분을 상실하고도 종전의 직업을 수행할 수 있음을 전제로 하는 것이고, 만일 종전의 직업을 계속 수행할 수 없게 되면 종전수입은 전부를 상실하는 것이 된다.

피해자가 종전직업을 계속 수행할 수 있느냐 여부의 판단은 상당히 어렵다. 일응 의사에게 감정을 명하여 그 의견을 참고할 것이지만 그것에 매이는 것은 아니고 법원이 독자적으로 판단할 사항이다.

예컨대 불구자가 되었다 하더라도 자동차운전이 불가능한 것은 아니지만 직업운전수로는 곤란하게 된다.

따라서 대법원 1981. 7. 28. 선고 80다2291 판결[124)]이 「교통사고로 인한 상해가 치유된 후에도 우측경골의 단축 등으로 15퍼센트의 자동차운전기능이 상실되었다면 고용주가 이를 고용하여 운전하게 하리라고 기대하기 어렵고 또 동 상해의 부위와 정도를 종합하면 고도의 기민성을 요하는 고용운전자로서는 질적으로 운전자로서의 능력은 전부 상실되었다고 봄이 상당하다」고 판시한 것은 이러한 측면에서 이해될 수 있다.

또한 일반노동능력의 평가에 있어서도 의사의 감정을 따라야 하는 것은 아닙니다. 대법원 1981. 2. 10. 선고 80다2141 판결[125)]은 감정결과 일반노동능력의 91%를 상실하였다고 되어 있어도 피해자가 그 사고로 인하여 중등도 이상의 인계황폐, 좌반신 강직성 운동 부전마비, 배변 및 배뇨장해 뿐만 아니라 심한 보행장애를 나타내고 있고, 치료를 계속하더라도 그 예후가 극히 불량하다면 일반노동자로서의 노동능력은 질적으로 전부상실된 것으로 볼 수 있다고 판시하였다.

위 두 판결은 모두 「질적으로 전부상실」되었다는 취지를 판시하고 있는데 그 이유로서 전판결은 고용실태를 감안하였고, 후판결은 피해자의 건강상태를

124) 공 1981. 10. 1. (665), 14249; 대법 1976. 12. 14. 76다17〔공 1977. 1. 15. (552), 9813〕.
125) 공 1981. 4. 15. (654), 13726; 대법 1976. 12. 14. 76다17〔공 1977. 1. 15. (552), 9813〕.

참작한 것이다.

결국 종전직업의 계속수행가능 여부 및 가동능력의 잔존 여부는 의사의 감정을 기초로 하되 법원이 종국적으로 판단하는 것이고 반드시 감정결과에 기속될 것은 아니라는 취지로 이해된다.

어쨌든 종전직업을 계속 수행할 수 있으면 상실된 노동력의 비율만큼이 손해가 될 것이고, 계속 수행이 불가능하다면 일응 종전수입은 전부상실하게 된다. 그러나 이 경우에도 잔존노동력이 있으면 일반일용노동에 종사할 수 있을 것으로 보고 잔존한 일반노동력에 따른 일용노임의 수입은 가득수입으로서 종전수입으로부터 이를 공제하는 것이 종전의 관례이었다.

전술한 바와 같이 대법원은 잔존노동력에 의한 가득수입의 공제를 일관하여 판시하고 있으며 심지어는 일생 동안 개호인의 필요한 경우라도 전연 노동력이 없다고 단정할 수 없으며, 잔존노동력이 있음을 늘 경험하는 바이므로 20%의 잔존노동력에 의한 수입은 공제해야 한다고 판시한 바도 있다.[126)]

실무상 노동능력 상실비율은 의사를 감정인으로 명하여 그 감정결과에 따라 인정한다. 따라서 감정내용은 먼저 피해자의 사고당시의 직종을 계속 수행할 수 있는지 불가능하다면 도시 또는 농촌일용노동자로서는 몇 %의 능력이 상실되는지 종전 직업을 계속할 수 있다면 그 능력은 얼마나 감소되었는지 피해자에게 의료보조기구 예컨대 의수·의족·바퀴달린 의자 등이 필요한지 그 수명과 가격은 어떤지 평균여명은 단축되는지 등을 골자로 하게 된다.

여기에서 약간 문제로 되는 것은 피감정인의 종전 직업의 계속수행능력의 유무 또는 일용노동능력이나 종전 직업수행능력의 감소율을 평가하는 것은 의료보조기구를 붙인 후의 상태인지 혹은 전의 상태인지 하는 점이다.

스웨덴에서는 우선 직업재교육에 의하여 당자의 체력과 능력에 상응한 노동이 가능하도록 지도하는 방향에 중점이 두어지고 그 단계를 거쳐서도 역시 노동력이 저하(3분의 2 이상)되는 경우 그 정도에 따라 연금이 교부되는 방법을 취하고 있고, 서독에서도 장해자에 대하여는 우선 노동생활에 복귀시키기 위하여 치료·직업보도·사회복귀원호 등으로 구성되는 원상회복을 위한 급부가 지급되고 그래도 소득능력이 극히 저하(2분의 1)되는 경우에 장해연금이

126) 대법 1969. 9. 23. 선고 69다1095 판례총람 4-2(A)권 928-131면.

지급된다고 하며, 캐나다의 노재보상제도도 목표액을 배상하는 것이 아니라 원상회복(Rehabilitation) 과정에 두어 장해자에게 원상회복수단을 다한 후에 비로소 보상청구에 대한 최종적 판단(평가의 기본적 기준은 가동능력)이 내려지고 있는 등의 제도[127)]에 비추어 보고, 손해배상이 손해의 사회적 분담제도라는 근본취지를 감안하면 노동력상실비율의 평가는 의료보조기구에 의한 가능한 한의 교정이 이루어짐을 전제로 평가되어야 할 것으로 생각된다.

다음의 문제는 노동력상실비율은 반드시 감정의사의 감정에만 의존하여야 하는 것인가 하는 점이다.

실무상은 예외 없이 감정을 시키고 있다. 그러나 산업재해보상보험법시행령 제53조 제1항과 국가배상법시행령 제2조 제1항에는「장해등급의 기준」또는「신체장해의 등급과 노동력상실률표」라는 제하에 14등급으로 129종의 후유증을 분류하고 위 국가배상법시행령은 100%에서 5%까지의 상실률을 규정하며 감정인들은 "맥·브라이드"씨의 연구 결과 외에 위 노동력 상실률표를 참고로 하는 경우도 적지 않게 보인다.

물론 위 표의 제12급 제13호에는「외모에 추상이 남은 자」를 15%의 노동력이 상실되는 것으로 하고 있고, 제7급 제13호에는「양쪽의 고환을 상실한 자」를 60%의 노동력을 상실하는 것으로 규정하고 있어서 그대로 법원 실무에 원용하기 곤란한 점도 많지만 제1급 제1호의「두 눈이 실명된 자」또는 제5급 제5호의「한 다리의 기능이 전폐된 자」와 같이 외견상 쉽게 구별하여 판정할 수 있는 경우도 적지 않은데 법원에서 쉽게 판단할 수 있는 경우까지 꼭 감정을 시켜야 하는지 생각해 볼 일이다.

물론 신경계통의 이상이나 내장의 이상 등은 판사로서는 알 수도 없고 피해자가 위 표의 어느 등급에 속하는지 알 수 없는 경우에는 도리가 없겠으나, 양안실명, 한팔을 주관절 이상에서 상실한 자와 같이 쉽게 알 수 있는 경우에는 위 표를 원용하여도 괜찮을 듯 싶다. 그러나 피해자가 단순한 육체노동자가 아닌 기능직 내지 전문직인 경우에는 사실 위 표에 의한 판정은 적절하다 할 수 없을 것이고 이러한 경우에는 의사의 의학적 지식 외에도 노동과학적 지식이 요구될 것이다.

---

127) 加藤和夫,「後遺症に よる 逸失利益の 算定」現代損害賠償法講座 7권 205면.

사실 위 표는 단순한 육체노동의 직종에는 대부분 타당할지 모르나 정신노동에 종사하는 자에게는 그렇지도 않을 것이다. 뿐만 아니라 같은 직종에 근무하는 자라도 젊은 사람과 장년층의 사람은 불구의 상태에서 스스로 적응하는 능력에 차이가 예상되고 그것은 노동력상실률에 영향을 줄 것이다.

따라서 감정인은 피해자의 현증상 외에도 그의 직업·연령 등을 고려하지 않으면 안 되고 법원은 감정인에게 위 각 점을 주지시켜 참작하게 하여야 할 것이다.[128)]

대법원 2003. 10. 10. 선고 2001다70368 판결[129)]은 노동능력상실률은 단순한 의학적 신체기능장애율이 아니라 피해자의 연령, 교육정도, 종전직업의 성질과 직업경력 및 기능숙련 정도, 신체기능장애 정도, 유사직종이나 타직종에의 전업가능성과 그 확률, 기타 사회적·경제적 조건을 모두 참작하여 경험칙에 따라 정한 수익상실률로서 법관의 자의가 배제된 합리적이고 객관성 있는 것이라야 한다(대법원 1990. 4. 13. 선고 89다카982 판결 참조)[130)]고 판시하였고, 중복장애로 인한 총노동능력상실률산정에 관하여 대법원 1995. 1. 20. 선고 94다38731 판결[131)]은 무지와 시지의 수지관절절단 및 부분강직이라는 중복장애로 인한 총노동능력상실률을 산정함에 있어 맥브라이드 불구평가표상의 절단항목과 관절강직항목의 각 개별장해율을 적용한 뒤 장해율이 많은 쪽의 수치를 기준으로 하고 이를 공제한 잔존능력율에 나머지 장해율을 곱하여 산정된 장해율을 합산하는 방식에 의하여 피해자의 일상실내근로자로서의 총노동능력상실률을 결정한 원심의 조처를 수긍한 바 있다.

바. 가동가능기간과 일수의 인정

피해자가 사망하거나 불구화됨으로써 가동력의 전부 또는 일부를 상실하고, 일부 상실의 경우 그 비율이 정해져 월간 또는 연간의 상실순수입이 결정되면 그 수입상실이 계속될 기간을 확정하여 그 기간을 곱하여 상실수입의 총액을 산출한다.

128) 후술 「후유장해로 인한 일실이익의 산정」 참조.

129) 미간행 종합법률정보 수록.

130) 공 1990. 6. 1. (873), 1060.

131) 공 1995. 2. 15. (986), 889.

이 경우 위 수입상실의 계속기간은 수입을 얻을 수 있는 가동가능기간과 일치되고 위 기간이 여명기간내임은 분명하다. 따라서 피해자의 여명을 확정할 필요가 생기고 그것은 보사부에서 발간되는 간이생명표에 의하여 인정한다. 그러나 위 간이생명표상의 수치는 어디까지나 산술평균치이므로 당해 피해자가 그 평균여명을 넘어서 생존할 것인지 그 이전에 사망할 것인지는 신 밖에 모를 일이나 만일 피해자가 이미 평균수명을 넘어서 살고 있고 또 수입을 얻고 있는 경우에는 구체적인 사정 즉 피해자의 직업·건강상태·가정환경·위생상태 등을 종합 고려하여 인정할 수밖에 없고 따라서 피해자가 가동연한을 넘었다 하여 손해가 없다고는 할 수 없고 대법원은 1971. 2. 23. 선고 70다2927 판결에서 이를 판시한 바가 있다.[132]

평균여명에 관하여 대법원 1984. 11. 27. 선고 84다카1349 판결[133]은 「경제기획원이 매 4년마다 조사 작성하는 한국인간이생명표에 의한 남녀별 각 연령별 평균여명이 법원에 현저한 사실이라 함은 일찍부터 당원이 표명하여 온 견해로서 법원에 현저한 사실은 그 사실의 존재에 관하여 명확한 기억을 하고 있거나 또는 기록 등을 조사하여 알 수 있는 사실이며 한편 한국인간이생명표는 매 4년마다 경제기획원이 조사 작성하는 것이므로 평균여명은 손해발생시 가장 가까운 때에 작성된 간이생명표에 의하여 확정하여야 할 것」이라고 판시하고 있다.

평균여명 범위 안에서 몇 살까지 가동할 수 있느냐 하는 것에 관하여 우리나라에는 통계자료가 없는지 법원 실무에서 발견한 일이 없다. 따라서 소송실무에서는 판례로 정립한 연령에 의하고 있다. 대법원은 한국인 남자 또는 여자의 가동가능기간을 경험칙에 의하여 50세까지라고 인정한 판결은 그와 같은 경험칙을 인정할 수 없으므로 위법이라고 판시하고[134] 보통 건강체의 남자가 55세까지 노동할 수 있음은 경험칙상 명백한 사실이라거나[135] 당원에 현저한 사실이라고 판시하였다.[136] 그러나 한편 대법원 1960. 7. 7. 선고 4292민

132) 판례총람 5-2권 998-154면 추 245.

133) 공 1985. 1. 15. (744), 77.

134) 대법 1966. 3. 22. 선고 66다119 판례총람 4-2(A)권 928-12면 추 164; 대법 1960. 3. 29. 선고 66다1184 판례총람 4-2(A)권 928-12면 추 1-16b 928-23면.

135) 판례카드 7296.

상467 판결[137]은 가동연한을 60세까지로 인정한 것이 경험칙에 위반된 것이 아니라고 판시하였다.

또한 대법원은 농업노동자라 하여 반드시 55세까지만 가동할 수 있고 55세를 넘어서는 전혀 가동할 수 없는 것은 아니고[138] 적법한 증거에 의하여 피해자가 70세까지는 일을 계속하여 수입이 있을 것이라고 인정하여도 일반 경험칙에 위반된다고는 할 수 없다고 판시하였다.[139] 그리고 일반적인 노동능력이 긍인된 "55세까지"라는 의미는 "만 56세에 달하기 직전까지"라는 뜻이고,[140] 환언하면 "55세 끝날 때까지"를 뜻하는 것이다.[141]

한편 광부와 같이 단체협약으로 정년이 정하여진 경우에는 그 정년까지는 그 노동능력과 임금이 균형을 유지하지만 정년을 넘어서부터는 그 임금에 비하여 노동능력이 저감된다는 견지에서 정년제를 채택한 것이므로 광부가 정년을 넘은 경우에는 그 광부에게 특별한 기술이 있다는 등 별다른 사유가 없는 한 그 광부는 종전과 같은 임금을 받을 수 없다고 보아야 하고[142] 막연한 증언만에 의하여 광부의 가동연한을 55세로 인정함은 채증에 관한 경험칙에 어긋나고[143] 광부의 정년 53세는 만 53세로 되는 시기라고 판시하였다.[144](53세는 53세가 만료되는 날이라고 판시한 것[145]도 있으나 정년의 일반적인 해석상 의문임). 그러나 정년 이후라 하더라도 절대로 가동이 불가능한 것은 아니므로 「원심이 증거로 한 원심증인 이홍수의 증언을 기록에 의하여 보면 광부들은 피고와의 단체협약에 의하여 53세에 정년퇴직한다 하여도 피고회사 산하 임시광부로 또는 다른 일반광업소의 광부로 들어가서 최소한 승급을 고려하

136) 판례총람 4-2(A)권 928-43면; 대법 1967. 11. 14. 선고 67다1618, 대법원민사판결원본 121집 78면; 대법 1971. 7. 20. 선고 71다1263 판례총람 5-2권 998-170면.

137) 판례카드 5995 민법 750조 판례총람 4-2(A)권 928-259면.

138) 대법 1967. 6. 27. 선고 67다839 판례총람 5-2권 998-23면 추 1-83.

139) 대법 1966. 6. 28. 선고 66다568 판례총람 4-2(A)권 928-82면 추 2-265.

140) 대법 1969. 2. 4. 선고 68다1410 대법원판례집 17권 1집 민 153면.

141) 대법 1972. 2. 29. 선고 71다2770 판례총람 5-2권 998-230면.

142) 대법 1969. 9. 30. 선고 69다1070 판례총람 5-2권 998-99면 추 2-195; 대법 1969. 7. 29. 선고 66다933 판례총람 5-2권 998-92면 추 2-186.

143) 대법 1969. 4. 22. 선고 69다183 판례카드 405.

144) 대법 1969. 7. 29. 선고 66다933 전게; 대법 1969. 4. 22. 선고 69다183 전게.

145) 대법 1970. 2. 10. 선고 69다1676 판례총람 5-2권 998-105면 추 2-207.

지 않는 사망당시의 임금 이상을 가득하면서 능히 55세 또는 그 이상을 가동한다고 되어있음이 분명하므로 원심이 망인들이 55세가 끝나기까지 사망당시에 피고로부터 받은 임금을 받을 수 있다고 인정한 조처에 증거 없이 사실을 인정한 위법이 있다는 논지는 이유 없다」고 판시하였다.[146)]

따라서 현재까지의 대법원의 견해는 원칙적으로 일반 도시 또는 농촌일용노동은 55세말까지 광부 등 정년이 있는 경우에는 그 정년에 달하는 날까지 가동할 수 있는 것으로 보고 적법한 구체적 증거에 의한 가동기간의 연장도 시인하는 것이라고 해석된다.

그 외에 외과의사의 가동연한을 65세까지로,[147)] 변호사의 가동연한을 70세가 될 때까지로[148)] 건설회사의 기술상무는 60세까지[149)] 속칭 가오마담은 50세를 마칠 때까지[150)] 사법서사는 67세까지[151)] 인정하였으나 운전기사에 관하여는 시력 등 건강이 특별히 좋은 경우가 아니면 60세까지 근무할 수 있다고는 볼 수 없다고 판시하였고,[152)] 중기정비업무도 일반노동보다 가벼운 노동이 아닌 사실을 인정하여 그 종사자의 가동연한은 만 55세까지라고 판단한 원심의 조치는 정당하다고 판시하였다.[153)]

따라서 법원이 개개의 구체적인 경우에 그 사람의 경력, 연령, 직업, 건강상태 기타 여러 가지 사정을 고려하여 자유로운 심증으로 그 노동가능연한을 인정할 수는 있다 하더라도 건강한 사람이 일반육체노동에 종사할 수 있는 연한은 보통 55세까지라고 하는 것이 우리의 경험칙이므로 그 노동가능연한을 위의 일반적인 경우에 있어서와 달리 인정함에 있어서는 그 근거가 될 수 있는 특수사정을 심리판단치 않으면 안 된다 할 것이다.[154)]

---

146) 대법 1969. 4. 22. 선고 69다247 판례총람 5-2권 998-86면 추 2-176.
147) 대법 1979. 9. 25. 선고 79다284〔공 1979. 12. 1. (621), 12256〕.
148) 대법 1993. 2. 23. 선고 92다37642〔공 1993. 4. 15. (942), 1069〕.
149) 대법 1980. 5. 27. 선고 80다754〔공 1980. 7. 15. (636), 12884〕.
150) 대법 1979. 11. 27. 선고 79다1332 · 1333〔공 1980. 2. 1. (625), 12404〕.
151) 대법 1987. 6. 23. 선고 86다카2863〔공 1987. 8. 15. (806), 1227〕; 대법 1987. 11. 10. 선고 87다카376〔공 1988. 1. 1. (815), 85〕.
152) 대법 1980. 3. 25. 선고 80다5〔공 1980. 5. 15. (632), 12739〕.
153) 대법 1982. 12. 28. 선고 82다카1297〔공 1983. 3. 1. (699), 366〕.
154) 동지 대법원 1982. 11. 23. 선고 82다카841〔공 1983. 2. 1. (697), 205〕; 대법 1984. 4.

대법원 1981. 12. 8. 선고 81다카86 판결[155]은 「본건에 있어서 소외 망인이 종사하였고 또 본건 사고로 사망하지 않았다면 계속하여 종사하였을 개인택시의 운전은 우리의 경험칙에 비추어 볼 때 일반육체노동보다 결코 가벼운 노동이라고 할 수 없으므로 위 망인이 특히 시력이 좋았다는 한 가지 사실만으로는 그가 일반육체노동의 가동연한인 55세를 넘어 10년이 지날 때까지 개인택시의 운전을 할 수 있다는 근거로 삼기에는 부족하다 할 것이며, 개인택시면허 추첨대상자의 연령상한에 관한 자격요건이 65세까지로 되어있다든가 개인택시 운전수중에 60세를 넘는 사람도 몇명 있다는 사실은 일반적으로 운전수가 55세를 넘도록 개인택시운전을 하는 것이 제도상으로 불가능한 것이 아니고 경우에 따라서는 그와 같이 55세가 넘도록 개인택시의 운전을 할 수도 있다는 사정이 될지는 몰라도 위 망인도 본건 사고로 사망하지 않았다면 원심 판시와 같이 65세까지 개인택시운전을 할 수 있을 것이라고 볼 수 있는 적극적인 근거가 된다고 보기는 어렵다 할 것이다. 위 망인이 65세까지 개인택시의 운전을 할 수 있을 것인가의 여부를 판단함에 있어서 원심 판시와 같이 개인택시운전에 종사하고 있는 인구의 분석이라는 통계방법을 사용하려면 단순히 막연하게 65세까지 종사하고 있는 사람이 몇 사람 있다는 정도가 아니라 개인택시운전에 종사하고 있는 사람들이 각 연령층별 분포상태와 그 증감비율 증감의 원인 등도 아울러 좀 더 구체적으로 조사 검토해 보아야 할 것이다. 이러한 점에 대한 자세한 심리와 판단도 없이 위에서 본 바와 같은 사실만을 근거로 위 망인이 65세까지 개인택시운전을 할 수 있었을 것이라고 인정하고 그 일실수익상실로 인한 소극적 재산상 손해액을 산정한 원심 판결에는 결국 심리미진 내지 이유불비의 위법이 있다」고 판시하고 또 대법원 1982. 11. 23. 선고 82다카841 판결은[156] 판소리 국악활동은 그것이 단순한 노무에 종사하는 일반육체운동과는 다르다 하더라도 고음발성을 필요로 하기 때문에 육체적으로 심장활력, 폐활량, 성대 등이 정상적이어야 함은 물론 두통이나 기억력 감퇴가 있어도 활동에 지장이 있고 일반노동능력의 20퍼센트가

10. 선고 83다카614[공 1984. 6. 1. (729), 809].

155) 판례총람 5-2권 998호 514면.

156) 공 1983. 2. 1. (697), 205.

감소된 상태에서도 판소리 국악인으로서의 활동이 부적격이라는 것이므로 일반적으로 일반노동능력을 완전히 상실한다고 인정되는 55세가 넘어서 70세까지 판소리 국악인으로서 활동이 가능하다고 인정하기 위해서는 현재 국악인으로서 70세 이상 활동하고 있는 사람이 몇 사람 있다는 정도의 사정만으로는 원고도 당연히 그 생존여명내인 70세까지 판소리 국악인으로서의 활동이 가능하다는 적극적인 근거가 될 수는 없는 것이고 판소리 국악인으로서 종사하고 있는 사람들의 각 연령층별 분포상태와 그 증감비율, 증감원인 등을 좀 더 구체적으로 심리판단하여야 하고 판소리 국악인으로서의 활동은 신체건강한 경우 70세까지는 가능하다는 막연한 증언만에 의하여 판소리 국악인으로서의 가동연한을 70세까지로 인정하여 일실수익을 산정함은 심리미진 내지 이유불비의 위법이라고 판시하였는데, 이것은 55세를 넘어 가동가능기간을 인정함에는 그 직종이 필요로 하는 노동력의 정도, 피해자의 건강, 연령층별 분포상태 등을 신중히 고려할 것을 요구하는 취지이다. 그러나 미군 통신중대경비원은 그 정년인 만 61세까지 가동연한을 인정하여도 위법이라 할 수 없고[157] 개인약국 경영약사의 가동연한을 65세까지 인정하여도 경험칙에 반하지 않는다고 한다.[158]

그러나 대법원은 1989. 12. 26. 선고 88다카16867 전원합의체 판결[159]로써 일반육체노동의 가동연한이 만 55세라는 경험칙은 더 이상 유지될 수 없다면서 다음과 같이 판시하였다.

"(1) 원심판결 이유에 의하면 원심은 개인택시운송사업면허를 가지고 개인택시를 운전하다가 이 사건 사고로 사망한 소외 망 박생유의 일실이익을 산정함에 있어서 그 가동연한에 관하여 개인택시운송사업은 그 면허를 받은 자가 직접 운전함을 원칙으로 하고 있고 운전업무는 사고방지를 위하여 고도의 주의력이 요구될 뿐 아니라 그 육체적 활동이 일반육체노동에 비하여 가벼운 것은 아닌 점을 들어 이 망인이 만 60세가 끝날 때까지 가동할 수 있다는 원고들 주장을 배척한 후 위 망인의 가동연한은 만 55세가 끝날 때까지임이 경험

157) 대법 1970. 2. 10. 선고 69다1729 판례카드 4427.
158) 대법 1986. 1. 21. 선고 83다카585〔공 1986. 3. 1. (771), 372〕.
159) 공 1990. 2. 15. (866), 356.

칙에 의하여 인정된다고 판단하고 있다.

(2) 당원은 종래의 일반육체노동 또는 육체노동을 주된 내용으로 하는 생계활동의 가동연한은 경험칙상 만 55세로 보아야 한다는 견해를 표명해 왔고 위 원심판단은 이러한 당원의 견해에 따른 것으로 보인다.

그런데 경험칙이라는 것은 각개의 경험으로부터 귀납적으로 얻어지는 사물의 성상이나 인과의 관계에 관한 사실판단의 법칙을 말하는 것으로서 구체적인 경험적 사실로부터 도출되는 공통인식에 바탕을 둔 판단형식이므로 그 기초가 된 경험적 사실의 변화에 따라 그 판단내용도 달라질 수밖에 없음은 더 말할 나위도 없다.

일반육체노동의 가동연한이 경험칙상 만 55세라고 본 당원의 판례는 1950년대(1956. 1. 26. 선고 4288민상352 판결 참조)와 1960년대(1966. 10. 11. 선고 66다1399 판결; 1967. 1. 31. 선고 66다2217 판결; 1968. 7. 16. 선고 68다997 판결; 1969. 1. 21. 선고 68다2237 판결 등 각 참조)에 형성되기 시작하였는바 이러한 판례형성의 초기에 있어서 위 경험칙의 기초가 된 제반사정을 당원에 현저한 사실관계에 터잡아 살펴보면 우리나라 국민의 평균여명(영세 기준)이 1950년대에는 남자 51.12세, 여자 53.73세이고 1960년대에는 남자 54.92세, 여자 60.99세에 불과하였고(1960년도 한국통계연감(내무부) 및 1967년도 한국통계연감(경제기획원) 각 참조), 육체노동을 주된 업무내용으로 하는 선로수, 토목수, 목공, 운전수 등 기능직 공무원의 정년이 법령상 만 55세로 한정되어 있었으며(1963. 4. 17. 법률 제132호로 공포시행된 국가공무원법 제74조, 1963. 5. 29. 각 령 제1317호로 공포시행된 공무원임용령 제3조 제2항 각 참조), 여기에 당시의 우리나라의 경제수준과 고용조건 등의 사회적, 경제적 여건을 감안하여 일반육체노동의 가동연한은 만 55세라는 경험칙에 의한 추정이 도출되었던 것으로 이것이 현재까지 유지되어 왔던 것이다.

그러나 그동안 우리나라의 사회적, 경제적 구조와 생활여건이 급속하게 향상발전됨에 따라 국민의 평균여명(영세기준)은 남자 63세, 여자 69세로 늘어났고(1981년도 한국통계연감(경제기획원 조사통계국) 참조), 기능직공무원 중 육체노동을 주된 업무내용으로 하는 철도원, 토목원, 건축원, 기계원 등의 정년도 법령상 만 58세로 연장되었으며(1986. 12. 31. 대통령령 제12052호로 개정된 공무원임용령 제3조 제3항 참조). 또 국민연금법상 노동능력을 상실한 노령자에게 지급되는 노령연금의 지급대상연령도 갱내작업광부와 어로작업선원 등 특수한 경우를 제외하고 만 60세로 규정되기에 이르렀다(1986. 12. 31. 법률 제3902호로 공포 시행된 국민연금법 제56조 제1항, 같은법시행령 제38조 참조).

위에서 본 바와 같은 제반사정의 변화에 비추어보면 이제 일반육체노동 또는 육체노동을 주된 내용으로 하는 생계활동의 가동연한이 만 55세라는 경험칙에 의한 추정은 더 이상 유지되기 어렵다고 하지 않을 수 없으며 오히려 일반적으로 만 55세를 넘어서도 가동할 수 있다고 보는 것이 경험칙에 합당하다고 할 것이므로 당원이 종래에 일반육체노동 또는 육체노동을 주로 하는 생계활동의 가동연한을 경험칙상 만 55세라고 본 견해는 이를 폐기하기로 한다.

다만 오늘날 만 55세를 넘어 가동할 수 있는 한계연령이 구체적으로 몇 살인가 하는 점은 앞에서 당원이 현저한 사실관계에 터 잡아 살펴본 평균여명과 기능직공무원의 정년 등 사유만 가지고 정하기에 미흡하다고 생각되므로 사실조사의 권능을 가진 사실심에서 앞에서 본 사유 외에 연령별 근로자인구수, 취업률 또는 근로참가율 및 직종별 근로조건과 정년제한 등 제반사정을 조사하여 이로부터 경험칙상 추정되는 일반육체노동의 가동연한을 도출하던가 또는 당해 피해자의 연령, 직업, 경력, 건강상태 등 구체적인 사정을 고려하여 그 가동연한을 인정하든가 하여야 할 것이다."라는 것이 판시내용이며, 이 판결은 지금까지 유지되고 있다.

일본에 있어서는 후생성에서 발표하는 생명표에 (완전)평균여명 외에 유한평균여명이라는 가동연한을 가르키는 수치가 있고 일응 그것을 기준으로 가동연한을 결정하는 모양인 데, 종래 가동기간을 산정함에 있어 위 완전평균여명을 기초로 한 것[160]과 유한평균여명을 고려하면서 각 피해자의 개별적 사정을 심사하여 결정하는 것[161]으로 나뉘어져 있었는데, 최고재판소는 소화 36. 1. 24. 선고 판결에서 유한평균여명을 초과하여 가동기간을 산정한 원심 판결을 지지하면서 「사자의 활동연령기의 인정은 경험칙에 기하여 인정할 것이고,

160) 東京地判 昭 16. 3. 5. 신문 4698호 11면, ジュリスト 별책 1호 91면; 大阪高判 昭 29. 9. 29. 判例時報 43권 15면.

161) 大津地判 昭 27. 5. 24. 下民集 3권 5호 678면; 大阪高判 昭 29. 12. 18. 下民集 5권 12호 2061면; 東京地判 昭 29. 7. 31. 下民集 5권 7호 1194면.

을 제3호증의2 생명표 기재의 유한평균여명의 수치는 그 성질상 일반 평균인으로서의 유한적 활동연령기를 나타낸 것인 데, 위 수치는 사자의 활동연령기의 확정이 일반적으로 곤란한 점에 비추어 활동연령기를 60세까지 가정하여 이것을 산출한 것이므로 구체적인 개개의 경우에 특단의 사정을 배척하여 위 수치가 확정적인 것으로 된다는 적극적인 의미를 갖는 것은 아니고, 재판소는 위 생명표의 수치 여하에 불구하고 사자의 경력·연령·직업·건강상태 기타 제반사정을 고려하여 자유로운 심증에 따라 그 활동연령기를 인정할 수 있다고 해하여야 할 것이므로 원판결에는 경험칙위반의 위법은 없다」고 판시하였고,[162] 그 이후 最高判 소화 40. 6. 8. 판결은 「피해자가 근무하였던 소외 회사에는 당시 정년제가 없고 본건 사고후인 소화 32년에 정년이 55세로 되었으나 동인은 그 수완과 성실이 상사에 인정되어 정년제의 적용이 없는 소위 중역에 선임되어 여명이 있는 동안은 회사에 근무하고 종전과 동액 이상의 월수를 얻을 가능성이 있음을 전제로 하여 사자의 근무가능연령기는 사자의 연령 건강상태·직업 기타 제반사정을 고려하여 이것을 정해야 할 것인바 원판시의 제반사정을 보면 본건 사고로 사망한 소외 木村誠治의 노동가능연령기를 68세(평균수명)로 인정 판단한 것도 수긍할 수 없는 것은 아니다」라고 판시하였고[163] 위와 같이 평균여명의 전기간을 가동가능기간으로 인정하여 66세의 폐업의사에 대하여 10년간[164] 55세의 변호사에 대하여 18년간[165]의 가동가능기간을 인정한 하급심 판례가 있다.

한편 49세의 여자로서 양재학교 교사이었던 피해자의 연령적 한계는 65세(평균여명은 30.45년),[166] 잡역부이고 농업종사자이기도 한 32세의 여자에 대하여 노동가능연수를 31년간(평균여명은 46.49년), 농작업자에 대하여 13년간을 인정[167]한 하급심 판결이 있다.

위와 같은 판례 외에도 우리의 관심을 끄는 것으로는 사망당시 간경변증에

162) 民集 15권 1호 35면.
163) 昭 38년(オ) 제605호 사건 ジュリスト 별책 No 18. 1964. 4. 간행 91면 전재.
164) 東京地判 昭 36. 7. 14. 判例タイムズ 123호 45면.
165) 東京地判 昭 40. 2. 24. 下民集 16권 2호 321면.
166) 日 交通民事判例集 제2편 3060의 3면.
167) 日 交通事故民事判例集 7권 1호 224면.

이환되어있던 자의 추정여명 및 취로가능기간을 인정함에 있어서는 그 병상을 고려하여야 할 것이라면서 38세의 사망 피해자에 대하여 10년간 가동기간을 인정한 것[168] 동맥경화증성심질환・간경변・만성세기관지담 등을 갖고 있던 자가 사고에 의하여 대퇴골 골절의 상해를 입고 전신마취수술 중 사망한 자에 대하여 위 질병을 고려하여 취로가능연수를 통상인의 2분의 1로 한 것[169]과 교통상해 때문에 여명이 얼마 남지 않은 피해자의 손해에 대하여 장래의 치료비, 일실이익 등을 계산함에 있어 3년간만을 생존할 것으로 인정하고 그 후는 사망하는 것으로 한 것[170]이 있다. 최후의 판례를 소개하면 다음과 같다. 즉, 「원고 峯子는 본건 사고로 인하여 척수손상, 제6, 제7경추탈구의 상해를 입고 사고발생직후부터 계속하여 名古屋 第一赤十字病院에 입원중인데 사지구간은 완전히 마비되고 머리의 전후좌우의 운동만이 가능하다. 단, 뇌에 장해는 없으므로 의식은 있으나 배뇨는 실금상태로 되어 있고, 방광의 가운데로 관을 넣어 채뇨하고 배변도 스스로 할 수 없고 식사도 부첨인에 의하여 입속에 연채를 넣어 받지 않으면 안 되는 상태이다. 또한 체온조절은 스스로 할 수 없다. 이상과 같이 누운 상태에서 회복의 전망은 전혀 없고, 현재의 치료방법은 오로지 동녀의 죽음에 직접 관계되는 여병 예컨대 요로계로부터의 세균의 감염에 의한 방광염・신폐염, 패혈증 또는 그 외에 기관지염, 폐렴, 욕창 등의 병발을 방지하기 위한 조치이다. 그래서 이전에 비하면 점점 체력이 약해지고 호흡능력도 약화되고 혈액이 정상의 60% 정도로 되고 적혈구 수가 감소하고 그 전신상태는 점점 악화되고 있고 단지 죽음을 기다릴 수밖에 없는 상태이고 이와 같은 병인의 일반적 여명연수는 이미 경과하고 있다. 또한 위와 같은 용태에서는 간호인의 부첨을 항상 필요로 한다.

위 인정사실에 의하면 원고 峯子의 여명연수가 소화 48년부터 원고 등이 주장하는 17년간이라고 도저히 인정할 수 없다. 그렇다면 몇 년인가 하는 것이 문제이나 사람의 사기를 예상한다는 것은 신이 아닌 인간이 할 수 있는 일이 아니다. 그러나 당 재판소로서는 손해배상청구사건의 배상액을 산정평가하는

168) 福岡地 小倉支判 昭 40. 6. 24. 下民集 16권 6호 1136면, 交通民事判例集 2집 3060의5면.

169) 大阪地判 昭 47. 11. 21. 交通民事判例集 5권 6호 1603면.

170) 名古屋地判 昭 48. 7. 27. 判例時報 719호 69면.

때의 일요소로서 그것도 이것이 원고측에 입증책임이 지워져 있는 상태에서 개연성이 있는 소극적인 시기를 인정하면 족하다고 생각되므로 이 견지에서 원고 峯子의 여명연수를 위 인정사실로부터 추인하면 본건 구두변론 종결시인 소화 48년 6월 22일부터 적어도 3년 정도는 생존할 수 있는 것으로 인정된다」고 판시하였다.

대법원 1967. 10. 31. 선고 67다2122 판결은[171] 제1, 2 요추압박골절상으로 하복부이하 지각 및 운동근육마비, 대소변 모두 불능인 피해자라도 항생제 따위가 발견되기 이전에는 합병증으로 여명을 다하지 못한 예가 많았으나 현재에는 피동적인 기동이라도 자주 시도하고 양호한 간호를 한다면 자기여명은 다 한다는 감정에 기하여 60세까지 여명을 인정한 원심판결을 시인하고, 또 대법원은 1971. 2. 9. 선고 70다2866 판결[172]에서 「노동능력을 완전히 상실한 자라 하여 반드시 보통인의 평균여명 이전에 사망하리라고는 볼 수 없으므로(대법원 1966. 12. 27. 선고 66다1709 판결 참조) 이 사건에서 특히 전문가의 감정을 하지 아니한 채 원고 정오례가 55세를 넘어서 그 평균여명인 65세까지 살 수 있을 것을 전제로 하여 그 개호비를 인용한 것은 정당하다」고 판시하였다.

사실 살아있는 사람을 중태에 빠져있다 하여 몇 년 뒤에는 죽을 것이라고 단정하는 것은 인간으로서 할 수 있는 일의 범위를 넘는다고 보지 않을 수 없다. 전시 일본 하급심 판결에서 알 수 있듯이 일본에는 중태에 빠졌다가 사망한 자들의 생존연수에 관한 통계가 있다. 그 나라에서는 소위 식물인간이 되면 국가에서 보조금을 지급하고 있어 사망하면 보조금의 지급이 종료되므로 통계가 잡히고 있고 그 통계에 의하면 식물인간은 그렇게 판정된 때로부터 5~6년내에 대부분이 사망한 것으로 되어 있다.[173] 그러나 우리나라에서는 의사에게 감정을 시켜도 대부분의 결과는 치료를 계속하는 한 여명단축은 없는 것으로 나오는 듯 싶다. 그것은 생존하고 있는 사람의 사기를 예측하는 것이 조심스러워 그런지도 모른다.

아직 우리나라에는 일본과 같은 통계가 없어 식물인간이나 그에 유사한 중

171) 대법원판례집 12권 3집 민 266면.

172) 대법원판례집 19권 1집 민 79면, 동지 대법 1981. 6. 9. 선고 80다1578〔공 1981. 8. 1. (661), 14055〕.

173) 주간 자동차보험신문.

태에 있는 환자를 몇 년 뒤에는 죽을 것이라고 단정하기가 더욱 곤란하겠지만 정상인과 같은 여명을 누린다고 인정하는 것도 경험칙에 반하는 것이라고 보지 않을 수 없고 대법원 1982. 11. 23. 선고 82다카1079 판결로 이 점을 확인하였다.174)

또한 대법원 2002. 11. 26. 선고 2001다72678 판결175)은 상해의 후유증이 평균여명에 어떠한 영향을 미쳐 얼마나 단축될 것인가는 후유증의 구체적 내용에 따라 의학적 견지에서 개별적으로 판단하여야 할 것인 바, 신체감정촉탁에 의한 여명감정 결과는 의학적 판단에 속하는 것으로서 특별한 사정이 없는 한 그에 관한 감정인의 판단은 존중되어야 한다(대법원 1990. 11. 9. 선고 90다카26102 판결, 1992. 11. 27. 선고 92다26673 판결, 1995. 2. 28. 선고 94다31334 판결, 1996. 8. 23. 선고 96다21591 판결 등 참조)고 판시하였다.

다음의 문제는 가동가능기간 중의 년 또는 월간 가동일수인 데, 대법원은 일반노동자의 월 평균 가동일수를 25일로 잡는 것은 공지의 사실이고176) 농촌노동의 연 평균가동일수를 300일로 보는 것은 경험칙으로 인정할 수 있으므로177) 가동일수를 달로 풀어 월 25일 계산해도 위법이 아니라고 판시하였다.178)

그러나 정원사에 관하여는 「증인의 증언에 의하면 정원사는 주로 3월부터 10월말일경까지 일하지만 전지 등은 겨울에도 할 수 있다 라고만 되어 있는 경우에는 원심으로서는 겨울에 전지 등에 종사하더라도 매월 평균 25일간 계속하여 종사할 수 있을 것인지 더 심리하지 아니하고서는 조원공의 노동을 55세가 되기까지 매월 25일간 종사할 수 있는 사실을 인정할 수 없다」고 파기환송하였다.179)

---

174) 공 1983. 12. 1. (697), 207.

175) 공 2003. 1. 15. (170), 196.

176) 대법 1970. 2. 24. 선고 69다2172 판례총람 5-2권 998-110면 추 2-213.

177) 대법 1966. 9. 20. 선고 66다1379 판례총람 4-2(A)권 928-83면 추 267, 대법원판례집 14권 3집 민 77면.

178) 대법 1971. 5. 24. 선고 71다487 판례총람 4-2(A)권 998-234면.

179) 대법 1973. 12. 11. 선고 73다1541〔공 1974. 1. 1. (479), 7637〕.

사. 중간이자의 공제방법

일실이익 산정의 기초가 될 년 또는 월간 순수입이 정해지고 그 수입이 계속될 것으로 보이는 가동능력기간이 정하여지면 위 양 수치를 곱하여 총액을 산출할 수 있게 된다. 그러나 그 총액은 매년 또는 매월 순차적으로 발생되는 상실한 순수입의 총액이므로 만일 그 금액의 지급을 명하는 경우 그 이자를 가산하면 상실하는 순수입을 얻을 때까지 기간 동안 발생될 이자만큼 많아지게 되므로 그 이자(이를 중간이자라고 부름)를 공제하여야 한다는 이론이 나온다.

종래 위 중간이자를 공제함에는 소위 호프만식 계산법이 일반적이었으나 최근 라이프니츠 계산법이 강력히 주장되어 법원 실무에서도 이를 채용하는 재판부가 생기게 되었고 1980. 2.부터 시행된 국가배상법에서는 그 제3조의2 제2항에서 「제3조 제1항의 유족배상과 동조 제2항의 손해배상 및 장래에 필요한 요양비 등을 일시에 신청하는 경우에는 법정이율에 의한 복할인법으로 중간이자를 공제하여야 한다」고 규정함으로써 라이프니츠 계산법을 채택하기에 이르렀다.[180)]

그럼에도 불구하고 법원 실무상 종래의 호프만식 계산법은 아직도 강하게 존속되고 있고 라이프니츠식 계산을 주장하는 피고측의 상고에 대하여 대법원 1966. 11. 29. 선고 66다1871 판결에서는 「타인의 불법행위로 인하여 장래 얻을 수 있는 수입을 못 얻게 되는 것을 이유로 그 손해액을 현재 일시에 청구하는 경우에는 은행거래 또는 일반 금전거래의 경우와는 달라서 채권자가 그 채권을 복리로 이식할 것을 생각할 필요는 없는 것이어서 원심이 호프만식 계산법에 의하여 중간이자를 공제하였음은 정당하고 라이프니츠식 계산법에 의하여 복리계산을 하지 아니하였다 하여 잘못이라 할 수 없다」고 판시하고,[181)]

또 1967. 11. 21. 선고 67다2199 판결에서는 「장래 얻을 수 있는 이익의 상실을 현재 일시적으로 청구함에는 그간의 중간이자를 공제하여야 하는바, 그 공제방식에 있어서 원판결이 단리계산법인 호프만식에 의하였다고 하여서 아무

---

180) 위 조항은 1997. 12. 13. 법률 제5433호 제3조의2 제3항으로써 중간이자 공제방식을 대통령령에 위임하고 1998. 2. 19. 령 제15635호 제6조 제3항에 의하여 호프만 계산법으로 개정되었다.

181) 대법원판례집 14권 3집 민 283면.

런 잘못이 없다(1966. 11. 19. 선고 66다1942 판결 참조)」라고 판시하였고,[182] 1978. 4. 11. 선고 77다2455 판결에 이르러서는 「타인의 불법행위로 인하여 장래 얻을 수 있는 수익을 잃게 되거나 계속 적극적 손해를 보게 됨을 이유로 하여 그 손해금을 일시에 청구하는 경우, 호프만식 단리계산법에 의하여 중간이자를 공제하여도 좋다는 것이 당원의 견해(1966. 11. 29. 선고 66다1871 판결 참조)이므로 원심이 라이프니츠 계산법에 의하여 복리계산을 하지 아니하였다 하여 잘못이라 할 수 없다」고 판시하기에 이르렀다.[183]

그러나 김주상 부장판사는 위 대법원의 판결취지가 일실이익 등의 산정에 있어서 반드시 호프만식에 의하여야 하고 라이프니츠식을 사용해서는 안 된다는 것은 아니라면서 호프만식 계산법의 계산상 부당성과 라이프니츠식 계산법의 수학상 정당성을 계산해 보이고, 전술 국가배상법은 우리 재판 실무가 종래의 타성에 젖어 호프만식에만 집착하고 합리적인 라이프니츠식을 외면하고 있으므로 입법적으로 라이프니츠식 계산법을 적용토록 명문화한 것이라고 설명하고 앞으로 라이프니츠식 계산법을 사용한 하급심판결을 시인하는 대법원 판례를 기대한다고 하였다.[184]

사실 위 논자가 상세히 계산하여 지적한 바와 같이 호프만식 계산법에 의할 때 연 5분의 이율에 의하는 경우 단리연금현가율이 20을 넘는 36년째 가서 그리고 월 5/12분의 이율에 의하는 경우에는 단리연금현가율이 240을 넘는 414개월째에 가서는 매년 또는 매월 발생되는 이자가 상실되는 순수입을 초과하게 되어 영원히 원금이 소멸되지 아니하고 위 각 기간 이내에도 계산상 상실수익보다 큰 액수를 얻게 되는 것은 명백하다. 반면 라이프니츠식 계산방법에 의하면 최후의 수익기간의 만료와 함께 배상금이 한 푼도 안 남고 소멸되는 것도 사실이다.

그러나 손해배상제도는 손해를 사회적으로 구체적으로는 원·피고간에 공평히 분담시키는 제도이고 일실이익이나 장래 계속될 치료비 등의 배상액은 과실상계 및 인과관계의 상당성에 의한 제한을 도외시하면 피해를 당하지 않

---

182) 대법원판례집 15권 3집 316면.

183) 공 1978. 7. 1. (587), 10811.

184) 사법연수원논집 제3집 「손해액산정과 라이프니츠식 계산법」.

은 원상으로의 회복을 꾀하는 것이다.

다시 말하면 현재 월 200,000원의 수입이 있는 피해자에게는 5년 후, 10년 후에도 현재 월 200,000원으로 영위하고 있는 의식주 및 문화생활이 가능한 재화를 얻을 수 있도록 해 주지 않으면 안 된다. 그러나 화폐가치가 끊임없이 하락하고 있는 현실정하에서 5년 또는 2~30년 후의 경제사실을 예측하여 현가를 산출해 낼 방도가 없으므로 변론종결당시를 기준으로 산출하고, 장래 얻을 금원을 미리 받게 되므로 중간이자를 공제하는 것일 뿐이다. 즉, 위 계산에는 인플레이션에 의한 화폐가치의 하락은 전혀 고려되어 있지 않다. 환언하면 변론종결당시의 임금을 가동가능의 전기간 동안 고정(승급을 인정하는 경우는 제외)시켜놓고 계산하는 것이다.

그것은 현재의 월 200,000원의 수입을 장래 30년 후에도 동일한 가치를 갖음을 전제로 하는 것이다.

그러나 우리나라의 현실은 어떤가? 농업협동조합중앙회가 1981. 5.에 발간한 농협조사월보의 농촌일용노동임금표를 보면 남자의 임금이 1968년에 381원, 1971년에 695원, 1976년 1,903원, 1979년 1월에 4,216원, 1980년 1월에 5,803원, 1981년 1월에 6,735원으로 되어 있다. 즉, 1971년에서 10년이 지난 1981년 1월에는 10배 정도로 임금이 올라 있다. 위와 같은 임금의 상승 속에는 경제호전에 의한 실질임금의 인상과 인플레에 의한 상승이 합쳐져 있을 것이나 양자는 모두 손해배상에서 고려되어야 함에도 불구하고 예측할 수도 계산할 수도 없어 방치하고 있을 뿐이다.

피해자가 받은 배상금을 연 20%의 정기예금을 하여 복리로 늘려도 10년간 6배를 약간 넘을 뿐이고 인플레와 세금을 공제한 은행의 정기예금의 실질금리가 연 4%미만인 것이 우리나라의 현상일진대 명목임금의 상승요인인 인플레이션을 고려하고 경제호전에 의한 GNP의 상승 및 봉급생활자의 경우 경력증가에 의한 실질임금상승분이 전혀 참작되지 아니하는 현재의 손해배상제도에서 수학적 근거만에 의하여 복리로 중간이자를 공제한다는 것은 확실히 문제가 있다.[185]

라이프니츠식 계산법은 수학상으로는 합리적이나 가능한 한 원상회복을 꾀

185) 후술「중간이자공제의 비현실성」참조.

하는 손해배상제도의 손해금 계산방법으로서의 타당성에는 문제가 있는 것이다.

물론 호프만식 계산법이 인플레이션에 의한 화폐가치의 하락을 고려하지 않은 것임은 말할 필요도 없고 따라서 라이프니츠식 계산법에 대하여 인플레이션을 고려하지 않았다는 비난은 양자에 모두 해당한다.

그러나 화폐가치의 하락을 고려할 방법이 없는 현행 손해배상제도하에서는 중간이자의 공제는 최소한에 그치도록 하는 것이 인플레를 고려하지 못함으로써 생기는 피해자의 불이익, 환언하면 불공평을 최소한으로 줄이는 것이 되고, 따라서 철저하게 중간이자만을 공제하는 것은 위 불공평을 보다 심화시키는 것으로서 부당하다고 하지 않을 수 없다.

즉, 위 논자가 계산해 보인 원금의 영구적 존속이나 부당이득은 수학상 계산이 그럴 뿐 인플레이션을 참작하면 오히려 실손해에도 미달되는 것이다.

물가가 안정되어 있는 사회에서라면 모르거니와 물가상승이 거듭되는 우리나라 실정하에서는 라이프니츠식 계산법은 비교적 물가가 안정되어 있는 일본에서 보다는 훨씬 불공평을 가져오게 될 것이다.

라이프니츠식 계산법에는 위와 같은 불합리 이외에 이론상의 모순이 있다. 즉, 일실이익 산정에 있어 중간이자는 복리로 계산 공제하면서 그와 같이 산출된 배상금에 대하여는 연 5푼의 비율에 의한 단리의 지연손해금만을 인정하는 것은 전후 모순이 아닐 수 없다.

현행법상 법정지연손해금은 연 5푼으로 되어 있으며 손해배상금 중 중간이자를 라이프니츠식으로 산출한 일실이익 치료비라 하여 그것을 분리시키고, 그 금원에 대하여만 연 5푼 복리계산에 의한 지연손해금을 지급하라고 주문을 낼 수도 없으니 판결 그 자체가 모순을 내포하는 것이 된다.

다음으로 라이프니츠식 계산을 주창하는 실정법상의 근거를 검토해 보자. 위 논자는 국가배상법 제3조의2 제2항을 내세우면서 법원도 위 조항에 기속되어야 하고, 국가나 지방자치단체와 더불어 불법행위자 자신을 공동피고로 삼을 경우 전자에 대하여는 라이프니츠식을, 후자에 대하여는 호프만식을 적용한다면 불법행위자간에 불균형이 생겨 부당하다고 한다.

그러나 위 논자가 지적한 대법원 1970. 1. 29. 선고 69다1203 판결의 다수의

견 및 1970. 2. 10. 선고 69다1729 판결의 판시와 같이 국가배상법의 규정은 배상심의회의 배상금 지급기준을 정함에 있어서의 하나의 기준을 정한 것에 지나지 아니하고 법원의 국가배상법에 의한 손해배상액을 산정함에 있어서는 구애될 것이 아니라 하지 않을 수 없다.

만일 국가배상법이 법원까지도 기속한다면, 첫째 법원은 감정에 의하여 노동력 상실비율을 정할 것이 아니라 감정인은 국가배상법 소정의 14등급 중 피해자가 어느 등급에 속하는가 만을 감정시키고 그 등급마다 정해 놓은 노동력 상실률을 적용하여야 하며, 둘째 생활비도 위 같은법 제3조의2 · 동시행령 제6조 제1항에 따라 부양가족이 없는 자는 40%를, 부양가족이 3인 이상인 자에 대하여는 25%를 기계적으로 공제할 것이고 다툼 없는 사실로 정리하거나 증거와 경험칙에 의하여 인정해서는 안 될 것이며, 셋째 위자료도 위 같은법 제3조 제5항 · 동시행령 제5조에 정해진 액수만을 지급하여야 하고, 넷째 장례비도 위 법 제3조 제1항 제2호 · 동시행령 제3조 소정의 장례비를 초과할 수 없게 될 것이다.

그러나 누구도 위와 같은 결론을 타당하다고는 할 수 없을진대 어찌 라이프니츠 계산법을 채용한 위 같은법 제3조의2 제2항만이 법원을 기속한다 할 수 있겠는가?

대법원은 1980. 12. 9. 선고 80다1820 판결[186]에서 국가배상법 제3조의2 제2항은 국가배상법 소정의 배상심의회에 배상을 신청하는 경우에 적용되는 규정으로서 소송에 있어서 법원을 기속하는 규정이 아니라고 판시하였다.

따라서 위 라이프니츠식 계산방법은 인플레가 극심한 우리나라 실정하에서는 공평하다고 할 수 없고 판결 자체에도 모순을 가져오며 이를 적용하여야 할 실정법상의 근거도 없다고 하지 않을 수 없다.

아. 중간이자공제의 비현실성

(1) 서 설

장래 연차적 또는 월차적으로 일정기간 동안 얻을 수 있었던 이익을 상실한 경우, 위 손해를 불법행위당시의 일시금으로 배상을 명하는 때에는 소위 중간

186) 공 1981. 2. 1. (649), 13459.

이자를 공제한 현가로 산출하는데, 그 공제이유는 금원은 이식을 낳으므로 중간이자를 공제하지 않는다면, 매기에 얻을 수 있었던 금액보다 많은 액수를 받게 되어, 피해자는 과잉배상을 받게 되고 가해자는 손해액 이상을 배상하게 되어 불공평하다는 것으로 설명되고 위 공제율을 연 5푼으로 하는 것은 실무상 확립된 판례이다.[187]

그런데 연 5푼의 중간이자를 공제하는 경우에도 단리로 공제하느냐 복리로 공제하느냐에 따라 호프만식계산법과 라이프니츠식계산법이 있음은 주지하는 바와 같고, 종래 전자의 방법이 실무계를 지배하여 왔으나, 근래 복리의 방법이 현대의 자금운영방식에 합치되고 이 방법으로 계산하면 호프만식계산법에 의한 배상은 과잉배상이 된다는 수학적 논거하에 실무상 후자의 채택이 증가되어 왔다.

그러나 하급심에서의 그 채택비율은 우열을 가리기 곤란하고 서울민사지방법원 교통사고전담부인 제15부가 수년간 후자의 방법을 채택하였으나 서울고등법원에도 교통사고전담부가 창설된 이래 서울민사지방법원 제15부나 서울고등법원 교통사고전담부가 모두 호프만식계산법을 쓰고 있는 것으로 알려졌다.

대법원은 그동안 양자의 방법을 모두 시인하여 왔으나 1985. 10. 22. 선고 85다카819 판결[188]에 이르러 호프만식계산법을 쓰는 경우에는 단리연금현가율이 240을 넘는 중간이자공제기간의 현가를 산정함에 있어서는 그 현가율이 얼마인지에 불구하고 모두 240을 적용하여야 한다고 제한을 가하였다.

이와 같이 현재 우리나라 법원의 실무는 호프만식계산법과 라이프니츠식계산법이 모두 시인 통용되고 있으며, 다만 호프만식계산법을 쓰는 경우에는 소위 한계수치의 제한을 받을 뿐이다.

그렇다면 왜 우리 실무는 통일될 수 없으며, 한계수치는 적용되어야 하는가? 후술하는 바와 같이 수리적으로는 라이프니츠식방법이 합리적임에도 불구하고 왜 그 방법으로 통일시키지 못하는가? 한계수치의 설정으로 호프만식계산법의 불합리는 모두 해소되는가? 불합리가 남는다면 왜 그와 같은 견해가

187) 대법 1966. 11. 29. 선고 66다1871 대법원판결집 14권 3집 민 283면; 대법 1967. 12. 29. 선고 672590 대법원민사판결원본 122집 783면; 대법 1968. 3. 5. 선고 68다92, 판례카드 1175; 대법 1978. 4. 11. 선고 77다2455〔공 1978. 7. 1. (587), 10811〕.

188) 공 1985. 12. 15. (766), 1547.

나왔으며 실정법적 근거는 과연 있는 것일까? 호프만식계산법을 버리지 못하는 이유 중 하나로서 열거되는 물가상승률은 중간이자 공제와 어떤 관계를 가지며 보다 근본적으로 연 5분의 중간이자를 공제하는 것은 실정법상 근거가 있는 것인가? 근거가 없다면 그 실질적 이유는 무엇이며, 현 우리나라 실정상 연 5푼의 공제는 타당한 것인가? 영미법상은 어떤 공제율을 쓰고 있으며 문제점은 없는가 등을 검토함으로써 중간이자공제의 법리를 재조명하여 보고자 하는 것이 본서의 목적이다.

(2) 각국의 판례상 중간이자공제방법에 관한 태도

(가) 일 본

① 대정 11년(1922)에 제정된 일본의 구파산법은 제18조에서 「채권이 무이식으로서 그 기한이 파산선고 후에 도래할 경우에는 파산채권의 액은 파산선고시로부터 기한에 이르기까지의 법정이식을 채권액으로부터 공제한 것으로 한다」고 규정되어 있었는데, 이와 같은 파산법의 영향을 받았음인지, 일실이익의 현재액을 측정함에 있어 대심원은 연 5푼의 법정이율에 의하면서 「호프만식계산법에 준거하여도 하등 불가할 것이 없다」고 대정 15년(1926) 1. 26. 판결[189]한 이래, 거의 모든 재판소가 호프만법을 써왔는데 여기에서의 호프만법은 추정여명기간의 전이득을 그 최종시에 이득한다는 가정에 입각하여 그 금액으로부터 중간이식을 공제하는 소위 단식호프만법이었다.

그러나 위와 같은 가정은, 매월 또는 매년, 월차적 내지 연차적으로 발생되는 이득의 물가산정에는 적합하지 아니하다고 인식되어 같은 호프만식계산법이라 하여도 추정여명기간을 수기로 나누어 매기말마다 이득한다는 가정에서서 각 금액으로부터 중간이식을 공제하고 그 합산액을 산출하는 소위 복식호프만법을 채택한 하급심판결들이 소화 28년(1953)경부터 증가하기 시작하여 소화 30년대의 후반에는 이것을 쓰는 것이 실무의 대세로 되고, 최고재도 소화 37년(1962) 12. 14. 판결[190]에 이르러 「복식에 의하여 산출하는 것이 상당」하다고 판시하였다. 소화 27년(1952)에 개정되기 전의 일본 구파산법 제19조는 존속기간의 정함이 있는 정기금채권에 대하여는 각기에 지불할 정기금마

189) 最高裁 民集 5권 71면.

190) 最高裁 民集 16권 12호 2368면.

다 호프만법을 사용하여 그 결과를 합산한 것을 정기금채권의 현재액으로 한다고 규정하여 복식호프만법을 채택하고 있었다.

이와 같은 판례추이의 요인으로서는 첫째 일실순수익은 정기금채권과 같은 모습으로 나타남에도 불구하고, 단식은 취로가능기간의 만료시에 일괄지불하는 것으로 현가를 산출하는 것이므로 전후모순이고, 둘째 복식계산에 의하면 단식계산에 비하여 약 1.5배로 되어 인신침해손해배상액이 지나치게 적다는 당시의 세론에 응답할 수 있었고, 셋째 단식은 복식에 비하여 계산이 간단하다는 이점이 있었으나 단리연금현가표의 개발에 의하여 복식계산도 간단하여졌다는 점들이 열거된다.[191]

그러나 복식호프만법도 모순이 없는 것은 아니다. 즉 취로가능연수가 일정기간을 넘으면 배상금원본으로부터 생기는 연 5푼의 이자가 연간일실이득액을 초과하여 영원히 원본이 남는다는 불합리가 생기는 데, 이 모순은 소화 13년(1938)부터 지적되었고, 결국 동경고등재판소가 소화 47년 11월 22일자 판결에서 취로가능연수가 38년을 초과한 사안에서 라아프니츠식계산법을 채택하였고,[192] 일본 최고재판소도 소화 53(1978). 10. 20. 판결에서 「연 5푼의 중간이식을 공제하기 위하여 채용한 소론 라이프니츠식계산법은 교통사고피해자의 장래 얻을 수 있었던 이익을 사고당시의 현재가액으로 환산하기 위한 중간이식공제의 방법으로써 불합리한 것이라고는 할 수 없다」고 판시하여 이를 시인하기에 이르렀고[193] 동지의 판시가 반복되고 있다.[194]

그러나 이 판례들도 라이프니츠식은 불합리한 것이라고는 할 수 없다는데 그치고, 라이프니츠식에 의하여야 할 것이라고는 말하지 않는다. 이 때문에 하급심의 견해도 구구한데, 대개 두개의 유형으로 나뉘인다. 그 하나는 라이프니츠식을 쓰고 수익액을 임금통계에 의하여 인정할 때는 전연령의 평균임금을 쓰는 것으로서 東京地裁가 쓰고 있다 하여 동경방식이라 불리우고, 다른 하나는 신호프만식을 쓰고 임금통계에 의한 수익액은 초임급에 의하여 전체를 산

191) 篠原弘志, 「損益相計－中間利息, 養育費－」 交通事故判例百選 제2판 1975. 일본대학 교수.

192) 交通民事判例集 5권 6호 1502면, 위 주 191) 참조.

193) 判例時報 908호 22면.

194) 昭 56. 10. 8. 交通民事判例集 14권 5호 993면.

출하는 것으로서 大阪地裁가 채용하고 있으므로 대판방식이라고 불리운다.

동경방식은 라이프니츠식을 쓰는 반면 기초임금을 전연령평균치로 놓고, 대판방식은 호프만식을 쓰는 대신 초임급을 기초로 하므로 그 차이는 적지만 특정인의 현실수입액을 기초로 할 경우에는 호프만식과 라이프니츠식과의 차이는 현저하게 나타난다.[195)]

② 그런데 이와 같이 중간이자를 연 5푼으로 하여 단리로 공제할 것인가 복리로 공제할 것인가의 논의와는 달리, 임금과 물가의 상승을 이유로 중간이자공제 자체가 부당하다든가 모든 공제율 연 5푼이 부당하므로 이것을 낮추어야 한다는 논의가 1970년경부터 보이기 시작하였다.

일본의 경제는 제2차대전 후 성장을 계속하였고 상당히 대폭적인 물가상승과 일반노동자의 임금상승도 계속되었는데 정도의 차이는 있어도 화폐가치가 떨어지고 있는 상황에서 중간이자는 공제하면서 인플레이션대책을 강구하지 않는다면, 그 수익이 발생되는 시점에서는 수익액의 구매력이 저하됨으로써 배상시에 예정하였던 효과는 발생되지 않게 되어 버린다.

이 때문에 장래의 인플레를 고려하여 일실이익을 계산하여야 한다는 주장이 일어나게 되었다.

그러나 다수의 판결들은 장래의 인플레이션을 예측하는 것이 곤란하다는 이유로 이 주장을 배척하였고,[196)] 이와 같은 결론이 나온 것은 장래 인플레의 가능성에 대한 입증이 곤란하였던 것으로 보인다.

소위 구로로깅소송의 원고는 장래의 임금상승이 연율 10%를 밑돌지 않는 점, 가사 그렇지 않더라도 장래 인플레의 연율이 적어도 5%는 되므로 공제하여야 할 중간이식 연 5푼과 동률이므로 서로 상쇄되어 공제할 필요가 없게 된다고 주장하여 인플레를 전문적으로 연구하고 있는 경제학자의 감정서를 제출하여 본격적인 입증을 하였다.

---

195) 松代 隆 辯護士, 「中間移植の控除」 交通事故損害賠償の法理と實務, 株式會社さようせい, 東京, 昭和 60년(1985).

196) 東京高裁 昭 39. 7. 3. 判例時報 377호 21면, 判例タイムズ 166호 191면; 東京地判 昭 45. 3. 18. 判例時報 590호 62면; 東京地判 昭 45. 3. 20. 判例時報 590호 65면; 東京地判 昭 57. 4. 20. 交通民事判例集 12권 5호 506면; 東京高裁 昭 58. 1. 31. 判例時報 1073호 83면.

그러나 판결은 제2차대전 후 소비자물가가 지속적으로 상승하여온 것은, ① 생산물시장에서는 과점이 자유경쟁을 방해하여 어느 정도 가격을 조작하는 힘을 가지며 노동자의 강력한 근성이 임금절하에 저항하여 가격은 하향경직성을 갖는 점, ② 정부의 총수요조정정책은 완전고용의 실현을 제1의적 목적으로 하여 운영되는 까닭에 기업의 이윤저하, 생산제한, 실업확대를 유발하는 수요억제책의 채용에는 반대가 강하고 인플레의 위험이 있더라도 경기확대를 도모하지 않을 수 없다는 점에 기인하고, 이러한 요소가 존속하는 한 물가는 지속적으로 상승하고 장기적으로는 평균 연 4 내지 5%에 달할 것이라고 예상된다고 하면서도 위 두 요소가 절대로 변화, 변개되지 않는다고는 단언할 수 없고 위와 같은 예상은 오일쇼크, 외환시장의 변동 등의 일시적인 변동을 도외시한 것으로서, 불확정·불확실한 요소가 너무 많고, 원고 등이 얻을 수 있었던 이익, 개호비가 장래 매년 5%의 비율로 상승한다는 것은 고도의 개연성을 갖고 추측하기는 곤란하다 하여 원고주장을 배척하였다.[197]

最高裁 소화 58(1983). 2. 18. 판결도 임금센서스의 평균임금액을 기준으로 하여 수입을 산정하고 그 후의 물가상승 내지는 임금상승을 참작하지 않았다 하여도 불합리하다고는 할 수 없다고 판시하였다.[198]

그러나 소화 48년(1973) 6월 30일자 동경고등재판소 판결[199]은 소화 41년부터 소화 47년까지의 승급률로부터 추론하여 이후도 정기승급에 베이스·업(base up－화폐가치의 하락 등 경제정세의 변동에 의한 임금상승)을 포함하여 정년이 되는 소화 59년까지 매년 10%의 임금상승을 인정하였으며, 소화 57년(1982) 5월 11일자 위 같은 재판소 판결[200]은 6세 남아의 사망에 의한 손해액을 산정함에 있어서 인플레경향의 계속은 명백하다면서 사고후 10년간에 한하여 물가상승률을 4%로, 이율운용을 연 8%로 보고 중간이자는 이율운용 수익에서 물가상승률을 공제한 4%라 하여 공제계산한 후 그 금액을 위자료에 가산하면서 다음과 같이 판시하고 있다.

197) 東京地判 昭 57. 2. 1. 判例時報 1044호 19면.
198) 判例タイムズ 494호 66면.
199) 判例時報 713호 61면.
200) 判例時報 1041호 40면, 判例タイムズ 466호 65면, 交通民事判例集 15권 3호 578면.

즉,「장래에 얻을 수 있었던 금원에 대하여 현재 일시로 받을 액을 산정하는 경우, 특단의 사정이 없는 한 민사법정이율 연 5푼의 중간이식을 공제한 금원을 선불시키면 전후 등가치로 볼 수 있다. 이것이 민법 제404조(우리 민법 제379조), 제419조(우리 민법 제397조)의 법의에 상부하는 것이고 현저한 물가변동이 없는 경우에는 채권자에 있어서도 미리 수령한 금원을 우편저금, 은행예금 등 원리의 지불보증이 있는 운용에 의하여 장래 연 5푼 정도의 이식이 부가된 금원을 얻을 수 있는 것은 확실시되고 위 이식은 복리계산에 의하는 것이 경제의 실정에 합치된다. 그러나 연율 4푼의 물가상승이 있는 경우에는 연 9푼의 정도의 이율운용이 기대되지 않는 한 현재의 금원이 여기에 연 5푼의 이식을 부가한 장래의 금원과 등가라고는 할 수 없다. 그런데 과거 20년간의 예저금금리를 보면 우편저금(정액저금)의 최고금리는 소화 53년 4월 이후의 약 1년간을 제외하면 연 5푼을 상당히 상회하고 연 8푼으로 된 시기도 적지 않은 점이 우편저금법, 동시행령 등의 법규상 명백하고, 은행예금(정기예금)의 최고금리도 대개 동률이며, 정부보증채의 금리가 이것을 상회하는 것, 이러한 금리들이 대개 물가상승률에 대응하여 변동하고 있는 것은 공지의 사실이다. 그래서 1심원고들이 받을 손해배상금이 그 생활유지의 필요에 직결된다고 인정되지 아니하는 본건에 있어서는 1심원고들은 지불받은 금원을 어느 정도 유리한 방법을 선택하여 운용하고 그 각목 가액을 증가시키는 것도 불가능하다고 할 수는 없으므로 1심원고 등에게 연 8푼 혹은 장래 물가상승률을 4푼 상회하는 연율에 의하여 운용할 것을 기대하여도 지장 없다.」

이와 같은 인플레산입론을 대하여는 2개의 논거로부터 반대가 생겨난다. 첫째는 장래 인플레가 될 것인지 여부를 예측할 수 없다는 것이고,[201] 둘째는 배상당시로는 상응의 가치가 있는 배상이 이루어지므로 그 후의 인플레에 대하여는 해지(hegde : 하나의 상거래에서 생기는 손실을 다른 상거래에 의하여 보완하는 것)의 방법에 의하면 좋다는 것이다.[202] 가사 인플레가 불가피하다 하여도 피해자는 감액전의 현재의 통화로 일시금형식의 배상금을 받는 것이고 이것을 토지나 사업에 투자하여 인플레의 영향을 면하고 인플레를 상회하

201) 위 주 196) 판결내용 참조.

202) 松代 隆, 전게논문 325면.

는 이익을 올릴 가능성을 부여받는 이상, 일시금배상액의 평가에 있어서 장래의 인플레, 베이스·업을 고려하는 것은 피해자에게 불법이익을 주는 셈이 된다는 것이다.[203)]

그러나 첫째의 지적은 입증의 정도를 어느 정도로 요구할 것이냐 하는 입증책임론의 문제와 입증의 방법을 어떻게 강구하느냐에 따라 결론을 달리할 수 있는 문제이다.

인플레산입을 주장한 당사자의 대부분은 장래의 인플레에 대한 경제적 측면의 입증이 불충분하였던 것이 아닌가 생각된다. 전기 구로로깅소송의 원고는 인플레를 연구하여 온 경제학자의 감정서를 원용하고 그 증언도 활용한 점에 획기적인 것이었다. 그 입증은 꽤 성공하여 판결에서는 「아국에 있어서는 금후에도 당분간은 물가, 특히 소비자물가는 계속 상승할 것이라고 말할 수 있을 것이다」라고 하기에 이르렀다.

그러나 이 판결이 인플레산입을 부정한 것은 전기 2요소에 절대로 변화가 생기기 않는다고는 할 수 없다든가, 오일쇼크, 외환시장의 변동과 같은 일시적인 경제요인을 고려에 넣지 않은 점을 지나치게 중시하는 등 통상의 일실이익의 인정에 있어서 보다 더 엄격한 입증을 요구하였기 때문이었다.

장래의 일을 추측함에 있어서 일정한 사정이 절대로 변화되지 않는다는 입증까지 요구한다면 장래의 일실이익 자체도 인정할 수 없을 것이다. 일실이익 산정의 전제가 되는 사실에 대하여는 비교적 관대한 입증으로 족하다 하면서 인플레산입에 관한 사실에 대하여서만 특히 엄격한 증명을 요구하는 것은 문제이다.[204)] 이 점에 대하여는 전시 일본최고재판소 소화 58년 2월 18일자 판결의 원심판결에 대한 상고이유에서 상세히 논하고 있다. 시사하는 바가 크므로 전재한다.[205)]

「① 원판결이 인용하는 제1심판결서는 상고인이 금후 20년간 고도의 개연성이 있는 연 5% 정도의 물가상승 내지는 임금상승이 있다 하여 일실이익을 계

203) 楠本安雄,「逸失利益の算定と所得額」現代損害賠償法講座 7, 日本評論社, 東京 昭49. 158면; 東京地判 昭 45. 3. 20. 判例時報 509호 65면; 東京地判 昭 46. 3. 4. 判例時報 634호 64면; 大阪地判 昭 47. 7. 15. 判例タイムズ 285호 291면.

204) 松代 隆, 전게서 325면.

205) 判例タイムズ 494호 68면, 상고대리인 弘中惇一郞의 상고이유 제1점.

산·청구하였음에 대하여 단지 '이것에 의하여는 원고들의 위 주장사실을 인정하기에 불충분하고 달리 위 주장사실을 인정하기에 족한 증거는 없다'고 하여 배척하였다.

② 그러나 과거의 일정사실의 존부에 대한 입증과는 달리 장래의 일실이익의 액에 대하여는 문자 그대로의 증명이라는 것은 있을 수 없다. 과거의 사실에 관한 증명에 관한 주장은 진실인가 허위인가의 어느 것이고 따라서 일정정도 이상의 입증을 다하지 못하는 경우에 허위라고 판단하는 것은 합리적이다.

이에 반하여 장래의 일실이익의 산정에 기초가 되는 사실은 모두 어느 편으로 낙착될 전망이 제일 큰 것인가 하는 레벨(level)의 문제이어서 진실인가 허위인가 하는 것은 있을 수 없다. 획득임금액, 여명, 가동연수, 생활비 등 모두가 그렇고 중간이식공제의 근거인 자산운용이율도 그렇다.

전국민을 대상으로 조사한 경우에 이러한 수치들의 분석은 아래 그림과 같이 최빈치를 정점으로 하는 대수정규분포에 가까운 형태가 된다.

예컨대 획득임금액에 대하여 말한다면, 일본인 중에서 연간 b원을 받는 수가 제일 많고, 전체의 평균치가 c원으로 8할 이상의 사람이 a원 이상 받고 있고 5% 정도의 사람이 d원 이상도 받고 있다고 할 수 있다.

여명에 관하여는 장래 b년간 살 사람이 제일 많고 전체의 평균치가 c년, 8할 이상이 a년 이상, 5% 정도의 사람이 d년 이상 생존할 것이다. 인신손해의 피해자 전체를 모은 경우에도 임금·연령 등의 각 요소에 대하여 그림과 같은 분석을 보일 것이 확실하다. 따라서 현재의 사회체제, 경제구조, 고용구조, 의료상황 등에 큰 변화가 없고 극단적인 기술혁신이나 전쟁, 혁명, 대재해 등의 불측의 사태를 고려 밖에 둔다면 장래의 획득임금액, 여명, 가동연수, 생활비, 자금운용이율 등에 대하여도 대개 현재와 같은 분포형을 보일 것으로 예상할 수 있다. 이 경우 a 내지 d의 구체적 수치에 대하여는 가장 가까운 과거의 통계수치가 장래의 수치에 가장 근사하다고 생각된다. 이와 같이 하여 최신의 통계수치를 사용하여 장래의 일실이익을 산정하는 것인데 그러나 본래 이 수치 내지 분포가 적용되는 것은 전인신손해피해자를 모은 경우 밖에는 없다. 특정개인의 사고가 없었던 경우의 장래에 대하여 그 수치를 확정하는 것은 절대로 불가능하다. 따라서 특정개인의 일실이익의 산정에 대하여는 다음의 어느 것

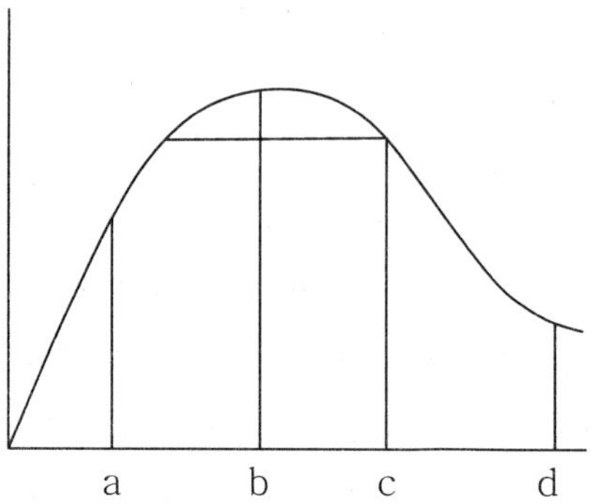

으로 결정할 수밖에 없다. ① 확정할 수 없다 하여 0으로 한다. 그러나 0으로 낙착될 가능성은 0임을 망각해서는 안 된다. ② 그 이상의 수치 중에서 대다수(예컨대 전체의 8할)가 포함되고 또한 그 수치로 낙착될 가능성도 상당 정도 있는 a를 취한다. ③ 그 수치를 나타내는 사람이 가장 많은 b를 취한다. ④ 전체의 평균치인 c를 취한다. ⑤ 아주 소수(예컨대 전체의 5%)의 사람만이 포함되어 있는 높은 수치인 d를 취한다. 위의 어느 것을 취할 것인가는 법적판단의 문제이므로, 증거에 의하여 결정할 수 있는 문제는 아니다.

이 경우 법적판단으로서는 a든가 c(b는 c에 가까우므로, b와 c와의 차는 그리 문제되지 않는다)를 취하여야 할 것이다. 왜냐하면 원고에게 입증책임이 있는 것을 중시하면 대다수의 사람이 거기에 포함되고 더하여 그 수치를 보이는 일도 충분한 a를 취하여야 할 것이다. 최고재판소가 말하는 "소극적 계산"이란 a를 취하여야 할 것임을 말함에 다름이 없다.

또한 손해의 공평부담이라는 면을 강조하면 c를 취하여야 하는 것이 된다. 개개의 인신손해피해자에 대하여는 위 그림과 같이 분석되지만 전가해자 대 전피해자라고 하는 점을 고려하면 c를 취하여야 한다고 할 수 있다. 특히 배상금의 태반이 보험에서 지불되는 경우에는 c를 취하는 합리성은 보다 커진다고 할 수 있다. 또한 이 경우 0의 수치를 취하는 것(예컨대 여명을 0으로 한다)은 수치가 거기에 떨어질 가능성이 0인 점에 비추어 도저히 타당한 선택이라고는 말하기 어렵다.

이상과 같이 장래의 일실이익산정의 요소가 되는 사실에 대하여는 통상의 입증책임의 사고방식을 그대로 적용시킬 수는 없다. 진실인가 허위인가 라고 하는 것이 아니라 어느 정도라고 생각하는 것이 타당한가 라고 하는 별개의 법적판단을 필요로 하는 것이 된다.

이 경우 임금·연령·자금운용이율 등은 모두 장래의 것이므로 이러한 것들은 손해배상액산정의 기초로써 수치를 결정함에 있어서는 동일한 질의 법적 판단이 이루어져야 할 것이다.

그러나 지금까지 장래의 베이스・업에 대하여는 전혀 다른 법적판단이 행하여져 왔다. 즉, 장래의 일로서 확정할 수 없으므로 0이라고 하는 것이다. 그것은 그 수치에 떨어질 전망이 전혀 없는 수치를 선택하고 있는 것으로 밖에 되지 않는다.

③ 장래 베이스・업에 대하여도 증거에 의하여 진위를 확정할 수 있는 문제가 아니고, 어느 정도의 수치로 될 것인가 하는 예측의 문제라고 하는 것은 여명 등과 공통이다. 따라서 그 수치를 증거상 확정할 수 없다고 하는 것 자체는 문제가 아니다. 요컨대, 문제로 되는 것은 장래의 베이스・업의 정도를 합리적으로 예측할 수 있느냐 없느냐이다. 그런데 장래의 베이스・업을 합리적으로 예측하는 것은 가능하다. 현재 정부나 많은 경제연구기관은 5년 앞 10년 앞까지 예측하고 있다. 그 예측은 짐작이 아니라, 장래의 베이스・업의 정도를 좌우하는 몇십, 몇백의 요인을 고려하여 경제학의 수법으로 충분한 근거를 갖고 산출하고 있는 것이다. 그것도 정부는 그 수치를 목표로 하여 경제정책을 전개하여 오고 있다. 이러한 몇십 몇백이라고 하는 요인은 결과적으로 예상보다도 마이너스 방향으로 갈 때도 있고, 플러스 방향으로 갈 때도 있다. 그러나 예측을 벗어나 모든 요인이 플러스로 되어 베이스・업을 극단적으로 높인다든지, 반대로 모든 요인이 마이너스로 되어 베이스・업을 극단적으로 저하시키는 등의 사태가 일어날 개연성은 극히 낮다. 따라서 현재의 사회구조・정치체제에 변동이 없고 극단적인 기술혁신이나 전쟁, 혁명, 대재해 등의 불측의 사태를 고려 밖에 둔다면 극단의 수치를 생각할 필요가 거의 없다. 결국 장래의 베이스・업의 수치가 어디에 떨어지느냐 하는 개연성은 베이스・업의 정도를 좌우하는 몇십 몇백이라는 요인의 플러스・마이너스가 균형을 이루는 점을 최빈치로 하고, 요인이 극단적으로 플러스로 기울어진다든지 마이너스로 기울어지는 점을 0에 가까운 값으로 하는 연속선(그 도형은 위 그림의 곡선과 같은 모습이 될 것이다) 위에 존재한다고 할 수 있다. 이 경우 c점(평균치 혹은 여러 가지 요인의 플러스・마이너스의 균형점)을 특정하는 것은 별론으로 하고, b점(베이스・업의 율이 그 수치 이상으로 될 개연성이 그 수치 이하로 될 경우에 비하여 상당정도 높다고 할 수 있는 점)을 결정함에는 별로 문제가 없는 것이

다.

다음으로 장래 베이스·업은 마이너스라는 것도 있을 수 있으므로 베이스·업을 고려 밖에 두어야 하는 것은 아닌가 하는 문제에 대하여 검토한다.

실은 이 논의 자체가 역으로 베이스·업의 상승률에 대하여 0이라는 수치를 취하는 것의 불합리성을 여실히 보이는 것이다. 참으로 장래의 베이스·업률의 논리적 가능성은 마이너스 무한대로부터 플러스무한대까지의 모든 수치가 있을 수 있다고 할 수 있다.

그러나 이 점은 동시에 0이라고 하는 수치 자체가 플러스무한대로부터 마이너스무한대의 연결선상의 일점에 지나지 않는다는 것을 의미한다. 마이너스의 수치로 될 가능성이 있다고 하는 것은 0이하로 수치를 선택하는 근거가 될 수 없고 장래의 일은 알 수 없다고 하여도 0의 선택으로 도망할 이유로는 아니 된다. 예측이 어렵다 하여도 도망갈 곳은 없다. 최판 소화 39. 6. 24.(민집 18권 5호 874면)이 말하듯이 '모든 증거자료에 기하고 경험칙과 양식을 충분히 활용하여 가능한 한 개연성있는' 수치를 찾아내지 않으면 안 된다.

④ 여기에서 임금, 여명 등의 일실이익산정의 제요소가 실무상 어떻게 취급되고 있는가를 검토하고 싶다. 실질적으로는 임금 및 여명에 대하여 c(=평균치)가 취하여 진다. 가동연수 및 생활비에 대하여는 정확한 평균치를 계산하고 있는 것은 아니다. 이념적으로는 c를 취하고 있다고 생각된다. 중간이식공제의 근거인 자산운용이율에 대하여는 현재 5%로 되어 있고, 이것은 일년짜리 정기예금의 이율로부터 보아 b(=최빈치) 또는 c에 가까운 수치라고 생각된다.

일반적으로 손해의 공평한 분담이라는 면을 강조하면 c를 취하여야 할 것이고, 소극적인 계산에 따른다면 a를 취하여야 할 것임은 전술한 바와 같다. 倉田판사는 실무의 대세가 증명도를 그렇게까지 심각히 고려하지 아니하고 평균수입, 평균지출, 평균여명이라는 통계수치에 의뢰하여 장래의 일실이익을 산정하고 있다고 하는데 이 산정방식은 현재도 변함이 없다. 그렇다면 장래의 베이스·업 상승률에 대하여도 이와 마찬가지이다. 따라서 적어도 a수치를 취하여 이것을 산입하여야 하며 증명이 되지 않았다는 이유로 베이스·업 상승률을 산입하지 않는 것은 명백히 부당하다.

⑤ 입증책임분배의 원리는 공평이나 정의라 말하여진다. 장래의 베이스·업

률이라고 하는 아무리 최선을 다하여도 문자 그대로의 증명을 할 수 없는 것에 대하여 피해자에게 입증책임을 분담시킴으로써 결과적으로 항상 청구를 인정하지 않는 것이 과연 공평이나 정의의 이념에 합치되는 것일까? 불법행위소송에 있어서 마찬가지로 원고에게 입증책임이 있는 것으로 되어 있는 인과관계나 과실에 대하여는 원고가 일정수준까지 입증하면 그것이 "절대확실"의 영역에 달하지 못하여도 입증책임을 다한 것으로 보는 것이 현실이다. 손해배상책임의 유무에 직결되고 그것도 자연과학적으로는 유냐 무냐의 어느 것일 수밖에 없는 인과관계에 대하여서 조차 이와 같이 생각하고 있는 것이다. 하물며 손해배상책임을 긍정한 위에 어느 정도의 금액을 지불시켜야 하는가 하는 단계의 영역에서 "절대확실"의 입증을 요구한다는 것이 과연 타당한 것일까?

당해 피해자가 피해를 당하지 않았더라면 어느 정도의 임금을 획득할 수 있었을까, 이 액을 산정하는 것이 일실이익계산의 목적인 이상, 임금상승의 문제를 무시하여 좋을 리는 없다.

이상과 같이 장래의 임금상승 내지 물가상승의 문제에 대하여도 과거의 통계자료에 기하여 현재의 경제학의 이론 및 정부나 제기관의 전망에 의하여 그 증명을 다한 것으로 하고 장래의 일실이익을 산정하여야 할 것이다.

⑥ 따라서 위 판결서가 지적하고 있는 갑 제5 내지 제8, 제10호증, 제11호증의 1 내지 3 및 제12호증에 의하면 연율 5% 정도의 물가상승 내지 임금상승의 존재에 대하여 위에서 말한 정도의 입증을 다하였다 할 것이다. 그럼에도 불구하고 이것을 만연히 증명불충분이라고 하는 것은 장래의 일실이익의 계산에 대하여 과도한 증명책임을 요구한 결과에 지나지 아니하고 결국 원심판결에는 입증책임의 법칙의 해석·적용을 그릇 친 위법이 있다 할 것이다.」

두 번째의 반론 즉, 일시배상금을 투자하여 인플레에 의한 손해를 면할 수 있다는 주장에 대하여는 다음과 같은 재반론이 있다. 즉, 실제문제로서 평균적인 피해자가 일시금을 현명하게 투자하여 인플레에 의한 감가를 면할 수 있는 개연성은 그다지 크지 않지 아니한 것이 아닌가? 정기예금이나 공사채와 같은 안전한 투자에 의한 이식은 인플레로 인하여 상쇄되고 그것도 일시금의 계산에 제하여 중간이식이 공제되며 토지나 주식에의 투자에 의하여 인플레에 의한 손해를 전보하는 것도 가능하기는 하나, 그렇게 함에는 어느 정도의 지식·

경험 혹은 조언자를 필요로 하고 어느 것이든 다소의 위험은 피하기 어렵다. 종래 몇 가지의 조사보고가 시사하듯이 피해자의 다수는 점차 감가하는 배상금을 일찍 써버리고 결국에는 공적부조의 대상자로 되는 예도 적지 않은 것으로 생각되며, 고도의 경제성장은 인플레를 수반하면서도 소득수준을 끌어올림으로써 생활의 유지·향상을 뒷받침하여 왔는데 노동능력상실자는 인플레의 영향을 직접 받아 역진적인 타격을 받는다. 인신사고배상의 생활보장기능을 중시하는 입장을 취하는 한,[206] 인플레의 문제와 정면대결할 시기가 왔다고 생각되며, 그 중에도 생활보장기능이 특히 중요한 중도장해를 남기는 상해사고나 생활력없는 유유아를 포함하는 유족을 남기는 사망사고 등의 경우에 원고의 일시금운용능력이 충분치 않다고 인정되는 경우에는 이 점을 고려한 어떤 조치가 필요할 것인바, 일시금배상제도하에서 장래의 인플레를 고려한다면 현실환산을 위한 중간이식공제를 폐지하든가 혹은 그 이율을 낮추는 방법이 우선 생각되는데, 전자는 미국 알래스카주의 일판결이 취한 입장이나[207] 너무 과감한 것이 아닌가 생각되고 이에 대하여 후자는 실행가능하다고 생각되는데 구체적으로 어느 만큼의 이율이 타당한가는 제안능력이 없다. 단지 소위 호프만법과 라이프니츠법의 우열에 관하여 최근의 하급심판결은 후자를 채용하는 것이 많아졌으나 생활보장기능이 중요한 케이스에서 지금 당장 호프만법을 포기하는 데는 솔직히 찬성할 수 없다. 화폐가치하락에 수반되는 장래의 베이스·업, 명목수입의 상승을 처음부터 전망하여 일실이익을 산정하는 방법은 어떨까? 승급을 고려한 종래 재판례의 다수는 실은 그 중에 베이스·업분도 포함되어 있었다.[208] 이 취급은 일시금배상이론과의 조화에 문제가 있어 아마도 정기금방식을 채용할 때까지의 잠정조치라고도 할 수 있으나 일실이익배상의 궁극의 목적이 넓은 의미의 원상회복, 사고가 없었던 것과 같은 생활보장에 있다면 생활보장기능이 중요하고 거기에 일시금운용능력을 기대할

206) 楠本安雄, 「定期金賠償と生活保障」 ジュリスト 431호 208면, 山本寅之助(發言) ジュリスト 462호 48면.

207) Beaulieu v, Elliot 434 p.2d 665(Alaska 1967), Gregory Kalvin Epstein, Cases and Materials on Torts, 3rd ed. Little Brown and Company, Boston and Toronto, 1977. p.642.

208) 最高判 昭 43. 8. 27. 民集 22권 8호 1404면.

수 없는 케이스에서는 베이스 · 업, 명목적수입의 증가를 소극적으로 고려하는 것은 허용되어도 좋은 것이 아닐까 하는 것이 재반론이다.209)

이상과 같이 일본에 있어서의 중간이자공제방법에 관한 판례의 태도는 단식호프만법으로부터 복식호프만법으로 이행되었고 다시 라이프니츠식 방법의 수학적 우수성이 인식되면서 동경지방재판소를 위시한 상당수의 법원이 이 방식을 채택하고 있으며, 최고재판소도 1978년에 이르러 위 방식을 시인하였으나 호프만식에 부당성은 판시한 바 없었으므로 현재 일본은 위 양방식이 모두 통용되고 있는 실정이다.

이와 같이 일본판례가 두가지 방법을 모두 시인하고 있는 이유는 라이프니츠식계산법의 수리적 우월성을 인식하지 못하여서가 아니다. 앞서 상술한 바와 같이 1970년경부터 인플레산입론이 대두되었으며 정도의 차이는 별론으로 하고 일본에 있어서 인플레가 계속되어 왔음은 공지의 사실이었고 장래도 그와 같은 현상이 계속될 개연성은 상당정도로 높았으므로 楠本변호사는 1974년의 논문에서 인플레와 정면대결할 시기가 왔다고 말하기에 이르렀다. 그 후 다수의 판례들은 장래 인플레이션의 예측이 곤란하다는 이유로 인플레산입론을 배척하였고 최고재판소도 1983. 2. 18. 판결에서 이를 시인하기는 하였으나 전시 몇 개의 하급심판결은 위 주장을 인용하였을 뿐 아니라 위와 같은 소극적인 판결에는 전시 弘中변호사의 상고이유에서 자세히 논급되었듯이 입증의 정도를 요구함에 있어서 문제가 있다는 점도 간주될 수 없다.

따라서 인플레산입론은 정면으로 수용되지는 못하였으나 라이프니츠식계산법을 주장하는 논자들의 소위 과잉배상을 공격하여 그 지지세력을 약화시키는 효과를 거두었던 것으로 생각된다.

결국 라이프니츠식계산법에는 수학적 우수성이 있으므로 그 채용이 증가하게 되었으나 한편 호프만식계산법은 수학적 과잉배상의 흠이 있어도 인플레산입론에 의하여 그 흠결이 무시될 수 있는 까닭에 양자의 방법이 모두 시인되고 있는 것이라고 생각할 수 있다.

(나) 우리나라

209) 楠本安雄, 「逸失利益の算定と所得額」 現代損害賠償法講座 7, 日本評論社, 東京 昭49(1974). 158면 이하.

우리나라 법원에서는 1950년대까지는 단식호프만법에 의하였으나 1960년대에 들어서 단식호프만법의 부당성이 지적되고 복식호프만법에 의한 단리연금현가표도 널리 보급되어 1960년대 이래 복식호프만법이 사용되기 시작하여 지금까지 재판실무를 지배하여 왔고,[210] 대법원도 이를 시인하여 왔다.[211]

우리나라에 있어서도 호프만식계산법의 수리상 부당성은 이미 1966년경에 지적되어 상고이유로 등장하였으나 이에 대한 대법원의 태도는 「타인의 불법행위로 인하여 장래 얻을 수 있는 수입을 못 얻게 되는 것을 이유로 그 손해액을 현재 일시에 청구하는 경우에는 은행거래 또는 일반금전거래의 경우와는 달라서 채권자가 그 채권을 복리로 이식할 것을 생각할 필요는 없는 것이어서 원심이 호프만식계산법에 의하여 중간이자를 공제하였음은 정당하고 라이프니츠식계산법에 의하여 복리계산을 하지 아니하였다 하여 잘못이라 할 수 없다」[212]든가 「장래 얻을 수 있는 이익의 상실을 현재 일시적으로 청구함에는 그간의 중간이자를 공제하여야 하는 바, 그 공제방식에 있어서 원판결에 단리계산법인 호프만식에 의하였다 하여서 아무런 잘못이 없다」[213]고 판시한 이래 1978. 4. 11. 선고 77다2455[214] 판결에 이르러서는 「타인의 불법행위로 장래 얻을 수 있는 수입을 잃게 되거나 계속 적극적 손해를 보게 됨을 이유로 그 손해금을 일시에 청구하는 경우 호프만식단리계산법에 의하여도 좋다는 것이 당원의 견해이므로 원심이 라이프니츠계산법에 의하여 복리계산을 하지 아니하였다 하여 잘못이 할 수 없다」고 판시함으로써 호프만식계산법의 타당성을 시인하는 것이 대법원의 견해임을 선언하였다.

그럼에도 불구하고 하급심에서는 호프만식계산은 수리상 과잉배상이 된다는 인식이 증가되어 라이프니츠식계산법을 쓰는 판결들이 나오기 시작하여 1980. 9. 10.자로 서울민사지방법원에 교통사고전담부인 제15부가 창설되면서 동부

210) 김주상, 「손해액산정과 라이프니츠계산법」 사법연수원논집 제3호, 사법연수원 1981. 28면.

211) 위 주 187) 판례 참조.

212) 대법 1966. 11. 29. 선고 66다1871 대법원판결집 14권 3집 민 283면.

213) 대법 1967. 11. 21. 선고 67다2199 대법원판결집 15권 3집 민 316면.

214) 공 1978. 7. 1. (587), 10811; 동지 대법 1981. 9. 22. 선고 81다588〔공 1981. 11. 15. (668), 14383〕.

가 라이프니츠식계산법을 채택하기에 이르렀으나[215] 동부의 판결들은 서울고등법원에서 유지되기도 하였고 다시 호프만식계산법에 의하여 변경되기도 하였으며, 그 외의 법원실무도 현재까지 통일을 보지 못하고 있다.

이와 같이 하여 라이프니츠식계산법을 사용한 원심판결에 대하여 판례법위반이라는 상고가 제기되자 대법원은 1983. 6. 28. 선고 83다191 판결[216]에서 「이른바 라이프니츠식계산법은 불법행위의 피해자의 장래 얻을 수 있는 이익을 사고당시의 현재가액을 환산하기 위한 중간이자공제의 방법으로써 반드시 불합리한 것이라고 할 수도 없을 뿐 아니라 소위 인용의 당원판례들은 호프만식계산법 이외의 계산방법에 의한 산정방식을 부정한 것이 아님이 명백하여 라이프니츠식계산법에 의하여 윤병익의 장래 얻을 수 있는 일실수익을 산정한 원심에 소론 판례위반의 위법이 있다고 할 수 없다」고 판시하기에 이르렀다.

결국 대법원은 중간이자법으로서 호프만식계산법과 라이프니츠식계산법을 모두 시인하였고 따라서 하급심판결들도 위 두 방법을 모두 사용하여 오고 있는 실정이다.

그러나 대법원은 1985. 10. 22. 선고 85다카819 판결[217]에 이르러 호프만식계산법에 의하여 중간이자를 공제하여 장래의 일실이익의 현가를 산정하는 것이 위법한 것이 아니라는 것이 당원의 판례라고 선언하면서도, 또한 다른 한편으로는 호프만식계산법에 의하여 중간이자를 공제하는 경우에 단리연금현가율이 240을 넘는 중간이자공제기간 414개월(연별 호프만식계산에 있어서는 그 율이 20을 넘는 36년) 이후에 있어서는 그 단리연금현가율을 그대로 적용하여 그 현가를 산정하게 되면 현가로 받게 되는 금액의 이자가 매월 입게 되는 손해액보다 많게 되는 것은 수리상 명백한 바, 이와 같이 그 원금의 이자만으로 손해에 충당하고도 남게 되는 금원을 그대로 손해배상액으로 한다는 것은 피해자가 입은 손해액보다 더 많은 금원을 배상하게 되는 불합리한

215) 박준서 외 2인, 서울민사지방법원 교통부의 실무, 재판자료 제21집 자동차사고로 인한 손해배상(하) 법원행정처, 1984. 6. 30. 발간.

216) 대법원판결집 31권 3집 민 91면, 공 1983. 8. 15. (710), 1137.

217) 공 1985. 12. 15. (766), 1547; 동지 대법 1994. 9. 30. 선고 93다29365〔공 1994. 11. 1. (979), 282〕; 대법 1988. 6. 28. 선고 87다카1858〔공 1988. 8. 1. (829), 1114〕.

결과를 가져오게 될 것이고 이는 피해자의 현실적 손해의 전보를 목적으로 하는 손해배상제도의 근본취지에 어긋나는 것으로서 위법한 것이므로 호프만식계산법상의 단리연금현가율이 240을 넘는 중간이자공제기간의 현가를 산정함에 있어서는 그 수치표상의 단리연금현가율이 얼마인지를 불문하고 모두 240을 적용·계산함으로써 현가의 원본으로부터 생기는 이자가 그 손해액을 초과하지 않도록 하여, 피해자가 과잉배상을 받는 일이 없도록 하여야 할 것이라고 판시함으로써 호프만식계산법의 불합리성을 지적하고 그 적용의 한계를 설정하면서도 호프만식계산법을 버리지는 아니하였다. 그러나 「호프만식계산법에 의하여 중간이자를 제공하는 경우에 가동할 수 있는 총기간이 414개월을 넘어 그 현가율의 수치가 240을 넘더라도 피해자가 순이익을 얻을 수 없는 기간이 포함되어 있는 관계로 가동할 수 있는 총기간의 단리연금현가율에서 순이익을 얻을 수 없는 기간에 해당하는 단리연금현가율을 공제한 수치를 적용하여 현가를 산정하는 경우에는 공제한 결과의 수치가 240을 넘지만 않는다면 무방하다」고 판시한다.[218]

전시 85다카819 판결에 대하여는 호프만식계산법은 위 한계수치 이전에도 수리상 과잉배상이 되므로 불합리성의 존재는 마찬가지라는 이유로 호프만식계산법을 버리지 못한 것에 아쉬움을 표시한 평석[219]도 있고, 위 불합리를 이유로 라이프니츠식계산방법을 간접적으로 권유한 것이라는 해설도 있다.[220]

그리고 이와 같은 취지의 판결은 그 후 수차 반복되어[221] 이제는 확립된 판례가 되었다.[222]

그런데 최근 전문한 바에 의하면 1986. 9. 1. 서울고등법원에 두개의 교통사

218) 대법 1986. 3. 25. 선고 85다카2375〔공 1986. 5. 15. (776), 701〕; 대법 1987. 2. 10. 선고 86다카1759〔공 1987. 4. 1. (797), 421〕.

219) 이재성, 「중간이자공제의 법리」 법률신문 1619·1620호 1986. 1. 6.자.

220) 임완규, 「손해의 현가산정을 위한 중간이자공제방식」 법률신문 1619호 1986. 1. 6. 자.

221) 대법 1986. 2. 11. 선고 85다카2352〔공 1986. 5. 1. (775), 633〕.

222) 대법 1986. 4. 8. 선고 85다카2287〔공 1986. 6. 1. (777), 759〕; 대법 1996. 4. 12. 선고 96다5667〔공 1996. 6. 1. (11), 1536〕; 대법 1994. 11. 25. 선고 94다30065〔공 1995. 1. 1. (983), 92〕; 대법 1992. 7. 10. 선고 92다15871〔공 1992. 9. 1. (927), 2373〕; 대법 1990. 10. 16. 선고 90다카23363〔공 1990. 12. 1. (885), 2273〕.

고전담부가 창설되면서 동 재판부들은 호프만식계산법을 채택하였고 이와 보조를 맞추어 서울민사법원교통부도 라이프니츠식계산법을 버리고 호프만식계산법을 채택하였다 한다.

여기에서 잠시 호프만식계산법의 수학적 과잉배상[223]을 시정하는 방법을 생각해 보고 우리 대법원은 그 중 어느 방법을 선택한 것인가 살펴보자.

첫째, 가동기간의 최장기를 제한하는 방법이다. 즉, 과잉배상이 쉽게 드러나는 것은 단리연금현가율이 20을 초과하는 36년째(매월식이면 240을 초과하는 414개월)이므로, 이것을 초과하는 부분을 무시하여 버린다는 것으로 일본 구파산법 제19조 단서, 일본현행 파산법 제46조 제7호, 우리나라 파산법 제37조 제7호의 방식이며 대법원판례의 견해이다.

그러나 수학적인 과잉배상은 이재성대법관이 상술한대로[224] 한계수치 이전에도 발생되는 것이므로 완전한 방법은 아니다.

둘째, 라이프니츠계산법의 병용책이다. 위 계산법에 의하면 가동기간이 아무리 길어도 현가에 대한 이자는 연 또는 월간일실이익을 초과하는 일이 없다. 따라서 현가율이 20 또는 414를 초과하는 경우에는 라이프니츠식계산법을 쓴다는 것이다.[225]

그러나 이 경우 연간일실이익이 같으면서도 호프만식계산에 의한 35년의 수치가 라이프니츠식계산에 의한 36년의 수치보다는 현가가 크게 된다는 새로운 모순이 생겨 나온다.[226]

셋째, 호프만법을 버리고 라이프니츠식계산법을 쓰는 것이다.[227] 이 방법에 수학적인 모순은 없다.

그러면 왜 우리 대법원은 과감히 호프만식계산법을 버리지 못하고 수학적 과잉배상의 문제가 남는 첫째의 방법을 남겨 놓았을까?

---

223) 千種, 「身體侵害による將來の利益の現在價額計算方法」 법률시보 6권 8호 51면.

224) 위 주 219) 참조.

225) 井口＝牧野, 「損害賠償の範圍に關する諸問題」 ジュリスト 381호 <特輯 交通事故> 87면.

226) 篠原弘志, 「損益相計－中間利殖－」 交通事故判例百選 97면, 1968. 4.

227) 千種, 위 주 223) 참조; 佐藤, 「物價的損害賠償額算定の新しい方法」 ジュリスト 363호 56면; 谷水, 「ホフマン方式使用の妥當性」 判例タイムズ 212호 130면.

그 이유를 정확히 알 수는 없지만 전술한 바와 같이 파산법 제37조 제7호을 고려한 것이 아닐까 그리고 수학적인 과잉배상(한계수치 이전의)은 물가상승률을 고려하여 덮어둔 것이 아닐까 하고 추측할 따름이다.

(다) 미 국

① 우리나라나 일본과 마찬가지로 미국도 장래의 일실이익(future lost earnings)을 배상함에 일시금배상(lump sum compensation)제도를 채택하고 있다. 이 일시금은 연간 순수입에 가동연한을 곱한 액수가 아니라 현가(present value)를 의미한다. 이 현가는 그 원금에서 생기는 이자와 원금의 일부를 연간 순수입에 충당시켜 가동기간의 말에는 원금도 이자도 남는 것이 없게 되는 그러한 액수이다.[228]

이 액수를 산출하는 수학공식은 장래의 금액(Future value)을 Fv, 현가(Present value)를 Pv, 이율을 i, 기간을 n이라 할 때, $Pv = \frac{Fv}{(1+i)^n}$가 되고, Fv를 1로 가정하면 $Pv = \frac{1}{(1+i)^n}$이 되며,[229] 이것은 이율과 기간을 고려 밖에 두면 복리계산에 의한 중간이자의 공제방법으로서 라이프니츠계산법과 같다.

이와 같은 현가산정의 원칙(present value rule)은 후술의 1967년 알래스카주 대법원의 판결이 나오기까지 미국법원에서 일반적으로 승인되어 온 원칙이었으며, 위 판결 이후에도 많은 판례들이 이 견해를 유지하고 있다.[230]

그러나 복리계산에 의하여 중간이자를 공제하여 현가를 산출한다는 판례들도 그 공제이율에 관하여는 견해가 일치되지 아니한다.

연방법원들은 법정최고이자율(legal interest rate)의 적용을 거부하고 보통 사람들이 특별한 기술없이도 안전하게 투자할 수 있는 이율로 고정시키려 하고 있다. 안전하고 기술도 필요 없는 투자에서의 이윤은 위험한 투자에서의 이윤보다 적으며, 위험한 투자에서 생기는 위험을 원고에게 지울 이유가 없으므로 보통은 낮고 안전한 이율을 쓰게 된다. 때때로 그 이율은 비교적 안전한 저

228) Dan B. Dobbs. Prof. of Law, Univ. of North Carolina, Handbook of the Law of Remedise, West Publishing Co. 1973. p. 570.

229) Gregory Kalven Epstein, Cases and Materials on Torts, 3rd ed. Little, Brown and Company. Boston and Toronto, 1977. p. 653.

230) 박찬주, 「손해액산정의 기초로서의 가동능력에 관하여」 사법논집 13집, 법원행정처 172면 이하.

축예금이자율보다도 낮은데 그것은 가동기간 동안 이율이 변동되고, 그 위험은 원고보다도 피고가 져야 한다고 일반적으로 생각되기 때문이다.

1969년 현재 연방법원들이 즐겨 적용하는 이율은 연 4%라 한다.[231)]

어떤 법원들은 원고에게 기술이 필요 없는 안전한 투자만 허용하면 된다는 생각에서 어떤 절차에서도 정확성을 기대할 수는 없다는 인식하에 적당한 이율을 선택하도록 배심원의 상식에 맡겨 버리기도 한다.[232)] 또 소수의 법원들은 법정최고이율을 적용하기도 한다.

요컨대, 미국의 법원들은 종래 복리계산에 의하여 중간이자를 공제하여 왔으나 그 공제율에 관하여는 견해가 일치되지 아니하고 있으며 현재도 그런 것으로 보인다.

② 그런데 1967년에 이르러 알래스카주 대법원은 현가산정의 원칙을 부인하였고,[233)] 그 후에도 이를 재인용하였으며[234)] 이후 수많은 판결들이 이를 뒤좇고 있다.[235)]

위 판결이 현가산정을 부인한 이유는 물가상승이 계속될 것으로 예측되는데 이러한 물가상승은 국공채와 같은 안전한 투자에서 얻을 수 있는 이윤을 상쇄시켜 원고에게 완전보상이 될 수 없고, 국공채이자보다 높은 이자를 얻을 수

---

231) Alexander v. Nash-Kelvinator Corp. 271F. 2d 524 (2d. Cir 1959), Conte v. Flota Mercante Del Estado, 277 F. 2d 664 (2d. Cir. 1960), Le Roy v. Sabena Belgian World Airlines, 344. F 2d 266 (2d. Cir 1965), Dan B. Dobbs 전게서 571면 재인용.

232) Jacobsen v. Polland, 163 Neb. 590, 80 N.W. 2d 291 (1957), Wentz v. T.E. Connolly, Inc. 45 Wash. 2d 127, 273 p.2d 485 (1954), Dan B. Dobbs 전게서 571면 재인용.

233) Beaulieu v. Elliot 434 p.2d 665 (Alaska 1967), Gregory Lalven Epstein 전게서 62면.

234) Leavitt v. Gillaspie, 443 p.2d 61 (Alaska 1968).

235) Sleeman v. Chesapeake & O. Ry., 414 2d 305 (6th Cir 1969), Standefer v. United States, (CA 5 Fex) 511 F 2d 101 (1975), Petition of M/V Elaine Jones, (CA 5 Miss) 513 F 2d 911 (1975), Higginbotham v. Mobil Oil Cord. (CA 5 La) 545 F 2d 422 (1977), Vizzini v. Ford Motor Co. (CA 3 Pa) 569 F 2d 754 (1977), Draper v. Airco. Inc. (1978)(CA 3N) 580 F 2d 91, Heckman v. Federal Press Co. (1978)(CA 3Pa) 587 F 2d 612, Bradshaw v. Rawlings (1979) (CA 3 Pa) 612 F 2d 135 외 다수, 박찬주, 전게논문, 173면 참조.

있는 증권에 투자하여 인플레손실을 피하려다가 불운하고 현명치 못한 투자에 의하여 배상금을 송두리째 잃어버릴 위험이 있는데 그러한 위험은 잘못 없는 원고가 부담할 이유가 없다는 것이다.

뿐만 아니라 만일 현가산정을 아니함으로써 원고가 과잉배상을 받을지도 모른다는 우려가 있다면, 그와 같은 우려는 장래 기대할 수 있는 임금상승을 고려하면 사라진다고 판시한다.

즉, 사람들이 그가 몸담고 있는 직장에서 해가 감에 따라 승진함으로써 임금이 인상되는 것은 상식에 속하는 것인 데, 사실심에서는 임금인상에 확실한 증거가 없다는 이유로 이를 고려하지 않고 있으나 이것은 과잉배상의 염려를 소멸시킬 수는 있다는 것이다.[236)]

그러나 이와 같은 인플레참작론에 대하여는 다음과 같은 반론이 제기된다.

즉, 전시 판례들은 특별한 기술없이도 할 수 있는 안전한 투자에 의한 이율이 인플레이션에 의하여 상쇄된다고 하지만, 만일 그와 같은 가정이 옳다면 돈을 가진 자는 투자를 하지 아니하고 스스로 써버리거나 자신의 사업에는 투자할지언정 타인에게 대여하지는 아니할 것이므로 투자시장에서는 일반적으로 예측되는 물가상승률을 고려에 넣어서 할인율을 결정하게 되고 따라서 일반적인 이율은 물가상승률을 상회하는 선에서 결정되므로 대부분의 경우에 있어서 위험성 없는 대여의 이율은 자본시장의 힘에 의하여 예상되는 물가상승률보다 2.5 내지 3% 높다는 것이다.

따라서 보다 실질적인 문제는 예상치 못한 격심한 이자율의 변동으로서 예컨대, 1970년부터 1976년 사이에 이율은 6% 약에서 12% 강으로까지 변동되었으며, 이와 같은 변동은 앞으로도 틀림없이 야기될 것이므로 장래 몇 년 동안 적용할 단일의 할인율을 결정하여야 한다는데 본질적인 문제가 있을 뿐이라는 것이다.

또한 전시 판례는 안전투자를 위한 경쟁이 이율을 물가상승률 이하로 떨어뜨릴 것이라고 하나 명목이율은 예상된 물가상승률을 초과하므로 그 결론은 틀린 것이다. 어떤 경우에는 실제의 물가상승률이 예상보다 클 수도 있지만 또 다른 경우에는 작을 수도 있으며 후자의 경우에는 원고가 장기고율로 고

236) Gregory Kalven Epstein, 전게서 644면.

정된 공채나 채권을 구입함으로써 사고전보다 재정적으로 유리할 수가 있고 따라서 원고가 배상금을 어디에 투자할지를 탐구할 필요가 없다는 것이다. 결국 배상액결정의 문제와 투자의 문제는 별개라는 것이다.237)

(라) 영 국

① 영국에 있어서도 일실이익의 배상은 일시금배상의 방법에 의하고 그 일시금은 연간 순수입에 승수(multiplier)를 곱하여 산출하는 데, 승수는 가동연한에 이율을 참작하고 결정하여, 배상금은 거기에서 생기는 이자와 원금의 일부를 매년 소비하여 가동기간말에는 모두 없어지게 하도록 계산한다. 여기에서 고려되는 이율은 세금을 공제한 것이다. 이것이 영국법원에 있어서의 전통적인 방법이다.238) 위 승수는 18을 최고수치로 하는 데, 이것은 영국내에서 일정액을 투자하는 사람이 세금과 물가상승률을 공제하고도 연간 4.5%의 이익을 얻는다는 가정과 거의 일치되는 것이라 한다.239) 그 수치를 호프만수치 및 라이프니츠수치와 대비하면 그 중간에 위치하는데 다음 표와 같다.240)

연 수	호프만수치	승수(영)	라이프니츠수치
5	4.3643	5	4.3294
10	7.9449	8	7.7217
15	10.9808	11	10.3796
20	13.6160	13	12.4622
25	15.9441	15	14.0939
30	18.0293	16	15.3724
35	19.9174	17	16.3741
40	21.6426	18	17.1590

따라서 영국의 공제율이 연 4.5%임을 고려하면 그들의 공제방법은 복리공제방식임이 분명하다.

237) Gregory Kalven Epstein, 전게서 653면 이하.

238) Street on Torts, 7ed. 1983. Butterworths, London Winfield and Jolowicz on Tort, 12ed. by W. V.H. Rogers, M.A. of Gray's Inn, Barrister; Proffessor of Law in the University of Leeds, p. 632.

239) Report of Royal Commission on Civil Liability and Compensation for Personal Injury, Chairman : Lord Pearson, Presented to parliamant by Command of Her Majesty, March 1978, London, Her Majesty,s Slationery Office, Vol. 1, pp. 139 648항.

240) 동전 Pearson Report Vol.1 p. 145 참조.

영국에는 위 방법 이외에 보험회사의 통계수치를 이용하는 Actuarial method가 있으나 그것은 전시 방법의 정확성을 검토하는 방법으로만 허용하는 것이 대세인 데, 그 까닭은 법원의 자치권을 보장하려는 태도[241]와 위 수치는 보험회사의 이윤을 고려한 것이기 때문에 손해배상액의 결정기준으로 쓰는 것은 부적당하다는 데 있으며[242] 최근 귀족원은 전자의 방법이 바람직하다는 판시를 한 바도 있다.[243]

② 어쨌든 영국법원은 연 4.5%의 복리계산에 의한 중간이자를 공제하고 있는 데, 1978년 3월 여왕의 명에 의하여 의회에 제출된「인신상해로 인한 민사책임과 보상에 관한 왕립위원회(Royal Commission on Civil Liability and Compensation for Personal Injury, Chairman Lord Pearson — 약칭 Peason Commission)」의 보고서에서는 위 공제율은 1978년 현재 수년간에 걸친 세금과 물가상승률을 공제한 순익률이 연간 4.5%에 훨씬 미달되므로 비현실적인 것이 되어 버렸고[244] 따라서 그 공제율을 낮추어야 한다고 주장하고 있다. 동 보고서는 현재 상황에서의 보다 현실적인 계산은 세금과 물가상승률을 공제한 잔여율에 의하여 이루어져야 하며 또한 일실이익의 배상을 평균수입에 맞춘다면[245] 투자이윤율에서 공제되어야 할 것은 임금상승률이 된다. 즉 물가상승과 무관한 수입상승 역시 중간이자공제율을 조정함으로써 고려되어야 한다고 주장하고 결국 적정공제율은 세율을 고려 밖에 둘 때, 투자이윤율에서 소득상승률을 뺀 차율이라고 선언하면서,[246] 영국정부는 연금계획에서 장기평균이자율을 연 9%, 소득상승률을 연 8%, 물가상승률을 연 6%로 잡고 있으므로 그것을 전제로 할 때 적정공제율은 연 1%라고 보고하였다.[247]

영국에 있어서 일실이익산정에 물가상승을 고려하여야 한다는 논의는 이미 1960년대에 형성되었으며, 그것이 격화되자 1970년 Mallett v. McMonagle 사

241) Ogus, The Lsw of Damages, 1973. Butterworths, London, p. 191.

242) P.S. Atiyah, Accidents, Compensation and the Law, Porff of Law at the University of Oxford, Weidenfeld & Nicolson, London, p. 180.

243) Taylor v. O'Connor〔1971〕A.C. 115.

244) 위 주 239)의 Pearson Commison Report, Vol. 1p. 139.

245) 환언하면, 평균수입의 상승은 배상액산정에 고려한다면의 뜻.

246) 전게 보고서 Vol. 1. 144면 · 145면.

247) 전게 보고서 1권 145면 679항.

건[248]에서 Lord Diplock는 손해액산정에 있어 법원이 취할 유일한 실제적인 방향은 장래의 물가상승의 위험을 고려할 것도 없고 다른 한편으로 물가상승을 우려하는 고이율이나 물가상승의 결과인 소유물이나 주주지분의 자본증가도 고려하지 않는 것이라고 말하였다.

그러나 1971년의 Taylor v. O'Connor사건[249]에서 Lord Reid는 Diplock의 견해에 반대하고, 물가상승을 고려하지 않는 것은 지난 날 경제안정시대의 이윤율을 기대하고 있거나 변화를 인식하지 못하는 향수어린 태만에 기인하는 것이라면서, 장래의 물가상승을 고려하지 않는 것은 지극히 비현실적이라 주장하였다.[250]

그러나 Lord Pearson은 계속되는 물가상승을 중요한 상황요소로 고려하는 것은 옳지만 투자방법에 따라 물가상승에 대하여 방어가 가능하며 일시금배상은 그것이 있을지도 모르는 생활비상승을 상쇄시킬 자산증가를 얻을 목적으로 투자될 것임을 전제로 산정되어야 한다고 말하였다.

1975년 Young v. Percival사건[251]에서 항소법원은 Taylor v. O'Connor사건의 판결을 분석한 후, 물가상승을 무시하는 Pearson의 견해가 귀족원(the House of Lords)의 다수설이라고 결론지었다.

그 후 귀족원은 1978년의 Cookson v. Knowles사건[252]에서 전시 Pearson의 견해를 유지한다면서 Lord Diplock는 다음과 같이 말하였다.

즉, "현명한 투자(prudent investment)에 의하여 물가상승을 광범위하게 상쇄시킬 수 있다는 견해는 물가상승률이 큰 폭으로 뛰어오르면 이미 훌륭하다고는 할 수 없다. 그러나 그것은 주주지분과 성장주식에 투자한 경우에 그러하고 고정이자가 붙어있는 증권에 투자한 경우에는 피고의 종합소득세율이 낮다면 그 이율이 얼마이든 그렇지는 않다."

---

248) [1970] A.C. 166.

249) [1971] A.C. 115.

250) McGregor on Damages, by Harvey McGregor, One of Her Majesty's Counsel, Fellow of New College Oxford, 14ed, Sweet & Maxwell Ltd. London, 1980. p.880.

251) [1975] 1 W.L.R. 17 (C.A).

252) [1978] 2 W.L.R. 978 (H.L).

일실이익산정에 있어서 물가상승의 문제를 다룬 최신의 귀족원판결은 1979년의 Lim Po Choo v. Camden and Islington Area Health Authority사건[253]인 데, 그 사건에서 Lord Scarman은 손해액산정에 있어서 물가상승의 위험은 일반적으로 고려될 수 없다는 것을 확립(now settled)된 것으로 간주하면서 세가지 근거를 제시하였는 데, 그 내용은 장래 물가상승을 둘러싼 불확실성, 물가상승에 대응하는 투자의 효용성, 자본에 의하여 생활비를 조달하는 사람들보다 피해자를 더 보호하는 것의 부당성 등이었다.[254]

따라서 적어도 현재시점에 있어서의 위와 같은 영국판례들의 결론은 물가상승의 전망은 승수의 조정을 필요로 하지 않고 경제안정시기의 승수를 유지함이 낫다는 것이라 할 수 있다.[255]

그러나 적정공제율의 결정에 있어서 장래의 임금 내지 소득상승률이 고려되어야 한다는 전시 Pearson 보고서상의 문제는 영국판례상 논의된 것을 발견하지 못하였다.

(3) 연 5푼 중간이자공제의 실정법상 근거의 존부

(가) 국가배상법 제3조의2 제2항은 「제3조 제1항의 유족배상과 동조 제2항의 손해배상 및 장래에 필요한 요양비 등을 일시에 청구하는 경우에는 법정이율에 의한 복할인법으로 중간이자를 빼야 한다」고 규정하고 있고, 민법 제379조는 법정이율을 연 5푼으로 정하고 있으므로 국가배상법은 소위 라이프니츠식 공제방법을 채택하고 공제율을 연 5푼으로 하고 있다.

위 조항은 1980. 2. 1.부터 법률 제3235호로서 시행되었는 데, 이것은 종래 실무에서 사용되어 왔던 호프만식계산법 대신에 라이프니츠식계산법에 의한 산정방법을 명문화한 것으로 우리 재판실무가 종래의 타성에 젖어 호프만식에만 집착하고 합리적인 라이프니츠식을 외면하였기 때문에 입법적으로 라이프니츠식계산법을 적용하도록 명문화한 것이므로 국가배상사건에서 배상심의회가 이 방법을 써야 함은 물론 법원도 국가나 지방자치단체에게 위와 같은 손해액을 일시에 지급을 명할 때에는 위 방법을 적용하여야 한다는 견해가

253) [1979] 3 W.L.R. 44 (H.L).

254) McGregor 전게서 882면.

255) McGregor 전게서 889면.

있다.[256)]

그런데 구 국가배상법(1967. 3. 3. 법률 제1899호) 제3조 제1항과 제3항은 같은 법 제2조 제1항의 경우에 타인의 신체 또는 생명을 해한 때에 국가 또는 지방자치단체가 피해자에게 손해배상을 하는 기준을 정하였고, 같은법 제11조는 배상심의회의의 배상금지급기준을 같은법 제3조의 규정에 의한 기준에 의하여 대통령령으로 정하도록 규정하였으며, 같은법 제13조 제3항은 배상심의회는 소속장관 또는 상급심의회의 승인을 받으면 같은법 제11조의 기준을 초과하여 배상결정을 할 수 있도록 규정하였고, 배상심의회에 결정을 거친 후 또는 배상결정의 신청이 있은 날로부터 2월을 경과한 때에는 다시 법원에 손해배상청구소송을 제기할 수 있도록 같은법 제9조에서 규정한 바 있었는 데, 대법원은 1970. 1. 29. 전원합의체판결[257)]에서 위 규정의 취지들을 종합하면 같은법 제3조 제1항과 제3항의 손실배상기준은 배상심의회의 배상금지급기준을 정함에 있어서 하나의 기준을 정한 것에 지나지 아니하고 배상액의 상한을 제한한 것으로 볼 수 없고 따라서 법원이 국가배상법에 의한 손해배상액을 산정함에 있어서는 같은법 제3조의 기준에 구애될 것은 아니므로 이 규정은 1972. 12. 27. 개정전의 헌법 제26조에 위배된다고는 볼 수 없다고 판시한 바 있었다. 위 전원합의체판결과 궤를 같이 하여 대법원은 1980. 12. 9. 선고 80다1820 판결[258)]에서 「국가배상법 제3조의2 제2항은 동법 소정의 절차에 따라 배상심의회의에 그 배상을 신청할 경우에 해당하는 규정으로서 소송에 있어서 법원을 기속하는 규정이 아니라 할 것이니 같은 취지에서 원심이 위와 같이 장래 발생할 노임상실액 상당의 손해액을 호프만식계산법에 의하여 산출한 조치는 정당」하다고 판시하였다.

생각컨대 국가배상법 제3조의2 제2항은 동법 제3조 배상기준의 하나로 규정된 것이며, 동법 제3조는 동법 제13조 제5항이 「심의회는 제3조 및 제3조의2의 기준에 의하여 배상금지급을 심의・결정하여야 한다」고 규정한 취지로부터 위 심의회의 심의결정기준임이 명백하다.

256) 김주상, 「손해액산정과 라이프니츠계산법」 사법연수원논집 제3호, 1981. 사법연수원 51면.

257) 대법원판결집 18권 1집 민 47면.

258) 공 1981. 2. 1. (649), 13459.

만일 위 제3조의2 제2항을 포함하여 제3조의 배상기준이 법원을 기속한다면 첫째, 취로가능기간은 동법시행령 제2조 소정의 기간을 넘을 수 없고 둘째, 법원은 감정에 의하여 노동능력상실률을 결정하고 거기에 피해자의 연령, 성별, 직업, 전직가능성, 사회적·경제적 조건 등을 종합고려하여 수입감소율인 가동능력상실률을 독자적으로 판정할 수 없고, 감정인으로 하여금 동법 소정의 14등급 중 피해자가 어느 등급에 속하는가만 감정시켜 기계적으로 동법 소정의 노동능력상실률을 적용하여야 하고 종래의 소득상실설에 의한 차액산출과 그것을 기초로 한 일실이익산정이 부정될 것이며 셋째, 생활비도 동법 제3조의2 동시행령 제6조 제1항에 따라 부양가족이 없는 자는 40%를, 부양가족이 3인 이상인 자에 대하여는 25%를 공제하여야 할 뿐 다툼 없는 사실로 정리하거나 증거와 경험칙에 의하여 인정해서는 아니 되고 넷째, 위자료와 장례비도 동법 소정액수를 초과해서는 아니 된다는 결론이 되나 이와 같은 결론은 누구도 시인할 수 없을 것이니 동법 제3조의2 제2항만이 법원을 기속한다고는 할 수 없을 것이다.

과연 그렇다면 국가배상법 제3조의2 제2항은 중간이자공제를 연 5푼의 법정이율에 따라 복할인법으로 공제하여야 한다는 실정법상의 근거는 될 수 없다고 하지 않을 수 없다.

국가배상법은 1997. 12. 13. 법 제5433호로써 제3조의2 제3항에 "제2항의 중간이자를 빼는 방식은 대통령령으로 정한다."는 규정이 신설되었고, 동시행령은 제6조 제3항에서 "법 제3조의2 제3항의 규정에 의한 중간이자 공제방식은 법정이율에 의한 단할인법인 호프만방식에 의한다(2006. 12. 29. 본항 개정)."고 규정함으로써, 다시 호프만식으로 복귀되었다.

(나) 채무자의 회생 및 파산에 관한 법률 제420조 제1항, 제446조 제1항 제5호, 제7호의 검토

위 법 제420조 제1항은 「파산채권자의 채권이 이자 없는 채권 또는 정기금채권인 때에는 제446조 제1항 제5호 내지 제7호에 해당하는 부분을 공제한 액의 한도내에서 상계할 수 있다」고 규정하고, 동법 제446조 제1항 제5호는 「기한이 파산선고 후에 도래하는 이자 없는 채권의 경우 파산선고가 있은 때부터 그 기한에 이르기까지의 법정이율에 의한 원리의 합계액이 채권액이 될 계산

에 의하여 산출되는 이자의 액에 상당하는 부분」이라 규정하고, 동법 제446조 제1항 제7호는 「채권액 및 존속기간이 확정된 정기금채권인 경우 각 정기금에 관하여 제5호의 규정에 준하여 산출되는 이자의 액의 합계액에 상당하는 부분과 각 정기금에 관하여 같은 호의 규정에 준하여 산출되는 원본의 액의 합계액이 법정이율에 의하여 그 정기금에 상당하는 이자가 생길 원본액을 초과하는 때에는 그 초과액에 상당하는 부분」이라고 규정하고 있다.

위 규정들을 종합하면 파산채권자의 채권이 정기금채권인 경우에는 연 5푼의 법정이율의 단할인법(호프만식계산법)에 의하여 산출되는 현가를 상계채권액으로 하되 그 액수에 법정이율에 의한 이자액이 정기금채권액을 초과하면 그 초과되는 현실부분을 절사한다는 것이며 이것은 바로 우리 대법원 1985. 10. 22. 선고 85다319 판결[259]의 결론과 같다.

그런데 위 규정들은 일본 파산법 제102조, 제46조 제5호, 제7호와 같고 구파산법(1952년 개정 이전) 제18조, 제19조의 취지와 같은 바, 이와 같은 구파산법의 취지가 일실이익의 현가를 산정함에 영향을 미쳐 일본 대심원이 대정 15(1926). 1. 26.판결에서 「호프만식계산법에 준거하여도 하등 불가할 것이 없다」고 판시한 이래 거의 모든 재판소가 호프만식계산법을 채택하게 되었던 것임은[260] 앞서 본 바와 같다.

그러나 위 규정들은 파산채권의 현가산정방법일 뿐, 장래 일실이익의 현가산정방법은 아니므로 일실이익현가산정에 적용될 수 없음은 분명하고, 일본이나 우리나라 실무에서 라이프니츠식방법이 채용되는 것도 그 때문이다.

따라서 일실이익의 현가산정에 관한 실정법적 근거는 없다는 결론이 된다. 따라서 일본이나 우리나라의 실무에서 연 5푼의 중간이자를 공제하여 온 것은 일본의 구파산법, 신파산법, 우리나라 파산법상의 위 규정들 및 민사법정이율이 연 5푼이었다는 점을 참작하여 만들어낸 판례법적용의 결과이고, 현재로는 국가배상법 제3조의2 제2항의 취지가 그 합리성의 자료로 보강되었다고 해석할 수 있는 바, 위와 같은 판례법은 시대의 변천에 따라 재검토의 대상이 되기에 이르렀다고 본다.

---

259) 법률신문 1612호, 1985. 11. 11.자.

260) 篠原弘志, 전게논문 131면.

(4) 적정공제율의 탐색

(가) 물가상승률과의 관계

일시금일실이익손해배상액을 산정함에 있어 피해자의 순수입에 가동기간을 곱하되 중간이자를 공제한 현가로 산정하는 방법을 쓰는 것은 우리나라, 일본, 미국, 영국 모두 마찬가지임은 앞서 상술한 바와 같다.

그리고 중간이자를 공제하는 이유는 금원은 이식을 낳으므로 일시금배상액에서 발생되는 투자이윤의 전부와 배상액원본의 일부를 연차적 또는 월차적 일실순수입에 충당하는 방법을 계속하여 가동기간말에는 배상금전액이 소비되도록 함으로써 과잉배상을 방지하려는 것이다.

이와 같은 계산방법은 수학적으로 나무랄 데가 없는 합리적인 것에 틀림없다. 그러나 손해배상은 수학이 아니며, 피해자로 하여금 사고전의 경제상태를 사고후에도 보장하여 주려는 데 그 목적이 있다.

변론종결당시 배상액산정의 기초로서 고정시킨 피해자의 수입액은 그 후에 계속되는 물가상승으로 인하여 구매력이 저하될 것이므로, 위 수입액이 지니고 있던 재화취득능력을 보장하여 주려면 물가상승이 예측되는 경우 이를 고려하여 주지 않으면 미흡한 배상이 될 수밖에 없게 된다.

그런데 중간이자를 공제하는 이유인 투자이윤은 명목상의 이윤이 아닌 실질이윤이라고 하지 않으면 안 된다. 명목이윤이 발생되더라도 그것이 물가상승률 정도로써 서로 상쇄되어 버린다면 피해자의 배상금은 실질적으로 증가된 것이 없게 되므로 그러한 명목이윤은 공제할 것이 못된다.

따라서 중간이자로서 공제되어야 하는 이윤은 명목투자이윤으로부터 물가상승률을 공제한 실질이윤이 아니면 안 된다.

전시 영국의 Pearson Committee의 보고서가 현실적인 공제율은 투자이윤율에서 세금과 물가상승률을 뺀 잔여율에 의하여야 한다고 설명하면서 그것을 순익률(the real rate of return after tax less the rate of inflation)[261]이라고 말하는 것은 바로 위와 같은 생각의 표현이다.

이와 같은 인플레산입론 내지 인플레참작론에 대한 반론은 전술한 바와 같이 영국의 Lord Scarman에 의하여 제기된다.

---

261) 전시 Pearson Report Vol. 1 p.144.

첫째로 물가상승의 불확실성이다. 이에 관하여는 일본의 弘中惇一郎 변호사가 상고이유에서 상술한 바와 같이 일실이익배상의 기초가 되는 장래수입(특히 현실수입이 없는 경우), 가동기간 등에 관하여 통계에 의한 개연성의 정도로 만족하면서 유독 인플레에 관하여만 확실한 증명을 요구하고 그것이 없다 하여 인플레가 없는 것은 간주하는 것은 입증책임분배원칙상 잘못이라 아니할 수 없고, 전시 일본의 하급심판례[262]도 영국의 Lord Reid[263]도 미국의 Justice Diamond[264]도 인플레의 계속성은 이를 시인하고 있는 것이다. 문제는 가동기간 동안 평균 몇 %의 인플레를 인정할 것이냐에 있을 뿐인 것이다.

둘째로 현명한 투자에 의한 물가상승으로 인한 손해의 회피문제를 보자. Justice Diamond는 국공채의 이율이 인플레에 의하여 상쇄된다고 주장하였고[265] Gregory Kalven Epstein은 자본시장의 수급관계상 안전투자이윤율은 물가상승률보다 2.5~3% 높다고 비판하였고,[266] Lord Diplock는 고정이자가 붙어있는 장기채권을 구입하여 인플레손해를 예방할 수 있다고 주장하였다.[267] 그러나 우리나라와 같이 경제가 불안정한 나라에 있어서는 뒤에서 보는 통계와 같이 1974~1976, 1979~1981까지 사이에는 1년 이상의 정기예금금리가 물가상승률보다 낮아 실질금리가 마이너스임을 나타내고, 1971년부터 1984년 사이의 실질금리는 -0.45를 나타낸다. 경제가 안정된 1982년부터 1984년까지 사이의 실질금리도 3.96%에 불과하며 1966년부터 1984년까지의 실질금리평균은 연 2.08%에 불과하다.

따라서 특별한 기술이나 경험 없이도 할 수 있는 안전한 투자에 의하여 인플레손해를 전보하고도 실질이윤을 얻는다는 것은 때로는 곤란하다. 부동산에의 투자는 자본규모가 커야 하며 매월 또는 매년 생활비를 뽑아 써야 하는 피해자로서는 곤란하다.

셋째 자본에 의하여 생활비를 조달하는 사람보다 피해자는 우대할 필요가

---

262) 위 주 197) 참조.
263) 위 주 250) 참조.
264) 위 주 233) 참조.
265) 위 주 233) 참조.
266) 위 주 237) 참조.
267) 위 주 252) 참조.

없다는 주장은 부당하다. 금전자본은 인플레 의하여 가치감소를 일으키나 피해자가 잃어버린 가동능력은 그렇지가 않다. 따라서 가동능력을 금전으로 환가당한 피해자는 스스로의 잘못도 없이 인플레의 위험을 감수하게 되고 이것은 형평에 반한다.

따라서 일실이익산정에 있어서 인플레는 고려되지 않으면 안 된다고 생각되며 적정공제율은 투자이윤율에서 물가상승률을 공제한 차율(임금인상률 고려밖)이다.

〈표 1〉 금리변동표

1965. 9.30.부터 26.4%	1976. 8. 2. ~ 16.2	1981.11.30. ~ 17.4
1968.10. 1. ~ 25.2	1977.10. 4. ~ 14.4	1981.12.29. ~ 16.2
1969. 6. 1. ~ 22.8	1978. 6.13. ~ 18.6	1982. 1.14. ~ 15.0
1971. 6.28. ~ 20.4	1980. 1.12. ~ 24.0	1982. 3.29. ~ 12.6
1972. 1.17. ~ 16.8	1980. 9.16. ~ 21.9	1982. 6.28. ~ 8.0
1972. 8. 2. ~ 12.0	1980.11. 8. ~ 19.5	1984. 1.23. ~ 9.0
1974. 1.24. ~ 15.0	1981.11. 9. ~ 18.6	

이제 실질투자이윤에 관한 과거의 우리나라 통계를 보자.

한국은행발간의 통계연보 각 연호를 종합하면, 우리나라에 있어서 1966년 이래 1984년까지의 1년 이상 정기예금의 이자율은 위의 <표 1>과 같이 변동되었으며, 이자소득에 대한 소득세율은 1965. 12. 20., 1968. 3. 7., 1971. 12. 28.(법률 제2315호), 1974. 12. 24.(법률 제2705호), 1980. 12. 13.(법률 제3271호) 등 5차례의 개정에 의하여 1966~1967 간에는 10%, 1968~1971 간에는 15%, 1972~1974 간에는 20%, 1975~1980 간에는 5%, 1981~1984 간에는 10%이었으므로 다음의 <표 2>에서 보는 바와 같이 1966년 이래 1984년까지의 평균명목

〈표 2〉

연 도	명목금리	세 율	세후명목금리	물가상승률	세후실질금리
66	26.4	0.10	23.76	11.2	12.56
67	26.4	0.10	23.76	10.9	12.86
68	26.1	0.20	20.88	10.8	10.08
69	23.8	0.20	19.04	12.3	6.74
70	22.8	0.15	19.38	15.9	3.48

71	21.6	0.15	18.36	13.5	4.86
72	14.97	0.20	11.97	11.7	0.27
73	12.0	0.20	9.6	3.1	6.5
74	14.81	0.20	11.84	24.3	−12.46
75	15.0	0.05	14.25	25.3	−11.05
76	15.50	0.05	14.72	15.3	−0.58
77	15.75	0.05	14.96	10.1	4.86
78	16.72	0.05	15.88	14.4	1.48
79	18.6	0.05	17.67	18.3	−0.63
80	22.86	0.05	21.71	28.7	−6.99
81	18.78	0.10	16.90	21.3	−4.4
82	10.84	0.10	9.75	7.2	2.55
83	8.0	0.10	7.2	3.4	3.8
84	8.93	0.10	8.03	2.5	5.53
평 균	17.89		15.77	13.69	2.08
71~84 평 균			13.77	14.22	−0.45
82~84 평 균	9.26		8.33	4.37	3.96

금리는 17.89%이고 세금공제 후의 명목금리는 평균 15.77%에 달한다. 그러나 물가상승률이 위 같은 기간, 평균 13.69%에 달하므로 세후실질금리는 연간 평균 2.08%에 불과하게 된다.

따라서 투자이윤율을 1년 이상의 정기예금이율로 대치하는 한 세율과 물가상승률을 공제하면 위 기간 동안의 적정공제율은 연 2.08%이었다는 결론이 나오고 물가안정시책을 강력히 실시한 1982년부터 1984년까지의 통계에 의하더라도 세후명목금이율이 8.33%, 물가상승률이 4.37%이므로 실질금리는 3.96%에 불과하다. 앞으로 이와 같은 현상이 계속된다고 가정하더라도 연공제율은 4%를 초과해서는 안 된다는 결론이 된다.

(나) 임금상승률과의 관계

일시금손해배상액을 산정함에 있어서 피해자의 임금인상이 확실시되는 사정이 있을 때 특히 공무원과 같이 정년까지 신분이 보장되고 계속근무에 의한 호봉승급이 법률상 규정되어 있을 때에는 이것을 고려하여야 하며,[268] 피해자

268) 상세는 263면 참조.

가 광부 등 급여생활인이었고, 그의 급료가 사실심종결당시 인상되어 있었다면 임금인상 이후의 손해는 인상된 급여를 기초로 계산한다.[269]

이와 같은 사정은 소송상 입증이 가능하므로 배상액산정의 기초순수입을 변동시키므로 별 문제가 없다.

그러나 입증은 불가능하여도 상당히 확실한 개연성 있는 임금상승도 예상할 수 있다. 그 임금인상의 요인은 대체로 세가지로 나누어 볼 수 있는바, 그 첫째는 물가상승이고, 둘째는 경력의 증가로 인한 승급이고, 셋째는 국민소득향상이 그것이다.

첫째 요인은 이미 명목투자이윤율에서 실질투자이윤율을 추출할 때 고려하였으므로 이중으로 공제될 수는 없으나 둘째와 셋째 요인은 고려되지 않으면 안 된다.

전시 Beaulieu v. Elliot사건에서 Justice Diamond가 지적한 바와 같이 직장경력을 쌓아감에 따라 임금이 인상되는 것은 상식에 속하는 일이다. 따라서 기초수입을 전연령의 평균임금으로 삼는다면 별문제이겠으나 초임봉급을 기초수입으로 삼거나 사고당시의 현실수입을 기초로 한다면 경력증가에 따르는 임금인상은 고려되어야 한다. 더욱이 우리나라와 같은 개발도상국에 있어서 비약적인 경제성장에 의하여 1960년대 국민소득 1인당 800불에서 1980년대 이르러 2,000불을 상회하고 있음도 상식에 속하는 것이다. 만일 1960년대에 가동능력을 상실한 피해자의 가동기간이 1980년대까지 계속될 것이었다면 그는 가동기간연말년에는 연 2,000불의 소득을 올렸을 터이지만 그의 손해배상금은 연 800불로 계산되었을 것이므로 그의 손해는 상상하고도 남음이 있다.

이와 같은 임금상승에 따른 손해는 장래의 그 상승률을 입증할 수 없으므로 기초수입을 정함에는 전혀 고려될 수는 없지만 중간이자공제율을 정함에 있어서는 고려되어야 하지 않을까?

앞서 언급한 영국의 Pearson위원회의 의회에 대한 보고서에서는 현실적인 공제율은 물가상승률과 세금의 공제가 고려되어야 할 뿐만 아니라 소득증가율도 고려되어야 하고, 개연성 있는 소득증가는 공제율을 조정함으로써 매년 일정비율로 승인해 주어야 하므로, 따라서 적절한 공제율은 면세자인 경우 투

269) 대법 1980. 9. 9. 선고 80다1488〔공 1980. 11. 1. (643), 13171〕.

자이윤율에서 소득증가율을 공제한 것이어야 한다고 지적하고 있다.[270)]

그런데 영국정부는 연금계획에서 장기평균이자율을 연 9%로, 물가상승률을 연 6%로, 소득상승률을 연 8%로 잡고 있으므로 면세자에 대한 적정공제율이 연 1%라고 함은 앞서 본 바와 같고 그에 따른 승수(multiplier)는 다음의 <표 3>과 같다고 보고 있다.[271)]

〈표 3〉

기간(연)	현공제율	공 제 율 (%)					
		2	(1)	0	−1	−2	−3
5	5	5	(5)	5	5	5	5
10	8	9	(10)	10	11	11	12
15	11	13	(14)	15	16	18	19
20	13	17	(18)	20	22	25	28
25	15	20	(22)	25	28	33	37
30	16	23	(26)	30	35	41	49
35	17	25	(30)	35	42	51	63
40	18	28	(33)	40	49	62	78

이제 우리나라의 실정을 알아보자 앞서 나온 <표 2>의 세후명목금리를 투자이윤율로 보고 그 수치와 노동부의 통계[272)]에 나타난 임금상승률을 소득상승률로 보아서 차율을 산출하면 소득상승률을 고려한 적정공제율이 될 것인바, 1971년 이래 1984년까지의 세후명목금리와 임금상승률(둘 다 물가상승률은 불고려)의 평균차율은 위의 <표 4>와 같이 −8.82%이고 물가가 안정된 1982년부터 1984년까지의 차율은 −3.5%에 이른다.

〈표 4〉

연 도	세후명목금리	명목임금상승	차 율
1971	18.36	15.4	2.96
1972	11.97	17.5	−5.53
1973	9.60	11.5	−1.90
1974	11.84	31.9	−20.06
1975	14.25	29.5	−15.25
1976	14.72	35.5	−20.78

270) 전시 Pearson Report Vol. 1 p.145.

271) 전시 Pearson Report Vol. 1 p.145.

272) 매월노동통계조사보고서, 1985. 10. 노동부 6면.

1977	14.96	32.1	−17.14
1978	15.88	35.0	−19.12
1979	17.67	28.3	−10.63
1980	21.71	23.4	−1.69
1981	16.90	20.7	−3.80
1982	9.75	15.8	−6.05
1983	7.2	11.0	−3.80
1984	8.03	8.7	−0.67
평균	13.77	22.59	−8.82
82∼84 평균	8.33	11.83	−3.5

이와 같은 수치는 우리나라에 있어서 투자이윤율이 임금상승률에 훨씬 미달되기 때문에 임금상승률을 손해배상액 산정상의 입증곤란으로 기초수입의 증가로 고려하지는 못하더라도 중간이자공제율의 조정에 의하여 고려하여야 하고 따라서 임금상승률을 초과하는 투자이윤율만이 중간이자공제율이라는 이론에서 볼 때 중간이자를 공제하기는 커녕 매년 8.82% 내지는 3.5%씩 복리로 가산해 주어야 한다는 것을 의미한다.

경제가 안정된 1982년부터 1984년까지의 통계를 더 소극적으로 보아 매년 −3%의 차율이 계속된다고 가정하는 경우에 연간순수입에 곱하여야 하는 수치는 어떻게 되며 호프만수치 및 라이프니츠수치와는 얼마의 차이가 생길까를 전시 영구 Pearson위원회의 보고서상의 수치를 빼내어 대비하여 보면 다음의 <표 5>와 같게 된다.

〈표 5〉

연 수	−3%	호프만수치	라이프니츠수치
5	5	4.3643	4.3294
10	12	7.9449	7.7217
15	19	10.9808	10.3796
20	28	13.6160	12.4622
25	37	15.9441	14.0939
30	49	18.0293	15.3724
35	63	19.9174	16.3741
40	78	21.6426	17.1590

(다) 물가상승률과 임금상승률이 적정공제율에 미치는 영향

이상에서 언급한 바와 같이 적정배상액을 산정함에 있어서는 투자이윤율(일

년 이상의 정기예금이율)로부터 물가상승률을 공제한 나머지 차율만을 공제하여야 물가상승으로 인하여 발생되는 구매력감소에 의한 피해자의 손해가 전보되고 또한 투자이윤율에서 임금상승률을 뺀 나머지 차율만을 중간이자로 공제하여야 국민소득향상으로 인하여 얻을 수 있었던 상승임금을 상실함으로써 받게 되는 손해가 전보된다.

그렇다면 물가상승과 임금상승이 동시에 발생되어 위 두 요소를 함께 고려하는 경우에 있어서의 적정공제율은 어떻게 산정하여야 하는가?

임금상승은 없고 물가상승만 존재한다면 은행의 명목금리에다가 1에서 세율을 뺀 나머지를 곱하고 그 수치로부터 물가상승률을 빼면 그것이 세후실질금리가 되며 그 이율이 중간이자공제율이 될 것이고, 한편 물가상승이 없고 임금상승만 일어난다면 세후명목금리로부터 임금상승률을 공제한 차율만이 중간이자공제율이 될 것이므로, 물가상승과 임금상승이 동시에 일어난다면 세후실질금리로부터 실질임금상승률(명목임금상승률에서 물가상승률을 뺀 차율)을 공제한 차율이 적정공제율이 될 것이다. 세후실질금리로부터 명목임금상승률이 아닌 실질임금상승률을 공제하는 까닭은 세후명목금리로부터 이미 물가상승률을 공제하였기 때문이다.

그리고 세후실질금리로부터 실질임금상승률을 공제한 차율은 세후명목금리로부터 명목임금상승률을 공제한 차율과 수학상 일치된다. 그것은 명목금리나 명목임금 속에는 물가상승률이 이미 포함되어 있기 때문에 위 양자의 차율이나 양자로부터 각각 물가상승률을 공제하여 실질금리에서 실질임금을 뺀 것이나 같아질 수밖에 없기 때문이다.

그러므로 물가상승만을 고려한다면 세후명목금리율에서 물가상승률만을 공제한 세후실질임금이율이 적정공제율이 되고, 더하여 임금상승률까지 고려한다면 위 세후실질금리율에서 실질임금상승률을 공제하거나 세후명목금리에서 명목임금상승률을 공제한 차율이 적정공제율이 된다.

이제 한국은행 통계연보 각 연호와 노동부의 매월노동통계조사보고서[273]의 통계 및 세법상의 이자소득에 대한 세율을 조사·종합하여 세후명목금리와 명목임금상승률간의 차율과 물가상승률을 공제한 세후실질금리와 실질임금상승

273) 1985. 10호 노동부 발간.

률의 차율을 산출하면 앞서의 <표 5> 다음의 <표 6> <표 7>의 기재와 같다.

이상의 통계표에서 알 수 있는 것은 우리나라에 있어 1971년 이래 1984년까지의 세후실질금리는 －0.45%이었고, 실질임금상승률은 8.37%이었으므로 그 전후의 차율은 －8.82%가 된다. 따라서 일실이익에 대한 일시금손해배상을 1971년에 산정하면서 피해자의 가동기간을 1984년까지로 보았던 경우 물가상승률과 임금상승률을 정확히 예후하였다면 연 8.82%를 복리로 가산하여 주었어야 하는데 연 5%로 라이프니츠계산법에 따라 중간이자를 공제하였다면 피해자는 매년 13.82%씩 복리로 손해를 보았다는 셈이 된다.

물가안정을 이룩한 1982년부터 1984년까지의 통계를 기초로 한다 하더라도 세후실질금리는 연 3.96%이고 실질임금상승률은 연 7.46%이므로 세후실질금리는 매년 실질임금상승률에 3.5%씩 미달되고 따라서 중간이자의 공제는 고사하고 매년 3.5%씩 복리로 가산을 해 주어야 물가상승과 임금상승에 따른 손해가 전보될 터인데 만일 연 5%씩 라이프니츠계산법에 따라 복리로 중간이자를 공제한다면 피해자는 매년 8.5%씩 복리로 손해를 보게 되는 셈이다.

그러나 위와 같은 계산에는 피해자의 경력증가로 인한 임금상승은 전혀 고려되지 않았다는 사실 또한 잊어서는 아니 된다.

〈표 6〉 실질임금상승률의 산출표

연 도	명목임금상승률	물가상승률	실질임금상승률
1971	15.4 %	13.5 %	1.9 %
1972	17.5	11.7	5.8
1973	11.5	3.1	8.4
1974	31.9	24.3	7.6
1975	29.5	25.3	4.2
1976	35.5	15.3	20.2
1977	32.1	10.1	22.0
1978	35.0	14.4	20.6
1979	28.3	18.3	10.0
1980	23.4	28.7	－5.3
1981	20.7	21.3	－0.6
1982	15.8	7.2	8.6
1983	11.0	3.4	7.6
1984	8.7	2.5	6.2
평 균	22.59	14.22	8.37
82～84 평균	11.83	4.37	7.46

〈표 7〉 세후실질금리와 실질임금상승률과의 대비표

연 도	세후실질금리	실질임금상승률	차 율
1971	4.86%	1.9%	2.96%
1972	0.27	5.8	-5.53
1973	6.50	8.4	-1.90
1974	-12.46	7.6	-20.06
1975	-11.05	4.2	-15.25
1976	-0.58	20.2	-20.78
1977	4.86	22	-17.14
1978	1.48	20.6	-19.12
1979	-0.63	10.0	-10.63
1980	-6.99	-5.3	-1.69
1981	-4.40	-0.6	-3.8
1982	2.55	8.6	-6.05
1983	3.80	7.6	-3.8
1984	5.53	6.2	-0.67
평 균	-0.45	8.37	-8.82
82~84 평균	3.96	7.46	-3.5

(5) 결 론

이상의 연구를 종합하면 다음과 같이 요약될 수 있을 것이다.

첫째, 중간이자공제의 이유는 과잉배상의 방지에 있고 수학적으로 정확한 배상액이란 일시금배상액으로부터 발생되는 투자이윤 전부와 배상금원본의 일부를 일실이익에 충당시켜 가동기간말에는 배상금이 한 푼도 안 남게 하는 것이며 이는 복리계산에 의한 할인방법을 의미한다.

둘째, 그러나 손해배상은 수학이 아니라 피해자로 하여금 피해를 입지 아니하였더라면 있었을 경제상태로의 회복에 목적이 있으므로 변론종결당시의 재화취득능력을 확보해 주어야 할 뿐만 아니라 국민소득향상과 경력증가로 인한 임금상승도 고려해 주어야 하는 바, 이와 같은 물가상승, 임금상승은 그 시기와 율을 상당히 확실한 정도의 개연성까지는 입증할 수 없으므로 기초수입의 변동을 일으킬 수는 없으나 과거의 통계에 미루어 그 율을 소극적으로 파악한다면 그 개연성은 높아지므로 중간이자공제율을 조정함으로써 고려해 주어야 공평의 이념에 합치된다.

셋째, 중간이자공제의 방법은 복할인법이 옳지만 공제율에 관하여는 실정법상 연 5푼으로 할 근거가 없으므로 중간이자공제의 근본이유와 우리나라의 과거 및 현재, 그리고 장래의 실정을 고려하여 판례로써 결정하여야 한다.

넷째, 우리나라의 과거통계(1966~1984)와 경제안정을 이룩한 최근통계(1982~1984)를 기초로 앞으로 10년, 20년을 예측하여 본다면 세후실질금리는 연 4%를 넘지 못할 것이고 국민소득향상으로 인한 실질임금상승률은 앞으로 경제성장이 둔화된다고 하더라도 1971년 이래 1984년까지의 연평균 실질임금상승률이 8.37%이고 1982년부터 1984년까지의 연평균 실질임금상승률이 7.46%인 점에 비추어 볼 때 소극적으로 보더라도 연 4%에 달할 것이라고 예측한다면 결국 중간이자를 공제하여서는 아니 된다는 결론에 도달한다. 그리고 위와 같은 결론에는 피해자의 경력증가에 따른 임금상승은 전혀 고려되어 있지 아니함을 유의하지 아니하면 안 된다. 환언하면 위와 같은 결론에 대한 상당정도 확실한 개연성의 의심은 전시 경력증가로 인한 임금인상이 고려되어 있지 아니함에 상도하면 사라질 것이다. 다시 백보를 양보하여 위 장래 예측수치의 개연성을 높이기 위하여 국민소득향상에 의한 실질임금상승률을 연 1% 낮춘다면 중간이자공제율은 연 1%가 될 것이며 만일 보다 개연성을 높이기 위하여 다시 1%를 낮춘다면 중간이자공제율은 연 2%에 불과하게 될 것이다.

이와 같은 결론에 비추어 본다면 현재 우리 법원의 실무에서 연 5푼을 공제하고 있는 것이 얼마나 비현실적이며 피해보상에 미흡한 것인가를 알고도 남음이 있다.

다섯째, 따라서 연 5푼의 단할인법의 호프만식을 쓸 것이냐, 복할인법인 라이프니츠식을 쓸 것이냐의 논쟁은 이미 가치를 상실한 것이며 굳이 선택하라면 전술의 원상회복에 가까운 호프만식이 손해배상의 원리에 가까우므로 그것을 선택하며 따라서 서울민사지방법원 제15부가 호프만식으로 바꾼 것과 서울고등법원교통부가 위 방식을 채용한 것에 찬성하나 호프만식계산법을 쓸 때 소위 한계수치를 초과하는 부분을 절사하라는 전시 1985. 10. 22. 선고 85다카819 대법원판결에는 찬성하기 어렵다.

자. 일실퇴직금의 산정

피해자가 일정한 직장에서 일정 급여를 받으며 계속근무를 하다가 사고로 인하여 사망하거나 불구화됨으로써 부득이 퇴직하게 되었고, 사고가 없었더라면 더 계속근무하여 일정액의 퇴직금을 받을 수 있었을 터인데 사고로 사망 또는 퇴직하게 됨으로써 정년 퇴직시의 퇴직금보다 적은 액수의 퇴직금 밖에 받을 수 없게 된 경우에, 못 받게 된 퇴직금을 일실이익으로 청구할 수 있음은 소득상실설의 입장에서는 쉽게 이해될 수 있는 바이고 가동능력상실설의 입장에서도 퇴직금을 후불적 임금으로 보는 이상 상실한 가동능력을 평가함에 있어 자료로 삼아야 할 것이므로 역시 설명은 분명해 진다.

그러나 모든 사업장이 퇴직금을 지급하는 것은 아니다. 근로자퇴직급여보장법 제8조 제1항은 「퇴직금제도를 설정하고자 하는 사용자는 계속근로기간 1년에 대하여 30일분 이상의 평균임금을 퇴직금으로 퇴직하는 근로자에게 지급할 수 있는 제도를 설정하여야 한다」고 규정하지만, 같은법 제3조 〔적용범위〕 단서에 의하면 이 법은 "동거의 친족만을 사용하는 사업 및 가사사용인에 대하여는 적용하지 아니한다."고 규정되어 있으므로 피해자가 근무하던 직장이 위와 같은 경우에는 노사협약에 따른 퇴직금 지급규정이 없는 한 일실이익으로 퇴직금을 청구할 수 없다.

퇴직금은 사회보장적인 성격과 공로보상적 성격이 포함되어 있기는 하지만 근로기준법상 고용주와 피용자의 관계에서는 근로의 대가인 임금적 성질이 있으므로 일실이익으로 산정될 수 있다고 대법원은 판시한 바 있다.[274]

위 보장법 제8조 제1항 소정의 평균임금이란 근로기준법 제2조 제1항 제6호에서 「이를 산정하여야 할 사유가 발생한 날 이전 3월간에 그 근로자에 대하여 지급된 임금의 총액을 그 기간의 총일수로 나눈 금액」을 말한다고 정의하고, 대법원 1989. 4. 11. 선고 87다카2901 판결[275]은 위 사유가 발생한 날 이전 3개월간의 기산에 있어서 사유가 발생한 날인 초일은 민법 제157조에 따라 산입되지 아니한다고 판시한다. 동법시행령 제2조 제2항은 「법 제2조 제1항 제6호에 따른 임금의 총액을 계산할 때에는 임시로 지급된 임금 및 수당과 통화 이외의 것으로 지급된 임금을 포함하지 아니한다. 다만 노동부장관이 정하는 것은 그러하지 아니하다」고 규정하고, 대법원은 위 임시로 지불된 임금과 수당은 일시적 돌발적 사유로 인하여 지급되는 지급사유의 발생이 불확정

274) 대법 1969. 12. 30. 선고 69다1977 판례총람 24-2권 1148-6면.
275) 공 1989. 6. 1. (849), 734.

적인 것을 말하고 계속적 정기적으로 평균 봉급에 가산 지급하여 온「특별독려비」는 평균임금산정의 기초가 되는 임금총액에 포함된다고 판시하였다.[276]

따라서 임금규정상「경영실적에 따라 줄 수 있다. 다만 상공부장관의 승인을 얻어 지급한다」고 규정되어 있더라도 매 3개월마다 지급하여 온 관례가 있다면 정기적 제도적으로 지급되는 임금의 일종으로 보아야 하고 이를 단순히 은혜적 호의적으로 지급하는 것으로는 볼 수 없으므로 퇴직금 산정의 기초로 삼아야 한다고 대법원은 판시한다.[277] 그리고 상여금을 임금의 일종으로 보는 이상 근로기준법 제2조 제1항 제6호의 사유발생일 이전 3개월분의 상여금을 미리 임금의 총액에 포함시킨 다음 그 총액을 그 기간의 총수로 나누는 것이 합리적인 계산방식이다.[278] 또한 예규에 근거를 두고 특수한 기능 등을 가진 의사들에게 그의 특수한 근로에 상응한 대가로써 제도적으로 매월 지급하여 온 의사특별상여금은 일종의 임금의 성질을 가지므로 퇴직금산정기준에 산입하여야 한다.[279]

그러나 학부형이 조직한 육성회에서 학교법인의 종업원에게 지급하는 금원,[280] 전투경찰에만 지급되는 전투수당, 동원식비, 철도종사원의 승무여비[281] 등은 임금이라 할 수 없다.

위와 같이 임금의 총액을 계산하여 평균임금을 산출하였으나 그것이 당해 근로자의「통상임금」보다 저액일 경우에는 그 통상임금을 평균임금으로 한다(근기법 제2조 제2항). 그런데 근기법시행령 제6조는 통상임금을 정의하여 시급인 경우에는 그 금액을, 일급인 경우에는 그 금액을 1일의 소정 근로시간수로 나눈 금액을, 주급인 경우에는 그 금액을 주 소정 근로시간 수로 나눈 금액을, 월급인 경우에는 그 금액을 월의 통상임금산정 기준시간 수(주의 통상임금 산정 기준시간 수에 1년 동안의 평균 주의 수를 곱한 시간을 12로 나눈 시간)로

276) 대법 1978. 12. 13. 선고 78다2007 판례총람 24-2권 1157-3-2면.

277) 대법 1976. 4. 22. 선고 76다439 판례총람 24-2권 1148-59면; 대법 1976. 10. 12. 선고 76다1398 판례총람 24-2권 1148-76면.

278) 대법 1989. 4. 11. 선고 87다카2901〔공 1989. 6. 1. (849), 734〕.

279) 대법 1975. 9. 23. 선고 74다1293 판례총람 24-2권 1148-44면.

280) 대법 1973. 11. 27. 선고 73다498 판례총람 24-2권 1148-26면.

281) 대법 1971. 10. 22. 선고 71다1982 판례총람 4-2(A)권 928-358면.

나눈 금액을 말한다고 규정하므로 이 시행령에 비추어보면 근기법시행령 제6조 소정의 통상임금이란 기본적 임금과 이에 준하는 고정적 수당의 1일 평균치를 말한다.

대법원은 「근기법 제19조 2항에 동조 1항에 의하여 산출된 소위 평균임금이 통상임금보다 저액일 경우에는 그 통상임금을 평균임금으로 한다고 규정한 취지는 3개월간에 지급된 임금의 총액을 그 3개월에 실제로 근무한 일수와는 관계없이 3개월간의 총일수로 제하는 방식으로 평균임금을 산출하게 되므로 3개월간에 실제로 근무한 일수가 적어서 3개월간에 수령한 임금총액이 소액일 경우에는 평균임금의 액수가 지나치게 저액으로 되어 부당한 결과가 되기 때문에 즉, 근로자가 자기사정으로 정상취업을 못한 경우 평균임금이 저하되어 그로 인하여 근로자에게 부당한 손해가 미치는 것을 방지하기 위하여 평균임금의 하한선을 통상임금에다 두었다 할 것이므로 근기법 제19조 2항이 말하는 통상임금이란 평균임금의 산정과는 달라서 실제 근무일수나 실제 수령한 임금에 구애됨이 없이 고정적이고 평균적인 일반임금 즉, 기본적인 임금과 이에 준하는 고정적으로 지급되는 수당의 1일 평균치라고 보아야 할 것이다」라고 판시하면서[282] 1일 12시간씩 한 달에 20일간 근무한 근무자가 일당 5,100원씩을 받은 경우의 통상임금을 5,100×20÷240×8=3,400으로 계산한 것은 정당하다고 판시한다.

즉, 한달에 240시간 일하여 102,000원을 받으므로 시간급은 $\frac{102,000}{240}$원이고, 1일평균 8시간 근무(240÷30)이므로 1일 평균치는 $\frac{102,000}{240} \times 8 = 3,400$원이 되며 이것이 통상임금이 된다.

위 대법원판결은 월 소정근로시간수를 1일 8시간씩 30일 즉, 240시간으로 보고 있다. 이렇게 계산하여 1년간의 근로일수를 계산하면 360일밖에 되지 아니하므로, 평년인 경우에는 5일, 윤년인 경우에는 6일이 빠지게 된다. 따라서 더 정확히 계산한다면 평년인 경우에는 8시간 × $\frac{365}{12}$로써 월급을 나누어야 1일의 통상임금이 되고 윤년에는 8 × $\frac{366}{12}$으로 나누어야 된다. 왜냐하면 우리나라 근기법은 일요일이나 법정휴일을 모두 유급휴일로 보기 때문이다. 1988. 1. 20.자 노동부 예규 제150호는 "통상임금산정지침"에서 근로기준법상 통상임

282) 대법 1978. 10. 10. 선고 78다1372 대법원판결집 26권 3집 민 148면.

금이라 함은 근로자에게 정기적, 일률적으로 소정근로 또는 총근로시간에 대한 댓가로 지급하기로 정하여진 고정된 시간급, 일급, 주급, 월급 또는 도급금액을 말하고(제2조), 소정근로시간은 연장근로시간과 휴게시간을 제외하고 근로기준법 제42조(근로시간) 본문의 기준근로시간인 1일에 8시간 또는 그 이내에서 정한 시간으로 하고 동법 제43조(유해위험작업장 근로시간)와 동법 제55조(연소근로자의 근로시간) 해당자는 당해 법조 본문의 1일 기준근로시간 또는 그 이내에서 정한 시간으로 하며 주휴 등 유급유일은 소정근로시간으로 근로한 것으로 보고 또한 격일제 또는 복격일제 등 근로형태의 휴무일의 경우에도 같으며(제3조), 통상임금산정기초임금은 법기준근로시간 또는 그 이내에서 정한 근로시간에 대하여 지급하기로 정한 기본급임금과 단체협약이나 취업규칙 또는 근로계약 등에 의하여 근로자에게 정기적, 일률적으로 1임금산정기간에 지급하기로 정하여진 고정급임금으로 하므로 연장, 야간, 휴일근로 등 제법정수당과 임시적, 부분적, 부정기적으로 지급되는 변동급임금은 포함되지 않고 도급제에 의하여 정하여진 임금에 대하여는 당사자간에 정한 총계약임금 또는 1임금산정기간까지의 임금총액으로 한다(제4조)고 규정한다.

위 노동부 예규에서 통상임금에 포함된다고 예시한 것으로는 기본급, 미리 정하여진 지급조건에 따라 담당하는 업무와 직책의 경중에 다라 지급하는 직무수당, 직책수당, 물가변동이나 직급간의 임금격차를 조정하는 물가수당, 조정수당, 기술이나 자격·면허증 소지자, 특수작업 종사 등에 따라 지급하는 기술수당, 면허수당, 특수작업수당, 위험작업수당, 특수지역근무자에게 일률적으로 지급하는 벽지수당, 한냉지 근무수당, 차량운행·항해항공업무종사자에게 근무일수와 관계없이 일률적으로 지급하는 승무수당, 항해수당, 항공수당, 생산기술과 능률향상을 위하여 근무성적과 관계없이 일률적으로 지급하는 생산장려수당 등이 있다.

그러나 실제근무 여부에 따라 지급금액이 변동되는 연장근로수당, 야간근로수당, 휴일근로수당, 연차휴가수당, 월차휴가수당, 생리휴가수당, 상여금, 능률에 따라 지급하는 생산장려수당, 근무일에만 지급하는 승무수당, 항해수당, 항공수당, 입갱수당, 일·숙직수당, 근로시간과 관계없는 통근, 사택, 연료, 김장, 가족, 교육수당은 제외된다.

다음 계속근로라 함은 반드시 월 평균 25일 이상을 근무하여야하는 것은 아니며 최소한 1개월에 4~5일 내지 15일 정도 일을 하였다 하여도 퇴직금 지급의 전제가 되는 상근성, 계속성, 종속성의 요건을 충족한다.[283)]

계속근로연수는 근기법의 개정 전후를 통산하지만[284)] 위 법이 시행된 1953. 8. 8. 이전으로 소급시킬 수는 없다.[285)]

구병역법 제76조 제2항은 군인이 실역 복무를 마치고 종전에 근무하던 직장에 복직하거나 다시 고용되는 경우에는 실역에 복무한 기간은 실무에 종사한 기간으로 본다고 규정하고 있었으므로 퇴직금을 산정함에 있어 기준이 되는 재직기간 중에 군복무기간을 산입한 것은 정당하다는 대법원 판례[286)]가 있었으나 개정된 병역법 제69조는 승진에 관하여 불이익을 받지 않는다고 규정할 뿐이므로 현행법상으로도 같은 해석을 하는 것은 무리일 듯 싶다.

그리고 형식상은 일정기간 근무하였다가 해고하고 다시 고용하는 형태를 갖추었더라도 계속근무하는 것으로 보아야 하므로 임시직 공무원 또는 잡급직 공무원이라도 전기간 계속근무한 것으로 보아야 한다.[287)]

피해자가 인사규정상 당연히 승급하도록 되어 있는 경우에는 승급될 호봉의 봉급을 기준으로 퇴직금을 계산하여야 함은 물론이다.[288)]

그러나 문제는 업체가 독자적인 보수규정을 가지고 있는데 그 규정상 퇴직금의 산정에 있어 상여금을 평균임금 산정의 기초가 되는 임금총액에는 포함시키지 아니하였으나 계속근무연수에 따른 누진적 지급률을 곱하도록 되어 있어서 근로자퇴직급여보장법 제8조 제1항 소정의 퇴직금보다는 많은 금액을 지급하는 경우에 위 제외된 상여금을 포함시켜 평균임금을 산출하고 거기에 지급률을 곱하여 퇴직금을 청구할 수 있느냐 하는 것이다.

---

283) 대법 1979. 1. 30. 선고 78다208 판례총람 24-2권 1148-99면.

284) 대법 1972. 4. 11. 선고 71다1033 · 대법 1971. 5. 24. 선고 71다707 판례총람 24-2권 1148-12, 13면.

285) 대법 1969. 2. 4. 선고 68다1104 판례총람 24-2권 1148-12면.

286) 대법 1968. 6. 25. 선고 68다371 판례카드 589.

287) 대법 1979. 3. 27. 선고 78다163 대법원판례집 27권 1집 민 206면; 대법 1979. 4. 10. 선고 78다1753 대법원판례집 27권 1집 민 238면; 대법 1979. 4. 24. 선고 78다852 · 대법 1979. 6. 5. 선고 79다699 이상 판례총람 24-2권 1148-107-111면.

288) 대법 1978. 6. 13. 선고 78다420 판례총람 24-2권 1148-98면.

대법원은 사용자의 보수규정이 상여금을 퇴직금 산정의 기초로 하지 않아도 산정된 퇴직금의 액이 근로자퇴직급여보장법이 보장한 하한선을 상회하는 금액이라면 위 보수규정 등은 근로자퇴직급여보장법 제8조 제1항에 저촉되는 위법한 규정이 아니라는 소극설[289]과 근로자퇴직급여보장법 제8조 제1항 소정의 퇴직금 액수의 하한선을 초과한다고 해서 임금의 성질을 가진 상여금을 퇴직금 산정의 기초로 하지 아니할 수는 없다는 적극설[290]로 나뉘어져 있었으나 1978년 이후 적극설의 판례는 보이지 않는다. 그러나 아직 전원합의체의 판결은 보이지 아니한다.

생각컨대 근로자퇴직급여보장법 제8조 제1항이 퇴직금 지급의 하한선을 규정한 것으로 보는 이상, 그 선을 상회한다면 그 규정의 효력을 부인하여야 할 근거가 없으므로 소극설에 찬성하고 싶다.

그리고 대법원은 사고로 인하여 입은 상해의 후유증으로 퇴직하게 됨으로써 입은 일실퇴직금 상당의 손해라 함은 퇴직일로부터 정년시까지의 기간에 해당하는 퇴직금 상당이라 할 것인 즉, 이의 산정은 총근속기간에 걸친 퇴직금 전액에서 위 퇴직으로 인하여 지급받게 될 퇴직시까지의 근속기간에 해당하는 퇴직금을 공제한 나머지이며(1983. 10. 25. 선고 82다카140),[291] 불법행위로 인하여 상해를 입은 피해자가 노동능력의 일부를 상실하여 그가 얻고 있던 수입 중 노동능력상실정도에 상응하는 수입상실손해를 입었다고 인정하는 경우에는 피해자가 종전 직장에서 퇴직하게 되어 입게 된 퇴직금 상당의 손해를 계산함에 있어서도 위 퇴직금 중 노동능력상실정도에 상응하는 부분만을 상

289) 대법 1974. 12. 24. 선고 73다105 판례총람 24-2권 1148-29면; 대법 1971. 5. 11. 선고 71다485 판례총람 전동서면; 대법 1973. 11. 13. 선고 73다1384 · 대법 1976. 5. 25. 선고 75다1365 판례총람 24-2권 1148-64면; 대법 1977. 4. 12. 선고 76다891 판례총람 24-2권 1148-89면; 대법 1978. 4. 25. 선고 78다2311 판례총람 24-2권 1148-93면; 대법 1979. 2. 27. 선고 78다2372 판례총람 24-2권 1148-104면; 대법 1979. 2. 27. 선고 79다136 판례총람 24-2권 1148-104면; 대법 1982. 11. 23. 선고 80다1340〔공 1983. 1. 15. (696), 85〕.

290) 대법 1976. 4. 22. 선고 76다439 판례총람 24-2권 1148-59면; 대법 1976. 9. 28. 선고 76다1835 판례총람 24-2권 1148-75면; 대법 1976. 10. 26. 선고 76다360 판례총람 24-2권 1148-79면; 대법 1977. 2. 8. 선고 76다2345 판례총람 24-2권 1148-84면.

291) 공 1983. 12. 15. (718), 1738; 대법 2005. 3. 25. 선고 2005다4208〔종합법률정보수록〕; 대법 2000. 9. 26. 선고 98다50340〔공 2000. 11. 15. (118), 2178〕.

실하게 된 것이라고 봄이 상당하다(대법원 1989. 1. 31. 선고 88다카88 판결,[292] 1989. 4. 11. 선고 87다카2901 판결,[293] 1988. 6. 14. 선고 88다카3656 판결,[294] 1987. 9. 8. 선고 86다카816 판결)[295]고 판시한다.

III. 후유장해로 인한 일실이익의 산정

1. 서 설

가. 문제의 제기

인신사고손해배상에 있어서 후유장해로 인한 일실이익의 산정에는 많은 어려운 문제가 내포되어 있는 데, 대법원은 이에 관하여 중요한 의의를 갖는 판결(1985. 9. 24. 선고 85다카449)[296]을 하였다.

위 판결의 판시내용은 「피해자가 노동능력의 일부상실로 종전직업에 종사할 수 없게 된 경우, 그 사실만으로 바로 그는 장래 일용노동에만 종사하게 될 것이라고 추정할 수는 없을 것이고, 피해자의 연령, 교육정도, 경력, 종전직업과 기능자격의 유무, 후유장애의 부위정도, 직업선택에 의한 회피의 가능성, 사회적 조건 등에 비추어 그 피해자는 일용고용임금보다 소득이 많은 직업이나 직종에 종사하기 어렵고 일용노동에만 종사할 수밖에 없을 것이라고 예측되는 특별한 사정이 있을 때에 한하여 그의 장래의 소득을 일용임금상당액이라고 추정할 수 있을 것」이라면서 「위와 같은 피해자의 경우 그 일실이익은 사고가 없었더라면 얻을 수 있는 종래의 소득에서 감소된 노동능력을 가지고 취업할 직업에 종사하여 얻을 수 있는 향후소득을 공제하는 방법으로 산정할 수 있을 것이므로 피해자의 연령 등 앞서 본 여러 가지 사항을 종합하여 피해자가 감소된 노동능력을 가지고 장래 어떤 직업에 종사하여 얼마의 소득을

292) 공 1989. 3. 15. (844), 348.
293) 공 1989. 6. 1. (849), 734.
294) 공 1988. 7. 15. (828), 1034.
295) 공 1987. 11. 1. (811), 1549; 대법 1989. 5. 23. 선고 88다카24202〔공 1989. 7. 15. (852), 996〕.
296) 공 1985. 11. 15. (764), 1414.

얻을 수 있을 것인가 하는 점을 심리하여 그의 장래의 직업과 거기에 종사하여 얻게 될 향후소득이 밝혀진다면 그의 종래의 소득에서 그 향후소득을 공제하는 방법으로 그 일실이익을 산정할 수 있을 것」이니, 「법원으로서는 피해자의 연령, 교육정도, 사고전의 직업, 경력과 기능자격의 유무, 후유장애의 부위정도, 직업선택에 의한 장애회피의 가능성, 사회·경제적 조건 등을 심리하고 경험칙을 충분히 활용하여 고도의 개연성 있고 객관성 있는 일실이익을 산정하여 그 소극적 손해배상액을 결정하여야 할 것」이라고 판시한 것으로서 이는 종래의 판례가 노동력의 일부상실로 종전직업에 종사할 수 없게 되고 현재 무직인 피해자의 일실이익을 계산함에 있어서 위 대법원판결이 제시한 여러 가지 사정을 심리하지도 아니한 채, 일용노동에 종사할 것으로 보고 향후소득을 인정하여 온 하급심판결을 승인하여 왔던 대법원의 견해[297]의 변경을 시사하면서 앞으로 하급심의 심리방향을 교시하는 점에서 큰 의의가 있다 할 것이다.

그런데 위 판결은 그 문리로 보아 종래의 통설·판례이던 소득상실설(차액설)의 입장을 취한 듯 보이는 데, 이미 대법원은 수차에 걸쳐 소위 가동능력상실설(평가설)을 취한다고 판시[298]한 바가 있으므로 후유장해로 인한 일실이익을 산정함에 있어 과연 위 두 설은 구체적으로 어떤 결과의 차이를 가져오는지 아니면 어떤 설을 취하든 구체적 사건의 결론은 동일하게 되는 것인지를 검토하고 앞으로의 추이를 생각해 볼 필요가 있을 것이며, 일부 논자들이[299] 지적하는 소위 적격·부적격판정의 불필요 내지는 배제의 주장이 과연

297) 대법 1969. 6. 24. 선고 69다562 대법원판결집 17권 2집 238면; 대법 1979. 10. 30. 선고 79다1441〔공 1979. 12. 15. (622), 12306〕; 대법 1980. 9. 30. 선고 79다1796 대법원판결집 28권 3집 107면.

298) 대법 1979. 2. 13. 선고 78다1491 전원합의체판결 대법원판결집 27권 1집 민 98면; 대법 1983. 10. 25. 선고 83다카1262〔공 1983. 12. 15. (718), 1744〕; 대법 1984. 10. 23. 선고 84다카325〔공 1984. 12. 15. (742), 1846〕.

299) 김평우·송영식, "교통사고손해소송에 있어서 일실이익산정에 대한 비판"; 유태현, 「교통사건의 현상과 문제점」 대한변호사협회지 1985. 5.; 손지열, 「후유장해로 인한 손해배상액의 산정」 법조 1985. 8.; 송영식, 「일실이익산정」 법률신문 1985. 7. 22.자; 서울민사지방법원 제15부(교통부)도 적격·부적격판정을 피하는 것으로 알려져 있다. — 전시 유태현 논문 참조.

옳은가, 종전수입에 가동능력상실률을 곱하는 방법만이 평가설의 논리적·필연적 귀결인가 하는 점들을 검토할 필요가 있다고 생각한다.

나. 문제에의 접근방법

우선 후유장해로 인하여 발생된 일실이익을 산정함에 있어서 피해자의 사고 후 소득을 어떻게 결정할 것이냐 하는 문제와 관련하여 일실이익산정에 있어서 주요사실은 무엇이며 누구에게 입증책임이 있는가를 검토하기에 앞서 향후 소득의 확정은 과연 꼭 필요한 것인가, 그 이유는 무엇인가를 생각해 보지 않을 수 없으며, 그 이유 규명에 있어서는 소득상실설과 가동능력상실설을 연구해 볼 필요가 있다. 그것은 소득상실설은 차액설이라고도 불리우는 바에서 알 수 있듯이 사고전후의 소득차액을 일실이익산정의 기초로 삼고 있고, 그 차액이 주요사실(요건사실)로 되고, 차액산출을 위하여는 필연적으로 향후수입의 결정이 불가피하게 되는 한편, 가동능력상실설에 있어서는 일명 평가설이라고도 호칭되듯이 후유장해로 인한 손해는 상실한 가동능력 그 자체이고[300] 법원이 정하는 손해액은 위 가동능력에 대한 평가액이라고 보는 까닭에 상해 그 자체를 주요사실로 보아 사고전후의 소득차액은 간접사실에 불과하고 따라서 위와 같은 간접사실에 의하지 아니하고 종전소득과 가동능력상실률에 의하여도 이를 입증시킬 수 있고 오히려 이 방법이 합리적이라고 보는 견해도 있으므로,[301] 이 방법을 선택하는 한 사고 후의 소득은 이를 확정할 필요가 없게 된다. 이 견해를 취하는 설이나 판례가 적격·부적격판정이 불필요하다는 생각하는 이유가 여기에 있다. 여기에서 일실이익을 산정하는 위 두 학설은 과연 손해액 산정의 결과를 달리할 수 밖에 없는 상충되는 이론인가 하는 근본적인 문제를 검토하지 않으면 아니되고, 왜 가동능력상실설이 출현되었으며 어떻게 발전되고 어떻게 정착되었는가를 알아보아야 하고, 정립된 가동능력상실설에 따른다면 반드시 가동능력상실률에 의한 손해액을 산정하여야 하며 차액에 의한 평가는 배척되는 것인가 양설은 서로 보완적인 방법으로 공존할

300) 三善勝哉, 實務法律大系 昭 48. 青林書院新社刊, 東京 4권 285면; 吉岡 進, 「交通事故訴訟の課題」 實務民事訴訟講座 3권 16·17면, 昭 46. 日本評論社, 東京.

301) 위 주 299) 참조.

수는 없는가 왜 구체적인 산정에서 현저한 차이가 생기며 그 이유는 무엇인가를 연구해 볼 필요가 생긴다. 그 결론 여하에 따라 논쟁의 대상이 되는 적격·부적격판정의 필요여부가 판단될 수 있을 것이다.

이상의 문제를 해결하고 나면 소송법적 측면에서 무엇이 주요사실이며 간접사실인가 입증책임은 누구에게 지울 것이며, 법원의 직권은 어디까지 행사할 것인가 하는 문제도 검토되지 않으면 아니 될 것이다.

2. 기초수입의 산정

가. 실체법적 고찰

(1) 차액설과 평가설의 검토

(ⅰ) 평가설의 출현배경; 차액설이 종래 일본의 통설[302] 판례[303]이었으며, 우리나라에 있어서도 종래판례의 태도[304]이었음은 주지된 바와 같다.

그러나 차액설은 몇 가지 점에서 합리적 설명을 할 수 없는 결함을 내포하고 있다. 예컨대 피해자가 무직자, 유아, 학생, 가정주부와 같이 현실적인 수입을 얻지 못하고 있는 경우에는 차액을 산정할 수 있는 종전소득이나 향후소득이 없으므로 차액산정은 불가능하게 된다. 그러나 판례들은 그들이 장래 소득을 얻을 것으로 보아 통계상의 소득을 기초로 하고 노동능력상실률에 따른 수입감소가 있을 것으로 인정하여 일실이익을 산정하여 왔다. 이와 같은 방법은 이미 구체적·사실적인 소득의 차액이 아니라 개연성을 전제로 한 의제에 가까운 추정이므로 차액설에 의한 합리화에는 이미 무리가 생기게 된다.[305]

302) 加藤一郎, 不法行爲 227면; 篠原, 註釋民法 (19) 58면; 我妻 外, 「判例ユンメンタルⅣ」 226면.

303) 日 大判 昭 10. 12. 26. 판결전집 3. 1. 21(轉); 日 大判 대 15. 1. 26. 民集 5. 71(轉); 大阪地判 昭 42. 6. 2. 判例時報 491호 22면; 神戶地判 昭 44. 3. 27. 交通民事判例集 2권 2호 399면; 日 最判 昭 42. 11. 10. 民集 21권 9호 2352면.

304) 대법 1980. 9. 30. 선고 79다1796 대법원판결집 28권 3집 민 107면; 대법 1969. 6. 24. 선고 69다562 대법원판결집 17권 2집 민 238면; 대법 1967. 11. 28. 선고 67다2270 판례총람 4-2(A)권 928-45면; 대법 1971. 12. 28. 선고 71다2254 판례총람 4-2(A)권 928-367면 판례월보 18호 4면.

305) 加藤和夫, 「勞働能力の全部又は一部喪失による損害」 判例タイムズ 268호 130면

뿐만 아니라 가동능력의 손상을 입고도 현실적인 수입감소가 없는 경우에 그것이 고용주와의 인적관계(호의)에 의한 것이거나 피해자의 배전의 노력에 의한 것인 경우에도 장래의 실직 또는 승급제한, 능률감소 등의 가능성을 외면한 채 소득차액이 없다고 단정하는 데는 주저하지 않을 수 없게 된다.[306)]

또한 사고 전 유직자가 사고 후 무직으로 되어 현실수입이 없을 때에는 차액산출이 불가능하게 되는 결과가 생겨 나온다.

위와 같은 경우에도 실직가능성, 승급제한, 배전의 노력에 의한 소득증가 등을 고려하여 손해 있다고 인정하는 것은 이미 차액설로는 설명이 곤란하고, 사고전 유직, 사고후 무직자의 일실이익을 계산함에 있어 종전수입에 가동능력 상실률을 곱하는 방법을 쓴다면 이것은 차액설과는 거리가 멀어지고 상실된 가동능력에 대한 금전적 평가라고 보는 것이 순리적 설명이 될 것이다.

이리하여 일본에서는 소화 40년(1965) 10월 26일자 大阪高等裁判所의 판결을[307)] 효시로 하여 상실한 가동능력 자체를 손해로 파악하고 그 평가・산정액을 배상액으로 하는 판례가 나타나기 시작하여 소화 48년(1973)경에는 평가설이 판례・통설이라고 주장되기에 이르렀다.[308)]

(ii) 평가설의 발전과정; 사실, 평가설이 갑자기 창출된 새로운 이론은 아니었다. 위 설이 주장되기 이전 즉, 차액설이 통설・판례이었던 시절에도 판례는 무직자, 유아, 학생, 가정주부의 일실이익을 산정함에 있어서 통계소득을 기초로 하고 노동능력상실률을 적용하거나 참고로 하여 배상액을 결정하여 왔던 것이다.

일본에 있어서는 노동성 노동기준국장의 통첩(소화 32. 7. 2.)의 노동능력상실률표에 의하여 손해를 산정한 판례와 이에 준하는 입장으로서 위 상실률표는 행정사무처리상의 기준에 불과하여 이를 적용할 수는 없으나 기본적으로는 장해의 정도에 응한 노동능력감소가 고려되므로 참고자료로 할 수 있다는 판

1971. 12.

306) 加藤, 전게논문 132면; 東京地判 昭 47. 11. 27. 昭 47. 12. 8.은 현실적인 수입감소가 없음에도 일실이익을 인정, 判例時報 704호 72면 1973. 7.

307) 民集 16권 10호 1636면, 加藤 了, 「民事法の理論と實務」 判例タイムズ 288・60. 1973. 4.

308) 三善勝哉, 전게서 「後遺障害と勞働能力喪失」 實務法律大系 284면.

례 그리고 위 상실률표는 전혀 사용하지 않고 후유증의 내용 자체로부터 직접 노동능력상실률을 추정하는 판례 등이 있었고[309] 이와 같은 판례들의 입장을 합리적으로 설명할 필요로부터 점차 평가설이 주장되기에 이르렀다고 생각된다.

즉, 위와 같은 판례들은 구체적·현실적인 소득차액을 확정하지 못하였으므로 차액설로는 합리적 설명이 곤란하게 되고, 배상을 명하는 손해액은 상실된 가동능력의 평가액이라고 설명하는 편이 오히려 설득력이 있었던 것이다.

이와 같은 평가설은 사실 일본판례가 독창적으로 만든 것은 아니다. 이것은 영미법적 사고방법이며, 시각을 바꾸면 근년 독일에서 강력히 주장되고 있는 판례·통설상 부분적으로 승인되기에 이른 규범적 손해배상개념(손해개념의 규범화)의 일환으로 이해된다.[310]

어쨌든 평가설은 현재 일본의 통설·판례라고 말할 수 있고, 손해액의 산정이 상실된 가동능력의 평가액인 이상, 위 상실률표는 법원 평가의 하나의 유력한 자료일 뿐, 거기에 기속되는 것이 아니라는 생각이 최고재판소에 의하여 확인되기에 이르렀고,[311] 현재 일본의 대부분의 판례들은 종전소득을 기초로 하고 가동능력상실률을 참고로 피해자의 연령, 직업 등을 고려한 가동능력상실률을 결정한 후, 그것을 곱하여 일실이익을 산정하는 것이 사실이다.

뿐만 아니라 평가설이 통설·판례화됨에 따라 종전의 차액설에 의하여 내려졌던 결론을 반성하기에 이르렀다.

예컨대 현실적인 감수가 없는 경우에도 장래의 실직가능성, 승진제한, 배가된 노력 등을 고려하여 일실이익을 인정한다든가,[312] 현재의 감수가 피해자의 태만에 기인한다고 인정되는 경우에는 상당인과관계를 부정하여 현재 수입을 빼지 않고 통계소득에 상실가동능력률을 곱하여 현재수입으로 보는 것들이

309) 加藤和夫, 전게논문 130면.

310) 楠本安雄, 「逸失利益の算定と所得額」 現代損害賠償法講座 7권 138면, 1974. 日本評論社, 東京.

311) 日 最判 昭 48. 11. 16. 交通民事判例集 6권 6호 1693면; 위 판례에 관하여는 ジュリスト 별책 判例百選 제2판(1975. 8.) 加藤和夫가 「後遺障害による逸失利益」이라는 논제하에 평석한 것이 있음.

312) 東京地判 昭 47. 11. 27. 判例時報 704호 72면(1973. 7.); 東京地判 昭 47. 12. 8. 判例時報 704호 72면(1973. 7.).

그것이다.[313]

(2) 가동능력상실설(평가설)

(ⅰ) 가동능력의 의미; 가동능력은 노동능력과는 다른 개념이다. 후자는 추상적 일반적인 육체능력이고 전자는 구체적 소득능력을 말한다.[314] 장해라 하여도 사람을 「생물학적 개체」로 보느냐 또는 「경제적 개체」로 보느냐에 따라 장해비율이 달라진다. 후자는 생리·해부학적·임상의학적 판단에 의하여 평가되고 같은 장해라면 정도·비율도 동일하겠지만, 전자는 같은 장해라 하여도 직종에 따라 달라질 수 있다. 따라서 후자를 기질적 제1차적인 것이라면 전자는 기능적 제2차적인 것이다. 그러나 사람은 생물학적 개체임과 동시에 경제적 개체이어서 가동능력은 노동능력과 관계를 가지므로 노동능력의 장해는 가동능력의 장해를 가져오나 전자의 장해비율이 그대로 후자의 장해비율로 되는 것은 아니며, 피해자의 연령, 성별, 직업, 고용실태 등 사회적·경제적 요인들이 참작되지 않으면 안 된다.[315] 후자는 의사의 판단사항에 속하나 전자는 법관의 판단사항인 것이다.[316] 이러한 의미에서 일본의 판례들이 노동능력상실률표는 육체적 능력에 관한 것임을 인식하고 이를 하나의 유력한 참고자료에 불과하다는 이유로 독자적으로 가동능력을 평가하는 태도를 이해할 수 있게 된다.

우리 대법원 2009. 7. 9. 선고 2008다91180 판결[317]도, "불법행위의 피해자가 입은 소극적 손해를 산정함에 있어 노동능력상실률을 적용하는 방법에 의할 경우에는 그 노동능력상실률은 단순한 신체적 장애율이 아니라 피해자의 연령, 교육정도, 종전 직업의 성질과 직업경력 및 기술숙련 정도, 신체장애의 부위 및 정도, 유사 직종이나 타 직종에의 전업가능성과 그 확률 기타 사회적, 경제적 조건을 모두 참작하여 경험법칙에 따라 도출하는 합리적이고 객관성

313) 楠本安雄, 實務民事講座 171면; 加藤和夫, 전게논문 131면.

314) 대법 1986. 3. 25. 선고 85다카538〔공 1986. 5. 15. (776), 692〕; 대법 1989. 1. 17. 선고 87다카2970〔공 1989. 3. 1. (843), 293〕.

315) 椎木, 「損害賠償の理論と實際」 중 "後遺障害報償の諸問題" 109면.

316) 김영조, 「노동능력상실률과 신체장해율」 1984. 12. 3.자, 박준서, 「노동능력상실률은 감정사항인가」 법률신문 1984. 5. 14., 5. 21.자.

317) 공 2009 하, 1424.

있는 노동능력상실률을 도출해야 하는 것(대법원 1991. 6. 11. 선고 91다7385 판결, 대법원 1991. 8. 13. 선고 91다7798 판결 등 참조)"이라고 판시하였고, 대법원 2004. 10. 15. 선고 2003다39927 판결[318)]은, "불법행위로 인한 후유장애로 말미암아 외모에 추상이 생긴 경우에 그 사실만으로는 바로 육체적인 활동기능에는 장애를 가져오지 않는다 하더라도 추상의 부위 및 정도, 피해자의 성별, 나이 등과 관련하여 그 추상이 장래의 취직, 직종선택, 승진, 전직에의 가능성 등에 영향을 미칠 정도로 현저한 경우에는 그로 인한 노동능력상실에 없다 할 수는 없으므로 그 경우에는 추상장애로 인하여 노동능력상실이 있다고 보는 것이 상당하다(대법원 1991. 8. 27. 선고 90다9773 판결 등)"고 판시하였다.

(ii) 가동능력상실률의 판단시기 및 조건; 가동능력상실률의 판단은 노동능력상실률을 전제로 하고 가동능력상실률의 판단은 병상이 고정된 후가 아니면 확정될 수 없으므로 따라서 가동능력상실률은 병상고정후에 판단되어야 한다.[319)]

뿐만 아니라 의료보조기기의 사용이 가능한 경우에는 의족, 의수의 사용 또는 바퀴의자의 사용을 조건으로 판단되어야 한다.[320)] 위와 같은 보장구의 비용은 피고의 부담에 속하고 그의 사용은 당연히 예정될 수 있기 때문이다.

(iii) 가동능력상실률판정시 고려사항

(가) 연 령

위 상실률판정에 있어 연령이 고려되어야 하는 이유는, 같은 장해라 하여도 젊은 사람은 그 기능회복의 가능성이 크고, 고령인 사람은 그 가능성이 작기 때문이다. 이와 같은 이유에서 미국의 캘리포니아주에 있어서의 「신체장해의 백분율을 결정하기 위한 표」(Schedule for Rating Permanent Disabilities)상 10살 간격으로 장해율을 가감하는 것은 주목할 만하다.[321)]

(나) 직 업

직업도 위 상실률결정에서 고려되지 않으면 안 된다. 위 상실률결정에 기초

---

318) 공 2004. 11. 5. (214), 1818; 동지 대법 1991. 5. 10. 선고 91다3918〔공 1991. 7. 1. (899), 1605〕.

319) 椎木, 전게논문 109면.

320) 손지열, 전게논문 110면.

321) 可藤和夫, 現代損害賠償講座(7) 210면.

가 되는 노동능력상실률은 육체노동이 전제로 되어 있으므로 정신노동이나 데스크・워크(Desk Work)를 하는 사람의 가동능력상실률로 볼 수 없고, 손가락의 절단이라 하여도 육체노동자와 피아니스트 사이에서는 가동능력상실률이 크게 달라질 수밖에 없다. 전시 캘리포니아주의 상실률표가 1,900종의 직종을 열거하고 상실률에 수정을 가한 것은 위와 같은 이유라고 할 수 있다.[322)]

(다) 성 별

같은 부위 및 정도의 손해라 하더라도 여성의 직업에 따라서는 미모나 단정한 외모가 중시되는 일이 있고, 여성 안면에 남은 추상은 가동능력에 결정적인 흠이 될 수 있다. 예컨대 술집의 호스티스[323)]나 공중접객업소의 접대부 등은 그러할 것이다.[324)]

(라) 경제적 조건

상실된 가동능력을 종전수입에 가동능력상실비율을 곱하는 방법으로 평가한다는 것은 바꾸어 말하면 피해자는 잔존한 가동능력을 발휘하여 잔존가동능력의 비율에 따라 소득을 올릴 수 있다는 뜻이 된다. 그런데 잔존한 손상된 가동능력을 발휘하여 일정한 소득을 얻을 수 있다는 것은 손상된 잔존가동능력의 노동시장에서의 가격을 의미하고, 잔존한 손상가동능력의 노동시장가격은 수요와 공급의 원칙에 따라 결정된다. 수요가 공급을 초과하거나 균형을 이룰 때에는 손상노동능력도 고용의 기회를 얻을 수 있고 능력비율에 따른 소득을 얻을 수 있지만, 공급초과를 이루어 실직자가 많을 때는 손상된 노동력은 고용의 기회를 얻기 어렵고 결국 종전직업을 상실한 경우에는 종전직업에의 가동능력은 제로가 될 수밖에 없다.

가동능력상실설이 학계와 실무계에서 영향력을 발휘하기 시작한 일본의 소화 40년대(1965년) 이후의 경제사정은 이미 완전고용상태에 돌입한 것으로 생각되고, 따라서 그들의 판례가 평가설을 따르면서 종전수입에 노동능력상실률을 곱하거나 그와 비슷한 비율로 가동능력상실률을 정하여 이를 곱하는 방법으로 일실이익을 산정함에 아무런 저항감이 없었을 것으로 짐작되며 판례도

322) 可藤和夫, 現代損害賠償講座(7) 208면.

323) 東京地判 昭 46. 10. 7. 判例時報 655호 60면.

324) 전시 318 참조.

실업률을 참작하여 가동능력상실률을 결정한 것은 보이지 아니한다.

그러나 우리나라와 일본의 경제사정상 현저한 차이가 있음은 아무도 부인할 수 없을 것이다.

1985. 10. 노동부가 발간한 「매월노동통계조사보고서」에 의하면 1970년 이래 1984년까지의 완전실업자의 수와 실업률은 다음 표와 같다.

연 도	완전실업자	실업률	연 도	완전실업자	실업률
1970	454,000	4.5 %	1978	442,000	3.2 %
1971	476,000	4.5	1979	542,000	3.8
1972	499,000	4.5	1980	749,000	5.2
1973	461,000	4.0	1981	661,000	4.5
1974	494,000	4.1	1982	656,000	4.4
1975	510,000	4.1	1983	613,000	4.1
1976	505,000	3.9	1984	567,000	3.8
1977	511,000	3.8			

위 통계에 의하면 1970년 이래 1984년까지 14년간 평균완전실업률은 4.16%로 완전실업자수는 1985. 10. 현재 561,000명에 이르고 있다.

뿐만 아니라 1980년 보사부장관에게 제출된 한국보건개발연구원 작성의 '심신장애자실태조사보고서'에 의하면 15세 이상의 장애자 중 봉급 및 임금생활자는 14.4%, 자영업종사 7.5%, 농수산업종사자 14.7%, 기타 1.0%로서 소득수준은 50,000원 내지 100,000원이 18.4%, 110,000원 내지 200,000원이 9.2%로서 합계 27.6%에 불과하고 월수 210,000원 이상은 겨우 2.3%에 그치고 있으며[325] 특히 지체장애자의 취업상태[326]를 보면 봉급 및 임금생활자가 14%, 자영업종사자가 3.8%, 농수산업종사자가 21%, 기타가 1.5%로 직업종사자는 40.3%에 불과하다.

그런데 후유장해자의 잔존가동능력은 수요·공급상황 특히 장애자의 연령, 장애의 부위와 정도, 직종에 따라 평가가 달라지므로 그 수급상태를 더 분석해

325) 심신장애자실태조사보고서 48·49면, 1980. 12. 한국보건개발연구원 간행.

326) 상동 보고서 101면.

볼 필요가 있다.

사단법인 한국장애자재활협회가 1986년초에 작성한 '심신장애자취업알선사업실적보고서'에 의하면 1983년부터 1985년까지 사이의 구직장애자는 총 4,627명이었고, 그 중 1,995명이 취업하여 43.12%의 취업률을 보이고, 장애별 취업률은 다음의 표 (1)의 내용과 같고 직종별 취업률은 전문기술직, 행정사무관련직, 판매서비스직, 가공제조업, 기계전자기술직 등으로 분류집계하면 다음의 <표 2> 내지 <표 6>과 같다.[327]

그리고 위 같은 기간 동안, 구인업체가 제시한 보수조건은 다음의 <표 7>과 같고[328] 또한 취업장애자이 연령, 학력, 장애종별, 직종, 자격 유무, 기술 유무는 다음의 <표 8>과 같다.[329]

〈표 1〉 장애별 취업백분율(1983~1985)

장 애 별	구 직 자	취 업 자	백 분 율
하 지	2,506	1,279	51.04
상 지	359	71	19.78
척 추	292	121	41.44
뇌 성	273	52	19.05
시 각	121	24	19.83
청 각 언 어	471	307	65.18
정 박	78	23	29.49
기 타	527	116	22.01
합 계	4,627	1,995	43.12%

〈표 2〉 직종별 · 장애별 취업률(전문기술직)(1983~1985)

장 애 별	구 직 자	취 업 자	백 분 율
하 지	150	38	25.33
상 시	13	0	0

327) 사단법인 한국장애자재활협회 간행 심신장애자취업알선사업실적보고서(1982. 7.~1985. 12.) 제11, 17면 종합.

328) 상동 보고서 16면.

329) 상동 보고서 19 · 20면.

척 추	14	0	0
뇌 성	6	1	16.67
시 각	8	0	0
청 각 언 어	20	8	40.00
정 박	2	0	0
기 타	26	2	7.69
합 계	238	49	20.58 %

〈표 3〉 행정사무관련직

장 애 별	구 직 자	취 업 자	백 분 율
하 지	410	55	13.41
상 지	53	2	3.85
척 추	26	4	15.38
뇌 성	24	4	16.67
시 각	13	0	0
청 각 언 어	14	5	35.71
정 박			
기 타	70	4	5.71
합 계	611	74	12.11 %

〈표 4〉 판매서비스직

장 애 별	구 직 자	취 업 자	백 분 율
하 지	172	68	39.53
상 지	118	26	22.03
척 추	21	5	23.81
뇌 성	30	8	26.67
시 각	25	6	24.00
청 각 언 어	11	2	18.18
정 박	4	3	75.00
기 타	83	14	16.87
합 계	464	132	28.85 %

〈표 5〉 가공제조업

장 애 별	구 직 자	취 업 자	백 분 율
하 지	595	564	94.79
상 지	34	15	44.12
척 추	79	54	68.35
뇌 성	70	23	32.86
시 각	16	5	31.25
청 각 언 어	183	142	77.60
정 박	25	8	32.00
기 타	119	50	42.02
합 계	1,121	861	76.81 %

〈표 6〉 기계전자기술

장 애 별	구 직 자	취 업 자	백 분 율
하 지	561	299	53.30
상 지	26	16	61.54
척 추	71	36	50.70
뇌 성	33	6	18.18
시 각	5	6	통계착오 ?
청 각 언 어	75	77	〃
정 박	4	7	〃
기 타	72	26	
합 계	847	473	55.84 %

〈표 7〉 구인업체보수조건

업 종 \ 보 수	10만원 이하	10~20 만원	20~30 만원	30만원 이상	합 계
전 문 기 술 직	4	3	6	1	14
행 정 사 무 관 련 직	1	21	3	1	26
판 매 서 비 스	21	28	3		52
농 축 임 수 산 업		2			2
가 공 제 조	358	142	4		504
기 계 전 자 기 술	151	62	4		217
기 타	152	76	1		229
합 계	687	334	21	2	1,044

〈표 8〉 취업장애자분석표(1982.7.~1984.12. 취업된 장애자 997명)

※ 총인원을 % 적용환산 소수점 둘째자리에서 반올림													
1	성 별	1	남 74.2%	2	여 25.8%								
2	나 이	1	20세미만 5.6%	2	30세미만 74.5%	3	30세이상 15.8%						
3	학 력	1	무 5.6%	2	국졸 21.2%	3	중졸 35.1%	4	고졸 33.6%	5	대졸 4.5%		
4	장애종별	1	지체 76.9%	2	청각 13.0%	3	시각 0.9%	4	정박 1.1%	5	기타 7.9%		
5	장애정도	1	경증 55.0%	2	중증 36.1%	3	중중증 8.9%						
6	장애발생 시 기	1	10세미만 85.9%	2	10세이후 14.1%								
7	결 혼	1	무 88.8%	2	유 11.2%								
8	자 격 증	1	무 87.3%	2	유 12.7%								
9	취업직종	1	생산직 77.9%	2	사무직 5.7%	3	서비스직 3.9%	4	기타 10.1%				
10	자격연관계	1	무 93.5%	2	유 6.5%								
11	희망연관계	1	무 29.1%	2	유 70.9%								
12	경력연관계	1	무 79.6%	2	유 20.4%								
13	기 술	1	무 48.7%	2	유 51.3%								
14	직장규모	1	10명미만 15.3%	2	30명미만 42.3%	3	100명 정도 33.2%	4	200명 이상 9.2%				
15	직장안정도	1	하 13.9%	2	중 56.4%	3	상 29.7%						
16	장애동료 근무여부	1	무 22.2%	2	유 77.8%								
17	취업전 상담횟수	1	1회 17.0%	2	3회미만 38.6%	3	3회이상 44.4%						
18	취업후 연결횟수	1	1회 37.9%	2	3회미만 33.6%	3	3회이상 28.5%						
19	퇴직관련 상 담	1	무 73.9%	2	유 26.1%								
20	직업의식	1	하 16.4%	2	중 60.4%	3	상 23.3%						
21	취업연결시 상 태	1	W'er의사 14.9%	2	양쪽의사 55.1%	3	Ct. 의사 28.6%	4	불투명 1.4%				
22	퇴직사유	1	기업도산 5.8%	2	조건불이행 9.9%	3	체력부적응 8.7%	4	성격부적응 12.2%	5	개인자유 24.0%	6	취업중 39.4%
23	퇴직후방향	1	재취업요구 31.9%	2	직업훈련 1.7%	3	공부 3.1%	4	무계획 20.3%	5	자영자립 3.9%	6	취업중 39.4%
24	가정경제	1	하 37.0%	2	중 59.0%	3	상 4.1%						
25	근무기간	1	1개월 미만 11.2%	2	3개월 미만 18.3%	3	6개월 미만 28.6%	4	1년미만 25.5%	5	2년미만 16.5%		

이상의 통계를 종합하여 보면 취업된 장애자의 연령은 85% 이상이 30세 이하로서 고령자의 취업이 어려운 것으로 보이며, 고학력자의 취업률은 중·고졸의 학력보다 취업이 곤란하며, 경증의 지체장애자 특히 하지장애자들의 취업이 비교적 좋은 율을 보이고 있으나 자격증이나 경력은 별 관계가 없고, 숙련기술이 요구되는 생산직종에 취업률이 높으나 장애발생시기가 10세 미만인 취업자가 약 86%를 점하고 있는 것을 보면 취업연령에 이르러서는 장애에 따른 적응력의 감소는 많이 해소되어 있으리라고 추측된다.

그러나 그들의 임금수준은 거의 전부(98% 정도)가 월 200,000원 이하로서 평균치의 통계는 없으나 일용노임수준에 머물고 있고, 직종도 가공제조나 기계전자기술직 등 단순노동임을 알 수 있다.

이와 같이 60만명에 가까운 완전실업자가 있고 장애자들의 취업실태가 극히 불량한 경제사정하에 있어서는 손상된 가동능력이 그 잔존비율에 따라 노동시장에서 노동가치를 갖는다고 보는 것은 지나치지 않을 수 없다.

우리나라의 판례들이 손상된 가동능력을 가지고 종전직업을 계속할 수 있느냐의 적격·부적격을 판정하고, 부적격판정시 종전수입을 모두 상실하였다고 인정하여 온 것은 위와 같은 우리나라 특유의 경제적 조건을 참작한 것으로 풀이할 수 있다.

(마) 사회적 조건

경제적 조건과 관련된 또 하나의 고려해야 할 조건은 사회적 조건이다. 일본만 하더라도 '신체장해자고용촉진법'과 '신체장해자복지법' 등이 있어[330] 장해자들의 고용기회확대와 촉진을 위한 제도적 장치가 마련되어 있고 구미 선진국에도 위와 같은 제도적 장치가 마련되어 있는 것으로 알고 있다.

그러나 우리나라에는 위와 같은 제도적 장치가 최근에야 마련되어 실시되고 있으니 앞서 본 바와 같이 실업자가 산적하여 있는 사회에서 장해자가 종전의 피용상태를 계속 유지한다거나 전직하는 것이 얼마나 어려울까는 짐작하고도 남음이 있다.

뿐만 아니라 장해자가 생활을 함에 있어 교통수단이나 교통환경 또는 직장

330) 今持 孟, 「勞動能力の喪失・減退による逸失利益」 判例民事交通訴訟法 313면, 一粒社 昭 47. 東京.

의 건물구조 등 모든 것이 고려되지 않으면 안 된다. 바퀴의자를 써야 하는 장해자는 대중교통수단을 이용할 수도 없고 혼자 도로를 통행할 수도 없으며 건물마다 승강기가 있는 것도 아니며 바퀴의자가 지나갈 수 있는 특별계단도 그들을 위한 화장실도 미흡한 상태이다. 이와 같은 사회적 여건은 구체적 사건에 있어서 피해자의 가동능력의 상실정도를 결정함에 있어서 고려되지 않으면 안 된다.

따라서 다소의 가동능력이 남아있다 하더라도 부첨간호의 필요가 있고 그 비용이 수입을 초과하는 경우에는 이미 가동부적이라고 하지 않을 수 없다.[331)]

가동능력(Power to earn)이란 원래 노동력의 시장성을 전제로 하여 평가되는 것이며,[332)] 캘리포니아주 노동법에 있어서 제4660조가 신체장해율의 백분율을 결정함에 그 피재종업원이 일반노동시장에서 타인과 경쟁하는 능력의 감퇴를 고려하여야 한다고 규정[333)]하는 것도 위와 같은 취지라고 해석할 수 있다.

우리 대법원이 1976. 12. 14. 선고 76다17 판결[334)]에서 「원판결이 설시 감정결과로써 이 사고로 원고의 운전자로서의 능력에 9~23%의 감소를 가져왔다고 판단하고 동인의 일실이익산정에서, 차량운전의 실정으로 보아 운전자로서 운전할 수 없으니, 질적인 면에서는 운전자로서의 능력은 전부를 상실한 것으로 인정한 원심조치에 소론의 위법이 있다고 단정지울 수 없다」고 판시한 것이나, 1981. 7. 28. 선고 80다2291 판결[335)]에서 「교통사고로 인한 상해가 치유된 후에도 우측경골의 단축 등으로 15%의 자동차운전기능이 상실되었다면 고용주가 이를 고용하여 운전하게 되리라 기대하기 어렵고 또 상해의 부위와 정도를 종합하면 고도의 기민성을 요하는 고용운전자로서는 질적으로 운전자로서의 능력은 전부상실되었다고 봄이 상당하다」고 판시하고, 1981. 2. 10. 선고 80다2141 판결[336)]에서 「감정결과, 일반노동능력의 91%를 상실하였다고 되

331) 梶本俊明, 「勞動能力喪失・低下による損害」 判例タイムズ 212호(1967. 12.) 101면.
332) 加藤 了, 「民事法の理論と實務 稼動能力喪失說をめぐる判例を追って」 判例タイムズ 288호 58면(1973. 4.).
333) 加藤和夫, 「後遺症による逸失利益の算定」 現代損害賠償法講座 206면.
334) 공 1977. 1. 15. (552), 9813.
335) 공 1981. 10. 1. (665), 14249.

어 있어도 피해자가 그 사고로 인하여 중등도이상의 인계황폐, 좌반신 강직성 부전마비, 배변 및 배뇨장해 뿐만 아니라 심한 보행장해를 나타내고 있고 치료를 하더라도 그 예후가 극히 불량하다면, 일반노동자로서의 노동능력은 질적으로 전부상실된 것으로 볼 수 있다」고 판시한 것은 모두 가동능력의 평가에 있어서 고용실태와 장해정도를 고려하여 노동시장에 있어서의 노동가치를 평가하여야 한다는 취지로 해석할 수 있다.

근년에 들어 일부 논자[337]들은 우리의 판례들이 종전부터 취하여 왔고 또 현재에도 대부분의 판결[338]이 따르고 있는 소위 종전직업종사의 적격·부적격판정에 관하여 계속적인 비판을 가하고,[339] 서울민사지방법원 제15부 교통전담부도 같은 견해를 취하고 있으나,[340] 적격·부적격판정이 피해자의 종전직업종사자로서의 가동능력이 그가 입은 손해의 부위 및 정도와 피해자의 연령, 성별, 직업, 우리나라의 경제적·사회적 제 조건 특히 실업률과 장애자고용실태 등을 고려하여 과연 질적으로 노동시장에서의 가치를 인정받느냐, 못받느냐의 판단이고, 그것은 바로 상실된 가동능력의 평가에 가장 중요한 간접사실의 하나가 되는 것이므로 위와 같은 심리의 방향과 판단을 부정하는 것은 옳지 않다고 생각한다.

일본의 판례들이 우리 판례와는 달리 적격·부적격이라는 명시적 표현은 쓰지 아니하나 종전직업에 종사할 수 없게 되었다고 판시하면서 종전수입으로부터 현재수입을 공제한 차액을 기초로 일실이익을 산정한 예도 여러 개 있다.[341]

---

336) 공 1981. 4. 15. (654), 13726.

337) 위 주 299) 참조.

338) 김주상·이강국, 「노동능력상실정도에 관한 조사자료의 분석」 민사손해액산정·형사양형 기준의 조사분석, 재판자료 16집, 18~23면 참조.

339) 송영식, 「일실이익의 산정」 법률신문 1985. 7. 22.자

340) 유대현, 전게논문 33면.

341) 大阪地判 昭 39. 3. 30. 判例タイムズ 160호 170면 判例交通事故賠償法 3권, 2811면; 大阪地判 昭 42. 6. 2. 判例時報 491호 21면 判例交通事故賠償法 3권 2711면; 金澤地判 昭 43. 3. 11. 交通民事判例集 1권 1호 242면 判例交通事故賠償法 3권 2774면; 東京地判 昭 45. 6. 29. 交通民事判例集 3권 3호 974면; 東京高判 昭 50. 6. 10. 交通民事判例集 8권 3호 648면; 岐阜地 多治見支判 昭 53. 5. 26. 交通民事判例集 11권 3호 763면.

사고후 전직한 경우에는 그 전직이 사고와 상당인과관계가 있느냐를 검토하여야 하고 인과관계를 인정함은 피해자의 후유장해가 종전직업수행을 불가능하게 만들었다는 판단이며 그것이 바로 부적격판정에 다름 아닌 것이다.

뒤에서도 언급하겠지만 상실된 가동능력의 평가방법은 종전소득에 가동능력상실비율을 곱하는 방법도 가능하고, 사고전후의 소득차액을 기초로 할 수도 있는 것이며, 이것은 접근방향의 차이일 뿐 결론을 달리하여서는 안 된다고 생각되므로 다른 접근방법을 부정하는 것은 독자적 견해라고 보지 않을 수 없다. 논자들이 지적하는 바의 양 접근방법에 의한 배상액의 현격한 차이는 우리나라의 고용실태, 사회적 조건을 참작한 가동능력상실률을 제대로 판정하지 않고 노동능력상실률을 곱하였거나, 향후 소득인정에 있어서 피해자의 학력, 경력, 기능, 자격 등을 고려하여 전직가능성, 유사직종에의 종사가능성, 노동시장의 실태 등을 참작함이 없이 막바로 도시 또는 농촌일용노동에 종사할 수밖에 없다고 인정하는 잘못된 경우에 생겨나는 현상이라고 생각된다.

(3) 차액설과 평가설의 실제상 차이

(i) 차액이 명백한 경우; 차액설은 사고가 없었더라면 피해자가 얻을 수 있었던 수입으로부터 사고후 얻고 있거나 얻을 수 있는 수입을 공제한 차액을 손해라고 생각하는 것이므로 수상 전후 소득차가 명백할 때에는 바로 그것이 손해배상액 산정의 기초가 된다. 그러나 피해자도 인간인 이상 가동능력상실정도에 따라 활동하고 그에 상응한 수입을 올리는 것만은 아니다. 가해자에 대하여 악감정을 갖고 있는 피해자는 손해확대방지노력을 게을리하는 경향이 있고 또한 편타증환자 중에는 심인성 요인에 의하여 회복도 늦고 근무의욕을 상실하는 경우도 있는 반면 후유증의 고통을 참고 이기면서 수상전 이상의 노력(초과근무·내직 등)을 함으로써 손해발생을 소화해 버리거나 최소한으로 줄이는 경우도 있을 것이다.

이와 같은 경우에는 차액설에 의한다 할지라도 위와 같은 피해자의 주관적 요소를 간과할 수 없는 것이며 이것은 바로 상해와 사고 후의 수입과의 상당인과관계의 심사라 할 것이다.[342)] 결국 피해자가 후유증에 의하여 저하된 가동능력을 제대로 발휘하고 있지 아니할 때는 그것에 의하여 얻을 수 있는 수

342) 福永政彦, 注解 交通損害賠償法 455면, 青林書院新社 1982.

입을 감수손해로부터 공제하여야 할 것이고, 반대로 그와 같은 가동능력 이상을 가동하고 있는 경우에는 수상이 없었더라면 수입증가가 있었을 것이므로 이것을 손해산출에 플러스하는 것이 합리적일 것이다.[343] 나아가 장래에 있어서의 후유증의 변화, 전직 및 실직의 가능성 등의 변동하는 제 요소도 예측하여 손해를 산정하여야 할 것이므로 차액설은 이 점에 있어서 수정이 필요하게 된다. 따라서 이상의 여러 가지를 고려하면서 일실이익을 산정하는 이상 차액설에 의한다 할지라도 결국 통상 어떠한 후유증이 어느 정도의 가동능력저하를 가져오는가 하는 것을 염두에 두지 않을 수 없고 위의 제 요소를 고려하여 소득차액을 증가 또는 감소시켜 기초손실로 잡는다면 그것은 바로 상실된 가동능력의 평가작업이라 할 것이니 결국 가동능력상실설과 공통의 기반에 서게 되어 결론에서 다를 것이 없게 된다.[344]

단지 가동능력상실설의 입장에서는 사고 이후의 수입차액은 가동능력평가상의 한 사정으로 볼 뿐이며, 현행 손해배상제도가 각 사안마다 개별적·구체적으로 손해액을 측정하는 이상, 상실된 가동능력의 평가는 추상적·획일적으로 될 수 없고, 사고전후의 소득차액이 위와 같은 특단이 사정이 없는 한 상실가동능력평가의 기초가 될 것이므로 실제상 양설의 차이는 거의 없게 될 것이다.[345]

미국에 있어서도 일반론으로 가동능력손상에 의한 손해의 산정은 수상전에 얻은 수입액과 수상후 얻을 수 있는 수입과의 차액으로 되어 있다 하며[346] 1978년 3월 영국여왕의 명에 의하여 의회에 제출된 "인신상해에 인한 민사책암과 보상에 관한 왕립위원회"의 보고서에 의하면 가동능력상실에 의한 손해(damages for loss of earning capacity)와 장래소득상실(damages for future loss of earnings)간에는 실질적 차이(real distinction)가 없으므로 가동능력의 상실은 장래소득상실손해를 산정함에 고려되어야 한다고 말하고 있다.[347]

343) 東京高判 昭 56. 5. 27. 判例タイムズ 450호(1981) 138면.

344) 加藤和夫, 전게논문 131면; 加藤和夫, 「後遺障害による逸失利益」 ジュリスト 별책 判例百選 제2판(1975. 8.) 87면.

345) 加藤 了, 전게논문 62면.

346) 加藤 了, 전게논문 62면.

347) Royal Commission on Civil Liability and Compensation for Pearsonal Injury

결국 장래 얻을 수 있었던 소득의 합계는 상실된 가동능력의 총평가액과 본질적으로 같은 것이므로 소득차액을 기초로 일실이익을 산정하든 종전소득에 가동능력상실률을 곱하여 산정하든 배상액수는 동일가가 되어야만 하고 만일 그렇지 못하다면 현재수입이 가동능력을 제대로 발휘하지 아니한 것이거나 가동능력상실률 결정에 있어서 잘못이 있거나 둘 중의 하나일 것이다.

전자의 방법(편의상 차액설적 계산방법이라 부르기로 함)에 의한 배상액과 후자의 방법(평가설적 계산방법이라 부르기로 함)에 의한 배상액이 동일하여야 한다는 것은 수학적으로도 설명할 수 있다.[348)]

사고전수입을 Y, 사고후수입을 Z라 하고, 차액을 X라 한다면, X=Y－Z이다. 한편 수입감소율을 Q라 한다면 $Q=\frac{Y-Z}{Y}$가 되고, Z=Y(1－Q)가 된다. 여기서 Z값을 전시 공식의 Z에 대치하면 X=Y－Y(1－Q)가 되고, X=YQ가 된다. 결국 소득차액 X는 사고전소득 Y에서 사고후소득 Z를 뺀 수액임과 동시에 사고전소득 Y에 수입감소율 Q를 곱한 것이며 수입감소율은 바로 가동능력상실률이라 할 수 있다.

그러나 실무상 가동능력상실률을 대개 몇 %라고 정하기 때문에 차액설적 계산결과와 평가설적 계산결과가 일치되지 않을 뿐이다.

그러나 판례들을 검토하여 보면 양자의 계산결과가 접근되는 현상을 종종 발견할 수 있고 이는 양설이 접근방향의 차이임을 증명한다고 생각한다.

예컨대 소화 41. 3. 31. 東京高判[349)]은 운전면허를 가지고 운전수로서 취직을 희망하고 있던 원고가 교통사고로 인하여 노동능력상실률 45%에 해당하는 후유증이 생겨 운전수로서 취로할 수 있는 능력을 상실(즉, 부적격판정)하고, 일반의 경작업에 종사하여 적어도 통상인 노동능력의 반만을 갖고 있다고 인정한 후, 취직희망당시 東京都내의 구인수가 구직수를 대폭상회하였으므로 운전수로서 취직이 가능하였고 그 임금은 공공직업안정소의 평균임금액을 기준으로 원고의 연령, 경력, 가족구성 등을 고려하여 월 18,000원으로 보고, 東京商

Chairman : Lord Pearson' Report Volume One, London Her Majesty's Stationery Office, March 1978. p.81.

348) 今枝 孟, 判例民事交通訴訟法 309면, 一粒社 1972. 東京.

349) ジュリスト 별책 1968. 4. 交通事故判例百選 82면, 「後遺障害と勞動能力喪失」 淡路剛久, 判例解說.

工會議所 및 關東經營者協會의 임금조사에 따라 위 장해정도를 고려하여 월 9,000원을 벌 수 있을 것으로 인정한 후 차액을 산출, 이를 기초로 일실이익을 산정하였다. 따라서 위 차액은 전시 종전수입에 상실률을 곱한 액수에 근접하고 있다.

또한 東京高判 소화 48. 4. 26.[350)]은 일급 2,000원을 받고 있던 목수인 원고가 사고로 좌상완단절의 후유증이 생겨 목수직을 단념하지 않을 수 없게 되고(소위 부적격), 사무직에 종사하여 일급 900원을 받게 되었는 바, 위 후유증은 노동능력 92% 상실에 해당하나 원고에게 60%의 가동능력상실을 인정하였으므로 소득차액 1,100원과 종전수입에 가동능력상실률을 곱한 1,200원과 접근하고 있다.

뿐만 아니라 東京地判 소화 46. 10. 7.[351)]은 연간 순수익 1,278,000원을 벌고 있던 18세의 카바레 호스티스가 교통사고로 얼굴에 7급 해당의 상해(56%)가 남아 호스티스로는 일할 수 없게 되어 사무직으로 바꾸어 월급 42,000원을 받고 있는 원고에 대하여 가동능력 50% 상실을 인정하고 있으므로 차액설적 접근방법에 의하면 연 774,000원의 차액이 산출되고 평가설적 접근방법을 쓰면 연 639,000원의 액수가 산출되므로 사고후 수입이 전가동능력의 발휘가 못된다고 하여 수정증가시킨다면 양설의 결론은 역시 접근된다.

대법원 1984. 10. 23. 선고 84다카325[352)] 사건 판결에서 인용된 원심판결에 의하면 의사인 원고는 교통사고로 인하여 교정자각시력이 우안 0.6, 좌안 0.3으로 저하되어 산부인과의사로서 가동능력이 50% 상실되었다고 인정하는 한편, 사고전의 총수입은 월 4,436,800원, 사고후의 총수입은 월 2,000,199원이라고 인정하고 있으므로 사고전후의 소득차액은 사고전 수입에 상실가동률을 곱한 금액과 근사하게 된다.

위와 같은 판례들의 결론은 차액설적 계산방법을 쓰든, 평가설적 계산방법을 쓰든, 배상되어야 일실이익의 액수가 동일하여야 하며, 양설은 결국 하나의 손해에 대한 법적 관점의 상위에 불과함을 증명하는 예라 풀이하고 싶다.

350) 判例 交通事故損害賠償法 3권 2780-9면 新日本法規出版株式會社, 東京, 昭 55.

351) 判例時報 655호(1972. 3.) 60면.

352) 공 1984. 12. 15. (742), 1846.

(ii) 차액이 불명한 경우; 사고전 유직이었으나 사고로 인한 후유장해로 무직이 된 피해자에게는 사고전후 수입의 차액을 산출할 수 없고 향후수입은 불확정상태이므로 차액도 불명일 수밖에 없다. 가정주부의 경우 과거의 일본 판례 중에는 차액에 관한 입증이 없다 하여 일실이익청구를 기각한 예[353]도 있었다. 그러나 그 결론의 부당성을 스스로 인정하여 위자료로서 그 손해의 일부를 인정하지 않을 수 없었고, 대부분의 일본판례들은 노동기준국장 통첩의 노동능력상실률표를 적용하거나 중요한 참고자료로 삼아 위 상실률에 피해자의 직업내용, 연령, 후유장해의 부위정도 등을 고려한 후, 위 상실률을 가감하여 이를 종전수입에 곱하는 방법으로 일실이익을 산정하여 왔음은 주지된 바와 같다.

그러나 우리나라의 판결례들은 위와 같은 방법을 취하지 아니하고 종전직업에 계속종사할 수 있는가 하는 소위 종전직업에의 적격·부적격을 판단하여 적격으로 인정되는 경우에는 종전수입에 가동능력상실률(그 직업수행상의 근무능력상실률)을 곱하는 방법으로, 부적격으로 판정하는 경우에는 피해자가 최소한, 도시 또는 농촌일용노동에 종사하여 잔존노동능력에 응한 수입을 얻을 수 있다고 추정한 후, 종전수입에서 위 수입을 공제한 차액을 각 일실이익산정의 기초손해로 삼아왔음도 잘 알려져 있다.

그런데 일본에 있어서 위 방법이 차액설로 설명되기 곤란하게 됨에 따라 가동능력상실설 또는 평가설이 등장하게 되었고, 우리나라도 소득세공제여부의 문제를 둘러싸고 대법원 1979. 2. 13. 선고 78다1491 전원합의체판결[354]이 가동능력상실설을 취한 이래 수차 이를 확인하는 판결[355]이 거듭되자, 소득상실설 내지는 차액설에 입각하였던 종래의 판례들을 재조명하기에 이르러 최근 앞서 본 바와 같은 적격·부적격판정과 이에 이은 잔존일용노임공제방법에 대한 비판[356]이 거듭되고, 서울민사지방법원 제15부(교통사고부)가 위 평가설적 방법을 채택하기에 이르렀다.

353) 東京高判 昭 36. 11. 20. 加藤和夫, 전게논문 132면 인용.

354) 공 1979. 5. 15. (608), 11774, 대법원판결집 27권 1집 민 98면.

355) 대법 1983. 10. 25. 선고 83다카1262〔공 1983. 12. 15. (718), 1744〕; 대법 1984. 10. 23. 선고 84다카325〔공 1984. 12. 15. (742), 1846〕.

356) 위 주 299) 참조.

그러나 대부분의 지방법원과 고등법원에서는 종전의 방법을 쓰고 있었는데 서설에서 언급한 대법원 1985. 9. 24. 선고 85다카449 판결과 이를 인용한 대법원 1985. 11. 26. 선고 85다카595 판결[357]이 나옴에 따라 잔존일용노임공제 방법은 재검토되지 않을 수 없게 되었다.

이를 검토함에는 우선 일본과 달리 왜 우리나라는 독특한 방법[358]을 채택하게 되었는가 하는 이유를 고찰하여야 할 것이고, 다음으로는 종전의 우리 판례의 태도에 어떤 문제점이 있었는가를 생각해 보아야 할 것이고, 셋째 평가설을 취한다면 그 결과는 어찌될 것이며, 차액설과의 결론과는 어떻게 달라질 것인가, 위 대법원의 판례태도를 하급심은 어떻게 수용해야 할 것인가를 살펴보지 않으면 아니 되게 되었다.

먼저 첫째의 문제에 관하여 보건대, 평가설이 등장한 소화 40년대(1965년대)에 있어서의 일본의 경제사회사정은 이미 완전고용상태에 있었다고 생각되므로 그와 같은 상황하에서는 손상된 가동능력이라도 종전의 직업을 일부라도 수행할 수 있는 한 퇴직할 필요가 없었고 또 전직이 불가피하였다 하더라도 곧 새로운 직장을 얻을 수 있었기 때문에 일용노동에 종사할 개연성은 적었을 것이며 따라서 종전직업을 기준으로 가동능력상실률을 곱하는 방법이 아무런 문제를 일으키지 아니하였던 것으로 보인다.

그러나 우리나라의 경제사정은 전혀 판이하다. 앞서도 설명하였듯이 1970년 이래 우리나라의 완전실업자수는 450,000명 이하로 내려간 일이 없고, 1970년 이전은 통계를 얻을 수 없으나 사정은 더 나빴으리라 추측된다. 그리고 1980년의 조사에 의하면 지체장애자의 피용률은 겨우 14%이고 자영업과 농수산업을 포함시켜도 취업률은 40% 정도이며, 그들의 소득수준은 200,000원 이하가 97.8%이고 그 이상은 겨우 2.2%에 불과하다.

또한 1986년초에 작성된 사단법인 「장애자재활협회」의 조사분석결과에 의하면, 1982. 7.부터 1985년말까지 취업상담을 해 온 장애자 4,627명과 이들을 채용하겠다고 의뢰해 온 1,044개 기업체를 대상으로 조사분석한 결과 취업희망자 중 43.1%에 해당하는 1,995명만이 취직되었으나 상지장애자는 20% 미만

357) 공 1986. 1. 15. (768), 114.

358) 김평우 · 송영식은 "공제설"이라고 명명.

만이 취직되었으며 대부분의 업체(78.7%)에서는 하지장애자만을 원하고 있어 다른 장애자들에게는 사실상 취업의 길이 막혀 있는 것으로 나타났고, 장애자를 원하는 업체를 직종별로 나누어보면 가공제조업체(48.7%)와 기계전자업체(20.8%)가 주류를 이루고 있고 전문성이 요구되는 행정사무직(2.5%)이나 전문기술직(1.3%)은 극히 적어 몸을 움직일 필요가 적은 단순한 직종에만 머물고 있으며 제시된 임금수준은 기업체의 65.8%가 월 100,000원 이하, 32%가 100,000~200,000원에 이르고 있다고 분석되었다.[359]

따라서 앞서 본 한국보건개발연구원 작성의 심신장애자실태조사보고서의 보고내용과 위 장애자재활협회의 조사분석결과를 종합하면 장애자의 40% 정도만이 농수산업을 포함하여 취업하고 있을 뿐이며 지체장애자의 피용률은 겨우 14%이고 그들의 임금수준은 일용노임정도에 그치고 있음을 알 수 있다.

이러한 경제실정하에서는 장애자는 실직할 가능성이 클 수밖에 없다. 고용주의 입장에서는 건전한 노동력이 얼마든지 있으므로 불구자의 채용을 꺼리고 가동능력에 따라 봉급수준을 낮추기도 인정상, 사실상 곤란하므로 결국 퇴직할 수밖에 없는 경우도 있을 것이며, 이런 사정 아래서는 피용자가 자의가 개입되어 있더라도 사고와의 인과관계를 부인하기도 어려울 것이다.[360]

따라서 우리의 판례들은 감손된 가동능력을 가지고 종전직장에서 종전직업을 계속할 수 있느냐 하는 점을 따지지 않을 수 없었다. 그것은 피해자인 원고는 어떠한 이유에서이든 변론종결당시에 무직인 경우가 대부분이었으므로 종전수입은 전부상실되었던 까닭에 과연 그것이 사고와 상당인과관계에 있느냐를 체크하기 위하여는 종전직업에의 적격여부를 판정하지 않을 수 없었던 것이다. 그리고 위와 같은 사정은 현재도 완전실업자가 560,000명을 상회[361]하므로 달라진 것이 없고 따라서 종전직업에의 적격여부판정을 계속 필요하다고 하지 않을 수 없다. 뿐만 아니라 우리나라에는 장애자고용촉진법이나 장애자복지법도 실시된 바 없었으므로 장애자의 취업은 더욱 곤란할 수밖에 없다. 이것이 바로 일본 판례와 우리 판례가 다른 길을 걸어온 이유라고 생각된다.

---

359) 사단법인 한국장애자재활협회발간 심신장애자취업알선사업실적보고서 16면.

360) 大阪地判 昭 55. 2. 18. 判例タイムズ 412호 135면.

361) 노동부 1985. 10.간 매월노동통계조사보고서 3면.

두 번째로 검토하여야 할 것은 위와 같은 종전판례의 태도에 문제점은 없는가이다. 종래의 판례에 대한 비판은 대체로 세가지로 나눌 수 있다.[362)]

첫째는 적격·부적격판정에 명확한 기준이 없다는 것이고, 둘째는 잔존노동능력에 의하여 일용노임 밖에 벌 수 없다는 의제는 부당하며, 셋째, 사망자보다도 더 많은 배상액이 인정되며 저소득자와 고소득자간에 배상액이 심한 불균형을 나타낸다는 데 있다.

종전의 판례들이 의사에게 노동력상실정도를 감정시키면서 종전직업에의 적격여부도 의견을 묻고 특별한 사정이 없으면 그 의견에 따라 적격여부를 판정하여 온 것은 사실이고[363)] 전자는 의사가 의학적으로 판정할 사항이나 후자는 전자와 함께 노동과학적, 사회경제적 사정을 덧붙여 판단하여야 하는 법적인 문제이기 때문에 의사에게 의견을 묻는 것도, 그에 따라 법원의 판단이 사실상 좌우되어 온 것은 정당한 일은 아니었다고 생각되고 이에 대한 비판[364)]은 설득력이 있다. 그러나 경제사회적 조건을 제외하면 의사도 건전한 상식으로 직업내용을 파악할 수 있고 거기에 의학적인 장애정도를 더하여 내리는 판단은 사실상 법관의 판단과 크게 다르지는 아니할 것이므로 감정의사의 의견을 존중하였다 하여 크게 잘못된 것은 없으나 피해자측으로부터 명시 또는 묵시적인 강요가 뒤따를 것을 예상하면 의사가 부당하게도 법관의 짐을 나누어졌던 것도 부인할 수 없으므로 서울민사지방법원 제15부가 감정의사에의 적격여부판단을 감정사항에서 제외시킨 것은 타당하다고 보며, 위의 판단이 법원의 고유한 직무임은 대법원도 이를 간접적으로 판시한 바가 있다.[365)]

어쨌든 적격여부판정이 법원의 직무임에는 이설이 없고, 그 까닭은 그것이 종전수입 전부상실과 후유증과의 상당인과관계판단 내지는 통상손해범위내의 것인가의 판단이기 때문이다. 이렇게 생각할 때 그 판단이 명확한 기준이 없다는 것은 당연한 일이며, 명확한 기준이 없다는 비난은 법원의 통상손해여부판

362) 유태현, 전게논문; 손지열, 전게논문; 김평우·송영식 전게논문.

363) 김주상·이강국, 「노동능력상실정도에 관한 조사자료의 분석」 재판자료 16집, 법원행정처 1983. 5.

364) 박준서, 「노동능력상실률은 감정사항인가」 법률신문 1984. 5. 14. 및 5. 21; 김영조, 「노동능력상실률과 신체장해율」 법률신문 1984. 12. 3.자

365) 대법 1984. 9. 25. 선고 84다카1020〔공 1984. 11. 15. (740), 1722〕.

정 내지는 상당인과관계존부판단에 분명한 기준을 제시하라는 요구로서 타당한 비판이라고는 볼 수 없다.

두 번째 일용노동에 종사할 것이라는 의제의 부당성 주장에 관하여 보건대, 우리의 판례들이 의제라는 용어를 쓴 일이 없음을 먼저 지적하지 않을 수 없다. 판례들은 최소한 일용노동에 종사한다고 판시하여 왔을 뿐이며, 그와 같은 판례들이 계속되자 의제한다고까지 말하는 것으로 보인다. 그러나 종전판례들의 태도는 개연성에 입각한 사실추정이었지 진정한 의미에서의 의제는 아니었으며 그것은 차액설에 입각하는 한, 향후소득인정상 불가피하였던 것이다. 그리고 그와 같은 사실추정은 앞서 본 바와 같은 우리나라의 실업자수, 고용실태, 장애자들의 취업상황과 그들의 임금수준 등에 비추어 볼 때 그 타당성을 인정할 수 있고, 판례사안들의 대부분이 학력이나 경력이 별로 문제되지 않은 육체노동에 가까운 피해자들에 관한 것임을 알아차리면 위 사실추정은 더욱 타당성이 증대된다.

뿐만 아니라 소송법적 측면에서 볼 때 차액설에서는 사고후의 현실수입이 없는 한 향후수입을 추정하지 않을 수 없고 그것은 원고의 입증사항이라고 보지 않을 수 없다. 왜냐하면 차액 자체는 주요사실이지만 직접 증거가 있을 수 없고 차액이란 사고전수입에서 사고후의 수입을 공제한 것이므로 사고전의 소득과 사고후의 소득은 경험법칙(수학논리)의 통용대상인 간접사실이라 할 것이니 이 향후소득은 차액이라는 주요사실에 관하여 입증책임을 부담하는 원고가 간접사실로서 주장하고 이를 추인시키기에 족한 간접증거를 제출할 의무가 있다고 말할 수 있기 때문이다.

그런데 원고로서는 많은 배상액을 받아내려면 향후소득을 가능한 한 적게 주장·입증하려 함이 당연한 사리이고, 앞에서 본 바와 같은 실업사태는 법원의 현저한 사실에 가까웠으므로 건설물가표나 농협월보로써 손쉽게 일용노임을 입증할 수 있었던 반면, 피고측에서는 일용노임 이상의 소득을 올리 수 있다는 점에 대한 입증이 곤란하여 그 입증노력을 사실상 포기하여 왔다고 생각된다. 위와 같은 피고측의 주장을 손익상계사유로 보는 견해도 없지는 아니하나[366] 이는 향후소득주장에 대한 부인이며 원고의 입증사항임이 분명하다.

366) 判例タイムズ 211호 203면.

따라서 지금까지의 판례들이 피해자의 학력, 경력이 크게 문제되지 아니하는 사안에서 일용노임은 최소한 얻을 수 있다고 추정하여 온 것은 우리나라의 실업자수, 장해자취업상태, 그들의 임금수준에 비추어 볼 때, 그리고 소송법적 측면에 볼 때 이해할 만하다.

이 점에 관하여 전시 85다카449 판결[367]은, 「교통사고에 의한 상해로 인하여 노동능력의 일부를 상실한 피해자가 종전직업에 종사할 수 없게 된 경우, 그의 장래직업이나 소득을 예측하기란 매우 어려운 것이지만 신체의 일부기능을 상실한 사람이 일용노동임금보다 소득이 많은 다른 직업이나 직종에 종사하고 있는 많은 사례에 비추어 볼 때 그 피해자가 우리 사회에 존재하는 많은 종류의 직업 중에서 자기의 능력에 상응하는 직업이나 직종으로 전업하거나 전직하여 일용노동임금보다 많은 소득을 얻을 가능성은 얼마든지 있을 것이다. 그러므로 피해자가 노동능력의 일부상실로 종전직업에 종사할 수 없게 된 경우, 그 사실만으로 바로 그는 장래 일용노동에만 종사하게 될 것이라고 추정할 수는 없을 것이고, 피해자의 연령, 교육정도, 경력, 종전직업과 기능자격의 유무, 후유장애의 부위정도, 직업선택에 의한 장애회피의 가능성, 사회적 조건 등에 비추어 그 피해자는 일용노동임금보다 소득이 많은 직업이나 직종에 종사하기 어렵고 일용노동에만 종사할 수밖에 없을 것이라고 예측되는 특별한 사정이 있을 때에 한하여 그의 장래의 소득을 일용임금상당액이라고 추정할 수 있을 것이다. 위와 같은 피해자의 경우 그 일실이익은 사고가 없었더라면 얻을 수 있는 종래의 소득에서 감소된 노동능력을 가지고 취업할 직업에 종사하여 얻을 수 있는 향후소득을 공제하는 방법으로 산정할 수 있을 것이므로 피해자의 연령 등 앞서 본 여러 가지 사항을 종합하여 피해자가 감소된 노동능력을 가지고 장래 어떤 직업에 종사하여 얼마의 소득을 얻을 수 있을 것인가 하는 점을 심리하여 그의 장래의 직업과 거기에 종사하여 얻게 될 향후소득이 밝혀진다면 그의 종래의 소득에서 그 향후소득을 공제하는 방법으로 그 일실이익을 산정할 수 있을 것이다. 한편 우리 사회에는 많은 종류의 직업이 있어 그 취업형태가 각양각색일 뿐 아니라, 후유장애의 종류도 다양하여 피해자가 장래 어떤 직업을 가지고 어느 만큼의 소득을 얻을 것인

367) 공 1985. 11. 15. (764), 1414.

가 하는 것을 예측하기란 매우 어려운 일이고, 사실상, 그 예측이 불가능한 경우가 적지 않을 것이다. 이와 같이 피해자이 장래의 직업과 거기에서 얻게 될 소득의 예측이 불가능하게 되면 그의 종래의 소득에서 향후소득을 공제하는 방법에 의하는 일실이익의 산정이 불가능하게 될 것이지만 이러한 방법에 의한 일실이익산정이 불가능하다 하여 바로 피해자의 소극적 손해배상청구를 부정할 수는 없을 것이므로 법원으로서는 피해자의 연령, 교육정도, 사고전의 직업, 경력과 기능자격의 유무, 후유장애의 부위정도, 직업선택에 의한 장애회피의 가능성, 사회경제적 조건 등을 심리하고 경험칙을 충분히 활용하여 고도의 개연성있고 합리적이고 객관성이 있는 일실이익을 산정하여 그 소극적 손해배상액을 결정하여야 할 것이다. 원심이 원고가 장래 도시일용노동임금보다 소득이 많은 직업이나 직종에 종사할 수 없고 도시일용노동에만 종사할 수밖에 없을 것이라는 특별한 사정이 있는지의 여부도 심리하지 아니한 채 그의 향후소득을 도시일용노동임금상당액이라 단정하고 그 일실이익이 그 판시와 같이 된다고 판시한 것은 일실이익산정에 관한 법리오해와 심리미진, 채증법칙위반의 위법이 있다」고 판시하였다.

이 판결은 후유장해로 인한 일실이익산정에 관하여 몇가지 중요한 점을 교시하고 있다.

첫째는 일실이익의 산정은 소위 차액설적 산정방법에 의하는 것이 원칙적인 방법이므로 향후소득을 밝혀보도록 애쓰라는 것이다.

따라서 종전직업에의 종사가능여부(적격여부)의 판정은 시인되지 않을 수 없다는 것이 그 둘째의 교시라고 생각한다.

셋째는 차액설적 산정이 사실상 불가능한 경우에도 손해배상청구를 부정할 수는 없으므로 고도의 개연성있고 합리적이며 객관성있는 일실이익을 산정하여야 한다는 것으로 소위 평가설적 산정방법을 암시하고 있는 것이 아닌가 생각된다.[368]

넷째는 향후소득은 피해자의 연령, 교육정도, 경력, 종전직업과 기능자격의 유무, 후유장애의 부위정도, 직업선택에 의한 장애회피의 가능성, 사회적 조건 등에 비추어 일용노동 밖에 할 수 없는 특별한 사정이 있을 때에 한하여 장

368) 손지열, 「일실이익손해의 산정」 법률신문 1985. 12. 9. 및 12. 16.자.

래의 소득을 일용임금상당액으로 추정하라는 것이다.

첫 번째와 두 번째의 교시는 이미 논급한 바와 같이 적절·타당한 것이며, 세 번째의 교시도 지금까지 몇 차례에 걸쳐 가동능력상실설을 취하여 온 대법원판례들과 일맥상통하는 것이나 가동능력상실률의 적용에 의한 것임을 분명히 설시하지는 아니하였으므로 앞으로의 판례의 추이를 주목할 수밖에 없다. 네 번째의 교시는 종전판례들이 종전직업에의 부적격이라는 간접사실에 경험칙을 적용하여 안이하게 향후소득을 일용노임으로 추정하여 온 태도에 제동을 가하고 그 판결에서 열거한 여러 가지 사정을 간접사실로서 더 심리한 후에 경험칙을 적용하여야 한다는 것으로서 적절·타당하다고 생각하나 그와 같은 특별사정에 관한 입증책임을 분명히 하지는 아니하였다. 그러나 앞서 설명한 바와 같이 차액설적 산정방법에서는 향후소득은 차액산출을 위하여 불가결하고, 차액은 요건사실인 한편 향후소득은 간접사실이라 보지 않을 수 없고, 위 특별사정은 향후소득추정을 위한 간접사실이므로 피해자에게 입증책임이 있다고 하여야 할 것으로 생각되는 까닭에 원고측의 입증부담은 과거보다 더 무거워졌다고 할 수 있다. 이와 같은 원고의 입증활동에 관하여는 피고측에서 일용노동 이상의 소득을 얻을 수 있다는 제반 간접증거를 또한 제출할 수 있을 것인데 어느 쪽이든 결국 앞서 본 바와 같은 실업실태, 장애자취업실태, 임금수준 등이 문제가 될 것이나, 장애부위 정도별 직종별 취업률이나 임금통계를 과연 획득할 수 있을지 극히 의문이므로 앞서 본 통계 이외에 어떤 자료를 제출할 것인지 귀추가 주목되지 않을 수 없다.

어쨌든 종전의 판례들이 부적격자에 대하여 일용노임 밖에 벌 수 없다고 의제하였다는 비난은 표현상 지나친 점은 있어도 그와 같이 안이하게 추정하였던 태도를 비판한 것으로는 타당성을 수긍할 수 있고, 이번 대법원판결도 그러한 점을 지적하여 특별사정의 유무를 심리하라고 교시한 점에 의의가 크다. 따라서 법원으로서는 대법원이 교시한 여러 가지 사정을 간접증거로서 심리하고 경험칙을 적용하여 특별사정이 인정되는 경우에 한하여 향후소득을 일용노임으로 추인할 수 있으리라고 생각된다.

그러나 구체적으로 어떤 자료가 있어야 특별사정이 인정될 것인가는 판례의 집적에 의할 수밖에 없을 것이다.

이제 세 번째의 비난 즉, 배상액의 불균형주장에 대하여 보자. 피해자가 부적격판정을 받고 위 특별사정이 인정되어 일용노임 중 잔존노동능력 비율만큼 벌 수 있다고 하는 경우 논자가 지적한 바와 같이[369] 피해자가 월수 360,000원이었고, 생활비를 수입의 3분의 1로 잡고, 잔존노동능력이 75%이라고 가정하는 경우 사망자의 경우에는 기초소득이 240,000원임에 비하여 위 후유장해자의 기초소득은 247,500(360,000－6,000×25×0.75 : 일용노임 6,000원으로 가정)이 됨은 수리상 명백하다. 그러나 이 결과를 두고 사망자와 부상자의 배상액이 균형을 상실하는 것이라는 비난은 속단이라 생각된다. 배상액산정의 기초소득은 순수입이고 이것은 피해자로 하여금 사고전의 상태를 회복시켜 주려는 손해배상의 기본원칙이다. 위 경우에 사망자나 후유장해자가 배상받는 순수입은 모두 월 240,000원이다. 부상자가 사망자보다 월 7,500원을 더 지급받는 것은 그는 잔존노동능력으로 월 112,500원(6,000×25×0.75) 밖에 벌지 못하나 생활비는 종전과 같이 월 120,000원이 소요되므로 월 7,500원의 적자가 생기고 본래의 생활을 유지시키기 위하여 월 7,500원을 더 지급하여야 하기 때문이다. 환언하면 장해자의 잔존노동력에 의한 수입이 생활비에 미달될 때에는 부족분만큼 사망자보다 지급액이 많아질 수 밖에 없고 그렇다고 하여 사고전보다 유리할 것도 없다. 또한 논자는 위 장해자가 360개월 동안 가동할 수 있다고 보는 경우에는 일시금으로 금 54,353,475원(247,500×219.6100; 호프만계수)을 받게 되고 그 이자가 종전수입을 초과하여 과잉배상이 된다고 주장한다. 그러나 이것은 검토되어야 한다. 피해자에게 사고전의 이익을 보장해 주려면 사고전수입으로 얻을 수 있는 재화를 가동전기간 동안 얻을 수 있도록 해 주어야 하기 때문에 인플레이션을 고려하여야 하며, 우리나라 있어서 1966년부터 1984년까지의 연평균 소비자물가상승률은 13.69%에 이르고 은행의 1년 이상 정기예금의 이자율은 연평균 17.89%이므로 실질금리는 겨우 4.19%에 불과한데,[370] 중간이자로서 연 5%를 공제하므로 호프만식 단리공제라 하여도 피해자에게 과잉배상액은 없다. 뿐만 아니라 손해배상원리가 사고가 없었더라면 향수할 이익을 보장하는 것이라는 점에서 보면 피해자에게 임

369) 유태현, 전게논문 28면.

370) 한국은행 통계연보 각연호.

금상승률을 고려해 주지 않으면 안 된다. 그런데 우리나라에 있어서 1970년부터 1984년까지 14년간의 임금상승률은 연평균 22.6%이고 물가상승률을 뺀 실질임금상승률 연 7.5%에 이르고 있으나[371] 이를 가산하여 주지 않는 것만큼은 피해자의 손해가 된다.

따라서 물가상승률과 임금상승률 그리고 경력증가에 따른 임금상승까지를 고려한다면 피해자가 1년 이상의 정기예금을 한다고 가정하여도 실질적인 배상으로는 부족을 면할 수 없으니 과잉배상이란 타당성 없는 비난이라 생각된다.

이렇게 보면 종전의 우리 판례에 있어서 문제점은 부적격자에게 일용노임밖에 벌 수 없다고 한 향후소득의 추정뿐이고, 그 점은 앞서의 대법원판결의 교시에 따라 신중한 심리와 입증활동이 전개될 것으로 예상된다.

이제 남은 문제는 위 대법원판결이 암시하였다고 생각되는 가동능력상실설에 의한 손해액의 산정방법이다.

일본의 판례들이 그렇듯이 이 방법은 종전수입에 가동능력상실률을 곱한 것을 기초소득으로 한다. 문제는 가동능력상실률을 어떻게 결정하느냐 이다. 일본판례들은 노동기준국장 통첩상 노동능력상실률표를 중요한 참고자료로 피해자의 직업, 연령 등에 의한 수정을 거쳐 이를 결정하고 있음은 이미 설명하였다. 그러나 일본은 이미 완전고용상태에 있어 장해자라 할지라도 잔존노동능력에 따라 소득을 올릴 수 있으나 앞서 설명한 바와 같이 우리나라의 경제적·사회적 사정은 판이하므로 일본과 같은 방법을 쓸 수는 없다. 일본판례들이 취하는 방법이 일본에서는 개연성이 있겠으나 우리나라에서는 실업률, 장애자 취업률에 비추어 그 개연성은 대폭 감소되지 않을 수 없다.

혹자는 일반적으로 직업에 의하여 얻은 수입은 연령, 교육정도, 경력, 기능 유무 등에 의하여 결정되며 이러한 제반사항이 동일한 경우에는 동등 수준의 수입을 얻는 것으로 보는 것이 합리적인데, 후유장해를 입은 피해자의 경우 사고전후를 통하여 변동이 있는 것은 신체의 완전성 즉, 노동능력의 점 뿐이며 수입수준을 결정하는 다른 요소에는 아무런 변동이 없으며, 이 노동능력감퇴로 인한 수입감소의 비율을 측정한 것이 노동능력상실률이라면 종전수입에

371) 위 주 361) 보고서 6면.

위 상실률을 곱한 것이 기초소득이 되어야 한다고 주장한다.[372]

그러나 위 견해는 노동력감퇴로 인한 소득감소의 비율은 노동능력상실률이라는 전제에서 출발하나 향후소득을 추정할 수 없는 상태에서 어떻게 소득감소의 비율을 정하느냐가 바로 문제인 것이다.

앞서의 예를 다시 들어보자 월수 360,000원의 피해자가 노동능력 25%를 상실하여 종전직업을 잃고 일용노동밖에 할 수 없는 경우에 그는 월 112,500원밖에 벌 수 없으므로 수입감소는 월 247,500원이고 그 감소율은 68.75%가 된다. 다시 말하면 노동능력상실률은 25%이나 가동능력상실률은 68.75%가 된다. 위의 경우에 가동능력상실률을 68.75%로 측정하여 종전수입에 곱한다면 사고전후의 수입차액과 정확히 일치한다. 결국 차액설적 산정방법이나 평가설적 산정방법이나 배상액이 같다.

문제는 구체적 사건의 경우에 향후소득을 추정함이 없어 어떻게 가동능력상실률을 측정하느냐에 있다.

우리 대법원은 두 차례에 걸쳐 노동능력상실률을 그대로 가동능력상실률로 보아 일실이익을 산정한 원심판결을 파기한 일이 있다. 대법원 1979. 5. 8. 선고 79다300·301 판결은 원고의 오른쪽 눈 실명으로 인한 사무직수행능력이 30% 상실되었다는 이유로 원고가 전에 제약회사의 사무직에 종사할 때 받았던 월보수액의 30%만이 그 손해가 된다고 판시한 원심판결에 대하여 「원심도 인정하고 있는 바와 같이, 원고는 이 사건 교통사고로 인하여 그 직에서 물러났으므로, 원고가 전에 받았던 보수는 현재 받지 못하여 그를 상실하였다고 봄이 상당하고, 일반근로자의 일용노동에서와 같이 원한다면 언제나 취업하여 평균임금 상당의 수입을 얻을 수 있는 것과 같이 원고가 원하는 경우에는 언제나 전에 취업한 것과 같은 사무직에 종사하여 같은 액수의 보수 중 30%를 제외한 70%의 보수를 받을 수 있다는 특별사정이 전제가 되지 않고서는 원심 인정과 같은 손해만으로 그친다고는 할 수 없다」고 판시하였고,[373] 또한 대법원 1981. 7. 28. 선고 80다2291 판결에서는 운전능력의 15%를 상실한 원고의 일실손해를 산정함에 있어 사고당시의 월수입에 15%를 곱하여 매월 상실한

372) 손지열, 전게논문.

373) 공 1979. 7. 15. (612), 11947.

손해라고 판시한 원심판결에 대하여 「본건 사고로 인한 위 상해가 치유된 후에도 우측경골이 단축되고 부정유합 등으로 15%의 운전능력이 상실되었다면 원고가 고용운전사인 점과 우리나라의 차량운전의 실정을 감안할 때, 고용주가 위와 같이 운전능력이 감퇴된 운전자를 고용하여 운전을 하게 하리라고는 경험칙상 기대하기 어렵고 또한 위와 같은 감퇴가 있다면, 위 사고로 인한 원고의 상해부위와 정도를 종합하여 볼 때 고도의 기민성을 요하는 운전자로서는 질적으로 운전자로서의 가동능력은 전부 상실되었다고 봄이 상당하다 할 것이며…… 따라서 운전능력 15%만을 상실한 것으로 보아 이를 기준으로 그 일실수익을 산정한 원심판결은 경험칙에 위반」된 판결이라고 판시하였다.[374]

이와 같은 판결은 노동능력상실정도가 그대로 가동능력(소득능력)으로 평가되어서는 안 된다는 것을 의미한다고 본다.

참고로 일본 최고재판소 소화 48. 11. 16. 제2소법정 판결[375]과 그 원심인 福岡高等裁判所 소화 47. 4. 24. 판결[376]을 보면 원고는 음악(주로 피아노) 및 서도의 출장가정교사를 하다가 교통사고로 후유장해가 남아 27~35% 정도의 노동능력을 상실하였으나 원고의 후유장애에 비추어 피아노교수가 전혀 불가능하지는 않지만 그 범위는 초보적인 것에 제한되고 성악이나 바이올린교수가 비교적 지장이 적은 것, 서도교수는 의자에 앉는 방식으로 일응 가능하다 하여도 그 수익은 10% 정도라 하여 가동능력의 90%를 상실하였다고 판결하자 상고인은 종래의 판례 대부분이 노동능력상실률표에 따라 가동능력상실률을 인정하였음에도 불구하고 자의적으로 90%로 인정한 것은 위법이라고 주장하였으나 최고재판소는 「교통사고에 의한 상해 때문에 노동능력의 상실·감퇴가 생겼음을 이유로 하여 얻을 수 있었던 이익의 상실에 의한 손해를 산정함에 있어서 피고가 원용하는 노동능력상실률표가 유력한 자료로 됨은 부정할 수 없다. 그러나 손해배상제도는 피해자에게 생긴 현실의 손해를 전보함을 목적으로 하는 것이므로 피해자의 직업과 상해의 구체적 상황에 의하여 동표에 기한 노동능력상실률 이상으로 수입의 감소가 생긴 경우에는 그 수입감소

374) 공 1981. 10. 1. (665), 14249.

375) 交通民事判例集 6권 6호 1693면.

376) 交通民事判例集 6권 6호 1701면.

율에 조응하는 손해의 배상을 청구할 수 있다」고 판시하면서 상고를 기각하였다.

따라서 노동능력상실률은 27~35%이나 가동능력상실률은 90%라는 결론이다.

정도의 차이는 있어도 노동능력상실률 이상으로 가동능력상실률을 인정한 일본의 하급심판결로는 전기기술자에 관한 靜岡地沼津支判 소화 43. 12. 7.[377] 영업담당사원에 관한 東京地判 소화 55. 11. 27.[378] 양재공에 관한 東京地判 소화 45. 8. 17.[379] 등을 열거할 수 있다.

일본에 있어서는 노동능력과 가동능력의 차이가 후유장해의 부위정도와 피해자의 구체적인 직업, 연령에서 발생되나, 우리나라에 있어서는 그 이외에도 실업률과 장애자취업상태, 임금수준이라는 경제적·사회적 요소가 중대한 비중을 가지고 영향을 마치므로 가동능력상실률의 판정을, 노동능력상실률에 직업내용과 연령을 고려하여 적당히 가감할 수는 없는 노릇이다. 만일 그렇게 판정한 경우에 피해자가 그 비율에 따른 소득을 얻지 못하게 된다면 그것은 법원의 과오라고 하지 않을 수 없게 된다. 이러한 사정을 종합하면 가동능력상실률의 결정은 향후소득에 관한 추정이 없는 한 주먹구구식이 되고 말 것이다. 일본에 있어서는 우리와 같은 경제적·사회적 조건이 별로 문제되지 않음에도 불구하고 직업, 연령에 의한 노동능력상실률의 수정이 규칙적으로 체계적인 것은 보이지 않고 전혀 거칠게 적당히 이루어지고 있는 실정이라 한다.[380]

결국 평가설적 산정방법에서는 가동능력상실률의 결정에 난점이 있고, 차액설적 산정방법에는 향후소득의 추정에 곤란이 있다는 결론이 되는데 노동능력상실률에 피해자의 연령, 직업, 장해의 부위정도 등을 고려하여 수정한 것을 가동능력상실률로 보는 일본의 평가설적 방법은 일본과 우리이 경제사회사정상 차이로부터 오는 수정요소의 증가로 인하여 더욱 부정확성 내지 현실성결여도가 증대될 수 밖에 없으므로 오히려 종전과 같은 차액설적 산정방법에 좇아 피해자의 장해부위 정도에 따라 어떤 직종에 종사할 수 있으며 소득수준은

377) 交通民事判例集 1권 4호 1563면.

378) 交通民事判例集 13권 6호 1588면.

379) 判例タイムズ 265호 241면.

380) 加藤和夫, 「後遺障害による逸失利益」 판례백선 제2판(1975. 8.) 87면.

얼마가 될 것인가를 심리하는 편이 오히려 나을 듯 보인다.

이러한 심리에는 직업소개소나 장애자재활협회 등의 통계 또는 전시 한국보건개발연구원의 장애자실태조사보고서, 노동부 또는 보사부의 통계 등도 이용될 수 있을 것으로 생각한다.

(iii) 가동능력상실률에 의한 산정만이 평가설의 논리적 필연적 귀결인가; 현재 우리 법조의 일각에서는 종래의 차액설적 산정방법이 판정기준이 모호한 적격·부적격 판단을 행하고 향후소득을 일용노임으로 의제함으로써 배상액을 부당히 고액화시키고 배상액에 불균형을 가져오므로 가동능력상실률에 종전수입을 곱하는 평가설적 산정방법을 택하여야 한다는 주장이 강력히 일어나고 실무의 일부도 이를 따르고 있음은 이미 설명한 바와 같다. 그리고 그들의 주장은 차액설적 산정결과와 평가설적 산정결과에 현저한 격차가 생기는 양 설명하고 가동능력상실설에 의하면 꼭 평가설적 산정방법을 써야 하는 듯 오해를 불러일으킬 소지도 보이므로 과연 평가설적 산정방법만이 가동능력상실설의 이론적 필연적 결과이며 차액설적 산정방법과는 조화될 수 없는 것인가를 검토할 필요가 생긴다.

이미 앞서 설명한 바와 같이 가동능력상실설은 영미법적 사고방식의 영향을 받아 차액설을 고집할 경우에 생기는 무직자, 유아, 소년, 학생, 가정주부 등의 손해배상에서 통계임금을 써 온 판례들의 합리적 설명의 곤란성을 극복하기 위하여 주장되었고, 사고전 유직, 사고후 무직자의 향후소득 입증상의 곤란도 해소시키는 강점을 갖고 있음은 부인할 수 없다. 그리고 위 설이 통설·판례화되면서 일본에 있어서 사고전 유직, 사고후 무직자에 대하여 종전수입에 노동능력상실률을 연령, 직업에 의하여 수정한 가동능력상실률을 곱하는 방법으로 기초소득을 산출하여 온 것도 사실이며 그와 같이 산정된 배상액이 장애자 취업이 원활한 일본에서는 차액설적 산정액과 접근되는 개연성이 크다는 것도 이미 살펴 본 바와 같다.

우리나라에서 위 가동능력상실률에 의한 상실소득의 산정을 주장하는 논자들은 노동능력상실률이 피해자의 연령이나 직업에 의한 수정을 받으면 곧 가동능력상실률로 변하여 종전수입에 이를 곱할 수 있는 것으로 생각하는 듯 보이나 장애자의 취업에 문제가 없는 일본이나 미국 등이라면 모르되 앞서의 두 대법원판결[381]도 판시하였듯이 장애자에게 취로의사가 있다 하여 곧 취업될 수 있는 형편이 아니고 이와 같은 취직난은 곧 소득능력에 영향을 주는 것이다. 환언하면 손상된 가동능력의 평가액은 노동시장에서의 시장성과 경제성이 관련지어짐으로써 비로소 계수적 파악이 가능한 것이며,[382] 손상된 가동능력의 시장성·경제성은 건전한 노동능력의 공급상황, 장애자의 취업을 확보하는 장애자고용촉진법과 같은 사회제도, 장애자의 취업비율, 임금수준과 상관관계를 갖는 것이므로, 일본에서와는 달리 위와 같은 경제적·사회적 여건이 고려된 후 가동능력상실률이 평가되지 않으면 안 되고 따라서 일본에서보다는 대폭 하향조정되지 않으면 안 될 것이며 그와 같은 대폭수정에는 위험이 따른다는 것도 당연 상정할 수 있다.

따라서 우리나라에 있어서는 평가설적 접근방법으로 쉽사리 이행하기 어려운 면이 있다.

이에 차액설적 접근방법이 가동능력상실설과 상충되는가 검토하여 보자.

가동능력상실설의 출현과정에서 보았듯이 그것이 차액설보다 우수한 합리성이 있고 원고에게 향후소득에 관한 입증부담을 덜어주는 면이 있으나, 결국 그것은 일실이익을 관찰하는 법적 관점의 차이[383]이고 접근방법의 차이일 뿐, 본질적 차이는 없다. 위 설은 가동능력상실 또는 감퇴 그 자체의 평가액을 손해로 보고 현실적인 소득차액은 위 평가의 중요한 간접증거로 생각하는 것일 뿐이다. 따라서 차액설적 접근방법에 의하더라도 그 차액을 주요사실로 보지 아니하고 간접사실로 본다면 가동능력상실설과 상용될 수 있는 것이다. 다시 말하면 가동능력상실설을 취하더라도 가동능력평가에 있어서 평가설적 산정에서는 종전소득과 가동능력상실률을 간접사실 내지는 간접증거로 하고, 여기에 경험칙을 적용하여 손상된 가동능력의 노동가격이라는 주요사실을 추인시킴에 반하여, 차액설적 산정에서는 종전소득과 향후소득을 간접사실 내지는 간접증거로 하고 경험칙을 적용하여 전시 노동가격을 추인시킴에 불과하다. 물론 사고후 무직자에게는 현실적 수입이 없으므로 상해의 부위·정도, 전직

381) 대법 1979. 5. 8. 선고 79다300·301〔공 1979. 7. 15. (612), 11947〕.

382) 加藤 了,「民事法の理論と實務」 주 33) 63면.

383) 楠本安雄,「逸失利益の算定」 實務民事訴訟講座 155면.

가능성, 노동시장에서의 시장성·경제성을 고려하여 향후수입을 추정할 수밖에 없다.

따라서 소송당사자는 자기에게 유리한 접근방법을 선택할 수 있고 법원으로서는 차액설적 접근방법을 거절할 수 없는 것이며 거절하여서도 아니 될 것이다. 주요사실인 손상된 가동능력의 노동가치에 관하여 직접증거가 있을 수 없는 한, 당사자로서는 어떠한 간접사실의 주장이나 입증도 가능한 것이기 때문이다. 실제문제로 우리나라에 있어서 원고는 차액설적 접근방법을 시도할 것인 반면,[384] 피고는 평가설적 접근방법을 시도할 것이므로 법원으로서는 양 접근을 모두 받아들여 대법원 85다카449 판결에서 제시한 피해자의 연령, 교육정도, 경력, 종전직업과 기능자격의 유무, 후유장해의 부위·정도, 직업선택에 의한 장애회피의 가능성, 특히 경제적 사회적 조건 등을 고려하여 향후소득의 추정이나 가동능력상실률의 추정에 경험칙을 충분히 활용하여 고도의 개연성있고 합리적으로 객관성 있는 수가를 발견함으로써 양쪽 접근방법에 의한 결론이 근사가가 되도록 노력하여야 할 것으로 생각된다. 이는 앞서 차액이 분명한 경우를 설명할 때 예로 든 일본하급심의 판결내용에 의하여도 그 정당성을 뒷받침할 수 있다.

결국 평가설적 산정만이 가동능력상실설의 논리적 필연적 귀결은 아니다. 우리 대법원은 1986. 3. 25. 선고 85다카538 판결[385]에서 위와 같은 견해를 취하여 다음과 같이 판시하였다.

즉 「1. 타인의 불법행위로 인하여 상해를 입은 피해자가 부상이 없었더라면 장차 얻을 수 있을 이익 즉, 일실이익을 소극적 손해로서 주장하는 경우에 그 일실이익의 산정방법으로는 첫째로 사고가 없었더라면 피해자가 얻을 수 있는 개개소득의 상실을 일실이익으로 보고 사고당시 소득과 사고후 향후소득과의 차액을 산출하는 방법과, 둘째로 일실이익의 본질을 소득창출의 근거가 되는 노동능력의 상실 자체로 보고 상실된 노동능력의 가치를 사고당시의 소득이나 추정소득에 의하여 평가하는 방법을 생각할 수 있다.

그런데 일실이익과 같은 장래의 기대수익의 인정은 불확정한 미래사실의 예

384) 경우에 따라서는 반대의 경우도 상정할 수 있다.

385) 공 1986. 5. 15. (776), 692.

측이므로 당해 사건에서 현출된 구체적 사정을 기초로 하여 합리적이고 객관성 있는 기대수익액을 산정할 수 있으면 그로써 족한 것이고 위에 말한 두가지 방법 중 어느 한쪽만이 유일한 산정방법이라고 단정할 수 없으며 그와 같은 단정은 독단에 지나지 않는다.

그러므로 사고당시 일정한 직업에 종사하여 수입을 얻고 있던 자가 사고로 인한 부상으로 신체기능장애가 생겨 그 직업에는 더 이상 종사할 수 없게 된 경우에 그 일실이익은 종전직업의 소득으로부터 잔존한 신체기능을 가지고 장차 다른 직업에 종사하여 얻을 수 있을 것이 예상되는 향후 소득을 공제하는 방법으로 산정할 수 있음은 물론, 종전직업의 소득에 피해자의 노동능력상실률을 곱하는 방법으로 일실이익을 산정할 수도 있다고 할 것인 바, 다만 예상되는 향후소득을 공제하는 방법에 의할 경우에는 그 향후소득의 예측이 합리적이고 객관성 있는 근거에 터 잡은 것임을 요하며 또 노동능력상실률을 적용하는 방법에 의할 경우에도 그 노동능력상실률은 단순한 의학적 신체기능장애율이 아니라 피해자의 연령, 교육정도, 종전직업의 성질과 직업경력 및 기능숙련정도, 신체기능장애정도 및 유사직종이나 타직종에의 전업가능성과 그 확률, 기타 사회적·경제적 조건을 모두 참작하여 경험칙에 따라 정한 수익상실률로서 법관이 자의가 배제된 합리적이고 객관성 있는 것임을 요한다고 할 것이므로 당해 사건에서 어느 방법을 채택할 것인가는 구체적으로 현출된 증거와 사실을 기초로 하여 어느 방법이 보다 합리적이고 객관성 있는 장래가득수익을 반영하는 것인가에 따라 결정되어야 할 것이다.

2. 일실이익을 종전직업의 소득에서 향후소득을 공제하는 방법으로 산정할 경우에 그 향후소득에 대한 입증책임은 손해배상소송에 있어서의 손해의 주요사실을 생명, 신체의 침해와 같은 손해원인사실 외에 그로 인해 지급될 치료비 또는 일실이익 등 손해액까지 포함한 사실이라고 보는 이상 일실이익손해를 주장하는 피해자에게 있고 만일 피해자가 이를 입증하지 못하면 그 불이익은 피해자에게 돌아갈 수밖에 없을 것이다.

그런데 손해원인사실이 인정되고 따라서 가해자에게 손해배상책임이 있음이 분명한데도 그 손해액에 관한 입증이 미흡하다 하여 입증책임의 형식논리에 구애되어 피해자의 배상청구를 배척해 버리는 것은 아무래도 공평과 정의의 관념에 어긋나는 처사라고 하지 않을 수 없으므로 일찍부터 당원은 손해원인이 인정되는 이상 손해액에 관한 당사자의 주장과 입증이 미흡하더라도 법원은 적극적으로 석명권을 행사하고 입증을 촉구하여야 하며, 경우에 따라서는 직권으로 손해액을 심리판단할 필요가 있음을 선명해 온 바 있다(1961. 12. 7. 선고 4293민상853 판결; 1962. 3. 22. 선고 4294민상1259 판결; 1965. 9. 28. 선고 65다1577·1578 판결; 1967. 9. 5. 선고 67다1295 판결; 1967. 9. 26. 선고 67다1024 판결 및 1971. 12. 28. 선고 71다2151 판결 각 참조).

종래의 재판실무가 일실이익을 산정함에 있어서 그 향후소득을 도시 또는 농촌일용노임을 가지고 인정해 온 것은 이러한 최저 일반노임의 입증으로써 일단 피해자는 그 입증책임을 다한 것으로 보고, 그보다 높은 예상소득에 대한 입증의 필요를 가해자측에 돌림으로써 향후소득에 관한 피해자의 입증곤란을 완화해 주고자 하는 데에 그 본래의 뜻이 있었다고 생각된다.

그러나 피해자의 연령, 교육정도, 종전직업의 성질, 직업경력 및 기능숙련정도, 신체기능장애정도 및 유사직종이나 타직종에의 전업가능성과 확률, 기타 사회적·경제적 조건과 경험칙에 비추어 피해자가 장차 도시 또는 농촌일용노동에 종사할 것으로 예상되는 경우에만 위 일용노임을 가지고 향후소득으로 인정할 수 있는 것이며 그렇지 않는 경우에까지 일률적으로 위 일용노임을 가지고 향후소득으로 인정한다는 것은 합리성과 객관성을 결여하여 부당하다고 하지 않을 수 없다(1985. 9. 24. 선고 85다카449 판결 참조).

이러한 경우에 법원으로서는 당사자가 도시 또는 농촌일용노임 외에 별다른 향후소득의 입증을 하지 않고 있다고 하더라도 적극적으로 석명권을 행사하고 입증을 촉구하여 위에서 설시한 피해자의 연령, 교육정도 등 여러 사정에 비추어 장차 피해자가 종사가능하다고 보여지는 직업과 그 소득을 조사 심리하여야 할 것이며, 이러한 향후의 예상소득에 관한 입증에 있어서 그 증명도는 과거 사실에 대한 입증에 있어서의 증명도보다 이를 경감하여 피해자가 현실적으로 얻을 수 있을 구체적이고 확실한 소득의 증명이 아니라 합리성과 객관성을 잃지 않는 범위내에서의 상당한 개연성이 있는 소득의 증명으로서 족하다고 보아야 할 것이다.

위와 같은 석명권행사와 입증촉구의 노력에도 불구하고 향후소득의 예측이 불가능한 경우에는 법원은 합리적이고 객관성 있는 노동능력상실률(수익상실률)을 가려낼 수 있는 한 직권으로 이를 적용하여서라도 일실이익을 산정하여할 것이며 향후소득의 예측이 불가능하다고 하여 바로 원고의 청구를 배척하여서는 안 될 것이다」.

위 대법원 판결은 1989. 1. 17. 선고 87다카2970 판결[386]에서 인용됨으로써 확립되었다.

나. 소송법적 고찰

전시 대법원의 85다카449 판결은 차액에 의한 일실이익산정방법을 원칙적인 것으로 판시하고, 다만 향후소득의 예측이 불가능할 경우에는 평가설적 산정도 가능할 것이라는 암시를 준 것이 아닌가 생각되고, 이미 설명한 바와 같이 차액설을 취하지 아니하고 평가설을 취한다 하더라도 종래의 차액설적 접근방법을 쓸 수도 있고 평가설적 접근방법도 쓸 수 있다고 생각하는데, 과연 구체적인 사건에서 차액설을 취하는 경우의 주요사실은 무엇이며, 평가설을 취하는 경우에 주요사실은 어떻게 달라지며 차액설적 접근방법을 쓰면 어떠한 사실을 입증하여야 하며 평가설적 접근방법을 쓰면 어떠한 사실을 입증하여야 하는지를 검토할 필요가 있다. 이것은 위 대법원판결이 명시하지 아니한 특별사정에 관한 입증책임을 밝혀보는 작업이기도 하다.

이것의 검토를 위하여는 손해배상청구에 있어서 주요사실이 무엇인가에 관한 제 학설을 살펴보지 않을 수 없다.

(1) 차액설

이 설은 생명·신체의 침해 자체를 손해로 보지 않고 사고전후의 소득상 차액이 생기거나 치료비를 현실로 지출하였을 때 손해가 있는 것으로 본다. 그것은 민법 제750조에서 말하는 손해는 제751조와 제752조가 정신적 손해를 규정하고 있는 점에서 보아 재산적 손해를 의미하는 것이라고 주장하면서 생명·신체 자체를 손해로 본다는 규정은 없으므로 생명·신체의 침해 자체를 손해라고 생각할 수는 없으며, 손해라는 것은 현실의 손해가 아니면 안 되는데 생명·신체의 침해를 현실의 손해로는 볼 수 없으며 이것을 불법행위가 없었더

386) 공 1989. 3. 1. (843), 293.

라면 존재하였을 피해자의 상상 속의 상태와 그 행위에 의하여 피해자에게 생긴 현실상태와의 차이라고 파악하는 것이다.[387)]

따라서 이 설에 의하면 일실이익에 관하여는 사고전후의 소득차액이 그리고 개개의 치료비지출사실이 주요사실로 된다.

그러나 생명 · 신체 침해 자체를 현실의 손해로 보지 않고 구체적으로 발생된 감손이나 치료비만을 손해로 보는 것은 한낱 도그마에 불과하고 민법 제751조와 제752조는 제750조의 손해일부를 주의적으로 규정한 것에 지나지 아니하며[388)] 생명 · 신체의 침해도 인간의 정신적인 면을 사상하고 소득획득력이라는 경제적인 면을 보면, 재산적 침해로 볼 수 있다는 비판이 예상된다.[389)]

뿐만 아니라 지출된 개개의 치료비가 손해라면 지연손해금은 각 지출시로부터 붙여주지 않으면 아니 되고, 개개의 손해를 빠짐없이 주장 · 입증하지 않으면 안 되게 되어, 당사자는 물론 이를 일일이 조사하여야 하는 법원에 대하여도 지나친 불편과 부담을 가져다 준다는 비난을 면할 수 없으므로[390)] 이 설은 뒤에서 설명하는 평가설에 의하여 이미 극복되었다고 생각된다.

어쨌든 차액설에 의하여 일실이익을 주장하는 경우 차액산출의 전제로서 종전소득과 사고후의 현실소득액 또는 향후소득액을 주장하지 않으면 아니 되나 이 양자는 모두 간접사실이라고 하지 않을 수 없다. 이와 같은 관점에서 본다면 향후소득의 추인을 위한 간접사실 즉, 피해자의 연령, 교육정도, 경력, 종전직업과 기능자격의 유무, 후유장애의 부위 정도, 직업선택에 의한 장애회피의 가능성, 사회적 조건 등은 모두 원고의 입증사항으로 될 것이다.

따라서 위 85다카449 판결이 종래의 소득상실설(차액설)에 입각한 판결이라고 해석한다면 향후소득은 간접사실이고 그것의 추인을 위한 간접증거의 제출은 원고의 부담인 까닭에 앞서 열거한 제반간접사실의 주장과 입증은 원고가 하지 않으면 안 되고 향후소득을 일용노임으로 주장하는 경우에 향후소득을 일용노임으로 추임받기 위한 사정 즉, 특별사정의 존재 및 입증은 원고의 부담

387) 岩村弘雄, 「人身損害における主要事實」 現代損害賠償法講座 7권 30면, 日本評論社 東京, 1974.

388) 加藤一郎, 不法行爲(法律學全集 22 · II) 151면, 有斐閣, 東京, 1974.

389) 楠本安雄, 「逸失利益の算定」 154면, 實務民事訴訟講座 3. 日本評論社, 1973.

390) 岩村, 전게서 34면.

이라 하지 않을 수 없다.

원고측에서는 향후소득을 추인받기 위한 제반증거를 제출할 것이나 그 입증이 부족하다 하더라도 일실이익청구를 기각할 수는 없으므로[391] 피고측에서 일용노임 이상의 소득을 얻을 수 있다는 간접증거가 제출된 경우에는 그것을 종합하여 합리적인 향후소득을 추인하여야 할 것이고 그래도 부족한 경우에는 직권조사도 가능할 것이다.

종전소득과 함께 향후소득은 차액 자체가 주요사실인 것과는 달리 간접사실이므로 법원은 양 당사자의 주장이나 자백에 기속됨이 없이 자유롭게 액수를 정할 수 있을 것으로 생각한다.

(2) 치료비, 일실이익, 위자료 등의 대항목이 주요사실이라는 설[392]

이 설은 생명침해나 신체장해라는 근원적인 사실만을 주요사실이라고 보는 것은 불의의 타격을 받을 우려가 있고 각종 손해의 성질도 다르므로 타당치 않다면서 치료비, 일실이익, 위자료라는 대항목을 주요사실로 보고 세목의 주장은 간접사실이라고 한다. 이에 의하면 예컨대 손해는 치료비라고 주장하면 주요사실의 주장은 완전하고 현실로 치료비 얼마를 지출하였다고 하는 것은 간접사실이 된다.

그러나 이 설에 대하여는 피침해이익의 금전적 가치의 주장이 없기 때문에 권리발생근거사실인 요건사실의 주장으로서는 불충분할 뿐 아니라, 순수한 사실이 아닌 인과관계 등의 법률적 판단의 결과를 주요사실에 포함시키게 된다는 비판이 있고[393] 또한 예시된 항목 이외에 어떠한 대항목이 있는지 주요사실로 되는 대항목을 한정적으로 열거하지 않는 한 주요사실의 범위는 불명확

---

391) 대법 1985. 9. 24. 선고 85다카449〔공 1985. 11. 15. (764), 1414〕; 대법 1961. 12. 7. 선고 4293민상853 판례카드 6643면; 대법 1962. 3. 22. 선고 4294민상1205 판례카드 7094면; 대법 1962. 3. 22. 선고 4294민상1259 판례카드 7098면; 1965. 1. 26. 선고 64다1399・1400 판례카드 2027면; 대법 1967. 9. 5. 선고 67다1295 대법원판결집 15권 3집 민 29면.

392) 倉田卓次, 民事交通訴訟の課題 21면; 五十部豊久, 「交通訴訟における損害の評價と訴訟物」 判例タイムズ 212호 33면; 東京地判 昭 42. 10. 18. 昭 43. 3. 30. 判例タイムズ 219호 179면.

393) 谷川 克, 「損害賠償訴訟における當事者の主張ならびに自白の拘束力」 判例タイムズ 268호 180면. (1971. 12.)

해지고 가사 한정적으로 열거한다 하여도 실제상은 개개의 세목의 사실주장이 어느 항목에 속하는가에 대하여 분쟁이 생길 여지가 다분히 있다는 비판이 있다.[394]

(3) 생명, 신체, 재물의 훼손상황과 금전적 평가산정의 근거사실이 주요사실이라는 설[395]

이 설은 위법한 가해행위로 인하여 생명, 신체, 재물이 훼손되고, 그 때문에 종국적으로는 금전적 평가가 가능한 이익의 향수가 방해되었음을 예측·인정할 수 있는 사실이 주요사실이라고 한다. 예컨대 위법한 가해행위에 의한 생명, 신체, 재물의 구체적 훼손상황과 위 각 가치물을 금전적으로 평가 산정할 수 있는 근거사실 즉, 상해의 부위 정도, 재물의 훼손상황과 피해자의 사고당시 수입액, 재물의 시가를 주장하여야 한다고 한다. 이 주장에 대하여 법원은 상해의 부위 정도에 의하여 치료에 필요한 현재액을 산출하고, 상해의 부위 정도로부터 후유증상의 정도와 잔존기간을 도출하고, 타방 수익액으로부터 치료기간 및 후유증잔존기간 동안의 각기 수익액을 도출하고, 또한 후유증상으로부터 노동능력상실률을 판단하여 얻을 수 있었던 수익의 현재액을 산출하고 재물의 손괴상황과 시가로부터 물손액을 산출한다고 한다.

이 설에 의하면 요건사실이 아닌 손해액, 노동능력상실률, 상실기간에 대하여는 당사자의 주장이 일치하여도 법원은 구속되지 않게 된다.[396]

그러나 이 설에 대하여는 재물손괴의 경우에는 그 재물의 손괴상황과 재물의 시가에 경험칙을 적용하여 금전적 평가가 가능하고, 피해자 사망의 경우에는 사망사실과 사망당시의 피해자의 수입액이 입증되면 역시 경험칙의 적용에 의하여 손해의 금전적 평가가 가능하지만, 신체상해의 경우에는 금전적 평가의 근거사실이 무엇을 가르키는지 명확치 않고 상해의 부위 정도로부터 직접 그 손해를 금전적으로 평가할 수 있는 것이라 한다면 상해의 부위 정도에

---

394) 岩村弘雄, 전게논문 33면.

395) 谷川 克, 전게논문.

396) 東京地判 昭 40. 10. 18. 判例時報 434호 48면, 東京地判 昭 45. 7. 20. 判例タイムズ 254호 275면, 법률실무강좌 민소편 4권 23면은 경험칙을 적용하여야 비로소 산정할 수 있음을 이유로 재판소는 얻을 수 있었던 이익에 대한 당사자의 일치된 주장에 구속되지 않는다고 하고 있다.

경험칙을 적용하여 금전적 평가를 함에는 법원의 자의가 개입되므로 적정한 평가는 곤란하게 된다는 비판이 있다.397)

그러나 위 비판은 상해의 부위 정도에 경험칙을 적용하여 치료비를 추인한다는 점에 관하여는 타당하지만 휴업손해나 일실이익에 관하여는 사고당시의 수입을 주요사실이라 주장하므로 타당치 않다고 생각한다.

오히려 일실이익의 산출은 사고전후의 소득차액에 의하여도 가능하므로 사고전의 수입은 일실이익 산정을 위한 간접사실에 불과하고 감손된 가동능력의 노동시장에서의 가격이 주요사실이라고 봄이 타당할 것이다.

(4) 평가설

이 설은 민법 제751조, 제752조에서 말하는 재산 이외의 손해라는 것은 사망이나 상해를 지칭하는 것이 문리해석상 명백하다는 것을 실정법상의 근거로 내세운다. 생명, 신체가 침해된 경우 이것을 전부 하나의 비재산적 손해로 보고 이것에 대한 적당한 배상액을 일체로서 판단할 것이라고 한다.398) 사망 또는 부상 그 자체를 현실의 손해로 보아 직접 손해액을 평가하는 것이고, 사상에 수반되는 재산상의 지출, 일실이익, 정신상의 고통은 손해 그것이 아니라 사상이라고 하는 손해의 정도를 평가하는 자료로서 의의를 가질 뿐이라는 것이다. 이 설에 의하면 피해자의 지출의 다과나 수입의 대소에 의하여 손해배상액에 차가 생기는 것을 피할 수 있고 손해발생의 시기, 지연손해금의 초과일결정 등이 간명해지는 이점이 있다.399) 확실히 입법정책적으로는 장래의 손해배상액 결정에 한 방향을 제시하는 것이라고 할 수 있다.400)

그러나 이 설의 제창자도 차액설에 의하여 손해를 산출한다고 하고 전통적인 방식으로부터 일거에 이탈하는 것은 곤란하다고 인정하고 있다.401)

생명 또는 신체 그 자체에 가격을 매겨 사상 그 자체로부터 직접 손해를 평

---

397) 岩村弘雄, 전게논문 32·33면.

398) 野村好弘,「交通事故における損害と損害額」判例タイムズ 212호 20면; 吉岡 進,「交通事故訴訟の課題」實務民事訴訟講座 3건 7면, 동「將來の必要な手術費, 義足代等」交通事故判例百選 74면; 岩村弘雄, 전게논문 30면 재인용.

399) 吉岡 進,「民事交通訴訟の回顧と展望」判例タイムズ 268호 13면.

400) 岩村弘雄, 전게논문 30면.

401) 吉岡 進, 전게논문 주 6)

가한다는 것은 실무감각에는 쉽게 적응되기 어렵다. 이것은 손해배상액의 정액화 또는 산정기준이 확립된 분야에서는 목적실현에 위력을 발휘할지 모르나 그것이 일반적으로 승인되지 아니한 영역에서는 오히려 배상액의 결정이 재판관의 자유재량에 맡겨져 손해액의 불공정을 가져올 염려가 없다고는 할 수 없다고 비판되고 있다.[402)]

어쨌든 이 설에 의하면 생명 또는 신체의 침해 자체가 손해이므로 사망 또는 상해의 부위 정도를 입증하면 손해에 관한 주요사실의 입증으로서는 빠지는 것이 없고, 치료비 몇 원의 지급사실은 상해라고 하는 손해를 평가하는 자료에 지나지 아니하므로 간접사실이 된다.[403)]

그러나 이 설에 대하여는 상해의 부위 정도에 관하여 당사자간에 다툼이 없거나 입증된 경우(진단서 1통으로 가능)에는 주요사실의 존재에 관하여는 자백 또는 입증이 있으므로 당사자는 그 이상 치료비지급 등의 간접사실이나 증빙사실에 대하여 주장·입증할 책임도 필요도 없는 데, 법원은 직권으로 감정이나 증거조사를 하여 간접사실에 관한 자료를 수집할 수 없으므로 손해 자체에 대하여 경험칙만에 의하여 금전적 평가를 하지 않으면 안 되므로 적정한 평가가 곤란하게 되고, 치료비 지급사실 등은 간접사실이므로 원고는 변론에서 주장하지 아니하고 입증단계에서 자유로 증거를 제출할 수 있으므로 피고는 미리 방어방법을 강구할 수가 없어 반증을 제출할 틈이 없으므로 결국 불의의 공격을 당할 위험에 빠질 뿐 아니라, 본래 간접사실이라는 것은 주요사실의 추인에 도움이 되는 사실로서 주요사실이 직접증거에 의하여 입증될 수 없는 경우에 입증책임있는 당사자가 간접사실을 입증할 필요를 느끼는 것인 데, 사망 또는 상해라고 하는 주요사실을 입증하기 위하여 간접사실로서 치료비 등의 증거를 제출하는 것은 먼 길로 돌아가는 셈이 된다는 비판이 있다.[404)]

뿐만 아니라 인신손해의 주요사실을 생명·신체의 침해 자체로 보고 손해액을 오로지 「평가」의 문제로만 파악하는 경우에는 손해액의 인정은 법원의 재량에 속하는 사항이 된다.[405)] 그래서 학자에 따라서는 손해의 금전적 평가에

402) 岩村, 전게논문 31면.

403) 岩村, 전게논문 32면.

404) 岩村, 전게논문 32면.

405) 오석락, 입증책임론 248면, 일신사 1983. 서울.

는 증명도가 전혀 요구되지 않는다고 주장하는 경우도 없지 아니하며[406] 일본의 하급심판결 중에도 横浜地裁 小田原支部 소화 48. 6. 19. 판결[407]은 「원래 인신사고의 경우에 있어서의 손해배상사건은 법원에 대하여 배상액의 확정을 구하는 형성소송 내지 비송사건과 거기에 확정된 금액의 지급을 구하는 이행소송이 혼연일체가 된 소송형태로서 단순히 손해금의 지급을 구하는 이행소송에 그치는 것은 아니라고 하지 않으면 안 된다. 따라서 원고로서는 청구원인으로서 최소한도 사고의 발생과 상해 내지 사망의 사실을 주장입증하면 충분하고 손해의 발생과 이에 대한 평가는 물론 과실을 구성하는 사실 자체의 존부와 이에 대한 금전적 평가의 전부에 대하여 법원의 직권작용이 개입하는 것, 아니 개입하여야 하는 것이며 …… 모두 법원의 자유재량에 기하는 결정에 맡겨져 있는 것이라고 해석함이 상당하다 …… 때문에 법원은 반드시 원고가 주장하는 일실이익, 위자료, 장례비용, 변호비용 등에 구속됨이 없이 교통사고에 의한 손해배상청구는 단순일개의 청구로서 상호의 유용을 행한 위에 원고의 신청범위내에서 자유로운 심증에 기하여 그 손해액을 확정하여야 하는 것이라고 해석할 것」이라고 판시한 바도 있다.

한편 독일 민소 제287조 제1항은 「손해의 존부 및 손해의 액 또는 배상하여야 할 이익의 액에 관하여 당사자간에 다툼이 있는 때에는 법원은 모든 사정을 참작하여 자유로운 심증에 따라 이를 판단한다. 신청된 증거조사나 직권에 의한 감정을 명하는 여부 및 그 한도는 법원의 재량에 의하여 이를 결정한다」고 규정하여 이 규정은 손해의 존부, 손해의 액 또는 배상하여야 할 이익의 액에 관하여 자유심증주의를 완화함으로써 엄격한 증명을 요구하지 않는 동시에 입증책임의 분배를 배제하고 있는 것으로 이해되고 있다 한다.[408]

생각컨대, 인신 자체에는 객관적인 교환가치를 인정할 수 없는 까닭에 사상으로 인한 일실이익을 산정함에 있어 피해자의 수입, 연령, 직업, 사회적 경제적 조건, 노동능력상실률 등을 종합 고려하여 적절한 액수를 정하는 것에 평가적인 면이 없다고는 할 수 없으나 그렇다고 하여 사상 그 자체가 손해이므

406) 平井宜雄, 損害賠償法の理論 494면 주 3); 오석락, 전게서 248면 인용.
407) 交通民事判例集 6권 3호 1011면.
408) 오석락, 전게서 249면 인용.

로 그 평가액산정은 오로지 법원의 일이고 그 산정에 필요한 모든 간접증거의 수집이 법원의 책무라는 주장은 이론의 폭주라고 할 수 있다.[409] 사상 자체를 손해의 주요사실이라 주장하여도 경험칙만의 적용에 의하여 손해액은 산출될 수 없으므로 주요사실로서는 불충분하다고 하지 않을 수 없다. 법원의 직권조사는 필요한 한도에 그쳐야 하며 너무 적극적으로 시행하는 것은 당사자주의에도 어긋난다. 평가설에서는 사상 자체가 주요사실이고 그 평가에 필요한 피해자의 수입이나 노동능력상실률 등은 간접사실에 불과하다고 주장하나 앞서의 비판과 같이 간접사실이란 주요사실에 관한 직접증거가 없을 때 그 간접사실에 경험칙을 적용시켜 주요사실을 추인시키는 것이다. 그런데 사상 자체는 진단서 한 통으로 간단히 입증됨에도 불구하고 간접사실이 필요하다는 것은 소송법적 이론에 반하는 것이다. 주요사실은 그것에 다툼이 없거나 입증되면 곧 주문이 나올 수 있어야 하는 것인 데, 사상 자체가 자백되거나 입증되어도 손해액은 산정될 수 없으므로 주요사실로서는 불충분하다고 하지 않을 수 없다. 따라서 저자는 가동능력상실설에 찬성하면서도 그 일실이익의 주요사실은 상실된 또는 감손된 가동능력의 객관적 금전적 가격이라고 주장하고 싶다. 따라서 위 객관적 금전적 가격에는 직접증거가 있을 수 없고 오로지 간접증거에 의하여 이를 추인할 수밖에 없으므로 객관적 금전적 가치를 추인 산정함에 필요한 제반사실 즉, 피해자의 소득(종전소득이건 사고후 현실소득이건 또는 향후소득이건), 연령, 직업, 성별, 노동능력상실률, 사회적 경제적 조건 등은 모두 간접사실이라고 생각한다.[410] 따라서 이에 관한 당사자의 자백은 법원을 구속할 수 없으며 법원의 자유로운 판단이 허용된다고 본다. 그러므로 필요한 경우에는 법원의 직권에 의한 증거조사도 가능할 것이다.

그리고 사상 그 자체가 비재산적 손해라고 보는 설에도 찬성할 수 없다.

사람의 신체에 객관적 교환가치는 인정될 수 없다 하더라도 정신적인 면을 사상하면 소득획득능력으로서의 재산적 가치를 인정할 수 있고 현실적으로 노동시장에서는 임금이라는 형태로 구현되는 까닭에 어디까지나 재산적 손해로

409) 「自動車損害賠償のゆくえ(座談會)」 ジュリスト 633호 33면.

410) 그러나 대법 1982. 5. 25. 선고 80다2884〔공 1982. 8. 1. (685), 597〕은 노동능력상실비율도 자백의 대상이 된다고 판시한 것으로 보아 이를 주요사실로 보는 것이 아닌가 생각되나 의문이다. 반대, 谷川, 전게논문 180면.

파악할 수 있기 때문이다.

단지 차액설이 이를 소극적 손해로 파악하는 것과는 달리 가동능력상실설 내지 평가설에서는 적극적 손해로 보게 되므로 종래의 소송물 삼분론은 이분론으로 변경되게 되고, 휴업손해도 휴업기간 동안 상실된 가동능력의 평가액으로 본다면 일실이익과 본질적인 차이는 없다 할 것이므로 휴업손해로부터 세금을 공제하여야 한다는 대법원판결은[411] 평가설과는 잘 조화되지 아니한다고 생각한다.

결국 일실이익에 관하여 소득상실설을 취하는 경우에는 소득차액 그 자체는 주요사실이나 종전소득이나 사고후의 현실소득 또는 향후소득은 여기에 수학적 가감원칙(경험법칙)을 적용하여 주요사실을 인정하는 간접사실에 불과하게 되고, 가동능력상실설을 취하여 차액설적 접근방법에 쓰든 평가설적 접근방법을 쓰든, 주요사실은 상실 또는 감손된 가동능력의 객관적 가격 그것만이 주요사실이고, 이를 추인받기 위한 종전소득이나 향후소득, 노동능력상실률, 피해자의 연령, 직업, 사회경제적 사정 등은 모두 간접사실이 되므로 어느 설을 취하든 원고의 입증책임과 부담에는 영향이 없다고 생각된다.

3. 결 론

후유장해로 인한 일실이익의 산정문제는 인신사고로 인한 손해배상액산정에 있어서 가장 중요한 문제이다.

일실이익을 종래의 소득상실설(차액설)의 입장에서는 얻을 수 있었던 이익의 상실로 파악하여 소극적 손해로 보았으나, 가동능력상실설(평가설)의 입장에서는 상실 또는 감손된 가동능력의 객관적 시장가격으로 파악하여 적극적 손해로 보게 된다.

일실이익을 산정함에 있어서 차액설의 입장에서 차액산출을 위하여 사고후의 소득 내지 향후소득의 인정 또는 추정이 불가피함은 물론이고, 평가설의 입장에서도 소득차액을 기초로 가동능력을 평가하려는 차액설적 접근방법을 취하는 한, 사고후소득 내지 향후소득의 인정·추정은 피할 수 없다.

---

411) 대법 1979. 12. 28. 선고 79다1727〔공 1980. 3. 1. (627), 12538〕.

평가설적 접근방법을 쓴다면 사고후소득 내지 향후소득의 인정·추정을 우선 피할 수 있을 듯 보이지만, 가동능력상실률의 결정은 피할 수 없게 된다.

그런데 가동능력상실률이란 노동능력상실률과는 달라서 소득감소율을 의미하는 데,[412] 소득감소율을 정함에는 향후소득을 추정하지 않고서는 자의적이 되기 쉽고 객관적 합리적 타당성을 잃을 가능성이 크게 되므로 결국 향후소득의 추정은 역시 불가피하게 되어 차액설적 접근방법과 다를 것이 없게 된다.

어쨌든 차액이 분명한 경우에서 명백히 논증되었듯이 차액설이나 가동능력상실설에 선 차액설적 접근방법이나 평가설적 접근방법이나 모두 일실이익에 대한 법적 관점의 차이 내지는 접근방법의 차이에 불과할 뿐이므로 차액이 분명하지 아니한 경우에도 어느 입장을 취하든 결론은 같지 않으면 안 된다.

따라서 차액설에 의한 산정과 평가설에 의한 산정이 달라져야 하는 듯 이해하는 것은 잘못이다. 위 두가지 방법은 상호 대립 모순관계에 있는 것이 아니라 객관적 합리적인 일실이익 산정을 위한 상호 보완관계에 있다고 보지 않을 수 없고, 위 두가지 방법에 의한 결론이 달라진다고 하는 생각은 가동능력상실률이 소득감소율임을 간과한 소치이다.

따라서 원고가 소득차액을 기초수입으로 하여 일실이익을 주장해 오는 경우에 법원이 가동능력상실설을 취한다 하더라도 당사자의 차액설적 접근방법을 거부할 수 없고 원고가 종전직업을 상실하여 종전수입을 모두 잃었다고 주장하는 경우에는 후유장해와의 인과관계의 존부를 판단하기 위하여 사고로 인한 후유장해가 종전직업 내지 직장에의 계속근무를 불가능하게 만들었는지의 여부를 판단하지 않으면 안 되고 따라서 종전직업에의 적격·부적격은 심리·판단되지 않을 수 없다.

그리고 원고가 차액설 내지 차액설적 접근방법에 의하여 향후수입을 입증하려 하는 경우, 물론 법원은 평가설적 접근방법으로 판시할 수는 있겠지만 어쨌든 차액의 추정 또는 가동능력상실률의 합리적 객관적 추정을 위하여는 향후수입의 추정은 불가피하게 된다.

그런데 향후소득은 간접증거에 경험칙을 적용함으로써 추정할 수밖에 없다는 점에 곤란이 생긴다. 더욱이 일본과는 달리 5~60만의 신체건강한 완전실

412) 대법 1986. 3. 25. 선고 85다카538〔공 1986. 5. 15. (776), 692〕.

업자가 상존하고 신체장애자 고용촉진에 관한 제도적 장치가 없으며 장애자들의 취업률과 소득수준이 극히 불량한 우리나라에 있어서 전직을 잃은 피해자의 향후소득을 추정하기란 어려울 수밖에 없다.

대법원은 일용노임 밖에 벌 수 없는 특별한 사정이 없는 한 향후소득을 일용노임으로 추정해서는 안 된다고 판시하였는 바, 앞서 제시한 통계들에 의하여 실업률, 장애자취업현황, 그들의 낮은 임금수준(일용노임에 근사) 등을 입증하였을 때 과연 위 특별사정의 인정을 시인할 것인지 귀추가 주목된다. 만일 위와 같은 증거로써 위 특별사정의 인정이 허용된다면 그 다음에는 피고측에서 일용노임 이상의 소득을 얻을 수 있다는 증거를 제출할 책임이 있다고 하여야 하지 않을까?

제 4 절 적극적 손해액의 산정

I. 입원비 · 치료비

입원비와 치료비는 통상의 것이라면 무조건 인정하여도 무방할 것이다. 통상의 입원비 · 치료비라 함은 특실입원료나 과잉치료비 또는 기왕증과의 병합치료비가 아닌 것을 말한다.

환자의 상해부위나 정도에 따라서 다른 환자와 함께 일반병실을 쓸 수 없는 경우나 사회적 신분이나 경제적 지위에 따라 특실 사용도 합당하다고 보이는 경우는 별론으로 하고, 일반병실에서도 충분한 치료가 가능하고 신분이나 경제적 지위에 합당함에도 불구하고 특실을 사용한 경우에는 일반병실료를 초과하는 부분은 상당인과관계의 범위를 넘는 것으로 인정하여 청구를 기각하여도 좋을 것이고, 기왕증을 함께 치료한 경우에도 의사의 의견을 들어 가능한 한 기왕증에 대한 치료비는 분리하여 배척함이 타당할 것이다.

그러나 과잉치료비의 문제는 간단하지 않다. 그것은 진료행위의 합리성 · 필요성의 문제이며 현대의료가 고도로 전문화되어 있음에 비추어 자격 있는 의사가 한 진료행위는 일응 그 필요성과 합리성이 추정된다고 볼 수 있기 때문이다.[413] 그러나 인적 물적 설비가 극히 빈약한 곳에서 피해자의 상해부위나 정도에 비하여 사회통념상 도저히 수긍하기 어려운 과다한 치료비가 나왔다면, 환자와 의사간의 입원치료비청구권은 별론으로 하고, 가해자와 환자간의 손해배상의 범위의 문제는 손해의 공평한 분담이라는 견지에서 검토되지 않을 수 없다. 특히 의료보험제도의 실시로 의료수가의 객관적 인지가 가능한 오늘날에서는 과당 치료비의 입증은 쉬울지도 모른다.

이러한 견지에서 소화 45년 6월 18일 일본 大阪地裁 판결에서는「진료소의 인적 시설의 빈약과 전시 의료의 양산에서 왔다고 생각되는 진료록 기재의 조잡, 과잉진료의 의심, 소홀한 진료와 조악한 치료 등의 특이한 실체로부터 엿보이는 원고 등의 수상의 정도, 진료의 내용, 회수 그리고 그 진료비가 사회적인 수준에 비교하여 지극히 고액인 점 등 기타 본건 증거상 인정되는 제반의 사정을 종합하면, 원고 등의 진료비채무의 총액 중 다음 인정액을 초과하는 부분에 대하여는 본건 사고와 상당인과관계가 있는 것이라고 인정하기에 족하지 않다고 하지 않을 수 없다(평균하여 보건환산진료비의 약 1.5배를 넘는 부분)」고 판시한 것은 시사하는 바 크다. 위 판결이 구체적 진료행위의 불필요성이나 수가의 부당을 일일이 지적하지 않은 것은 전문가의 행위에 대한 법원의 판단으로서 타당한 것으로 생각된다.

대법원 1995. 1. 8. 선고 95다3282 판결[414]은 의료기관 또는 의사가 의료보험환자 아닌 일반환자를 치료하고 그 치료비를 청구함에 있어서 그 치료를 마친 의사 또는 의료기관은 그 치료비에 관하여 의료보험수가가 아닌 일반의료수가를 기준으로 계산한 치료비 전액의 지급을 청구할 수 있다 할 것이지만 치료계약에 이르게 된 경위, 수술·처치 등 치료의 경과와 난이도 기타 변론에 나타난 제반사정에 비추어 그 일반의료수가가 부당하게 과다하여 신의성실의 원칙이나 형평의 원칙에 반하는 특별한 사정이 있는 경우에는 예외적으로 그와 같은 제반사정을 고려하여 상당하다고 인정되는 범위를 초과하는 금액에 대하여는 그 지급을 청구할 수 없다고 판시한 바 있다.

다음으로는 한방치료비가 문제된다. 대법원은 일찍이 1955. 2. 10. 선고 4287

413) ジュリスト 1975. 8. No.48 별책 交通事故判例百選(제2판) ムチ打ち症の 過剰診療 田邨正義 변호사 76면 이하.

414) 공 1996. 2. 1. (3), 336.

민상274 판결[415]에서 「본건에 있어서 원고의 입은 부상을 치료하기 위하여 입원료 및 치료비 이외에 원고가 지급하였다고 주장하는 한방보약 및 육류대금은 특별한 사유가 없는 한 외상을 치료하는 일반적 요법에 속한다고 할 수 없으므로 이를 인정하기 곤란할 것이라고 아니할 수 없다」고 판시한 바 있었으나, 1957. 10. 31. 선고 4290민상625 판결[416]에서는 「원고가 소론 한약을 복용한 것이 본건 상해에 대한 직접적인 치료방법이라고 할 수 없을지 모르나 연로한 부녀자인 원고가 본건 상해로 인한 쇠약을 회복하기 위하여 복용한 것이고 연료대 역시 입원 중 지출된 것이므로 여사한 정도의 지출은 역시 본건 상해로 인한 손해라고 인정할 수 있을 것」이라고 판시하였고, 1960. 12. 8. 선고 4293민상470 판결[417]에서는 상해로 인한 생리적 훼손을 치유하기 위하여는 각종 내외과의 요법이 사용될 수 있으므로 한약대를 인정하지 않은 것은 위법이라고 판시한 바 있고, 1971. 5. 24. 선고 71다576 판결[418]에서는 한 걸음 더 나아가 「원판시 한의원에서 원고가 가미대보탕 1제와 가미오학산 20첩 및 가미통혈탕 20첩을 조제받아 복용한 것은 다른 특별한 사정이 없는 이 사건에서는 피고의 폭행으로 인한 원고의 상해를 치유하기 위하여 필요한 복약을 한 것으로 볼 것」이라고 판시하였다.

그러나 때때로 예를 볼 수 있는 바와 같이 피해자가 웅담이나 호골을 복용한 경우에는 어떨까? 그 값은 대체로 고가에 속하고 속설에 따라 복용하는 예도 없지 않다.

생각컨대 상해로 인한 생리적 훼손을 치유키 위하여는 앞서 1960. 12. 8.자 대법원 판결이 판시하듯이 「전문의(국민의료법이 인정하는 의료업자)의 소견에 따른 표현상의 상처에 대한 국부적인 치유 뿐만 아니라 각종의 내외치의 요법이 사용」될 수는 있으나, 의료행위는 의료인이 행하는 의료기술의 시행이고, 보사부장관의 면허를 받은 의사 · 치과의사 · 한의사 · 조산원 · 간호원만을 의료인으로 하고 있으므로 한약의 복용이 한의사의 처방과 조제에 따른 것이라면 모르되 그렇지 않고 속설에 따른 자의적 복용의 한약이 고가의 것이라면

415) 판례총람 4-2(A)권 928-255면.

416) 판례카드 4655, 판례총람 4-2(A)권 902면.

417) 판례카드 6886.

418) 판례카드 9679, 판례총람 4-2(A)권 928-354면 추 491.

상당성을 결하는 것으로 봄이 손해의 공평분담원칙상 타당할 것으로 생각된다.

일본에서는 온천요양비·전지요양비에 관하여 특히 의사의 지시나 권고가 있는 경우에 기간적으로도 부상당한 것이 아니면 원칙적으로 상당성을 인정하여도 좋다는 견해가 있음을 첨언한다.[419)]

Ⅱ. 입원중의 식비

입원중에 소요된 환자의 식사대에 관하여 대법원 1960. 9. 8. 선고 4292민상520 판결[420)]에서는 입원비용에 포함시켰었으나, 1966. 11. 15. 선고 65다1761 판결[421)] 및 1967. 7. 18. 선고 67다1092 판결[422)]에서는 상해가 없어도 들 비용이라는 취지에서 이를 부인하였다. 그러나 다시 1980. 5. 27. 선고 80다664 판결[423)]에서는 광의의 입원비용에 포함된다고 판시하였다.

일본의 판례도 나누어져 소극설[424)]과 적극설[425)]이 있으나 입원중의 식사는 병원에서 제공되어 치료비에 계상되는 일이 많고 개인적 취사가 금지되기도 하며 입원요양중이라는 특수한 상황에서 이루어지는 것이므로 오히려 치료행위와 불가분의 일체를 이루는 것으로 보아 손익상계를 할 필요는 없다고 보는 것이 사회상식에 적합하다고 생각된다.

뿐만 아니라 객관적으로 보아서 요양상 필요하다고 생각되는 우유, 버터, 계란, 과일 등 상식적인 것은 의사의 지시 유무를 불문하고 입원중의 식비에 준하여 통상의 필요경비로 보아도 좋을 것이다.[426)]

그런데 이상에서 언급한 입원치료비 또는 입원중 식비를 피해자 본인의 손해로서 배상청구하는 것에는 그 피해자가 미성년자 또는 남편있는 부인인 관

---

419) 上村明廣, 實務民事訴訟講座 交通事故「積極損害の 認定範圍」146면.

420) 판례카드 6360.

421) 대법원판례집 14권 2집 민 200면.

422) 대법원판례집 15권 1집 민 225면, 판례카드 8524.

423) 공 1980. 7. 15. (636), 12880; 대법 1979. 4. 10. 선고 79다297 참조.

424) 大阪地判 昭 36. 10. 20. 不法行爲 下民集 1123면, 實務民訴講座 3권 150면 전재.

425) 木宮高彦, 注釋自動車損害賠償保障法 58면·134면, 田邨正義,「治療費·入院費」별책 ジュリスト 18호 70면.

426) 上村明廣, 實務民訴講座 3권 145면.

계로 실제, 그 아버지 또는 남편이 이를 부담한 경우라 할지라도 문제시하지 않지만, 위 비용을 지급한 아버지가 직접 이를 청구함에는 위와 같은 특별한 사정을 심리 판단하여야 한다는 판례가 있다.

즉, 대법원 1967. 10. 31. 선고 67다1898 판결[427]은 「아들이 피고들의 불법행위로 말미암아 중상을 입고 그 치료 때문에 병원에 치료비를 부담하였다면 특별한 사정이 없는 한 이것은 그 피해자가 부담하여야 할 것이지 그 아버지가 부담할 성질의 것은 아니라 할 것이다. 어찌하여 아들의 치료비를 아버지가 부담하고 있는 것으로 보았는지 그 특수사정에 관하여 심리함이 없이 위와 같은 판단을 하고 있는 것은 잘못」이라고 판시한 것이 그것이다.

생각컨대 아버지나 남편의 부양을 받고 있는 미성년의 자나 처는 그 치료비를 아버지나 남편으로부터 지급받고 또 입원계약도 아버지나 남편의 명의로 체결됨이 상례이므로 피해자 본인 스스로는 치료비를 지급하는 일이 없을 것이다.

따라서 종전의 손해설의 입장에 선다면 위와 같은 경우 오히려 피해자 본인의 배상청구를 부정하고 부양의무자의 지급치료비를 사고와 상당인과관계가 있다 하여 부양의무자의 배상청구를 인용하여야 할 것이다.

그러나 상해설의 입장을 취하면 상해 그 자체를 손해로 보고 치료비 등은 상해라는 손해의 평가자료에 불과하게 되므로 사실상 치료비 등을 누가 지급하였건 누가 입원계약상의 채무자인가를 따질 필요없이 피해자 본인이 그 손해를 청구할 수 있다는 결론이 된다. 이러한 견해에 서는 한 종전 판례들이 피해자가 미성년의 자인 경우라 할지라도 치료비 등 손해를 그 자신의 손해로 보고 아무 의문을 갖지 않았다 해도 이상할 것은 없다.

그러나 위와 같은 상해설을 취한다 하더라도 부양의무자가 부양의무의 이행으로서 지급한 치료비 등이 사고와 상당인과관계가 있는 손해라는 측면을 부정할 수 없고 따라서 그의 배상청구를 거절할 수 없을 것인 바, 위 청구내용이나 피해자 본인의 청구내용은 실질에 있어 전혀 동일한 것으로서 이중청구는 허용될 수 없는 것이므로 개호비 청구에 있어서 피해자 본인의 청구와 개호한 근친자의 휴업손해가 부진정연대채권으로 풀이되는 것과 같은 이유에서 역시

427) 판례총람 4-2(A)권 928-306면.

부진정연대채권의 관계로 해석함이 타당할 것이다.

Ⅲ. 개호비용

피해자가 부첨인의 개호가 필요할 정도로 부상하여 부첨인을 고용한 경우 부첨인에게 지급된 보수가 통상의 손해에 속함은 물론이다.[428]

병원에는 간호사만을 병실에 체류케 하여 의학적 치료와 환자의 시중까지를 시키는 경우도 없지는 않겠지만 일반적으로 환자의 시중은 보호자 또는 부첨인으로 하게 하는 것이 보통이고 위와 같은 환자 시중을 위하여 부첨인을 고용한 경우라도 환자가 식사나 용변을 독립적으로 할 수 없는 이상, 그 비용은 배상대상이 된다고 보아야 할 것이다. 대법원은 「원고에게 모친·조모, 누이 등이 있다고 하여 타인에게 간호를 의뢰하는 것이 특이하다는 논지는 독자적 견해」라고 판시한 바가 있다.[429]

이와 관련하여 부첨간호를 요하는 상해를 입은 피해자에게 근친자가 있어 그들이 간호를 함으로써 현실적인 지출이 없는 경우에는 그 봉사를 금전으로 평가하여 이를 청구할 수 없는가 하는 문제가 있다.

종래 일본에서는 東京地裁 소화 38. 10. 14.자 "애정의 발로"라는 판결에 의하여 대표되는 부정적인 판례가 많았으나 근시에는 이를 긍정하는 것이 판례의 대세가 되고 드디어 최고재판소에서도 이를 수긍하기에 이르렀다.[430]

즉, 최고재 소화 46. 6. 29. 제3소법정 판결은 부첨간호를 필요로 하는 상해를 입고 근친자의 부첨간호를 받은 피해자가 현실로 부첨간호료를 지불하지 아니하고 또한 지불청구를 받지 않아도, 근친자가 제공한 부첨간호노동은 금전으로 평가할 수 없는 것은 아니고 신분관계상 그 지출을 면하는 일이 많음에 지나지 아니하므로 그러한 경우에 육친이라는 신분관계에 기인한 은혜의 효과를 가해자에게까지 미치게 하여야 할 것은 아니므로 피해자는 가해자에 대하여 근친자의 부첨간호료 상당액의 손해를 입은 것으로서 그 배상을 청구

428) 대법 1971. 3. 9. 선고 71다222 대법원판례집 19권 1집 민 163면, 판례카드 9522.

429) 대법 1974. 9. 10. 선고 74다1190 판결, 판례총람 4-2(A)권 928-612면; 동지 대법 1986. 7. 22. 선고 85다카1594〔공 1986. 9. 15. (784), 1096〕.

430) 原田和德, 實務法律大系 交通事故 251면.

할 수 있다고 판시하기에 이르렀고,[431] 보험실무는 훨씬 전부터 적극적 취급을 하여 왔다고 한다.[432]

대법원은 1979. 9. 11. 선고 79다1059 판결을 인용한 1980. 5. 27. 선고 80다664 판결[433]에서 「타인의 불법행위로 인하여 적극적인 손해가 발생하였다 하여 그 배상을 구하려면 그 손해가 실제로 발생한 것을 전제로 하는 것이고 그것이 장래에 예상되는 것이라 하더라도 사실심의 변론종결당시에 이미 그 예상기간이 지났다면 그 지난 부분의 손해는 실제 발생한 손해에 한하여 배상받을 수 있는 것이다. 그런데 이 사건에서 원심이 원고가 부상을 치료하고 퇴원한 1977. 11. 16. 이후부터 여명인 197개월간에 매월 치료비와 개호비로서 106,450원이 소요된다고 하여 이의 배상을 명하였으나, 그 가운데서 퇴원일 이후부터 원심의 변론종결일까지 간에 실제 그러한 비용이 지출된 것으로 인정할 자료는 보이지 않는다. 그렇다면 원심은 위 기간 동안 치료비와 개호비가 지급됨으로써 실제 손해가 있은 여부에 관하여 법리를 오해하고 심리를 다하지 아니한 것으로 되고 이 점을 탓하는 논지는 이유 있다」고 파기 환송하였다. 즉 대법원은 현실적으로 손해가 발생되지 않는 한 청구할 수 없다는 입장이고 여기에서 말하는 현실적 손해발생이란 비단 손해배상청구권자가 자기수중으로부터 치료비 등을 직접 지급함으로써 손해가 현실적으로 발생한 때 뿐만 아니라 치료비지급채무를 부담하고 있는 경우에도 현실적으로 손해발생이 있는 것을 의미한다고 대법원은 판시한다.[434] 이것은 종래의 전통적 견해라고 말할 수 있다.

우리 대법원도 1982. 4. 13. 선고 81다카737 판결[435]에서 실제 개호비의 지출유무와 관계없이 개호비 상당액의 배상청구를 할 수 있다고 판시하였다. 즉, 「피해자가 사고로 입은 부상으로 말미암아 개호가 필요하게 되어 부모나 배우자 등 근친자의 개호를 받은 경우에는 실제로 개호비를 지급하지 않았고

431) 薦田茂正, "附添費用" 別冊 ジュリスト 交通事故判例百選(제2판) 1975. 8. No.48.

432) 전게서 79면; 加藤, 對人賠償額算定の基礎知識 16면.

433) 공 1980. 7. 15. (636), 12880.

434) 대법 1988. 12. 27. 선고 87다카2323〔공 1989. 2. 15. (842), 226〕.

435) 판례총람 4-2(B)권 453면; 동지 대법 1986. 3. 11. 선고 85다카2013〔공 1986. 5. 1. (775), 629〕.

또 그 지급청구를 받고 있지 않다 하더라도 피해자는 그 개호비 상당액의 손해를 입은 것이라고 하여서 가해자에 대하여 그 배상청구를 할 수 있는 것이고 또한 이러한 경우에 피해자가 그 청구를 하지 않았다면 개호를 한 그 근친자가 그 배상청구를 할 수 있다고 보는 것이 타당할 것」이라고 판시한 것이 그것이다.

생각컨대 전시 대법원 80다664 판결은 개호비 청구는 「그 손해가 실제로 발생한 것을 전제로 하는 것」이라는 견해를 취함에 반하여, 전시 일 최판이나 대법원 81다카737 판결은 「실제로 개호비를 지급하지 않았고 또 그 지급청구를 받고 있지 않다 하더라도 피해자는 그 개호비 상당액의 손해를 입은 것」으로 보아야 한다는 입장을 취하고 있어 서로 상반되는 취지라고 보지 않을 수 없다.

그렇다면 위 두 견해의 근거는 무엇이며 어떤 견해가 타당할 것인가?

결국 이 문제는 손해개념을 어떻게 파악하느냐 하는데 귀착된다. 종래의 현실손해설에 의하면 당연히 전자의 견해에 도달하겠지만 이 설은 향후치료비의 배상문제에 가서는 파탄을 드러내게 되고 이것을 수정하고 나온 것이 사상손해설 또는 상해설로서 이 설은 사상 그 자체를 손해로 보고 수술비, 치료비 등의 개별적 비목은 상해에 의한 손해의 내용과 범위를 구체화하기 위한 평가계산상의 자료로 해하는 것으로서[436] 일실이익에 관한 가동능력상실설과 맥락을 같이 한다고 볼 수 있다.

위 상해설에 의하면 일정기간 부첨간호를 요하는 상해를 입었다는 사실로부터 곧바로 그 소요비용을 청구할 수 있고 현실적으로 부첨간호를 받았느냐 하는 것은 문제가 되지 않는다.

따라서 위 후자의 판결은 현실적인 부첨간호를 요구한 점에서 상해설까지 갔다고는 볼 수 없겠으나 그것을 향하는 도중이라고는 볼 수 있을 것이다.[437]

생각컨대 부첨간호가 필요함에도 불구하고 돌보아줄만한 근친자가 없고 또 직업적 부첨간호인을 고용할 자력도 없어서 고용하지 못한 채 스스로 고통을

436) 吉岡, 交通事故判例百選 구판 74면, 實務民訴講座 3권 7면; 倉田, 民事交通訴訟의 課題 21면; 上村, 實務民訴講座 3권 146면.

437) 宇野, 最高裁判例解說 昭 46. 346면.

당한 경우에 그로 인한 이득이 가해자에게 귀속되는 것은 부당하고 근친자가 있음에도 불구하고 충분한 자력이 있어 간호인을 고용한 경우와 대비할 때 부자에 유리하고 빈자에 불리한 결론이 될 것이므로 철저한 상해설이 타당하다고 본다.

개호비에 관한 또 하나의 문제는 누가 청구권자인가 하는 것이다.

이미 개호비를 지급하였거나 앞으로 지급하여야 할 피해자 본인이 이를 청구함에는 의문이 없을 것이나 피해자를 개호한 근친자도 이를 청구할 수 있을 것인가? 근친자가 개호로 인하여 손해를 받은 경우에는 그 손해를 청구함에 있어 통상 휴업손해라는 명목을 붙이지만 그것은 실체에 있어 피해자 본인의 개호비와 같은 것임이 분명하다. 이에 관하여 전시 대법원 81다카737 판결은 「근친자가 피해자의 개호를 위하여 휴업하고 그 때문에 상실한 이익은 가해행위와 상당인과관계가 있는 한 그 근친자가 배상청구를 할 수 있다」고 판시하였다. 여기에서 상당인과관계가 있다 함은 사실상의 휴업손해가 직업적 부첨인의 보수 내지 일용노임을 초과하더라도 후자의 범위내에서만 인정된다는 의미이고, 개호는 원칙적으로 식사와 용변을 혼자 할 수 없을 정도의 부상자에서만 인정될 것이지만 유아나 소년의 경우에는 그렇지 아니한 경우에도 부모의 개호를 상당하다고 볼 수 있다는 의미이다.

따라서 개호비는 근친자의 휴업손해라는 명목으로도 청구가능하게 되고 양자는 부진정연대채권의 관계에 서게 된다.

최후로 개호비의 산정에 관한 문제와 관련하여 개호필요일수는 연간 며칠이며 또 향후 몇 년간을 인정할 것인가 개호인에게 얼마의 보수를 인정할 것이며, 몇 시간의 개호를 인정할 것인가의 문제가 있다.

대법원 1985. 8. 20. 선고 84다카928 판결[438]은 신체의 부자유로 인하여 개호인의 조력을 받을 필요가 있는 경우 개호인은 특별한 사정이 없는 한 1년 365일 계속하여 필요로 한다 함이 경험칙상 명백하다 할 것이므로 개호인비용은 개호를 필요로 하는 기간의 전일수에 해당하는 노임액을 기준으로 산정함이 타당하다고 판시하였다. 또 개호인의 필요를 인정하는 경우에도 피해자의 연령, 상해의 부위와 정도, 내용에 따라서는 향후 몇 년간만 그 필요성을 인정할

438) 공 1985. 10. 1. (761), 1241.

수도 있을 것이다. 물론 주치료사의 전문적 견해(감정)가 법원판단의 중요한 자료가 되겠지만 꼭 감정에 기속될 이유는 없을 것이다. 그것은 손해배상의 범위를 결정하는 법적 판단의 문제이기 때문이다.

대법원 판례는 발견된 것이 없으나 하급심판결에서 보이는 것으로는 두부손상, 보행불능, 양손기능장해자에 대하여 향후 5년간,[439] 중증뇌좌상 피해자에게 퇴원후 재활 요양에 필요한 3년간,[440] 좌측반신 불완전마비 3세아에게 취학후 7년간,[441] 외상성 뇌기질적 증후군, 완전실명자에게 향후 5년간,[442] 뇌좌상후유증, 두개골결손자에게 3년간,[443] 뇌기질적 손상기억장해, 주의력집중장애자에게 5년간,[444] 각 개호필요기간을 인정하고 있다.

개호비의 액수에 관하여 대법원 1980. 8. 12. 선고 80다909 판결[445]은 「개호인이 보수로서는 최소한도 농촌일용 노동의 임금이 지급되어야 할 것이라는 것은 우리의 경험칙에 의하여도 충분히 수긍될 수 있는바」라고 판시(피해자의 농촌복귀를 전제)하였고, 대법원 1982. 11. 23. 선고 82다카1079 판결[446]은 「원고가 이 사건 사고당시 도시거주자라면 특단의 사정이 없는 한 위 원고를 개호하는 일은 도시에서의 일용노동에 해당한다 할 것이므로 도시일용노임을 기준으로 그 개호비를 산정함이 원칙」이라고 판시하였다.

위 판결은 원고가 농촌거주자라면 농촌일용노임을 기준으로 개호비를 산정하여야 한다는 것을 시사한 것이라고도 볼 수 있고, 이는 전시 80다909 판결과는 상통한다.

일용노임을 기준으로 하는 경우 남자노임을 기준으로 할 것인가 여자노임을 기준으로 할 것인가에 관하여 대법원은 원칙적으로 여자노임을 기준으로 하되,[447] 개호를 받을 자의 성별, 개호내용 등에 비추어 여자가 적합하지 아니한

439) 서울민사지법 83가합3293 각주 448)의 송영식 논문에서 재인용.
440) 서울고법 83나1516 각주 448)의 송영식 논문에서 재인용.
441) 서울민사지법 84가합829 각주 448)의 송영식 논문에서 재인용.
442) 서울지법 동부지원 84가합1747 각주 448)의 송영식 논문에서 재인용.
443) 성남지원 85가합117 각주 448)의 송영식 논문에서 재인용.
444) 서울지법 동부지원 85가합1406 각주 448)의 송영식 논문에서 재인용.
445) 공 1980. 10. 1. (641), 13086.
446) 공 1983. 2. 1. (697), 207; 동지 대법원 1989. 3. 14. 선고 88다카127〔공 1989. 5. 1. (847), 602〕.

경우에는 예외적으로 남자노임을 시인하는 것으로 생각된다.[448)]

그리고 개호인의 필요성을 인정하는 경우에도 불구화의 정도에 따라 하루 몇 시간의 개호가 필요한 사람도 있을 것이고, 8시간의 개호가 필요한 사람 또는 24시간의 개호가 필요한 사람도 상정할 수 있지 않을까? 이러한 구체적 사정은 개호비산정에 어떤 영향을 줄까?

대법원 1982. 10. 12. 선고 82다카818 판결[449)]은 「원심은, 원고는 이 건 사고 이전에 이미 소아마비의 후유증으로 하반신 및 척추에 부분마비가 있었는데 원고의 위와 같은 기왕의 지병과 이 건 사고로 인한 부상이 경합되어 하루에 8시간의 개호인이 필요하게 된 사실을 인정한 다음 이 건 사고가 원고에게 하루에 8시간의 개호인이 필요하게 되었다는 결과 발생에 기여한 정도에 따라 그에 상응하는 배상액을 가해자에게 부담시키는 것이 상당하다 하여 피고는 원고가 입은 개호인 보수상당의 손해 중에서 50퍼센트 상당액에 해당하는 금원만을 배상하여야 할 것이라고 판시하고 있다. 그러나 원심이 취신한 증거를 살펴 보아도 이 건 사고가 원고에게 하루 8시간의 개호인이 필요하게 된 결과에 기여한 정도가 50퍼센트라고 인정할 아무런 자료를 발견할 수 없고, 원심이 취신한 신체감정 사실조회에 대한 회신에 의하면 원고는 기왕증인 지구성 소아마비만으로는 하루 2시간씩의 개호인이 필요하였으나 이 건 사고로 인하여 신체에 다시 피해가 가하여져서 하루 8시간씩의 개호인이 필요하게 된 것임을 알 수 있다. 그렇다면 원심은 증거에 의하지 아니하고 이 건 사고가 원고에게 하루에 8시간의 개호인이 필요하게 된 결과에 기여한 정도가 50퍼센트라는 사실을 인정한 위법이 있다」고 판시하였다.

전시 대법원 1982. 11. 23. 선고 82다카1079 판결은 「논지는, 개호비는 하루 중 개호에 종사한 시간에 상응한 액수만을 인정하여야 한다는 것이나, 위 원고와 같은 신체장애자에 대한 개호비용은 1일 일용노임 금액을 기준으로 산정함이 타당」하다고 판시하였다. 물론 전자의 판결은 기왕증의 기여도에 따른 개

447) 대법 1978. 1. 31. 선고 77다1986 대법원민사판결원본 241집 601면; 대법 1979. 9. 11. 선고 79다1127 대법원민사판결원본 261집 109면.

448) 대법 1980. 8. 12. 선고 80다909〔공 1980. 10. 1. (641), 13086〕, 송영식, 「개호감정상의 문제점」 자동차사고와 배상의학 세미나, 1987. 7. 10.

449) 판례월보 148호 48면, 공 1982. 12. 15. (694), 1081.

호비의 감액을 정면으로 판시한 것이지만 다른 측면에서 본다면 개호비는 개호필요시간에 상응하여 계산하여야 한다는 점을 시사하고 있다고 본다면 이는 후자 판결의 상고논지와 같다.

후자의 대법원 판결은 개호비는 하루 중 개호에 종사한 시간에 상응하여 인정하여야 한다는 논지에 대하여 그 당부를 정면으로 언급함이 없이 원고의 불구정도(양하지완전마비, 대소변 인공배설)가 1일 일용노임 전액을 지불할 정도라는 사실인정으로써 해결하고 있어 전자 판결과 모순이라고 생각할 수는 없다. 그러나 대법원 1984. 4. 10. 선고 83다카1316 판결[450]은 피해자가 신체의 부자유로 인하여 개호인의 조력을 받을 필요가 있는 경우에 개호인비용의 지급으로 인하여 입은 손해액은 특별한 사정이 없는 한 위 개호인비용전액이라 할 것이므로 피해자가 혼자서 식사와 용변이 가능하고 그 가족의 보조를 받을 수 있다고 하여 달리 해석하여야 할 합리적인 이유로 없을 뿐더러 아무런 증거의 뒷받침도 없이 위 개호비로 인한 손해액을 성인여자 농촌일용노임의 60퍼센트를 기초로 하여 산정한 조치는 채증법칙위배, 심리미진의 위법 또는 판결에 이유를 갖추지 못한 허물이 있다고 판시하고 있다. 그렇다면 개호비를 인정하는 경우 항상 1일당 일용노임전액을 인정하여야 하고 그 일부 예컨대 50%라든지 25%라든지를 인정할 수는 없는 것인가? 아니면 증거의 뒷받침이 있다면 가능한 것인가? 보다 근본적으로 어느 때 개호비가 인정되는가 하는 의문이 제기된다.

우선 판례상 개호비를 인정한 사례를 보면, 하복부 이하 지각 및 운동근육마비, 대소변 불능, 기동불능의 상태,[451] 양측 하지의 완전운동마비, 배변 및 배뇨장해와 방광마비 및 욕창, 기동력 완전상실, 생명보전을 위한 욕창의 치료 등을 위하여 매월 20일간의 예방치료가 필요한 상태,[452] 기동이나 식사 또는 대소변을 자유롭게 할 수 없는 상태,[453] 사지의 강직성 마비로 식물인간화된 경우[454] 좌우 하복부 모두 절단된 경우,[455] 양안실명의 경우[456] 등을 발견할

450) 공 1984. 6. 1. (729), 811.

451) 대법 1969. 10. 21. 선고 69다2122 대법원판결집 15권 3집 민 266면.

452) 대법 1968. 5. 21. 선고 68다364 대법원판결집 16권 2집 민 45면.

453) 대법 1980. 6. 24. 선고 80다801 · 1415〔공 1980. 8. 15. (638), 12962〕.

454) 대법 1986. 3. 11. 선고 85다카2013〔공 1986. 5. 1. (775), 629〕.

수 있다.

따라서 식물인간이 되었다든지 그것에 가까운 사지마비로 인한 기동력 완전 상실로 식사, 배변불능 등을 가져온 경우라면 8시간의 개호를 인정하여도 좋을 듯하다. 대법원 1992. 10. 27. 선고 91다39368 판결[457]은 목 이하 부분의 완전마비 등 후유증으로 혼자서 식사, 용변 등 일상거동이 불가능한 피해자에게 하루 성인남자 2인의 개호가 필요하다고 판시하였고, 1991. 5. 10. 선고 90다14423 판결[458]은 노동능력전부를 상실하고 여명이 5년으로 감축되는 한편 음식물도 식도관을 통하여 공급받아야 하는 등의 피해자에게 성인여자 2인의 개호가 필요하다고 판시하였고, 대법원 1994. 5. 10. 선고 94다2909 판결[459]은 상해로 인한 후유장해로 인하여 사지마비의 상태로 혼자 거동할 수 없고 욕창방지를 위해 2~3시간마다 체위를 변화시켜 주어야 하며, 배뇨 및 배변장해로 말미암아 주기적으로 배뇨관을 삽입하여야 하고 대변을 치워야 하며, 관절운동 및 마사지로 관절강직을 예방하여야 하는 경우 성인여자 1인의 개호만으로는 부족하다고 판시한 사례가 있다.

그러나 그 정도에 까지 이르지 않는 양 족부나 하퇴부절단, 양안실명의 경우는 좀 다를 수 있다. 식사와 배변이 가능하고 고도로 발달된 의족, 바퀴의자, 맹도견 등에 의하여 불편하지만 일상적 생활을 영위할 수 있다면 그러한 피해자에게도 개호비를 인정하여야 할 것인가? 물론 의족, 바퀴의자, 맹도견에 익숙하여질 때까지 몇 년간을 인정하는 데는 무리가 없겠으나 여명기간 전부에 개호비를 인정하는 것이 과연 타당한가? 위자료 이외에 개호비를 인정한다 하여도 50%나 25%를 인정하는 것이 불가능한가? 1983. 7. 12. 선고 83다카308 판결[460]은 원래 회복이 불가능한 정신질환자로서 항상 개호인의 감호가 필요하였더라도 피고 등의 불법행위로 인하여 양쪽 발을 모두 절단해야

455) 대법 1983. 7. 12. 선고 83다카308〔공 1983. 9. 15. (712), 1255〕; 대법 1980. 8. 12. 선고 80다909〔공 1980. 10. 1. (641), 13086〕.

456) 대법 1969. 9. 30. 선고 69다1070 대법원판결집 28권 2집 민 218면; 대법 1984. 4. 10. 선고 83다카1316〔공 1984. 6. 1. (729), 811〕.

457) 공 1992. 12. 15. (934), 3246.

458) 공 1991. 7. 1. (899), 1601.

459) 공 1994. 7. 1. (971), 1773.

460) 공 1983. 9. 15. (712), 1255.

하는 부상을 입은 이상, 정신질환만으로 인한 개호의 경우와는 그 개호의 필요 및 개호인이 하여야 할 일과 나아가 그 비용 등이 분명히 다르다 할 것이므로 별도의 개호비청구를 인정함이 상당하다고 판시한다. 이 경우 종전개호비를 초과하는 액수만 인정하라는 취지로 해석한다면 그것은 벌써 일률적으로 전액을 인정하여야 한다는 것은 아니지 않은가?

생각컨대 개호비 역시 불구화된 상해의 금전적 평가의 한 방법이므로 필요한 개호시간의 정도에 따라 산정하는 것이 타당할 것이다.

손해설은 하루 몇 시간만의 개호인은 구할 수 없으니 일용노임 전액을 지급하여야 한다고 주장할지 모르나, 상해설에 입각하여 의사에게 필요개호시간을 감정하게 한 다음 그 시간에 상응한 개호비만을 인정하는 것이 타당할 것으로 생각한다.

대법원 1990. 4. 10. 선고 88다카21210 판결[461]은 양안실명의 경우 반드시 맹인으로서의 일상생활에 익숙하게 될 때까지만 개호비를 인정해야 되는 것은 아니며, 한편 다른 사정이나 증거에 의하여 1일 일용노임액의 일부만을 인정하는 것도 가능한 것이므로 원심이 의사의 신체감정서 중 원고(여자)가 맹인으로서의 생활에 익숙하여진 후에는 하루 3시간 정도 개호인이 필요하다는 감정결과부분에 따라 처음 3년 동안은 성인여자의 1일 농촌일용노동임금을, 그 이후 여명기간동안은 그것의 1 / 2에 해당하는 금액을 기초로 개호비를 산정한 것은 적법하다고 판시하였다.

Ⅳ. 향후치료비 · 의료보조기구대

장래 지출될 것으로 예상되는 치료비 · 수술비 · 부첨비 · 의치 · 의수 · 의족 등 의료보조기구대는 종래의 통설 · 판례이었던 현실손해설을 취하는 한 민소법 제229조 소정의 장래 이행의 소가 될 수 밖에 없고, 일본 名古屋地判 소화 40. 7. 28. 판결은 피고가 과거의 치료비를 배상하지 않은 사실에 비추어 미리 청구할 필요가 인정된다면서 원고가 병원으로부터 청구를 받을 때 금 얼마를 지급하라고 주문을 내었다.

---

461) 공 1990. 6. 1. (873), 1037.

그러나 일반적으로는 위 민소법상의 「미리 그 청구를 할 필요가 있는 경우」라는 요건은 충족되지 아니하므로, 종래의 통설·판례의 입장을 밀고 나가면 위와 같은 장래의 손해는 부정될 것이고 실제 大阪地判 소화 32. 12. 9. 판결은 장래의 정형수술비의 청구를 기각하였다.[462)]

그러나 대다수의 판결은 현행법상 가해자의 장래의 지불능력을 담보할 방법이 없으므로 집행곤란 등을 고려하여 지출의 개연성이 높은 현실의 손해로 평가하고 이것을 긍정한다.[463)]

우리 대법원이 「상해로 인한 치료비는 불법행위당시에 확정된 손해」라고 판시[464)]한 것은 위와 같은 견해일 것이다.

그러나 이와 같은 이론을 그대로 밀고 나가면 「불법행위로 인한 향후치료비는 불법행위 발생시에 확정된 손해로서 이미 이행기에 도달한 채권이니 중간이자를 공제할 것이 아니다」[465)]라든가 「생존가능기간인 34년 동안 지급할 치료비라 하더라도 여기서 중간이자를 공제할 것이 아니다」[466)]라는 결과에 까지 이르게 된다.

사실 종래 법원 실무에서 장래 필요한 의수족대금을 계산함에 있어서는 호프만식 계산에 의한 중간이자를 공제하였으면서도 향후치료비 산정에서 중간이자를 공제하지 않았던 것은 이상한 일이었다.

결국 대법원은 1979. 4. 24. 선고 77다703 판결(전원합의체)[467)]로써 전시와 같은 종전판례들을 폐기하고 「장래의 치료비 상당의 손해를 사고당시를 기준으로 일시에 청구할 수 있는 금액으로 산정함에는 사고당시와 치료비 지출예상시 까지와의 사이의 중간이자를 공제하여야 한다」고 판시하기에 이르렀다.

결국 위와 같은 대법원 판결의 과정은 현실손해설의 추급이 향후치료비를 장래이행의 소의 대상으로 보게 되는 불합리를 시정하려고 이행기가 도래된

462) 不法下民集 昭 32년 상 339면.

463) 原田和德, 實務法律大系 254면.

464) 대법 1969. 11. 25. 선고 69다1518 대법원판례집 17권 4집 민 84면; 대법 1967. 9. 19. 선고 67다1388 대법원판례집 15권 3집 민 110면.

465) 대법 1969. 11. 25. 선고 69다1518 대법원판결집 17권 4집 민 84면.

466) 대법 1976. 9. 14. 선고 76다1782 대법원판결집 24권 3집 민 49면.

467) 공 1979. 7. 15. (612), 11936.

현실손해로 간주함으로써 발생된 오류를 바로 잡은 것으로 볼 수 있다.

그러나 앞서 설명한 바와 같이 상해 그 자체를 손해로 보고 치료비나 향후 치료비를 그 평가방법에 불과한 것으로 보는 상해손해설에 의하면 위와 같은 이론적 갈등은 쉽게 해소될 수 있다. 왜냐하면 장래 지출될 비용의 현실적 평가액은 당연히 중간이자를 공제한 것이기 때문이다.

그러나 향후치료비와 같은 예상손해액은 사실심의 변론종결당시에 이미 그 예상기간이 지났다면 그 지난 부분의 손해는 실제로 발생한 손해에 한하여 배상을 받을 수 있는 것이므로[468] 원심변론종결당시까지의 예상치료비에 대하여는 그것이 실제 치료비로 소요되었는지 만약 그렇지 않다면 원심변론종결당시로 보아서도 그와 같은 치료비가 앞으로도 소요될 것인지의 여부를 가려 향후치료비손해를 산정하여야 할 것이다.

V. 장례비용

모든 사람은 죽음을 피할 수 없고 따라서 장례비가 관습에 따라 유족이 부담하여야 할 경비라면 장례비는 생명침해라는 불법행위로 인한 손해라고는 할 수 없고, 손해에 관하여 차액설을 고집하면 장래에 지출할 비용을 미리 지출함으로써 생기는 중간이자만이 그 손해가 될 것이다. 사실 가해자가 피해자의 장례비를 부담해 주면 유족은 장래 지출할 동액상당의 이익을 얻게 된다는 견지에서 손익상계설을 동원하여 위와 같은 중간이자만을 손해로 인정한 일본의 하급심 판결도 있었다.[469]

그러나 일본의 통설,[470] 판례[471]와 같이 우리나라 법원의 실무는 예외 없이

---

468) 대법 1986. 3. 11. 선고 85다카2013〔공 1986. 5. 1. (775), 629〕; 동 1985. 11. 26. 선고 83다카2191〔공 1986. 1. 15. (768), 104〕; 동 1984. 4. 10. 선고 83다카1441〔공 1984. 6. 15. (730), 883〕; 동 1981. 6. 9. 선고 80다1598〔공 1981. 10. 15. (666), 14293〕; 동 1980. 5. 27. 선고 80다664〔공 1980. 7. 15. (636), 12880〕; 동 1979. 9. 11. 선고 79다1059〔공 1979. 12. 1. (621), 12250〕.

469) 東京控判 大 14. 6. 5. 신문 2444호 9면.

470) 我妻 榮, 事務管理・不當利得・不法行爲 202면; 加藤一郎, 不法行爲 155면, 谷口知平・植林弘, 損害賠償法槪說 127면.

471) 大審判 明 44. 4. 13. 刑錄 17집 569면; 大審判 大 13. 12. 2. 民集 3권 12호 522면;

손해배상의 대상으로 판시하고, 대법원은 1966. 10. 11. 선고 66다1456 판결[472]에서 「누구든지 사망은 조만간 면할 수 없는 운명이요, 그 비용은 사망자의 유족이 당연히 부담할 것이라는 이유로 그 배상의무를 면할 수 없다고 해석함이 상당」하다고 확인 판시한 바 있다.

그러나 위 학설이나 판례가 충분한 설득력을 갖고 있다고는 생각되지 않는다. 이 점은 뒤에 설명하는 바와 같이 장례비를 망인에 대한 위자료의 일부로 보자는 이론전개의 계기도 된다.

장례비를 손해배상의 대상으로 본다 하더라도 그 범위가 문제로 남는다. 피해자나 유족이 신봉하는 종교나 사회적 경제적 지위에 따라 그 방식과 규모가 다르고 그 비용에도 차이가 크게 생긴다. 뿐만 아니라 묘지가 이미 준비되어 있던 유족과 그렇지 못한 유족과의 사이에도 차이가 생길 것이다.

따라서 어떤 항목의 비용까지를 장례비로 인정하고 얼마까지의 액수를 상당성 있는 비용으로 볼 것인가의 문제가 일어난다.

묘비나 불단의 구입비에 관하여 종래 일본의 학설은 대체적으로 부정적이었으나[473] 재판례는 일본 고래의 관습이라 하여 이를 긍정하여 왔다.[474]

그러나 교통사고례가 격증한 소화 30년대 중엽부터는 부정설이 점차 유력하게 되고 소화 40년대에 들어가서는 부정설이 우세하였었으나, 최고재판소가 소화 44. 2. 28. 적극적 견해[475]를 보인 후에는 이 문제를 평가액의 문제에 지나지 않는다고 보게 되었고 판례도 긍정설이 많게 되었다.

우리 대법원은 1979. 6. 12. 선고 77다2466 판결[476]에서 유처가 지급한 묘비대의 배상을 시인한 바 있다.

전시 일본의 최고재판소 판결의 요지를 보면 「사람이 죽은 경우에 그 유족이 묘비·불단 등으로써 그 영을 위로하는 것은 우리나라의 풍속에 있어 통상 필요한 것이므로 가족을 위한 제사를 주재하여야 할 입장에 있는 자가 불법행

東京地判 昭 32. 5. 10. 判例時報 113호 4면 등.

472) 판례카드 2270.

473) 加藤, 不法行為 225면; 谷口·植林, 전게서 127면.

474) 東京控判 昭 8. 5. 26. 신문 3568호 5면, 實務法律大系 交通事故 269면 주 15).

475) 民集 23권 2호 525면.

476) 대법원판례집 27권 2집 민 55면.

위로 사망한 가족을 위한 묘비를 건설하고 불단을 구입한 때에는 그 때문에 지출된 비용은 불법행위로 인하여 생긴 손해가 아니라고는 할 수 없다. 죽음은 누구라도 조만간 면할 수 없는 운명이고 사자의 영을 위로하는 것이 당연한 그 유족의 책무라고는 해도 불법행위에 즈음하여 당해 유족이 어쩔 수 없이 비용을 지출한 것은 오로지 불법행위에 의하여 생긴 사태이고, 그 이치는 묘비 건설・불단구입의 비용과 기타의 장의비용과 구별할 아무런 까닭이 없는 것이라고 하여야 할 것이다. 따라서 전기의 입장에 있는 유족이 묘비건설・불단구입을 위한 비용을 지출한 경우에는 그 지출이 사회통념상 상당하다고 인정되는 한도에서 불법행위에 의하여 통상 생길 손해로서 그 배상을 가해자에 대하여 청구할 수 있는 것이라고 해함이 상당하다. 더욱이 그 묘비 또는 불단이 당해 사자만을 위하여가 아니고 장래에 걸쳐 그 가족 내지 자손의 영까지도 위로하기 위하여 사용되는 경우에는 그 건설 내지 구입에 의하여 타면 이익이 장래에 잔존하게 되므로 그 때문에 지출된 비용의 전액을 불법행위에 의하여 생긴 손해로 인정할 수는 없다.

그러나 그렇다고 하여도 그 지출이 불법행위와 상당인과관계가 없다고는 할 수 없고 사자의 연령・가족구성・사회적 지위, 직업 등 제반의 사정을 짐작하여 사회의 습속상 그 영을 애도함에 필요하고 상당하다고 인정되는 비용의 액을 확정하여야 할 것」이라고 판시하였다.[477]

결국 위 판결은 묘비나 불단 구입비의 인과관계성을 시인하면서 상당범위를 정할 것을 요구하는 것으로 보인다.

대법원은 1984. 12. 11. 선고 84다카1125 판결[478]에서 묘지매입대를 손해배상의 대상이 되는 장례비에 해당된다고 판시하면서 묘지 면적에 관하여는 법에 따른 제한을 가하고 있다. 즉, 「망인의 시신을 묘지에 장사지내는 것은 우리나라 고유의 풍속에 속한다 할 것이고 어느 토지가 일단 묘지로 사용된 이상 특단의 사정이 없는 한 그 토지는 상당한 기간 묘지 이외의 다른 용도로 사용할 수 없어 일반재산으로서의 교환가치를 상실한다 할 것이므로 타인의 불법행위로 인하여 사망한 자를 매장하기 위하여 묘지를 구입한 경우 그 묘지

477) 별책 ジュリスト No. 48, 1975. 8. 交通事故判例百選 제2판 84면.

478) 공 1985. 2. 1. (745), 160.

구입비는 손해배상의 대상이 되는 장례비에 해당된다고 보아야 할 것이나 한편 묘지로 사용할 수 있는 토지의 면적은 법률이 허용하는 한도를 초과할 수 없다 할 것이고 이 사건 사고 발생당시의 매장 및 묘지 등에 관한 법률 제4조 제1항 및 같은법시행령 제2조 제1항 제1호의 규정에 의하면 1기당 묘지면적은 통상 30평방미터를 넘을 수 없도록 규제하고 있으므로 이 사건에 있어서 장례비에 포함시켜 지급을 소구하는 묘지구입비는 30평방미터의 매수대금을 초과하지 않는 범위에서만 인용되어야 할 것」이라고 판시한 것이 그것이다.

생각컨대 묘지매입대금은 광의의 장례비의 일부로 볼 수도 있다. 또 묘비는 무덤의 식별을 위하여 필요한 것이므로 특별히 고가의 것이 아니라면 전액을, 그렇지 않은 경우에는 통상 중등도의 것의 가격을 인정하여 좋을 것이다.

우리나라에 있어서 장례비에 관한 특색 있는 문제는 가정의례에 관한 법률[479]과의 관계에서 생긴다. 위 법은 1973. 3. 13. 법률 제2604호로 공포시행되었는데 그 제4조에서는 허례허식을 금지하여 굴건제복의 착용, 만장의 사용, 경조기간 중 주류 및 음식물의 접대를 금하고 이를 위반하는 경우에는 200만원 이하의 벌금 또는 과료에 처하도록 1980. 12. 31. 개정된 동법 제13조가 규정하고 있었다.

따라서 위 법규는 강행법규임이 분명하고 위 규정에 반하는 비용은 사망과의 인과관계나 상당성을 인정하기 곤란할 것이다.

위 법이 제정시행되기 전에 대법원은 1964. 6. 2. 선고 63다804 판결[480]에서 「사람이 사망하여 장례를 치루어야 할 경우에는 다수의 조객이 문상와서 밤도 새우고 인부도 사용하여야 하므로 그들에 대한 식사를 대접함이 통례이므로 사회적 지위에 상응한 백미를 소비하였다면 이를 특별한 비용이라고는 볼 수 없다」고 판시한 일이 있었다.

그러나 위 법 시행령 제4조 제2호는 「상례에 있어서 상가의 일을 돕는 자나 매장지 또는 화장장까지 수행한 자에 대하여 음식물을 접대하는 행위」만을 허용하고 있을 뿐이다.

479) 1999. 8. 9. 법률 제5837호로써 폐지되었음.

480) 판례총람 4-2(A)권.

대법원은 1979. 6. 12. 선고 77다2466 판결[481])에서 「원판결 이유에 의하면 원심은 (증거)를 종합하여 이 사건 교통사고로 사망한 지석주의 처인 원심 임춘례는 망인의 장례비로서 금 441,500원을 지출한 사실을 인정하고 있고, 기록에 대조 검토하여 보면 위 장례비 중에는 위 망인의 묘비대금 120,000원이 포함되어 있음을 알 수 있는 바, 원심이 확정한 사실에 의하면 위 망 지석주는 건설회사의 중견사원으로 활동 중 이 사건 교통사고를 당하여 42세의 아직 젊은 나이에 노모와 처 및 가계를 상속할 아들도 없이 나이 어린 딸 자식들만을 남긴 채 횡사하여 유족은 생활의 지주를 상실하고 가정은 파탄에 직면하여 있음을 알 수 있는 바, 이와 같은 사정 아래서 망인의 유처가 망인의 묘비대로서 위의 금액을 지출한 것은 사회통념상 상당한 것이라고 수긍할 수 있다. 또 우리나라의 종래의 풍속에 비추어 본다면 유족이 조객이나 분묘 등 설치에 종사한 인부들의 식사 및 주류대로서 위 액수 정도의 비용을 지출한 것도 상당」하다고 판시하였다.

위 사안에서의 장례가 가정의례에 관한 법률의 공포시행 이전이라면 모르되 그 이후의 것이라면 조객에의 주식접대비는 문제가 된다.

따라서 대법원 1982. 3. 9. 선고 81다35 판결[482])은 「피해자의 장례식 당시 시행 중이던 개정전 가정의례에 관한 법률(1973. 3. 13. 법률 제2604호) 제4조 제1항 제1호 및 제6호에 의하면 사망에 따른 계고장 등 인쇄물에 의한 개별고지와 경조기간 중 주류 및 음식물 제공은 원칙적으로 금지되어 있고 다만 같은법 시행령(1973. 3. 13. 대통령령 제6552호) 제4조 제1항 제2호에 의하여 장례에 있어서 운구 또는 산역에 참여한 자에 한하여 음식물접대행위만을 예외적으로 허용하고 있으므로 위 법령에서 금지하고 있는 행위에 소요된 비용은 결국 필요하고도 상당한 비용이라 할 수 없을 것인 바, 이 사건 기록에 의하여 원심이 인용한 제1심판결이 인정한 피해자의 장례비 977,400원 중 부고 인쇄비는 위 규정에 반하여 지출된 비용으로 피고가 배상할 상당한 비용이라고는 할 수 없고, 주류 및 음식비용은 위 규정에 의한 음식물 제공비용인지에 관하여 심리한 바 없이 이를 모두 피고가 배상할 장례비로 인정하였음은 필경 심리

481) 대법원판결집 27권 2집 민 55면.

482) 판례월보 143호 49면.

를 다하지 아니하였거나 손해배상의 범위에 관한 법리를 오해하여 판결에 영향을 미친 위법이 있다 할 것이므로 이 점을 탓하는 논지는 이유 있다」고 판시하기에 이르렀다. 그러나 실무상 위 시행령에서 허용한 조객 또는 인부에의 주식대와 그렇지 않은 조객에의 주식대를 구분하기는 곤란할 것이므로 결국 전체적인 장례비의 상당성의 문제로 해결할 수 밖에 없게 될 것이다.

다음 장례비용 그 자체는 아니지만 그 후에 이루어지는 7일제, 49일제, 100일제의 비용은 어떤가?

대법원은 1964. 5. 2. 선고 63다804 판결[483]에서 「사람이 사망한 경우 사망자와 유가족들의 사회적 지위와 사망의 원인, 경위 등에 비추어 49제, 100일제를 올리는 것이 우리나라 보통의 풍습」이라고 시인한 바 있고, 일본에서도 100일기분을 긍인한 하급심 판례[484]도 있으나 일본 실무의 대세는 49일기분까지만 인정하고 있다 한다.[485]

이상에서 고찰한 바와 같이 장례비의 문제는 그 많은 여러 가지 항목의 비용 중 어디까지를 장례비로 보느냐 하는 범위결정의 문제와 위 범위 내에 포함시키는 경우에도 어느 액수까지를 상당성 있는 비용으로 볼 것인가의 문제로 요약된다.

요즈음과 같이 장의사의 이용이 일반화된 경우에 그 장의사에 지급한 비용은 장지에의 참례를 위한 유가족이나 친지들의 수송을 위한 차량전세료를 포함하여 협의의 장례비로 보아 전액 지급함에 별 이의가 없을 것으로 생각되고, 독경료, 포시, 교회에의 헌금 등도 위 개념에 포함시켜도 좋을 것이다. 그러나 조객에의 접대비는 전시 시행령의 제한을 받게 될 것이다.

위와 같이 장례비의 범위와 그 상당액을 따지는 것은 장례비를 불법행위로 인한 재산적 적극적 손해로 보는 전통적인 견해가 지금까지 강력하게 유지되어 왔기 때문이다. 그러나 위와 같은 협의의 장례에 근접하여 지출되는 각종 비용도 그 액수의 상당성이 유지되는 한 이 비용들도 포함시키는 것이 사회통념에 맞는다는 견지에서 이를 광의의 장례비 속에 포함시키는 총합판정방식

483) 대법원판례집 12권 1집 민 135면.
484) 東京地判 昭 12. 6. 18. 신문 4155호 4면.
485) 薦田茂正, 實務法律大系 交通事故 265면.

이 일본 하급심의 주류를 이루게 되었다.486)

그러나 또 하나의 사고방식은 장례비 중 묘비건설비나 불단구입비 등을 위자료 산정에 참작하면 족하다는 것이다. 즉, 위와 같은 비용은 사회도덕이나 예의상 의무로서 과해지는 것이 아니고 통분의 정을 해소시키고 유족 스스로 위로를 하려는데 주요한 계기가 있으므로 위자료산정상 참작사유로 하자는 것이다.487)

생각컨대 앞서 지적한 바와 같이 사람은 죽음을 피할 수 없고 유족은 조만간 장례비를 지출하게 되어 있는 것이므로 장례비를 불법행위로 인한 손해로 보는 데는 설득력이 불충분하고 따라서 장례비를 지급하게 하는 것은 본래의 수명보다 일찍 죽게 한 데 대한 위로의 의미가 있음을 부인하기 어려우므로 구태어 광의의 장례비에 포함되는 것만을 가려 위자료 참작사유로 보는 것도 타당한 것은 아닐 것이다.

제 5 절 위자료의 산정

Ⅰ. 의의와 기능

민법 제752조는 「생명침해로 인한 위자료」라는 제하에 「타인의 생명을 해한 자는 피해자의 직계존속, 직계비속 및 배우자에 대하여는 재산상의 손해없는 경우에도 손해배상의 책임이 있다」고 규정한다. 따라서 위자료란 재산상 손해가 아닌 손해에 대한 배상금이라 할 수 있다. 또한 민법 제751조는 「재산 이외의 손해의 배상」이라는 제하에 「타인의 신체, 자유 또는 명예를 해하거나 기타 정신상 고통을 가한 자는 재산 이외의 손해에 대하여도 배상할 책임이 있다」고 규정하고 있으므로 재산 이외의 손해 중에 정신상 고통이 포함되는 것은 분명하다.

자유나 명예를 침해당한 자가 느끼는 분노, 수치, 좌절, 공포, 실망 등의 정신적 고통이나 신체에 상해를 입은 피해자 본인이나 유족이 느끼는 전시와 같

486) 有泉 亨, 별책 ジュリスト No.48. 1875. 8. 묘비・불단 85면.

487) 전게서 85면; 谷口, 민상 62권 4호 176면.

은 정신적 고통이 재산 이외의 손해로서 위자의 대상이 될 것임은 별 의문이 없으리라 생각된다.

그러나 생명, 신체를 침해당한 자가 느낀 육체적 고통은 어떤가?

전시 두 법조에서 말하는 재산상 손해가 아닌 손해 또는 재산 이외의 손해란 경제적으로 금전평가가 불가능한 무형적 손해를 지칭하면서 정신상 고통을 예시한 것에 불과한 것일 뿐만 아니라 육체적 고통에는 정신적 고통도 수반되는 것이므로 육체적 고통 역시 위자의 대상이 되는 손해라 할 것이다.

그렇다면 위자의 대상이 되는 재산 이외의 손해는 정신적·육체적 고통만을 말하는 것인가? 종래에는 그렇게 생각되어 왔던 것 같다.

그러나 재산상 손해에도 적극적 손해와 일실이익 같은 소극적 손해가 있듯이 재산 이외의 손해도 적극적인 손해와 소극적인 손해를 상정할 수 있다.

즉, 피해자가 신체 생명을 침해당함으로써 받은 정신적·육체적 고통을 적극적 손해로 생각할 수 있는 반면 위와 같은 불법행위로 인하여 과거에 얻을 수 있었던 그리고 장래에 얻을 수 있었던 정신적·육체적 행복의 상실은 소극적 손해라고 말할 수 있다.

사람은 누구나 행복을 추구하고 아무리 보잘 것 없는 생활을 하더라도 그 나름대로의 행복은 있다고 보아야 할 것이며, 생명 신체를 침해당함으로써 얻을 수 있었던 위와 같은 육체적·정신적 행복을 상실하였다면 그것은 일실행복으로서 배상의 대상이 된다고 보아야 할 것이다.

따라서 상해로 인하여 예정한 여행이나 휴가, 스포츠, 취미생활 등을 즐길 수 없었고 또 장래에 즐길 수 없게 되었다면, 사망으로 인하여 위아 같은 생활을 통하여 얻을 수 있었던 육체적·정신적 행복을 상실하였다면 그것은 배상받아야 할 손해이며 이것이야말로 재산 이외의 손해의 중핵을 형성한다고 보지 않을 수 없고 따라서 불구자가 되거나 사망한 경우에 피해자의 연령에 의한 여명의 장단과 사회적·경제적 지위를 고려하게 되는 이유를 찾게되는 것이다.

그렇다면 왜 위와 같은 손해를 금전으로 배상하여야 하는 것인가? 그것은 금전 즉, 위자료의 기능과 관련된 문제이다.

독일의 엣싸(Esser)는 위자료의 기능을 세가지로 설명한다. 첫째는 불쾌의 감정을 쾌감에 의하여 보상하고 정신적 불이익을 반대로 이익에 의하여 축출한다는 것이며, 둘째는 피해자가 스스로 비재산적 손해를 극복하고 이것을 경감시킬 수 있도록 필요한 경제적 자유를 부여한다는 것이며, 셋째는 피해자에게 만족감을 준다는 것이다.

경미한 비재산적 손해는 위자료의 지급에 의하여 보상될 수 있겠으나, 불구가 된 피해자에 대하여는 스스로의 노력에 의하여 고통을 경감시키고 또 다른 즐거움을 찾을 수 있도록 필요한 금전을 제공할 필요가 있다. 그러나 피해자가 스스로 위와 같은 극복의 조치를 취할 수 조차 없는 정신적 상태에 이르면 위자료의 지급은 금전이 인간의 욕망을 만족시키는 속성을 갖기 때문에 하여야 한다고 말할 수밖에 없다.[488]

Ⅱ. 사망과 위자료

1. 망인의 위자료청구권과 상속성

피해자가 중상을 입고 육체적·정신적 고통을 당하다가 사망한 경우에 사전에 위자료청구권을 행사한 경우에는 그것은 일반 금전지급청구권으로 변하고 따라서 상속의 대상이 되는 것에는 의문이 없다. 그러나 위와 같은 위자료청구권을 행사하지 못한 채 사망하였거나 즉사한 경우에는 문제가 생긴다.

우선 고통을 느낄 사이도 없이 순간적으로 사망한 경우에는 망인에게 위자료청구권을 인정할 것인가? 앞서 설명한 바와 같이 위자료는 이미 감수한 고통과 잃어버린 기쁨에 대한 보상일 뿐만 아니라, 장래 얻을 수 있었으나 불법행위로 인하여 상실한 육체적·정신적 행복에 대한 보상의 의미를 갖는 것이므로 망인의 위자료를 부인할 수 없을 뿐 아니라 아무리 순간적인 죽음이라도 그에게 육체적·정신적 고통이 없었다고 단정할 수도 없을 것이다.

그런데 위와 같은 상실한 행복에 대한 위자료청구권은 사망시까지에 상실한 행복이 아닌 사망함으로써 잃어버리게 된 행복에 대한 위자료청구권임에도 상속의 대상이 될 수 있는 것인가?

488) 吉野 衛, 「慰藉料の 算定」 實務民事訴訟講座 3권 交通事故訴訟 198면.

사망함으로써 취득하게 되는 청구권은 사람은 죽음으로써 인격을 상실하므로 권리주체가 될 수 없고 따라서 망인은 위자료청구권을 취득할 수 없는 것이 아닌가 하는 의문이 생긴다.

이와 같은 의문은 일실행복에 대한 위자료에 관하여 국한된 것이 아니고 일실수입을 기초로 한 재산상 손해에도 공통되는 것이다. 만일 이와 같은 청구권의 상속을 인정한다면 그것은 피해자가 위와 같은 권리의 취득을 위하여 상속개시의 원인이 되는 사망 이전에 사망하였음을 인정하는 것으로서 사람이 두 번 죽는다는 모순을 낳게 된다.

이와 같은 모순을 해결하지 못하여 대다수의 판례가 상속긍정설을 취한 지금에 이르러서도 부정설은 강력한 세력을 유지하고 있다고 말할 수 있다.

상속부정설은 위와 같은 논리모순 외에 위자료청구권은 이론상 피해자에 귀속되는 일신전속권이므로 상속의 대상이 될 수 없다는 점과 실정법상 민법 제752조가 피해자의 유족에게 별개 독립의 위자료청구권을 인정하고 있는 이상 피해자 본인의 위자료청구권을 인정하여 상속을 허용한다면 이중배상을 받게 된다는 점을 논거로 제시한다.

그러나 상속부정설을 취한다고 하더라도 피해자가 사망전에 위자료청구권을 행사한 경우에는 통상의 금전채권으로 변화되고 그것은 상속의 대상이 될 수 밖에 없다는 것을 부정할 수는 없게 된다.

일단 위와 같은 통상의 금전채권화와 상속을 인정하면 위자료청구권의 행사를 어떻게 해석하느냐 하는 문제에 봉착한다. 위자료청구소송을 제기하였거나 청구의 의사표시가 상대방에 도달된 경우에는 문제가 없으나, 아직 도달되지 않았거나 위자료청구의 의사표시가 명백치 않은 경우에는 곤란한 점이 생긴다. 그래서 일본 판례는 위 의사표시는 도달되지 않아도 상관없다고 판시하기도 하였고,489) 죽기 전에 「억울하다」고 외친 경우에는 그 의사표시가 있었던 것으로 보아야 한다.490)는 기묘한 판시까지 한 일이 있었다.

위와 같은 견강부회적 기교적 설명은 다수 학설의 비판을 받아 판례는 피해

489) 中川善之助, 注釋相續法 115면.

490) 日 注釋民法 제10권 215면; 濱田, 「被害者の 死亡の 場合に おける 損害賠償請求」 靜岡, 法經論集 9호 95면; 中川良延, 「不法行爲に よる 損害賠償請求權」 判例タイムズ 124호 20면.

자의 의사표시 유무에 불구하고 그 포기, 면제 등의 특별한 사정이 없는 한 피해자의 위자료청구권은 당연히 상속된다고 하는 입장을 취하게 되었다.

즉 일본 최고재판소 대법정은 소화 42년 11월 1일 재판관 13명 중 9명의 다수의견으로「어떤 자가 타인의 고의 과실에 의하여 재산 이외의 손해를 입은 경우에 그 자는 재산상의 손해를 입은 경우와 마찬가지로 손해의 발생과 동시에 그것을 배상받을 권리 즉, 위자료청구권을 취득하고 위 청구권을 포기한 것이라고 해할 수 있는 특별한 사정이 없는 한 이것을 행사할 수 있고, 그 손해의 배상을 청구하는 의사를 표명하는 등 각별의 행위를 할 것이 필요한 것은 아니다. 그래서 당해 피해자가 사망한 때에는 그 상속인은 당연히 위자료청구권을 상속하는 것이라고 해함이 상당하다」고 판시하기에 이르렀다.[491] 우리 대법원도 1966. 10. 18. 선고 66다1335 판결[492]에서 위자료청구권은 포기하였다거나 면제하였다고 볼 수 있는 특별한 사정이 없는 한 생전에 청구의사를 표시할 필요없이 원칙적으로 상속되는 것이라고 해석함이 상당하다고 판시한 이래 그 견해를 계속 유지하고 있고 즉사의 경우에도 위자료청구권을 인정한다.[493]

생각컨대 상속부정설이 논거로 제시하는 위자료의 일신전속성이라는 것도 청구의사표시에 의하여 통상의 금전채권화하는 성질에 비추어 그리고 그 의사표시는 구체적 타당성에 비추어 강요될 수 없는 것이고 보면 상속부정의 이유로서는 타당성이 결여되고 또한 민법 제752조가 유족 고유의 위자료청구권을 규정한다고 하여도 그것의 피해법익은 유족 자신의 정신적 고통인 반면, 사자에 대한 위자료는 사자 본인의 고통과 일실행복에 대한 것이므로 이중배상이라는 논거 또는 부당하다.

뿐만 아니라 부정설을 취하는 경우, 상해나 불구의 경우에는 본인의 위자료를 인정하면서 그보다 피해가 큰 사망의 경우에 망인의 위자료가 부정되는 불합리와 사망 전에 위자료청구권을 행사한 경우와 그럴 사이 없이 즉사한 경우와의 간에 불균형이 생겨 부당하다. 결국 긍정설을 취하지 않을 수 없게 되는

491) 岡垣 學,「慰藉料請求權の 相續性」實務法律大系 交通事故 389면 이하.

492) 대법 1966. 10. 18. 선고 66다1335 대법원판례집 14권 3집 민 160면; 대법 1963. 10. 23. 선고 69다1380 대법원판례집 17권 3집 민 208면.

493) 대법 1969. 4. 15. 선고 69다268 대법원판례집 17권 2집 민 17면.

데, 최대의 난점은 사망함으로써 발생되는 일실행복에 대한 배상청구권(일실수입에 대한 청구권도 동일)을 어떻게 죽기 전에 취득하여 상속이 되느냐에 있다.

이 문제를 해결하기 위하여 아무리 즉사의 경우라도 상해와 사망과의 간에 관념상 시간적 간격이 있고, 생명침해를 「신체의 극도의 침해」라고 하면서 즉사의 순간에 극도의 신체침해에 대한 배상청구권을 취득하고 그 피해는 사망으로 인한 피해에 근접하는 것이라는 「극한개념설[494]과 시간적 간격설」[495]이 출현하였고, 그 후 배상청구의 범위내에서만 피해자는 「법률관념상」의 권리주체라고 하는 「인격존속설」,[496] 피상속인의 생명을 침해함으로써 발생된 배상청구권은 피상속인의 「인격」 또는 「법률상의 지위」를 승계하는 상속인에게 원시적으로 취득된다고 하는 「인격승계설」[497] 등이 나타나게 되었다.

그러나 인격존속설은 피해자의 사망으로써 발생되는 일실수익에 기한 손해배상청구권 또는 일실행복에 기한 위자료청구권을 망인에게 취득시키기 위하여 의도적으로 사후에도 인격의 존속을 의제할 뿐만 아니라 그렇게 하여 취득한 권리를 상속시키기 위하여 또 한번 죽어야 한다는 점에 무리가 있고, 인격승계설은 어째서 일실이익 또는 행복에 기한 손해배상청구권이 상속인에게 원시적으로 취득되는지 이유 설명이 없다.

생각컨대 극도의 신체침해로 인하여 피해자가 취득하는 일실이익 및 일실행복, 정신적 육체적 고통은 오히려 사망으로 인한 그것들보다 결코 적지 않다. 예컨대 식물인간화됨으로써 또는 노동력을 완전히 상실 당함으로써 취득하는 재산상 손해배상청구권은 일생동안 필요하게 되는 개호비·치료비 때문에 그리고 사망의 경우에 공제되는 생활비를 공제할 수 없기 때문에 사망의 경우보다 훨씬 액수가 커지며 육체적 정신적 고통은 사망의 경우보다 크다고 볼 수

494) 末弘, 債權各論(大正 7) 1023면; 宗宮, 不法行爲 295면.

495) 大審判 昭 7. 3. 25. 평론 21 민 261면; 大審判 昭 11. 5. 8.; 大審判 昭 16. 12. 27. 民集 20권 1479면.

496) 平野, 「生命侵害に よる 葬式費用의 賠償請求」 注釋民法(19) 216면 인용; 阿武 「生命侵害に 基づく 損害賠償請求權に 關する 私法理論」.

497) 杉之原, 判民 昭 3년도 15 事件評釋, 穗積, 「相續は 權利の 承繼か 地位の 承繼か」 법무 48권 1호 15면; 我妻, 相續法 139면.

있다.

이렇게 보면 사망은 극도의 신체상해의 다음 단계에 오는 것이라고 보아서 사망 직전에 사망으로 인한 손해(재산상 손해와 위자료) 상당액의 배상청구권을 취득한다고 보아 별 무리가 없을 것이고, 아무리 즉사의 경우라도 치명상과 사망 간에 간격이 있음을 부인할 수 없다면 위 청구권이 상속된다고 보아도 좋을 것이다.

2. 위자료청구권자의 범위

민법 제752조는 타인의 생명을 해한 자는 피해자의 직계존속, 직계비속 및 배우자에 대하여는 재산상의 손해 없는 경우에도 손해배상의 책임이 있다고 규정한다. 그렇다면 망인의 형제자매나 존속의 형제자매 등 근친에 대하여는 위자료지급의무가 없다는 뜻인가?

종래 일본의 판례와 학설의 기본적 입장은, 피해자와 근친자의 친족적 범위는 광범위하게 확장되고 별로 슬프지도 아니한 근친에게까지 배상청구권을 인정하게 되는 불합리를 회피하기 위하여 본조가 위자료청구권자의 범위를 최근친에 제한한 것이라고 보았고,[498] 또 근시에는 근친자의 고유의 위자료청구권은 민법 제750조·제751조에 의하여 발생하며, 본조는 「피해자 본인이 청구했던가 취득할 수 있었던 위자료의 청구권을 피해자의 친·자·배우자가 의제적으로 대위행사할 수 있다는 뜻을 규정」한 것이라고 봄으로써[499] 본조의 청구권자는 제한된 것이라는 견해도 있다.

그러나 망인의 근친자는 본조에서 정한 이외의 자라도 구체적 사정에 따라 본조 소정의 근친자와 같은 정도의 고통을 당할 수 있는 것이므로 그들의 위자료청구권을 부정하는 것은 타당하지 아니하며, 본조가 망인의 위자료를 의제적으로 대위행사토록 한 규정으로 보는 것은 위자료청구권의 상속을 부정하는 것으로서 받아들이기 어렵다.

따라서 본조는 본조 소정의 친족이 아닌 자라도 민법 제750조·제751조에

498) 日 注釋民法 10권 235면.
499) 中川, 注釋民法 10권 235면.

의하여 정신적 고통을 받았음을 입증하면 위자료를 청구할 수 있고,[500] 친족 고유의 위자료청구권을 규정하면서[501] 단지 가장 전형적인 근친을 예시하고,[502] 그러한 근친자에게는 입증책임을 경감하는 취지에 불과하므로[503] 망인의 시모,[504] 외조부[505]라도 위자료청구는 가능하다고 대법원은 판시하였다.

그렇다면 본조가 말하는 근친관계는 반드시 호적상 인정되어야 하는가? 호적상 등재되지 아니한 내연의 배우자, 실모, 실부에게도 위자료청구권을 인정할 것인가?

위자료청구권이 불법행위로 인하여 고통을 받는 자에게 인정되고 그 고통은 사회적으로 상당인과관계에 있으면 족한 것이므로 입증에 의하여 위와 같은 관계가 나타난다면 부정할 이유가 없다.

그래서 대법원은 1966. 6. 28. 선고 66다493 판결[506]에서 「여기에서 말하는 친족관계는 반드시 호적상의 친족관계만을 가리키는 것이 아니고 이 사건에 있어서와 같은 위자료청구에 있어서는 사실상 위와 같은 친족관계(호적에 입적이 되지 않은 경우)가 있는 경우도 포함하는 것이라고 해석함이 상당할 것이므로(당원 1962. 4. 26. 선고 62다72 판결 참조), 이와 반대의 견해로서 원고 김신, 동 강옥희의 본건 위자료청구를 인용한 원판결 부분을 공격하는 논지는 받아들일 수 없다」고 판시하였다.

따라서 내연의 배우자,[507] 혼인신고를 아니한 사실상의 부모[508]라도 위자료청구권은 인정될 것이다.

따라서 유족은 피해자의 직계존비속·배우자 이외의 근친이라도 민법 제750조·제751조에 의하여 위자료를 청구할 수 있지만, 민법 제752조는 입증곤란을 회피하기 위하여 피해자의 배우자와 직계존비속에게 위자료청구권이 있음

---

500) 대법 1967. 9. 5. 선고 67다1307 대법원판례집 15권 3집 민 35면.
501) 대법 1966. 9. 20. 선고 66다1215 판례카드 2234.
502) 대법 1967. 8. 29. 선고 67다1414 판례카드 168.
503) 대법 1963. 10. 31. 선고 62다558 대법원판례집 11권 2집 민 219면.
504) 대법 1967. 12. 18. 선고 67다2047 대법원판례집 15권 3집 민 367면.
505) 대법 1967. 12. 26. 선고 67다2460 대법원판례집 15권 3집 민 438면.
506) 대법원판례집 14권 2집 민 85면.
507) 대법 1967. 6. 27. 선고 66다1592 대법원판례집 15권 2집 민 108면.
508) 東京高判 昭 36. 7. 5. 注釋民法 10권 236면.

을 규정하고 이러한 근친들의 거증책임을 경감시킨 것이므로 위와 같은 신분관계가 아닌 근친자라도 사회통념상 금전으로 위자되어야 할 정도의 정신적 고통을 받았음을 입증하여 위자료를 청구할 수 있다 할 것이다.

Ⅲ. 상해와 위자료

상해를 입은 피해자 본인이 위자료 청구권을 갖는다는 것은 의심할 여지가 없다. 그러나 피해자의 근친자에게도 이것을 인정할 것인가? 인정한다면 그 기준은 무엇인가 하는 것이 문제이다.

일본의 하급심 판례는 옛날부터 민법 제711조(우리 민법 제752조)가 생명침해에 한하여 근친자에게 위자료청구권을 인정한 것이라는 전제하에 그 반대해석으로서 이를 부정하였고[509] 다대수의 학설도 이를 시인하였다.[510]

이러한 부정설의 논거는, 상해의 경우에는 생명침해의 경우보다도 근친자의 위자료청구권을 인정할 실익이 적으며, 자의 고통이 부모의 고통이라면 자의 만족은 부모의 만족이므로 일반적으로 피해자의 손해가 충분히 배상되면 근친자에게는 위자료청구권을 인정할 필요가 없다는 점,[511] 민법 제752조는 간접적 피해자에게 위자료청구권을 인정한 예외적 규정이므로 엄격히 해석하여야 한다는 점에 두고 있다.

그러나 소화 30년대에 와서 일본 최고재판소는 10세의 여아가 자동삼륜차에 치어 안면구각으로부터 하악에 걸쳐 7㎝의 열상을 입고 반흔연축 및 안면과 삼차신경마비의 외상후유증을 남겨 보기 싫은 용모로 변하였기 때문에 여자 홀로 양육하여온 모친이 심대한 정신적 고통을 받은 사안에 대하여 「민법 제711조가 생명을 침해당한 자의 근친자의 위자료청구권을 명문으로 규정하고 있다는 하나의 사실만으로 막 바로 생명침해 이외의 경우에는 어떤 사정이 있어도 그 근친자의 위자료청구권이 모두 부정되는 것이라고 해할 수는 없고 오

---

509) 東京控判 大 2. 6. 13. 注釋民法 10권 197면 전재; 東京地判 大 4. 11. 3. 注釋民法 10권 197면 전재; 東京控判 大 5. 7. 15. 注釋民法 10권 197면 전재; 大阪地判 大 5. 10. 27. 注釋民法 10권 197면 전재.

510) 日 注釋民法 10권 197면 전재.

511) 千種, 「子の 傷害と 母の 慰藉料」 判例時報 159호 4면 이하.

히려 원심 인정의 사실관계에 의하면 모는 그 자의 사망에 비견할 정신적 고통을 받았다고 인정되므로 제711조 소정의 경우에 비슷한 사건에 있어서는 모는 제709조·제710조(우리 민법 제750조·제751조)에 기하여 자기의 권리로서 위자료를 청구할 수 있다고 해하는 것이 상당하다」고 판시하였고,[512] 또한 12세의 여아가 자동차에 좌대퇴부를 치어 전치 4개월을 요하는 좌대퇴부 외음부좌멸창 겸 좌골골절 등의 상해를 입고, 치료의 결과, 대음순의 형상이 정상이 아닐 뿐 아니라 대퇴부 등의 일부에 약간의 반흔을 남긴 정도로 회복하여 장래의 결혼생활에도 지장 없게 되었으나, 양친은 위와 같은 부위의 이상형상이나 반흔 때문에 딸이 세상의 행복한 결혼생활을 할 수 있을까 어떨까 하는 위구 등으로 상당한 정신적 고통을 맛보는 것은 당연하고, 이 고통은 딸이 사망한 경우에 받을 고통에 비하여 반드시 떨어지는 것은 아니므로 양친에게 위자료청구권이 있다는 원판결을 지지하고 이와 같은 경우에는 부모는 제709조·제710조에 기하여 자기의 권리로서 위자료를 청구할 수 있다고 판시하였다.[513]

그러나 소화 42. 6. 13.자 일 최판[514]은 하급심의 적극적 판단을 부정하여 「제3자의 불법행위에 의하여 신체를 침해당한 자의 배우자 및 자는 그 때문에 피해자가 생명을 침해당한 경우에 비견할 또는 위 경우에 비하여 현저하게 떨어지지 않는 정도의 정신상 고통을 받았을 때에 한하여 자기의 권리로서 위자료를 청구할 수 있는 것이라고 해함이 상당하다」고 종래의 판례를 요약한 뒤 「원판결 인정의 사실관계하에서는 아직 앞서 설시한 피해자의 배우자 및 자가 자기의 권리로서 위자료를 청구할 수 있는 정도의 정신적 고통을 느꼈다고는 인정할 수 없다고 하여 피해자의 처와 자에게 위자료청구권을 인정한 원판결을 파기하고 그 청구를 기각하였다. 그 원판결에 의하면 전치 1년 이상을 요하는 좌대퇴부골절 등의 중상을 입고 좌하지 약 30도 밖으로 꾸부러져 약 3.5㎝ 단축되고 고·슬관절의 운동기능에 장애를 남기고 정좌는 불능이고 보행도 약 1킬로미터 이상은 고통 때문에 불가능하게 된 사안이었다.

512) 最高判 昭 33. 8. 5. 民集 12권 12호 1901면.
513) 最高判 昭 39. 1. 14. 民集 18권 1호 1821면.
514) 民集 18권 1호 21면.

이와 같은 일본의 판례들을 보면 앞서 근친자들의 위자료청구권을 부정한 판례나 종전의 다수설에 영향을 받았음인지 근친자의 위자료청구권 인정에 상당히 엄격한 면을 보이고 그곳에서 남소를 방지하려는 충정을 엿볼 수 있다.

그러나 우리나라 대법원의 태도는 보다 완화된 것이라고 볼 수 있다.

대법원 1967. 6. 27. 선고 66다1592 판결[515]은 앞서 소개한 일본의 다수판례나 학설의 입장과 같이 엄격한 태도를 취하여 위자료청구를 기각한 원심 판결을 파기하였으니, 위 소화 42. 6. 13.자 일 최판과는 반대의 경향을 보였다 할 수 있다. 동 판결은 「원판결 및 1심판결에 의하여 확정된 사실에 의하면 원고 박종선은 운전병인 상병 김주년이 그 직무를 행함에 있어서의 과실로 인하여 골반골절·좌 전두정부 및 우하한 열부열상의 상해를 입어 골반부는 골반골중 우측 장골에 광범한 골절상이 X선 사진에 의하여 나타나며 동 부위는 압통과 자발통이 있고 특히 우 족배부 및 우 족전체는 심한 통증을 느끼고 우 하지의 위축으로 말미암아 우 고관절 금슬관절운동이 여의치 못하다는 것이며, 원고 이연옥은 원고 박종선의 처, 원고 박복자·박복순은 원고 박종선의 여식, 원고 이씨는 원고 박종선의 모친이라는 것인 바, 원판결 이유 설명에 의하면 타인의 불법행위로 신체에 상해를 입었을 때 그의 직계존속이나 직계비속 또는 배우자가 당연히 위자료를 청구할 수는 없고, 피해자의 상해의 부위 정도나 그 후의 결과가 심대하여 그 정도가 죽음에 비견할 수 있을 정도의 것이어야 된다고 해석되는 데, 원고 박종선이가 입은 상해는 그러한 정도의 것이 아니므로 그의 처·여식·모인 원고들은 피고에게 대하여 위자료를 청구할 수 없다고 판단하였다.

그러나 민법 제750조·제751조의 규정에 의하면 타인의 권리를 위법하게 침해하여 정신적 고통을 가한 자는 재산 이외의 손해에 대하여도 배상할 책임이 있으며, 부모·부부·자식 등 친족관계에 의한 정신적 이익의 침해가 있는 경우에도 위의 법의는 마찬가지로 적용되어야 할 것이고, 그러한 경우 그 배상은 손해가 배상할 만한 것임과 동시에 상당인과관계의 범위 내라면 족하다 할 것인 바, 위의 피해자인 원고 박종선이가 원판결이 확정한 것과 같은 불법행위로 상해를 입었다면 그 상해가 죽음에 비견할 수 있는 것이 아니라 하여

515) 대법원판례집 15권 2집 민 108면.

도 그의 처, 여식, 모친인 위의 원고들은 특별한 사정이 없는 한 원고 박종선과의 친족관계에 의한 정신적 이익이 위법하게 침해된 것이라 할 것이고, 피고는 이로 인한 정신적 손해를 배상할 의무 있다 해석함이 상당하다 할 것으로서, 민법 제752조는 손해의 거증책임을 경하게 규정한 데 불과하고 민법 제750조·제751조의 적용에 어떤 제한을 가한 것이라 볼 것이 아님(본원 1962. 3. 8. 선고 4294민상1028 판결 및 본원 1963. 10. 31. 선고 63다558 판결 참조)에도 불구하고 민법 제752조를 제한적 규정이라는 전제하에 이와 견해를 달리한 원판결에는 불법행위의 법리를 오해한 위법이 있다」고 판시하였다.

그리고 이와 같은 대법원의 견해는 우측 개상골 골절 후유증, 우측 개상골 골수염 후유증으로 뼈의 변형 또는 비후증이 있어서 장거리 보행통이나 파행 등으로 노동력의 약 40%를 상실한 경우에 부모, 조모의 위자료 청구를 인정한 원심 판결을 지지하면서 거듭 판시[516]된 이래 수차에 걸쳐 반복됨으로써 확립된 판례가 되었다 할 수 있다.[517]

생각컨대 "죽음에 비견할" 또는 "죽음에 못지 않는"이라는 표현은 상해에 있어서의 근친자의 위자료청구권을 민법 제752조 유추에 의하여 인정하려는 사고가 근저에 깔려 있다고 볼 수 있지만 반드시 그와 같은 전제에서만 위와 같은 표현이 나온다고는 볼 수 없다. 근친자의 위자료청구권을 민법 제750조·제751조에 의하여 인정하더라도 위자료청구권이 인정되는 정신적 고통은 사회관념상 금전으로 배상할 가치가 있는 정도로 심각한 것이어야 하므로 그와 같은 정도를 나타냄에 있어서 "죽음에 비견할" 또는 "죽음에 못지 않는"이라고 표현을 쓸 수도 있기 때문이다.

결국 문제는 위자료를 청구하는 근친자가 사회관념상 금전으로 위자 받을 정도의 정신적 고통을 받았다고 인정할 수 있느냐 하는데 있는 바, 우리 대법원은 일본 최고재판소보다 너그러운 태도를 취하고 있어서 불구화됨으로써 일생동안 남의 조력을 받아야 할 정도의 상해를 입은 경우 뿐만 아니라 그보다 경한 경우라도 불구가 된 경우에는 근친자에게 위자료청구권을 인정하는 것이

516) 대법 1967. 9. 19. 선고 67다1445 대법원판례집 15권 3집 민 117면.

517) 대법 1968. 3. 19. 선고 67다2512 대법원판례집 16권 3집 민 190면; 대법 1967. 10. 4. 선고 67다1725 판례카드 2091; 대법 1965. 5. 25. 선고 65다292 판례카드 1908.

아닌가 생각된다.

Ⅳ. 위자료 액수의 산정

1. 피해자의 고통

위자료는 피해자의 고통에 대한 보상을 위하여 그리고 피해자 스스로 이를 극복하여 경감시키는 기능을 갖고 있음을 독일의 Esser가 지적한 바와 같다. 상해가 치유될 때까지 또는 사망할 때까지 피해자가 감수한 육체적·정신적 고통의 정도는 제1차적으로 위자료산정에서 고려될 사유이다.

따라서 치유까지의 입원·통원가료기간의 장단에 따라서 그리고 사망시까지의 입원기간의 장단에 따라서 위자료는 달라져야 할 것이고, 피해자가 받은 상해의 부위와 정도 및 수술내용에 따른 육체적·정신적 고통의 차이는 위자료액수 산정에서 고려되어야 한다.

2000. 12. 30. 전문개정된 국가배상법시행령 제5조는 신체장해가 없는 상해의 경우 타당하다고 인정되는 요양기간에 대하여 1일에 20,000원으로 위자료를 산정하는 것, 일본에 있어서 ① 입원한 경우에 중상일 때에는 한달에 150,000원·통상일 때에는 10,000원으로 하고 3개월 초과하면 점차 체감하며, ② 통원한 경우에는 중상일 때에는 월 75,000원·통상일 때에는 50,000원으로 하고 3개월을 초과하면 역시 체감하고, ③ 입원후 통원한 경우에는 별도로 정한 일람표에 기재한 금액에 의하는 것[518]은 바로 위와 같은 고통의 정도를 참작하였기 때문이다.

상해가 완치되거나 사망하는 경우에는 피해자의 고통은 끝난다. 그러나 불구가 되는 경우에는 피해자의 육체적·정신적 고통은 계속될 것이며 이와 같이 장래에 계속될 고통 역시 위자료산정에 참작되지 않으면 아니 될 것이다.

국가배상법시행령(2007. 3. 27. 개정)이 신체장해자에 대한 위자료의 기준을 정함에 있어서 노동능력의 100% 상실에 금2,000만원으로 정하고, 그 외의 경우에는 위 금액에 노동능력상실률을 곱하게 한 것은 다음에 설명할 일실행복의

518) 岡垣 學, 實務法律大系 交通事故「慰藉料の 算定」412면.

고려와 함께 장래 계속될 육체적·정신적 고통의 정도를 고려한 것으로 풀이하고 싶고, 일본의 자동차손해배상보장법시행령 별표의 등급에 따라 위자료의 액수가 달라지는 것도 그 때문으로 생각된다.

그리고 이와 같은 고통에 따른 위자료산정에 있어서는 피해자의 사회적 신분이나 지위, 경제적 상태는 고려될 수 없지만 피해자가 육체적 고통 아닌 정신적 고통을 느낄 수 없는 정신병자인 경우에는 정신적 고통은 작게 고려될 수 있을 것이다.

2. 잃어버린 행복

피해자가 생명 또는 신체를 침해당하여 육체적·정신적 고통을 받고 또 그 고통이 장래 계속될 경우에는 그 반면에 인생을 즐김으로써 얻을 수 있었던 행복을 잃게 된다. 사람은 사회적·경제적 지위 여하를 막론하고 인간으로서 육체적·정신적 행복을 누린다고 보아야 하며, 그 행복은 육체적 완전성에 의존하는 바 크기 때문에 생명 신체를 침해당하면 그 행복을 잃게 된다.

주말에는 테니스·골프·낚시·등산 등의 취미생활 또는 여행을 통하여 인생을 즐기며 시청각·취각 등을 통하여 영화·음악·공연·음식 등을 즐기고 성생활을 통하여 육체적 즐거움을 찾는다.

위와 같은 육체적·정신적 행복이 생명신체를 침해당함으로써 상실된다면 이 잃어버린 행복은 마땅히 금전으로 보상되어야 할 가치가 있는 것이며 잃어버린 행복 대신 또 다른 행복을 찾는데 필요한 금전을 제공함으로써 경제적 자유를 부여하여야 할 것이다.

종래 즉사한 피해자나 유아·정신병자에게 위자료청구권이 있느냐에 관하여 의문을 가졌던 때가 있었다. 전술한 육체적·정신적 고통의 면에서는 의문을 가질 수 있지만 사자나 유아에게도 잃어버린 행복이 있음을 생각하면 그리고 정신병자에게도 그것이 있을 수 있음을 생각하면 의문은 쉽게 해소된다.

그러나 위 행복은 피해자 본인이나 가족의 사회적·경제적 지위에 따라 그 정도가 다를 수 있다. 피해자의 경제력에 따라 매 주말마다 요트, 골프, 테니스, 여행, 등산, 낚시, 영화, 음악을 즐길 수 있는 경우도 있는 반면, 도시나 농촌에서 일용노동에 종사하여 의식주를 해결하기 급급한 경우도 있을 것이니 가득수입의 고저에 따라 일실이익에 차이가 생기듯이 경제력에 따라 일실행복에 대한 위자료도 달라질 것이다.

그러나 경제력과 일실행복이 반드시 비례한다고는 볼 수 없으며 피해자의 생활태도가 크게 참작되지 않으면 안 될 것이다. 돈이 아까워 인생을 즐기지 못하고 사는 사람과 돈을 최대한으로 유용하게 사용하면서 행복한 생활을 즐기던 사람과는 차이를 두지 않을 수 없을 것이다.

또 사회적으로 상당한 지위에 있어서 국가 사회적으로 중요한 역할을 하다가 그와 같은 활동을 못하게 되었다면 그렇지 않은 일반인에 비하여 사회적 활동에서 얻던 정신적 만족감은 위자료산정에서도 고려되어야 할 것이다.

따라서 이와 같은 일실행복을 고려함에 있어서는 피해자의 사회적 경제적 지위, 신분, 생활태도, 가족의 사회적 경제적 지위가 참작되어야 함은 물론이다.

3. 피해자의 연령

피해자가 불구가 되거나 사망한 경우에는 연령이 중요한 참작사유가 된다. 장래 계속될 고통의 존속기간, 얻을 수 있었던 행복의 양은 피해자의 연령과 반비례하기 때문이다.

따라서 피해자의 여명이 길면 길수록 위자료는 증액되어야 할 것이고 미혼이냐 기혼이냐 하는 점도 참작되어야 할 것이다. 미혼남녀가 불구화되든지 추형화되는 경우는 특히 고려되어야 한다.

4. 재산상 손해배상액 —— 위자료의 보완성

종래 법원 실무에서 피해자나 유족에게 지급되는 재산상 손해배상액수가 고액일 때에는 위자료를 적게 주고 저액일 경우에는 많이 주는 태도를 보여 위자료가 손해배상액을 조절하는 듯한 기능을 갖는 것처럼 느끼게 한 경우가 있었고, 요즈음에도 위자료청구권은 재산적 손해의 배상으로서 취득한 금전으로는 보상되지 않는 정신적 손해에 대하여 발생한다는 이유에서 종래와 같은 태도를 유지하는 견해가 있다.[519]

그러나 재산적 손해와 위자료지급의 대상인 손해는 엄연히 별개의 것이며 재산적 손해의 배상에 의하여 피해자가 받은 고통과 장래의 고통 및 잃어버린 행복이 보상되는 것은 아니다. 물론 많은 재산적 손해를 배상받는 자는 적게 받는 자보다 정신적 만족감은 클 것이고 그 만족감이 가해자에 대한 분노나 악감정을 다소 해소는 시키겠지만, 위자의 대상이 되는 것은 피해자가 이미 받은 고통과 장래 계속될 고통 및 잃게 된 그리고 잃어버린 행복이 주요한 것이며, 피해자의 분노나 복수감은 부수적인 것에 불과하기 때문에 재산적 손해액이 많이 산출되었다 하여 위자료 산정에 참작하는 것은 문제이다.

다만 반대로 입증의 곤란 때문에 재산상 손해가 제대로 산정되지 못한 경우나 재산상 손해의 배상청구를 명시적으로 포기한 경우에는 이와 같은 사유를 위자료 증액의 원인으로 삼을 수 있을 것이다. 이와 같은 위자료의 성질을 보완성 또는 보충성이라 부른다.[520]

위와 같은 재산상 손해 이외에 사고를 원인으로 하여 피해자나 유족이 받은 위로금, 조위금, 보험금, 공제금 등은 위자료산정에 참작될 수 있는가?

가해자가 손해배상금의 일부로 지급한 위로금, 조위금, 장례비 등은 전액이 상계의 대상이 될 것이므로 위자료산정에 참작될 수 없으나 상계주장을 하지 않는 경우에는 참작되어도 좋을 것으로 생각한다.

그러나 가해자 이외의 친지, 친척, 사회 일반인이 교부한 위로금, 조위금, 성금 등은 이것을 가해자의 이익으로 돌릴 것은 아니므로 위자료참작사유는 되지 않는다고 생각한다.

뿐만 아니라 피해자 자신이 보험료나 공제금을 지급하여 왔기 때문에 취득한 보험금이나 공제금이 참작사유가 될 수 없음은 분명할 것이다.

또한 근로기준법상의 유족보상금이나 산업재해보상보험법에 의한 제 보상은 재산상 손해의 보상을 목적으로 하고 지급의 범위 내에서 사용자는 면책되므로 상계의 대상으로 삼아야 하며 위자료참작사유로 할 수는 없다(후의 손익상

519) 植林 弘, 注釋民法 19권 206면.

520) 岡垣 學, 전게서 408면.

계에서 상술).

5. 피해자의 과실 —— 참작설과 상계설

불법행위로 인한 손해의 발생 및 확대에 관하여 피해자가 원인력을 부여한 과실이 있는 경우에는 민법 제763조에 의하여 준용되는 민법 제396조에 의하여 그 과실을 참작하여야 하고 이를 가리켜 과실상계라 한다. 일반적으로 상계는 항변사유이지만 불법행위에 있어서는 피해자에게 과실이 있는 경우에는 이를 직권으로 참작하여야 한다. 이 점은 일본 민법 제722조 제2항이 짐작할 수 있다고 규정한 것과 다르다.

따라서 재산상 손해액을 산정함에 있어서 피해자의 과실이 드러나면 원인력을 부여하였다고 인정하는 만큼 그 액을 감하게 된다.

그렇다면 위자료산정에 있어서도 피해자의 과실은 재산상 손해에 있어서와 마찬가지로 상계의 대상이 되는 것인가 아니면 단순히 참작사유가 됨에 불과한가?

사실 전시 민법 제763조에서 준용하는 민법 제396조는 「과실상계」라는 제하에 「채무불이행에 관하여 채권자에게 과실이 있는 때에는 법원은 손해배상의 책임 및 그 금액을 정함에 이를 참작하여야 한다」고 규정함으로써 이 조문에 관한 한 상계라는 말과 참작이라는 말이 동의어로 쓰인 것 같다.

그러나 위자료를 산정함에 있어서 참작되는 전술한 피해자의 연령, 직업, 사회적 경제적 지위 등은 과실상계의 원인이 되는 과실과는 달리 종합적으로 고려됨에 불과하고 수액을 정하는 비율로는 생각할 수 없다. 따라서 위와 같은 사유들과 함께 종합적 요소 중의 하나로 고려되고 그 자체로서 책임비율을 상정하지 않는다면 그것은 참작사유로 보는 것이고, 그렇지 않고 책임비율 즉, 위자료수액의 산정비율로 작용시킨다면 그것은 재산상 손해액의 산정에서와 같이 상계의 원인이 된다.

종래 학설과 판례는 이를 구별하지 아니한 채 피해자의 과실을 참작사유의 하나로 보아왔던 것 같다. 이것을 참작설이라 부르고 상계원인으로 보는 견해를 상계설이라 부른다.

피해자의 과실을 위자료산정에 있어서 참작사유의 하나로 보든 상계의 원인으로 보든 결과에 있어서 다를 것은 별로 없다.

단지 판결의 설시에 있어서는 상계설을 따른다면 재산상의 손해와 과실을 고려하지 아니한 위자료를 산정하여 합산한 후 함께 과실상계하여 배상액을 정하게 될 것이나, 참작설을 따른다면 과실상계는 재산상 손해에 관하여만 적용하고 위자료산정에서는 참작사유의 하나로 설시될 것이다.

생각컨대 위자료도 배상받을 손해의 하나임은 재산상 손해와 다를 것이 없고 재산상 손해에 과실상계의 법리가 적용되는 한 위자료에도 같은 법리가 적용되어야 함은 물론 피해자의 과실을 고려하지 아니한 법원의 위자료를 정형화하여 공시할 필요성이 있는 금일에 있어서는 먼저 위자료의 액수를 정해 놓고 피해자의 과실을 상계하는 편이 자의적이라는 비난도 면할 수 있고 정형화에도 도움이 되며 나아가 보험실무에나 당사자간의 합의에도 지침을 주게 되므로 타당하다고 생각된다. 일본 하급심의 태도도 아직은 상계설이 4 대 6 정도의 약세이나 위자료의 정형화에 힘입어 점점 강해지고 있다고 한다.

제 6 절 인과관계의 상당성에 의한 배상액의 제한 —— 기왕증의 기여도

Ⅰ. 문제의 제기 —— 특별사정

민법 제5장 불법행위에 관한 민법 제763조는 손해배상의 범위에 관하여 동법 제393조를 준용하고, 동조는 「① 채무불이행으로 인한 손해배상은 통상의 손해를 그 한도로 한다, ② 특별한 사정으로 인한 손해는 채무자가 그 사정을 알았거나 알 수 있었을 때에 한하여 배상의 책임이 있다」고 규정한다.

따라서 불법행위로 인한 손해는 통상의 손해만이 배상대상으로 되고 이 손해를 상당인과관계에 서는 손해라 한다. 환언하면 그러한 원인이 있으면 그러한 결과가 통상 발생되는 경우에 그 원인과 결과는 상당성이 있다고 한다. 위와 같은 범위를 벗어나면 그것은 특별한 손해이고 그 손해는 불법행위자가 알았거나 알 수 있었을 때에 한하여 배상책임을 진다는 것이다.

대법원이 1978. 2. 28. 선고 77다1976 판결[521]에서 사람의 사망으로 인한 장래의 수익상실손해액은 원칙적으로 사망당시의 수익을 기준으로 하여 산정된 손해액을 “통상의 손해”라 할 것이고 장래에 특별한 자격을 취득하거나 특별한 기술을 습득하여 얻게 될 수익을 기준으로 한 손해는 이른바 “특별사정으로 인한 손해”라고 할 것이라고 전제한 다음 의과대학 3학년에서 휴학 중이던 피해자가 의사자격을 취득하여 의사로서 수익을 얻으리라는 것은 “특별사정”에 속한다고 판시한 것과 1974. 3. 26. 선고 73다502 판결[522]에서 교육공무원의 승급에 관하여 교육공무원법 제33조 및 교육공무원보수규정 제10조의 규정 취지로 보아 교육공무원 정년인 만 65세까지 계속근무하면서 당연히 원판시와 같이 승급할 것이라는 것은 “특별사정”이라고 판시한 것, 또한 1981. 10. 24. 선고 80다1994 판결[523]에서 불법행위 이후에 있어서 장차 피해자의 수익이 증가하게 되는 것은 “특별사정”이라고 판시하면서 가해자가 알았거나 알 수 있었을 때에 한하여 그 증가된 수익을 기초로 일실이익을 산정할 수 있는 것이라고 판시한 것은 모두 불법행위로 인한 손해배상의 범위에 관하여는 채무불이행의 그것에 관한 민법 제393조를 준용한데서 나오는 결론으로 보인다.

그러나 한편 대법원 1980. 4. 8. 선고 79다76 판결[524]은 전문직 양성의 대학에 재학중 사망한 경우에 있어서 그 졸업 후 전문직을 선택하지 아니할 특별사정이 없는 한 그 전문직 취업자의 일반통계에 의한 수입의 평균수치를 기초로 하여 일실이익을 산정해야 할 것이고 이를 특별사정에 속하는 것으로 보고 사고당시 가해자가 그 특별사정을 알았거나 알 수 있었는지의 여부를 심리하여 그 판단 여부에 따라 기초사실을 달리 할 것은 아니라고 판시하였다.

따라서 피해자가 종래 전문직을 갖게 된다든가 승급을 한다든가 일용노임이 상승한다든가 하는 것이 과연 “특별사정”에 속하여 가해자가 알았거나 알 수 있었을 때에 한하여 위와 같은 사실을 기초로 손해액을 산정하여야 하는지 혼란이 생긴다.

521) 공 1978. 5. 1. (583), 10705.
522) 공 1974. 5. 1. (487), 7795.
523) 공 1981. 12. 15. (670), 14490.
524) 공 1980. 6. 1. (633), 12772.

앞서 인용한 1981. 10. 24. 선고 80다1994 대법원 판결은 「그런데 원고 소송대리인은 변론종결당시에 인상된 원고의 봉급을 기준으로 원고의 일실수익을 산정하여야 한다는 취지로 대법원 1979. 5. 22. 선고 79다579 판결,[525] 1979. 10. 30. 선고 79다1441 판결,[526] 1980. 2. 26. 선고 79다1899 판결[527]을 들고 있는바, 위 판례들은 모두 광부인 피해자들이 그 소속회사인 대한석탄공사를 상대로 손해배상을 청구하는 경우거나 피해자들이 상실된 일용노동임금을 청구하는 경우에 대한 것들로서 광부가 대한석탄공사를 상대로 일실수익을 청구하는 경우에는 대한석탄공사가 임금인상의 주체이어서 광부들의 임금인상계획을 입안하고 예측할 수 있는 특별한 사정이 있다고 본 것이고, 일용노동임금을 청구하는 경우에는 현재 우리나라의 경제상태로 보아 일용노동임금이 상승일로에 있다는 것은 누구나 알 수 있는 공지의 사실이라고 본 것이어서 각기 변론종결당시의 인상된 노동임금을 기준으로 일실수익을 산정하여야 한다고 한 것이지 불법행위의 어느 경우에나 행위자가 특별사정을 알았느냐 여부를 불문하고 변론종결당시의 피해자의 인상된 봉급을 기준으로 그 이후의 피해자의 일실수익을 산정할 수 있다는 취지의 특례들은 아니라 할 것이니, 국가가 지급하는 공무원봉급이 문제가 된 이 사건에 그대로 들어맞는 적당한 판례들은 아니라 할 것이다」라고 판시함으로써 봉급인상은 "특별사정"임을 명시하고 가해자가 알았거나 알 수 있었을 때에만 인상봉급을 기준으로 일실이익을 산정하여야 한다고 한다.

그러나 전시 원고소송대리인이 인용한 각 판결이 설시하듯이 인상된 봉급을 기초로 한 것은 불법행위 당시 인상이 확실한 정도로 예측되는 강한 개연성이 있었기 때문이지 가해자가 위 사정을 알았거나 알 수 있었기 때문은 아니라고 생각된다.

즉, 가동능력의 평가는 가능한 한 피해자의 능력대로 해 주어야 하고, 따라서 불법행위 후 가동능력에 대한 평가액인 봉급이 인상되었고 그것이 불법행위당시 강력한 개연성을 갖고 있었기 때문에 불법행위시를 기준으로 손해액을

525) 공 1979. 8. 1. (613), 11985.
526) 공 1979. 12. 15. (622), 12306.
527) 공 1980. 5. 1. (631), 12690.

계산하면서도 인상 이후의 손해액은 인상봉급을 기초로 하는 것이다.

만일 위와 같은 전문직 자격의 획득이나 승급 또는 봉급인상을 "특별사정"으로 보아 가해자의 주관적 사정에 따라 손해배상액 산정의 기초로 삼는다면 같은 피해자가 사상하였더라도 가해자가 피해자와 같은 직장에 근무한 경우와 가해자가 전혀 무관한 제3자인 경우와 배상액이 달라지는 모순이 발생될 것이다.

채무불이행에 관하여는 채권자와 채무자 사이에 계약관계 등 사회적 인적관계가 있으므로 특별사정의 지정 여부에 따라 손해배상액이 달라질 수 있겠지만 불법행위 특히 교통사고에 있어서는 위와 같은 인적관계는 존재하지 않는 것이 보통이고 따라서 가해자의 지정 여부는 문제 삼을 수 없는 것이다.

앞서 본 대법원 판례와 같이 피해자가 의과대학 본과 3학년의 학생이라든가 졸업직전의 간호학과학생이라든가 한달후면 일급기능사의 자격을 취득할 연수생이라든가 인상될 봉급을 받게 될 공무원 또는 회사원이라든가 하는 사정을 특별사정으로 본다면 자격취득이나 승급은 입증할 수 있어도 우연히 과실에 인한 불법행위를 일으킨 가해자가 위 사정을 알았거나 알 수 있었다고 입증할 방법은 없을 것이니 이와 같은 경우에 전문직업인으로서의 수입과 승급을 고려하지 않는다면 부당할 것이다.

결국 불법행위 특히 교통사고로 인한 손해배상의 범위결정에 있어 "특별사정"은 판정기준이 될 수 없다고 생각한다.[528]

Ⅱ. 기왕증 · 소인과 배상범위

교통사고로 인한 손해배상의 범위를 정함에 있어 특별사정이 기준이 될 수 없다면 가사 피해자가 지병이 있었기 때문에 그것이 사고로 인한 상해로 악화되어 직접의 사인이 되었더라도 혹은 지병과 상해가 결합하여 가동능력을 상실시키고 혹은 치료기간이 장기화하고 치료비가 증액되었다 하더라도 모든 손해를 배상할 책임을 지게 된다.

사실 이 사회에는 건강한 사람들만 사는 것이 아니라 병을 앓고 있는 사람,

528) 高崎尙志, 自動車事故の 責任と 賠償 120면.

불구자, 특이체질을 갖고 있는 사람들도 함께 살고 있으므로 교통사고의 피해자가 보통건강체가 아니었다는 점을 "특별사정"이라고 보기도 어렵다.

따라서 사고상해가 지병을 악화시켜 사망하거나 중한 결과가 되더라도 상해와 사망 또는 중하게 된 결과와 인과관계가 있는 한 가해자는 전손해를 배상하여야 하게 되는데 손해의 공평한 분담이라는 불법행위법의 이상에서 볼 때는 구체적 타당성을 잃게 되는 결과를 낳는다.

이와 같은 불합리를 시정하기 위하여 판례들은 사고상해가 결과에 기여한 한도내에서만 상당인과관계가 있다든가 혹은 기왕증의 기여도 만큼 감액하여야 한다는 이론을 제시하였다.

즉, 대법원은 1977. 9. 13. 선고 76다1877 판결[529)]에서 「사고를 유일한 원인으로 하여 피해자가 사망한 것이 아니고 피해자의 지병과 사고가 경합하여 피해자가 사망한 경우에 있어서는 그 사망으로 인한 전손해를 사고에만 인한 것으로 단정함은 불법행위책임으로서의 손해의 공평한 부담이라는 견지에서 보아 부당한 것이라고 할 것이므로 이러한 경우에는 사고가 사망이라는 결과발생에 대하여 기여하였다고 인정되는 기여도에 따라 그에 상응한 배상액을 가해자에게 부담시키는 것이 옳은 것이라 할 것이다」라고 판시하였고, 또한 대법원 1980. 10. 14. 선고 80다1213 판결[530)]은 전시 판결을 인용한 후「(증거)에 의하면 위 망인은 위 추락사고 이전에 이미 당뇨병이 있었고 위 추락사고 후 당뇨병 악화로 인한 혼수 및 쇼크로 진단되어 치료를 받던 중 사망한 사실을 엿볼 수 있고, …… 위 망인의 직접사인은 뇌간마비로 되어 있고 본건 사고로 인한 부상 등은 제1요추 압박골절 및 장마비인 점을 아울러 보면 일응 위 망인은 위 추락사고를 유일한 원인으로 사망한 것인지의 여부 내지 위 망인이 가진 당뇨병이 위 추락사고로 인한 부상으로 급격히 악화되어 당뇨병과 위 추락사고로 인한 부상이 경합하여 위 망인이 사망하였는지의 여부를 가려보아야 할 것이고, 그러한 사망원인의 경합이 있는 경우라면 그 사망으로 인한 손해 전부를 위 추락사고에 인한 손해라고 할 수는 없다 할 것이고 위 추락사고가 그 사망의 결과발생에 기여하였다고 인정되는 한도 즉, 상당인과관

529) 공 1977. 10. 15. (570), 10288.

530) 공 1980. 12. 15. (646), 13320.

계가 존재하는 범위에서 그에 상응하는 배상액을 가해자에게 부상시키는 것이 손해의 공평부담이라는 견지에서 상당」하다고 판시하면서 심리미진, 채증법칙위배를 이유로 원심판결을 파기하였다.

또한 대법원 1982. 10. 12. 선고 82다카818 판결[531]은 「원심은 원고가 이 사건 이전에 이미 소아마비 후유증으로 하반신 및 척추에 부분마비가 있었는데 원고의 위와 같은 지병과 이 건 사고로 인한 부상이 경합되어 하루에 8시간의 개호인이 필요하게 된 사실을 인정한 다음 이 건 사고가 원고에게 하루에 8시간의 개호인이 필요하게 되었다는 결과발생에 기여한 정도에 따라 그에 상응하는 배상액을 가해자에게 부담시키는 것이 상당하다 하여 피고는 원고가 입은 개호인 보수 상당의 손해 중에서 50퍼센트 상당액에 해당하는 금원을 배상하여야 할 것이라고 판시하였다.

그러나 원심이 취신한 증거를 살펴보아도 이 건 사고가 원고에게 하루 8시간의 개호인이 필요하게 된 결과에 기여한 정도가 50퍼센트라고 인정할 아무런 자료를 발견할 수 없고 원심이 취신한 신체감정 사실조회에 대한 회신에 의하면 원고가 기왕증인 지구성 소아마비만으로는 하루 2시간씩의 개호인이 필요하였으나 이 건 사고로 인하여 신체에 다시 피해가 가하여져서 하루 8시간씩의 개호인이 필요하게 된 것임을 알 수 있다.

그렇다면 원심은 증거에 의하지 아니하고 이 건 사고가 원고에게 하루 8시간의 개호인이 필요하게 된 결과에 기여한 정도가 50퍼센트라는 사실을 인정한 위법이 있다 할 것이고 이 위법은 판결에 영향을 미치는 것이 명백하므로 이 점에 관한 논지는 이유 있다」고 판시하고, 대법원 1983. 7. 26. 선고 83다카663 판결도[532] 피해자의 사고로 인한 부상이 유일한 원인이 되어 후유증이 발현된 것이 아니고 기왕증과 부상이 경합하여 노동능력을 상실하게 되었다면 가해자에게 후유증으로 인한 전손해로 부담시킬 것이 아니라 손해의 공평부담이라는 견지에서 사고로 인한 부상이 피해자의 노동능력 상실이라는 결과발생에 기여하였다고 인정되는 한도내에서 배상책임을 부담시켜야 한다고 판시함으로써 사고가 결과발생에 기여한 정도를 측정하고 그 비율에 따른 손

531) 법률신문 1982. 11. 8.자 제1468호.

532) 공 1983. 10. 1. (713), 1331.

해액을 산출하여 그 손해액에 대하여서만 책임을 지워야 한다는 견해를 확립하였다고 생각된다.

일본에 있어서도 위와 같은 취지의 판결은 많이 발견되고 있다. 즉, 양측신장이 선천적으로 부어있는 병을 갖고 있던 피해자가 사고상해 13일후 사망한 경우, 사망은 수상에 기인하지만 위 기왕질환을 전제로 한 것이라 하여 사망과 사고상해와의 인과관계는 위 기왕증의 기여도(60%)를 공제한 한도에서 상당성을 인정한 사례,[533] 잠재적 결핵병소를 갖고 있던 피해자가 사고수상에 의한 체력소모로 결핵성늑막염이 발병된 사안에 대하여 사고가 위 상병의 발생에 기여하고 있는 한도에서 상당인과관계가 있다 하여 5할의 한도에서 배상을 인정한 사례,[534] 사고전부터 동맥경화증, 고혈압증을 갖고 있던 피해자가 사고에 의한 두부타박을 계기로 뇌졸중으로 된 사안에 대하여 상병이 피해자 자신이 갖고 있던 지병, 체질을 기반으로 하여 사고가 계기로 도어 발생된 경우에는 사고가 기여한 한도에서 상당인과관계가 있다고 하여 전손해 중 5할의 배상을 인정한 사례[535] 등이 그것들이다.

생각컨대 위와 같은 판례들의 근저에는 피해자가 보통 건강체이었다면 사망에까지는 이르지 않았을 것이라든가 그런 정도로 노동력을 상실하지는 않았을 것이라든가 그런 정도로 장기간 치료를 요하지 아니하였을 터인데 피해자가 기왕증을 갖고 있었기 때문에 통상 일어날 수 있는 범위를 넘어서 중한 결과가 발생된 경우에 그 모든 손해를 가해자에게 부담시키는 것은 공평하지 못하므로 통상 발생되는 손해만을 상당인과관계에 있는 손해라 하여 배상시키고 초과부분은 기왕증을 갖고 있던 피해자의 부담으로 하는 것이 공평하다는 관념이 있다고 생각된다.

그러나 위와 같은 사고는 재고되어야 할 부분이 있다.

즉, 기왕증이 손해발생에 기여하게 된 것은 피해자의 의사나 과실에 기인한 것이 아니라 가해자의 위법한 과실행위에 의하여 강제되었다는 점이다. 사고가 없었더라면 피해자는 기왕증을 간직한 채 몸조심을 하면서 평균여명, 적어

---

533) 熊本地判 昭 52. 8. 30. 交通民事判例集 10권 4호 1225면.

534) 東京地判 昭 46. 2. 18. 交通民事判例集 4권 1호 304면.

535) 東京地判 昭 46. 11. 30. 判例時報 657호 69면.

도 가동가능기간을 생존하면서 종전 직업에 종사하였거나 그와 같은 치료까지 안 받아도 좋았을지 모르는데 사고로 인하여 기왕증이 악화되어 사망 또는 가중된 가동능력의 상실 또는 장기간의 치료를 받게 되었다면 기왕증이 손해발생에 기여하도록 가해자의 행위가 강제하였다는 점이다.

따라서 기왕증의 기여도를 결정함에 있어서는 의학적 또는 사실적 인과적 기여도 뿐만 아니라 사고가 기왕증을 악화시켰다는 점, 그 사고는 가해자의 책임에 귀속된다는 점이 고려되지 않으면 안 된다고 생각한다.[536]

물론 통상 건강인으로서의 신체상태를 유지하지 못한 것은 자신에 대한 주의를 다하지 못한 것이고 그것은 자신의 안전을 위하여 사회통념상 요구되는 주의의무를 해태한 상계될 과실에 준하는 것이라고 말할지도 모르지만 위와 같은 신체건강유지상의 소홀은 위법한 과실행위를 저지른 가해자에 대한 관계에서는 상계될 과실과는 달리 추궁될 수 없는 것이라 생각한다.

그러나 손해액의 확대가 피해자의 과실에 준하는 즉, 피해자의 책임 있는 영역에 속하는 원인에 기인하는 경우에는 엄격히 기여도, 원인력의 비율을 측정하여 배상액을 제한하여야 할 것이다.

일본 하급심 판례 중에는 사고로 경추염좌의 상해를 받은 피해자에게 노인성 변화가 있었기 때문에 증상이 장기화하고 또한 피해자의 성격도 증상의 난치화에 기여하였던 사안에 대하여 손해의 공평한 분담이라고 하는 이념에서 위 소인을 손해액산정상의 감액사정으로 고려하고 소인의 현증에의 기여도를 과실상계에 준하여 비율적으로 공제하여야 한다면서 30%를 공제한 것,[537] 입원 약 2일 반, 통원 3년여의 피해자에 대하여 객관적 타각적인 이상소견이 부족하고 기질적인 손해에 유래하는 것은 인정되지 아니하고 그 증상의 상당부분은 정신신경증 내지 심인성목적반응으로 이해되고 그 배경에 배상신경증적 전기가 엿보인다 하여 사고로부터 6개월간으로 손해액을 제한한 것[538] 등이 보인다.

일본에는 소위 편타증이라는 외상성신경증을 둘러싸고 많은 논의가 있다.

536) 西垣道夫,「鞭打症に おける 損害算定上の 諸問題」現代損害賠償法講座 7권 318면.
537) 高知地判 昭 46. 10. 21. 判例タイムズ 272호 377면.
538) 大阪地判 昭 45. 5. 9. 判例タイムズ 255호 195면.

그 증상은 두통, 두중, 경통, 이명난청, 안질, 시력저하, 안정피로, 불안전감, 불면, 주의력산만 등 수많은 것들이 열거되고 그 치료기간은 보통 1개월에서 6개월이지만 반년 이상의 치료를 요하는 것도 있고 이러한 지연사례 중에는 타각적으로 무엇인가 이상(근전도, 뇌파, 이비과, 안과, 정신과)을 발견할 수도 있다 한다.[539)]

이와 같은 편타증에 대한 판례의 태도는 사회통념상 그 발생이 예견되는 한도에서 사고와 상당인과관계를 인정하는 예[540)]도 있으나 판례의 경향은 오히려 상당인과관계를 부정 내지 제한한다고 한다.[541)]

예컨대 추돌에 의한 편타증상이 5년 4개월에 걸쳐 계속되고 그 지속이 추측되는 가해자에 대하여 피해자의 심인성요소가 원인을 이루고 있다 하여 제1회 퇴원(사고후 약 6개월반) 후, 3개월에 한하여 사고와 상당인과관계가 있는 것으로 인정하였으나, 후유증에 대하여는 검사결과기질적으로 아무런 이상이 인정되지 않는 외상성신경증이고 이 신경증이 사고가 없었더라면 발생하지 않았을 것임이 사실이라도, 사고후에 있어서 피고들의 태도에 성의가 있고 치료에 대하여도 협력을 아끼지 않았음에도 불구하고 발생한 신경증은 원고의 성격 등에 귀인하는 것이라고 생각될 때는 그 손해배상을 피고 등의 부담에 귀속시키는 것은 공평의 견지로부터 상당하지 않고 그러한 경우 사고와의 상당인과관계를 부정하여야 한다고 판시한 것이 그것이다.[542)]

위에서 본 바와 같이 외상성신경증이 피해자의 성격이나 인격 등 심인성요소에 의한 것으로 보일 때에는 그 소인이 기여하였다고 인정되는 부분은 사고와 상당인과관계가 없다고 판단하여도 좋을 것이다.

또한 위와 같은 정도에까지 이르지는 않더라도 기왕증의 정도가 심하여 그 기왕증의 기여가 사고에 의하여 강제되었다기 보다는 사고를 계기로 하여 이루어졌다고 생각되는 경우 즉, 조만간 발병할 것이 사고에 의하여 발병된 경우

539) 西垣道夫, 전게서 128면.

540) 釧路地判 昭 44. 11. 19. 交通民事判例集 2권 6호 1686면; 函舘地判 昭 45. 11. 5. 交通民事判例集 3권 6호 1749면.

541) 東京地判 昭 45. 4. 22. 交通民事判例集 3권 2호 588면; 大阪地判 昭 45. 5. 9. 判例タイムズ 255호 195면; 福岡地 小倉支判 昭 46. 7. 20. 判例タイムズ 272호 372면.

542) 大分地判 昭 52. 3. 2. 交通民事判例集 10권 2호 353면.

에는 기왕증의 기여도만큼 공제하여도 좋을 것이다. 이러한 경우에는 피해자의 책임영역내에 있다고 보아 손해를 분담시켜도 불공평하지는 않으리라고 생각된다. 앞서 예시한 동맥경화증, 고혈압증 환자가 사고로 뇌졸중을 일으킨 경우에 그 기왕증이 사고가 없더라도 뇌졸중으로 발전될 가능성이 많은 경우이었다면 위의 이론이 적용될 수 있다고 생각된다.

지금까지 설명한 기왕증 또는 소인의 기여도의 문제는 지병의 혼재 및 확률적 심증의 문제와는 다르다. 전자의 문제는 일견해서 하나의 손해처럼 보이지만 사실은 사고상해로 인한 손해와 기왕증에 의한 치료비가 구별될 수 있는 경우이다. 같은 입원기간 중의 치료비라 하더라도 예컨대 사고로 인한 왼팔의 단순골절의 치료비와 위궤양 치료비는 분리되어야 하기 때문에 비율적 분담의 문제는 발생되지 않는다.

또한 사고와 결과와의 사이에 인과관계에 관하여 70%의 심증 밖에 얻지 못하였다 하여 전손해의 70%의 배상을 명하려는 확률적 심증에 의한 배상액제한의 이론[543]과 기왕증의 문제는 구별되어야 한다.

다음으로 기왕증의 기여도 문제를 소송상 원고에게 주장·입증책임이 있는 상당인과관계의 문제로 볼 것인가 혹은 피고의 항변사유로 볼 것인가의 문제가 있다. 앞서 본 바와 같이 대법원 판례는 상당인과관계의 문제로 보는 것 같다. 따라서 원고는 그가 소구하는 배상액이 상당성 있는 손해임을 입증하여야 할 것이다. 그러나 앞서 설명한 바와 같이 자배법의 입증취지 즉, 피해자 보호를 위하여 입증책임을 전도시킨 방침에 비추어보면 의심할만한 특단의 사정이 보이지 않는 한 사실적 조건적 인과관계의 입증만 있으면 상당성의 문제는 오히려 피고측의 주장입증사항이라고 보는 편이 옳을 것 같다.

이렇게 보면 피고측의 항변사유로 보는 것과 별 실무상 차이는 없게 된다. 그러나 기왕증의 기여도를 배상액의 감액사유로 보면 항변설이 그럴 듯 해지고 기왕증의 기여도를 공제한 나머지만이 상당인과관계있는 손해로 보는 입장을 취하면 원고의 주장입증사항이 되겠지만 배상법의 취지에 따라 상당성도 추정을 해버리면 상당성 흠결은 피고의 입증사항이 될 것이므로 위 항변설과 차이가 거의 없게 된다.

543) 羽生雅則, 「割合的 認定(その1)」 交通事故判例百選(제2판) 72면 이하.

Ⅲ. 불법행위로 인한 특별손해

1. 서 론

가. 문제의 제기

(1) 우리 대법원은 1977. 11. 8. 선고 76다2418 판결[544]에서 "원래 불법행위로 인하여 노동력이 상실되고 그로 인하여 수익이 감소되어 손실이 예상되는 경우에 그 일실이익에 대한 배상을 함에 있어서 그 액의 산정은 노동력 상실당시의 수익을 기준으로 하여야 함은 당연하다고 할 것이나, 장차 그 수익이 증가될 것이 상당한 정도로 확실하게 예측할 수 있는 객관적인 자료가 있는 경우에는 장차 증가될 수익도 일실이익을 산정함에 있어서 의당 고려되어 마땅하다고 할 것이므로(당원 1977. 6. 7. 선고 76다1056 판결 참조) 원심이 위 인상된 임금을 이 건 일실수익산정에 기초로 하였음은 이를 탓할 이유가 없다"고 판시하였고 1979. 5. 22. 선고 79다579[545]에서는 전시 판결을 인용, 같은 취지의 판결을 하였고 1980. 7. 22. 선고 80다611 판결[546]에 이르러서는 대법원의 판례라고 선언하였고, 1980. 7. 28. 선고 80다1025 판결[547]도 이를 따르고 있다.

그런데 대법원 1981. 10. 24. 선고 80다1994 판결[548]에서는 "원래 불법행위로 인하여 수익이 감소되어 손실이 예상되는 경우에 그 일실수익에 대한 배상을 함에 있어서 그 액의 산정은 불법행위당시의 수익을 기준으로 하여야 함이 원칙이고, 다만 불법행위시 이후에 있어서 장차 피해자의 수익이 증가하게 되는 특별한 사정이 있을 때에는 행위자가 그와 같은 사정을 알았거나 알 수 있었을 때에 한하여 그 증가된 수익을 기준으로 할 수 있다 할 것인바…… 원고 소송대리인은 변론종결당시에 인상된 원고의 봉급을 기준으로 원고의

544) 총람 채권편 불법행위 제750조(추 5) 751 판결 928~935면.

545) 공 1979. 8. 1. (613), 11985.

546) 대법원민사판결원본 271집 624면.

547) 대법원민사판결원본 271집 805면.

548) 공 1981. 12. 15. (670), 14490.

일실수익을 산정하여야 한다는 취지로 대법원 1979. 5. 22.선고 79다579 판결, 1979. 10. 30. 선고 79다1441 판결, 1980. 2. 26. 선고 79다1899 판결을 들고 있는 바, 위 판례들은 모두 광부인 피해자들이 그 소속회사인 대한석탄공사를 상대로 손해배상을 청구하는 경우이거나 피해자들이 상실된 일용노동임금을 청구하는 경우에 대한 것들로서 광부가 대한석탄공사를 상대로 일실수익을 청구하는 경우에는 대한석탄공사가 그 임금인상의 주체이어서 광부들의 임금인상계획을 입안하고 예측할 수 있는 특별한 사정이 있다고 볼 것이고, 일용노동임금을 청구하는 경우에는 현재 우리나라의 경제상태로 보아 일용노동임금이 상승일로에 있다는 것은 누구나 알 수 있는 공지의 사실이라고 본 것이어서 각기 변론종결당시의 인상된 노동임금을 기준으로 일실수익을 산정하여야 한다고 한 것이지, 불법행위의 어느 경우에나 행위자가 특별사정을 알았느냐의 여부를 불문하고 변론종결당시의 피해자의 인상된 봉급 등을 기준으로 그 이후의 피해자의 일실수익을 산정할 수 있다는 취지의 판례들은 아니라 할 것이니 국가가 지급하는 공무원봉급이 문제가 된 이 사건에 그대로 들어맞는 적당한 판례들은 아니라 할 것"이라고 판시하였고 대법원 1987. 4. 14. 선고 86다카1905 판결[549]에서는 "원심판결이유에 의하면, …… 위 사고이후인 1986. 1. 1.부터 교원의 보수가 인상된 사실이 인정된다 하여 위와 같은 보수인상이라는 특별한 사정을 피고측이 알았거나 알 수 있었는지 여부에 관하여는 하등 설시없이, 위 인상시기부터는 그 인상된 보수상당의 손해를 입게 된 것이라고 판시하여 인상된 보수를 기준으로 하여 이를 산정하고 있다. 그렇다면 원심으로서는 마땅히 피고측이 위와 같은 사정을 알았거나 알 수 있었는지 여부를 더 심리하여 그와 같은 점이 인정되는 경우에만 그 인상된 보수를 기준으로 일실수익을 산정하여야 함에도 그와 같은 심리를 다하지 아니한 채 막연히 위 인상시기부터는 인상된 보수를 기준으로 이 사건 일실수익을 산정하고 있으니 원심판결에는 결국 일실수익산정에 관한 심리를 미진하거나 특별사정에 의한 손해에 관한 법리를 오해한 위법이 있다"고 판시함으로써 같은 견해를 표시하였다. 그런데 대법원 1987. 9. 8. 선고 86다카816 판결[550]에서는

549) 공 1987. 6. 1. (801), 801.
550) 공 1987. 11. 1. (811), 1549.

"그와 같은 급료의 인상이 사고당시 통상적으로 예견할 수 있었던 것이 아닌 한, 위 인상된 급료부분을 상실하게 된 손해는 이른바 특별손해에 해당하여 그 배상을 구할 수 없는 법리라 하겠다. …… 사고후인 1984. 1. 1. 자로 33퍼센트 1985. 1. 1.자로 19, 20퍼센트씩 각 그 급료를 일률적으로 인상하였다 하더라도 그와 같은 임금의 인상은 사고당시 통상적으로 예견할 수 있었던 것이라 할 수 없으므로 논지는 더 나아가 살펴 볼 이유 없이 이유 없는 것"이라고 판시함으로써 앞서의 두 판례의 견해보다는 특별손해의 범위를 제한하고 있다.

(2) 한편 대법원은 국민학교 교사의 승급에 관하여 1974. 3. 26. 선고 73다502 판결[551]에서 "불법행위 당시의 피해자의 순수익을 기초로 하여 그 손해액을 추산함이 합리적 방법이라 할 것이며, 다만 손해액을 증액하여야 할 특별한 사정이 있는 경우에는 이에 관한 주장·입증을 기다려 이를 인정함이 상당하다고 할 것인바(대법원 1966. 2. 28. 선고 65다1888 판결 참조), 본건에 있어서 문제가 되는 교육공무원법 제33조 및 교육공무원보수규정 제10조의 규정취지로 보아 원고 정경순이 교육공무원 정년인 만 65세까지 계속 근무하면서 당연히 원판시와 같이 승급한다고 보기 어려우므로 원고 정경순이 장차 만 65세에 이르기까지 계속하여 그와 같이 승급할 것이라는 특별한 사정은, 원고 정경순에 있어 이를 입증할 책임이 있다"고 판시하였고, 대법원 1974. 4. 23. 선고 73다271 판결 및 1974. 4. 9. 선고 74다191 판결도 같은 취지로 판시하였다.

그런데 대법원 1984. 2. 14. 선고 83다카2105 판결[552]에서는 지방공무원의 승급에 관하여 "원심판결은 …… 사고발생 당시의 봉급손해 외에 승급으로 인한 그 상당일실손해액은 특별한 손해로서 사고당시 가해자가 이를 예견하였거나 할 수 있었던 증거가 없을 뿐 아니라 지방공무원보수규정 제11조에 의하더라도 근무성적 평정이 최하급에 해당하는 경우에는 승급할 수 없는 등, 승급제한사유를 규정하고 있는 것으로 보아 반드시 승급되는 것도 아니라 하여 이를 배척하고 있다.

551) 공 1974. 5. 1. (487), 7795.
552) 공 1984. 4. 15. (726), 509.

그러나 불법행위로 인하여 예상된 수익을 상실한 경우, 그 일실수익에 대한 배상은 사고당시의 수익을 기준으로 함이 원칙이나 장차 그 수익에 증가될 것이 확실한 객관적 자료가 있는 경우에는 장차 증가될 일실수익을 산정함에 있어서는 그 증가액을 기준함이 마땅하다 할 것인바, 지방공무원보수규정 제8조, 제9조에는 공무원의 호봉간 승급에 필요한 기간은 1년으로 하고, 승급은 매년 1월 1일과 7월 1일자로 법령에 의한 임용권자가 하게 되어 있고, 동 규정 제11조에는 징계처분, 직위해제, 휴직 중에 있는 자 등 네가지 경우의 승급제한에 관한 사유가 규정되어 있는 바, 그 취지는 모든 공무원은 원칙적으로 위 다른 사정이 없는 한, 1년마다 승급하고 예외적으로 위 제11조에 해당하는 승급제한사유가 있는 경우에 한하여 승급할 수 없다는 것으로 보아야 할 것이고, 위 규정에 의한 승급으로 원고의 손해는 증액될 것이 기대되는 충분한 객관적 개연성이 있다 할 것이고, 이는 위 규정이 공포시행된 이상, 객관적으로 주지하는 사실로 보아야 할 것인즉, 이 사건 일실이익의 산정에 있어서는 특별히 위 제11조 소정의 승급제한규정에 해당하는 예외적 사유가 있음에 대한 입증이 없는 한, 의당 위 승급규정에 의하여 매년 승급할 승급액을 기준으로 하여야 한다 할 것임에도 원심이 위 망인에게 위 승급제한의 사유존부에 관하여 아무런 설시도 없이 이를 가정하여 판시와 같이 판단한 조치는 필경 일실손해액 산정의 기준과 특별손해에 대한 예견가능성 및 입증책임에 관한 법리를 오해"한 것이라고 판시함으로써 승급으로 인한 손해는 특별사정에 의한 손해라는 견해를 일관되게 판시하고 있다.

(3) 뿐만 아니라 의과대학 재학생이 사고로 사망한 경우에 관하여 "원심은 사람의 사망으로 인한 장래의 수익상실손해액은 원칙적으로 사망당시의 수익을 기준으로 하여 산정된 손해액을 통상의 손해라 할 것이고, 장래에 특별한 자격을 취득하거나 기술을 습득하여 얻게 될 수익을 기준으로 한 손해는 이른바 특별사정으로 인한 손해라고 할 것이라고 전제한 다음, 이 사건 자동차사고당시 부산대학교 의과대학 3학년 1학기를 수료하고 휴학 중에 있던 원고들의 아들 망 양대선이 본건 사고가 없었더라면 위 대학에 복학하여 이를 졸업한 후 의사국가고시에 합격하고 면허를 받아 의사로서의 수입을 얻을 수 있었을 것이라는 원고들의 주위적 청구는 뒤에서 말한 이른바 특별한 사

정으로 인한 손해에 속하는 것이라고 보고, 본건에서 원심이 채택한 증거들에 의하면 위 의과대학의 졸업자 또는 졸업예정자 중 의사국가고시 응시자의 합격률이 1968년도부터 1976년도까지는 90 내지 95퍼센트였고 1977년도에는 100퍼센트였던 사실은 인정이 되지만 그렇다고 해서 이러한 사실만으로 위 망 양대선이가 장래 위와 같은 과정을 거쳐 의사의 자격을 취득하고 의사로서 종사할 수 있었을 것이라는 것이 반드시 예견된다고는 할 수 없으므로 결국 원고들은 위 특별한 사정으로 인한 손해에 관하여 그 입증을 다하지 못한 것이라는 취지로 판단하여 원고들의 주위적 청구를 배척하고 있다.

원심에 의한 위와 같은 판단과정을 기록에 의하여 대조 검토할 때, 원심의 증거조처에 소론과 같은 채증법칙의 위배가 있는 것으로는 보여 지지 아니하며 본건에 있어서 위 망 양대선이가 장래에 의사자격을 얻으려면 원심설시의 여러 가지 과정을 거쳐야 한다는 점에 비추어 생각할 때, 원심이 인정한 바와 같은 의사국가고시 응시자의 합격률만으로써 그가 당연히 의사자격을 취득하여 의사로서 종사할 것이라고 예견될 수는 없다고 한 원심판단은 정당한 것으로 인정되어, 여기에 소론과 같은 의사자격취득에 관한 법리나 일실이익산정에 관한 법리의 오해가 있다고 할 수 없다"고 대법원 1978. 2. 28. 선고 77다1976 판결[553]은 판시하여, 장래에 특별한 자격을 취득하거나 기술을 습득하여 얻게 될 수익을 기준으로 한 손해가 이른바 특별사정으로 인한 손해라는 원심판단에 법리오해가 없다고 시인하였다.

그러나 같은 의과대학 본과 2학년생의 사망사고에 관하여 대법원 1987. 6. 23. 선고 84다카1383 판결[554]에서는 특별사정으로 인한 손해라는 설시없이 다음과 같이 판시하였다. 즉, "불법행위로 인하여 사망한 피해자가 장래 얻을 수 있는 수익의 상실액은 그 수익이 장차 증가될 것임이 상당한 정도로 확실시되는 객관적인 자료가 없는 한, 원칙적으로 그 불법행위로 인하여 손해가 발생할 당시에 그 피해자가 종사하고 있었던 직업으로부터 수익하고 있는 금액을 기준으로 하여 산정하여야 한다고 함은 앞서 본 바와 같은 바, 원심 판결이유에 의하면 원심은 소외 망 이춘우는 이 사건 사고당시 공군중위로서 서

553) 공 1978. 5. 1. (583), 10705.

554) 공 1987. 8. 15. (806), 1200.

울대학교 의과대학 본과 2학년에 재학중에 있었고 1학년 때의 성적이 중상위였으며 위 의과대학 졸업자의 의사국가고시 합격률이 매년 90퍼센트를 상회하고 있었던 사실을 확정하고 그렇다면 위 이춘우는 이 사건 사고가 없었더라면 별다른 사정이 없는 한, 1985. 2.말경 의과대학을 졸업하고 의사국가고시에 합격한 뒤 군의관으로 병과를 바꾼 다음 군복무를 마치고 전역 후에는 일반개업의사로 종사하여 65세가 될 때까지 일반개업의사의 월평균 최저수입인 금 700,000원의 수익을 얻을 수 있었는데 이를 상실하는 손해를 입었다고 인정하여 이를 기초로 위 망인의 일실손해금을 산정하였는 바, 설사 위 망인이 공군의 위탁교육생(군의관요원)으로 선발되어 위 의과대학에 입학하였고 위 의과대학에서의 학업성적이 중상위였으며 위 의과대학 졸업자의 의사국가고시 합격률이 매년 90퍼센트를 상회한다 하더라도 그러한 사실만으로써 위 망인이 장차 의과대학을 졸업하고 의사국가고시에 합격하여 의사자격을 취득하고 소정의 군복무를 마친 다음에는 의사로서 종사할 수 있었을 것이라는 것이 객관적으로 상당한 정도로 확실시된다고 할 수 없을 것임에도 불구하고 원심이 위와 같이 판단하였음은 합리적인 근거없이 막연한 것으로서 일실수익산정에 관한 법리를 오해하였거나 증거 없이 인정하여 판결결과에 영향을 미친 위법을 저지른 것이라고 아니할 수 없다"고 판시한 것이 그것이다.

그러나 한편 의과대학 간호학과 1학년생에 관하여 대법원 1980. 4. 8. 선고 79다76 판결[555]은 "원심판결에 의하면 원심은 …… 위 채윤지가 사고당시 가톨릭의과대학 간호학과 1학년에 재학중인 점은 인정되나 설사 위 채윤지의 학업성적이 우수하고 간호학과 졸업생의 경우 간호원의 국가고시 합격률이나 종합병원의 취업률이 거의 100퍼센트에 가깝다고 하더라도 이 사건 사고당시 위 채윤지가 장차 위 간호학과를 졸업하고 국가고시를 거쳐 종합병원 등에 취업하게 될 것인지의 여부는 이른바 특별사정에 속한다 할 것으로서 사고당시 위와 같은 사정이 있었음을 알았거나 알 수 있었다는 점에 관하여는 이를 인정하기에 족한 증거가 없으므로 위 채윤지가 장차 간호원으로 취업할 것임을 전제로 한 원고들의 주장은 이유 없다 하여 이 사건 사고로 위 채윤지가 사망함으로써 입게 된 손해액의 산정에 있어서 도시일용노동임금을 기준으로

555) 공 1980. 6. 1. (633), 12772.

하였다. 그러나 이 사건에 있어서 위 사고로 인하여 사망한 채윤지와 같이 전문직양성의 대학에 재학중 사망한 경우에 있어서는 동 피해자가 졸업후 그 전문직을 선택하지 아니할 특별사정이 없는 한 그 전문직 취업자의 일반통계에 의한 수입의 평균수치를 기초사실로 하여 산정하여야 할 것이고 이를 특별사정에 속하는 것으로 보고 사고당시 그 특별사정을 알았거나 알 수 있었는지의 여부를 심리하여 그 판단여하에 따라 기초사실을 달리 할 것은 아니라 할 것임에도 불구하고 원심이 위와 같이 판단하여 사고당시 가톨릭의과대학 간호학과 1학년에 재학중에 사실을 인정하면서도 망인이 졸업한 후 간호원으로 취업할지의 여부는 특별사정에 속한다고 판단하여 동 망인의 일실이익산정에 있어 도시일용노동임금을 기초사실로 하여 산정한 조치는 손해배상액의 산정기준에 관한 법리를 오해한 위법이 있다"고 판시한 바 있어 전시 대법원 1978. 2. 28. 선고 77다1976 판결과 상충되어 보인다.

(4) 우리 대법원은 피해자의 기왕증 때문에 손해가 확대된 경우 그 확대된 손해를 가르켜 특별사정으로 인한 손해라고는 판시하지 아니하고 단지 손해의 공평부담이라는 원칙만을 내세워 기왕증의 기여부분의 공제를 인정하고 있다.[556] 그런데 일본의 하급심 판결들 중에는 이를 특별사정으로 인한 손해라고 판시한 것들이 상당히 있다. 예컨대 버스사고로 탑승하고 있던 정신병질자가 쇼크를 받아 발병한 경우에 관한 福岡地判 소화 35. 3. 16.,[557] 大阪地判 소화 43. 11. 28.,[558] 기왕의 석회화증에 의한 치료의 장기화의 경우에 관한 大阪地判 소화 43. 10. 31.,[559] 고혈압에 관한 大阪地判 소화 36. 5. 10.,[560] 등이 그것들이다. 우리나라에서도 일안실명의 피해자가 사고로 양안실명하게 된 사건에 관한 대법원 1983. 4. 12. 선고 82다카1702 판결[561]을 평석함에 있어 위

556) 대법 1977. 9. 13. 선고 76다1877〔공 1977. 10. 15. (570), 10288〕; 대법 1980. 10. 14. 선고 80다1213〔공 1980. 12. 15. (646), 13320〕; 대법 1983. 7. 26. 선고 83다카663〔공 1983. 10. 1. (713), 1331〕; 대법 1987. 4. 14. 선고 86다카112〔공 1987. 6. 1. (801), 785〕.

557) 下民集 11권 3호 541면.

558) 判例タイムズ 232호 202면.

559) 判例タイムズ 228호 199면.

560) 下民集 12권 5호 1095면.

561) 공 1983. 6. 1. (705), 814.

일안실명의 기왕증을 특별사정에 인한 손해로 보아야 한다는 견해가 나와 있다.[562] 따라서 기왕증에 의한 확대손해도 특별사정으로 인한 손해로 의율할 것인가 하는 의문이 제기된다.

(5) 그 이외에도 사고후 피해자가 자살한 경우에 관하여 일본의 많은 하급심판결들이 이를 특별사정에 인한 손해라고 판시한 바 있으나,[563] 우리 대법원은 1968. 6. 18. 선고 67다1297 판결[564] 및 1972. 4. 20. 선고 72다268 판결[565]에서 단지 상당인과관계의 성립만을 판시하고 있으므로 이 역시 의문을 발생시키고 있다.

(6) 이상에서 언급한 바와 같이 불법행위에 있어서 특별사정으로 인한 손해가 과연 무엇인지 많은 의문이 야기되고 있다. 이것은 우리 민법 제763조에 의하여 준용되는 동법 제393조 제2항에 의하여 불법행위자는 그 특별사정을 알았거나 알 수 있었을 때에 한하여 배상책임이 있으므로 피해자로서는 이를 주장・입증하지 않으면 안 된다. 그런데 불법행위의 대부분은 채무불이행과는 달리 불법행위자와 피해자 간에는 아무런 인적 관계가 없고 따라서 특별사정의 존재를 알고 있었던 경우란 상정하기 어렵고 그 때문에 알 수 있었다고 인정되지 않는 한, 특별사정으로부터 발생되는 손해는 배상받지 못하게 된다. 그러므로 판례들은 이와 같은 불공평으로부터 피해자를 구제하기 위하여 특별사정의 존재를 알 수 있었다고 무리하게 의제하는 경향까지 보이고 있다. 본서는 이와 같은 특별사정으로 인한 손해의 의미를 검토함으로써 위와 같이 서로 다른 견해를 보이고 있는 대법원판례들의 올바른 흐름을 찾아보고자 하는데 그 목적이 있다.

---

562) 양삼승, 「손해배상과 특별사정」 민사실무연구, 1985.

563) 大阪地判 昭 46. 2. 19. 判例タイムズ 263호 313면; 金澤地判 昭 43. 7. 31. 判例時報 547호 70면; 廣島地判 昭 45. 9. 30. 交通民事判例集 3권 5호 1484면; 京都地判 昭 46. 6. 22. 交通民事判例集 4권 3호 933면; 東京地判 昭 46. 8. 31. 交通民事判例集 4권 4호 1259면; 京都地判 昭 47. 8. 30. 交通民事判例集 5권 4호 1187면; 福岡地判 昭 49. 10. 4. 交通民事判例集 7권 5호 4363면, 이상 ジュリスト 총합특집 1986. 3. 松本朝光, 「被害者の自殺と事故との因果關係」 85면 인용.

564) 판례카드 452.

565) 대법원판결집 20권 1집 민 213면.

나. 문제에의 접근방법

우선 특별사정으로 인한 손해는 민법 제763조에 의하여 불법행위에 준용되는 민법 제393조 제2항에 규정되어 있으므로 위 특별손해의 개념파악은 민법 제393조의 전체적인 구조 속에서 이루어져야 하며 제393조의 의미파악을 위해서는 그것이 어느 법제에서 유래된 것이며 그 나라에서의 특별손해는 어떤 것을 의미하였던가 그리고 불법행위에 관하여는 어떤 법리에 의하여 배상범위가 규율되고 있는가도 알아 볼 필요가 있을 것이다. 이와 같은 것을 알아보고 나면 과연 채무불이행에 관한 위 규정을 불법행위에 준용한 입법태도에 관한 반성도 일어날 수 있고 따라서 그 준용범위에 관한 입장도 일응 세울 수 있지 않을까 생각한다.

또 한편 민법 제393조는 일반적으로 상당인과관계를 규정한 것으로 알려져 있는데 과연 상당인과관계론은 어디에서 온 것이며 민법 제393조는 상당인과관계론을 표현한 것인가? 만일 그렇지 않다면 상당인과관계론은 우리나라에 있어서 어떤 의미로 쓰여지고 있으며 그것은 제393조와 어떻게 조화되는 것일까? 그리고 특별사정으로 인한 손해는 어떻게 정의되며 그 구체적인 내용은 무엇인가? 나아가 우리 대법원이 특별사정으로 인한 손해라고 판시한 것들은 과연 그러한 것인가를 구체적 개별적으로 검토하여 보려고 한다.

2. 불법행위로 인한 손해배상범위

가. 민법 제393조의 계보적 고찰

우리 민법 제393조의 입법과정에 관한 민법심의록에는 당시의 민법(일본의 현행 민법) 제416조와 동일하다는 기재가 있을 뿐 아무 제안이유나 심의과정에 관한 설명이 없으므로566) 우리 민법 제393조는 현행 일본 민법 제416조를 그대로 수용한 것으로 생각된다.

그런데 일본 민법 제416조는 법전조사회에 제출된 원안 제410조이었는데 그 내용은 "손해배상의 청구는 통상의 경우에 있어서 채무의 불이행으로부터 생기는 손해를 배상하도록 함을 목적으로 한다. 당사자가 처음부터 예견하고 또

566) 양삼승, 「손해배상의 범위」 민사판례연구 〔V〕 150면.

는 예견할 수 있었던 손해에 대하여는 특별한 사정으로부터 생긴 것이라도 그 배상을 청구할 수 있다"는 것이었고 이것은 하쓰미(穗積陳重)박사가 기초한 것이었는데 그는 법전조사회에서 다음과 같은 설명을 붙였다.

"첫째 손해배상에 관하여 그 손해라고 하는 것과 어떤 관계가 있으면 좋을까 하는 문제는 제국의 민법에 있어서 구구하다. 그러나 요컨대 원인결과의 관계가 있으면 손해배상이라는 것을 구할 수 있다고 하는 주의를 취하고 있는 나라와 거기에다 원인결과라는 것에 단계를 설정하여 직접의 원인, 간접의 원인으로 나누고 직접의 원인이 아니면 구할 수 없다는 2개의 계급으로 나누고 있는 나라도 있다. …… 본안은 그 제1의 주의를 채택하여도 그 불이행이라는 것으로써 원인결과의 관계를 증명할 수 있는 경우에 그러한 주의 쪽이 온당하다고 생각하였다. 왜냐하면 이를 다시 직접의 결과로 끊고 있는 프랑스, 네덜란드, 스위스에 있어서 그 원인이 직접이냐 간접이냐 하는 차이를 상당히 이해하기 어려워 사람들의 생각이 다르다." "……어쨌든 채무의 이행이라고 하는 것에 의하여 채권자는 어떤 이익을 예견하고 있고 그 불이행으로부터 생긴 결과라 하여 법정에 나와 증명할 수 있는 정도라면 채권자를 본래의 모습으로 되돌려 놓는다고 하는 것은 당연하다고 생각되므로 이 원인에 직접 간접의 구별을 두지 않는 쪽으로 결정하였다."[567)]

"둘째 …… 이 손해배상책임이라는 것에 대하여 불이행이 악의 또는 과실 등에 의하여 생긴 것이냐 아니냐 하는 것에 구별을 하는 나라와 그렇지 않고 그 악의, 과실 등을 채택하지 않는 나라로 크게 말하면 이 둘로 나누어져 있다. ……" 그러나 "이 의무불이행의 결과를 불식하여 채권자를 본래의 모습으로 되돌려 놓는다는 주의를 채택하는 쪽에서는 채권자의 모습을 표준으로 취하지 않고 채무자의 모습을 표준으로 취한다고 하는 것은 아무래도 이론이 우습다. 이것은 덕의의 쪽에서 징벌을 주는 것도 아니고 또는 채무자를 징계하는 것도 아니며 채권자를 본래의 모습으로 회복시킨다고 하는 것이므로 악의 선의라고 하는 것, 과실의 단계를 두어 액의 다소를 정한다고 하는 표준은 일체 배척하여 여기에서는 채택하지 않았다."[568)] 그리고 나아가 배상범위에 관하여

567) 법전조사회, 민사의사속기록 18권 52권; 平井宜雄, 「損害賠償法の理論」, 東京大學出版會 1971. 156면 재인용.

"예견이라고 하는 것은 아무래도 채무관계의 성질로부터 하나의 표준을 세우지 않으면 아니 되므로 당사자가 처음부터 예견하고 있었던 것이 들어감은 논할 것도 없으나 통상인이 어떤 거래를 하게 되고 혹은 매도하는 위치에 있었다면 10인 중 8, 9인 즉 주의 깊은 다수인이 그러한 경우에 이를 이행하지 않으면 반드시 이러한 손해가 채권자측에 생긴다고 하는 것을 예견하고 있는 것이 배상의 액을 정하는 표준이 되지 아니하면 안 되고, 만약 그것을 예견 또는 예견할 수 있었던 것이라면 설령 특별한 사정으로부터 생긴 것에 대하여도 청구할 수 있다." 그리고 穗積박사는 다음과 같이 끝을 맺었다. "…… 영국의 유명한 판결례도 결국 이에 돌아오고 있어 …… 본조와 같은 표준을 정한 것이다."[569]

그런데 穗積박사는 영국에 유학하여 barrister의 자격을 얻은 영국법의 권위자이었던 점을 생각하면 그가 말한 영국의 유명한 판례라는 것은 Hadley v. Baxendale사건[570]을 말하는 것으로 추측된다.

그런데 Hadley v. Baxendale사건이란 원고가 경영하는 제분공장에서 제분기의 회전축이 파손되었기 때문에 그 회전축을 그린윗치에 있는 기계제작소에 보내어 새로운 회전축을 만들 필요가 생겨 원고는 운송업자인 피고에게 제분기가 움직이지 못하게 되었다고 회전축을 그린윗치에 지급으로 보낼 것을 의뢰하였는데 피고는 오전 중에 회전축을 보내면 익일에는 그린윗치에 도착한다고 회답하였으므로 원고는 다음 날 오전 중에 회전축을 가져갔으나 피고의 해태로 인하여 그린윗치에의 운송이 지연되었다. 그 때문에 새로운 회전축을 수일 늦게 수취하여 그간 공장의 조업이 정지되었다. 원고는 공장이 위 기간중 조업하였더라면 얻었을 이익을 잃었다고 주장하여 피고에게 배상을 구한 것이었다.

Alderson판사는 다음과 같은 이유로 원고청구를 기각하였다. "여기에서 문제로 된 것과 같은 사건에 있어서 적절한 rule은 다음과 같은 것이라고 생각한다. 즉, 양당사자가 체결한 계약에서 그 일방이 위반한 경우에 그 위반에 대하

568) 위 속기록 53면・54면, 전동 재인용.
569) 위 속기록 54면・55면, 전동 재인용.
570) (1854) 9 Ex. 341, 156 E.R. 145.

여 타방의 당사자가 받을 손해배상은 (1) 그와 같은 계약위반 자체로부터 자연히 즉, 사물통상의 경과에 따라(naturally, i. e. according to the usual course of things) 생긴 것이라고 공정히 그리고 합리적으로 생각될 수 있든가 혹은, (2) 계약을 체결한 때에 계약위반의 개연적인 결과로써 양당사자가 예기하였다고 합리적으로 생각될 수 있는 손해이다. 그러나 계약이 실제로 체결된 당시의 특별사정(special circumstances)이 원고로부터 피고에게 통지되었다면 다시 말해서 양 당사자가 알고 있었다면, 계약위반으로부터 생긴 바의 양 당사자가 예기할 수 있는 손해의 배상은 그와 같이 알려져 있고 또한 통지되어 있는 특별사정하에서 계약위반으로부터 통례적으로 생긴 손해의 액이다. 그러나 타면에 있어서 만일 이러한 특별사정이 계약에 위반한 일방의 당사자에게 전혀 알려져 있지 않다면 그 당사자는 기껏해야 계약위반으로부터 통상 발생되는 특별사정에 의하여 영향을 받지 않는, 많은 경우에 있어서의 손해 밖에는 예기할 수 없다. 왜냐하면 특별사정이 알려졌더라면 양 당사자는 그와 같은 경우에 있어서의 계약위반에 대하여 특별한 약정을 만들어 대비하였을지도 모르기 때문이다. 이와 같은 이익을 당사자로부터 박탈하는 것은 심히 불공평할 것이다. 이상의 원칙이 어떠한 계약위반으로부터 생기는 손해배상을 산정함에 배심이 준거하여야 할 원칙이라고 생각한다.

그래서 본건의 경우에 대하여 생각해 보면 당사자에게 알려져 있었던 사정은 운송의뢰된 것이 제분기의 파손된 회전축이라는 것과 원고가 제분업자라는 것뿐이다. 이 사정만으로는 운송지연에 의하여 공장의 수익을 얻을 수 없었다고 하는 것은 명백해지지 않는다. 예컨대 원고가 다른 회전축을 갖고 있어 단지 파손된 회전축을 제작소에 보낸데 지나지 않는지도 모르고 이 경우에는 운송이 지연되어도 공장의 수익에 아무런 영향도 주지 않을 것이기 때문이다. 회전축이 즉시 보내지지 않으면 공장의 조업이 정지된다고 하는 특별사정은 피고에게 고지된 바 없고 따라서 원고의 손해는 계약체결시에 있어서 양당사자에게 공정하게 또한 합리적으로 예기된 계약위반의 결과라고는 생각되지 않는다"고 판결하였고, 이 rule은 1949년의 Victoria v. Newman사건[571]에서도 상세히 설명되었다.

571) [1949] 2 K.B. 528.

그런데 제1항의 "통상의 경우에 채무불이행으로부터 발생할 손해"와 제2항의 "특별사정으로부터 발생할 손해"와의 관계에 대하여 穗積박사는 전자는 채무의 불이행이 있다면 하시라도 생길 손해라고 하는 의미로 쓴 것이고, 특별사정이라고 하는 것은 통상의 원인결과 이외에 예견이 필요한 것을 의미한다고 설명한다. 환언하면 통상의 손해라면 예견하지 못해도 상관없고 "통상의 경우에 있어서"라고 하는 것은 "특별사정으로부터 생긴 것이라 할지라도"라고 하는 것과 상응하여 있는 것으로 제2항은 제1항의 범위를 넓힌 의도이었다고 설명하였다.

위에서 본 바와 같이 Hadley v. Baxendale사건의 rule에서 "사물의 통상의 경과"에 의하여 생긴 손해에 대하여는 모든 사람이 예견하였다고 상정되므로 그 손해에 대하여는 예견가능 여부를 문제로 할 필요가 없고, 특별사정으로부터 생긴 그 이상의 손해가 청구된 경우에 있어서 비로소 예견가능하였음이 요구된다. 따라서 이 rule은 기초자의 견해와 명백히 공통된다고 생각된다. 그런데 손해는 충분히 예견하고, 예견할 수 없었다 하더라도 만일 특별사정이 있음을 당사자 쌍방이 알고 계약을 하였다면 역시 그 책임을 부담시키는 것이 지당할 것이라는 수정안이 제출·가결되어 현재의 조문이 된 것이다. 그래서 일본에 있어 현재의 통설은 제1항의 통상 생길 손해가 상당인과관계의 원칙을 선언하고 제2항은 그 기초가 될 특별사정의 범위를 나타낸 것이며 그 결과 제2항은 제1항의 내용을 설명하였음에 지나지 않는다고 해석하게 되었다.[572]

나. 민법 제393조의 해석론

민법 제393조의 통상손해·특별손해의 구별은 손해에 대한 통상성, 특별성인가 아니면 손해를 발생시킨 사정에 대한 통상성·특별성인가? 조문을 그대로 읽으면 동조 제1항은 손해의 통상성을 표현하고 제2항은 사정의 특별성을 표현하고 있는데 양자의 관계는 어떻게 해석하여야 하는가.

우리나라와 일본에 있어서의 통설은 제393조는 상당인과관계에 의한 손해배상의 범위를 정한 규정이라는 견지에서 제1항은 상당인과관계의 원칙을 선언

572) 平井, 전게서 151면.

하고, 제2항은 그 기초가 될 특별사정의 범위를 정한 것이라 한다.[573]

이 설은 통상의 손해는 특별한 사정이 없는 한, 그 종류의 채무불이행이 있으면 사회일반의 관념에 따라 통상(보통) 발생하는 것으로 생각되는 범위의 손해이며,[574] 당사자 사이에 있어서의 개별적・구체적 사정에 의한 손해가 이른바 특별손해이며 특별사정으로 인한 손해는 채무자가 그 사정을 알았거나 알 수 있었을 때에 한하여 배상책임을 지므로 손해의 원인이 된 특별사정을 알았거나 알 수 있었으면 족하고 그 결과인 손해에 대하여는 예견이 불필요하다고 해석한다.[575]

특별사정을 원인으로 하는 손해를 어느 범위까지 배상하여야 할 것인가에 관하여는 법률에 규정이 없으므로 이론도 있지만 그 종류의 특별사정으로부터 통상 생기는 손해에 대하여 배상책임이 있다고 일반적으로 해석되고 있다.[576]

결국 이 견해에 의하면 '사정'에는 통상의 사정과 특별사정이 있고, 이 사정으로부터 각각 발생되는 손해가 통상손해 및 특별손해인 바, 제1항은 각 손해의 배상범위를 정한 것이고, 제2항은 배상범위에 들어가는 특별손해의 원인이 되는 특별사정의 범위를 정한 것으로 이해된다.[577] 즉, 배상하여야 할 손해는 '통상의 사정으로부터 통상 생길 손해(1항)'와 '특별사정으로부터 통상 생길 손해(2항)'라는 두 종류가 있는 셈이 된다.

일본의 근시의 유력설은 채무불이행을 원인으로 하여 생긴 손해 중, 통상 생기는 것은 물론 그 밖의 것이라도 예견가능성이 있는 것은 배상시켜야 한다는 견지에서 '사정'은 그다지 문제삼지 않고 손해를 문제삼아 통상 생길 손해는 제1항, 특별사정에 의한 손해는 제2항에 의하여 판단한다고 하는 설이 있다. 平井설이 그것인데 그에 의하면 제393조의 실체법적 의미는 전체로서의 예견가능성의 한도내로 손해배상의 범위를 제한한다고 함에 있고 예견가능성

573) 곽윤직, 채권총람 Ⅲ 187면, 1985; 我妻, 新訂債權總論 昭 39. 120면; 抽木=高木, 判例債權法 總論 昭 46. 118면.

574) 곽윤직, 전게서 187면; 於保不二雄, 債權總論 昭 47. 139면.

575) 곽윤직, 전게서 190면.

576) 곽윤직, 전게서 190면; 於保, 전게서 140~141면.

577) 北川善太郞, 注釋民法(10), 481면.

의 주장・입증이 불필요하다는 점에 제1항의 통상손해는 소송법적 의미를 가짐에 그친다고 한다.578)

이 설은 손해와 특별사정과를 엄밀히 구별할 수 있는가 의심하고 있고 "특별사정"에 대한 예견가능성을 정하고 있다고 보여지는 제393조의 문언과는 좀 다른 해석을 하는 것이 되며 또한 예견의 대상을 사정이 아닌 손해로 보기 때문에 예견하기만 했다면 아무리 이상한 손해라도 배상범위에 들어가게 되고 그것도 예견시기를 계약시가 아닌 불이행시로 하면 채권자는 계약후에 이상성 있는 손해를 예측할 때마다 채무자에게 통고하기만 하면 손해배상범위에 포함되는 불합리를 발생시킨다는 비판이 있다.579)

또한 제393조가 상당인과관계를 규정한 것이라는 통설의 견해에 대하여 상당인과관계의 개념은 완전배상주의를 입법적으로 채택한 독일에 있어서 배상범위가 무한히 확대됨을 방지할 목적에서 해석론으로 생긴 것인바, 그 내용은 채무불이행, 불법행위의 구별 없이 어떤 행위가 손해발생의 객관적 가능성을 일반적으로 증대하는 것일 때에 상호간에 인정되는 관계이므로 입법적으로 제한배상제도를 취하고 있고 계보적으로도 영국법・프랑스법 계통으로서 예견가능성을 배상의 제한수단으로 쓰는 일본이나 우리나라의 손해배상에 관한 위 조문이 상당인과관계의 규정이라는 것은 잘못이라는 비판이 있다.580)

그러나 생각컨대 일본이나 우리나라의 손해배상범위에 관한 제도가 영국・프랑스 계통이고 예견가능성을 한계로 하는 제한배상주의로서, 완전배상주의의 입법을 해석론으로 제한하려는 상당인과관계의 개념이 그대로 맞지는 아니한다고 하더라도, 우리나라나 일본에 있어서는 이미 오랜 기간을 통하여 독일에서의 개념내용과는 달리 "객관적으로 보아 어떤 선행사실로부터 보통 일반적으로 초래되는 후행사실이 있을 때" 인정되는 상호관계를 상당인과관계라고 이해하여 왔고 그것이 정착된 이상 위와 같은 비판은 개념파악의 문제라고 볼 것이다.581)

---

578) 平井, 전게서 91・92면.

579) 奧田, 債權總論 上 昭 57. 181면.

580) 平井, 전게서 90면 이하; 양삼승, 「손해배상의 범위」 민사판례연구 5권 144~152면.

581) 鷺岡, 후주 588) 게기 논문의 307면; 淸水兼男, 후주 588) 게기 논문 308면 인용.

다. 제393조의 불법행위에의 준용

우리 민법 제763조는 제393조를 불법행위에 준용한다고 명문으로 규정하였다. 이 준용조문은 어떻게 하여 입법된 것일까? 입법제안이유설명이 발견되지 아니하므로 자세히 알 수는 없으나 우리 민법 입법당시 일본의 통설·판례이었던 준용설을 아예 입법화한 것이 아닐까 추측될 뿐이다. 그러면 일본에 있어서의 준용설은 어떻게 출현된 것인가?

일본에 있어서 당초의 판례는 일본 민법 제416조(우리 민법 제393조)의 불법행위에의 적용을 부정하고, 독일 민사소송에 있어서와 마찬가지로 배상을 요하는 손해에 대하여는 판례가 자유심증에 의하여 판단할 것으로 하였다.[582)]

그 때문에 "일반거래의 통념에 따라 …… 행위가 구체적인 경우에 일정의 손해를 발생시켰을 뿐 아니라, 이를 추상적으로 관찰하여 일반의 경우에도 같은 손해를 발생시킬 가능성이 있는 경우에"는 통상 생기는 손해인가 특별사정으로부터 생긴 손해인가를 묻지 않고 인과관계를 긍정할 것이라 하였다. 따라서 당사자의 예견가능성의 유무를 심리할 필요가 없었다.

그러나 이러한 판례들은 대정 15년 5월 22일의 저 유명한 富貴丸事件에 관한 대심원연합부판결에 의하여 변경되었다.

즉, "민법 제416조의 규정은 공동생활관계에 있어서 사람의 행위와 결과와의 간에 존재하는 상당인과관계의 범위를 명백히 한 것에 불과하므로 오로지 채무불이행의 경우에만 한정할 것은 아니므로 불법행위에 기한 손해배상의 범위를 정함에 있어서도 동조의 규정을 유추적용하여 그 인과율을 정하여야 할 것"이라고 판시한 것이[583)] 그것이다.

사실 입법과정에서도 제416조와 같은 규정을 설치하느냐가 문제로 되었지만 채무불이행과는 달리 불법행위에 있어서는 제한규정을 두지 않고 재판관에게 맡기는 편이 좋겠다 하여 두지 않았던 것이다.[584)]

그러나 일본 민법 시행 이후 입법론은 별론으로 하고 해석론으로서는 민법 제416조는 인류공동생활에 있어서 가해자에게 책임을 부담시키는 상당한 범

582) 日 大判 明 41. 6. 4. 刑錄 14집 629면; 日 大判 明 41. 10. 22. 刑錄 14집 873면.
583) 民集 5권 386면.
584) 법전조사회 민법의사속기록 40권 169면 이하.

위를 정한 것이므로 불법행위의 경우에도 유추적용하여야 할 것이라는 학설[585]이 생겨나고 현재로서는 민법 제416조의 적용긍정설이 지배적이다.[586]

이에 대하여 당사자의 예견가능성을 조건으로 특별사정에 의한 손해를 배상시킨다고 하는 제416조의 규정은 본래 채권·채무라고 하는 특수한 유대관계가 있는 자들 사이에서 타당한 것이므로 무관계한 자 사이에서 돌발적으로 발생되는 것이 보통인 불법행위의 경우에 예견가능성을 들고 나오는 것은 결국 의제하지 않는 한, 불법행위자는 특별사정에 인한 손해에 대하여는 책임이 없다고 하는 결과로 된다 하여 제416조의 적용을 부정하는 학설도 있다.[587]

그러나 이 부정설에 대하여는 기지의 당사자간의 불법행위의 경우나 거래관계에 기인한 불법행위의 경우 등에는 역시 제416조 제2항을 기준으로 하여 배상범위를 정할 여지가 있으므로 부정설은 타당치 않다 할 것이고,[588] 따라서 우리 민법 제763조가 제393조를 준용한다고 규정한 것은 위 범위내에서는 타당성을 인정할 수 있다.

따라서 기지의 사람들 사이에서 일어나는 고의·과실에 의한 불법행위, 계약관계에서 발생되어 채무불이행과 불법행위가 경합되는 사안, 예컨대 자동차의 승객에 대한 차주나 운전자의 불법행위, 의료과오를 불법행위로 구성하는 경우, 피용자의 불법행위로 다른 피용자에 손해를 가한 경우에 사용자 및 불법행위를 한 피용자들을 상대로 제소하는 경우 등에 있어서는 민법 제393조 제2항의 준용가능성이 생겨 나온다.

그러나 지금까지 특별손해로 인정하고 예견가능성의 유무를 검토하여 온 판례사안은 반드시 위와 같은 경우에 한정되었던 것은 아니며, 대부분은 오히려 전혀 무관계한 사람들 사이에서 우연히 야기된 불법행위의 경우이며, 무엇을 특별손해로 볼 것인가 또는 특별손해에 대한 예견가능성이 있다고 인정할 것인가에 관하여 일관성이 없고 배상범위결정의 기준인 상당성을 판단함에 있어서도 확립된 기준은 아직 없다.

585) 横田秀雄, 債權各論(大 9) 899면 이하; 園野新之, 損害賠償論(明 42) 314면.

586) 篠原弘志, 注釋民法(19) 46면.

587) 末弘, 「不法行爲と416條」 判例時報 7호 10면 민법잡기장 36면.

588) 鷺岡康雄, 「不法行爲による損害賠償と民法 416조」 續·實務民事訴訟講座 4, 日本評論社 1982. 313면.

어떤 손해가 통상 생길 손해인가, 특별사정에 의하여 생긴 손해인가의 한계는 반드시 명백한 것은 아니고, 이것을 구별하는 것은 실제상 곤란한 경우가 적지 않고, 이 점은 예견가능성의 존부판단에 대하여도 마찬가지이고, 결국은 공평의 관념에 비추어 행위자에게 그 손해를 배상시키는 것이 타당한가의 판단이 선행되고 그것을 전제로 하여 민법 제393조의 해석상 조작이 이루어지지 않을 수 없으며,[589] 무엇이 통상인가 하는 개별적 구체적 판단은 당연히 그 시대, 그 사회의 경제관계, 생활양식 등의 변화에 대응하여 유동적인 것으로 파악할 수밖에 없겠으나,[590] 결국 판례가 피고로 하여금 배상토록 하는 것이 공평하다고 인정하지만 통상의 손해라고 보기 다소 곤란한 점이 보이면 예견가능성이 있었다고 의제하지 않을 수 없게 되고, 그 의제가 때로는 지나치다고 보지 않을 수 없는 경우까지 나타나게 되자 오히려 준용부정설로 되돌아가려는 경향마저 보이고 있다.[591]

어쨌든 우리 민법은 제393조를 불법행위에 준용하고 있으므로 해석론으로써 그 준용범위의 발견에 노력하여야 할 것인 바, 앞서 말한 바와 같이 기지의 사람들 사이에서 일어난 불법행위 내지 채권불이행과 불법행위가 경합되는 사안에 준용가능하다 하여도 과연 무엇이 특별손해인가를 구체적으로 검토할 필요가 있으므로 이하 학설·판례상 특별손해라고 주장된 사안들을 모아 분석함으로써 제393조의 준용범위 그리고 특별사정으로 인한 손해의 개념과 범위를 어떻게 정할 것인가 시도하여 본다.

3. 특별손해에 관한 판례·학설의 검토

가. 재산권의 침해와 위자료

우리 대법원은 1971. 2. 9. 선고 70다2826 판결[592]에서 "재산권의 침해로 인한 정신적 손해는 특별사정으로 인한 손해(재산적 침해에 관련되는 일반적인 정신상 고통은 그 재산적 손해의 배상에 의하여 회복되는 것이라 할 것이다)

589) 大隅健一郎, 日 最判 昭 49. 4. 25. 판결의 소수의견.

590) 鷺岡, 전게논문 314면.

591) 위 주 589) 게기사건.

592) 대법원판례집 19권 1집 민 74면.

라고 볼 것이므로 그 손해에 대한 위자료는 침해자가 그 특별사정을 알았다거나 적어도 그 사정을 예견할 수 있었을 것이라고 인정되는 경우에 한하여 이를 인용할 것"이라고 판시하였고,[593] 일본 하급심판결 중에는 가옥파손을 원인으로 한 위자료, 사육견의 부상으로 인한 위자료를 특별사정으로 인한 손해라고 판시하였는 바, 재산권의 침해로 인한 통상의 손해는 물질적인 것이므로 정신적 손해는 종류를 달리하여 특별사정에 인한 손해로 보는 데 이론이 없는 것으로 보인다.

나. 물건파손으로 인한 감가손해

그러나 물건이 파손되어 수리된 후의 감가손해에 관하여는 문제가 있다.

대법원은 1970. 12. 29. 선고 70다2445 판결[594]에서 "불법행위로 인하여 소유물이 멸실되거나 훼손되었을 때의 손해배상액은 그 당시의 교환가치나 보수비 또는 감소된 교환가치를 통상의 손해로 하여 산정할 것"이라고 판시하였고, 대법원 1978. 6. 13. 선고 78다635 판결[595]에서는 "이 건 원고소유의 차량이 수리되었다 하더라도 동 차량의 가치가 감소되었다는 원고의 주장에 대하여 위 차량의 교환가치의 감소주장이 특별손해에 관한 것이라고 판단하고 나아가 위 특별사정의 존재사실과 그 사정이 존재한다 하더라도 피고가 이를 알았거나 알 수 있었다고 인정할 자료가 없다는 취지로 판단함에 있어 원심이 거친 증거취사관계를 검토하여도 원심의 증거판단은 정당하여 소론과 같은 채증상의 위법사유가 없고 심리미진, 석명권불행사 및 특별사정으로 인한 손해에 관한 법리를 오해한 위법이 있다고 볼 수 없다"고 판시하였으며, 대법원 1979. 2. 27. 선고 78다1820 판결[596]에서는 "불법행위로 인하여 물건이 훼손된 경우, 그 손해는 수리가 가능하면 그 수리비, 수리가 불가능하면 그 교환가치의 감소가 통상의 손해라고 할 것인 데, 원심이 인정한 사실에 의하면 한바다號는 이건 사고로 경미한 손해를 입어서 이를 수리하였다는 것인 바, 원

593) 동지 대법 1970. 3. 31. 선고 69다2106 대법원판결집 18권 1집 민 289면 모두 입목벌채로 인한 위자료 청구사건.

594) 대법원판결집 18권 3집 민 438면.

595) 대법원민사판결원본 246집 230면.

596) 대법원판결집 27권 1집 민 165면.

고가 船價의 1 / 100 상당의 교환가치의 감소액과 이에 대한 결항기간 23일간의 연 5푼의 비율에 의한 손해금의 지급을 구하는 것은 특별손해라 할 것인데, 기록상 특별사정의 존재와 그 사정을 피고가 알았다거나 알 수 있었다는 주장·입증이 없으므로 이와 같은 취지로 판단하여 이를 배척한 원심의 조치는 적법하고, 선박이 충돌로 경미한 손상을 입어 수리가 가능한 경우, 수리후에도 언제나 船齡이 단축되어 교환가치가 감소된다는 경험칙이 있다고 볼 수는 없으므로 논지는 모두 이유 없다"고 판시하였고, 대법원 1982. 6. 22. 선고 81다8 판결[597]에서는 "불법행위로 인하여 물건이 훼손된 경우 그 손해는 수리가 가능하면 그 수리비, 수리가 불가능하면 그 교환가치의 감소가 통상의 손해라 할 것이고, 원심이 인정한 사실에 의하면 원고회사의 사고버스는 이 사건 사고로 손해를 입어서 이를 수리하였다는 것이니 원고가 위 버스의 1 / 10 상당의 교환가치감소액의 지급을 구하는 것은 특별손해라 할 것이고 기록을 살펴보아도 특별사정의 존재와 그 사정을 피고가 알았다거나 알 수 있었다는 주장·입증이 없으므로 이와 같은 취지로 판단하여 이를 배척한 원심의 조처는 정당하고 버스가 충돌로 인하여 손상을 입어 수리가 가능한 경우 그 수리비 외에도 언제나 상당한 교환가치의 감소가 따른다는 경험칙이 있다거나 이러한 손해는 통상 예견할 수 있는 것이라고 볼 수도 없다 할 것이므로 원심판결에 손해배상의 범위에 있어서 특별손해에 관한 법리오해가 있다고 할 수 없다"고 판시하였다.

이상의 대법원 판결들은 수리가능한 경우의 감가손해를 특별손해로 보아 피고가 이를 알았거나 알 수 있었던 경우에만 이를 배상할 것이라 하므로 결국 배상책임을 부정하는 셈이다.

그러나 물건에는 사용가치와 교환가치가 있는 것이며 수리에 의하여 사용가치는 회복될 수 있지만 그 수리의 정도가 경미한 것이 아니라 중대한 파손을 입었던 경우에는 중고차 시장에서 그 교환가치가 감소됨은 쉽게 알 수 있는 사회현상이다. 그럼에도 불구하고 위와 같은 사회현상을 외면하여 감소된 교환가치의 배상을 부정하는 것은 공평을 결하게 된다. 특히 자동차를 내구연한까지 사용하다가 폐차하는 경우보다는 상당기간 사용후 매각하는 많은 경우를

597) 공 1982. 9. 1. (687), 680, 대법원판결집 30권 2집 민 137면.

생각하면 더욱 그렇다. 이와 같은 손해는 물건대파의 경우에는 통상 발생되는 경우가 아닐까 생각된다.

일본의 하급심판결 중에 감손배상을 부정한 판례들이 없는 것은 아니나,[598] 일반적인 경향은 이를 인정하고 있으며,[599] 수리비의 15%에서 50%까지 또는 시가의 10% 정도의 감손을 인정하고 있다.[600]

다. 피해자의 후속손해

일본 최고재판소는 소화 49. 4. 25. 판결[601]에서 교통사고 피해자의 근친자가 간호를 위하여 피해자에게 왕복한 경우의 여비는 그 근친자가 피해자에게 오는 것이 피해자의 상해의 정도, 근친자가 간호를 하여야 할 필요성 등의 제반 사정으로부터 보아서 사회통념상 상당하고 또한 피해자가 근친자에게 여비를 반환 또는 상환하여야 할 것이라고 인정되는 때에는 그 왕복에 통상 이용되는 교통기관의 보통운임의 한도내에서는 당해 불법행위에 의하여 통상 생기는 손해에 해당하는 것이라고 해하여야 할 것이고, 국제교류가 발달한 금일, 가족의 일원이 외국에 가 있는 일은 종종 보이는 사태이고 또한 일본에 있는 그 가족의 다른 구성원이 상병 때문에 간호가 필요하게 된 경우 외국에 체재하는 자가 위 자의 간호를 위하여 일시 귀국하였다가 다시 외국에 가는 일도 용이한 것이라 할 수 있으므로, 전시의 해석은 피해자의 근친자가 외국에 거주 또는 체재하고 있는 경우에 있어서도 타당한 것이라고 하면서 피해자의 딸이 "빈"에 유학차 가던 중 모스크바에서 사고소식을 듣고 급거 귀국하여 간

---

598) 大阪地判 昭 43. 5. 9. 判例時報 525호 74면; 名古屋地判 昭 46. 12. 8; 浦和地判 昭 53. 10. 31.

599) 東京地判 昭 47. 8. 25. 交通民事判例集 5권 4호 1118면; 大阪地判 昭 48. 6. 8. 交通民事判例集 6권 3호 998면; 横浜地 小田原支判 昭 51. 10. 29. 交通民事判例集 9권 5호 1491면; 東京地判 昭 51. 11. 12. 判例時報 860호 132면, 交通民事判例集 9권 6호 1542면; 東京高判 昭 52. 3. 15. 交通民事判例集 10권 2호 323면; 大阪地判 昭 52. 7. 29. 交通民事判例集 10권 4호 1055면; 名古屋地判 昭 53. 11. 29. 交通民事判例集 11권 6호 1739면.

600) 岩井 俊, 註解 交通損害賠償法 青林書院新社 441면 昭 57년판; 西岡芳樹, 「物損事故」 交通事故損害賠償の法理と實務, 交通事故處理センタ 昭 60. 477면.

601) 最高裁 民集 28권 3호 447면.

호타가 다시 모스크바로 가게 됨으로써 피해자가 부담하게 된 왕복여비의 배상청구를 인용하고 있다.

그러나 위 판결에 소수의견을 낸 大隅健一郎은, "다수의견의 근저에는 불법행위에 의한 손해배상에 대하여도 채무불이행에 관한 민법 제416조의 규정이 유추적용되어 가해자는 원칙으로서 그 불법행위에 의하여 통상 생길 손해를 배상하면 족하고 특별사정에 의하여 생긴 손해에 대하여는 당사자가 그 사정을 예견 또는 예견할 수 있었을 때에 한하여 그 배상책임을 진다고 하는 견해가 복재되어 있다. 그래서 이 견해를 취할 때는, 본건 여비가 본건 교통사고에 의하여 피상고인이 입은 손해로서 가해자인 상고인이 배상함이 공평의 개념에 비추어 타당하다고 생각하는 한, 아무래도 이것을 본건 교통사고에 의하여 통상 생기는 손해로서 포착하지 않으면 안 되는 것이다. 생각컨대 그것을 특별사정에 의하여 생긴 손해라고 한다면 상고인이 그 배상책임을 지기 위하여는 그가 피상고인의 딸에 관한 전기의 사정을 예견 또는 예견할 수 있었음을 요하는 데 그러한 것은 무릇 문제로 될 수 없는 까닭이다. …… 그러나 일반의 상식에서 말한다면 이것을 본건과 같은 교통사고로부터 통상 생길 손해라고 보는 것은 무리이어서, 특별사정에 의하여 생긴 손해라고 보는 것이 솔직하지 않을까 생각한다 ……"고 하면서 민법 제416조의 불법행위에서 적용을 반대하였다.

한편 일본의 하급심판결[602] 중에는 음식점 영업을 하는 피해자가 익일의 영업을 위하여 준비하였던 재료비와 피용자에게 지급한 해고수당을 특별손해라고 보면서도 피해자가 무언가의 직업을 갖고 있는 것 그것이 음식점 영업이라면 피용자가 있는 것, 영업을 위하여 재료를 사입 또는 준비하고 있는 것도 당연 예견할 수 있다고 하여 배상책임을 인정하고 있다. 또한 양복제조업자가 사고로 인한 상해 때문에 충분히 일할 수 없어 주문자로부터 주문을 취소당함으로써 상실한 제조임을 특별손해라고 하면서도 배상을 긍정한 판례[603]도 있다.

그러나 또 어떤 일본 하급심판결[604]은 피해자 사망당시 원고가 우연히 외국

602) 大阪地判 昭 38. 5. 10. 交通下民 昭 38년 217면.

603) 大阪地判 昭 32. 11. 13. 不法下民 32상 305면.

604) 東京地判 昭 35. 12. 24. 下民 11・12・2736.

출장중이었기 때문에 어쩔 수 없이 우선 밀장(密葬)을 하고 동인의 귀국을 기다려 다시 본장(本葬)을 한 경우에, 이와 같이 지출된 본장관계 비용은 소위 특별사정에 의한 손해라고 하여야 할 것인 데, 피고가 당시 그와 같은 사정을 예견 또는 예견할 수 있었다는 점에 관하여 주장·입증이 없다 하여 청구를 배척하였다. 그러나 중복장례에 관하여 특별한 설명없이 인용한 판례들도 있다.[605]

이상의 판례들에서 받는 느낌은 민법 제393조 제2항의 입증책임을 면하게 하여 줄 의도로써 솔직히 말하면 특별사정으로 인한 손해라고 하여야 할 것을 무리하게 통상의 손해라고 단정하거나, 특별손해라고 인정하여 놓고도 알 수 있었던 것이라고 의제하고 있다는 것이다. 따라서 최근 일본에서는 일본 민법 제416조의 불법행위에의 유추적용설에 대한 강한 비판과 함께 보호범위설[606] 또는 위험성관련설[607] 등이 유력하게 주장되고 있다. 피해자의 딸이 외국에 있었다든가, 음식점 경영자로서 재료를 구입·준비하고 고용원에게 해고수당을 주지 않을 수 없었다든가, 상주의 출장으로 밀장과 본장을 중복하여 치루지 않을 수 없었다는 등의 사정은 불법행위에서 통상 존재하는 사정이 아니고 특별한 사정이라고 보는 것이 솔직할 것이다. 이러한 손해까지 가해자에게 부담시키는 것을 법은 가혹하다고 본 것은 아닐까.

라. 특수용법에 의한 손해

우리 대법원은 1973. 3. 13. 선고 72다2307 판결[608]에서 "피고가 원고의 전자(前者)인 박인석에게 본건 부동산을 매매할 당시에는 농경지인 밭으로서 매매한 사실을 원심이 인정하는 바이고, 그 매수인 또는 그 전득자인 원고가 그 후 농경지인 밭으로서의 용도를 변경하여 뽕나무의 식재 또는 건물축조 등 타의 용도에 제공하는 것은 이례에 속하는 특별사정이라 할 것인 바, 피고에게 위 지상물철거로 인한 손해배상책임을 지우려면 매매당시 위와 같은 특별

605) 松江地判 昭 48. 7. 31. 交通民事判例集 6권 4호 1259면; 大阪地判 昭 52. 2. 3. 交通民事判例集 10권 1호 180면.

606) 平井, 損害賠償法の理論, 東京大學出版會 1971.

607) 石田 穣, 損害賠償法の再構成, 東京大學出版會.

608) 대법원판결집 21권 1집 민 135면.

사정을 매도인인 원고가 예견하였거나 예견할 수 있는 사정을 심리·확정하였어야 옳았음에도 불구하고 이 점에 관한 심리 판단함이 없이 피고에게 지상물철거 등으로 인한 손해배상의무를 인정하였음은 손해배상책임에 관한 법리를 오해함으로써 심리를 다하지 아니하였다거나 이유불비"라고 판시한 바가 있으며, 일본에 있어서 전시한 富貴丸사건[609]에 관하여 일본 대심원은 "피해자가 물건의 특수한 사용수익으로 인하여 얻을 수 있었던 이익을 상실하였다 하여 이의 배상을 청구함에는 민법 제416조 제2항에 준거하여 불법행위 당시에 장래 그러한 이익을 확실히 얻을 수 있었음을 예견 또는 예견할 수 있었던 특별사정이 있었음을 주장·입증할 것을 요한다"고 판시하면서 용선료는 특별손해라고 판시하였다. 그런데 일본의 어떤 실무가는 부 A가 바이올리니스트, 처 B가 피아니스트로서, A, B가 항상 듀엣으로 조를 이루어 연주활동을 하였는데 A, B가 연주회 후에 매니저가 운전하는 자동차로 귀가하다가, D가 운전하는 자동차와 충돌하여 C, D의 과실로 A가 손가락에 경상을 입은 결과 바이올린을 연주할 수 없게 된 경우, 손가락 상해 그 자체는 경미한 후유증을 남겼지만 A가 바이올리니스트이었기 때문에 상당한 수익을 상실하는 결과가 되었는 데, 전기 대심원 판결의 표현을 빌린다면 "그 물건의 특수한 사용수익으로 인하여 이상의 이익을 얻을 수 있었던 특별사정"에 의한 특별손해로 생각된다면서 매니저 C에게는 예견가능성이 있었으므로 A의 전손해를 배상하여야 하나 제3자 D는 통상의 손해만 배상할 것이라고 주장한 바 있다.[610] 그리고 피아니스트, 타이피스트들도 같을 것이라 한다. 그러나 소화 42. 6. 2.에 선고된 大阪地裁 판결[611]에서는 교통사고로 우수악력이 저하되어 요리칼을 쥘 수 없게 된 조리사의 일실이익으로서 당시로서는 배상액의 최고액이라 할 정도인 1,000만엔 이상을 인정하였으며 특별손해는 문제삼지도 않았다.

생각컨대 물건의 용도는 제조목적에 따라 일응 통상의 사용수익과 특수한 사용수익을 구별할 수 있겠지만, 사람의 능력은 수많은 분야에 걸쳐 얼마든지 개발가능한 것이므로 특수한 능력으로 고액의 수입을 얻는다 하여 이를 특별

609) 大判 大 15. 5. 22. 民集 5권 6호 386면.

610) 三宅弘人, 「特別事情による損害」 판례 212(1967. 12.) 122면 이하.

611) 별책 ジュリスト 1968. 4. No.18, 84면.

사정으로 보고 그로 인한 일실이익을 특별손해로 보는 것이 긍정할 수 없다. 인신사고에서의 손해는 사상 그 자체이고 일실이익의 산정은 상실된 가동능력의 평가에 불과한 것이다.

마. 소인에 의한 확대손해

사고와 경합되어 손해를 확대시키는 체질적 소인으로는 정신병질・신경질 등의 병적인 체질과 고혈압, 위장병, 결핵, 뇌경화증 등의 지병, 경련성변화 등 다양하고, 일안실명, 사지손상 등의 불구 등의 기왕증 그리고 외상성 신경증인 편타증과 자살과 같은 심인성 소인도 손해확대의 요인으로 작용한다.

불법행위의 피해자가 위와 같은 체질적 또는 심인적 요소를 갖고 있고, 기왕증이 있었기 때문에 손해가 확대된 경우 가해자는 어디까지 책임을 져야 하는가 하는 문제를 다룸에 있어 여러 가지 방법이 논의되고 그 중 하나가 전통적인 상당인과관계론에서 출발하는 특별손해의 문제이다.

우리나라 대법원판례들이 소위 기왕증에 관한 사건에 관하여 통상의 손해라든가 특별사정으로 인한 손해라든가 하는 점에 관하여 전혀 언급함이 없이 사고가 결과의 발생에 기여한 범위내에서만 상당인과관계가 있다고 판시하고 있음은 서설에서 예시한 바[612]와 같다.

그러나 일본의 하급심판결들 중에는 버스사고로 탑승하고 있던 정신병질자가 쇼크를 받아 발병한 경우,[613] 가해차가 점포에 뛰어들어 만성위장병으로 요양 중이던 피해자가 쇼크를 받아 고혈압증을 병발시킨 경우,[614] 정신분열증의 관해상태에 있던 자가 사고로 좌골골절 등의 상해를 입고 입원가료 중 정신분열증이 재발된 경우[615] 등에 관하여 모두 특별사정으로 인정하고 가해자에게 예견가능성이 있다 하여 그로 인한 손해배상책임을 인정하였다. 특히 마지막 판례는 "피고로서는 일반인 중에 원고와 같은 정신분열증의 관해상태에 있는 자가 존재하는 것을 예견하고 또는 예견할 수 있었다고 하지 않을 수 없다"하면서 전손해의 배상을 명하였다.

612) 위 주 556) 참조.
613) 위 주 557) 참조.
614) 위 주 559) 참조.
615) 위 주 560) 참조.

그러나 석회화증에 의한 치료기간의 장기화 사안에 있어서 그와 같은 지병의 존재는 특별사정이라고 인정하면서도 피고가 이를 알았거나 알 수 있었다고 볼 증거가 없다는 이유로 위 지병이 없는 경우에 원고가 입은 부상 때문에 통상 입을 손해액을 한도로 배상책임을 인정한 것도 있으며,[616] 학교교사의 체벌로 학생에게 지주막하출혈이 생긴 사안에서 그 출혈에 의한 손해는 특별사정에 인한 손해라고 인정하면서도 일본 민법 제416조의 불법행위에의 유추적용을 거부하고 기여도에 따른 배상책임만을 긍정한 판례도 있다.[617]

그러나 대부분의 하급심판결들은 사고의 손해에 대한 기여도의 범위내에서[618] 또는 소인의 결과에 대한 기여도를 공제한 나머지의 한도내에서[619] 피고의 배상책임을 인정하고 있다.

그렇다면 위와 같은 체질적 소인이나 기왕증의 존재는 특별사정으로 보아야 할 것인가 통상의 사정으로 보아야 할 것인가?

대부분의 사람이 건강체라고 본다면 특별사정으로 보게 될 것이고, 예견 또는 예견가능성을 채무불이행에 있어서의 당사자 사이에 요구되는 정도로 보는 한, 전혀 관계없는 사람들 사이에서 우발적으로 발생되는 불법행위의 가해자나 피해자 간에는 예견이나 예견가능성을 인정할 수 없을 터이니 결국 위와 같은 기왕증이나 소인에 의한 손해는 배상범위 밖으로 밀려나게 되고 따라서 앞의 판례들의 예를 생각하면 정신병질자의 정신병재발[620]이나 위장병환자의 고혈압 발병, 석회화증에 의하여 연장된 치료기간의 치료비 등은 모두 배상받지 못하게 될 것이다. 그러나 이와 같은 결론에 대부분의 사람들은 찬성하지 않을 것이다. 그리고 실무상으로 특별사정으로 인한 손해를 구별하여 제외하기는 쉽지 않다. 치료기간이 장기화된 경우에는 적당한 기간까지만 인정할 수도 있고 편타증에 관하여는 그러한 판례들이 상당수 보이기도 하지만 기왕증이 경합되어 사망한 경우에는 문제가 간단치 않다.

---

616) 위 주 559) 참조.

617) 前橋地 高崎支判 昭 47. 9. 7. 判例時報 680호 24면.

618) 仙臺地判 昭 49. 6. 24. 交通民事判例集 7권 3호 920면; 靜岡地判 昭 49. 3. 27. 交通民事判例集 7권 2호 405면; 高知地判 昭 46. 10. 21. 判例タイムズ 272호 377면.

619) 위 주 562) 참조.

620) 위 주 557) 참조.

뿐만 아니라 일안실명의 노동자가 월 50만원의 월급을 받고 일하다가 사고로 양안실명되어 전혀 일을 못하게 된 경우, 이를 특별사정으로 본다면 그 피해자는 한 푼의 배상도 못 받게 되는 결과가 될 것이다.[621] 뿐만 아니라 일안실명인 자가 택시승객으로 탑승했다가 대향차량과 충돌사고를 당하여 완전실명된 경우를 상정한다면 대향차량의 운전수는 특별사정을 알았거나 알 수 있었을 리가 없으므로 그로 인한 손해를 배상할 책임이 없는 반면 택시의 운전수가 승객의 일안실명을 알아보았었다면(밤이라서 몰랐다거나 선글라스를 써서 몰랐다면 결론은 달라진다) 그 배상책임을 져야 한다는 결과가 될 터인데 이것은 수긍하기 어렵다.

그래서 판사들은 위와 같은 사정을 특별사정으로 보면서도 그에 대한 예견가능성 유무의 판단에서는 주관적 요소를 제거하고 객관적 견지에서 추상적 판단을 하게 되었는지 모르겠다. 즉, 세상에는 건강한 사람만 사는 것은 아니므로 피해자에게 지병이나 병소가 있을 수 있음은 예견할 수 있었다고 보는 것이다. 그러나 이와 같은 태도는 지나친 의제라는 비난을 면할 수 없고 본래 채무불이행에서 계약당사자간에 요구되는 예견가능성과는 거리가 멀다.

따라서 기왕증이나 소인을 특별사정으로 보는 한 문제의 해결은 어렵다.

여기에서 접근방법을 달리 해 볼 필요가 있다.

일찍이 일본의 平井교수는 손해배상의 과정을 3단계로 분석하였는데 사실적 인과관계의 인정, 배상(보호)범위의 결정 그리고 손해의 금전적 평가가 그것인 바 위 이론은 그 발표 후 대부분의 학자들이 이를 수용하였다.

어쨌든 平井설에 의하면 손해배상에 관한 민법 제393조는 보호범위결정의 기준이다. 특별사정으로 인한 손해라면 예견가능성의 유무에 따라 배상범위 안으로 들어오거나 밖으로 밀려나게 되지만 앞서 본 바와 같이 그 결론은 온당치 못하다. 뿐만 아니라 그 부분만을 떼어내기도 실무상 곤란하다. 따라서 지병, 기왕증, 소인들을 특별사정이냐 아니냐 하는 차원에서 문제로 삼을 것이 아니라 소인 등에 의한 이상부분과 사고로 인한 수상부분이 자연과학적으로 연쇄 경합되어 하나의 결과로 나타나고 세상에는 얼마든지 병자나 병소를 가진 사람이 있는 이상 통상의 손해로 보아서 일단 배상범위에 포함시키고 그

621) 위 주 562) 참조.

다음 단계인 손해의 금전적 평가단계에서 사고로 인한 수상이 결과에 기여한 정도에 따라 비율적으로 배상액을 평가한다면 가해자는 자기행위의 결과에 대하여서만 책임을 지게 된다. 물론 그 비율을 정함에 있어서는 잠재적 소인을 사고가 발현시켰다는 점을 소홀히 평가해서는 안 될 것이다. 어쨌든 사상 그 자체를 손해로 보는 현재의 통설인 사상손해설 또는 가동능력상실설의 입장에서 본다면 소인이나 기왕증에 의한 이상과 사고에 의한 수상이 경합되어 하나의 결과에 이르게 한 경우, 사고상해로 인한 손해를 평가함에 있어서는 의학적 지식과 경험적 지식을 이용하여 비율적 판단이 가능하고 앞서와 같은 비난도 면할 수 있어서 좋다. 따라서 우리의 대법원판례나 대부분의 일본 하급심판례들이 특별사정으로 인한 손해인가의 여부를 따지지 아니하고 사고의 기여도에 따라 비율적으로 배상을 명하는 것은 타당한 태도로 생각된다.

그러나 사고후에 자살한 경우에는 문제가 복잡해진다. 일응 자살은 자의에 의한 것이므로 인과관계가 중단된다고 볼 여지가 있기 때문이다.

일본의 많은 재판례는 상당인과관계설에 입각하여 사고에 의한 수상 또는 후유증을 통상상해로 자살에 의한 손해를 특별손해로 보아 자살이라고 하는 특별사정에 대하여 예견가능성이 있었느냐 없었느냐를 검토하여 사고와 자살과의 상당인과관계를 판단하는 것이 적지 않다.[622)]

소화 48. 8. 25. 札幌地判[623)]은 교통사고의 피해자가 그가 입은 정신적, 육체적 고통 때문에 자살을 결의하고 이를 실행한다고 하는 것은 사고에 의하여 통상 생기는 결과라고 할 수 없으므로 가해자 등이 피해자가 사고로 입은 고통 때문에 자살하게 된 것을 예견하고 또는 예견할 수 있었다고 할 수 있어야 한다고 판시하였고, 이 판결은 항소심인 札幌高判[624)]과 상고심인 최고재에서 시인되었으며, 교통사고는 아니지만 고교교사에 의한 징계와 생도의 자살과의 인과관계에 관하여도 같은 견해를 보인 최고재판결[625)]도 있고 같은 취지

622) 松本朝光, 「被害者の自殺と事故との因果關係」 ジュリスト 종합특집 1983. 3. 84면.

623) 交通民事判例集 6권 4호 1539면.

624) 札幌高判 昭 50. 2. 13. 交通民事判例集 8권 5호 1237면; 最判 昭 50. 10. 3. 交通民事判例集 8권 5호 1221면.

625) 昭 51. 10. 25. 判例タイムズ 355호 260면.

의 하급심판결들은 많다.[626)]

그러나 예견가능성의 유무를 문제로 함이 없이 고통에서 벗어나기 위하여 자살이라는 수단을 선택하는 일도 드물지는 않은 것이 경험칙이라 하여 가해자가 미리 결과를 예견할 수 있었는가에 관계없이 법률상 상당인과관계를 긍정한 예도 있고,[627)] 반드시 예견할 수 없는 이례라고는 할 수 없다고 상당인과관계를 인정한 것도 있다.[628)] 한편 기여율에 의한 비율적 인과관계를 인정한 예도 있고,[629)] 손해배상액 산정의 단계에서 공평의 이념 내지 과실상계의 법리를 적용하여 상당히 감액한 예도 있다.[630)]

자살과 사고와의 인과관계에 관하여는 여러 가지 견해가 있는 바, 제1설은 교통사고로 인한 수상으로 뇌의 일부에 기질적 장해 예컨대 간질성 기질장해가 생겼다든지 그렇지 않다 하더라도 수상에 의한 정신적·육체적 후유증이 극심하여 폐인과 같이 되었다든지 또한 그렇지 않다 하더라도 정신적 육체적 고통이 심하여 누구도 참아낼 수 없다고 수긍할 만한 상황에 이르렀다든지 다시 그렇지 않다 하더라도 가해자측이 피해자에 대하여 당시의 병상정도 등에 비추어 누구도 참을 수 없는 매도를 가하고 모욕을 주었다든지 하는 제반의 사정을 참작하여 피해자가 받는 정신적·육체적 고통, 충격 및 후유장해가 극히 중대하여 통상인의 거의 다가 살아갈 희망이나 의욕을 잃고 자살을 선택할 수밖에 없고 그래서 통상인의 대부분이 이를 수긍하지 않을 수 없는 상황이라면 인용의무의 한계를 넘어 배상부과의 상당성 결국 상당인과관계가 있다고 하는 것이고,[631)] 제2설은 피해자의 의사로서는 변경할 방법이 없는 결정된 상

---

626) 大阪地判 昭 46. 2. 19. 判例タイムズ 263호 313면; 金澤地判 昭 43. 7. 31. 判例時報 547호 70면; 廣島地判 昭 45. 9. 30. 交通民事判例集 3권 5호 1484면; 京都地判 昭 46. 6. 21. 交通民事判例集 4권 3호 933면; 東京地判 昭 46. 8. 31. 交通民事判例集 4권 4호 1259면.

627) 東京地判 昭 48. 10. 17; 東京地裁 八王子支判 昭 49. 3. 28. 交通民事判例集 7권 2호 425면; 秋田地判 昭 55. 7. 15. 交通民事判例集 13권 4호 912면; 浦和地判 昭 57. 5. 21. 交通民事判例集 15권 3호 665면.

628) 大阪地判 昭 54. 7. 10. 判例時報 952호 98면.

629) 福岡地裁 行橋支判 昭 57. 10. 19. 判例時報 1074호 126면.

630) 前橋地 高崎支判 昭 51. 5. 24. 判例時報 846호 97면.

631) 本井 巽, 「交通事故と自殺」 交通法研究 7호 112면; 小山 昇, 「交通事故と自殺の因果關係」 判例タイムズ 457호 33면.

태에서 피해자에게 생긴 손해는 보호되어야 한다는 생각하에 원칙으로 자살에 의한 손해는 보호되지 않지만 예외적으로 자살하여도 무리가 아닌 사정 혹은 개연성이 있는 경우에는 결정된 상태에 있었다 하여 자살에 의한 손해도 보호된다고 하며,[632] 제3설은 피해자에게 자살 이외의 선택의 길이 없었다고 생각되는 경우에 비로소 법적 인과관계를 인정할 수 있다고 하면서 우선 수상에 의하여 정신에 이상을 가져와 자기를 상실한 상태에서 자살에 이른 경우에는 피해자는 사고에 의하여 자살이라는 의사적 선택을 강요당한 것이므로 인과관계를 긍정하여야 할 것이고, 다음으로 후유증에 의한 육체적·정신적 고통 및 생활상의 고통 등을 괴로워하여 자살한 경우에는 일반통상인의 대부분이 그와 같은 상태에 놓여진다면 거의 다 그럴 것이라고 인정되는 경우에 한하여 법적 인과관계를 인정한다 하고,[633] 제4설은 교통사고가 피해자의 자살에 대하여 결정적 불가피적으로 기여하고 있는 경우에는 피해자의 자살이라는 의사행위에 의한 새로운 인과의 계열과 교통사고와 동일차원에서 평가할 수 없는 이상, 사망에 의한 전손해 또는 그에 가까운 배상을 인정하여야 할 것이며, 다음으로 후발적 사정의 동기가 된 피해자의 의사가 오히려 심인성 예컨대 뇌의 기질적 장해를 수반하지 않는 재해신경증이라고도 불릴 수 있는 노이로제 등에 기인하는 것일 때에는 사고에 의한 인과의 계열과 피해자의 심인에 의한 새로운 인과의 계열이 동일차원에서 병존하는 것이라 생각되므로 인과관계의 존재를 비율적으로 생각하여 그 기여도에 의한 배상을 긍정하여야 할 것이라고 하고,[634] 제5설은 자살의 원인은 피해자 자신의 성격에 기한 죽음의 선택이라는 주체적 태도에 의한 것이라는 면을 무시할 수 없으므로 사망이라는 손해 전부와의 간에 인과관계를 인정하기 위하여는 사고에 의한 수상, 후유증이 피해자에 대하여 죽음 외에는 선택할 여지를 주지 않을 정도의 결정적 원인을 부여한 경우에 한할 것이며 그 이외의 경우에는 사망과의 관계에서 사고의 기여도에 의한 책임을 인정할 여지가 있으며 이 기여도에 의한 책임을 인정하기 위하여는 죽음의 선택이라고 하는 피해자의 성격

632) 高崎尙志, 「交通事故にぢける因果關係 —— 被害者の後發的事情を中心として」 교통법연구 5호 172면.

633) 飯塚和之, 「被害者の自殺」 注解交通損害賠償法 376면 이하.

634) 加藤 了, 「被害者の自殺と賠償範圍」 交通事故賠償の現狀と課題 113면 이하.

등의 발현에 사고가 유인을 준 정도로는 무리이므로 적어도 주된 원인임을 요한다고 한다.[635]

우리 대법원은 1968. 6. 18. 선고 67다1267 판결[636]에서 교통사고로 중상을 입고 병발한 신경염의 참을 수 없는 고통에다가 그가 불치의 병으로 일생동안 신음하여야 한다는 비관과 위 중상에서 유발된 정신이상에서 오는 발광으로 말미암아 자살하게 된 것이라면 위 중상과 고통, 비관, 발광과의 사이 및 고통, 비관, 발광과 자살의 사이에는 서로 인과관계가 있는 것이라고 판시한 바 있고, 또한 1972. 4. 20. 선고 72다268 판결[637]은 "피해자 김춘범은 1970. 6. 29. 일어난 이 사건 광산사고로 요부찰과 타박상, 좌슬관절부 타박상 및 탈구의 상해를 입어 광부로서는 전노동력을 잃었고 일용노동자로서의 노동력은 약 40%가량 잃었다는 것이니 피해자가 본건 사고후 생활고와 사고후유증으로 인한 고통을 이기지 못한 채 1971. 4. 12. 비관자살을 한 사실이라면 이 사건 중상과 고통, 비관과의 사이나 고통, 비관과 자살의 사이에는 서로 상당인과관계가 있다"고 판시하였다.

또한 대법원 2008. 3. 13. 선고 2007두2029 판결[638]은 "구 산업재해보상보험법(2007. 4. 11. 법률 제8373호로 전문 개정되기 전의 것) 제4조 제1호에서 말하는 '업무상의 재해'라 함은 업무수행 중 그 업무에 기인하여 발생한 근로자의 부상・질병・신체장애 또는 사망을 뜻하는 것이므로 업무와 재해발생 사이에는 인과관계가 있어야 하고 그 인과관계는 이를 주장하는 측에서 증명하여야 하는바, 그 인과관계 유무는 반드시 의학적・자연과학적으로 명백히 증명되어야 하는 것이 아니라 규범적 관점에서 상당인과관계의 유무로써 판단되어야 하므로 근로자가 업무로 인하여 질병이 발생하거나 업무상 과로나 스트레스가 질병의 주된 발생원인에 겹쳐서 질병이 유발 또는 악화되고 그러한 질병으로 인하여 심신상실 내지 정신착란의 상태 또는 정상적인 인식능력이나 행위선택능력, 정신적 억제력이 현저히 저하된 정신장애 상태에 빠져 자살에 이르게 된 것이라고 추단할 수 있는 때에는 업무와 사망 사이에 상당인과관계가 있

635) 福永政彦, 「事故と損害の因果關係」 ジリスト 增刊總合特集 8호, 交通事故 153면.
636) 판례카드 452.
637) 대법원판결집 20권 1집 민 213면.
638) 미간행, 종합법률정보에 수록.

다고 할 수 있을 것이지만(대법원 1993. 12. 14. 선고 93누13797 판결,[639] 대법원 1999. 6. 8. 선고 99두3331 판결[640] 등 참조), 자살은 본질적으로 자유로운 의사에 따른 것이므로 근로자가 업무를 수행하는 과정에서 받은 스트레스로 말미암아 우울증이 발생하였고 그 우울증이 자살의 동기 내지 원인과 무관하지 않다는 사정만으로 곧 업무와 자살 사이에 상당인과관계가 있다고 함부로 추단해서는 안 되며, 자살자의 나이와 성행 및 직위, 업무로 인한 스트레스가 자살자에게 가한 긴장도 내지 중압감의 정도와 지속시간, 자살자의 신체적·정신적 상황과 자살자를 둘러싼 주위상황, 우울증의 발병과 자살행위의 시기 기타 자살에 이르게 된 경위, 기존 정신질환의 유무 및 가족력 등에 비추어 그 자살이 사회평균인의 입장에서 보아 도저히 감수하거나 극복할 수 없을 정도의 업무상 스트레스와 그로 인한 우울증에 기인한 것이 아닌 한 상당인과관계를 인정할 수 없다"고 판시하였다.

생각컨대 앞서 본 바와 같이 자살에 이르게 되는 정황에는 여러 가지 정도가 있을 수 있으므로 자살을 일률적으로 특별사정으로 인한 손해라고 보기는 곤란할 것이다. 사고로 인한 수상으로 뇌에 기질적 변화가 일어나 발광을 하게 된다면 그 피해자는 이미 자아를 상실한 것이고, 그 결과 자살에 이르렀다면 그것도 자연과학적 인과의 연속에 불과할 것이며 그와 같은 상해를 입힌 사고에 있어서는 통상의 결과로 보아 전손해의 배상을 인정하는 것이 타당할 것이나, 평소 성격적 장해가 있던 피해자에게 상해가 가하여져 경미한 장애가 남은 경우 사고의 후유증을 계기로 하여 평소의 비관적 염세적 성격이 발현됨으로써 자살에 이르렀다면 체질적 소인의 수상에 의한 유발이 자연과학적인 것과는 달리 자의에 의한 손해의 확대이고 이것은 극히 이례에 속하는 희귀한 일이므로, 특별사정으로 인한 손해로 보아, 서로 잘 아는 사람들 간의 불법행위와 같이 위 특별사정을 알았거나 알 수 있었을 경우에 한하여 책임을 인정하여야 할 것이며 전혀 모르는 사람들 사이에서 우발적으로 일어나는 불법행위에서는 그 예견가능성을 부정하여야 할 것이다.

그러나 위 두 극단사례의 중간에 속하는 사안에서는 즉, 대부분의 사람이

---

639) 공 1993. 12. 15. (958), 3189.
640) 공 1999. 7. 15. (86), 1423.

자살을 선택할 수밖에 없다든가, 수상이 자살의 결정적 원인이 되었다든가 주된 원인이 되었다고 인정되는 경우에는 통상의 손해로 보고 그래도 주관적인 의사가 기여한 면을 무시할 수 없으므로 사고로 인한 부상이 사망에 기여한 비율에 따라 그 한도내에서 책임을 긍정하는 것이 타당하지 않을까.

결국 자살은 사고로 인한 부상이 계기가 되어 일어났거나 부상이 자살의 유인이 된 경우에 한하여 특별사정이라고 보는 것이 온당하리라 생각된다.

바. 등귀가격과 인상임금

앞서 서론의 문제의 제기에서 언급한 바와 같이 가동능력의 상실이나 감소로 인한 일실이익의 배상에 있어서 가동능력의 상실, 감소 당시의 수익을 기준으로 함이 원칙이고, 장래 수익이 증가되는 경우에는 상당한 정도로 확실하게 예측할 수 있는 자료가 있는 경우에 한하여 증가수익도 고려함이 우리 대법원의 판례이나,[641] 또한 수익증가를 특별사정으로 인한 손해로 보아서 가해자가 알았거나 알 수 있었을 때에 한하여 증가수익을 기초로 일실이익을 산정할 수 있다고 판시한 또 하나의 흐름도 있다.[642]

그러면 왜 가동능력상실당시 즉, 불법행위사고당시의 수입을 기초로 하는 것이 원칙일까? 잘 알 수는 없지만 그 대목에서 저자는 이행불능으로 인한 전보배상에 관하여 손해배상액은 그 의무이행이 불능하게 된 당시의 시가에 의하여야 하고 그 후의 시가앙등으로 인한 손해는 특수사정에 해당하므로 이를 의무자가 예견 또는 예견할 수 있는 경우에 한하여 그 앙등된 가격으로 배상할 의무 있음에 불과하다고 판시한 일련의 대법원판례[643]들을 연상하게 된다. 위 일련의 판례와 같은 맥락에서 대법원은 이행지체로 인한 전보배상에 관하여 같은 취지를 판시하였다. 즉, 대법원 1967. 6. 13. 선고 66다1842 판결[644]은

641) 위 주 547)~550) 참조.

642) 위 주 551), 552), 553) 참조.

643) 대법 1975. 5. 27. 선고 74다1872〔공 1975. 8. 15. (518), 8542〕; 대법 1969. 3. 25. 선고 66다340, 대법원판결집 17권 1집 민 328면; 대법 1968. 7. 23. 선고 68다1104, 대법원판결집 16권 2집 민 275면; 대법 1967. 11. 28. 선고 67다2178, 대법원판결집 15권 3집 민 332면; 대법 1967. 7. 4. 선고 76다836, 판례카드 8478.

644) 대법원판결집 15권 2집 민 52면.

"이행지체에 의한 전보배상청구에 있어서는 다른 특별한 사정이 없는 한 채권자는 채무자에 대하여 상당한 기간을 정하여 그 본래의 의무이행을 최고하고 그 이행이 없는 경우에는 그 본래 의무이행에 대신하는 전보배상을 청구할 수 있고 그 전보배상에 있어서의 손해액 산정의 표준시기는 원칙적으로 위의 최고하였던 상당한 기간이 경과한 당시의 시가에 의하여 한다고 해석하여야 할 것이며(위에서 말한 바와 같이 특별한 사정이 없는 한 상당한 기간을 정하여 촉구하고 그 이행이 없는 경우에는 특히 계약해제를 하지 않고 직접 전보배상을 청구할 수 있다 할 것이다.) 그 후의 물가상승에 의하여 증대된 손해는 특별사정에 의한 손해라 할 것이므로 그 특별사정을 채무자가 알았거나 알 수 있었을 때에 한하여 채무자에게 배상의무가 있다 할 것"이라고 판시하였다.

그러나 대법원 1969. 5. 13. 선고 68다1726 판결[645]의 결론은 다르다. 즉, "이행지체 중에 있는 본래의 급부를 명하는 전보배상은 본래의 목적물을 받은 것과 동일한 경제적 이익을 받아야 될 것이므로 그 통상 배상액은 사실심 변론종결당시의 시가에 따라 산정하여야 할 것이니 원심이 이와 같은 견지에서 1968. 7. 5. 본건 변론종결당시의 시가에 의하여 본건 알루미늄인도채무의 전보배상액을 산정한 조치는 정당하다"고 판시하였던 것이다.

이행불능 또는 이행지체를 이유로 전보배상을 청구하는 경우에 어느 시점을 기준으로 하여 배상액을 산정하여야 하느냐에 관하여 구법시대에는 여러 견해가 대립하였고 판례도 일정하지 않았다. 즉, 손해배상을 청구하는 때 또는 판결시를 표준으로 하는 견해, 이행기로부터 판결이 있을 때까지의 임의의 시기를 채권자가 선택해서 그 시점을 기준으로 할 수 있다는 이른바 중간최고가격을 기준으로 하는 견해, 손해배상채권이 발생된 때를 기준으로 하고 그 후의 손해는 상당인과관계 범위 안의 손해를 가산하는 견해 등이 있었으나 최후의 견해가 지배적이었다.[646]

우리나라 다수설은 사실심변론종결시를 기준으로 하는데 그 이유는 손해배상의 이상을 채권자로 하여금 피해가 없었던 상태로 돌리려는데 있다고 보고

645) 대법원판결집 17권 2집 민 81면.

646) 곽윤직, 전게서 193면.

채권자를 두텁게 보호하는데 있다고 한다.[647] 그러나 손해배상채권이 발생된 때를 기준으로 하여 그 배상액을 산정하고 그 후의 손해는 상당인과관계의 범위내의 손해를 가산하는 것이 옳다는 소수설도 있다. 그 이유로는 손해배상채권은 원칙적으로 금전채권이며 그 내용은 원칙적으로 채권이 발생된 때 즉, 손해가 발생된 때에 정하여져야 하며, 또한 손해배상채권은 채권의 성립과 동시에 이행기에 달하고 이행지체가 생기므로 채무불이행시 이후에 생긴 손해에 관하여도 그것이 상당인과관계의 범위내에 있는 한 그것을 가산하는 것이 당연하다는 것이다.[648]

결국 다수설과의 차이는 책임발생후 변론종결시까지의 가격변동을 통상손해로 보느냐 특별손해로 보느냐에 있게 된다.

일본에 있어서도 매도인의 채무불이행에 의한 전보배상청구사건에서 자주 논쟁의 대상이 된 것은 매매목적물의 가격변동이 있었던 경우 이것을 통상손해로 볼 것인가 특별손해로 볼 것인가이다.

아주 초기의 판례는 간단히 목적물의 시장가격과 약정대금과의 차액을 통상손해라고 하였다.[649] 그 후 이 문제에 대한 이론구성이 변하여 결국 그러한 차액이 통상손해로 인정되는 것은 예컨대 목적물의 가격이 등귀한 경우 매수인이 그 목적물을 타에 전매하고 그것에 의하여 그 차액을 이익으로써 얻을 수 있었기 때문이라는 것이 붙여졌다.[650]

그런데 등귀가격에 의한 전보배상을 얻을 수 있었던 이익이라고 보면, 이것은 특별사정에 의한 것이라고 볼 여지가 생기게 되고 사실 그 후의 판례에서는 그렇게 해석하는 경향이 강하여졌다.[651] 그러나 판례는 일관되지 않고 등귀가격에 의한 전보배상을 통상손해라고 하는 판결례도 있어[652] 대판 대 11. 6. 5.(민록 1집 283면)은 “경제상 추세에 따른 물가변동은 특별사정이라고 할 수

647) 김기선, 전정판 한국채권법총론 1975. 102면; 김현태, 신채권법총론 1964. 132면; 현승종, 채권총론 1975. 165면.

648) 곽윤직, 전게서 194면 이하.

649) 大判 明 37. 11. 7. 민록 10집 1404면.

650) 大判 明 39. 10. 29. 민록 12집 1358면; 大判 明 41. 3. 18. 민록 14집 290면.

651) 北川善太郎, 注釋民法(10) 債權(1) 有斐閣 昭 62. 523면.

652) 北川, 전게서 524면.

없음을 통례로 한다"고 판시하였고, 전후 최고재판소도 가격변동에 의한 손해를 통상손해라고 보고 있다. 일본 최고재판소 소화 28. 12. 28. 판결[653]과 소화 41. 3. 18. 판결[654]이 그것인 바, 전자의 사안은 나막신재료를 매매하는 계약에서 대금은 2만 5,000원이었는데 매도인의 불이행을 이유로 이행기로부터 1년 정도 후에 매수인은 계약을 해제하고 해제시의 목적물의 시가 9만원과 계약가격과의 차액을 손해배상청구하였다. 원심은 이 청구를 인용하였으므로 매도인은 상고하여 가격등귀에 의한 손해는 특별손해라고 다투었으나 기각되었다. 판결은 이 점에 대하여 "원심이 확정한 사실관계하에서 본건 손해는 이것을 민법 제416조 제1항에서 규정하는 통상 생길 손해라고 해석하는 것이 상당하다"고 함에 그치고 있다.

후자의 사안은 마른우동의 매매계약에서 매도인의 불이행 때문에 매수인이 계약후 1년이 지나서 계약을 해제하고 이행기의 시가와 대가와의 차액을 청구하였는 데 통상손해라 하여 인용하고 있다. 즉, "원심이 본건 매매가격과 이행기에 있어서 대연(大連) 또는 영구(營口)에 있어서 시가와의 차액을 상고인의 채무불이행에 의하여 피상고인이 통상 입을 손해라고 판단한 것은 정당하여 위 손해를 특별사정에 의하여 생긴 손해라는 논지는 채용할 수 없다"라고 판시한 것이 그것이다.

그러나 등귀가격에 의한 배상청구를 특별손해로 구성하는 판례이론은 전후에도 뿌리 깊이 남아 있지만, 등귀가격에 의한 배상과 전매에 의하여 얻을 수 있었던 이익과의 결합은 절단되었다는 점을 주의하지 않으면 안 된다. 그 대표적인 것이 다음의 두 판례이다.

최고재 소화 37. 11. 16.[655]은 환매특약에 기하여 환매의 의사표시가 이루어진 후 목적물건이 타에 매각되어 소유권이전등기는 불능이 되었다. 그래서 환매권자는 이행불능을 이유로 하여 손해배상을 청구하였다. 당초의 매매대금은 2만원, 구두변론종결시에 가장 가까운 시점의 시가는 108만 7,500원이었고 청구액은 80만원이었다. 청구는 다음의 이유로 인용되었다. 즉, "채무의 목적물

653) 最高裁民集 7권 12호 1446면.
654) 最高裁民集 15권 4호 1105면.
655) 最高裁民集 16권 11호 2280면.

을 채무자가 불법하게 처분하여 채무가 이행불능으로 되었을 때, 채권자가 청구할 수 있는 손해배상의 액은 원칙으로서 처분당시의 목적물의 시가이지만, 목적물의 가격이 등귀하고 있다는 특별사정이 있고 또한 채무자가 채무를 이행불능케 하였을 때 그 특별사정을 알고 있었다든가 알 수 있었을 경우에는 채권자는 그 등귀한 현재의 시가에 의한 손해배상을 청구할 수 있다. 왜냐하면 채권자는 채무자의 채무불이행이 없었더라면 그 등귀가격을 가진 목적물을 현재 보유하고 있었을 것이므로, 채무자는 그 채무불이행에 의하여 채권자에게 생긴 위 현가에 의한 손해를 배상할 의무가 있다고 해하여야 할 것이기 때문이다. 그러나 채권자가 위 가격까지 등귀하기 전에 위 목적물을 타에 처분하였을 것이라고 예상된 경우는 그렇지 않고 또한 목적물의 가격이 일단 등귀하였다가 다시 하락한 경우에 그 등귀가격에 의한 손해배상을 구하기 위하여는 그 등귀시에 전매 기타의 방법에 의하여 등귀가격에 의한 이익을 확실히 취득하였을 것이라고 예상되는 것이 필요하다고 해석한다 하여도 목적물의 가격이 현재 역시 등귀하고 있는 경우에 있어서도 또한 마치 현재에 있어서 채권자가 이것을 타에 처분할 것이라고 예상하는 것은 꼭 필요하지는 않다고 해석하여야 할 것이다."

마찬가지로 최고재 소화 47. 4. 20.[656]은 매수인이 자기사용을 위하여 구입한 부동산의 가격이 매도인의 소유권이전등기의무의 이행불능후에도 등귀를 계속하고 있는 경우 전시 판결을 인용하여 "무릇 채무자가 채무의 목적물을 불법하게 타에 처분하였기 때문에 채무가 이행불능이 된 후 그 목적물의 가격이 등귀를 계속하고 있다는 특별사정이 있고 또한 채무자가 채무를 이행불능케 한 때에 위와 같은 사정의 존재를 알았든가 알 수 있었을 경우에는 채권자는 채무자에 대하여 그 목적물의 등귀한 현재의 가격을 기준으로 하여 산정한 손해액의 배상을 청구할 수 있다고 하는 것은 이미 당 재판소의 판례로 하는 바이다. …… 그래서 이 이치는 본건과 같이 매수인이 그 목적물을 타에 매각하여 이익을 얻기 위한 것이 아니고 이것을 자기사용에 제공할 목적으로 한 부동산매매에 있어서 매도인이 그 부동산을 불법하게 처분하였기 때문에 매도인의 매수인에 대한 부동산소유권이전등기의무가 이행불능이 된 경우에

656) 最高裁民集 26권 3호 520면.

있어서도 타당한 것이라고 하여야 할 것이다. 생각컨대 이와 같은 경우에 있어서도 위 부동산의 매수인은 위와 같은 채무불이행이 없으면 등귀가격을 가진 그 부동산을 보유할 수 있었을 것이므로 위 이행불능의 결과 위 매수인이 입은 손해액은 그 부동산의 등귀한 현재의 가격을 기준으로 산정하는 것이 상당하다"고 판시하였다.

이와 같이 등귀가격에 의한 배상문제에 있어서 전술과 같이 특별손해설과 통상손해설은 나란히 대심원시대로부터 최고재판소에 이르기까지 중요한 흐름을 이루고 있지만 이러한 흐름의 근시의 도달점인 최고재 소화 37년 판결과 소화 47년 판결에 있어서 특별손해설의 전개를 보면 결국 통상손해설과 거의 같은 곳으로 회귀하고 있다고 생각된다.657)

이상의 이론에 비추어 가동능력상실로 인한 일실이익을 산정함에 있어서 사고당시의 수입을 기초로 하여야 한다는 원칙은 그 후의 수입증가가 있을 때까지만 타당하고 특히 사실심 변론종결당시 이미 수입이 증가가 입증된 때에는 그 이후의 일실이익산정은 증가된 수입을 기초로 하여야 하고 그 이후 장래에 있어서도 수입의 증가가 상당한 정도로 개연성이 있는 경우에는 역시 그 이후는 그 증가된 수입을 기초로 산정하여야 하지 않을까 생각된다.

물가의 등귀가 경제적 추이에 따라 특별사정이라고 볼 수 없듯이 가동능력에 의한 수입의 증가 역시 특별사정은 아니다. 임금의 인상은 인플레이션이라는 상례화된 경제적 사정 뿐만 아니라 경력의 증가에 따른 연공서열에 따라 증가되고 더욱이 우리나라와 같이 급속도로 경제가 성장되는 나라에서는 국민소득의 향상에 따라 증가된다. 따라서 물가등귀보다도 더 쉽게 임금인상이 예견되고 이를 특별사정이라고 볼 수는 없다.

뿐만 아니라 인상임금은 근래 통설·판례가 된 가동능력상실설의 입장과 전술한 平井교수의 이론 즉, 사실적 인과관계의 인정, 보호범위의 확정, 손해의 금전적 평가라는 3단계에 의한 이론에 의하여도 재조명되어야 한다.

인신사고에 있어서의 손해는 사상 그 자체 또는 상실된 가동능력이고, 배상액은 상실된 가동능력의 평가액에 불과하며 그 평가는 원상회복의 이상하에 가능한 한 현재의 가격으로 하여야 하므로 이미 변론종결당시에 임금인상이

---

657) 北川, 전게서 539면.

이루어졌다면 물론 그 이후의 장래에도 상당한 개연성이 있으면 그에 따라 현재의 가치를 반영토록 하여야 한다.

임금인상을 특별사정으로 본다면 기묘한 변론이 생길 수 있다. 예컨대 광부가 광업소 소유차량을 타고 탄광으로 가던 중 대향차와의 충돌로 사망하였다고 가정하는 경우 고용주인 석공은 인상임금에 의한 배상을 하여야 하고 제3자인 대향차의 소유자는 사고당시의 임금에 의한 배상을 하게 되는데 같은 공동불법행위자로서 연대책임이 있음을 생각하면 어딘가 수긍키 어려운 점이 있다. 임금인상을 특별사정으로 보는 판례들은 계약에 의하여 서로 알게 된 기지의 당사자들 사이에서 적용될 민법 제393조를 무비판적으로 불법행위에 명문으로 준용한 민법 제763조에 너무 얽매이고 또한 등귀가격을 전매이익과 동시하여 이를 특별손해로 보았던 옛 이론에 잘못 영향을 받은 것은 아닌지 모르겠다. 따라서 위와 같은 판례들은 임금인상의 개연성만에 의하여 인상임금에 의한 배상을 인정하는 판례로 통일되어야 할 것으로 생각된다.

사. 장래수입과 특별손해

전시 서론 가.의 (3)항에서 인용한 바와 같이 대법원은 1978. 2. 28. 선고 77다1976 판결에서 "장래에 특별한 자격을 취득하거나 기술을 습득하여 얻게 될 수익을 기준으로 한 손해는 이른바 특별사정으로 인한 손해"라는 원심판단을 "일실수익산정에 관한 법리의 오해가 있다고 할 수 없다"고 판단하여 이를 시인한 듯한 인상을 준다. 그러나 대법원은 위 판결에서 위와 같은 손해가 특별손해인가의 여부를 직접적으로 판단하지는 아니하고 개연성을 부정한 것이 옳다는 견해만을 보였던 것이다.

그 후 대법원은 같은 의과대학 본과 재학생이 피해자인 사건에서는 1987. 6. 23. 선고 84다카1383 판결에서 특별손해인지 여부에 관하여는 아무런 설시 없이 의과대학을 졸업하고 의사시험에 합격하여 의사가 된다는 것은 객관적으로 상당한 정도로 확실시되지는 않는다고만 판시하였고, 또한 대법원 1987. 5. 12. 선고 86다카819 판결[658]에서는 "사람의 사망으로 인한 장래의 일실수익의 산정은 원칙적으로 사망당시의 수익을 기준으로 하여야 할 것이고 장래에 특

658) 공 1987. 7. 1. (803), 958.

별한 자격을 취득하거나 특별한 기술을 습득하게 되는 등 수익이 장차 증가될 가능성, 개연성이 있다고 인정하기 위하여는 그러한 사정을 인정하기에 충분한 객관적인 자료가 있어야 한다는 것이 당원의 견해"라고 판시하면서 전시 77다1976 판결을 인용하고 있다. 즉, 이 판결은 인용한 77다1976 판결에서 인용한 원심판결의 특별손해에 관한 판시부분은 인용하지 아니하고 개연성을 객관적으로 인정할 충분한 자료가 있으면 그것을 기초로 일실이익을 산정할 수 있다는 것만을 판시하였다.

그런데 한편 대법원은 의대 간호학과 1학년생의 사건에서 "전문직양성의 대학에 재학중 사망한 경우에 있어서는 동 피해자가 졸업후 그 전문직을 선택하지 아니할 특별사정이 없는 한, 그 전문직 취업자의 일반통계에 의한 수입의 평균수치를 기초사실로 하여 산정하여야 할 것이고 이를 특별사정에 속하는 것으로 보고 사고당시 그 특별사정을 알았거나 알 수 있었는지의 여부를 심리하여 그 판단 여하에 따라 기초사실을 달리 할 것은 아니라 할 것"이라고 분명히 판시한 바 있었다.[659]

따라서 그 이후의 대법원 판결에서는 특별손해라고 판시한 것이 없다. 예컨대 1981. 1. 13. 선고 80다1732 판결,[660] 1981. 8. 11. 선고 80다2713 · 2714 판결,[661] 1982. 7. 13. 선고 82다카278 판결,[662] 1986. 2. 25. 선고 85다카1954 판결,[663] 1987. 3. 10. 선고 86다카1115 판결,[664] 및 전시 86다카819 판결들이 모두 그러하다. 따라서 우리 대법원은 임금인상을 특별사정이라고 본 일이 있었던 경우와는 달리 학생이나 무직자들이 장래 특별한 자격(예컨대 의사, 간호사, 변호사, 배관공, 교사 등)을 취득하거나 특별한 기술을 습득함으로써 얻을 수 있었던 수입의 상실은 소위 특별손해로 보지는 아니하였고 그것은 사람의 능력과 수입이 천차만별인 이상 통상손해라는 관념이 있을 수 없고 따라서 특별손해도 상정할 수 없다는 견지에서 그리고 사상 그 자체가 손해이고 수

659) 위 주 555) 참조.
660) 공 1981. 3. 15. (652), 13631.
661) 공 1981. 10. 1. (665), 14260.
662) 공 1982. 9. 15. (688). 750.
663) 공 1986. 4. 15. (774), 533.
664) 공 1987. 5. 1. (799), 633.

입은 손해평가의 간접증거에 불과하다는 입장에서 볼 때 정당한 결론이라고 하지 않을 수 없다.

다만 여기에서 부언하고 싶은 것은 위에서 열거한 대법원판례들을 볼 때 피해자가 무직이거나 학생의 신분인 경우 그가 일정한 자격을 이미 취득하고 있을 때에는 그 자격에 의한 수입획득의 개연성을 상당히 확실하게 예측할 수 있다고 하여 그에 기초한 일실이익의 산정을 시인하지만, 그렇지 아니할 때에는 피해자가 소속되어 있던 의과대학의 의사시험합격률이 90 내지 100%에 가깝다 하더라도 의사가 될 개연성이 상당한 정도로 확실한 것은 아니라고 하고, 대학 3학년 재학생에 대하여도 졸업후 대학졸업자의 평균임금을 취득할 개연성이 객관적으로 상당한 정도로 확실시된다고 볼 수 없다 하여 모두 일용노임에 의한 일실이익 밖에 인정하지 아니하는 것은 가동능력의 평가에 소홀한 것이 아닌가 하는 느낌을 준다는 것이다. 이와 같은 태도는 소득상실설 내지는 차액설이 지배하던 시대에 유아, 소년, 학생, 무직자, 가정주부의 일실이익을 어쩔 수 없이 인정하면서 취하였던 지극히 소극적인 입장에서 나왔던 것이지만,[665] 가동능력상실설 또는 평가설이 통설・판례인 현재에 이르러서는 가동능력의 적정한 평가로 손해를 공평히 분담시켜야 한다는 이념에 비추어 볼 때 가해자에게 편파적으로 유리하고 피해자에게 불리하여 온당한 태도로는 보이지 아니한다.

그리고 위와 같은 대법원의 판례태도는 대법원 1986. 3. 25. 선고 85다카538 판결[666] 및 1987. 3. 10. 선고 86다카331 판결[667]이 "향후의 예상소득에 관한 입증에 있어서 그 증명도는 과거사실에 대한 입증에 있어서의 증명도보다 이를 경감하여 피해자가 실질적으로 얻을 수 있을 구체적이고 확실한 소득의 증명이 아니라 합리성과 객관성을 잃지 않는 범위내에서의 상당한 개연성이 있는 소득의 증명으로 족하다"고 판시한 입장과 조화되지 아니한다고 생각된다.

665) 일 最高裁 昭 39. 6. 24. 民集 18권 5호 874면.
666) 공 1986. 5. 15. (776), 692.
667) 공 1987. 5. 1. (799), 626.

4. 영미법과 특별손해

가. 영국법상의 특별손해

영국의 손해배상법이론에 있어서도 특별손해(special damage)라는 용어가 사용되지만 우리 민법상의 특별사정으로 인한 손해와는 판이한 개념이다. 그것은 일반손해(general damage)와 대칭되는 것으로서 인신사고소송에서 쓰이는데 전자는 정확한 계산이 가능한 적극적 손해와 변론종결시까지의 일실이익을 포함하며 주장과 엄격한 입증이 필요하다. 그러나 일반손해는 위자료나 가동능력의 상실과 같이 정확한 계산이 불가능하고 추측이 불가피한 손해이며 특별히 주장하지 않아도 좋은 것이다.

전자는 원상회복의 대상이 되지만 후자는 성질상 원상회복이 불가능하다.[668]

이와 같은 용어들은 우리 민법상의 특별손해의 의미를 규명하는 것과는 아무런 관계가 없다.

나. 영미법상의 손해배상범위

영미법상 손해배상의 범위는 "Remoteness of Damage"라는 제목으로 다루어진다. 그런데 이 제목하에서는 종래 서로 다른 성질의 두가지 문제가 혼동되어 다루어져 왔는데 그 하나는 사실적 인과관계(causation in fact)이고 다른 하나는 손해배상범위의 문제이었다. 그러나 이와 같은 문제의 혼란은 곧 사라졌고 후자만이 논의의 중심을 차지하게 되었다.[669]

어쨌든 원인과 결과와의 관계가 너무 소원(too remote)한 경우에는 원인제공자의 배상책임을 부정하고, 결과에 근접한 원인(proximate cause)의 제공자만이 배상책임을 진다는 것이 원칙이다.

본래 이 근인(proximate cause)라는 말이 법원에서 처음 쓰일 때에는 시간적 공간적으로 근접하고 있다는 뜻을 가졌었으나, 근인은 책임질 원인(responsible cause) 또는 법적 원인(legal cause)을 의미하는 것이므로 위와 같은 의

---

668) John G. Fleming, The Law of Torts, 216면. 5th ed. 1977.

669) Fleming, 전게서 179면; William L. Prosser, Law of Torts, 236면, 4th ed. 1971.

미는 무가치한 것임이 인식되어 곧 사라졌고[670] 결국 그것은 논리, 상식, 정의, 정책과 선례를 종합고려하여 정해질 수밖에 없다고 말할 수밖에 없다.[671]

어쨌든 영미법상 손해배상의 범위를 제한하려는 사고방식은 크게 두 가지라고 할 수 있는 데, 그 하나는 당초 과실의 존부를 결정하는 위험(risk)이 배상범위를 결정한다는 것이고 다른 하나는 피고가 예견하였거나 예견하여야 했던 것은 과실의 존부판단에서는 중요하지만 배상범위의 획정에는 결정적인 것이 아니라는 것이다.[672] 전자는 1850년 Greenland v. Chaplin 사건[673] 등에서 Baron Pollok판사에 의하여 제창되었고, 1876년 Milwaukee & St. Paul Railway Co. v. Kellogg사건[674]에서 Strong판사에 의하여 수용되었으며 위 사건은 미국의 leading case가 되었다. 영국에서는 1961년의 The Wagon Mound 사건[675]에서 다시 확인되었다.

후자는 영국의 Re Polemin사건[676]에서 채택된 이론인 데 위 사건의 사안은 다음과 같다. 즉, 피고의 하역부가 실수로 족장판을 선창에 떨어뜨렸는 데 선창에는 휘발유 가스가 차 있었기 때문에 족장판의 충격으로 생긴 스파크에 의하여 점화됨으로써 큰 화재가 발생되어 선박이 소실되었던 것이다. 피고는 전손해를 배상하라는 판결이 선고되었는데 그 이유는 피고의 행위가 어떤 예견가능한 침해의 위험을 내포하고 있어서 과실이 있다고 인정되면 그가 책임져야 할 손해배상의 범위는 예견가능하였던 침해에 의하여 결정되는 것이 아니라 유책행위의 직접의 결과(direct consequence)이냐 아니냐에 의하여 결정된다는 것이었다. 직접의 결과란 불법행위당시 존재하였던 조건과 이미 활동중이던 힘의 영향하에서 이루어진 피고의 행위결과의 연속으로서 사후에 적극적으로 활동하게 된 어떤 외부적인 힘의 개입없이 생기는 결과를 의미한

---

670) Prosser, 전게서 244면.

671) Prosser, 전게서 249면.

672) Fleming, 전게서 190면.

673) Greenland v. Chaplin 1850, 5 Ex. 243, 155 E.R. 104 and Rigby v. Hewitt, 1850. 5. Ex. 240, 155 E.R. 103.

674) 1876. 94 U.S. 469.

675) Overseas Tankship (U.K.) Ltd. v. Morts Dock & Engineering Co. Ltd. [1961] A.C. 388.

676) In re Polemis and Furness, Withy & Co., [1921] 3K.B. 560.

다.[677]

이 직접결과시험(Direct Consequence Test)이 가장 위력을 발휘하는 분야는 인신침해사안이며, 불법행위자는 그가 발견한 상태대로 피해자에 대하여 책임을 져야 한다(A tortfeasor must take his victim as he finds him.)는 법언이 통용되고 있다.[678]

따라서 피해자가 달걀껍질처럼 얇은 두개골(Eggshell skull)을 갖고 있었기 때문에 보통사람이라면 머리에 혹이 하나 생길 정도의 충격으로 사망하였다든지[679] 약한 심장을 갖고 있었다든지[680] 혈우병과 같은 희귀한 혈액질병을 갖고 있었다든지[681] 소인 때문에 경미한 화상이 암으로 발전되었다든지[682] 경미한 창상에 항파상풍 주사를 주었는데 왁친에 대한 드문 알레르기 때문에 뇌염으로 발전된 경우[683]에도 피고는 손해배상책임을 부담하지 않으면 안 된다. 그러나 전손해를 배상하는 것은 아니며, 피해자의 질병이나 기왕증 때문에 감액된 가치(reduced value)에 대하여서만 책임을 지면 족하다.[684] 또한 상해가 연속된 경우 예컨대 제1의 침해로 다리가 불구화된 후 제2의 침해로 그 다리를 절단하게 된 경우에도 가해자는 불구화된 다리에 대하여서만 책임을 지면 족하다.[685]

위와 같은 이론은 물건에 관하여서도 그대로 적용된다.[686]

---

677) Prosser, 전게서 264면.

678) 이 법언은 Delieu v. White 〔1901〕 2 K.B. 669, 679사건에서 설시한 Kennedy판사의 말이다. Bourhill v. Young 〔1943〕 A.C. 92, 109사건에서 Lord Wright도 동지.

679) Dulieu v. White 〔1901〕 2 K.B. 669, 679.

680) Love v. port of London 〔1959〕 2 Ll. Rep 541, Watts v. Rake 〔1960〕 108 C.L.R. 158.

681) Bidwell v. Briant (Times, 9/5/56), Koehler v. Waukesha Milk (Wis, 1926) 208 N.W. 901.

682) Smith v. Leech Brain 〔1962〕 2 Q.B. 405., Warren v. Scrutton's 〔1962〕 1 Ll. Rep. 497.

683) Robinson v. P.O. 〔1974〕 1 W.L.R. 1176 (C.A).

684) Fleming, 전게서 191면.

685) Fleming, 전게서 184면 이하. 이 경우 제1가해자와 제2의 가해자간의 책임분담에 관하여는 두가지 견해가 있으나 본서와는 직접 관련이 없으므로 설명을 생략한다.

686) Fleming, 전게서 193면 이하.

그러나 인신침해라 하더라도 물질적 침해로 인하여 유발되는 사업상 손실 또는 이례적인 경제손실을 우려한 심장마비[687] 또는 신체침해에 실망한 자살[688]은 "다른 종류의 침해(an injury different in kind)"로 취급되어 배상을 받으려면 특별히 예견(specially foreseeable)될 수 있어야 한다.[689] 이와 같이 인신침해에 대하여 종류가 다른 침해의 결과가 야기된 경우를 제외하고 전침해에 대하여 책임을 지게 하는 것은 인간의 신체는 너무나 연약하고 생명은 너무나 귀중한 것이어서 가해자가 얼마큼의 침해를 가한다는 정확한 계산은 허용되지 않기 때문이다.

그러나 직접의 결과라도 예컨대 원고의 무자력 때문에 증가된 손해[690]까지 배상을 허용하는 것은 지나치므로 "직접적인 물리적 결과(immediate physical consequence)"에 대해서만 책임을 지는 것으로 제한이 가하여졌다.[691]

그런데도 불구하고 직접적인 물리적 결과는 가해자의 예측가능성을 넘어 과도하게 확대되는 일이 많으며, 이 모든 결과에 대하여 책임을 지게 하는 것은 피고행위가 갖는 사회적 유용성이나 가치를 도외시하고 결과책임만을 강조함으로써 정의에 반한다고 생각됨에 따라 또 다른 제한이 가해지게 되었는 데, 그것이 예견가능성에 의한 제한이며 Foresight Test가 그것인 바, 이 이론은 전술한 바와 같이 이미 1850년에 제창되었고 1961년 The Wagon Mound I 사건에서 확립되었던 것이다. The Wagon Mound사건은 사안이 다음과 같다.

Wagon Mound라는 이름의 선박을 용선한 피고는 시드니항에서 주유하던 중 잘못하여 부두에 상당량의 기름을 흘렸는 데, 그 기름은 선박을 수리하고 있던 Morts의 도크(dock)로 흘러 들어갔다. 그러나 물 위의 기름은 발화점이 높기 때문에 피고는 화재위험을 예견할 수가 없었다. 그런데 그 기름은 떠다니던 가연성 쓰레기에 엉겨 붙었고 용접작업에서 생긴 뜨거운 쇳물이 그곳에 떨어져 화재가 발생되어 수리중이던 선박이 타버렸으므로 도크소유자가 피고

---

687) Connery v. Gvt. of Manitoba 〔1970〕 15 D.L. R. 3d. 303, 314., Malcolm v. Broadhurst 〔1970〕 3 All E.R. 508.

688) Fleming, 전게서 192, 212면 이하.

689) Fleming, 전게서 192면.

690) The Edison 〔1933〕 A.C. 449.

691) Fleming, 전게서 194면.

에게 손해배상을 청구하였던 것이다. 영국의 Privy Council[692]은 원고청구를 기각하였는 데, 그 이유는 피고로서는 그 기름이 점화될 것임을 알지도 못하였고 또 합리적으로 예견할 수도 없었기 때문이라는 것이었다.

예견가능성이 손해배상의 범위를 결정한다면 그 예견의 대상은 무엇인가?

The Wagon Mound I 사건에서 Lord Simond가 설시한 바로는 야기된 특정의 침해(The particular injury that occured)라는 것이다. 미국의 Cardozo판사도 1928년의 The Palsgraft[693]사건에서 같은 견해를 보였었고, 이것은 The First Restatement of Torts에서도 공식적으로 승인된 적이 있었다.[694] 그러나 이렇게까지 배상범위를 제한하는 것은 지나친 바가 있었으므로 대부분의 판례는 이를 따르지 아니하였고, 영국에서는 귀족원(최고법원)[695]이나 항소법원[696]이나 1심법원[697]이나 모두 야기된 침해와 같은 종류(Kind), 태양(Type), 부류(Class)의 침해를 예견하거나 예견할 수 있었으면 족하다는 견해를 보였고[698] 미국에서도 The Second Restatement에서도 그와 같은 취지로 이를 수정하였던 것이다.[699]

그렇다면 침해가 발생되는 정확한 형태(the precise manner)나 그 범위(extent)도 예견가능하여야 하는가?

이 점에 관하여 영국의 귀족원은 1963년의 Hughes v. Lord Advocate사건[700]에서 이를 부정하면서, 상해가 화재로 발생되었건 폭발에 의하여 야기되었건 관계없고 결과의 범위에 관한 예견도 불필요하다고 판시하였다. 즉, 특정침해가 아닌, “일반적으로 같은 성격의 위해(harm of a like general character)”를 예견할 수 있었으면 충분하다는 것이다.[701]

692) 영연방국가로부터 제기된 상고사건을 관할하는 최고법원.
693) Palsgraf v. Long Island R. Co. 1928. 248 N.Y. 339, 346-347.
694) §281, Comment g.
695) Hughes v. Lord Advocate, 〔1963〕 A.C. 837.
696) Stewart v. West African Terminals, Ltd., 〔1964〕 2 Lloyd's Rep. 371.
697) Wieland v. Cyril Lord Carpets, Ltd., 〔1969〕 3 All E.R. 1006.
698) Harry Street, The Law of Torts, 6th ed. 1976. London, 144면.
699) Second Restatement of Torts, §281, Comment j.
700) 〔1963〕 A.C. 837.
701) Fleming, 전게서 199면.

그러나 반면, 결과 자체는 예견가능한 것이었다 하더라도 그 발생과정이 괴상하고 지극히 비정상적일 경우, 예컨대 보도에 구덩이를 파놓고 방책도 없이 방치하였는 데 피해자의 적이 고의로 피해자를 밀어 넣어 상해를 입은 경우에는 배상책임이 부정된다.[702]

그러나 어떤 침해의 결과가 발생된 경우에 그 결과가 예견된 위해와 일반적으로 같은 부류 또는 태양에 속한다 하여 배상책임을 긍정할 것인지 아니면 그 발생과정이 지극히 비정상적인 것(quite abnormal)으로 예견할 수 없었다 하여 책임을 부정하여야 할 것인지는 그렇게 명료한 것이 아니어서[703] 별 도움이 안 된다고 Prosser교수는 비판한다.[704]

이와 같은 예견가능성의 이론과 관련하여 영미법 판례 중에는 "자연적이고 있을 법한 결과(natural and probale consequence)"라는 용어가 종종 발견되는 데 이것도 역시 통상의 경험에 비추어 정상적인 극히 예외적인 것이 아닌 놀랄 것이 못되는 결과를 의미하는 것으로 이해되고 그것은 예견의 대상이 될 뿐 아니라 예견을 못한 것은 과실이 된다.

요컨대 영미법상의 손해배상의 범위는 직접결과의 시험(Direct Consequence Test)과 예견가능성의 시험(Foresight Test)에 의하여 결정되는 데, 전자는 인신이나 물건에 대한 침해사건에서 위력을 발휘하고 그 이외의 사건에서는 후자가 적용된다고 할 수 있을 것이다. 그리고 예견의 대상은 야기된 특정결과나 침해된 특정이익(particular interest)이 아니라 일반적, 추상적으로 보아 그것과 같은 종류, 태양, 부류의 침해 또는 위해라고 풀이되므로 전혀 다른 종류(Difference in Kind)의 침해가 일어난 경우는 예견가능성이 부정되어 책임은 발생되지 아니하고 책임을 긍정함에는 특별히 예견가능(specially fareseeable)한 경우가 아니면 안 된다.

다. 영미법상의 이종침해와 특별손해

영미법상 특별히 예견가능성이 있어야 손해배상이 인정되는 이종침해(the

702) Fleming, 전게서 200면.

703) Doughty v. Tunner Mfg. Co. 〔1964〕 1 Q.B. 518.

704) Prosser, 전게서 254면.

harm of different kind, type and class)는 우리 민법상의 특별사정으로 인한 손해를 연상시킨다. 우리 민법상 손해배상은 금전배상이 원칙이어서 손해라는 용어는 손해금과 동일하게 사용되는 경향이 있지만 엄격한 의미에 있어서 손해는 불법행위 또는 채무불이행의 결과로서 나타나는 불이익 내지는 법익의 침해를 말하는 것이고 그 불이익이나 침해된 법익이 금전으로 평가된 배상금과는 다르므로 영미법상의 침해 또는 위해는 우리 민법상 손해와 같은 개념으로 생각된다.

따라서 영미법상 특별한 예견가능성이 요구되는 이종침해는 우리 민법상 가해자가 특별사정의 존재를 알았거나 알 수 있었던 경우에 한하여 배상책임을 인정하는 특별사정으로 인한 손해와 같은 것이 아닌가 생각된다. 혹자는 우리 민법 제393조 제1항 소정의 통상손해는 예견가능성과 아무런 관련이 없다고 주장하기도 하지만 통상의 손해는 그 발생가능성이 높기 때문에 예견가능성이 크고 따라서 특히 이를 법문상 규정할 필요가 없었을 뿐 이것 역시 예견가능성이 전제로 되어 있고 예견가능성의 존재가 전제로 되어 있기 때문에 소송법상 그것의 주장과 입증이 불필요할 뿐인 것이다. 이것은 영미법상의 자연적이고 있을 법한 결과(natural and probable consequence)에 다름 아닌 것이다. 이와는 달리 특별사정으로 인한 손해는 통상손해에 대한 예견가능성과는 달리 그에 대한 예견가능성이 높지 아니하므로 이를 주장·입증한 경우에만 가해자의 책임을 인정함으로써 피해자와 가해자간의 공평을 기하려 한 것이라고 생각된다. 따라서 예견가능성의 정도가 커서 일반통상인 누구도 그것을 의심하지 않는 것은 통상손해이고 그렇지 아니한 것은 특별손해라고 볼 수 있으므로 그것은 예견가능성의 측면에서는 양적 차이가 있음에 불과하게 된다. 그러나 발생된 결과가 예견가능성 있는 침해와 같은 종류나 부류 또는 태양에 속하지 않는 다른 종류인 경우에는 일반적으로 예견가능성이 부정되고 이와 같은 경우에는 침해의 질까지 달라지게 된다.

어쨌든 영미법에 있어서 손해배상의 범위는 예견가능성에 의하여 결정되고 우리 민법 또한 같은 입장에 있으므로 근본적으로 유사한 제도라고 생각된다.

따라서 영미법상 특별한 예견가능성을 요구하는 종류, 태양, 부류를 달리하는 침해의 사안을 좀 더 조사하는 것은 우리 민법상 특별사정으로 인한 손해의 의미를 탐구함에 있어 도움이 되리라고 생각한다. 앞서 나온 사례를 좀 더 구체적으로 분석해 본다.

첫째, Re Polemis사건에서 족장판을 선창에 떨어뜨린 행위의 결과로서 예견되는 것은 경미한 선박의 파손 정도일 것인 데, 위 사건에서 실제 일어난 결과는 족장판의 충격에 의한 불꽃의 발생과 선창에 차있던 가연성 가스에의 인화와 폭발 그에 따른 선체의 대파였다. 따라서 야기된 결과는 예견가능한 결과와는 완전히 다른 종류일 뿐 아니라 침해의 범위까지도 대폭 확대되었고 그 발생 태양도 전혀 예상 밖이었다고 보지 않을 수 없으며, 위 사고에서 선창에 가연성 가스가 충만하여 있었다는 점은 바로 특별사정이라 하여야 할 것이다. 따라서 가스폭발로 인한 침해는 이종침해이고 특별손해라 할 수 있을 것이다.

둘째, The Wagon Mound I 사건을 보건대, 부두에서의 석유의 유출이라는 행위의 결과로서 예견할 수 있는 것은 부두나 도크의 오염에 불과하다 할 것인 데, 위 사건에서의 결과는 도크에서 수리중이던 선박의 소실이었고 그 발생경위는 물 위에 떠다니던 쓰레기에 기름이 엉기고 그것이 용접장소에까지 도달되고 다시 용접쇳물이 그곳에 떨어져 화재를 일으켰다는 것이다. 따라서 위 사건에서의 결과는 예견가능한 침해와 전혀 다른 종류일 뿐 아니라, 위 결과의 발생은 쓰레기의 존재와 기름과의 결합 그리고 용접쇳물의 낙하라고 하는 특별사정에 의하여 발생된 것이므로 이 역시 이종침해 내지 특별손해라고 할 수 있다.

셋째, 자살에 관하여는 앞서 상세히 검토한 바 있으므로 이에 관한 영국의 판례 몇 개를 보충하여 증명함에 그친다. 우선 정신병동에 수용되어 있던 정신병자가 감시소홀로 자살하였다면 정신병원 당국은 그 책임을 지지 않을 수 없음은 당연하다. 정신병동에 지워진 주의의무는 바로 그와 같은 결과를 예견하여 그것을 방지하는 데 있기 때문이다.[705] 또한 자살자가 신체침해에 의하여 비정상적이 되었다고 판단된 경우에도 그 결과는 자기의 의지력에 의한 것이 아니므로 그것이 뇌에 대한 기질적 손상에 의한 것이든, 정신적 반응에 의한 것이든 저항할 수 없는 충동에 의한 것이라면 당초의 침해를 가한 불법행위자가 책임을 져야 한다.[706] 그러나 위와 같은 경우가 아님에도 불구하고

705) Pallister v. Waikato Hosp. 〔1975〕 N.Z.L.R. 725, 736.

자신의 의지와 판단에 의하여 자살에 이르렀다면 그것은 사회적으로도 용인될 수 없고 또 통상 예견되는 결과도 아니며 가해행위의 자연적이고 있을 법한 결과가 아닌 피해자의 의지와 결단에 의한 결과이므로 이는 다른 종류, 태양의 결과로 보아야 할 것이고 자살자의 의지와 판단이라는 특별사정에 인한 손해라고 하여야 할 것이다.

넷째, 물건에 대한 침해와 신체적 침해 또는 정신적 침해는 성질이 다른 이종의 침해라 하여야 할 것이다. 앞서 언급한 바와 같이 가옥이나 대대로 살아온 가옥이 파괴 또는 소실된 경우에 생기는 정신적 침해는 종류를 달리하는 것이며 사업상의 손실이나[707] 예외적인 경제적 손실을[708] 우려하여 생긴 심장마비 역시 재산상의 침해와는 종류를 달리하는 것이라 보아야 할 것이고, 이와 같은 결과들은 그 물건이 어떤 집의 가옥이었다거나 그 가옥이 어느 가계의 사람들에게 특별한 정신적 가치가 있다거나 또는 멸실 훼손된 물건이 피해자의 사업에 특별히 중요한 가치가 있을 뿐 아니라 그 소유자의 심장이나 마음이 연약하여 작은 충격에도 견딜 수 없었다는 등의 특별사정 때문에 발생된 것이라고 보는 것이 타당할 것이다.

다섯째, 영미법 교과서에서 흔히 인용되는 설례로서, 어린아이에게 실탄이 장전된 총을 주었는 데 그 아이가 총을 떨어뜨려 발등이 깨진 경우, 발등의 부상은 실탄이 장전된 총을 어린아이에게 준 과실행위의 결과로써 예견되는 침해와는 종류가 다른 것이다. 위와 같은 행위를 과실있다고 보는 것은 어린아이가 총을 격발시켜 타인이나 자신을 부상시킬 염려가 있기 때문이며 총을 발등에 떨어뜨려 부상할까 보아서가 아니다. 또한 같은 신체상해라 하여도 그 발생과정이 예견불가능한 괴상하고 극히 비정상적인 경우의 손해, 예컨대 전시한 바 있는 방책없이 방치된 노상의 구덩이에 피해자의 적이 그를 밀어 넣어 사상하게 한 경우에는 예견된 과정과 태양이 너무 다르므로 이종의 침해로 보아야 하고 그것은 피해자의 적의 공격이라는 특별사정에 의한 것이라 할 것이다.

영국의 판례 중에는 시아나이드(cyanide)가 끓고 있던 큰 솥에 석면 뚜껑을

706) Haber v. Walker, 〔1963〕 V.R. 339., Murdoch v. Brit. Israel Fed. 〔1942〕 N.Z.L.R. 600., Bradshaw v. Bickerstafbe Coll. 〔1931〕 B.W.C.C. 451.

707) Connery v. Gvt. of Manitoba, 〔1970〕 15 D.L.R. 3d 303, 314.

708) Malcolm v. Broadhurst, 〔1970〕 3 All E.R. 508.

빠뜨렸는데 용액이 튀어 사람에게 화상을 입힌 것이 아니라 화학반응을 일으켜 분출한 경우에 예견가능하다는 이유로 책임을 부정하였는 데,[709] 이것 역시 같은 상해라도 발생과정이 특히 이상할 때에는 이종의 침해로 보는 것이 아닌가 생각된다. 그러나 결과발생의 정확한 태양이나 과정은 예견의 대상이 아니라는 앞서 본 판례와의 구별은 상당히 어렵다. 어쨌든 손해발생과정과 태양이 지극히 이상한 경우에는 이종의 손해라고 볼 여지가 있다 할 것이다.

여섯째, 차량 상호간의 충돌사고에서 충돌당한 차량에 아무 표시도 없이 폭발물이나 동위원소가 적재되어 있었기 때문에 폭발이나 방사선이 유출되어 막대한 피해가 일어났다면 그것 역시 종류가 다른 침해로서[710] 위와 같은 특별사정으로 인하여 생긴 것이라고 함이 타당할 것이다.

5. 결 어

불법행위로 인한 손해배상의 범위에 관하여 우리 민법은 제763조에 의하여 준용되는 같은법 제393조에 따라 손해배상은 통상의 손해를 그 한도로 하고 특별한 사정으로 인한 손해는 채무자가 그 사정을 알았거나 알 수 있었을 때에 한하여 배상의 책임이 있다고 규정한다. 위 제393조는 일본 민법 제416조와 같으나 일본 민법에서는 불법행위로 인한 손해배상의 범위에 관하여 채무불이행에 관한 위 조문을 준용하지는 아니하고 재판관의 재량에 맡기는 입법태도를 취하였던 것이나 통설과 판례는 채무불이행에 관한 위 조문의 준용을 긍정하였는데 우리나라는 일본 민법을 계수하면서 위 통설·판례의 입장을 아예 조문화하였던 것이 아닌가 추측된다.

어쨌든 일본 민법 제416조의 유래에 관하여 이설도 없지는 아니하나 그것은 채무불이행으로 인한 손해배상의 범위에 관한 영국의 Hadley v. Baxendale사건의 원칙 즉, 예견가능성에 의한 배상범위의 제한이라는 사고방법을 도입한 것으로 생각된다. 그러나 채무불이행은 계약을 통하여 서로 알게 된 기지의 당사자간의 문제이므로 위와 같은 범위제한기술은 별 저항감이 없지만 그것을

709) Doughty v. Tunner Mfg. Co. 〔1964〕 1 Q.B. 518.

710) Fleming, 전게서 194면.

불법행위분야로 가져오면 문제가 생긴다. 불법행위는 통상 잘 알지 못하는 사람들 사이에서 우연히 발생되는 까닭이다. 일본 민법이 제416조를 불법행위에 준용한다는 조문을 두지 아니한 것은 위와 같은 의미에서 타당하다.

어쨌든 우리 민법은 준용조문을 두었으므로 불법행위에 있어서 특별사정으로 인한 손해는 무엇을 의미하는가 구명되지 아니하면 안 된다.

그런데 우리 민법 제393조 및 일본 민법 제416조는 예견가능성에 의한 배상범위의 제한규정이라고 생각된다. 혹자는 위 각 조문의 제1항은 예견가능성과 아무런 관계가 없다고 주장하나 이는 피상적 견해이다. 왜냐하면 통상의 손해란 어떤 원인이 있으면 보통 그러한 결과가 발생된다고 누구나 생각할 수 있는 것이므로 그것은 바로 누구나 그 결과발생을 예견할 수 있는 결과에 다름 아닌 것이다.

영미법에 있어서도 불법행위로 인한 손해배상의 범위에 관하여는 예견가능성에 의한 제한이 가하여지고 있다. 따라서 영미법상 통상의 예견가능성이 부정된다고 보는 판례들이나 학설상의 사례들은 우리 민법상 특히 예견가능성의 존재를 주장·입증하여야 배상가능한 특별사정으로 인한 손해와 같은 것으로 생각된다. 즉, 영미법 사례들 중에서 예견가능성이 인정된 것들은 결국 우리 민법상 통상의 손해로 인정된 것이고 예견가능성이 부정되는 사안들은 우리 민법상 특별손해라고 생각된다. 영미법상 예견가능성이 부정되는 것은 예견된 결과와는 종류, 태양, 부류에 있어서 다른 침해가 발생된 경우이며 그 예들은 앞서 설명한 바와 같다.

그런데 이와 같이 종류가 다른 손해가 발생된 경우에 그것을 배상의무자가 예견하였다거나 할 수 있었다는 결론은 아무래도 가해자와 피해자가 특별한 관계에 있지 않으면 안 될 것이다.

따라서 특별손해를 배상받을 수 있는 경우란 채무불이행책임과 불법행위책임이 경합되는 경우가 대부분일 것이다. 예컨대 의료과오사건, 운송계약불이행이 불법행위로도 구성될 수 있는 경우 또는 도급계약불이행이 불법행위도 되는 경우, 고용자와 피용자 간에 발생되는 불법행위사건 등이 그것에 해당될 것이다.

그러나 위와 같은 계약관계가 없다 하더라도, 예컨대 화물트럭에 폭발물임을 붉은 글씨로 크게 표시하였다든지 누가 보아도 곧 유조차량임을 알 수 있는 경우라면 그와 같은 특별사정을 알았거나 알 수 있었다고 볼 수 있을 것이다.

요컨대 우리 대법원이 재물의 멸실 훼손의 경우에 정신적 침해로 인한 위자료의 청구를 특별손해로 본 것은 타당하나, 인신침해의 경우에 인상임금이나 장래 취득할 특수자격이나 기능에 의한 손해를 특별사정으로 인한 손해로 본 판례들은 우선 침해(Injury)와 손해액의 구분이 명확하게 이루어지지 아니함으로써 야기되는 손해개념의 혼란에 기인되고, 종래의 차액설의 영향이 계속되고 있어 인신침해에 있어서의 손해는 사상이라는 생명, 신체의 침해 그 자체이고 손해액은 위 침해로 인한 불이익 즉, 상실 또는 감소된 가동능력의 금전적 평가액(Assessment)이라는 가동능력상실설 내지는 평가설적 사고가 아직도 완전히 뿌리를 내리지 못한 상태에서 이루어졌다고 생각되며, 특별사정으로 인한 손해는 특히 그 침해가 일어난 사정에 관하여 예견가능성의 존재가 주장·입증되어야만 배상이 허용되는 것이므로 그 침해는 통상적으로 예견가능한 침해와는 종류, 태양 또는 부류가 다른 이종(Difference in Kind)의 침해를 의미한다고 생각되고 따라서 위 판례들은 임금인상이나 장래 특정자격의 취득이나 기술습득에 의한 수입증가는 단순히 개연성의 문제에 불과하다는 판례로 통일되는 것이 바람직하지 않을까 생각된다.

6. 후 기

결국 우리 대법원은 1989. 12. 26. 선고 88다카6761 전원합의체의 전원일치의 판결[711]로써 장차 증가될 임금수익을 기준으로 산정되는 일실이익상당의 손해는 통상손해라고 판시하면서 그와 저촉되는 판례들을 폐기하였고,[712] 대

711) 공 1990. 2. 15. (866), 350.

712) 본 저자는 이 논문을 1988. 3. 14. 개최된 민사실무연구회에서 발표하였고, 이 논문은 1989. 10. 31. 한국사법행정학회에서 발간된 "민사재판의 제문제"에 수록되었는바, 본 저자가 1990. 고등법원 부장판사로 승진되고 부산고등법원으로 전보되면서 인사차 이회창 대법관을 방문하였다가 동 대법관으로부터 위 전원합의체판결의 합의시 위 논문이 제출되어 큰 참고가 되었다는 말씀을 들은 일이 있다.

법원 1991. 5. 28. 선고 91다10381 판결[713] 이래 불법행위로 인하여 신체장애를 일으켜 노동능력을 상실한 피해자가 입은 일실수입손해는 원칙적으로 손해가 발생한 불법행위 당시의 소득을 기준으로 삼아 산정하여야 할 것이지만, 그 후 사실심의 변론종결시까지 사이에 일실이익의 기초가 되는 소득이 인상되었을 때에는 그 이후의 일실이익손해는 사실심의 변론종결시에 가장 가까운 소득을 기준으로 삼아 산정하여야 하고 이와 같은 손해는 불법행위로 인한 통상의 손해에 해당한다는 견해를 확립하였다.[714] 그런데 전시 전원합의체 판결은 획기적인 것이므로 아래의 전문을 옮겨 적는다.

"상고이유를 본다.

1. 불법행위로 인하여 노동능력을 상실한 급여소득자의 일실이익은 원칙적으로 노동능력상실당시의 임금수익을 기준으로 산정할 것이지만 장차 그 임금수익이 증가될 것이 상당한 정도로 확실하게 예측할 수 있는 객관적인 자료가 있을 때에는 장차 증가될 임금수익도 일실이익을 산정함에 고려되어야 할 것이고(당원 1977. 6. 7. 선고 76다1056 판결; 1977. 11. 8. 선고 76다2418 판결; 1987. 11. 10. 선고 87다카1583 판결 등 각 참조) 이와 같이 장차 증가될 임금수익을 기준으로 산정된 일실이익 상당의 손해는 당해 불법행위에 의하여 사회관념상 통상 생기는 것으로 인정되는 통상손해에 해당하는 것이라고 보아야 할 것이다.

그러므로 장차 증가될 임금수익을 기준으로 산정된 일실이익 상당의 손해는 당연히 배상범위에 포함시켜야 하는 것이고 피해자의 임금수익이 장차 증가될 것이라는 사정을 가해자가 알았거나 알 수 있었는지의 여부에 따라 그 배상범위가 달라지는 것은 아니라 할 것이다.

당원은 종전에 위에서 판시한 견해와 달리 장차 증가될 임금수익 상실로 인한 손해는 특별한 사정으로 인한 손해이므로 행위자가 장차 피해자의 임금수익이 증가될 것이라는 사정을 알았거나 알 수 있었을 때 한하여 그 배상책임이 있다는 취지의 견해를 표명한 바 있으나(당원 1981. 4. 14. 선고 80다2322 판결; 1981. 10. 24. 선고 80다1994 판결; 1987. 4. 14. 선고 86다카1905 판결; 1987. 9. 8. 선고

713) 공 1991. 7. 15. (900), 1768.

714) 대법 1991. 2. 8. 선고 90다16900〔공 1991. 4. 1. (893), 961〕; 대법 1992. 11. 13. 선고 92다14526〔공 1993 상, 101〕; 대법 1993. 7. 16. 선고 92다27775〔공 1993 하, 2280〕; 대법 2002. 9. 24. 선고 2002다30275〔공 2002. 11. 15. (166), 2532〕.

86다카816 판결 등) 이러한 견해는 폐기하기로 한다.

2. 원심판결 이유에 의하면 원심은 원고가 이 사건 교통사고의 피해자인 원고가 사고 당시 근무하던 한국전기통신공사의 보수규정에 의하면 원고는 매년 1호봉씩 승급하면서 호봉승급에 따라 인상된 급여를 지급받도록 되어 있으므로 이 사건 일실수입상당손해금을 산정함에 있어서는 위와 같이 인상될 임금을 기준으로 하여야 한다고 주장한데 대하여 위 공사의 보수규정상 직원은 1년에 1호봉식 매년 1. 1. 또는 7. 1.에 승급되어 승급될 때마다 인상되는 급여를 수령하도록 규정되어 있는 사실은 이를 인정할 수 있으나 이는 이른바 특별사정으로 인한 손해라 할 것인데 이 사건 사고당시 피고가 원고가 사고 이후 호봉승급에 따라 인상된 임금을 지급받음으로써 그 수입이 증가될 것이라는 사정을 알았거나 알 수 있었음을 인정할만한 아무런 자료가 없으므로 원고의 위 주장은 이유 없다고 판시하고 있다.

그러나 원고주장의 손해는 위에서 설시한 바와 같이 통상 손해에 해당하는 것이고 이를 특별한 사정으로 인한 손해라고 볼 수 없는 것이다. 원심이 원고주장의 손해를 특별한 사정으로 인한 손해라고 보고 피고가 특별한 사정을 알았거나 알 수 있었음을 인정할 증거가 없다는 이유로 원고의 위 주장을 배척하였음은 손해배상의 범위에 관한 법리를 오해한 위법이 있다 할 것이므로 이 점에 관한 논지는 이유 있다.

3. 그러므로 원심판결 중 원고 패소부분을 파기하고 이 부분 사건을 원심법원에 환송하기로 하여 관여 법관 전원의 일치된 의견으로 주문과 같이 판결한다.

대법원 이일규(재판장) 김덕주, 이회창, 박우동, 윤관, 이재성, 김상원, 배만운, 안우만, 김주한, 윤영철, 김용준."

제 7 절 과실상계

I. 의 의

민법 제5장 불법행위편 제763조는 채무불이행에 관한 민법 제396조를 준용하고 민법 제396조는 「과실상계」라는 제목하에 「채무불이행에 관하여 채권자에게 과실이 있는 때에는 법원은 손해배상의 책임 및 그 금액을 정함에 이를 참작하여야 한다」고 규정하고 있다. 따라서 불법행위에 관하여 피해자에게 과실이 있는 때에는 법원은 손해배상의 책임 및 그 금액을 정함에 이를 참작하지 않으면 안 되는 법리를 과실상계라고 부른다.

과실이란 채무불이행 또는 불법행위로 인한 손해배상책임의 발생요건으로서 일반적으로 위법한 부주의라고 이해되고 있고, 상계란 같은 종류의 채권을 대등액에서 서로 소멸시키는 의사표시이므로 과실상계를 문자 그대로 해석한다면 불법행위자의 과실과 피해자의 과실은 대등한 정도와 비율로 상쇄시키는 의사표시가 될 것이고, 그 결과 상쇄된 나머지 과실비율에 따라 손해배상책임을 질 것처럼 보이기도 하지만, 불법행위자는 그 과실과 인과관계에 있는 모든 손해를 배상할 책임이 있고, 다만 피해자에게도 과실이 있고 그 과실이 손해의 발생과 확대에 원인력을 부여한 경우에는 그 한도내에서 책임이 경감되는 것이므로 과실상계라는 용어는 그것이 실제 의미하는 바와는 맞지 아니한다.

어쨌든 과실상계제도는 불법행위자가 상당인과관계의 원칙에 따라 부담하여야 하는 전 손해를 경감시켜 배상액을 법원이 조정할 수 있도록 하는 조정적 기능을 담당하고 있다.

위자료 역시 배상액을 조정하는 기능을 갖고 있다고 설명되고 따라서 재산상 손해가 고액으로 되는 경우에는 그 액수를 적게 인정할 수도 있는 것으로 생각한 것이 종래의 사고방식이었던 것 같다. 그러나 위자료는 피해자의 육체적, 정신적 고통과 잃어버린 행복에 대한 보상이므로 재산상 손해액이 많이 산출된다 하여 감액될 수 있는 것은 아니다. 물론 많은 재산상 손해배상액이 인용되면 적은 경우보다 정신적 위로를 크게 받겠지만 그것은 반사적 효과에 불과하고 재산상 손해의 배상이 피해자의 육체적, 정신적 고통이나 상실한 과거 및 장래의 행복 자체에 대한 것은 아니므로 위자료가 전배상액을 경감시키는 기능을 가져서는 곤란하다고 생각된다. 만일 재산상 손해액이 다액 산출되었다고 하여 적은 위자료의 지급을 명한다면 그것은 위자료로써 보상하려는 피해법익의 독자성을 소홀히 보는 것일 뿐만 아니라 위자료를 정형화함으로써 판사의 주관에 따른 차이를 배제하고 대량 사건을 균형 있게 해결하며 보험회사나 당사자간의 합의에 예측성을 부여함으로써 기준을 제시하여야 할 중요한 사명을 저버리는 결과가 된다. 다만 일실이익산정에 있어 기초되는 순수입을 입증함에 사실상 곤란이 있어 어쩔 수 없이 적은 순수입이 인정됨으로써 일실이익이 적게 산정되고 그로 인하여 피해자의 행복추구 및 잃어버린 행복의 보상이 불충분해진다고 보이는 경우에는 위자료의 수액을 증가시켜 전체 배상액을 늘리는 방향으로 작용시키는 것은 적절하다고 생각된다.

따라서 과실상계와 위자료는 같은 조정적 기능을 갖는다 하여도 그 역할은 서로 반대라고 생각된다.

또한 우리 민법은 일본과 달리 그 제765조에서 손해가 고의 또는 중대한 과실에 의한 것이 아니고 그 배상으로 인하여 배상자의 생계에 중대한 영향을 미치게 될 경우 배상의무자의 청구에 따라 법원은 채권자 및 채무자의 경제상태와 손해의 원인 등을 참작하여 배상액을 경감할 수 있다고 규정하고 있으므로 이 배상액 경감청구제도와 함께 배상액의 축소조정의 역할을 담당하는 가장 큰 지주라 할 수 있다.

Ⅱ. 근 거

과실상계제도의 근거는 손해배상제도의 근본이념인 공평의 관념에 있다. 고의 또는 과실로 인하여 타인에게 손해를 가한 경우, 그 고의·과실행위와 손해발생이라는 결과와의 사이에 상당인과관계가 있으면 피해자의 과실 또는 제3자의 과실이 경합되어 결과가 발생되었다 하더라도 불법행위자는 전 손해를 배상하지 않으면 안 되고 이것이 상당인과관계설의 결론이다. 제3자의 과실이 경합된 경우에는 양자는 공동불법행위자가 되고, 누구 한 사람이 전 손해를 배상하더라도 후에 과실비율에 따라 구상권을 행사하게 되므로 불공평은 없다.

따라서 피해자의 과실이 경합된 경우에도 가해자는 자기의 과실비율만큼의 책임을 부담하고 피해자도 자기의 과실비율에 따른 손해는 스스로 수인하는 것이 공평한 것이다.

환언하면 누구든지 자기의 잘못만큼만 책임을 져야 공평하고 타인의 잘못으로 인한 책임을 지거나 자기의 잘못의 결과를 타인에게 전가시키는 것은 정의 관념에 반하게 된다는 것이다.

따라서 과실상계제도는 공평의 이념에 따라 상당인과관계설의 부당한 결과를 시정하는 제도라고 볼 수 있다.

그런데 최근 위와 같은 본래의 취지를 확장하여 과실상계제도는 손해배상제도가 손해를 사회적으로 공평하게 분담시키는 목적을 달성할 수 있도록 도와주는 역할을 한다고 하면서 탄력적으로 운용할 것을 주장하는 것이 통설화되고 그 결과, 뒤에서 상술하는 바와 같이 소위 "피해자측"이라는 막연한 개념을 도입하기도 하고 피해자가 사고당시 가지고 있던 "윤리적 소인"이나 무상동승성까지 피해자 과실의 범위에 포함시키려 하고 있다.

손해배상제도가 손해를 사회적으로 공평하게 분담시킴을 이상으로 한다하여도 그것은 결국 가해자와 피해자간의 분담이다. 또 공평이라는 관념도 개인주의가 강한 구미에서와 가족주의적 색채가 강한 동양 사이에서는 차이가 있을 수 있고 한 나라에서도 핵가족제도가 보편화되고 개인주의가 심화됨에 따라 변화가 생길 수 있는 것이다.

과연 피해자 아닌 제3자의 과실을 피해자의 과실로 간주하여 참작함으로써 과실없는 피해자에게 손해를 부담시키는 것이 피해자에게 공평한가? 피해자가 사고당시 윤리적으로 비난받을 소인이 있었다 한들 그것이 손해의 발생과 확대에 원인력을 부여한 일이 없음에도 불구하고 이를 참작하여 배상액을 감액하는 것이 과연 사회적으로 공평한 분담인가? 다시 한번 생각할 필요가 있을 것이므로 후에 상술하기로 한다.

Ⅲ. 과실주체의 능력

앞서 본 바와 같이 과실상계제도는 손해의 공평분담이라는 이념하에 자기의 잘못으로 인한 손해부분은 스스로 수인하여야 하고 타인에게 전가하여서는 안 된다는 사고에서 나온 것이므로 자기의 과실에 의한 손해를 스스로 부담하지 않으면 안 될 책임의 주체는 책임능력이 있어야 하고 따라서 유아나 정신병자에게는 위와 같은 손해의 수인을 강요할 수 없게 된다.

위와 같은 결론은 민법 제753조가 「미성년자가 타인에게 손해를 가한 경우에 그 행위의 책임을 변식할 지능이 없는 때에는 배상의 책임이 없다」고 규정한 것이나 민법 제754조가 「심신상실중에 타인에게 손해를 가한 자는 배상의 책임이 없다」고 규정한 취지로부터도 쉽게 이해할 수 있는 것이다.

따라서 과실상계에 있어서의 과실이나 불법행위책임부담의 요건인 과실과를 전혀 동일한 것으로 이해하는 학설[715]이나 판례[716]들은 자연스럽게 도출된 것이라고 볼 수 있다. 위 판례들은 8세 10개월의 아동, 10세 5개월의 아동에 대하여도 과실능력을 부인하고 있다.

그러나 그 후 일본의 최고재는 소화 39년 6월 24일자 대법정 판결에서 「과실상계의 문제는 불법행위자에 대하여 적극적으로 손해배상책임을 부담시키는 문제와는 달라서 불법행위자가 책임져야 할 손해배상의 액을 정함에 있어 공평의 견지로부터 손해발생에 대한 피해자의 부주의를 어떻게 참작할 것인가 하는 문제에 지나지 아니하므로 피해자인 미성년자의 과실을 참작하는 경우에 있어서도 미성년자에게 사유를 변식함에 족한 지능이 구비되어 있으면 족하고 미성년자에게 불법행위책임을 지우는 경우와 같이 행위의 책임을 변식함에 족한 지능이 갖추어져 있을 것을 요하지 아니한다고 해하는 것이 상당하다.

따라서 전시 판례(최고재 소화 31. 7. 20. 제2소법정 판결)는 이것을 변경하여야 할 것으로 인정한다.

원심이 확정한 바에 의하면 본건 피해자들은…… 당시 이미 소학교 2년생으로서 학교 및 가정에서 교통의 위험에 대하여 충분히 훈계되어 있고 교통의 위험에 대하여 변식이 있었던 자라고 추정할 수 있다고 하고 있고 위 인정은 원판결 거시의 증거관계에 비추어 긍인하기에 족하다. 위에 의하면 본건 피해자들은 사리를 변식함에 족한 지능을 갖고 있었던 자라고 하여야 할 것이므로 원심이 위 사실관계하에서 나아가 피해자들의 과실을 인정한 뒤 본건 손해배상액을 결정함에 있어 위 과실을 참작한 것은 정당」하다고 판시함으로써 종래의 통설·판례를 변경하여 보다 정도가 낮은 사리변식능력으로 족하

715) 我妻·有泉·四宮, 事務管理·不當利得·不法行爲 306면; 勝本, 債權法概論 各論 309면; 戒能, 債權各論 467면; 我妻, 事務管理·不當利得·不法行爲 210면.

716) 大審判 大 4. 6. 15. 民錄 21집 939면; 大審判 大 4. 10. 13. 民錄 21집 1688면; 最高判 昭 31. 7. 20. 民集 10권 8호 1079면; 最高判 昭 32. 6. 20. 民集 11권 6호 1093면.

다는 견해를 확립하였다.[717)]

우리나라 대법원도 「미성년자의 과실능력은 그에게 사리를 변식함에 족한 지능을 구유하고 있으면 족하고 책임을 변식함에 족한 지능을 구유함을 요하지 아니한다」고 판시[718)]하고 있고 역시 확립된 견해로 보인다.

위 판례들이 말하는 사리변식능력이 몇 살부터 인정되는 것인지 기준이 제시된 바는 없으나 전시 일최고재의 판결취지에서 보면 입학적령기가 일응 분기점을 이루는 것으로 추측된다.

위와 같은 판례에 대하여 일본학자는 과실상계는 피해자의 책임을 추궁하는 것이 아니라 공평타당한 배상액 결정의 수단이므로 피해자의 과실은 불법행위 성립요건의 그것과 같이 엄격한 의미는 아니고 단지 부주의에 의하여 손해의 발생을 조장하였다는 의미이므로 피해자의 변식능력도 가해자의 책임능력과 같이 행위의 결과로서 책임이 생긴다는 인식능력은 필요없고 손해의 발생을 피함에 필요한 능력이 있으면 좋고 일반적으로 말하여 소학교 정도로 과실능력은 인정된다고 하여 대체로 같은 견해를 취하고 있다.[719)]

그런데 최근에는 위와 같은 판례·학설로부터 진일보하여 사리변식능력조차 불필요하다는 급진론이 대두되었다.

그 논거로 하는 바는 특히 교통사고에 있어서 가해자측인 운행자의 책임을 확대시키고 엄하게 인정함에도 불구하고 피해자에게 과실능력의 엄격성을 요구함은 상호 균형을 잃는 것이며 피해자가 유아나 정신병자인 경우 그 피해자에게 감호자가 우연히 없었다 하여 가해자의 책임이 달라지는 것은 불합리하며 결국 「피해자의 과실」은 문언에 구애됨이 없이 가해자측의 비난가능성의 정도를 감소시키는 일표지로서 이해하여야 할 것이며 피해자의 사정에 좌우되어서는 안 된다는 것이다.[720)]

---

717) 最高判 昭 39. 6. 24. 民集 18권 5호 854면.

718) 대법 1971. 3. 23. 70다2986 대법원판례집 19권 1집 민 194면; 대법 1968. 8. 30. 68다1224 대법원판례집 16권 3집 민 86면; 대법 1965. 8. 24. 65다1083 판례카드 1676.

719) 加藤, 不法行爲 247면; 藪, 「過失相計」 綜合判例研究叢書 民法 (12) 179면.

720) 西原, 「幼児の 死亡・傷害と 損害賠償」 私法 27호 107면; 川井, 「過失相計の 本質」 判例タイムズ 240호 10면; 篠田, 「過失相計の 本質」 判例タイムズ 268호 169면; 廣中, 債權各論講義 486면; 平井, 「過失相計」 ジュリ 500호 180면.

환언하면 피해자의 주관적 요소를 배제하고 가해자의 행위를 객관적 정형적으로 파악·평가하여 피해자과실의 유무 및 정도를 참작하여야 한다는 것이다.

위와 같은 견해는 증대하는 교통사고사건의 신속한 처리를 위하여 과실상계의 유형화·정형화를 추진하고 있는 일본의 하급심 판례가 이를 채용하여 이미 많은 재판례가 나와 있다.[721]

생각컨대 위 학설과 판례는 다음과 같은 이유에서 부당하다고 생각한다.

첫째, 위 견해는 법의 명문의 반한다. 위 논자도 자인하듯이 피해자에게 과실이 있어야 이를 참작하여 가해자의 책임을 감경할 수 있는 것인 데, 피해자의 과실 유무를 따지지 아니하고 가해자 행위의 비난가능성만을 측정하는 것은 위 법조의 명문에 반하는 것이다. 물론 법문이 시대적 정의에 맞지 아니하고 또 법의 개정이 이루어지기 전에 시대적 정의에 부합되도록 해석을 하는 것은 법원의 사명이라고도 할 수 있으나 뒤에서 보는 바와 같이 위 견해를 정당화할 만한 이유가 보이지 아니한다.

둘째, 위 설은 격증하는 교통사고소송의 신속한 처리를 위하여 피해자의 주관적 사정을 배제한 객관적 행위만을 정형화시켜 과실비율을 파악하려 하지만 법시행은 신속하기도 하여야 하지만 공정을 생명으로 함으로 뒤에 보는 바와 같이 위 설은 공평을 잃은 것이므로 공평을 잃은 신속은 이유로 내세울 수 없으며,

셋째, 위 설은 과실상계제도의 존립근거를 부정하는 결과를 낳는다. 위 설은 결국 피해자의 과실을 따지지 아니하고 가해자의 행위만으로부터 비난가능성을 측정하고 그에 상응한 책임만을 지는 것으로 되는 데, 현재 민법을 지배하는 상당인과관계론은 가해자의 행위가 통상 그와 같은 결과를 초래할 수 있다고 인정되는 경우에는 전부에 관하여 책임을 지우는 것이고 따라서 이와 같은 all or nothing적인 결과를 타당하게 수정하기 위하여 과실상계제도를 둔 것임에도 불구하고 가해자의 비난가능성만을 측정하여 그에 따른 책임만을 부담시

721) 東京地判 昭 44. 10. 22. 下民集 20권 9·10호 763면; 東京地判 昭 46. 2. 18. 判例タイムズ 261호 236면; 大阪地判 昭 45. 6. 30. 判例タイムズ 255호 73면; 大阪地判 昭 46. 3. 19. 判例タイムズ 265호 258면; 大阪地判 昭 47. 1. 27. 判例タイムズ 275호 242면.

킨다면 과실상계제도는 인과관계론으로 해소되고 과실상계제도는 그 존립의 근거가 없어질 뿐 아니라 위와 같은 인과관계론은 현재의 통설인 상당인과관계설에도 반한다.

넷째, 위 설은 피해자의 행위를 객관적 정형적으로 파악한다고 하지만 그것은 불가능하다. 피해자의 과실과 가해자의 과실이 경합되어 하나의 결과를 초래한 경우에 양과실의 비율적 측정은 상대적일 수밖에 없다. 무단횡단으로 인한 사고라 하더라도 고속도로상의 그것과 편도 2차선의 도로와 보도·차도의 구별이 없는 협소한 도로상의 그것은 과실의 정도에 차이가 있고 야간·주간, 우중과 청명기상간에도 차이가 있으며 가해자가 과속한 경우나 음주로 취중운전한 경우와 완속서행한 경우에 따라 달라질 수 있다.

다섯째, 위 설은 공평에 반한다. 손해배상제도의 근본이념은 사회적 견지에서 손해를 공평히 분담시킨다는 것이고 구체적으로는 피해자와 가해자 간의 분담이며 가해자측에서는 자기의 잘못 만큼만 책임을 지고 피해자로서는 자기과실로 인한 손해부분은 스스로 수인하여야 하고 타인(가해자)에게 전가시키지 못하게 하는 것이 공평하다는 것이다. 따라서 위에서 자기과실에 스스로 책임을 져야 할 자는 최소한 사리를 변식할 능력이 있어야 하는 것이 사회적으로 보아 공평한 것이며 그러한 능력이 없는 자에게까지 수인을 요구한다면 그것은 부당하다. 사리변식능력이 없는 유아나 정신병자는 사회가 보호하여야 할 대상이며 그와 같은 감호책임을 지는 자가 이를 소홀히 하여 위험한 도로상에 방치하였다면 그것은 사회적으로도 위법을 면할 수 없고 그로 인한 감호불충분과 가해자의 과실이 경합되어 결과가 발생되었다면 그것은 분명히 공동불법행위이며 피해자는 순수한 피해자에 불과하다. 부모나 사회의 감호를 제대로 받지 못한 유아나 정신병자에게 손해분담을 명하는 것은 공평에 반한다.

위 사리변식능력불요설의 논자는 필요설의 입장을 취하는 경우에도 그와 같은 능력이 없는 자가 피해자인 때에는 감호의무자를 피해자측으로 보고 그 의무자의 과실을 피해자의 과실로 간주하며 이때에 감호자의 과실은 추상적이고 의제되는 것이므로 이와 같은 불필요한 의제과정을 거칠 필요가 없게 된다고 주장한다.

물론 뒤에서 상술하는 바와 같이 현금의 통설과 판례가 위 지적과 같은 견해를 취하고는 있지만 그 피해자측이론 역시 전근대적인 가단론(家團論)에 기초된 것으로서 미성년자와 친권자 후견인 등의 재산을 제도적으로 분담시키고 이해상반의 경우에는 법률상 대리권마저 부인하고 있는 우리 법제하에서는 이미 낡은 이론이라고 보지 않을 수 없고, 전술한 바와 같이 운 나쁘게 감호자를 잘못 만난 유아나 정신병자에게 그 감호자의 잘못을 이유로 배상액을 줄이는 것은 사회적으로 보호받아야 할 자의 인격을 무시하고 공동불법행위자의 과실을 피해자 본인의 과실로 상계하는 것으로서 부당하다고 아니할 수 없다.

뒤에 상술하는 바와 같이 "하나의 돈주머니"라는 전보(塡補)청산의 동일귀속성의 이론도 피감호자와 감호자의 재산상분리라는 법제도와 피감호자의 독립된 인격을 부인하는 것이며, 감호자가 무자력이어서 가해자가 구상의 실효를 얻지 못한다 하여도 그것은 공동불법행위에서는 언제나 가능한 문제에 불과할 뿐 감호자의 책임을 피감호자에게 전가할 이유로는 될 수 없는 것이다.

Ⅳ. 피해자 과실의 의미

과실상계의 대상이 되는 피해자의 과실은 무엇을 뜻하는가? 이 문제는 전항에서 언급한 과실주체의 능력에 관한 이론과 관련을 갖는다.

즉, 책임능력필요설을 취하는 입장에서는 과실상계될 과실은 불법행위 또는 채무불이행으로 인한 손해배상의 책임근거가 되는 과실과 전혀 동일한 것으로 파악하고 따라서 그것은 위법한 부주의가 된다. 자기 자신에 대한 의무위반이라는 관념은 존재하지 않지만 그러나 만일 배상액을 정함에 있어 피해자의 과실을 참작하지 않는다면 결국 가해자에게 부당한 손실을 가하게 되므로 이것은 누구라도 자기행위에 의한 의무를 부당히 타인에게 부담시켜서는 안된다고 하는 일반적 부작위의무의 위반이 된다.[722] 어떤 학자는 사회공동생활에 있어서 각자는 자기에 대하여 주의의무를 부담한다고 정면으로 인정하여 피해자의 과실도 결국 이 신의칙상의 의무위반이라고 한다.[723] 또 어떤 학자는 가해자의 과실이나 피해자의 과실이나 사회적으로 부당한 행위라는 점에

722) 日 注釋民法 19권 354면.

723) 我妻, 債權總論 130면; 鳩山, 增訂改版 日本債權法總論 93면.

서 동질이나 단지 피해자가 「손해의 수동적 주체로 됨에 그치는 한 그 부당은 현실적으로 특정개인인 타인에 대한 의무위반이라는 형태로 구성되지는 않아도 본질적으로는 그러한 실태로의 이행가능성을 내포한다」고 한다.[724)]

그러나 생각컨대 피해자의 과실에 위와 같이 사회적인 신의칙위반으로서의 부당성을 요구하고 타인에의 의무위반으로서 가능성을 인정한다면 과실상계에서 문제가 생긴다.

물론 차량 대 차량의 충돌사고와 같이 자기 손해에 대하여는 상계될 과실로 되는 동시에 상대방에 대하여는 책임의 근거가 되는 위법한 부주의도 있다.

그러나 운전자가 무면허라든가 취중임을 알았으면서 동승한 피해자나 과속할 것을 알면서 스피드를 즐길 생각으로 폭주 오토바이에 편승한 피해자나 승용차의 좌석안전벨트를 매지 않은 피해자들에 관하여 생각할 때 위와 같은 부주의가 자신의 안전에 관한 단순한 부주의를 넘어 사회적으로 위법한 행동이며 편승하였던 차량의 보유자에 대한 관계에서 위법하고 따라서 그에게 손해배상채무를 지우는 것이 가능한 불법행위가 된다면 위와 같은 피해자의 과실은 바로 보유자(owner-driver라 할지라도)에 대한 불법행위책임의 근거가 되고 따라서 과실상계가 아닌 불법행위로 인한 손해배상채권을 자동채권으로 한 상계의 문제가 될 것이며 결국 과실상계 조문은 불필요한 사문이 될 것이다.

그래서 다수설과 판례는 과실주체의 능력에 관하여 책임변식능력은 불필요하고 단지 사리변식능력만으로 족하는 입장을 취하면서, 과실의 의미에 관하여는 책임성립요건으로서의 과실 즉, 위법한 부주의보다는 약한 단순한 부주의로서 족하다는 견해를 취한다.[725)]

우리 대법원도 1980. 2. 26. 선고 79다2271 판결[726)]에서 「불법행위에 있어서 가해자의 과실은 의무위반이라는 강력한 과실인 데 반하여, 피해자의 과실을 따지는 과실상계에 있어서의 과실이란 가해자의 과실과는 달리 사회통념상, 신의성실의 원칙상, 공동생활상 요구되는 약한 부주의를 가리키는 것」이라고

---

724) 野田良之, 判民 소화 15년도 37 사건.

725) 末川, 「過失相計に おける 被害者の 過失」 民上 30권 1호 2면; 吾妻, 債權法 307면; 佐瀨, 交通事故の 損害賠償 22면; 谷口・植林, 損害賠償法槪說 84면.

726) 판례총람 5-2권 998-433면; 동지 대법 1983. 12. 27. 선고 83다카644〔공 1984. 2. 15. (722), 259〕.

판시함으로써 위 견해와 같은 입장임을 판시한 바 있다.

이 입장에서는 가해자에게 손해의 배상을 전면적으로 부담시키는 것은 정리상 공평을 결하고 사회통념에 반하여 그 배상액의 경감을 꾀하는 것이 과실상계이므로 피해자만의 입장에서는 문제로 되지 않는 과실도 가해자와의 관계에서는 사회적인 의미를 갖는 것으로 되고 공평이라든가 신의성실이라든가 하는 법의 근저에 흐르는 이념에 저촉되어 법적평가를 받는다고 한다.[727)]

이와 같이 과실상계에 있어서의 과실과 불법행위 성립요건으로서의 과실이 동질인 경우도 있지만 그렇지 않은 경우도 있다. 실무상 과실상계를 판시할 때 5 : 5 또는 30% 대 70%라는 형태로 표현하지만 그것이 곧 양과실의 동질성을 인정한 것으로 단정할 수 없으며 단지 과실상계의 정도를 표시한 것이라고 해석하여야 할 것이다. 그래서 대법원 2005. 7. 8. 선고 2005다8125 판결[728)]은 불법행위에 있어 손해액을 정함에 참작하는 피해자의 과실 즉, 과실상계에 있어서의 과실은 가해자의 과실과 달리 사회통념이나 신의성실의 원칙에 따라 공동생활에 있어 요구되는 약한 의미의 부주의를 가리키는 것이므로(대법원 1997. 12. 9. 선고 97다43086 판결,[729)] 2000. 8. 22. 선고 2000다29028 판결[730)] 등 참조) 그러한 과실내용 및 비율을 그대로 공동불법행위자로서의 과실내용 및 비율로 삼을 수는 없는 것(대법원 1999. 2. 26. 선고 98다52469 판결 참조)이라고 판시하였다.

또한 「불법행위로 인한 손해배상에 있어서의 피해자의 과실이라는 것은 비록 엄격한 법률상 의의로 새길 것은 아니라고 하더라도 그것이 손해배상액 산정에 참작된다는 점에서 신의칙상 요구되는 결과발생회피의무로서 일반적으로 예견가능한 결과발생을 회피하여 피해자 자신의 불이익을 방지할 주의를 게을리함을 말한다」면서 봉고차의 조수석에 탑승한 화주에게 좌회전금지구역에서 좌회전을 못하도록 제지할 의무가 있다고 한 원심판결을 파기한 대법원판례[731)]가 있다.

727) 末川, 전게논문.
728) 공 2005. 8. 15. (232), 1303.
729) 공 1998 상, 231.
730) 공 2000 하, 2014.
731) 대법 1986. 2. 11. 선고 85다카1422〔공 1986. 4. 1. (773), 448〕.

V. 피해자 과실의 측정기준

1. 교통에 관한 법규

피해자에게 상계할 과실이 있느냐 없느냐, 있다면 그 정도는 얼마냐 하는 문제를 결정함에 있어 가장 기본적인 것은 도로교통법·동법시행령·동법 시행규칙 등 도로교통에 관한 제 법규이다.

예컨대 도로교통법 제26조에는 교통정리가 없는 교차로의 통행방법에 관하여 제1항 내지 제4항에 구체적 방법을 규정하고, 그 제2항에 의하면 교통정리가 행하여지고 있지 아니하는 교차로에 진입하려는 제차는 해당 차가 통행하고 있는 도로의 폭보다 교차하는 도록의 폭이 넓은 도로인 때에는 서행하여야 하며 폭이 넓은 도로로부터 그 교차로에 진입하려고 하는 제차가 있을 때에는 넓은 도로를 통행하는 제차에게 진로를 양보하여야 한다고 규정하고 있다.

따라서 어떤 차량이 위 규정에 위반하여 소로로부터 대로로 나오면서 대로의 차량에 우선권을 주지 아니하고 교차로에 진입하다가 충돌을 당한 경우에는 피해자의 과실을 인정받게 되고 그 과실은 상당히 큰 것이라고 평가될 것이다. 또한 위 같은법 제8조 제1항은 보행자는 횡단보도가 설치된 도로에서는 횡단보도로 횡단하여야 한다고 규정하고 있으므로 무단횡단자에게 과실이 있음은 명백하게 된다.

그러나 피해자의 과실 유무와 그 정도가 위와 같은 추상적인 법규만에 의하여 기계적으로 결정되는 것은 아니다. 예컨대 도로교통법 제27조 제3항에 보행자가 횡단보도를 통행하고 있을 때에는 일시정지하거나 서행하여 그 통행을 방해하지 않도록 하여야 한다고 규정함으로써 횡단보도상에서의 보행자의 우선권을 규정하고 있다. 그러나 보행자는 횡단하는 횡단보도에 신호등의 설치가 안 된 경우에는 우선권이 있다 하여 좌우를 살피지 아니하고 함부로 횡단하여서는 안 되고 통행차량의 유무와 거리, 속도 등을 면밀히 관찰하여 안전한 경우에 횡단하여야 할 주의의무도 있다고 보아야 할 것이다. 물론 후자를 너무 강조하면 전시 보행자의 우선권은 무의미하게 되겠지만 그렇다고 하여 전자를 너무 강조하면 차량소통은 원활하게 이루어질 수 없을 것이므로 구체적인 경우에 따라 사고발생의 예견, 예방가능성을 고려하여 피해자의 과실을 평가하여야 한다.

따라서 도로교통법상의 제 규정은 도로에서 발생하는 모든 교통상의 위해를 방지하여 교통의 안전과 원활을 도모하는 추상적 규범이므로 무엇보다 먼저 그것이 기준이 되어야 하나 극단적인 강조는 오히려 원활을 저해하는 경우도 있으므로 위와 같은 도로교통법상의 우선관계를 중시하면서도 구체적 위험발생에 대한 예견 및 예방가능성과 구체적인 회피의무 해태의 유무 및 정도도 고려하지 않으면 안 된다.732)

2. 우자의 위험부담

그러나 위와 같이 법규위반을 중심으로 과실을 파악하는 것은 형식적 정의 내지는 평균적 정의감은 만족될 수 있을지 모르나 배분적 정의감이 반드시 충족되는 것은 아니다. 자동차 운전상의 과실과 보행자의 과실을 동일평면에서 비교할 수 없다든지 가해의 위험성이 적은 소형차와 그 위험성이 큰 대형차의 과실을 법규만을 의하여 같은 정도로 파악할 수 없다는 것은 널리 승인된 사고방식이다. 특히 자전거는 도로교통법상 제차의 일종으로서 적극적인 규제의 대상으로 되어 있지만 가해의 위험성이 거의 없다는 점에서 보행자에 가깝고 운전면허를 요하지 않는 점, 속도 등을 종합고려하면 자동차와 보행자의 중간으로 생각함이 타당할 것이다.733)

그러나 모든 경우에 우자의 위험부담원칙을 적용할 수 있는 것은 아니다. 예컨대 오토바이는 그 무방비성 때문에 보호받을 가치가 있다고는 하여도 그 기동성 때문에 폭주하는 것 또한 현저한 경향이 있으므로 차선을 함부로 수시 위반하면서 폭주하는 오토바이에게는 이 원칙으로 과실비율을 수정할 수 없고 또한 대형차는 자기의 안정성과 우월성을 믿고 함부로 난폭한 운전을 하는 경

732) 濱崎・佐佐木, 「交通損害賠償訴訟に おける 過失相殺運用上の 諸問題」 現代損害賠償法講座 7권 351면.

733) 전게서 351면, 實務民事訴訟講座 3권 273면.

향이 있으므로 보다 중한 주의의무를 과하여야 하고 따라서 교통정리가 행하여지고 있지 아니한 같은 노폭의 교차로에서 차량이 서로 길을 가로 지르다가 전면끼리 충돌한 경우에는 대형차는 교차점 통과에 보다 많은 시간이 필요하고 위해의 정도가 큰 점을 고려하여 서행의무를 중시하여도 좋겠지만 신호기에 의하여 통제되고 있는 교차점에서의 사고에서는 위 원칙에 의한 과실비율의 수정은 타당하다고 볼 수 없다.

일본 오사카 변호사회의 교통위원회 등에서는 종래 과실의 대비평가가 곤란할 때에는 가해 보통사륜차에 대하여 피해자가 보행자인 경우에는 10%, 자전거의 경우 20%, 삼륜차의 경우 40%, 가해 화물차에 대한 피해 승용차 또는 가해 덤프카에 대한 피해 보통화물차의 경우 30%로 우자의 부담에 의한 과실비율로 기준화하여 사고상담, 화해권유를 한다고 한다. 따라서 우자의 위험부담은 쌍방에게 도로교통법상 같은 법규위반이 있고 구체적 위험의 회피의무도 모두 인정되는 경우에 적용되어야 할 것이다.

3. 요보호자수정

피해자가 아동이거나 노인으로 사회생활상 통상인보다 자기의 안전을 확보할 능력이 낮아 사회적으로 보호가 요청되는 자인 경우에는 그들의 과실은 보다 낮은 비율로 참작되어야 한다는 것도 일반적으로 승인되어 있다.[734)]

이것은 가해자측에게 과하여진 도덕적 의무의 반영으로 보는 것이 타당할 것이다. 즉, 자동차 운전수는 아동이 학교 앞이나 인도와 차도의 구분이 없는 주택가의 도로에 있을 때에는 보다 주의를 하지 않으면 안 된다.

아동은 심신의 건전한 발달을 위하여 집 밖에서 활동할 수 있어야 함에도 불구하고 놀이터와 같이 안전성이 확보된 장소가 충분히 마련되어 있지 아니하므로 이와 같은 사정은 과실있는 어린 피해자에게 유리하게 참작되어야 할 것으로 생각된다.

734) 舟本, 實務民事訴訟講座 3권 274면.

4. 손해에의 기여도 ―― 피해자 과실과 손해와의 인과관계

앞서 과실상계제도의 근거를 설명하면서 말한 바와 같이 이 제도는 자기의 과실에 기한 손해를 타인에게 전가하는 것은 공평에 반한다는 관념에 기초하고 있고 따라서 상계의 대상이 되는 과실은 손해의 발생 또는 확대에 원인력을 부여한 것이어야 함은 당연한 논리의 귀결이다. 그렇기 때문에 피해자과실의 유무와 정도를 측정함에는 피해자의 과실로 지적된 소위와 손해라는 결과와의 인과관계의 유무 및 그 결과에의 기여도가 가장 중요한 측정의 기준이 된다.

따라서 피해자에게 교통법규를 위반한 잘못이 있었다 하더라도 그것이 결과발생에 아무런 원인력을 주지 못하였다면 그것은 상계대상이 되는 과실은 아니다. 예컨대 운전자가 무면허라든지 음주운전을 하였다든지 헬멧을 쓰지 아니하였다 하더라도 신호대기 중 후속차가 추돌을 하였거나 또는 옆을 받아 다리가 골절된 경우라면 위와 같은 법규위반행위는 결과와 인과관계가 없고 따라서 상계될 과실로는 되지 않는다.

우리 대법원은 1982. 10. 12. 선고 82다카818 판결[735]에서 「원고가 자기차선으로 차량을 운행하다가 반대방향에서 차선을 넘어 들어온 피고 소유의 차량과 충돌하게 되었다면 이 건 충돌사고는 위 한상호가 자기차선을 넘어 그 반대차선으로 차량을 운행한 데 그 직접적 원인이 있다 할 것이요, 자기차선으로 차량을 운행하고 있던 원고가 신체활동이 자유스럽지 못한 사람으로서 운전면허가 없다든가 그 차량이 불법하게 개조된 것이라 하더라도 특별한 사정이 없는 한 그와 같은 사유 자체가 본건 사고발생의 원인이 되었다고 볼 수는 없다 할 것이다. 기록에 의하면 이 건 사고지점은 중앙선이 설치되어 있는 편도 일차선 도로임을 알 수 있는데 이와 같이 차선의 여유가 없는 도로에서 자동차를 운전하는 경우, 가사 그 운전자가 운전면허를 가진 사람으로서 신체활동이 자유롭고 그 자동차가 구조와 기능에 있어서 정상적인 차량이라 하더라도 반대방향에서 진행하여 오던 차량이 차선을 넘어오게 되면 특별한 사정

735) 判例月報 148호 48면.

이 없는 한 그 차량과의 충돌을 피하기 어려울 것이다. 이 건 사고의 발생에 관하여 원고에게도 충돌을 피하지 못한 과실이 있었는가의 여부를 판단하려면 먼저 위 한상호가 운전하던 차량이 차선을 넘어올 당시 그 차와 원고가 운전하던 차량과의 거리 그 두 차량의 속도 및 제동거리 기타 도로와 교통의 상황 등을 밝혀 본 다음 원고가 신체활동이 자유로운 사람으로서 운전면허가 있고 또 그가 운전한 차량이 불법으로 개량한 차가 아닌 경우 충돌을 피할 수 있었는지 여부를 심리해 보지 않으면 안 될 것」이라고 판시하면서 인과관계를 밝힐 것을 요구하였다.

또 피해자의 과실이 손해의 발생 또는 확대에 기여한 바가 있는 경우에도 그 상계의 비율은 가해자의 과실이 결과발생에 기여한 정도와 상대적으로 대비하여 그 기여정도를 측정하지 않으면 안 된다. 앞서 본 바와 같이 피해자의 과실을 유형화하여 신속히 사건을 해결하려는 움직임이 일본 실무계에는 강하고 또 상당히 이용되는 것 같으나[736] 많은 수정요소를 제시하고 있으므로 결국 과실비율은 상대적으로 평가될 수밖에 없다. 또한 같은 과실이라 하더라도 결과에 따라 그 기여도에 차이가 있을 수 있다.

좌석안전벨트를 예로 들어보자. 도로교통법 제67조 제1항, 동법시행규칙 제41조, 자동차안전기준에관한규칙 제27조 제1항의 각 규정을 종합하면 고속도로를 운행하는 승용자동차와 승합자동차(시외 일반버스와 시내버스 제외)는 좌석안전벨트를 붙여야 하고 운전자나 승객은 그 벨트를 착용하여야 한다고 규정한다. 따라서 위와 같은 법규에 위반하여 안전벨트를 착용하지 아니한 채 가다가 사고를 만나 부상한 경우에 위 과실과 부상간에 인과관계가 인정되면 이는 과실상계의 대상이 될 것이다. 그러나 그 결과에의 기여도는 다를 수가 있다. 벨트를 매었더라면 상해를 전혀 입지 아니하였을 경우도 있을 것이고 매었더라면 덜 다쳤을 것으로 인정되는 경우도 있을 것이다.

좌석안전벨트에 관하여 우리나라 법규와 흡사한 규정을 갖고 있는 영국[737]

---

736) 舟本,「交通事故訴訟に おける 過失相殺適用の 基準」實務民訴講座 3권 287면.

737) Regulation 17 of the Motor Vehicles (Construction and Use) Regulations 1973. Provides; (3) Every vehicle...shall be provided with anchorage points designed to hold body-restraining seatbelts. Rule 23 of the Highway Code (1968 ed) States: Fit seat belts in your car and make sure they are always used...

의 항소법원은 1975. 7. 21. 선고한 Froom and others V. Butcher사건의 판결[738]에서 그때까지 벨트의 불착용이 상계될 과실이냐 아니냐로 분리되었던 하급심 판결들을 정리(영국항소심 판결은 하급심을 기속)하여 상계될 과실임을 판시하면서 Lord Denning M.R.은 벨트를 매었더라면 안 다쳤을 터인데 다쳤다고 사실이 인정되면 25%, 매었더라면 덜 다쳤을 터인데 많이 다친 경우에는 15%의 비율로 상계할 것을 제의한 바 있다.

우리 대법원도 「안전벨트의 존부에 관하여 더 심리함이 없이는 피고의 과실상계항변을 배척할 수 없을 것」이라고 판시[739]하더니, 대법원 1984. 3. 27. 선고 83다카954 판결[740]에서 「도로운송차량 보안규칙이 좌석에 좌석안전벨트의 설치를 의무화한 이유는 불의의 사고가 발생한 경우에 승객을 좌석에 고정시켜 충격을 방지하는 등으로 승객의 피해를 최소한도에 그치도록 하기 위한 것이라 할 것이고, 원심이 확정한 바와 같이 이 사건 자동차가 높이 27미터나 되는 언덕을 수회 구르면서 전복된 것이라면 안전벨트를 맨 것과 매지 아니한 것과는 그 부상에 차이가 있을 것이고 특히 언덕이 높고 구르는 횟수가 많으면 안전벨트의 효용은 증대되는 것이라 보는 것이 우리의 경험칙이라 할 것임에도 불구하고 원심이 원고의 안전벨트를 매지 아니한 행위와 그가 입은 상해와는 인과관계를 인정하기 어렵다 하였음은 인과관계에 관한 법리를 오해하고 이유불비 내지 이유모순의 위법이 있다」고 판시하였고, 여기에서 한걸음 나아가 대법원 2009. 7. 9. 선고 2008다91180 판결[741]은 고속도로나 자동차전용도로 이외의 도로를 운행하는 승합자동차의 뒷자석에 탑승한 승객에 대하여는 안전띠의 착용이 법규상 강제되는 것은 아니지만 무릇 안전띠의 착용은 불의의 사고발생시 자신의 안전을 위하여 필요한 것이며 위 고속도로 등의 외에서 운행하는 차량이라 하여 불의의 사고가 발생하지 않는다는 보장이 없으므로 안전띠가 설치되어 있음에도 이를 착용하지 않고 있다고 사고가 발생하게 되었고 안전띠를 착용하였더라면 그로 인한 피해를 줄일 수 있었던

738) 〔1975〕 RTR 518.
739) 대법 1981. 7. 7. 선고 80다454 판례총람 502권 998-473면.
740) 공 1984. 5. 15. (728), 698.
741) 공 2009 하, 1424; 동지 대법 1988. 4. 25. 선고 87다카2892〔공 1988. 6. 1. (825), 896〕; 대법 1987. 7. 7. 선고 87다카69〔공 1987. 9. 1. (807), 1310〕.

것으로 인정되는 경우에는 안전띠 미착용의 점은 그 사고장소가 시내인지 또는 시외인지 등을 가릴 것 없이 과실상계의 사유가 된다고 판시하였다.

그런데 일본의 舟本판사는 과실상계에서 고려하여야 할 사정을 "가해자의 전액부담을 상당하다고 할 수 없는 사고에 향해진 피해자의 사정"[742]으로 보고 사고, 손해의 전제가 되는 위험성을 내포한 생활행동 내지 장(場)을 선택한 자에게 일종의 위험부담으로서 책임을 분배하고 싶다면서[743] 「위험의 소인」, 「손해의 소인」, 「윤리적 소인」으로 분류되는 제 사정을 과실상계의 자료로 참작할 것을 주장한다. 동 판사는 위험의 소인으로서 운전자의 명정·무면허·과로·미숙·차량의 고장 등을 알면서 동승한 자를 예시하고 손해의 소인으로서는 헬멧을 쓰지 않고 오토바이를 운전 또는 동승한 자·승객의 자세불량·중병인의 목적 없는 외출 등을 열거하고, 윤리적 소인으로서는 피구금자 내지 범죄자의 탈주중의 사고·전염병자나 요 안정병인의 감호를 무시한 외출 중의 사고·도품운전 중의 사고 등을 열거하고 나아가 무상동승까지 과실상계의 대상으로 주장한다.

그러나 위와 같은 과실개념의 원칙 없는 확대는 그 제도의 근본이념인 공평에 반하는 결과를 가져 올 수 있다. 위 논자가 분류 열거한 제 사정 중 윤리적 소인과 무상동승을 제외한 나머지는 경우에 따라 손해의 발생과 확대에 원인력을 가질 수 있으므로 그러한 경우에 상계될 과실로 파악하는 것은 당연하다. 그러나 그와 같은 단순한 부주의 또는 법규위반이 있어도 결과와 사이에 인과관계가 없으면 참작될 수 없는 것이고 그것이 공평한 것이다.

단지 탈주중의 범죄자라는 이유만으로 신호에 따라 횡단보도를 횡단하던 피해자에게 과실상계를 한다는 것은 도주죄의 처벌만으로 족한 자에게 민사상 부당한 손해를 주고 반면 가해자에게 부당이득을 주는 셈이 되므로 부당하며 무상 혹은 호의동승 그 자체는 법규위반도 부주의도 아니므로 과실로는 파악될 수 없고 앞서 자세히 설명한 바와 같이 그 자에 대한 운행자성의 감소로 이해하지 않으면 안 될 것이다.

---

742) 舟本, 實務民事訴訟講座 3권 269면.

743) 舟本, 전게서 275면.

Ⅵ. 과실상계의 정도와 범위

1. 과실상계의 정도 —— 면책허부

불법행위에 관한 민법 제763조는 채무불이행에 관한 민법 제396조를 준용하고 민법 제396조는 채무불이행에 관하여 채권자에게 과실이 있는 때에는 법원은 손해배상의 책임 및 그 금액을 정함에 있어 이를 참작하여야 한다고 규정하고 있다.

따라서 불법행위에 관하여도 피해자에게 과실이 있으면 법원은 반드시 이를 참작하지 않으면 안 되고 대법원 판례는 이것을 확인하고 있다.[744] 더욱이 대법원은 피해자과실의 경합 유무는 직권으로 심리하여야 하고[745] 과실경합이 인정되면 피고측의 항변이 없어도 참작하여야 한다고 판시한다.[746]

또 위 제396조를 문리대로 준용한다면 피해자의 과실을 참작함으로써 가해자의 책임을 완전히 면제할 수도 있는 것으로 보인다. 과연 가해자의 책임을 정함에 있어 피해자의 과실을 참작할 수 있는 것인가? 특히 자배법의 적용을 받는 불법행위에 관하여는 어떻게 해석하여야 하는가 의문이 생긴다.

일본 민법 제418조는 우리 민법 제396조와 전혀 동일한 내용이나 불법행위편에서 이를 준용하지 아니하고 그 제722조 제2항은 「피해자에게 과실이 있는 때에는 재판소는 손해배상의 액을 정함에 있어 이를 참작할 수 있다」고 규정하고, 판례는 위 각 조문의 문언에 따라 채무불이행에 있어서는 채권자의 과실을 참작하여야 하고 면책까지도 가능하나 불법행위에 있어서는 피해자과실의 참작은 법원의 재량에 속하며 면책은 불가능하고 다만 배상액을 정함에 있어 참작할 수 있을 뿐이라는 견해를 취하고[747] 동조하는 학자도 있다.[748]

---

744) 대법 1965. 10. 26. 선고 65다1531 판례카드 1535.

745) 대법 1969. 3. 4. 선고 68다2383 대법원판례집 17권 1집 민 275면; 대법 1967. 11. 28. 선고 67다2273 대법원판례집 15권 3집 민 341면.

746) 대법 1967. 12. 5. 선고 67다2367 대법원판례집 15권 3집 민 358면.

747) 大審判 昭 12. 5. 14. 民集 16권 618면; 大審判 昭 15. 12. 23. 평론 30 민 279면.

748) 加藤, 不法行爲 253면.

그러나 다수의 학자는 불법행위의 이념인 공평관념상 피해자에게 과실이 있으면 이를 참작하여야 하고 또한 채무불이행에 있어서나 불법행위에 있어서나 채권자 또는 피해자의 과실이 중대하여 채무자나 가해자가 책임을 면할 정도라면 아예 채무불이행이나 불법행위 그 자체가 성립되지 않는다고 봄이 타당함으로 불법행위에 있어서나 채무불이행에 있어서나 과실상계는 통일적으로 해석되어야 한다고 비판하면서[749] 불법행위자의 면책가능여부에 관하여는 견해가 나누어진다.

면책부인설을 취하는 학자 중에는 위 법조가 불법행위에 대한 제재적 정책을 취한 것이라고도 하나 신의관계가 지배하는 채무불이행책임이 그러한 관계가 없는 불법행위책임보다 중하다고 비판을 받는다.[750]

어쨌든 일본의 불법행위에 관한 과실상계 조문의 문언상은 면책을 가능케 하는 부분을 찾을 수 없고 이 점은 우리 민법과 다르다.

따라서 우리 민법의 해석으로는 문리상 근거가 있고 이론상 근거도 제시될 수 있을 것이므로 면책긍정설이 쉽게 나올 수 있고 법원 실무상도 피해자과실을 이유로 한 면책항변에 대하여 피해자의 과실을 설시한 후에 그와 같은 피해자의 과실은 가해자를 면책시킬 정도에는 이르지 아니하므로 손해배상액을 정함에 있어 참작하기로 한다고 판시하는 일이 흔한 것은 위에서 본 바와 같은 조문상의 근거를 이유로 하는 면책가능성을 전제로 한 것이라고 해석된다.[751]

그러나 자배법이 적용되는 영역에서는 문제가 있다. 자배법 제3조 단서는 「다만, 다음 각호의 어느 하나에 해당하면 그러하지 아니하다. 1. 승객이 아닌 자가 사망하거나 부상한 경우에 자기와 운전자가 자동차의 운행에 관하여 주의를 게을리 하지 아니하였고, 피해자 또는 자기 및 운전자 외의 제3자에게 고의 또는 과실이 있으며 자동차의 구조상의 결함이나 기능의 장애가 없었다는 것을 증명한 경우 2. 승객이 고의나 자살행위로 사망하거나 부상한 경우」라고 규정하고 동법 제4조는 「자기를 위하여 자동차를 운행하는 자의 손해배

749) 加藤, 不法行爲 253면; 鳩山, 日本債權法總論 91면; 我妻, 債權總論 209면; 勝本, 債權總論 上 423면.

750) 日 注釋民法 19권 368면.

751) 대법 1970. 12. 29. 선고 70다2342 판례총람 5-2권 998-210면.

상책임에 대하여는 제3조에 따른 경우 외에는 민법에 따른다」고 규정하고 있으므로 자배법은 민법의 특별법으로서는 우선적용되며 불법행위책임주체를 확대하고 입증책임을 전도시키고 책임내용을 무과실책임에 접근시키는 것이라고 이해되고 있고 따라서 불법행위일반에 관한 피해자과실상계제도의 해석에 있어서도 자배법과의 저촉 여부를 검토하지 않으면 안 될 것이다.

자배법 제3조 단서가 위와 같이 규정한 취지를 단지 입증책임전도로만 본다면 면책긍정설도 가능하겠지만 그것에서 진일보하여 무과실책임에로의 접근에 의한 가해자책임의 강화까지 포함된 것으로 해석한다면 면책부정설에 도달할 것이다.

생각컨대 자배법의 입법취지는 위험책임주의에 입각하여 피해자를 보호하기 위하여 입증책임을 전도시키고 책임주체를 확장시켰으며 따라서 무과실책임에 가까운 책임을 보유자에게 지우려는 것이라 봄이 타당함으로, 위 제3조 단서의 취지는 입증책임의 전도와 함께 실체법적인 책임도 무겁게 만들자는데 있다고 풀이하는 것이 자배법의 입법정신에 충실하리라고 생각되며 따라서 과실상계에 의한 면책은 위 단서에 저촉되어 인정하지 않는 것이 타당할 것이다.

그런데 일본의 舟本판사는 위와 같은 실체법 해석의 접근과는 다른 관점에서 면책부정설을 취하고 있다. 즉, 불법행위 그 중에서도 인신자동차사고책임의 경우에는 채무불이행과는 달리 배상제도가 과하고 있는 기능적 실질적 측면에서 보아 과실상계를 가해자의 책임범위를 조정하는 제도로 파악하자고 한다.

그 이유로는 첫째, 채무불이행은 채권자와 채무자 등 예정되고 한정된 당사자간의 문제임에 대하여 불법행위는 피고의 구제와 함께 사회생활 전체의 입장에서 손해를 둘러싼 생활관계의 조정을 꾀하는 것이며 특히 격증하는 교통사고책임의 처리는 사회적인 피해의 구제, 손해 전보가 강하게 요구되고 있고 강제보험은 일종의 재해보험에 가깝고 피해자가 보험금을 직접 청구할 수 있으며 재판소의 처리도 이행확보상 강제보험을 불가결의 전제로 하므로 차량측에 귀책사유로서의 인과관계가 있는 이상 과실상계에 의하여 인신손해를 모두 면제시키는 것은 사고책임의 사회성으로 보아 생각할 수 없으며,

둘째, 심리상의 문제로서 과실의 경중이라고 하는 정도의 비교로써 책임의

성부를 도(賭)하는 것은 재판심리상 대비의 동요라는 염려가 있고, 순간적인 교통사고의 성질상 물적증거보전이 곤란한 채로 결정적 순간에의 가정적 분석의 미로에 빨려 들어가 심리를 불안정하게 만듦으로써 자배법 제3조의 입증책임전도의 실효를 잃어버릴 우려가 있으며,

셋째, 자동차사고는 다분히 산업구조·도로교통정책의 불비·경제성장과 사회발전의 불균형 등 정치적·사회적 요인을 추급할 수 있는 공해적 현상이므로 그 모순의 결과를 피해자에게 부담시키는 것은 부당하다는 것을 열거하고 있는바 경청할 가치가 있다고 생각한다.[752)]

2. 과실상계의 범위 —— 위자료

과실상계는 피해자의 과실이 손해의 발생과 확대에 기여한 정도를 찾아내어 가해자에게는 그가 잘못한 만큼만 배상책임을 지우고 피해자의 과실과 인과관계가 있고 그 자신의 손해로 돌리는 것이 타당하다고 생각되는 부분은 배상액에서 공제하자는 것이므로 사고로 인한 모든 손해가 과실상계의 대상이 된다. 그러나 법원 실무에서는 재산적 손해를 산정한 후 과실상계를 행하고 위자료를 정할 때는 앞서 판시한 피해자의 과실을 참작하여 위자료를 금 얼마로 정한다고 하고 있고 이것은 일본에 있어서도 약 60퍼센트의 판결이 취하고 있는 관행이기도 한데 이것을 "참작설"이라고 한다.

그런데 참작설을 취하면 법원이 얼마의 위자료를 인정하고 몇 퍼센트의 과실상계를 하였는지 알 수가 없게 되고 과실상계된 위자료 액수는 상계이전의 그것보다 적어지는 까닭에 피해자들로부터 너무 적은 위자료를 지급한다 하여 많은 비난을 받게 된다.

위와 같은 참작설은 전술과 같이 위자료는 재산적 손해액을 보완·조정하는 기능을 갖는 것으로 생각하였기 때문이었던 것 같다.

그러나 전술 위자료 부분에서 언급하였듯이 위자료는 피해자가 당한 정신적·육체적 고통, 잃어버린 행복을 금전으로 보상하는 금원이므로 재산적 손해

752) 舟本, 「交通事故訴訟における過失相殺適用の基準」 實務民事訴訟講座 3권 279면 이하.

와는 보상대상을 달리하고 따라서 조금도 경시되어서는 안 되고 누구라고 수긍할 만한 상당액을 인정하여야 한다.

이렇게 되면 종전과 같이 참작설을 취하기보다는 피해자의 과실을 제외한 일체의 사정 특히 연령·직업·사회적 지위 등을 고려하여 위자료의 액수를 정한 후 재산적 손해를 상계한 비율과 정확히 같은 비율로 과실상계하는 것이 보다 명확한 처리가 될 것이다.

근자에 이르러 위와 같은 관점에서 재산적 정신적 손해를 모두 합산한 뒤 과실상계하는 판시방법이 점차 늘어가고 있고 이를 가르켜 "상계설"이라고 부르는데 이는 위자료를 정형화하려는 企圖와도 잘 조화된다.[753]

대법원 1984. 7. 10. 선고 84다카440 판결[754]은 「과실상계에 있어서 피해자의 과실참작의 비율을 정하는 일은 법원의 자유재량에 달린 것이긴 하나 과실의 정도를 비교 교량함에 있어서 지나치게 피해자에게 유리하거나 또는 불리하게 판단하는 것은 재량의 범위를 벗어난 처사로서 위법하다고 볼 수밖에 없는 것」이라고 판시하면서 원심판결을 파기하였고, 차량끼리의 충돌사고에 관하여 과실비율을 잘못 정한 위법이 있다는 이유로 원심판결을 파기한 예들도[755] 보인다.

Ⅶ. 제3자의 과실과 과실상계 —— 피해자측 이론과 반성

1. 피해자측 이론

민법 제763조가 준용하는 동법 제393조는 「……채권자에게 과실이 있는 때에는……」이라고 규정하고 있으므로 과실상계의 대상이 되는 과실은 당연히 피해자의 과실이며 제3자의 과실은 여기에 포함되지 않을 것이다.

따라서 초기의 일본 대심원 판례들은 일관하여 「동조항(일 민법 제722조)에는 피해자의 과실이라고 하고 있으므로 그 감독자의 감독상의 과실을 참작할 수

753) 본서 제2장 제5절 Ⅳ의 5. 참조.

754) 공 1984. 9. 1. (735), 1346.

755) 대법 1985. 11. 26. 선고 85다카1191〔공 1986. 1. 15. (768), 120〕; 대법 1986. 9. 23. 선고 86다카166〔공 1986. 11. 15. (788), 2946〕.

없음은 의심할 바 없다」고 판시하여 왔다.[756] 학설도 처음에는 위 판례의 태도를 지지하였다.[757]

그러나 전후 일본 최고재판소는 무능력자의 부모가 위자료를 청구한 사안에 관하여 「사망자에게도 과실이 있으면 피해자인 부모에게 과실이 없어도 민법 제722조에서 말하는 "피해자에게 과실이 있는 때"에 해당한다고 볼 여지가 있다」고 판시하더니,[758] 「민법 제722조에서 말하는 과실이라는 것은 단지 피해자 본인의 과실만이 아니라 널리 피해자측의 과실도 포함하는 취지로 해함이 상당하다」고 판시하였고,[759] 소화 42. 6. 27. 일본 최고재판소 제3소법정 판결에서 「민법 제722조 제2항에서 정한 피해자의 과실이라는 것은 단지 피해자 본인의 과실만이 아니라 널리 피해자측의 과실도 포함하는 취지로 해하여야 할 것인바 본건과 같이 피해자 본인이 유아인 경우에 있어서 위에서 말하는 피해자측의 과실이라는 것은 예컨대 피해자에 대한 감독자인 부모 내지는 그 피용자인 가사사용인 등과 같이 피해자와 신분상 내지는 생활관계상 일체를 이룬다고 보이는 관계에 있는 자의 과실을 말하는 것이라고 할 것이고 소론과 같은 양친으로부터 유아의 감독을 위탁받은 자의 피용자와 같이 피해자와 일체를 이룬다고 볼 수 없는 자의 과실은 여기에 포함되지 않는다고 해하여야 할 것이다. 생각컨대 동조항이 손해배상의 액을 정함에 있어서 피해자의 과실을 참작할 수 있다고 정한 것은 발생된 손해를 가해자와 피해자간에 공평히 분담시킨다고 하는 공평의 이념에 기한 것인 이상 피해자와 일체를 이룬다고 볼 수 없는 자의 과실을 참작하는 것은 제3자의 과실에 의하여 생긴 손해를 피해자에 부담시키고 가해자의 부담을 면하게 하는 것으로 되어 오히려 공평의 이념에 반하는 것으로 되기 때문이다」라고 판시함으로써[760] 피해자측의 범위를 정함에 있어 기준을 정하려고 까지 시도하였다.

---

756) 大審判 昭 3. 8. 17. 民集 7권 9호 648면; 大審判 大 4. 6. 15. 民錄 21집 939면; 大審判 大 4. 10. 13. 民錄 21집 1683면; 大審判 大 7. 10. 18. 신문 1498호 17면; 大審判 昭 13. 5. 30. 신문 4298호 7면.

757) 末弘, 債權各論 1110면; 鳩山, 增訂 債權法各論 下 944면; 吾妻, 債權法 307면.

758) 最高判 昭 31. 7. 20. 民集 10권 8호 1079면.

759) 最高判 昭 34. 11. 26. 民集 13권 12호 1573면.

760) 最高判 昭 42. 6. 27. 民集 21권 6집 1507면.

최근의 일본 학설은 일본 민법 제722조 제2항의 피해자를 피해자측으로 이해하는 견해가 압도적이나 그 이론적 근거로 제시되는 바는 일치되지 않고 있다.

혹자는 가단(家團)의 개념을 기초로 하고,[761] 혹자는 공동불법행위자 상호간의 구상관계의 간략화라는 관점에서 보려고 하고,[762] 혹자는 실질적인 손익계산의 귀속관계로 파악하려 하며,[763] 또 어떤 학자는 피해자와 돈주머니를 함께 쓰던가 또는 특별한 관계가 있어서 그 자를 가해자와 함께 배상청구의 상대방으로 삼기보다는 오히려 피해자측의 내부관계의 문제로 처리하는 편이 가해자와 피해자의 관계를 처리함에 공평하다고 생각되는 지위에 있는 자로 이해한다.[764]

또 혹자는 행위평가의 동일귀속성과 전보청산의 동일귀속성이 인정되는 경우에는 제3자를 피해자측으로 볼 것이라고 주장한다.[765] 전자는 사고발생의 위험을 내포하고 있던 당해 불법행위발생의 장에 있어서 피해자 자신의 행동 내지는 이것에 영향을 미치는 자의 행동이 일방을 주체로 한 경우에 타방을 수족으로서 그 결과를 자기의 것으로 향수 내지는 수인하지 않으면 안 되는 상호관계로서 피용자의 행위와 기업주체와의 관계·법정대리인과 유아와의 관계·가사보조자와 감호의무자와의 관계 등을 열거하고, 후자는 공동불법행위의 관점으로부터 책임부담의 문제가 생겨도 소위 「한개의 돈주머니」의 내부적 처리 혹은 강제보험금의 처리를 넘어서는 소송상 현실적인 대립당사자로서의 청산문제를 발생시키지 않는 경제적 이해관계를 말한다면서 이것은 법률상의 근거만이 아니라 널리 사회관습, 조리, 경제적 종속관계, 피아(彼我) 융통의 우호관계 등으로부터 파악되어도 좋다고 한다. 그리고 위 양자는 상호보완적 관계에 선다고 설명하고 있다.

---

761) 末弘, 「被害者としての家團」 民法雜記帳 216면; 我妻, 事務管理·不當利得·不法行爲 211면.

762) 植林, 「責任無能力者の 賠償請求に おける 監督義務者の 過失斟酌の 許否」 민상 34권 5호 43면.

763) 我妻, 전게서 210면; 谷口, 判評 25호(판시 214호) 10면.

764) 山本進一, 「被害者の 範圍」 交通事故判例百選 제2판 139면.

765) 舟本信光, 「交通事故訴訟に おける 過失相殺適用の 基準」 實務民訴 3권 258면.

이와 같이 피해자 자신이 아닌 제3자를 "피해자측"에 포함시키려는 근거는 현재 통일적 파악이 거의 불가능하고 따라서 범위도 확정할 수 없다. 지금까지 판례들이 집적하여 온 판례들을 분류하여 보면 다음과 같다.

2. 피해자측의 유형과 반성

가. 사 자

사자의 유족이 손해배상을 청구하는 경우에 직접피해자인 사자의 과실을 참작하여야 한다는 것은 일본 하급심의 전전(戰前)부터의 대세이었고,[766] 앞서 본 바와 같이 일본 최고재판소도 방론이기는 하지만 이를 인정하였으며,[767] 학설로서는 감독의무자의 과실과 같이 공평의 견지로부터 사자의 과실을 피해자측의 과실로 참작하여야 할 것이라는 견해[768]와 민법 제752조 근친자의 손해를 사자에 대한 불법행위로부터 생긴 일개의 불법행위에 기인한 손해로 생각하여 사자의 과실을 참작하여야 할 것이라는 설이 있다.[769]

생각컨대 우리의 손해배상제도는 부양청구권의 침해를 손해로 산정하지 않고 사자 본인의 치료비, 일실이익 및 위자료청구권을 인정한 다음 그것이 유족에게 상속된다는 입장을 취하고 있다. 따라서 유족이 원고로 되는 경우에도 손해액의 산정에 있어서는 사자 본인의 손해를 계산한 다음 과실상계를 하고 과실상계된 배상청구권이 상속되게 되므로 사자 본인의 손해액에 관한 한 사자는 바로 피해자 본인이고 제3자는 아니므로 피해자측이라는 개념을 동원할 여지가 없다.

우리 대법원 1999. 7. 23. 선고 98다31868 판결[770]은 "불법행위로 인한 손해배상의 책임 및 그 범위를 정함에 있어 피해자의 과실을 참작하는 이유는 불법행위로 인하여 발생한 손해를 가해자와 피해자 사이에 공평하게 분담시키고자 함에 있다고 할 것이므로 피해자의 과실에는 피해자 본인의 과실뿐 아

766) 澤井, 注釋民法 (19) 349면.

767) 前註 758) 참조.

768) 末川, 民商 35권 2호 154면.

769) 加藤, 不法行爲 251면; 藪重夫, 「過失相殺」 總判民法 (12) 250면.

770) 공 1999. 9. 1. (89), 1724.

니라 그와 신분상 내지 사회생활상 일체를 이루는 관계에 있는 자의 과실도 피해자측의 과실로서 참작되어야 할 것이고(대법원 1996. 11. 12. 선고 96다26183 판결 참조), 어느 경우에 신분상 내지 사회생활상 일체를 이루는 관계라고 할 것인지는 구체적인 사정을 검토하여 피해자측의 과실로 참작하는 것이 공평의 관념에서 타당한지에 따라 판단하여야 할 것이다.

기록에 의하니 원고 2의 부인 소외인과 모가 이혼하여 별거중이었고 모가 친권자로 지정되어 있으며 원고 2는 모와 함께 살고 있는 사실이 인정되나 한편 원고 2는 사고 당시의 연령이 9세 5개월에 불과하고 사고 당시 소외인이 원고 2의 모와 재결합하려고 만나고 있던 중이었으며 사고 당시 장인, 장모의 묘소에 성묘하기 위해 처와 원고 2를 비롯한 처가식구들을 차에 태우고 가던 중이었던 사실을 알 수 있어, 이 사건 사고 당시 부녀간이나 부부간에 완전한 별거상태가 아니라 왕래가 있었던 것으로 추정되고 원고 2와는 부녀간으로 상속관계에 있어 가해자가 구상권을 행사할 경우 결국 그 구상채무는 원고 2가 부담하게 된다는 점에 비추어 볼 때, 소외인과 원고 2를 신분상 내지 사회생활상 일체를 이루는 관계로 보아 소외인의 과실을 피해자측 과실로 참작하는 것이 공평의 관념에서 상당하다 할 것이다."라고 판시하였는 바 전반부는 위 이론에 비추어 비판되어야 할 것이다.

다만 유족이 지출한 장례비나 유족 자신의 위자료청구권에 관하여는 유족이 피해자임에 틀림없고 따라서 사자는 제3자가 될 것이다.

그러나 장례비도 앞서 설명한 바와 같이 사람은 누구나 한번 죽게 되어 있고 유족은 그 장례비를 지출하게끔 되어 있는 이상, 장례비를 재산적 손해로 보는 것은 이론상 모순이고 따라서 장례비는 피해자를 비명에 가게 한데 대한 사과의 뜻을 가진 일종의 위자료로 파악하는 것이 오히려 합리적일 것이고, 따라서 결국은 사자 자신의 위자료의 일부가 되므로 사자의 과실은 피해자의 과실이 된다.

그러나 유족의 위자료청구권은 어떤가? 유족의 위자료는 그들이 받은 또 장래에도 계속될지 모르는 정신적 고통에 대한 보상인 바, 그 고통은 피해자가 과실없이 사망한 경우와 그 사자의 과실이 경합되어 사망한 경우와는 차이가 있다고 봄이 사회통념상 상당하고 따라서 그 액수를 정함에 있어서도 사자 본인의 과실을 참작하는 것이 피해자측이라는 용어를 동원할 필요없이 당연한 것이 아닌가 생각된다.

나. 보호감독의무자

앞서 언급한 바와 같이 과실상계에 있어서의 과실은 불법행위 성립요건인 과실과는 달리 위법한 부주의가 아닌 단순한 부주의로 족하고 따라서 책임능력이 없어도 사리변식능력만 있으면 족하다는 것이 판례이고 통설이므로 미성년자라도 이미 학령에 도달되어 있으면 대체로 피해자 자신의 과실을 인정하고 이것을 참작하게 된다.

그러나 피해자가 초등학교 입학전의 3~4세 정도의 유아인 경우에는 사리변식능력을 인정할 수 없게 되고 따라서 피해자 본인의 과실상계문제는 논의할 여지가 없게 된다. 그러나 위와 같은 유아라면 친권자, 후견인 또는 그들의 위임을 받은 가사사용인의 보호감독이 당연히 예상되고 그 감독의무자의 감독상 부주의가 상정된다.

위와 같이 감독의무자인 친권자 등이 감독상 주의의무를 게을리하므로 인하여 유아가 교통사고로 사망하고, 사망한 피해자의 상속인인 친권자들이 사망의 손해와 유족 자신의 손해배상을 구하는 경우에 보호감독의무자의 보호감독상의 부주의를 참작할 수 없다면 가해자로서는 불공평하다고 느끼지 않을 수 없다. 그래서 일본에 있어서 대심원 이래 일관하여 감독의무자의 과실을 참작하여 오고 있고[771] 우리나라 대법원 역시 같은 견해를 취하고 있다.[772]

그러나 유아가 사망한 경우가 아니라 불구가 된 경우에는 어떤가?

일본의 대심원 판례는 직접피해자인 유아가 청구하는 경우에는 앞서 언급한 바와 같이 피해자의 과실이란 피해자 본인의 과실만을 가리킨다고 해석하여 감독의무자의 과실참작을 거부하였고,[773] 하급심 판례도 전전(戰前)에는 대심원 판례를 답습하였었다. 그러나 전후의 대세는 감독의무자의 과실을 피해자측의 과실로써 참작하는 경향에 있다.[774]

---

771) 大審判 昭 3. 8. 1. 民集 7권 9호 648면.

772) 대법 1967. 7. 18. 선고 67다973 대법원판례집 15권 2집 민 208면.

773) 전게 주 756) 참조.

774) 篠田省二,「過失相殺に おける 被害者の 範圍」實務法律大系 交通事故 432면.

일본의 학설은 민법의 개인주의적 구성에 비추어 대심원 판례를 지지하는 설[775]도 있으나 대심원 판례에 반대하는 학설이 압도적으로 우세하다. 즉, 피해자를 개인이 아닌 가단으로 생각하는 가단이론,[776] 배상청구권행사의 결과는 사실상 가족공동체에 귀속하는 것이 일반적이라는 이유,[777] 사고를 감독의무자와 가해자와의 공동불법행위로 생각하고 구상관계까지도 청산하기 위하여 과실상계를 하는 것이 합리적이라는 이유,[778] 결국은 감독의무자의 과실결과를 가해자에게 부담시키는 것보다는 피해자에게 부담시키는 것이 공평하다는 이유[779] 등을 근거로 하여 감독의무자의 과실을 피해자측의 과실로 참작하고 있고, 전후 하급심의 대세는 위와 같은 학설에 따르고 있고 최고재판소도「민법 제722조에서 말하는 과실이라는 것은 단지 피해자 본인만의 과실이 아니라 널리 피해자측의 과실도 포함하는 취지로 해함이 상당하다」고 판시하기에 이르렀고[780] 그 이유를 공평의 이념에 의한 것이라 하였다.[781]

우리 대법원도 같은 견해를 누누이 판시하여 왔다.[782]

결국 유아가 불구화되는 경우에 친권자 등 보호감독의무자의 감독상 과실을 피해자측의 과실이라 하여 피해자 자신의 과실로 간주하여 참작하는 것이 과실상계제도의 이념인 공평의 관념에 합치된다는 것이고 그와 같은 생각에 이르게 된 경위는 유아사망의 경우에 감독의무자의 과실을 참작하면서 유아불구화의 경우에 참작하지 않는다면 불균형이 생겨나고 그것은 불공평하게 된

775) 鳩山, 增訂 債權法各論 下 944면; 末弘嚴太郎, 債權各論 1110면; 吾妻光俊, 債權法 307면.

776) 末弘, 民法雜記帳 下 192면.

777) 我妻 榮, 判例漫策 149면.

778) 植林弘,「無能力者の 賠償請求に おける 監督義務者の 過失斟酌の 許否」民商 34권 5호 43면; 四宮和夫,「過失相殺」民法練習 Ⅳ 199면.

779) 加藤, 不法行爲 250면; 我妻・有泉・四宮, 事務管理・不當利得・不法行爲 305면; 舟本信光, 自動車事故民事責任の 構造 49면.

780) 最高判 昭 34. 11. 26. 民集 13권 12호 1573면.

781) 最高判 昭 42. 6. 27. 民集 21권 6호 1507면.

782) 대법 1966. 12. 27. 선고 66다218 대법원판례집 14권 3집 민 379면; 대법 1967. 4. 25. 선고 67다335 대법원판례집 15권 1집 민 359면; 대법 1967. 5. 23. 선고 66다1617 판례카드 8588; 대법 1967. 12. 19. 선고 66다2075 판례카드 2182; 대법 1972. 1. 31. 선고 71다2505 대법원판례집 20권 1집 민 59면.

다고 생각하였기 때문이고 그 결론에의 합리적 근거를 마련하기 위하여 가단론이나 하나의 돈주머니이론이나 공동불법행위자 상호간의 구상관계의 청산이론이나 행위평가의 동일귀속성설 등을 창안해 낸 것으로 생각된다. 그런데 위와 같은 피해자측이론은 법률상 강한 감독의무가 과하여져 있는 친권자·후견인 등 법정대리인에 한정시키지 아니하고 점차 확대됨으로써 유원지의 원숭이에게 물린 유아의 피해에 대하여 첨부되어 있던 백모의 과실,[783] 사망한 자의 친권자로부터의 청구에 대하여 위 친권자와 동거하는 모와 매(사자의 조모와 백모)의 과실,[784] 내방중인 3세 6월의 유아에 부첨되어 있던 조모의 과실도[785] 피해자측의 과실로 참작한 판례들이 나오게 되었고, 전시 일본 최고재판소 소화 42. 6. 27.은 가사사용인의 과실도 피해자측의 과실이 된다고 방론에서 판시하고 있다.

그러나 동생의 과실을 참작하지 아니한 판례[786]도 있고, 보육원의 보모나 학교의 교사, 정신병원의 의사, 간호사 등은 피해자측에 포함시킬 수 없다고 한다.[787] 우리 대법원도 1987. 2. 10. 선고 86다카1759 판결[788]에서 조카가 운전하던 픽업트럭은 그의 삼촌의 소유이고 삼촌의 처가 설탕을 팔려고 삼촌과 그 자녀들이 함께 타고 가다가 사고가 발생하여 피해를 입었다면 위와 같은 공동생활관계와 신분관계로 보아 조카의 위와 같은 과실은 이른바 피해자측의 손해배상액을 산정함에 있어서도 참작하여야 할 것이라고 판시한 바 있다. 어쨌든 피해자측의 범위에 관하여는 학설이나 판례나 정설이 없고 따라서 한계는 극히 모호하다.

여기에서 잠시 영미의 판례를 보기로 하자. 한마디로 말하여 영미에서는 반대의 방향으로 정착되었다.

즉, 1829년 뉴욕에서 2살의 유아가 피고의 과실로 그가 몰던 썰매에 부상하였는 데, 사고당시 그 유아를 돌보아주던 아버지에게도 기여과실(Contributory

783) 宮崎地判 昭 31. 11. 27. 下民集 7권 11호 3396면.
784) 東京高判 昭 37. 6. 29. 下級民集 13권 6호 1316면.
785) 高松地判 昭 44. 8. 27. 交通民集 2권 4호 1174면.
786) 浦和地判 昭 45. 4. 22. 判例タイムズ 265호 253면.
787) 舟本, 전게서 65면.
788) 공 1987. 4. 1. (797), 421.

Negligence)이 있었다는 이유로 원고청구가 기각되었으며,[789] 1858년 영국에서는 할머니와 함께 기차를 타려다가 부상한 아이의 손해배상청구가 할머니의 기여과실 때문에 배척되었다.[790] 환언하면 보호감독자와 피보호자를 동일시하는 이론(doctrine of identification)을 취하였던 것이다. 한동안 영미에서 위와 같은 판결이 계속되었으나 위 판결들은 개인주의와 조화될 수 없었기 때문에 판례 혹은 법률로서 폐기되게 되었다.[791] 미국의 Prosser교수는 위 이론을 "야만적인 법리(barbarous rule)"라고 까지 혹평하고,[792] 영국의 Fleming교수는 부모의 죄를 자녀에게 전가시키며 아이들도 스스로 자기에게 주어진 손해배상청구권을 행사할 권리가 있음을 망각한 이론이라고 평한다.[793]

어쨌든 영국에서는 1932. 7. 9. Oliver v. Birmingham and Midland motor Omnibus Co. LTD에서 위 the doctrine of indentification을 폐기하였다. 위 판결에서의 사안은 4살 먹은 어린아이를 할아버지가 손을 잡고 도로를 건너다가 갑자기 다가온 버스에 놀라 할아버지는 안전하게 피하였으나 그 바람에 할아버지는 아이의 손을 놓았고 그 아이는 버스에 충돌되어 부상하게 되었으므로 그 부친이 친권자로서 제소하였던 것이다. 위 판결은 할아버지의 기여과실에 불구하고 그 아이는 손해배상청구권이 있다고 판시하였다.

여기에서 유의할 점은 영국에서 1945년 Law Reform(Contributory negligence) Act가 나오기까지는 기여과실이 있는 자에게는 손해배상청구권이 전면적으로 부정되었다는 것이다. 그러나 위 수정법률에 의하여 기여과실이 있는 자에게도 배상청구권이 인정되었으며 단지 손해의 책임에 있어서 원고의 몫에 관하여 법원이 정당하고 공평(just and equitable)하다고 보는 만큼 감액되게 되었다.

위 판결에서 Swift판사는 다음과 같이 말하였다. 「태어난 지 하루가 되는

789) Hartfield b. Roper 1829. 21. Wendy. N.Y., 615; Law of Torts, Wiliam L.Prosser 4th ed.에서 재인용.

790) Waite v. The North Eastern Railway Company 〔1858〕 1 E. BI.&E. 719, 120 E.R. 679.

791) Law of Torts, Prosser 4th ed. 490.

792) Law of Torts, Prosser 4th ed. 490.

793) The Law of Torts, John G. Fleming 5th ed. 276.

유아도 권리를 갖는다. 누구도 과실로써 그의 권리를 해칠 권리는 없으며 나는 하루된 유아와 50세된 어른과의 사이에 차이를 발견할 수 없다. 만일 50세된 어른이 그의 부상에 대하여 어떤 딴 사람의 기여과실이 있음에도 불구하고 불법행위자에 대하여 손해배상을 청구할 권리가 있다면 일생 불구가 된 유아는 왜 피고에 대하여 손해배상을 받지 못하는가?」 또 Macnaghten판사는 「만일 사고가 오로지 제3자의 과실에 기인한 것이라면 그 제3자로부터 손해배상을 받음은 의심할 여지가 없는데 두 사람의 공동과실의 기인한 경우에 손해배상을 못 받는다 것은 괴상하다」고 판시하였다.[794] 한편 미국에서도 위 원칙은 법률 혹은 판례로 폐기되었다.[795]

생각컨대 피해자 자신이 아닌 친권자 등 법정대리인이나 그 밖의 신분상의 보호감독자 또는 가사사용인의 과실을 피해자측의 과실이라는 개념하에 피해자 자신의 과실로 간주하는 것이 과연 공평한가 하는 데 문제핵심이 있다.

영미에서는 당초 이것을 긍정하다가 그것이 불공평하다는 견해를 취한 반면, 일본에서는 당초 이를 부정하다가 이를 인정하는 것이 공평하다고 생각하게 되었고, 현재 우리 대법원도 같은 입장을 취하고 있는 것이다. 영미에서는 개인주의가 지배하는 사회이므로 보다 단체주의·가족주의가 강한 일본과 우리나라에서는 같은 결론을 취할 수 없다고 간단히 말할 수 있을까?

민법 제916조는 「자가 자기의 명의로 취득한 재산은 그 특유재산으로 하고 법정대리인인 친권자가 이를 관리한다」고 규정하고, 제921조 제1항은 「법정대리인인 친권자와 그 자 사이에 이해상반되는 행위를 함에는 친권자는 법원에 그 자의 특별대리인의 선임을 청구하여야 한다」고 규정하며, 제922조는 「친권자가 그 자에 대한 법률행위의 대리권 또는 재산관리권을 행사함에는 자기의 재산에 관한 행위와 동일한 주의를 하여야 한다」고 하고, 제923조는 「법정대리인인 친권자의 권한이 소멸한 때에는 그 자의 재산에 관한 관리의 계산을 하여야 한다」고 규정하고, 제924조는 「부 또는 모가 친권을 남용하거나 현저한 비행 기타 친권을 행사시킬 수 없는 중대한 사유가 있는 때에는 법원은 …… 그 친권의 상실을 선고할 수 있다」고 까지 규정하고 있다. 후견인의 피

794) 〔1933〕 1 K.B. 35.

795) Law of Torts, Prosser 4th ed. 490.

후견인 재산관리규정은 더욱 엄격하고 부부간에도 별산제를 채택(민법 제830조, 제831조)하고 있음은 주지의 사실이다.

한편 도로교통법 제11조 제1항은 어린이의 보호자는 교통이 빈번한 도로에서 어린이를 놀게 하여서는 아니 되며 유아(6세 미만의 사람을 말한다. 이하 같다)의 보호자는 유아(6세 미만)만을 보행하게 하여서는 아니 된다고 규정하고 동법 제157조는 위 조항을 위반한 자에게 20만원 이하의 벌금, 구류 또는 과료에 처한다고 규정한다.

따라서 유아의 보호감독의무자가 유아를 길가에 방치하는 것은 사회적으로 위법한 행위이고 이로 인하여 교통사고가 발생되었다면 그 보호자는 분명히 위법한 부주의를 범한 것이므로 사고차량의 보유자, 운전자와 함께 공동불법행위자라고 보지 않을 수 없으며 이러한 공동불법행위자 1인의 과실을 이유로 피해자의 손해를 감액시키는 것은 부당하게 된다.

앞서 본 바와 같이 피해자측이론의 근거로 공동불법행위자간의 구상관계를 간단히 해결한다는 견해는 보호자의 감독소홀이 불법행위가 됨을 전제하는 것이다. 다만 구상관계의 간결한 해결이라는 주장은 하나의 돈주머니이론과 같은 것으로서 그 이론은 앞서 본 민법 제916조를 무시한 견해로서 부당하다고 하지 않을 수 없다. 舟本판사가 주장하는 전보청산의 동일귀속성설 역시 같은 비난을 면할 수 없다.

혹자는 위와 같은 견해는 피해자의 입장만을 지나치게 강조하는 것으로서 가해자에게 불공평하다고 할지 모르나 법정대리인과 유아의 재산이 별개인 이상 배상후 구상권을 행사하여야 함은 다른 불법행위와 다를 바 없고, 가사 법정대리인이 무자력이라 하여 구상이 불가능하다 하여도 그것은 모든 공동불법행위에 공통된 일에 불과하다. 유아의 손해배상금은 그의 특유재산이고 법정대리인에 대한 구상금지급을 명한 판결의 집행대상이 될 수 없고, 만일 집행한다면 제3자이의의 소가 가능할 것이다. 공평이란 피해자인 유아와 가해자간의 문제이며 전근대적인 가단이론을 동원하여 가단과 가해자간의 문제로 보아서는 안 될 것이다. 피해자의 입장에서 본다면 부주의한 법정대리인을 만남으로써 사고를 당하고 불구가 된 것만으로도 억울한 데, 그 부주의한 법정대리인 때문에 손해배상액까지 감액당한다면 그야말로 불공평하다고 아니할 수 없다.

뿐만 아니라 손해배상책임은 보험과 관련시켜 생각하지 않으면 안 된다.

즉, 모든 교통사고손해배상책임은 보험금으로 전보되는 것이 국가가 지향하는 목표이며 따라서 보험금에 의하여 배상금이 지급되는 것이 바람직하다.

환언하면 어린이 놀이터가 제대로 갖추어져 있지 아니하고 인도와 차도의 구분이 되어 있지 아니하며 주택이 차도에 인접되어 있고 반면 아이들을 옥외에서 뛰어 놀게 하여야 한다면 위와 같은 국가적·사회적 불비로 인한 교통사고의 결과를 죄 없는 아이들에게 전가시켜서는 사회적으로 불공평하며 보험제도를 완비·강제함으로써 위와 같은 불공평을 다소라도 해소시키는 방향이 옳을 것이다.

따라서 피해자측이라는 막연한 용어를 도입함으로써 보호감독자의 과실책임을 유아나 정신병자에게 전가시키는 것은 불공평하며, 피해자측의 한계 역시 이론상 확립될 수 없는 것이므로 과감히 위 이론을 버리는 것이 옳을 것으로 생각한다. 단, 유아가 사망하여 보호감독자가 그의 일실이익이나 치료비·위자료청구권을 상속하고 이를 청구하는 경우에는 부상·불구화의 경우와 다르다.

위의 경우에는 가해자는 보호감독의무를 해태한 상속인에 대하여 그들의 과실기여의 한도에서 손해배상청구권을 취득하게 된다. 즉, 보호감독상 부주의라는 과실이 경합되어 가해자는 손해배상책임을 부담하게 되었으므로 가해자는 위 보호감독자에 대하여 그 과실비율 만큼 손해배상청구권을 취득하고 동 청구권을 자동채권으로 상계할 수 있을 것이다.

따라서 위의 경우에는 피해자측의 과실로써가 아니라 공동불법행위자에의 손해배상청구권으로써 상계하는 것으로 이해하면 족할 것이다.

다. 피용자

피해자의 손해가 그 피해자의 피용자의 과실경합에 의하여 발생 또는 확대된 경우에 피해자의 손해배상청구에 대하여 피용자의 과실을 참작할 것인가? 일본의 판례들은 일관하여 이를 인정하고 있으며,[796] 우리 대법원도 이를 시인하고 있다.[797]

---

796) 大審判 大 9. 6. 15. 民錄 26집 884면; 大審判 昭 12. 7. 28. 신문 4172호 18면; 大審判 昭 12. 11. 30. 民集 16권 1896면; 廣島高判 昭 29. 3. 22. 高裁民集 7권 3호 284면.

위 일본 판례들이 실질적으로 피용자의 과실을 사용자의 과실과 동일시하고 있는지 민법 제756조를 유추하여 그런 결론을 내린 것인지 반드시 분명한 것은 아니다. 학설은 모두 참작하여야 한다는 결론이나 이유제시로서는 감독의무자의 경우와 마찬가지로 피용자도 피해자측이라고 하는 학설[798]과 민법 제756조의 유추적 해석을 취하는 것이 있다.[799]

그런데 전자의 설을 취하는 학자는 적극적으로 손해배상의 책임을 지는 과실이 있어서는 사용자가 그 선임감독상 주의의무를 다 한 때에는 면책되는 것과 달리, 피용자의 과실을 사용자의 과실로 보아 과실상계를 하는 경우에는 공평의 관념상 선임감독의 과실이 없어도 참작하여야 할 것이라는 견해를 취함에 대하여,[800] 후자의 입장에서는 사용자가 피용자의 선임 및 그 사업의 감독에 관하여 상당한 주의를 하였을 때 또는 상당한 주의를 하여도 손해가 생겼으리라고 하는 때에는 피용자의 과실은 사용자의 손해배상청구에 참작될 수 없다고 한다.[801] 한편 제3의 견해로서는 후설을 취하면서도 선임감독의무를 다 하였다는 입증을 용이하게 인정하지 아니함으로써 실질적으로 해결하여야 할 것이라는 견해도 있다.[802]

그런데 우리 대법원은 1969. 7. 29. 선고 69다829 판결[803]에서 군용차량과 택시가 충돌하여 택시회사가 원고로서 국가를 피고로 삼아 손해배상을 청구한 사안에 관하여「피고는 같은 소외인의 직무수행중의 과실로 인하여 원고에게 입힌 손해를 배상할 책임이 있고 한편 망 김동광의 새나라차 운전은 원고 회사의 사무집행과 밀접한 관련이 있는 행위라 할 것이니 파손된 새나라차는 원고 회사의 차이고 망 김동광은 원고 회사의 피용인이라 할지라도 피해자인 원고 회사의 피용인의 과실이 손해발생의 원인이 된 경우에는 피해자로부터의 손해배상청구에 있어서는 피용인의 과실은 피해자의 과실중에 포함된다고

---

797) 대법 1969. 7. 29. 선고 69다829 판례총람 5-2권 998-94면.
798) 加藤, 전게서 251면; 野田良之, 判民 昭 12년도 133事件評釋 谷口・植林 94면.
799) 千種, 民商 7권 6호 1047면; 鳩山, 전게서 938면; 末川, 民商 30권 1호 11면.
800) 谷口・植林, 損害賠償法概說 94면.
801) 末川, 民商 30권 1호 11면.
802) 澤井, 注釋民法 債權 10권 365면.
803) 판례총람 채권 5-2권 998-94면.

할 것이고, 원고 회사가 망 김동광의 선임감독에 상당한 주의를 하여도 손해가 있을 경우임을 입증하지 않은 이 사건에 있어서 원심이 원고 회사의 피용인의 과실이 있음을 인정하여 손해배상의 책임과 금액을 정함에 참작한 조처는 정당」하다고 판시하였다.

따라서 우리 대법원은 후설을 취하고 있다고 해석할 수 있다.

생각컨대 과실상계의 대상이 되는 과실은 피해자 본인의 과실을 가리킴이 법문상 명백하고 제3자의 과실로써 배상액을 감하는 것은 피해자에게 불공평함으로 피용자의 과실을 피해자측의 과실이라 하여 상계할 과실로 보는 설은 찬성할 수 없다. 다만 피해자가 사용자라면 그 과실있는 피용자의 불법행위에 책임을 면할 수 없고 따라서 피용자의 과실과 가해자의 과실이 경합되어 사용자에게 손해가 발생되고 가해자에게 그 손해를 배상할 채무를 발생시켰다면 그것은 피용자의 가해자에 대한 불법행위이고 그것이 사용자의 업무집행에 관한 것이라면 사용자는 민법 제756조의 책임을 져야 함으로 가해자는 가해자인 동시에 피해자로서 사용자에게 피용자의 과실비율에 따른 손해배상채권을 취득하게 됨으로 이를 자동채권으로 하여 상계를 주장할 수 있을 것이다. 이 경우에 사용자는 위 대법원 판결이 판시한 바와 같이 면책항변을 할 수 있게 된다. 다만 위와 같은 법리를 쉽게 과실상계라고 표현한다면 용어 사용상의 문제로 돌려버릴 수도 있겠지만 그것은 피해자측 이론과는 전혀 다른 이론임을 유의하여야 할 것이다.

라. 무상동승차량의 운전자

무상동승자의 손해배상청구에는 두가지의 문제가 생긴다. 그 하나는 무상동승자의 타인성이고 다른 하나는 무상동승차량 운전자의 과실을 피해자인 동승자의 과실로써 즉, 피해자측 과실로서 상계할 수 있느냐 하는 것이다.

어떤 사람이 인척관계, 우호관계 등 인적관계로 무상동승을 하였다가 동승차량 운전자의 과실로 차량이 전복되든가 가로수를 들이받아 피해를 입고 보유자를 상대로 또는 자배법상 책임보험회사를 상대로 손해배상을 청구하는 경우에 그 피해자가 유상의 승객이나 보행자와 같이 자배법상 순전한 타인처럼 전액배상을 받을 수 있느냐 아니면 어떤 이유를 붙여 감액할 것이냐 하는 문제가 전자이며, 이에 관하여는 이미 제1장 제4절에서 상세히 언급한 바 있다.

한편 무상동승차량의 운전자의 과실과 또 다른 차량의 운전자의 과실이 경합되어 사고가 발생되고 그로인하여 동승자가 사상하여 상대방 차량의 보유자를 상대로 손해배상을 청구하는 경우에 동승차량 운전자의 과실을 피해자인 동승자의 과실로 간주, 피해자측의 과실로써 상계할 수 있느냐 하는 것이 후자의 문제이고 여기서 다루려는 대상이다.

그러나 위 두가지 문제가 전혀 무관계한 별개의 문제라고 단정하기는 어렵다. 왜냐하면 앞서 타인론편에서 상술한 바와 같이 무상동승자에 대한 동승차량 보유자의 책임감경원인을 동승자의 운행자성 취득으로 보는 비율적 책임설의 입장에 서게 되면 무상동승자는 운행자성 내지 보유자성을 취득하였기 때문에 그가 위와 같은 운행자성과 보유자성을 취득한 바로 그 차량의 운전자의 과실은 동승자의 과실로 보아야 하고 따라서 참작되어야 할 과실이라고 주장될 가능성이 있다.

그러나 위 설을 밀고 나가면 제3자인 보행자에 대하여도 자기가 취득한 운전자성 때문에 손해배상책임까지 부담하여야 한다는 곤란한 결론에 도달할 것임은 이미 설명한 바 있다.

그래서 그런지는 모르겠으나 아직까지 위와 같은 논거를 내세워 동승차량 운전자의 과실을 동승자측의 과실로 보아야 한다고 주장하는 견해는 발견치 못하였고 이미 설명한 바와 같이 동승자가 가족관계에 있을 때는 가단론이나 한 개의 돈주머니 이론 혹은 구상관계의 사전해결론을 전개하고 그 이외의 경우에는 행위평가의 동일귀속 또는 전보청산의 동일귀속론으로 해결하려고 하고 있을 뿐이다.

일본의 판례들을 보면 동승자가 운전자와 부부[804] · 내연[805] · 부자[806] · 누나와 동생[807] 등의 관계가 있을 때 운전자의 과실을 피해자측의 과실로 참작한

804) 東京地判 昭 38. 4. 26. 交通下級民集 昭 38. 1919면; 大阪地判 昭 41. 1. 12. 判例タイムズ 202호 197면; 大阪地判 昭 42. 2. 17. 判例タイムズ 205호 177면.

805) 大阪地判 昭 42. 7. 14. 判例タイムズ 213호 176면.

806) 東京高判 昭 31. 3. 29. 下級民集 7권 3호 755면; 神戸地判 昭 42. 1. 17. 判例タイムズ 202호 199면.

807) 東京地判 昭 47. 1. 19. 判例時報 664호 57면.

예가 있는 반면 동승자가 운전자의 처자라 하여도 과실상계의 대상으로는 되지 않는다든가[808] 형의 과실을 동생의 손해에 대하여 참작하지 아니한 예도 있고[809] 우호관계만으로는 피해자측에 해당하지 않는다고 한 예도 있다.[810]

그 이외의 특수한 것으로는 여행 그룹을 만들어 자동차여행을 하다가 동료의 과실로 피해를 입은 경우와[811] 교체운전을 하고 자동차의 소유자이기도 하였던 자의 피해에 대하여 우인의 과실을 참작한 판례가 있다.[812]

특히 일본 최고재판소 소화 51. 3. 25. 판결[813]은 원심이 가해자가 일단 피해자인 처에 대하여 전손해를 배상한 후에 부(夫)에게 그 과실에 응한 부담부분을 구상한다고 하는 구상관계를 일거에 해결하여 분쟁을 1회로 처리할 수 있는 합리성도 있다는 이유에서 부운전의 차량에 동승하였다가 부상한 처의 손해배상청구를 과실상계한 사안에 관하여 「부부의 혼인관계가 이미 파탄에 이르렀다는 등 특단의 사정이 없는 한 부의 과실을 처의 과실로써 참작할 것」이라고 판시한 바가 주목된다.

우리 대법원은 1989. 12. 12. 선고 89다카43 판결[814]에서 "아버지와 동거중인 어린 아들은 그 신분과 생활관계에 있어서 아버지와 일체를 이루고 있다고 볼 것이므로 아버지가 운전중인 차에 동승하고 가다가 제3자가 운전하는 차량에 충돌당하여 상해를 입은 경우에는 특별한 사정이 없는 한 운전자인 아버지의 과실은 아들에 대하여도 피해자측의 과실로써 참작하는 것이 형평의 이념에 맞는다고 할 것이다(당원 1989. 4. 11. 선고 87다카2933 판결 참조). 원심이 원고 2의 피해자 과실을 참작함에 있어서 아버지인 소외 망인의 운전상과실을 전혀 참작하지 아니하였음은 과실상계에 관한 법리를 오해한 위법을 저지른 것이라고 할 것이다"라고 판시하였고, 1993. 5. 25. 선고 92다54753 판결[815]

---

808) 實務法律大系 交通事故 435면.

809) 東京地判 昭 38. 4. 26. 交通下級民集 昭 38-1919; 大阪地判 昭 42. 2. 17. 判例タイムズ 205호 177면.

810) 東京地判 昭 41. 3. 26. 判例時報 448호 46면; 東京地判 昭 45. 3. 18. 交通民事判例集 3권 2호 416면.

811) 東京地判 昭 44. 11. 28. 判例タイムズ 242호 199면.

812) 東京地判 昭 46. 9. 30. 判例タイムズ 271호 393면.

813) 民集 30권 2집 160면.

814) 공 1990. 2. 1. (865), 252.

은 "민법 제763조, 제396조에 의하여 불법행위로 인한 손해배상의 책임 및 그 금액을 정함에 있어 피해자의 과실을 참작하도록 한 취지는 불법행위로 인하여 발생한 손해를 가해자와 피해자 사이에 공평하게 분담시키고자 함에 있다고 할 것이므로 그 피해자의 과실에는 피해자 본인의 과실뿐 아니라 그와 신분상, 사회생활상 일체를 이루고 있다고 볼 수 있는 관계가 있는 자의 과실도 피해자측의 과실로써 참작되어야 하는 것이다.

그러므로 이 사건에 있어서와 같이 피고가 그의 처인 위 서덕석을 오토바이의 뒷 자석에 태우고 운전하다가 위 이태숙이 운전하는 승용차가 충돌하여 위 서덕석이 상해를 입어 위 서덕석이 피고 아닌 제3자에 대하여 손해배상을 청구하는 경우 그 손해배상액을 산정함에 있어서는 다른 특별한 사정이 없는 한 남편인 피고의 과실을 피해자측의 과실로써 참작할 수 있다고 해석함이 상당하다(당원 1987. 2. 10. 선고 86다카1759 판결; 1991. 11. 12. 선고 91다30156 판결 각 참조).

만일 그렇게 해석하지 아니한다면 가해자인 제3자는 피해자인 위 서덕석에게 일단 남편인 피고의 과실을 참작하지 아니한 손해를 배상하고 다시 그의 남편인 피고에게 그의 과실비율에 해당하는 부담부분을 구상하여야 하게 되는데 이는 부부의 신분상, 생활상의 일체성을 간과한 것으로써 옳다고 할 수 없고 손해배상이나 구상관계를 일거에 해결하거나 분쟁을 1회에 처리할 수도 없어 불합리하다"고 판시하였으며, 대법원 1991. 11. 12. 선고 91다30156 판결[816]은 "원심이 확정한 바와 같이 원심원고 이민희가 오토바이 뒤에 동생인 망 이인희를 태우가 가다가 이 사건 사고가 발생하여 피해를 입었다면 그들의 공동생활관계와 신분관계로 보아 위 이민희의 과실은 위 망인에게 아무런 과실이 없다 하더라도 그에 대한 손해배상액을 정함에 있어서도 참작하여야 할 것이므로(당원 1987. 2. 10. 선고 86다카1759 판결 등 참조) 같은 취지의 원심판결은 정당하고 거기에 지적하는 바와 같은 법리의 오해나 심리미진의 위법이 없다"고 판시하였으나, 대법원 1996. 11. 12. 선고 96다26183 판결[817]은 가족회

815) 공 1993. 8. 1. (949), 1851.
816) 공 1992. 1. 1. (911), 110.
817) 공 1996. 12. 15. (24), 3564.

사에서 직장동료로 근무하고 있던 4촌 형제간이지만 각 성년으로서 각자의 직업을 가진 독립된 경제주체라는 점 등에서 서로 간에 신분상 내지 생활관계상 일체를 이루는 관계에 있지는 않다고 보아 운전자인 사촌형의 과실을 동승 피해자인 사촌동생의 손해배상액을 산정함에 있어 피해자측 과실로 참작할 수 없다고 판시하였고, 대법원 1998. 8. 21. 선고 98다23232 판결[818]은 다방종업원이 차배달을 목적으로 다방주인이 운전하는 차량에 동승하였다가 사고를 당한 사안에서 운전자인 다방주인의 과실을 피해자측 과실로 인정하지 아니한다고 판시하였다.

생각컨대 동승자가 배우자·친자·부모 등인 경우에는 가정을 사회적·경제적 동일체로 보는 소위 가단론적 입장에서 한 개의 돈주머니로 배상금을 넣어주고 다시 같은 돈주머니로부터 구상금을 받아내는 것은 소송경제상 쓸데없는 번잡이라고 하는 것이 위 판례들의 논거로 보인다.

또 위와 같이 사회적·경제적 동일체로 볼 수 없는 가족, 예컨대 분가한 부모자식간 또는 형제자매간, 우인간이라 하더라도 운전자나 보유자와 동승자의 관계가 밀접하여 상대방 차량의 운전자 및 보유자에 대한 관계에서 보아 한편으로 몰아붙여 그들 상호간에 해결시키는 것이 공평하다고 생각하는 것이다. 그러나 위와 같은 이론은 재고되어야 할 문제점이 많다.

첫째, 앞서도 약간 언급하였듯이 민법은 부부별산제(민법 제830조, 제831조)를 채택하고 미성년인 자의 재산도 부모가 마음대로 할 수 없게 한 개인주의적 구성과의 저촉이다. 따라서 가정을 경제적 동일체로 보는 것은 사회학적 입장은 별론으로 하고 법률적 견지에서는 그렇지 못하다. 처나 미성년의 자가 불구화됨으로써 받은 손해배상금은 그들의 특유재산이고 부나 친권자의 소유로 될 수 없고 친권자는 자기재산과 같은 주의로써 관리하지 않으면 안 된다. 배우자나 친권자의 과실을 타방의 배우자나 미성년의 자에게 전가시켜서는 부당하다.

둘째, 위 논리는 불법행위자 상호간의 연대채무관계를 분할채무로 변경시킨다. 다시 말해서 운전자(부)와 상대방 차량의 운전자 및 보유자는 공동불법행위자이고 그들의 손해배상책임이 부진정연대관계에 있음은 주지하는 바이다.

818) 공 1998. 9. 15. (66), 2306.

그러나 전시 이론은 공동불법행위자 상호간의 과실비율에 의한 구상관계를 미리 해결한다 하여 자기의 과실비율에 응한 손해배상책임만을 부담시켰다.

셋째, 피해자들이 전액배상을 받을 목적으로 즉, 동승차량 운전자의 과실로 인한 과실상계를 피할 목적으로 가족관계·우인관계에도 불구하고 그를 피고로 삼았다면 어찌할 것인가? 이를 권리남용 또는 신의칙에 반한다고 단정할 수 있을까? 민법은 부부별산제, 자의 특유재산을 인정하고 있지 않은가. 피해자가 동승차량 운전자의 우인이라 하여 권리남용이라 할 수 있는가?

넷째, 보험제도와의 관련이다.

즉, 모든 자동차교통사고의 손해배상책임은 보험금으로 전보되도록 하는 것이 국가가 지향하여야 할 목표이며 모든 손해는 보험금에 의하여 완전히 전보되도록 하는 것이 바람직하다.

예컨대 상해보험에 가입한 부가 처와 미성년자인 자식들과 함께 자동차여행을 하다가 부주의로 가로수를 들이받아 유아 등 가족이 부상한 경우, 보험회사와 배상액에 관한 합의가 이루어지지 아니하여 판결을 얻을 목적으로 처자가 부를 상대로 제소하였다고 가정하는 경우에 부의 과실은 손해배상의 책임원인에 불과할 뿐 아무런 감액사유가 될 수 없다. 같은 이유에서 위 피해자들이 강제보험의 보험회사를 상대로 배상액의 지급을 구하는 경우에도 부의 과실은 감액의 이유가 아니고 책임원인에 불과하게 된다.

사실 보험가입자는 자기의 잘못에 의하여 부상한 동승가족의 손해배상에 가장 이해관계를 절실히 느낄 것이므로 자신의 과실 때문에 감액 당하는 것은 결코 원하는 바도 아닐 것이다.

나아가 위 부 운전의 자가용이 다른 차량과 충돌한 경우를 상정하더라도 위 피해자들은 상대방 차량의 보유자를 상대로 손해배상을 청구할 것이고, 그 소송에서 인용된 금액은 그 차량을 보험에 가입시킨 보험회사의 보험금으로 전보되어야 하고 만일 위 피해자들이 동승하였던 차량의 운전자에게도 과실이 있었다면 그 비율만큼은 위 동승차량의 보유자에게 구상할 수 있으며 그 인용금액은 동승차량의 보험회사가 부담하여야 할 것이다. 따라서 과실있는 부의 손해배상책임은 그 부가 가입한 보험회사에서 부담토록 하는 것이며 결코 부의 개인 돈주머니에서 지급케 하는 것이 아니다. 이것이야말로 보험을 가입하는 자가 보험에서 바라는 것이며 보험제도의 목적인 것이다.

교통사고가 사회의 불가피한 공해적 현상이라면 국가는 보험제도의 완비로써 그 병폐의 시정에 힘써야 하고 피해자측이라는 막연하고 모호한 이론으로 손해의 전보를 막아서는 아니 되며 그것은 보험제도의 확산을 바라는 사회정책에도 어긋난다고 생각된다.

제 8 절 손익상계 등

Ⅰ. 손익상계의 의의

손해배상이론의 전개에 있어서 손익상계는 2개의 분야에서 나타난다.

그 하나는 손해배상액을 산정하는 기초 순수입을 확정함에 있어서 생활비를 공제한다든가 세금을 공제한다든가 하는 것으로서 지출되어야 할 것이 지출되지 않게 되었다고 하는 소극적·관념적인 형태로 파악되는 것이고, 또 다른 하나는 배상채무의 변제·대물변제라는 본래의 채무소멸원인인 급부 외에 사고와 상당인과관계있는 급부가 이루어진 경우로서 산업재해보상보험법(이하 산재보험법이라 줄임)상의 보험금처럼 적극적·현실적 형태로 표현되는 것이다.[819]

그러나 전자의 생활비나 세금은 엄격히 말하여 손익상계의 법리에서 말하는 이익이라고는 말할 수 없음은 이미 앞서 설명한 바와 같다. 즉, 생활비나 세금은 순수입을 산정함에 있어 공제되어야 할 필요경비 내지는 손금으로서 파악되어야 할 것이며 만일 이것들을 손익상계이론의 이익으로 파악한다면 피고가 배상하여야 할 손해액을 생활비나 세금을 공제함이 없이 산정하고 과실상계를 한 후에 지출을 면한 생활비와 세금을 현가로 계산하여 공제하여야 하게 된다.

그러나 그 결과는 현재의 실무처럼 과실상계전에 총수입으로부터 생활비나 세금(세금은 1979. 2. 13. 선고 78다1491 전원합의체판결[820]로 공제하지 않기로 됨)을 공제하는 것과는 액수의 차이가 생기게 되고, 손해발생으로 인하여

819) 判例交通事故 損害賠償法 4권 3643면.

820) 공 1979. 5. 15. (608), 11774.

피해자에게 이득이 생기고 한편 그 손해발생에 피해자의 과실이 경합되어 과실상계를 하여야 할 경우에는 먼저 산정된 손해액을 과실상계한 후에 위 이득을 공제하여야 하기 때문에[821] 생활비의 공제는 손익상계의 이론으로는 파악될 수 없다.

따라서 진정한 의미에 있어서의 손익상계는 사고로 인하여 손해를 입음과 동시에 이득을 얻고 그 이득이 사고와 상당인과관계를 갖는 것으로서 손해의 전보를 목적으로 지급된 것인 경우에 그것을 공제하는 것을 말한다.

부의금 · 향대 등을 사망과 인과관계가 없다든가 유족의 장례비를 부조하는 목적이 없다고는 할 수 없다. 그러나 위 출연은 사자나 유족에 대한 애도의 뜻을 표현하는 친족이나 친지들의 증여금으로써 그들의 자유의사에 기한 것이므로 상당인과관계를 인정하기는 어렵다.[822]

Ⅱ. 공무원연금법상의 급여금

공무원이 제3자의 불법행위로 인하여 사상함으로써 유족이나 본인이 손해배상청구권을 취득하고 동시에 공무원연금법상 여러 가지 급여를 받게 되는 경우 위 연금법상의 제 급여금은 손해배상금에서 공제될 이득인가?

공무원연금법 제1조는 「이 법은 공무원의 퇴직 또는 사망과 공무로 인한 부상 · 질병 · 폐질에 대하여 적절한 급여를 실시함으로써 공무원 및 그 유족의 생활안정과 복리향상에 기여함을 목적으로 한다」고 규정하고, 급여를 단기급여와 장기급여로 전자는 공무상요양비 · 공무상요양일시금 · 요양부조금 등의 보건급여와 상병수당 등의 휴업급여 · 장제비 · 재해부조금 등의 재해급여로 분류하고 후자는 퇴직연금 · 퇴직연금일시금 · 퇴직일시금 등의 퇴직급여 · 장해연금 · 장해보상금 등의 장해급여와 유족연금 · 유족연금일시금 · 유족일시금 · 순직부조금 등의 유족급여로 분류한다.

---

821) 대법 1981. 6. 9. 선고 80다3277〔공 1981. 7. 15. (660), 13990〕; 대법 1990. 5. 8. 선고 89다카29129〔공 1990. 7. 1. (875), 1245〕; 대법 1996. 1. 23. 선고 95다24340〔공 1996. 3. 1. (5), 659〕; 대법 2008 5. 15. 선고 2007다37721〔대법원종합판례정보〕.

822) 대법 1976. 2. 24. 선고 75다1088 대법원판례집 24권 1집 민 199면〔공 1976. 4. 1. (533), 9003〕.

이와 같은 공무원연금법상의 급여에 관하여 손해배상액으로부터 공제하여야 한다는 설과 공제하여서는 안 된다는 설로 나누어져 있다.

공제설은 위 각 급여는 손해전보적 측면도 있으므로 공제하여야 하고 또 일실이익에 관하여 부양권상실설을 취하면 손익의 주체가 동일함으로 공제가 타당하다고 주장한다.[823]

이에 대하여 비공제설은 위 급여들은 사회보장제도의 일환으로서 국민의 인간다운 생활을 보장하려는 데 목적이 있고 손해전보와는 관계가 없으므로 중첩적인 취득을 인정하여야 한다고 한다.[824]

우리 대법원은 「국가배상법과 공무원연금법과의 관계를 고찰할 때, 전자는 사고로 인한 피해자의 전 손해를 전보케 하는 것임에 반하여 후자는 동법 제1조 소정의 목적에 따라 피해자를 보상할 것을 꾀하는 것이기는 하나 동일한 사고에 두 법이 정한 책임사유가 경합하였을 경우에 피해자에게 그 각 법이 정한 이중의 이익을 보장하려는 법리가 아님을 알아차릴 수 있는 바이니 본건 배상액 중에서 원고들이 이미 지급받은 유족보상금액을 공제한 조치는 결국 정당」하다고 공제설은 취한 판례[825]들도 있었고, 한편 「공무원연금법 제39조, 제40조에 의한 유족연금 또는 유족부조금은 동법 제1조에 명시된 바와 같이 공무원에 대한 사회보장제도를 확립하고 공무원 및 그 유족의 경제적 생활안정과 복리향상에 기여하려는 목적하에 지급되는 것이니만큼 이것을 공무원의 사망에 의한 손해배상의 성질을 가진 것이라고는 할 수 없다」고 판시[826]하여 비공제설을 취한 것[827]들로 나누어져 있었으나, 대법원 1970. 9. 29. 선고 69다289 전원합의체 판결[828]이 「공무원연금법 제39조 내지 제44조에 규정된

823) 高崎尙志, 「損益相計－主として 社會保障との 關聯」 ジュリスと 增刊號(交通事故) 174면.

824) 並木, 「交通事故訴訟の 理論的 課題」 法曹時報 22권 5호 463면; 진성규, 「일실이익의 배상액산정에 있어서의 손익상계」 사법연구자료 7집.

825) 대법 1967. 7. 11. 선고 67다1030 대법원판례집 15권 2집 민 184면, 판례카드 8494; 대법 1969. 3. 25. 선고 69다58 대법원민사판례원본책 137책 684면.

826) 대법 1966. 6. 28. 선고 66다874 대법원판례집 14권 2집 민 119면, 판례카드 1344.

827) 대법 1969. 6. 24. 선고 69다562 대법원판례집 17권 2집 민 238면, 판례카드 550; 대법 1970. 9. 29. 선고 69다289; 대법 1971. 8. 31. 선고 70다1706 판례총람 5-2권 998-172면.

유족급여(이 사건에서 문제로 된 유족부조금도 이에 포함된다)는 같은법 제1조에 명시된 바와 같이 공무원의 사망에 대하여 적절한 급여를 실시함으로써 공무원에 대한 사회보장제도를 확립하고 그 유족의 경제적 생활안정과 복리향상에 기여함을 목적으로 하여 지급되는 것이라 하겠으므로 위 유족급여금을 지급하는 제도와 공무원의 사망으로 인하여 그 공무원이나 유족이 받는 손해를 배상하는 제도와는 취지나 목적을 달리하는 것이라 하겠고 두 제도는 서로 아무런 관련이 없다 하겠다. 그러므로 어떤 국가공무원이 공무집행중에 다른 국가공무원의 불법행위로 사망한 경우에 사망한 공무원의 유족이 이를 이유로 하여 그 사망한 공무원의 손해배상청구권을 상속하였다 하여 국가로부터 그 배상을 받거나 또는 그 유족 자신의 손해를 국가로부터 배상받을 경우에 공무원연금법상의 유족급여가 이미 지급된 바 있다 하여도 그 유족급여액을 위 불법행위로 인한 손해액에서 공제하여서는 아니 된다(이 경우에 유족급여를 받은 사실은 그것을 받은 유족 자신의 위자료액을 정함에 있어서 하나의 참작사유는 될 수 있을 것이나 유족급여가 유족에 대한 위자료지급의 성질을 띠는 것은 아니다).」라고 판시함으로써 비공제설로 정착시켰다.

그러나 위 판결과 이를 따랐던 후속판결[829]들은 18년후 대법원 1998. 11. 19. 선고 97다36873 전원합의체 판결[830]에 의하여 폐기·변경되었다. 그 판결의 내용을 다음과 같다. 즉, "공무원연금법 제42조 제3호 소정의 유족급여 중 유족보상금은 공무상 질병이나 부상 여부와는 무관하게 유족들의 생활보장을 위하여 지급되는 같은 호 소정의 유족연금 등 다른 유족급여와는 달리 공무상 질병 또는 부상으로 인하여 사망한 공무원 또는 그 유족들에 대한 손실보상을 목적으로 하는 급여로서 공무상 질병 또는 부상으로 인한 손실 또는 손해를 전보하기 위하여 지급된다는 점에서 불법행위로 인한 소극적 손해의 배상과 같은 종류의 급여라고 봄이 상당하다 할 것이다.

한편 공무원연금법 제33조 제1항은 "다른 법령에 의하여 국가 또는 지방자치단체의 부담으로 이 법에 의한 급여와 같은 종류의 급여를 받는 자에 대하

828) 대법원판례집 18권 3집 민 86면, 판례카드 9174.

829) 대법 1977. 7. 12. 선고 75다1229; 대법 1980. 2. 12. 선고 79다2226〔공 1980. 4. 1. (629), 12627〕; 대법 1991. 11. 8. 선고 91다28955〔공 1992. 1. 1. (911), 82〕.

830) 공 1998. 12. 15. (72), 2865.

여는 그 급여에 상당하는 금액을 이 법에 의한 급여에서 공제하여 지급한다." 라고 규정하고, 개정 전 같은법시행령(1995. 12. 29. 대통령령 제14858호로 개정되기 전의 것) 제27조 제1항 제2호는 위 규정에 의하여 공제할 금액의 하나로 '법 제34조 및 법 제42조에 규정된 급여 중 공무상요양비 · 공무상요양일시금 · 장해연금 · 장해보상금 또는 유족보상금의 지급사유와 동일한 사유로 국가배상법, 국가유공자예우등에관한법률 기타 법령에 의하여 국가 또는 지방자치단체가 부담하는 금액'이라 규정하고 있는바, 이는 같은법 소정의 급여에 대한 수급권자가 동일한 사유로 위 법 소정의 급여와 국가배상법 등 관련 법령에 의하여 국가 또는 지방자치단체의 부담으로 되는 같은 종류의 급여를 모두 지급받음으로써 급여가 중복하여 지급되는 것을 방지하기 위한 조정조항이라 할 것이다.

따라서 공무원이 공무집행 중 다른 공무원의 불법행위로 인하여 사망한 경우, 사망한 공무원의 유족들이 국가배상법에 의하여 국가 또는 지방자치단체로부터 사망한 공무원의 소극적 손해에 대한 손해배상금을 지급받았다면 공무원연금관리공단 등은 그 유족들에게 같은 종류의 급여인 유족보상금에서 그 상당액을 공제한 잔액만을 지급하면 되고, 그 유족들이 공무원연금관리공단 등으로부터 공무원연금법 소정의 유족보상금을 지급받았다면 국가 또는 지방자치단체는 그 유족들에게 사망한 공무원의 소극적 손해액에서 유족들이 지급받은 유족보상금 상당액을 공제한 잔액만을 지급하면 된다고 봄이 상당하다 할 것이다.

종래 이와 달리 공무원의 불법행위로 인하여 국가 또는 지방자치단체가 배상하여야 할 손해배상액을 산정함에 있어 유족보상금이 지급된 바 있다 하더라도 이를 공제하여서는 아니 된다는 취지의 판례(대법원 1977. 7. 12. 선고 75다1229 판결, 대법원 1991. 11. 8. 선고 91다28955 판결)의 견해는 이를 변경하기로 한다."

그 후 위 판결의 효력은 대법원 2000. 5. 12. 선고 98다58023 판결,[831] 대법원 2000. 9. 26. 선고 98다50340 판결,[832] 대법원 2007. 12. 13. 선고 2007다

831) 공 2000. 7. 1. (109), 1380.
832) 공 2000. 11. 15. (118), 2178.

54481 판결[833]에 의하여 계속되고 있다.

비공제설을 취한 69다289 전원합의체 판결은 유족급여의 사회보장성을 중시하였음에 반하여 공제설을 취한 97다36873 전원합의체 판결은 손실보상금적 성격을 강조하였는 바, 이는 1970년에 비하여 1998년에 이르러서는 그 보상금액이 현저히 증가되었던 점에 그 이유가 있지 아니하였나 추측할 뿐이다.

그러나 공제설이 적용되는 것은 국가 또는 지방자치단체가 가해자인 경우이며 그 이외의 제3자가 가해자인 경우에는 적용될 수 없으며 그 이유는 불법행위로 인하여 손해배상책임을 진 자가 부당히 이득하는 결과가 되기 때문이다.[834]

즉, 군사원호보상법 소정의 상이연금이나 군인연금법에 의한 퇴직금은 모두가 전자는 군인으로서 전투 또는 공무수행중 상이를 입고 전역, 퇴역 또는 면역되는 경우, 경제적 생활안정과 복리향상에 기여함을 목적으로 국가로부터 지급되는 급여이고, 후자는 군인이 상당한 기한 성실히 복무하고 퇴직하였거나 심신의 장애로 인하여 퇴직 또는 사망한 때에 본인이나 그 유족에게 적절한 급여를 지급함으로써 본인 및 그 유족의 생활안정과 복리향상에 기여함을 목적으로 국가가 지급하는 것으로서 현실적으로 그 급여를 받을 권리는 말하자면 군인의 신분취득으로 인하여 법에 의해서 국가에 대하여 불확정적으로 취득하는 일종의 기대권이 현실화된 것이라고 할 것이고, 불법행위로 인해서 새로이 취득되는 이득이라고 할 것이 아니므로, 이건과 같이 군인이 공무수행중 국가가 아닌 제3자인 타인의 불법행위로 인하여 부상을 입고 그로 인하여 퇴역하게 된 경우에는 군사원호보상법에 의하여 지급되는 상이연금이나 군인연금법에 의하여 지급되는 퇴직금은 이건 불법행위로 인한 손해배상 청구와는 발생사유와 목적이 다른 것으로서 상호관계가 없다고 할 것인즉, 그 손해액에서 이를 공제할 것이 아니라 할 것이기 때문이다.

833) 공 2008 상, 21.

834) 대법 1978. 9. 12. 선고 77다813〔공 1978. 12. 1. (597), 11085〕.

Ⅲ. 군인연금법 및 군사원호보상법상의 급여금

이상 공무원연금법상 급여금에 관하여 설명한 것은 군인연금법상의 급여금(따라서 동법 제31조에 기한 군인재해보상규정상의 급여금도 포함)에도 그대로 원용될 수 있다.

그런데 대법원은 「군인연금법은 제1조에서 밝히고 있는 바와 같이 군인본인 및 그 유족의 생활안정과 복리향상을 기하는데 목적이 있고, 군인재해보상규정 제4조에 의하면 재해보상금의 종류는 사망보상금과 장해보상금으로 한다 하고 다음 제5조에 군인사망급여금규정에 의하여 지급되는 사망급여금은 이령(군인재해보상규정)에 의한 사망보상금으로 본다고 규정되어 있으며, 군인사망급여규정에 의한 사망급여금은 위자료의 성질을 가졌다 할 것이요 이것은 사망한 피해자의 재산상 손해배상의 성질을 가지고 있다고는 볼 수 없다 함이 당원의 판례(1967. 12. 26. 선고 67다2417 판결, 1968. 6. 18. 선고 68다602 판결, 1968. 6. 28. 선고 68다720 판결)」라고 판시[835]하면서 재산상 손해에서 공제하여서는 안된다고 판시하였다.

생각컨대 군인연금법이나 군사원호보상법은 사회보장제도의 일환일 뿐만 아니라 군인연금법 제38조·제39조, 동시행령 제76조, 제78조에 의하면 동법상의 기금은 군인월급의 1,000분의 85에 해당하는 기여금과 그 나머지의 국고부담으로 조성됨으로 동법상의 급여는 보험금과 후불적 임금의 성질을 갖고 있고 전시 판결이 적시한 바와 같이 기대권의 현실화에 불과할 뿐 불법행위로 인한 손해전보에 목적이 있는 것이 아니므로 비공제설이 타당하다고 생각된다.

뿐만 아니라 공무원연금법·군인연금법이 사회보험의 성격을 갖는 것과는 달리 군사원호보상법은 공적 부조의 성격을 갖고 있어[836] 그 재원은 모두 국고에서 지급(동법 제2장)되고 피해의 전보가 아닌 사회보장제도로서의 성격이

835) 대법 1970. 1. 27. 선고 68다734 판례총람 5-1권 934-20면; 대법 1968. 11. 5. 선고 68다241 판례총람 4-2(A)권 928-310면; 대법 1980. 7. 8. 선고 80다873〔공 1980. 9. 1. (639), 13006〕.

836) 채태병, 「사회보장제도와 민법상의 불법행위로 인한 손해배상청구권」 사법연구자료 제6집.

강함으로 동법에 의한 급여금이 지급되었거나 지급될 것이라 하여 손익상계의 대상으로 하거나 손해가 감축되었다고 볼 수는 없을 것이다.

그런데 여기에서 검토되어야 할 문제가 있다.

즉, 대법원 1981. 6. 23. 선고 80다3031 판결[837]은 일실퇴역연금에 관하여 「군인연금법 제21조는 20년 이상 복무한 군인이 퇴직한 때에는 퇴역연금을 지급토록 규정하고 있는 바, ……동 망인은 위 법조 소정의 퇴역연금의 지급대상자임이 명료하다. 그러므로 동 망인은 이 사건 사고가 없었더라면 위 퇴역연금을 받을 수 있었을 터인데 불행히도 이 사건 사고로 인하여 사망하여 퇴역연금을 받을 수 없게 되었으니 동 망인이 얻을 수 있는 수익을 상실한 퇴역연금 상당액은 본건 사고와 인과관계있는 소극적 손실임이 분명함으로 이의 배상을 명한 원심 조치는 정당하다 할 것이다. 군인연금법상의 퇴역연금이나 유족급여는 군인이 상당한 기간 복무한 후 퇴직하였거나 사망한 때에 본인이나 그 유족에게 적절한 급여를 지급함으로써 본인 및 그 유족의 생활안정과 복리향상에 기여함을 목적으로 국가가 지급하는 것으로 어떤 불법행위로 인하여 새로이 취득되는 이득이라고 할 것이 아니므로 퇴역연금을 받을 권리가 있는 사람이 타인의 불법행위로 인하여 사망한 경우 그 일실손해를 산정함에 있어서는 그 퇴역연금이나 유족급여를 손해액에서 공제할 것이 아니라 할 것(당원 1978. 9. 12. 선고 77다813 판결 참조)」이라고 판시하였는 데, 이는 앞서 본 판례들과 궤를 같이하는 것으로서 타당하다고 생각된다. 그런데 소화 41. 4. 7. 일본 최고재판소 판결[838]은 사고사한 부의 보통은급 수급이익상실에 의한 손해배상채권(과실상계후)의 일부인 금 73,053원을 상속한 처가 위 사고에 인하여 부의 사망일로부터 최종 구두변론기일까지 사이에 금 73,053원 이상의 부조료를 수령하였다고 인정하고 처가 상속한 위 은급 수급이익상실에 의한 손해배상채권은 그 부조료 수령액과 차인되어 전액 소멸되었다고 판시한 원판결을 지지하여 「불법행위에 의하여 사망한 자가 얻을 수 있었던 보통은급의 수급이익상실의 손해배상채권을 상속한 자가 당해 피해자의 사망으로 인하여 부조료의 수급권을 취득한 경우에는 당해 상속인이 청구할 수 있는 손해배상

---

837) 대법원판례집 29권 2집 154면, 공 1981. 8. 15. (662), 14093.

838) 民集 20권 4호 499면.

액은 부조료액의 한도에서 감축하여야 하는 것으로 해함이 상당하다. 이와 같이 해하는 것이 동일목적인 급부의 이중취득을 허용하는 것과 같은 결과의 불합리를 피할 수 있음과 동시에 형평의 이념에 적합하다」고 판시하였는 바, 이는 양 권리의 성격이 동일하므로 우리 판례와 배치되는 것은 아니다.

그런데 군인연금법 제26조 제1항 제1, 2호에 의하면 퇴역·상이연금을 받을 권리있는 자가 사망한 때에는 유족연금을 지급하게 되어 있고 공무원연금법 제56조에 의하면 퇴직연금 또는 장해연금을 받을 권리있는 자가 사망한 경우에도 유족에게 유족연금을 지급하도록 되어 있으므로 상이연금을 받던 퇴역군인이나 퇴직연금 또는 장해연금을 받던 퇴직공무원이 사고로 사망하게 되면 그 유족은 일실상이연금·일실퇴직연금·일실장해연금 상당의 손해배상청구권을 상속함과 동시에 유족연금청구권도 취득하게 된다. 이 경우 양 청구권의 취득을 모두 인정하여 좋을 것인가?

전시 일 최판에 따르면 위 양 급부는 동일목적이고 이중취득이 되므로 후자는 형평원칙상 과실상계후에 공제하여야 하는 것으로 된다.

확실히 퇴역군인이 생전에 받던 상이연금과 사후에 그 유족이 받게 되는 유족연금은 동일목적상의 급부이고 퇴직공무원이 받던 퇴직연금 및 장해연금과 사후 유족이 받게 되는 유족연금 또한 같으므로 이중취득은 부정되어야 할 것이다.

물론 일실상이연금·퇴직금·장해연금 상당액의 손해배상청구권은 망인에게 발생된 것이고 유족연금청구권은 그 유족에게 생긴 것이어서 귀속주체가 다르므로 손익상계의 법리를 적용함에는 곤란이 있고 따라서 일 최판이 형평의 원칙을 들고 나온 것이 아닌가 짐작된다.

어쨌든 이중취득은 불합리한 결과라 아니할 수 없고 형평의 원칙상 공제하는 것이 타당하다고 생각된다. 공제하는 단계도 손익상계와 같이 손해액의 과실상계후에 하는 것이 옳을 것 같다. 왜냐하면 망인의 손해는 과실상계된 액수로 보아야 하고 또 유족이 위 손해를 상속한 후에 연금청구권을 취득하기 때문이다.

Ⅳ. 생명보험금

교통사고로 사망한 피해자가 생명보험의 피보험자로 되어 있어서 그 생명보험금을 수령한 자가 피해자의 손해배상청구권을 상속한 경우에 상속인이 상속한 손해액을 산정함에 있어서 위 보험금을 사망에 기인한 이득으로써 공제하여야 할 것인가 하는 의문이 생긴다. 그런데 위와 같은 의문이 제기되는 것은 가해행위에 의한 손해배상청구권과 생명보험계약에 의한 보험금청구권이 동일인에게 귀속되는 경우이고 피해자 즉, 피보험자가 그의 상속인을 보험금수익자로 지정(상법 제733조)하여 제3자를 위한 계약을 체결함으로써 상속인이 보험금수취권을 자기 고유의 권리로써 부여받고 있는 경우에는 공제의 문제는 처음부터 일어나지 않는다.[839)]

일본의 학설은 비공제설[840)]로 통일되어 있고 하급심 판례중에는 공제설을 취한 것도 있으나 비공제설을 취한 것이 많고 최고재판소도 비공제설을 취하고 있다.

그러나 결론에 있어서는 비공제설이지만 그 이론적 근거에는 다소 차이가 보이는 데 대체로 3설로 분류된다.

제1설[841)]은 손익상계의 대상으로서 공제되어야 할 이익은 가해사고에 기인하고 이것과 상당인과관계의 범위 안에서 생긴 것에 한정되는 데, 생명보험금의 지불은 가해행위와는 별개인 보험계약에 기하여 이루어지는 것이므로 공제의 대상으로는 될 수 없다고 한다.

제2설[842)]은 보험금은 가해행위의 발생 이전부터 이미 보험계약에 기하여 발생되어 있던 추상적인 보험금청구권이 사고발생에 의하여 구체화된 것에 불

839) 石外克喜, 交通事故判例百選 別冊ジュリスト 92면 1968. 및 동 제2판 126면 1975.

840) 西島梅治, 「各種 保險と 損害の 塡補」 判例タイムズ 268호 특집 民事交通訴訟 202면; 大森, 「保險金と 損害賠償額」 保險契約法の 硏究 204면.

841) 我妻・有泉・四宮 判例コンメンタールⅣ 234면; 於保, 債權總論(法律學全集) 133면; 大森, 전게서 205면, 別冊ジュリスト 保險判例百選 155면; 澤井, 民商 52권 4호 628면 이하.

842) 藤本, 債權總論 상권; 石坂, 日本民法債權總論 상 334면; 鈴木貞吉, 損害賠償範圍論 709면.

과하고 가해행위 그 자체에 의하여 새로이 생긴 것이 아니므로 공제의 대상이 될 수 없다고 한다.

제3설[843)]은 지불되는 보험금은 이미 불입한 보험료의 대가인 성질을 갖고 보험사고에 의한 이익이라고는 할 수 없으므로 공제의 대상이 될 수 없다고 한다.

일본 최고재판소는「생명보험계약에 기하여 급부되는 보험금은 이미 불입한 보험료의 대가의 성질을 가지며 원래 불법행위의 원인과 관계없이 지불되어야 할 것이므로 우연히 본건 사고와 같이 불법행위에 의하여 피보험자가 사망하였기 때문에 그 상속인인 원고들에게 보험금의 급부가 되었다 하여도 이것을 불법행위에 의한 손해배상액으로부터 공제하여야 할 것은 아니라고 해석함이 상당하다」고 판시[844)]함으로써 1설과 3설을 혼합시키고 있다.

우리나라에서는 생명보험금의 손익상계에 관한 판례는 아직 보이지 않는다.

생각컨대 손익상계의 대상이 되는 이익은 사고와 상당인과관계가 있어야 할 것인 바, 생명보험금의 지급은 사고에 있어서 통상 발생되는 것이 아니라 보험계약을 체결한 경우에만 발생되는 것이고 가해자와는 무관하게 보험가입자가 불입하여 온 보험료의 대가인 것이므로 이것을 공제하는 것은 피해자의 출연에 의한 결과를 가해자에게 귀속시킴으로써 손익상계의 근본이념인 공평에 반하게 되므로 비공제설이 타당하다고 생각된다.

Ⅴ. 양육비

민법 제974조에 의하면 직계혈족간에는 부양의무가 있고, 동법 제975조에 따르면 위 부양의무는 부양을 받을 자가 자기의 자력 또는 근로에 의하여 생활을 유지할 수 없는 경우에는 이행되지 않으면 아니되므로 유아나 미성년의 자들은 사회통념상 가동능력을 취득한다고 볼 수 있는 성년에 달하기까지는 부모의 부양을 받을 권리가 있고 부모는 부양의무가 있다고 할 것이다.

---

843) 谷口, 總合判例研究叢書 民法(4) 75면; 谷口・植林, 損害賠償法概說 103면; 千種, 總合判例研究叢書 民法(4) 120면.

844) 民集 18권 7호 1528면, ジュリスト 별책 1968. 交通事故判例百選 92면.

위와 같이 부모로부터 부양받을 권리가 있고 아직 가동능력을 취득하지 못한 유아나 미성년자들이 교통사고로 사망하면 그 부모 등 부양의무자들은 사망시로부터 성년에 달할 때까지 지불하여야 할 양육비의 지출을 면하는 반면 위 유아나 미성년자의 일실이익의 배상청구권을 취득하게 된다. 이와 같은 경우에 손해배상청구권을 상속한 부양의무자들에 대한 배상액에서 지출을 면한 양육비를 손익상계의 대상이 되는 이익으로 보아서 이를 공제할 것인가 하는 것이 문제로 된다.

1. 비공제설

손익상계의 대상이 되는 이익은 손해를 입은 피해자에게 생겨야 하는 데, 사망으로 인한 손해배상청구권 즉, 손해는 피해자 본인인 망인에게 생기고, 양육비의 지출을 면하는 것은 부양의무자이고 부양의무자는 위 청구권을 상속한 데 지나지 아니하므로 공제될 수 없다고 한다.[845]

일본의 최고재판소도 「손익상계에 의하여 공제되어야 할 이득은 피해자 본인에게 생긴 것이 아니면 안 된다고 해석되는 바, 본건 배상청구권은 피해자 본인에 대하여 발생된 것이고 소론과 같은 이득은 피해자 본인에게 생긴 것이 아님이 명백하므로 본건 배상액으로부터 공제되어야 할 까닭이 없다」고 판시하였고,[846] 우리나라 대법원도 「특별한 사유가 없는 한 망인은 20세에 이르기까지 부양의무자인 원고로부터 부양을 받을 권리가 있어서 자기의 재산으로 생활비를 지출할 의무가 없다 할 것」이고 「피해자의 사망으로 인하여 그 부양의무자가 지급하지 아니하게 된 생활비에 대하여는 피해자는 물론 그 부양의무자가 이득한 것이라고 하여 손익상계를 주장할 수 없는 법리」라고 판시[847]하여 모두 비공제설을 취하고 있다.

대법원이 판시한 두가지 이유 중 전자의 의미는 명백하지 아니하나 부양받

845) 김증한·안이준, 채권법각론 839면.

846) 最高判 昭 39. 6. 24. 民集 18권 5호 874면.

847) 대법 1966. 1. 31. 선고 65다2317 판례카드 1541; 대법 1966. 2. 28. 선고 65다2523 판례총람 5-3권 998-8면; 대법 1970. 2. 24. 선고 69다1388 판례총람 5-2권 928-330면; 대법 1971. 3. 23. 선고 70다3007 판례총람 5-2권 928-220면.

을 권리가 있는 자가 부양을 못 받게 된 것은 그 자에게 아무런 이득이 될 수 없으니 피해자 본인의 이익은 아니라는 뜻으로 생각되고, 후자는 자식을 잃은 부모가 양육비의 지출을 면한 것을 이익으로 보는 것은 휴머니티를 무시한 지나친 생각으로 보는 견해[848]와 상통하는 것이 아닌가 생각된다.

2. 공제설

가. 유아가 사망에 의하여 일실이익의 배상청구권을 취득하는 경우에 피상속인인 유아에게 생기는 권리는 그 사망 자체에 의하여 발생되어 그대로 즉시 상속인에게 이전되는 것이고, 유족은 당해 사망사고에 의한 배상청구권자 자신이며 일실이익상속이론은 그 배상청구액 산출의 일수단에 지나지 않는 것으로 보아야 할 것이므로 손익상계법리의 적용에 있어서도 유족을 중심으로 생각하여야 하기 때문에 유족이 면한 양육비의 지출은 이익으로 공제되어야 한다.[849]

나. 지출을 면하게 된 양육비를 곧바로 유아의 가동능력상실에 의한 손해와 손익상계하여야 할 이익이라고 해할 수는 없으나 양육비의 지출을 면한 자가 상속에 의하여 위 손해를 승계하는 한 위 이익을 공제하는 것이 형평의 이념에 적합하다.[850]

다. 민법 제923조 제2항은 자의 재산으로부터 수취한 과실는 그 자의 양육, 재산관리의 비용과 상계한 것으로 간주한다고 규정하므로 양육비와 재산관리비는 재산의 수익과 대가관계에 서는 데, 유아가 사망한 경우에는 부양의무자인 친권자는 일실이익배상청구권만을 취득하고 양육비나 재산관리의 지출은 면하게 되므로 손해상계 내지 이에 준하는 손익조정이 가능하다.[851]

라. 일실이익을 산정함에 있어서 생활비를 공제하지 아니한 플러스부분을 전부 상속인에게 귀속시키는 것이 부당하다 하여 생활비를 마이너스요인으로

848) 楠本, 「新判例評釋」 判例タイムズ 259호 106면.

849) 東京地判 昭 44. 2. 4. 判例時報 550호 42면.

850) 大阪地判 昭 44. 4. 28. 交通民事判例集 2권 2호 611면.

851) 旭川地判 昭 40. 5. 1. 下民集 16권 5호 869면; 宮崎富哉, 「幼兒の 逸失利益」 判例タイムズ 212호 117면.

공제함에 있어 양육비를 생활비 공제의 비율을 정함에 하나의 사정으로 고려되어야 한다.[852]

마. 생명침해 그 자체가 손해이고 일실이익은 상실한 가동능력을 평가하는 한 방법에 불과하다는 입장에서 유아의 사망시로부터 가동개시시까지의 생활비를 가동능력을 취득할 때까지의 필요경비로 파악·공제한다.[853] 즉, 양육비는 유아가 생존하였더라면 당연히 부담하지 않을 수 없는 비용이고 그러한 필요경비의 부담을 전제하여야 비로소 유아의 장래의 일실이익을 생각할 수 있는 것이다. 가동기간중의 생활비가 노동재생산의 비용으로서 일실이익과의 동질성이 인정되는 것과 마찬가지로 양육비도 또한 그 비용의 부담자가 피해자 본인인가, 양육의무자인가의 차이는 있어도 노동능력을 취득하기 위하여 필연적으로 선행되어야 하는 경비로써 일실이익과의 동질성을 인정할 수 있다.

따라서 부양의무자가 유아의 일실이익의 상속인인 한 양육비를 공제하는 것이 공평의 관념에 가장 적합한 것이라고 말하지 않을 수 없다.[854]

바. 손익상계의 법리가 과실상계와 나란히 당사자간의 공평을 꾀하는 것으로서 결국 적정배상액 산출을 위한 제도임을 감안하면 과실상계에 있어서 학설·판례가 「피해자의 과실」로부터 「피해자측의 과실」로 옮겨간 경위에 비추어 양육비를 공제함이 타당하다.[855]

이상 고찰한 바와 같이 일본 최고재판소가 비공제설을 취하였음에도 불구하고 일본 하급심 판례들이 계속 공제설을 주장하는 이유는 무엇일까? 생각컨대 그것은 두가지로 짐작된다.

첫째, 부양의무자가 양육비의 지출을 면하면서 자의 일실이익을 전액 상속하는 것은 형평의 관념상 어쩐지 용인키 어렵다는 실무 감각에서 비롯되고,

둘째, 실무상 유아의 일실이익을 산정함에 있어서 통계상의 수입을 기초로 산출하기 때문에 현실적·구체적으로 가동능력을 가진 성년과 대비하여 공제

---

852) 吉崎直彌, 「幼児・児童の 逸失利益」 判例タイムズ 268호 155면.

853) 並木茂, 「民事交通訴訟の 理論的 課題」 法曹時報 22권 5호 54면.

854) 原島克己・佐藤久夫, 「損益相殺の 對象と なるもの」 實務法律大系 交通事故 324면.

855) 羽生雅則, 「生活費の 控除」 判例タイムズ 268호 159면; 楠本安雄, 「逸失利益の 算定」 實務民訴講座 3권 184면.

되는 중간이자를 제외하면 기본적으로 동일하게 평가되는데 이는 상식적으로 도저히 이해할 수 없는 불균형을 초래한다는데 있는 것 같다.856)

생각컨대 종래의 통설·판례이었던 소득상실설에 의하면 일실이익은 소극적 손해이고 지출을 면한 양육비는 부양의무자에게 생긴 이익인데 전자는 부양의무자가 아닌 피해자 즉, 유아 자신에게 생긴 손해이므로 양자는 귀속주체가 다르고 따라서 전시 일 최판이 지적한 바와 같이 손익상계가 불가능하게 된다. 그러나 가동능력상실설을 취하면 일실이익은 사상이라는 적극적 손해의 평가방법에 불과하게 되고 양육비공제의 문제는 손익상계의 문제가 아니라 가동능력평가의 문제가 된다.

불법행위에 의하여 파괴된 미완성물품에 대한 배상액은 완성품의 시가로부터 완성에 소요되는 비용을 공제한 것이 된다.857) 마찬가지로 성년까지 양육되어야 가동능력을 취득하는 유아나 미성년자의 가동능력의 평가액은 성년의 가동능력평가액으로부터 성년에 이르기까지 소요되는 양육비를 공제한 잔액이 아니 될 수 없다.

따라서 양육비 공제의 문제는 손해상계의 문제가 아니므로 귀속주체의 상이나 이득유무를 논의할 필요가 없다. 즉, 일실이익을 산정하는 단계에서, 환언하면 가동능력을 평가하는 단계에서 성년에 달한 후 얻을 수 있었던 총수입(생활비를 공제한)의 현가로부터 성년에 달하기까지 필요한 양육비의 현가를 공제한 것이 사망한 유아나 미성년자의 상실한 가동능력의 평가액으로 보는 것이 타당하다.

우리 대법원도 이미 가동능력상실설을 채택하였으므로 동 입장에 따라 일실이익 산정에 있어 양육비를 공제하여야 할 것으로 생각한다.

부언하여 대법원 1991. 8. 13. 선고 91다8890 판결858)이 가동기간 경과후의 생계비에 관하여 "원래 사망자의 일실이익을 계산함에 있어 가동기간 경과 후 여명에 이르기까지의 생계비는 이를 공제할 성질의 것이 아닌 바(당원 1972. 4. 25. 선고 71다1156 판결 참조), 그것은 가동기간이 지난 후에 피해자가 지출할 생

856) 原島·佐藤, 전게 논문 323~324면 참조.

857) 最高判 昭 39. 6. 23. 民集 18권 5호 842면.

858) 공 1991. 10. 1. (905), 2339.

계비는 그 이전의 수입과 직접관계가 없는 것이고 반드시 가동기간 중의 수입으로써 가동기간이 지난 후의 생계비에 충당하게 된다고 볼 수 없기 때문이다.

그러나 가동기간이 지난 후에 있어서도 일정한 급여가 있는 경우라면 가동기간이 지난 후의 생계비는 여기에서 충당하게 되는 것이라고 보는 것이 상당하기 때문에 이를 공제하는 것이 옳을 것이다.

군인연금법에 의한 퇴직연금은 군인이 상당한 연한 복무하고 퇴직하였을 때에 그에게 적절한 급여를 함으로써 그의 생활안정과 복리향상에 기여함을 목적으로 지급하는 일종의 급여로서(군인연금법 제1조, 제6조), 이것이 과거의 복무에 대한 대가 내지 후불적 임금의 성질을 가지는 일면이 있고 재직시에 부담한 기여금의 대가로서의 일면도 있으며, 퇴직후의 생계비가 퇴직연금의 수급권을 얻기 위한 필요경비가 아니라고 할지라도 퇴직연금이 위와 같은 목적으로 지급되는 급여의 성질을 가지는 이상 가동기간이 지나서 다른 수입이 없는 경우에 있어서는 이 퇴직연금에서 생계비가 지급되는 것이라고 보는 것이 상당하다.

위와 같이 군인연금법에 의한 퇴직연금은 수급권자의 생활보장을 목적으로 급여하는 것이며, 가동기간이 지난 후에는 특별한 사정이 없는 한 다른 수입은 없는 것으로 보아야 할 것이고, 제3자에 의한 부양은 본인의 수입에 의하여 생활을 유지할 수 없는 경우에 행하여지는 것으로 보아야 하며, 가동기간 경과후의 생계비는 퇴직연금의 수급권을 얻기 위한 필요경비는 아닐지라도 생명유지를 위한 필요경비인 점은 부정할 수 없는 것이므로 이 사건에서 망인의 일실수입을 산정함에 있어서는 그가 수령하는 퇴직연금에서 생계비를 공제하는 것이 형평의 이념에도 부합한다"고 판시하였고, 이 견해는 대법원 1993. 7. 27. 선고 93다17188 판결[859]로 유지·계승되었음을 덧붙인다.

859) 공 1993. 10. 1. (953), 2406.

Ⅵ. 근로기준법·산업재해보상보험법상의 급여금

1. 공제의 가부와 근거

자동차사고로 피해자가 사상하였기 때문에 피해자 본인이나 유족이 가해자에 대하여 손해배상을 청구하는 경우에 그 피해자가 근로자로서 업무수행 중이었다는 이유로 근로기준법(이하 근기법이라 줄임)이나 산업재해보상보험법(이하 산재보험법이라 줄임)에 따라 여러 가지 급여를 받았을 때, 그 급여금을 손해배상금에서 공제할 것인가 하는 것이 문제로 된다.

근기법(2007. 4. 11. 법률 제8372호)은 제8장 재해보상에서 제78조·제79조·제80조에 걸쳐 근로자가 업무상 부상한 때에는 사용자는 그 비용으로 필요한 요양을 행하거나 요양비를 부담하고 요양중의 근로자에게 평균임금의 60%를 휴업보상금으로 주어야 하고, 완치 후 신체에 장해가 있는 경우에는 그 정도에 따라 장해보상을 행하여야 한다고 규정하고, 동법 제82조·제83조는 근로자가 업무상 사망한 경우에는 그 유족에 대하여 평균임금의 1,000일분을 유족보상으로 지급하여야 하고 평균임금의 90일분을 장사비로 지급하여야 한다고 규정한다.

한편 산재보험법(2009. 1. 7. 법 제9338호)은 근로자의 업무상 재해를 신속하고 공정하게 보상함으로써 근로자의 보호에 기여함을 목적으로 하여(동법 제1조), 동법 제36조에서는 요양급여·휴업급여·장해급여·간병급여·유족급여·상병보상금·장의비·직업재활급여를 전시 근기법상 재해사유가 발생한 때에 수급권자의 청구에 의하여 지급한다고 규정하고, 동법 제80조 제1항은 수급권자가 이 법에 따라 보험급여를 받거나 받을 수 있으면 보험가입자는 동일한 사유에 대하여 근기법에 따른 모든 재해보상책임이 면제된다고 규정하고, 같은조 제2항은 수급권자가 동일한 사유에 대하여 이 법에 따른 보험급여를 받으면 보험가입자는 그 금액의 한도내에서 민법이나 그 밖의 법령에 의한 손해배상책임이 면제된다고 규정한다.

따라서 산재보험법에 의한 보험급여는 근기법에 규정된 재해사유가 발생할 때에 수급권자의 청구에 의하여 지급하도록 되어 있어 산재보험법이나 근기법에 규정하고 있는 보상사유는 서로 일치하고 있으며, 또 보상체제간에도 서로 균형을 유지하고 있어서 산재보험법상의 모든 보험급여는 기본법상의 당해 재해보상에 상당하는 것이므로 두 법에 의한 유족보상금이나 장사비는 그 성질에 있어서도 마찬가지라고 대법원은 판시한 바 있다.[860)]

근로자가 업무상 사망한 경우에 그 유족은 근기법에 의한 유족보상청구권과 산재보험법에 의한 유족급여청구권을 선택하여 행사할 수 있어서 양 청구권은 경합하지만,[861)] 보험급여가 지급되면 전술과 같이 사용자는 근기법상의 재해보상책임이 면제되므로 이중으로 청구할 수는 없고 그 역의 이론도 타당하다.

이와 같이 근기법상의 재해보상금과 산재보험법상의 보험급여금은 동일한 성질을 갖는 것인 데, 이와 같은 제 급여가 지급된 경우에 동 급여금은 민법상 손해배상금에서 공제되어야 할 것인가?

근기법 제87조는 보상을 받게 될 자가 동일한 사유에 대하여 민법 기타 법령에 의하여 이 법 재해보상에 상당한 금품을 받으면 그 가액의 한도에 있어서 사용자는 보상의 책임을 면한다고 규정하고, 반면 산재보험법 제80조 제2항은 수급권자가 동일한 사유에 대하여 이 법에 의한 보험급여를 받으면 보험가입자는 그 금액의 한도에서 민법 기타 법령에 의한 손해배상의 책임이 면제된다고 규정한다.

그런데 우리나라의 근기법에 해당하는 일본의 노동기준법 제84조 제1항은 위 산재보험법과 같이 사용자는 동법에 의한 보상을 한 경우에는 동일사유에 관하여는 그 가액의 한도에서 민법에 의한 손해배상책임을 면한다고 규정하고 있다. 그렇다면 우리 근기법상 보상금은 손해배상액에서 공제될 수 없는가?

대법원은 산재보험법상 급여금과 마찬가지로[862)] 근기법상의 유족보상금에 관하여도 「근기법 소정의 유족보상은 근로자의 사망으로 인하여 장래 얻을 수 있는 수익을 상실하게 된 재산상 손해에 관하여 …… 유족에게 지급하는

860) 대법 1981. 10. 13. 선고 80다2928 판례월보 140호 20면.

861) 대법 1970. 11. 24. 선고 70다2144 대법원판례집 18권 3집 민 321면.

862) 대법 1977. 12. 27. 선고 75다1098〔공 1978. 3. 1. (579), 10555〕, 대법원판례집 25권 3집 민 392면.

것으로서 …… 근로자의 사망에 관하여 사용자의 불법행위책임이 인정될 수 있는 경우에는 근기법 제87조 소정 취의에 비추어 그 불법행위로 인하여 장래 얻을 수 있는 수익을 상실한 재산상 …… 손해액 중에서 그 유족보상 상당 금액을 공제」[863]하여야 한다든가, 「근기법 제87조 …… 의 규정을 보면 …… 보상을 받게 될 자가 동일한 사유에 대하여 민법 기타 법령에 의하여 유족보상 등에 상당한 금액을 받을 경우에는 그 가액의 한도에 있어서 사용자는 보상의 책임을 면하도록 되어있는 바, 그 취지는 보상금을 받은 한도에서 일실이익의 손해는 전보된 것으로 볼 것」[864]이라고 판시함으로써 근기법의 규정방식은 민법상 손해배상을 앞세우고 있지만 취지는 반대로 근기법상 보상금이 지급되면 손해배상액에서 공제하여야 한다는 의미도 내포된 것으로 해석한다.[865]

생각컨대 산재보험법 제80조 제1항이 수급권자가 이 법에 의하여 보험급여를 받은 때에는 보험가입자(사용자)는 동일한 사유에 대하여는 근기법상 모든 재해보상책임을 면한다고 규정하고 있으므로 산재보험제도는 사용자의 근기법상 재해보상책임을 부담하여 주는 제도이고 따라서 양 급여금은 동일한 성질의 금원이라고 보지 않을 수 없으므로 근기법의 전시 규정이 산재보험법의 그것과 규정방식이 다르다 하여 달리 해석하는 것은 타당치 아니하고 전시 일본의 근로기준법의 규정방식에 비추어 보아도 그렇다.

뿐만 아니라 비공제설을 취하게 되면 사용자는 근기법이나 산재보험법에 의하여 피해자의 손해에 갈음하는 급여금을 지급하고도 민법상 손해배상책임을 모두 지게 되어 부당한 결과가 될 것이므로 사용자의 배상액에서 공제하는 것이 타당하다.

그러나 여기에 주의할 점이 있다고 생각한다. 이상 언급한 바와 같이 근기

863) 대법 1969. 1. 28. 선고 68다1464 판례총람 5-2권 998-68면, 대법원판례집 17권 1집 민 97면.

864) 대법 1969. 2. 4. 선고 68다2178 전원합의체판결 대법원판례집 17권 1집 민 167면.

865) 공제설을 취한 대법원판례, 대법 1967. 1. 31. 선고 66다2260 판례총람 5-2권 998-18면; 대법 1969. 2. 18. 선고 68다2106 판례총람 5-2권 998-75면; 대법 1969. 3. 25. 선고 68다2445 판례총람 4-2(A)권 928-317면; 대법 1970. 10. 23. 선고 70다1562 판례총람 5-2권 998-138면.

법상 보상금이나 산해보험법상 급여금을 공제하는 것은 손익상계의 법리가 아니고 그것은 바로 손해의 전보로 보지 않으면 안 된다는 점이다. 즉, 위 금원들은 사고와 상당인과관계가 있는 이익이 아니라 손해의 전보 바로 그것이기 때문이다.

이상 설명한 것은 사용자가 불법행위책임을 지는 경우에 관한 설명이다.

그런데 사용자나 피용자가 아닌 제3자의 불법행위에 의하여 피용자가 사상하고 그것이 업무상 일어난 것이기 때문에 근기법이나 산재보험법상 급여가 지급되는 경우, 동 급여금은 제3자의 손해배상액으로부터 공제될 것인가도 역시 문제로 된다.

이에 관하여 산재보험법 제87조 제1항은, 공단은 제3자의 행위에 의한 재해로 인하여 보험급여를 한 때에는 그 급여액의 한도에서 급여를 받은 자의 그 제3자에 대한 손해배상청구권을 대위한다고 규정하고 있으므로 산재보험법상 급여금이 지급되면 동 금원 상당의 손해배상청구권은 공단으로 이전되고 피해자에게는 위 급여금이 지급된 손해에 관하여는 배상청구권이 없으므로 청구 자체가 불가능하고 따라서 공제의 문제는 아예 발생되지 않는다.

그러나 근기법에는 위 산재보험법과 같은 규정이 없기 때문에 근기법상 재해보상금은 문제가 된다.

비공제설은 재해보상의 본질을 생존권 내지 노동력의 보장에 있다는 입장에서 제3자에 의한 손해배상의무의 이행은 사용자의 보상책임에 영향을 비치지 아니하며 반면에 사용자가 먼저 재해보상을 하였다 하여도 제3자에 대한 피해자의 손해배상청구권을 대위행사할 수 없다는 이유로 양급부의 중첩적 취득을 인정한다.[866)]

그러나 다수설[867)]이고 판례[868)]이기도 한 공제설은 재해보상과 손해배상과의 법적성질의 차이에도 불구하고 양자는 노동력의 훼손에 대한 손실전보적 기능을 담당하여 기능중복성을 갖는 점, 따라서 상호보완성 내지 관련성이 있음

---

866) 窪田隼人,「災害報償と 損害賠償」季刊 勞動法 27호 29면.

867) 井野口有市,「損益相計」判例不法行爲法(中務 林 編) 362면; 金澤 理,「交通事故」法律實務大系 462면; 下森 定,「損益相殺」ジリスト 별책 No.48. 1975. 8. 交通事故判例百選(제2판) 133면.

868) 最高判 昭 39. 1. 24. 民集 15권 1호 35면.

을 그 근거로 제시하고 있다.

생각컨대 근기법상 재해보상이 근로자의 생존권 내지 노동력의 보장이라는 사회보장적 성격을 갖는 것도 무시될 수는 없으나 동법 제87조가 보상을 받은 자가 동일한 사유에 대하여 민법 기타 법령에 의하여 이 법 재해보상에 상당한 금품을 받을 경우에는 그 가액의 한도에서 사용자는 보상의 책임을 면한다고 규정하고, 우리 대법원이 판시한 바와 같이 재해보상이 이루어지면 그 한도내에서 사용자는 손해배상책임을 면한다는 뜻도 내포된 것으로 해석[869]되고, 또한 근기법상 재해보상은 근로자의 재산상 손해의 전보임에 틀림없으므로[870] 재해보상과 손해배상은 손실전보적 기능의 중복성을 갖게 되고 따라서 상호보완성을 갖게 된다.

뿐만 아니라 앞서 설명한 바와 같이 산재보험금은 사용자의 보험료의 대가로서 사용자의 근기법상의 재해보상책임을 이행하는 것으로서 동일한 성격을 갖고 있는 바, 산재보험금이 지급되면 전시 대위규정에 의하여 피해자가 동액 상당의 손해배상청구권을 상실하여 이중취득이 불가능함에도 불구하고 같은 성질의 재해보상이 지급된 경우에 이중취득을 허용하는 것은 부당한 결과를 초래하게 된다.

따라서 재해보상의 성격과 기능에서 보거나 산재보험법 제80조 취지와의 균형에서 보거나 또한 민법 제399조 손해배상자대위규정 및 민법 제480조 변제자대위규정을 유추하더라도 근기법상 재해보상금이 지급되면 그 한도내에서 피해자의 배상청구권은 사용자에게 이전되고 따라서 청구권을 상실한다고 해석함이 타당하고 이와 같은 이론이 손익상계의 법리가 아님은 앞서 사용자가 불법행위책임을 지는 경우에 관하여 설명한 바와 같다.

2. 공제와 상속의 선후

위와 같이 근기법의 재해보상금이나 산재보험법상의 보험급여금이 지급되고

869) 대법 1969. 1. 28. 선고 68다1464 판례총람 5-2권 998-67면; 대법 1969. 2. 4. 선고 68다2178 전원합의체판결 대법원판례집 17권 1집 민 167면.

870) 전동 판결.

따라서 동 금원을 피해자의 손해배상액으로부터 공제하는 경우에 상속인과 위 금원의 수령권자가 일치하지 않는다면 산정된 손해액으로부터 위 금액을 공제한 후 상속분에 따른 상속을 인정할 것인가 아니면 상속을 시킨 후에 위 수급자의 수령금원을 개별적으로 공제할 것인가가 문제로 된다.

근기법시행령 제48조 제1항 제1호, 산재보험법시행령 제65조 제1항에 의하면 유족보상금·유족급여금은 근로자의 사망당시 그에 의하여 부양되고 있던 배우자·자녀·부모·손 및 조부모가 그 순서에 따라 수급권이 있으며, 위 배우자 안에는 사실상 혼인관계에 있던 자가 포함되고, 동순위의 자가 2인 이상 있을 때에는 그 인원수에 의하여 수급권이 등분되므로 민법 제1000조·제1009조·제1002조·제1003조에 의한 상속순위 및 상속분과는 현저히 다르다.

따라서 사실상 혼인관계에 있던 배우자가 유족보상금·유족급여금을 지급받은 후 민법상의 상속인들이 피상속인의 일실이익청구권을 상속하여 청구하는 경우에 위 급부금을 공제당할 것인지 아니면 전혀 영향을 받지 않게 되는지가 문제로 된다.

가. 상속후 공제설

이 설은 근기법 제87조의 해석상 그리고 산재보험법 제80조 제2항의 규정에 따라 급여금이 지급되면 그 금액의 한도에서 사용자는 민법상 손해배상의무를 면하지만 그것은 수급권자에 대한 관계에서만 그러할 뿐 수급권자 아닌 상속인에 대하여 면책되는 것은 아니므로 손해배상청구권을 상속시킨 후에 상속인중 수급한 자가 있으면 그 자의 상속분으로부터 수급액을 공제할 수 있을 뿐 수급액이 상속분을 초과하여도 타상속인에게는 아무런 영향이 없다는 설로서 그것은 위 각 금원이 근로자나 그 유족의 생존권을 보장하는 사회보장제도상의 법정의무의 이행으로서 지급되는 것이기 때문이라 한다.[871]

일본의 하급심 판례[872]는 「법규의 단순한 문리해석에 따르면 사용자가 근기법에 의한 재해보상을 하고 또는 정부로부터 재해자 등에 대하여 노재보험법에 의한 보험급부가 이루어졌기 때문에 재해보상의 책임을 면한 경우에는 그

871) 窪田隼人, 判例批評 民商法雜誌 47권 6호 127면; 西井龍生, 判例批評 民商法雜誌 75권 2호 158면.

872) 神戶地判 昭 39. 11. 20. 判例交通事故 4권 3700면.

수급자가 누구이든 그 급부된 가액의 범위에서는 당연히 민법상의 손해배상 책임을 면한다고 규정한 것이라고 생각할 여지가 없는 것은 아니다.

그러나 이 해석은 실질적으로 보면 재해보상을 손해배상의 전불 또는 내불로 취급하는 것이어서 재해보상제도의 목적을 몰각하는 것이다. 즉, 재해보상은 헌법 제25조에 기한 생존권보장을 위하여 설정된 법정의 의무이고 노재보험법에 의한 보험제도는 이것을 담보하는 것이다. 따라서 재해보상제도는 민법상 손해배상제도와는 본래 이질적인 것이고 그렇기 때문에 예컨대 유족보상비 급부가 노동력상실에 대한 보호라는 의미에서 피재노동자의 얻을 수 있었던 이익의 상속과 기능적 동일성을 갖고 있음에도 불구하고 그 수급자는 민법상의 상속인과는 별개로 주로 피재노동자와의 생활관계의 농담에 응하여 그 순위가 법규에 의하여 정하여져 있는 것이다.

따라서 원칙으로서는 노재보상수급의 유무는 손해배상청구권의 유무와는 아무런 관련이 없다고 하여야 할 것이나 보상이 금전급부를 본체로 하여 이루어지는 경우에는 노동력의 상실·훼손에 대한 손실전보적 기능을 담당하고 있음을 부정할 수 없고 같은 기능을 담당하는 손해배상과 필연적으로 관련성을 갖게 된다. 따라서 동일한 실체를 갖는 동일권리자의 손실전보를, 재배보상 및 손해배상의 이름 밑에 사용자에게 중복적으로 과한다면 결과적으로 보아 불합리하고 또한 사용자에게 가혹하므로 이 점을 조정하는 것이 전기 노기법 제84조 제2항(우리 근기법 제87조)의 취지라고 해하여야 할 것이다.

따라서 어느 일정의 자격자에 대하여 사망에 의한 재해보상이 이루어진 경우, 그 수급자가 사망자의 손해배상청구권을 상속한 때에는 사용자는 위 수급자의 상속분의 한도에서 민법상 손해배상의무를 면하는 것이라고 해하여야 할 것이다」라고 판시하고, 일본 최고재판소[873)]도 국가공무원재해보상법상의 유족급여 등에 관하여 「퇴직수당·유족연금 및 유족보상금의 수급권자는 법률상 수급자격이 있는 유족 중 소정의 순위에 있는 자로 정하여져 있고 사망한 국가공무원의 처와 자가 그 유족인 경우에는 위 각 급부의 수급권자는 사망한 자의 수입에 의하여 생계를 유지하고 있던 처만으로 정하여져 있으므로

873) 昭 50. 10. 24. 交通民事判例集 8권 5호 1258면, 判例交通事故 4권 3700의2의1면, 最高判 昭 37. 4. 26. 民商法雜誌 47권 6호 971면, 判例交通事故 4권 3670의1면.

유족의 가해자에 대한 전기 손해배상채권액을 산정함에 있어서 위 급부상당액은 처의 손해배상채권으로부터만 공제하여야 할 것이고 자의 손해배상채권액으로부터 공제할 수는 없는 것이라고 하지 않을 수 없다. 결국 수급권자 아닌 유족이 사실상의 수급권자로부터 위 각 급부의 이익을 향수하는 일이 있어도 그것은 법률상 보장된 이익은 아니고 수급권자 아닌 유족의 손해배상채권액으로부터 위 향수이익을 공제할 수는 없기 때문」이라고 판시하고 있다.

나. 공제후 상속설

일본의 동경고등재판소 소화 35. 11. 21. 판결[874]은 「유족보상은 노동자의 사망에 의한 수입의 상실을 보상하는 것이고 그 보상이 행하여지면 그 한도에 있어서 수입상실이라는 손해는 소멸되므로 사용자가 노동자의 얻을 수 있었던 이익의 상실에 의한 손해배상책임을 부담하는 경우, 보상의 한도내에서 책임을 면하는 것이다. 따라서 유족보상이 상속인이 아닌 자(예컨대 내연의 처)에게 지급되었다 하여도 그 한도에서 노동자의 손해는 전보된 것이므로 사용자는 그 한도에서 손해배상의 책임을 면하고 잔여의 손해에 대한 배상청구권이 상속재산으로 된다. 따라서 사용자는 유족보상을 누구에게 급부하여도 동일사유에 대하여는 보상의 한도에서 민법에 의한 손해배상책임을 면한다」고 판시한다.

우리나라 대법원은 「유족보상은 근로자의 사망으로 인하여 장래 얻을 수 있는 수익을 상실하게 된 재산상 손해에 관하여 사용자에게 불법행위책임이 있든 없든 간에 특별법인 근기법 및 그 시행령에 의거 일정금액을 소정 유족에게 지급하는 것으로서 이 재해보상에 관하여는 그 상속에 있어 일반 민법의 규정이 배제되는 것이라 할 것이며, 근로자의 사망에 관하여 사용자의 불법행위책임이 인정될 수 있는 경우에는 근기법 제87조 소정 취의에 비추어 그 불법행위로 인하여 장래 얻을 수 있는 수익을 상실한 재산상 손해액이 근기법 소정 유족보상금 상당액보다 다액이라면 그 불법행위로 인한 위 재산상 손해액 중에서 그 유족보상 상당액을 공제한 잔액청구에 관하여 위 유족보상을 받았거나 또는 받을 자와 재산상속인 전부가 민법 소정의 상속분에 따라 그

874) 判例時報 256호 30면, 判例タイムズ 114호 38면; 判例交通事故 4권 3694면.

잔액을 상속하는 것이라 해석함이 상당」하다고 판시[875]한 이래, 대법원 1969. 2. 4. 선고 68다2178 전원합의체 판결[876]은 "근로기준법 제82조, 제87조 같은 법시행령 제50조, 제51조, 제52조의 규정을 보면 근로자가 업무상 사망한 경우에는 사용자는 그 유족에 대하여 평균임금 1,000일분의 유족보상을 행하여야 하며 보상을 받게 될 자가 동일한 사유에 대하여 민법 기타 법령에 의하여 유족보상 등에 상당한 금품을 받을 경우에는 그 가액의 한도에 있어서 사용자는 보상의 책임을 면하도록 되어 있는 바, 그 취지는 보상금을 받은 한도에서 일실이익의 손해는 전보된 것으로 볼 것이니 유족보상을 받은 자가 어느 순위에 있는 자이던 간에 사망한 자가 장차 받을 수 있는 일실이익에서 이미 받은 유족보상액을 공제하고 나머지를 민법에서 규정한 바에 따라 상속한다고 해석함이 상당하다"고 판시하였고, 이어서 대법원 1969. 3. 25. 선고 68다2445 판결[877]은 「근기법 제82조·제87조와 동법시행령 제50조·제51조·제52조의 해석상 근로자가 업무상 사망한 경우에 사용자가 그의 유족에 대하여 지급하여야 하는 위 법 제82조 소정의 유족보상금은 그 근로자의 생전수익에 갈음하는 성질의 것이었은즉 그로써 보상되는 1,000일분의 평균임금에 관하여는 근로자에게 사망으로 인한 손실이 없었던 것이라고 할 것이며, 또 위 법 제87조의 취지로써 새겨 볼지라도 위와 같은 보상을 한 사용자는 그 보상의 한도에서 피해자의 사망으로 인한 손실에 대한 배상책임을 면한다고 할 것이니만큼 그 보상을 받은 자가 사망자와 사이에 민법이 정한 상속순위관계가 어떠한 것이었던가를 막론하고 그 보상액 전부를 그 피해자의 사망으로 인한 손실수익액 중에서 공제할 것이며 이를 공제한 잔액에 대한 손실배상청구권을 그 피해자의 상속인들이 민법의 규정에 따라 상속하게 되는 것이라 함이 당원의 판례」라고 못 박고,[878] 다시 「(산재)보험법에 의한 유족보상일시금을 그 수령권자인 위 신순분(내연의 처――필자 주)이가 수령하였다면 위 보험법

875) 대법 1969. 1. 28. 선고 68다1464 판례총람 5-2권 998-68면; 대법원판례집 17권 1집 민 97면.

876) 대법원판례집 17권 1집 민 167면.

877) 대법원판례집 17권 1집 민 367면.

878) 대법 1969. 3. 25. 선고 68다2445 판례총람 4-2(A)권 928-317면; 대법 1969. 2. 18. 선고 68다2106 판례총람 5-2권 998-75면.

제11조 제2항에 의하여 보험가입자인 「진로회사」는 그 금액의 한도내에서 민법상의 손해배상책임을 면하게 되고 원고의 일실이익금에서 위 신순분이가 수령한 유족보상일시금을 공제한 나머지 금원이 있을 경우에 한하여 그 나머지 금원에 대한 청구권을 원고가 승계취득하는 것」이라고 그 태도를 재확인하였다.[879]

생각컨대 상속후공제설(일명 단독공제설)은 재해보상의무가 근로자의 유족의 생존권보장을 위한 법정의무임을 강조하고 원칙적으로 민법상 손해배상의무와는 별개라는 전제하에 동일인에게 이중의 보상이 생기는 경우에만 양자의 기능중복성을 고려하여 수급자에 대한 관계에서만 배상책임을 면할 뿐 근기법 제87조나 산재보험법 제11조 제2항 때문에 상속인들의 상속권은 아무리 영향을 받지 않는다는 결론을 끌어냄에 반하여, 공제후상속설은 위 두 법조상 사용자 또는 보험가입자의 면책문언을 중시하고 손실전보적 기능중복성을 강조함으로써 누가 수급을 하였든 그 한도내에서 면책되므로 그 나머지만이 상속대상이라고 보아 사용자 내지 보험가입자의 이중지급에 따른 불이익을 방지하고 있고 따라서 그 범위내에서 민법상 상속권은 근기법과 산재보험법에 의하여 수정되는 것으로 본다.

그러나 과연 근로자의 급료에 의하여 생활하던 유족의 생존권보장을 위하여 설정된 재해보상의 법정의무가 수급권자 아닌 상속인들의 상속권을 수정 침해할 근거로 충분한 것인지 의문이 아닐 수 없고 단지 중복적 취득만을 방지하는데 목적이 있는 것으로 보아야 할 것은 아닌지?

과연 재해보상제도상 민법상 상속권이 수정되는지 보자. 제3자의 불법행위로 근로자가 사망하고 그에게 내연의 처가 있어 근기법상 유족보상금이나 산재보험법상 유족급여금이 지급되었다 하자. 이때 사용자나 노동부장관은 제3자를 상대로 구상할 수 있을 것인가? 산재보험법 제87조 제1항은 수급권자의 채권을 대위한다고 하였는 데 위 수급자인 내연의 처는 제3자에 대하여 아무런 손해배상청구권이 없다. 만일 법률상 처가 수급하였다면 그 처의 상속분에 따른 배상청구권을 대위행사할 수 있지만(이 경우에도 자녀의 상속분에 응한

879) 대법 1977. 12. 27. 선고 75다1098〔공 1978. 3. 1. (579), 10555〕, 대법원판례집 25권 3집 민 392면.

청구권은 행사할 수 없다) 수급자가 내연의 처인 경우에는 한 푼도 구상할 수 없다. 그것은 위 법조가 수급권자의 채권을 대위행사하게 하였을 뿐이고 수급권자는 상속인과 다르기 때문이다. 환언하면 수급권자를 상속인과 일치시키지 않았기 때문에 사용자나 국가가 손해를 부담하게 되고 그것은 사실상의 피부양자를 보호하려는 정책적 배려의 결과이다. 즉, 수급자의 상속분만을 대위행사할 수 있을 뿐 수급자 아닌 상속인의 상속분에 관하여는 불가능하다. 만일 보상금 지급의 효과가 민법상 상속이론에 불구하고 모든 상속인에게 미친다면 그 상속인들의 배상청구권도 대위행사할 수 있다고 규정하여야 옳을 것이다.

위 경우에 수급권자 아닌 상속인의 입장을 보더라도 그들은 가해자인 제3자에 대하여 상속분에 따라 배상청구권을 전액 행사할 수 있을 것이며 제3자는 유족보상금이 내연의 처에게 지급되었음을 이유로 거절할 수 없고 그것은 내연의 처에의 지급으로 인하여 상속인들의 청구권은 사용자나 국가에 이전될 수 없기 때문이다.

결국 수급권자 아닌 상속인들은 가해자가 제3자인 경우에는 아무런 영향없이 전액 청구할 수 있으나 가해자가 사용자인 경우에는 수급액을 공제한 나머지만을 상속하게 되므로 이는 불합리하다고 하지 않을 수 없다.

또한 공제후상속설에서는 유족보상금이 지급되면 그 한도내에서 근로자에게 손실이 없었던 것으로 된다고 하나 보상금의 지급은 망인에게 지급되는 것이 아니고 상속개시후에 지급되는 것이므로 상속인을 기준으로 손해전보 유무를 따져야 마땅하다.

따라서 사용자나 국가의 면책문언을 들어 민법상 상속권이 수정된다고 보는 것은 대위구상규정이나 가해자인 제3자에 대한 상속인들의 청구가능이론에서 보나 무리한 것이 아닌가 생각되어 위 면책규정은 수급권자의 이중취득을 막는 정도의 의미를 부여하는 것이 타당하고 그것은 재해보상책임이 사회보장제도적인 법정의무인 점에서 근거를 찾을 수 있다고 생각한다.

다. 대법원 전원합의체 판결에 의한 종전판례(공제후 상속설)의 변경(상속후 공제설채택)

대법원은 2009. 5. 21. 선고 2008다13104 전원합의체 판결[880]에 의하여 전시

1977. 12. 27. 선고 75다1098 판결(공제후 상속설)을 전원일치로 변경하였는바 그 내용은 아래와 같다. 즉, "타인의 행위로 인하여 재해가 발생하여 근로자가 사망한 경우 당해 근로자가 가해자에 대하여 가지는 손해배상채권은 그 상속인들에게 공동으로 상속된다. 한편 그 재해가 업무상의 재해에 해당하는 경우에는 구 산업재해보상보험법(2007. 4. 11. 법률 제8373호로 전문 개정되기 전의 것, 이하 '구 산재보험법'이라고 한다) 제4조 제3호, 제13조, 제43조 제1항에 따라 그의 배우자(사실상 혼인관계에 있는 자를 포함한다)·자녀·부모·손자녀·조부모 또는 형제자매인 유족 중 수급권자(이하 '수급권자'라 한다)는 근로복지공단(이하 '공단'이라 한다)으로부터 유족급여를 지급받게 된다.

원래 구 산재보험법에 의한 보험급여는 사용자가 근로기준법에 의하여 보상하여야 할 근로자의 업무상 재해로 인한 손해를 공단이 보험자의 입장에서 근로자에게 직접 전보하는 성질을 가지고 있는 것으로서 근로자의 생활보장적 성격 외에 근로기준법에 따른 사용자의 재해보상에 대한 책임보험적 성질도 가지고 있다 할 것이지만 그 재해로 인하여 부담하게 될 민사상 손해배상책임에 대한 책임보험의 성질까지 갖는 것은 아니다(대법원 1981. 10. 13. 선고 80다2928 판결, 대법원 1994. 5. 24. 선고 93다38826 판결 등 참조). 또한 구 산재보험법 제43조, 제43조의2, 제43조의3, 제43조의4의 규정은 근로자의 사망 당시 그에 의하여 부양되고 있던 유족의 생활보장과 복리향상을 목적으로 하여 민법의 상속제도와는 다른 입장에서 수급권자를 정한 것이므로 유족급여의 수급권자는 상속인으로서가 아니라 이들 규정에 의하여 직접 자기의 고유의 권리로서 유족급여를 받을 권리를 취득하는 것이고 그 유족급여의 수급권은 업무상 재해로 인하여 사망한 근로자의 상속재산에 포함되지 아니한다(대법원 2006. 2. 23. 선고 2005두11845 판결 등 참조).

이에 따르면 근로자가 업무상 재해로 인하여 사망함에 따라 그 공동상속인들이 망인의 손해배상채권을 상속하는 한편 구 산재보험법 소정의 수급권자가 공단으로부터 유족급여를 지급받게 되는 경우 그 유족급여의 지급에 의하여 당해 수급권자가 상속한 일실수입 상당 손해배상채권에 대한 전보가 이루어진 것으로 볼 수 있다 하더라도 이를 넘어서서 다른 공동상속인들이 상속한 손해

---

880) 공 2009 상, 844.

배상채권에 대해서까지 전보가 이루어졌다고 볼 수는 없고 따라서 다른 공동상속인들이 손해배상을 받는다고 하여 같은 목적의 급부를 이중으로 받는 것은 아니라고 할 것이다.

한편 구 산재보험법 제48조 제2항 전문은 "수급권자가 동일한 사유에 대하여 이 법에 의한 보험급여를 받은 경우에는 보험가입자는 그 금액의 한도 안에서 민법 기타 법령에 의한 손해배상의 책임이 면제된다"고 규정하고 있다.

이 조항은 비록 구 산재보험법에 의한 보험급여가 민사상 손해배상으로서의 성질을 갖는 것은 아니지만 구 산재보험법상의 보험급여의 대상이 된 손해와 민사상의 손해배상의 대상이 된 손해가 서로 같은 성질을 띠는 것이어서 보험급여와 손해배상이 상호보완적 관계에 있는 경우에는 중복전보에 의한 부당이득을 방지하기 위하여 그 보험급여 금액의 한도 안에서 보험가입자의 손해배상책임을 면제하는 취지로 해석된다(대법원 1995. 4. 25. 선고 93다61703 판결, 대법원 2008. 7. 24. 선고 2007두4254 판결 등 참조). 이러한 규정취지에 비추어 보면 위와 같은 상호보완적 관계는 보험급여의 대상이 된 손해와 민사상 손해배상의 대상이 된 손해의 각 항목 사이에서 존재하여야 할 뿐만 아니라 보험급여 수급권과 민사상 손해배상채권의 귀속주체 사이에도 존재할 것이 요구된다고 보아야 할 것이다.

따라서 근로자가 업무상 재해로 인하여 사망함에 따라 공단이 구 산재보험법에 의한 유족급여를 수급권자에게 지급하였다 하더라도 수급권자가 아닌 망인의 공동상속인들이 상속한 손해배상채권과 그 유족급여의 수급권은 그 귀속주체가 서로 상이하여 위와 같은 상호보완적 관계를 인정할 수 없으므로 수급권자에 대한 유족급여의 지급으로써 그 수급권자가 아닌 다른 공동상속인들에 대한 손해배상책임까지 위 조항에 의하여 당연히 소멸된다고 할 수는 없다.

그리고 구 산재보험법 제54조 제1항 본문은 "공단은 제3자의 행위에 의한 재해로 인하여 보험급여를 지급한 경우에는 그 급여액의 한도 안에서 급여를 받은 자의 제3자에 대한 손해배상청구권을 대위한다"고 규정하고 있다. 이는 위와 같이 보험급여와 손해배상이 상호보완적 관계에 있는 경우에만 보험급여의 지급으로써 제3자에 대한 손해배상채권이 전보되어 소멸될 수 있음을 전제로 하여 실제로 보험급여를 통하여 손해배상채권이 전보되어 소멸된 범위 내에서 공단이 그 채권을 대위할 수 있도록 규정한 것으로 봄이 상당하므로 근로자가 업무상 재해로 인하여 사망함에 따라 공단이 수급권자에게 유족급여를 지급한 경우 공단이 이 규정에 의하여 대위할 수 있는 손해배상채권은 유족급여액의 한도 안에서 당해 수급권자가 망인으로부터 상속한 제3자에 대한 일실수입 상당 손해배상채권에 한할 뿐이고(대법원 1987. 7. 21. 선고 86다카2948 판결, 대법원 2002. 4. 12. 선고 2000다45419 판결 등 참조) 수급권자가 아닌 망인의 공동상속인들은 위 규정과 관계없이 각자의 상속분 비율에 따라 상속받은 손해배상채권을 행사할 수 있다고 할 것이다.

위와 같은 구 산재보험법상 보험급여의 법적 성질, 수급권자의 법적 지위와 수급권의 법적 성질, 구 산재보험법상 보험급여에 의한 손해배상책임의 면제 및 공단의 손해배상청구권 대위의 법리 등을 종합하면 근로자가 업무상 재해로 인하여 사망함에 따라 발생되는 망인의 일실수입 상당 손해배상채권은 모두가 그 공동상속인들에게 각자의 상속분 비율에 따라 공동상속되고 공단이 구 산재보험법에 의하여 수급권자에게 지급하는 유족급여는 당해 수급권자가 상속한 일실수입 상당 손해배상채권을 한도로 하여 그 손해배상채권에서만 공제하는 것으로 해석하여야 할 것이고, 이와 달리 망인의 일실수입 상당 손해배상채권에서 유족급여를 먼저 공제한 후 그 나머지 손해배상채권을 공동상속인들이 각자의 상속분 비율에 따라 공동상속하는 것으로 해석할 것은 아니라 할 것이다. 구 산재보험법상 유족급여의 수급권자가 아닌 망인의 공동상속인들이 수급권자와 함께 동거하는 등으로 사실상 유족급여의 이익을 함께 향수하는 경우가 있을 있으나 이는 어디까지나 사실상의 이익을 향수하는데 그치는 것일 뿐 다른 공동상속인들이 법률상 그 수급권자를 상대로 유족급여의 분배를 청구할 권리를 갖고 있는 것은 아닌 이상, 그러한 사정이 있다고 하여 그 유족급여를 망인의 일실수입 상당 손해배상채권에서 공제한 후 그 나머지만을 다른 공동상속인들이 공동상속하는 것으로 해석할 수는 없다.

이와 달리 근로자가 업무상 재해로 인하여 사망함에 따라 산업재해보상보험에 의한 유족급여를 수급권자가 지급받는 경우 그 수급권자가 망인의 상속인이 아니거나 공동상속인들 중의 1인에 지나지 아니한 때에도 가해자는 유족급여액의 한도 내에서 민사상 손해배상책임을 면하고 공동상속인들은 망인의 일실수입 상당 손해배상채권에서 그 수급권자가 지급받는 유족급여를 공제한 후 그 나머지 손해배상채권만을 각자의 상속분 비율에 따라 공동상속한다는 취지로 판시한 대법원 1977. 12. 27. 선고 75다1098 판결, 대법원 1987. 6. 9. 선고 86다카2581 판결 등은 이 판결의 견해와 배치되는 범위 내에서 이를 변경하기로 한다."[881]

3. 지급예정액 청구의 가부

근기법 제85조에 의하면 사용자는 지급능력이 있는 것을 증명하고 보상을 받을 자의 동의를 얻은 경우에 있어서는 제80조(장해보상) 또는 제82조(유족보상) 또는 제84조(일시보상)의 규정에 의한 보상금을 1년간에 걸쳐 분할보상할 수 있게 되어 있고, 산재보험법(2007. 12. 14. 제8694호) 제62조 제2, 3항에 의하면 유족급여는 유족보상연금 또는 유족보상일시금으로 하되 수급권자의 선택에 따라 50%는 일시금으로 나머지는 연금으로 이를 지급할 수 있게 되어 있으므로 위 각 급여 중 유족보상일시금 외에는 일정기간에 걸쳐 지급될 것으로 결정될 수 있다.

이와 같이 장래 지급되게끔 결정되어 있으나 변론종결당시 아직 지급되지 아니한 금원도 청구불가능인가 하는 의문이 있다.

그런데 근기법 제87조는 보상을 받게 될 자가 동일한 사유에 대하여 민법 기타 법령에 의하여 이 법 재해보상에 상당한 금품을 받으면 그 가액의 한도에서 사용자는 보상책임을 면한다고 규정하고, 앞서 본 바와 같이 대법원은 위 조문의 취지에는 사용자가 위 재해보상을 하면 그 한도 내에서 민사상 책임을 면한다는 뜻이 포함된 것으로 해석하므로 위 조문상 "금품을 받으면"이라는 취지 속에서 지급예정된 금원도 내포된 것이라고 볼 여지가 생기고 그렇게 해하는 견해도 있다.[882]

그러나 한편 산재보험법 제80조 제2항은 수급권자가 동일한 사유에 대하여

---

881) 본 필자는 1983. 10. 10. 출판된 이 책의 초판에서 상속후 공제설의 타당성을 주장하였는데 무려 26년이 지나서야 본 필자의 견해가 채택되었음을 기뻐하는 바이다.

882) 박준용, 「손해배상과 산재보험급여의 공제」 사법논집 10집.

이 법에 의한 보험급여를 받으면 보험가입자는 그 금액의 한도 안에서 민법이나 그 밖의 법령에 따른 손해배상의 책임이 면제된다고 규정하고 있으므로 지급되지 않은 지급예정액만으로는 공제할 수 없는 것으로 보인다.

또 한편 제3자가 가해자인 경우에 산재보험법 제87조는, 공단은 제3자의 행위에 따른 재해로 보험급여를 지급한 경우에는 그 급여액의 한도 안에서 급여를 받은 자의 그 제3자에 대한 손해배상청구권을 대위행사한다고 규정하므로, 급여가 지급되어야만 그 부분에 관한 손해배상청구권이 보험자에게 이전되고 그 이전(以前)에는 여전히 피해자에게 배상청구권이 있으므로 청구를 부정할 수 없을 것으로 보이는데 과연 지급예정액에 상당하는 손해금의 청구는 부정되어야 할 것인가?

우선 가해자가 제3자인 경우를 보자. 피해자의 제3자에 대한 손해배상청구권은 전시 보험자대위규정에 의하여 그것이 보험자에게 이전되지 않는 한 이를 거부할 실정법상 근거가 없다.

일본 최고재판소도 「정부가 보험급부 또는 재해보상을 함으로써 수급권자의 제3자에 대한 손해배상청구권이 국에 이전되고 수급권자가 이를 잃는 것은 정부가 현실로 보험금을 급부하여 손해를 전보한 때에 한하고 아직 현실급부가 없는 이상 비록 장래에 걸쳐 계속하여 급부될 것이 확정되어 있어도 수급권자는 제3자에 대하여 손해배상의 청구를 함에 있어서 이와 같은 장래의 급부액을 손해액으로부터 공제할 것을 요하지 않는다고 해하는 것이 상당하다」고 판시(소화 52. 5. 27. 判例時報 857권 73면)한 바 있다.

그럼에도 불구하고 혹자[883]는 장래 일정기간 순차적으로 발생될 순수익의 현가를 손해액으로 산정하여 배상을 명하는 제도하에서는 장래 지급받기로 결정된 급여액의 현가 또한 손해의 전보로 보는 것이 「형평의 원칙」상 공평하다는 이유로 반대설을 취한다.[884]

그러나 피해자의 손해배상청구액 중 지급예정액 부분을 거부할 수 있는 실정법적 근거는 발견되지 않는다. 다만 손익상계의 이론이나 부당이득반환청구권을 자동채권으로 한 상계를 상정할 수밖에 없는데 지급예정액의 현가를 피

883) 西村建一郎, 民商法雜誌 78권 臨時增刊號 (4) 439면.
884) 박준용, 전게 논문 423면에서 인용.

해자의 이익 또는 이득으로 볼 수 있는가 하는 것이 문제이다.

근기법상 또는 산재보험법상 급여가 지급될 것으로 결정되어 있음에도 불구하고 가해자인 제3자로부터 전액 손해배상받게 된다면 전시 지급예정액의 현가는 이익 또는 이득으로 일응 생각할 수 있다.

그러나 근기법 제87조에 따라 민법상 재해보상 상당의 금품을 지급받으면 그 한도 안에서 사용자는 보상책임을 면하므로 위와 같이 일정기간 지급하기로 결정하였다 하더라도 위 민사상 손해배상금이 지급되면 이후는 지급하지 않을 것이며 만일 모르고 지급했다면 그 부분은 부당이득으로서 반환청구가 가능할 것이니 피해자에게 이득이 생길 여지가 없다.

또한 산재보험법 제87조 제2항은 수급권자가 제3자로부터 동일한 사유로 인하여 손해배상을 받으면 공단은 그 배상액을 대통령령으로 정하는 방법에 따라 환산한 금액의 한도에서 보험급여를 하지 아니한다고 규정함으로 사정은 같게 된다.

따라서 가해자가 제3자인 경우에는 근기법상 또는 산재보험법상 유족보상의 분할지급 또는 유족보상연금이 지급되기로 결정되었다 하더라도 실제로 지급되지 않는 한 위 결정액에 해당하는 금원의 손해배상청구는 거부될 수 없다. 가해자인 제3자의 입장에서 보더라도 사용자나 국가로부터 구상당하는 것은 실제로 급여가 지급된 후이므로 지급키로 결정된 단계에서는 구상당할 염려가 없으니 불이익이 될 것도 없다.

다음, 사용자가 손해배상책임을 지는 경우를 본다. 이 경우에는 가해자가 제3자인 경우와 달라서 산재보험법 제80조 제2항이 보험급여의 지급을 전제로 민사상 책임의 면제를 규정함과 달리 근기법 제87조는 "민법 기타 법령에 의하여 이 법 재해보상에 상당한 금품을 받으면"을 전제로 면책된다고 규정하기 때문에 이 조문의 취지를 전시 대법원 판례[885]와 같이 역의 의미 즉, 근기법상 재해보상을 전제로 하여 민법상 면책되는 것으로 해석하는 한 근기법상의 분할지급결정액도 그 한도내에서 사용자를 면책시킨다고 볼 여지가 생긴다. 뿐만 아니라 지급결정된 급여액은 가해책임을 지는 사용자의 소유금원으로 지급될 것이므로 지급예정 결정액에 불구하고 전액배상을 명한다면 앞서 설

885) 주 863) 판결.

명한 바와 같이 이중지급의 결과를 피할 수 있다 하더라도 근기법 또는 산재보험법상의 분할지급제도 또는 유족연금제도의 취지가 몰각될 우려가 생긴다.

뿐만 아니라 앞서 본 바와 같이 장래 일정기간 계속될 개연성 있는 수익의 현가를 일실이익으로 구성하여 손해배상을 명하는 제도의 취지에서 볼 때 장래 지급키로 결정된 급여액의 현가는 이미 손해가 전보된 것으로 간주하는 것이 형평의 원칙상 공평한 것이 아닌가 생각되는 것이다.

반대설을 취하는 입장에서는 지급예정액의 배상을 거절하는 것은 피해자에게 분할지급을 강요하는 것으로서 피해자에게 불리하다는 점을 강변하고 있지만 근기법 제85조는 "보상을 받을 자의 동의를 얻은 경우"에만 분할보상토록 하고 있고, 산재보험법 제62조 제3항은 "수급권자의 선택"을 전제로 유족보상연금을 지급한다고 규정함으로 분할변제의 강요란 주장은 합당치 않게 된다.

반대설의 근거 중 다른 하나는 산재보험법 제80조 제2항 전단의 문언이다. 즉, 동조는 "보험급여를 받으면"으로 규정하여 지급결정만으로는 지급수령한 것이 아니므로 사용자는 면책되지 않는다는 것이다. 그러나 같은법 조항 후단은 "이 경우 장해보상금 또는 유족보상연금을 받고 있는 자는 장해보상일시금 또는 유족보상일시금을 받은 것으로 본다"고 규정하고 있으므로 위 각 연금의 지급결정을 받은 경우에는 일시금을 받은 것으로 간주됨으로 당연히 공제되어야 할 것이다.

반대설의 또 하나의 논거는 유족연금청구권은 피해자 본인의 일실이익에 기한 것이 아니라 근기법이나 산재보험법에 의하여 설정된 유족 자신의 고유한 권리이고 생활보장적 성격을 갖는 사회보장적 급여라는데 있다.[886]

그러나 이 논거는 급여의 사회보장적 성격을 지나치게 강조한 나머지 위 급여가 민사상 손해배상과 기능중복성을 갖고 있다는 점을 간과한 것일 뿐 아니라 근기법 제87조와 산재보험법 제80조 제2항의 명문에 반하는 해석이 되므로 부당하다고 하지 않을 수 없다.

결국 지급키로 결정된 급여액의 현가는 그 한도 안에서 이미 전보된 것으로 보아야 하고 피해자가 그 부분까지 포함하여 전 손해의 배상을 구한 경우에는 이를 공제하지 않으면 아니 된다고 생각한다.

---

886) 전게 주 884)와 동일.

일본의 하급심 판결[887]중 다음의 판시는 음미할 가치가 있는데 즉, 「노동자의 수입은 본래 임금으로써 매월 1회 이상 일정기일을 정하여 지급되는 것이 원칙이므로 후유장해에 의한 일실이익도 본래 다년에 걸쳐 정기금급부에 의하여 배상되어야 할 것임에도 불구하고 현가로 환산하여 일괄지급받게 되어 있는 것은 법기술적인 것에 불과하므로 노동자가 일실이익의 배상을 연금형식으로 수령하게 되어도 당해 노동자에게 손해배상채권의 분할변제를 강요하는 불이익을 입히는 것이라고는 할 수 없고 이와 같이 일실이익을 정기금급부에 의하여 배상하는 것으로 할 때는 장래 확실히 급부되는 장해연금은 매년 이것으로부터 공제되어야 할 것이므로 이것과의 균형상 장래 급부될 연금의 현가를 일실이익의 현가로부터 공제하여도 하등 균형의 이념에 반하는 것은 아니라고 하여야 할 것이다.

따라서 노재보험에 의한 장해보상연금의 수급권과 일실이익에 대한 민법상의 손해배상청구권과가 중복하는 경우에는 피재노동자의 취로가능연수를 한도로 하여 위 장해보상연금의 장래급부예정분의 현가를 피재노동자의 일실이익에 기한 민법상의 손해배상청구권의 현가액으로부터 공제하여야 할 것으로 해함이 상당하다」라고 판시한 것이다.

우리 대법원은 군사원호보상급여금법에 관하여 이 법에 의하여 연금이나 제수당금을 지급받게 되었다 하더라도 실제 지급되지 아니한 이상 이것을 손해배상청구금액에서 공제할 수 없다고 판시한[888] 바가 있으나, 위 급여는 순수한 사회보장적 급여금으로서 지급된 금원이라 할 지라도 일실이익의 전보금은 아니라고 생각되므로 이 곳의 문제와는 다른 것으로 생각된다.

이 문제와 관련하여 대법원은 다음과 같이 판시하였다. 즉, 대법원 2004. 7. 9. 선고 2004다1272 판결[889]은 여명기간까지 간병급여를 지급받을 수 있는 피재근로자가 보험가입자를 상대로 민법 기타 법령에 의한 손해배상을 청구한 경우, 현실적으로 지급받지 않은 장래의 보험급여액을 개호비 상당의 손해액

887) 東京地判 昭 53. 1. 25. 交通民事判例集 11권 1호 85면.

888) 대법 1968. 1. 31. 선고 67다2659 대법원판례집 16권 1집 민 60면; 대법 1968. 4. 23. 선고 68다382 판례카드 1142; 대법 1980. 9. 8. 선고 80다873〔공 1980. 9. 1. (639), 13006〕, 대법원판례집 28권 2집 민 135면.

889) 미간행.

에서 미리 공제할 수 있는지 여부에 관하여 "산업재해보상보험법 제48조 제2항은 전단[890]은 '수급권자가 동일한 사유에 대하여 이 법에 의한 보험급여를 받은 경우에는 보험가입자는 그 금액의 한도 안에서 민법 기타 법령에 의한 손해배상의 책임이 면제된다'라고 규정하는 바, 이 경우에 보험가입자가 손해배상책임을 면하는 것은 보험급여가 손해전보적 성질을 갖는데 있다고 보여지는 점에 비추어 보면, 현실적으로 국가가 보험급여를 지급함으로써 손해전보가 된 경우에 한하여 보험가입자는 민법 기타 법령에 의한 손해배상책임을 면한다고 보는 것이 타당하다(대법원 1989. 6. 27. 선고 88다카15512 판결 등 참조, 다만 위 법 제48조 제2항 후단의 규정에 따라 장해보상연금 또는 유족보상연금을 받고 있는 자는 장해보상일시금 또는 유족보상일시금을 받은 것으로 보므로 이 경우에도 손해배상책임이 면제된다).

원심이 같은 취지에서 원고는 이 사건 사고로 인하여 산업재해보상보험법 소정의 간병급여를 지급받을 수 있으므로 이를 원고의 개호비 상당의 손해액에서 공제하여야 한다는 피고들의 주장에 대하여 원고가 산업재해보상보험법에 따라 그의 여명기간까지 간병급여를 지급받을 수 있다 하더라도 원고가 이를 현실적으로 지급받지 아니한 이상 이러한 장래의 보험급여액을 이 사건 사고로 인한 개호비 상당의 손해액에서 미리 공제할 수 없다는 이유로 이를 배척한 것은 정당한 것으로 수긍이 가고 거기에 상고이유에서 주장하는 바와 같은 법리오해 등의 위법이 있다고 할 수 없다."고 판시하였고, 이 판결은 대법원 2008. 11. 13. 선고 2008다60933 판결[891]에 계승・유지되었다.

그리고 대법원 2006. 6. 2. 선고 2005다76692 판결[892]은 구 산업재해보상보험법상 상병보상연금을 수령하고 있는 수급권자가 보험가입자를 상대로 민사상 손해배상을 청구한 경우, 이 법 제48조 제2항 후단을 유추적용하여 장해보상일시금에 상당하는 금원이나 장차 수령할 가능성이 있는 상병보상연금총액을 현가로 환산한 금액을 보험가입자가 배상할 손해액에서 공제할 수 있는지에 관하여 "산업재해보상보험법상 상병보상연금은 요양개시 후 2년이 경과된 날

890) 현행법 제80조 제2항 전단임.
891) 미간행, 종합법률정보 수록.
892) 미간행.

이후에 당해 부상 또는 질병이 치유되지 아니한 상태에 있으면서 그 정도가 같은법시행령이 정하는 폐질등급기준에 해당하는 경우에 휴업급여에 대체하여 지급되는 것으로서 장해보상연금이나 유족보상연금과 달리 그 수령할 총액이 확정되어 있지 아니하고 일시금으로 수령할 수 있는 방법도 없으므로, 산업재해보상보험법상 상병보상연금을 수령하고 있는 수급권자가 보험가입자를 상대로 민법 기타 법령에 의한 손해배상을 청구한 경우에는 산업재해보상보험법 제48조 제2항에 따라 이미 지급받은 상병보상연금만을 보험가입자가 배상할 손해액에서 공제할 수 있을 뿐 위 법 제48조 제2항 후단을 유추적용하여 장해보상일시금에 상당하는 금원이나 장차 수령할 가능성이 있는 상병보상연금총액을 현가로 환산한 금액을 보험가입자가 배상할 손해액에서 공제할 수 없는 것"이라고 판시하였고, 동 판결은 대법원 2008. 3. 27. 선고 2006두1791 판결[893]과 대법원 2008. 7. 14. 선고 2007두4254 판결[894]로 계승・유지되고 있다.

4. 기지급 급여금 중 피해자의 과실비율 상당의 금원과 상계

피해자에게 손해를 가한 불법행위가 피해자의 업무상 발생되었기 때문에 근기법상 재해보상금 또는 산재보험법상 제 급여금이 지급된 경우, 피해자에게 과실이 있다면 피해자가 그 지급된 금원에 대응하는 손해금을 청구하지 못하는 때라도 그 지급액 중 피해자의 과실비율에 해당하는 부분은 스스로 부담할 것을 타인이 부담해 준 결과가 되어서 그 금액은 이익이 되므로 공제될 것이 아닌가 하는 점이 문제로 된다.

가해자가 사용자 아닌 일반사인이기 때문에 전시와 같은 급여금이 지급됨이 없이 치료비나 장례비가 지급된 경우, 원고는 위 지급된 치료비나 장례비는 청구할 수 없고 지급받지 못한 기왕의 치료비나 향후 치료비・일실이익만을 청구하게 된다. 이때에 손해액을 산정하고 과실상계를 하여 배상액을 결정한 후에 위 기지급 치료비(원고가 청구할 수 없는)중 피해자 과실비율에 상당하는

893) 미간행, 종합법률정보 수록.

894) 미간행, 종합법률정보 수록.

부분은 피해자 스스로 부담할 것을 피고가 부담한 것이므로 부당이득반환청구권이 발생하고 동 청구권을 자동채권으로 하여 상계를 주장하면 이를 공제하여야 함은 당연하다. 이것 역시 손익상계는 아니고 보통의 상계이다.

그러나 위와 같이 지급되는 금원이 근기법이나 산재보험법에 기한 것인 때에는 위 각 법이 사회보장제도의 일환, 사회보험금의 성격을 가지고 있기 때문에 과연 부당이득반환청구권이 발생되는지 또는 손익상계의 대상이 되는 이익이 있다고 볼 것인지 의문이 생긴다.

첫째, 손해배상책임을 사용자가 부담하는 경우를 보자.

대법원은 1976. 4. 27. 선고 75다1253 판결[895]에서 산재보험급여를 수령하기 전에는 민법 등 법령상의 배상청구권과는 경합관계에 있다고 판시하고, 1979. 10. 30. 선고 79다1211 판결[896]은 산재보험법에 의하여 앞으로 받게 된다고 주장하는 요양보상이나 휴업보상은 불법행위로 인한 손해배상액에서 당장 공제할 성질의 것은 아니라고 판시하였는데, 대법원 1989. 6. 27. 선고 88다카15512 판결[897]은 위 두 판결을 인용하고 군사원호법상의 급여금, 연금을 같은 성질로 보면서 비공제설의 입장에서 다음과 같이 판시하였다. 즉, 「(1) 원심판결 이유에 의하면 원심은 산업재해를 입은 근로자에게 산업재해보상보험법에 의한 보험급여가 지급된 때에는 그 급여금액의 한도내에서 사용자의 불법행위로 인한 손해배상책임은 면제됨이 원칙이고 위 법상 장해급여수급권자인 근로자가 장해보상일시금이 아닌 연금의 지급을 선택하여 장래에 있어 분할하여 급여받을 것이 확정되어 있는 경우에도 불법행위자인 사용자의 손해배상액에서 공제함이 형평의 원칙 내지 공평의 이념에 비추어 타당하다고 할 것이고, 위 법이 근로자에게 장해보상일시금 또는 연금의 선택권을 부여한 것은 산업재해를 입은 근로자의 정책적 보호를 위한 것임에 비추어 손해배상애게서 공제할 보험급여액은 그 일시금과 연금의 현가를 비교하여 적은 금액을 택함이 근로자에게 장해보상일시금 또는 연금의 선택권을 보장한 위 법의 입법취지에 부합한다고 한 후, 원고 하성순에 대한 장해보상연금의 현가액보다

895) 대법원민사판례원본 230책 하권 652면.
896) 공 1980. 1. 1. (623), 12336.
897) 법률신문 1989. 7. 24.자 제1861호.

적은 장해보상일시금 2천 6만 9천 9백 97원에서 위 원고가 이미 수령한 장해보상연금 9백 37만 5천 9백 80원을 공제한 금 1천 69만 4천 17원을 피고가 배상할 금액에서 공제하고 있다.

(2) 그러나 산업재해보상보험법에 의한 보험급여는 사용자가 근로기준법에 의하여 보상하여야 할 업무상 재해로 인한 손해를 국가가 보험자의 입장에서 직접 전보하는 성질을 갖는 것으로서 일단 수급권자에게 보험급여가 지급된 이상 그 금액의 한도내에서 사용자는 동일한 사유에 대하여 민법상의 손해배상책임을 면한다고 보는 것이 타당하고, 산업재해보상보험법 제11조 제2항의 규정은 이러한 이치를 명시한 것에 불과하다. 위와 같이 사용자가 민법상 손해배상책임을 면하는 것이 보험급여가 손해전보적 성질을 갖는 데에 있는 이상 현실적으로 국가가 보험급여를 지급함으로써 손해전보가 된 경우에 한하여 손해배상청구권이 상실된다고 볼 것이고 현실적으로 보험급여를 지급하지 않은 이상 장래에 보험급여를 지급할 것이 확정되어 있다고 하더라도 이러한 장래의 보험급여액을 수급권자에게 지급할 손해배상액에서 미리 공제할 필요가 없다고 할 것이다(당원 1976. 4. 27. 선고 75다1253 판결 및 1979. 10. 30. 선고 79다1211 판결 참조. 그 밖에 군사원호법상의 급여금과 연금에 관하여 당원 1967. 10. 31. 선고 67다2110 판결 및 1968. 4. 23. 선고 68다382 판결도 같은 취지다. 당원 1975. 2. 10. 선고 74다1951 판결, 1974. 7. 16. 선고 74다565 판결 및 1978. 2. 14. 선고 67다2119 판결은 이 사건과 사안이 다르거나 판시요지가 다르므로 위 견해와 저촉되는 선례가 아니다).」

그러나 군사원호보상급여금은 그 성질이 다르고, 산재보험법 및 근기법상 분할지급제도 또는 유족연금제도를 만들어 수급권자에게 선택권을 준 이상, 선택하여 장래지급이 확정된 후에는 제도의 목적과 수급권자의 의사에 따라 그 현가를 공제하는 것이 일실이익의 현가를 배상시키는 것과 균형이 맞는 것은 아닐까?

위에서 설명한 바와 같이 근기법상 재해보상금이나 산재보험급여금의 특성을 고려 밖에 둔다면 재해보상금 중 피해자 과실부분에 관하여는 부당이득반환청구권이 생기고, 산재보험금 중 피해자 과실부분은 손해상계의 대상이 되는 이익이 생겼다고 볼 여지가 있다.

그러나 과연 위 보상금과 보험급여금을 민법상 손해배상금과 동일하게 볼 수 있을까? 양자의 기능이 중복되고 있기는 하지만 완전히 동일하게 볼 수는 없다.

즉, 근기법 제81조는 「휴업보상과 장해보상의 예외」라는 제하에 근로자가 중대한 과실로 업무상 부상 또는 질병에 걸리고 또한 사용자가 그 과실에 대하여 노동위원회의 인정을 받으면 휴업보상이나 장해보상을 행하지 아니하여도 된다고 규정하고 있고, 산재보험법 제83조 제1항은 공단은 근로자 다음 각 호의 어느 하나에 해당하면 보험급여의 전부 또는 일부를 지급하지 아니할 수 있다고 규정하면서, 그 제1호에 요양 중인 근로자가 정당한 이유없이 요양에 관한 지시를 위배함으로써 부상·질병 또는 장해상태를 악화시키거나 치유를 방해한 경우를, 제2호에 장해보상연금수급권자가 제59조에 따른 장해등급재판정 전에 자해 등 고의로 장해상태를 악화시킨 자를 규정한다. 우리 대법원은 위와 같은 규정들을 들어 근기법상의 재해보상금 중 유족일시금·장사비·요양보상을 휴업보상·장해보상과 구별하여 그 성격을 다음과 같이 판시한다.

즉, 1981. 10. 31. 선고 81다카351 전원합의체 판결[898]은 「근기법상의 재해보상제도는 근로를 제공하는 근로자를 그 지배하에 두고 위험이 내재된 기업을 경영하는 사용자로 하여금 그 과실 유무를 묻지 아니하고 재해발생으로 근로자가 입은 손해를 보상하려는 데에 그 목적이 있으므로 근로자의 업무상 부상 또는 질병이 사용자의 과실에 기한 것임을 요하지 않음은 물론 근로자에게 과실이 있는 경우에도 이를 참작하여 그 보상책임을 면하거나 보상의 범위를 제한하지 못하는 것이 원칙이라고 하겠으며 이러한 점에서 과실책임의 원칙과 과실상계의 이론은 법률에서 특별히 규정한 경우를 제외하고는 위 재해보상책임에는 적용되지 않는다고 보아야 할 것이다.

위와 같은 손해배상책임의 원칙에 대한 예외로서 근기법 제81조는 근로자가 중대한 과실로 인하여 업무상 부상 또는 질병에 걸리고 또한 사용자가 그 과실에 대하여 노동위원회의 인정을 받은 경우에도 휴업보상 또는 장해보상을 행하지 아니하여도 무방하다고 규정하고 있는 바, 이에 의하면 휴업보상과 장해보상에 대하여는 근로자에게 중대한 과실이 있음을 이유로 그 보상책임을

898) 공 1981. 12. 1. (669), 14438.

면할 길이 있으나 그 외의 요양보상 또는 유족보상 등에 있어서는 근로자에게 중대한 과실이 있다고 하여도 사용자의 보상책임에 아무런 영향이 없는 것이다(다만 요양보상의 경우에 산재보험법 제14조 제2항[899]의 규정에 의하여 노동부장관은 요양에 관한 지시를 위배하거나 그 치료를 방해한 근로자에 대하여는 보험급여의 전부 또는 일부를 하지 않을 수 있도록 되어 있다). …… 위 요양급여금이란 것이 근기법 제78조에 규정된 요양보상을 의미하는 것이라면 위에서 설시한 바와 같이 사용자인 피고는 특단의 사정이 없는 한 그 금액을 지급할 의무가 있고 원고의 과실이 있다고 하여 그 과실비율에 상당한 금액의 지급을 면할 수는 없는 것이므로 그 금액 부분에 대한 부당이득반환청구권이 발생할 여지가 없는 것」이라고 판시하였고, 같은 날 선고된 80다2928 제3부 판결[900]은 「근기법상의 유족보상금이나 장사비 그리고 이에 상응하는 산재보험법에 의한 유족보상일시금・장의비는 근로자가 업무상 사망한 경우, 사용자나 근로자의 과실 유무를 불문하고 근로자의 재산상 손해를 전보하기 위하여 무조건 일정액을 지급하도록 되어 있는 것이므로 이는 민법상의 손해배상과는 성격을 달리하고 있으므로 사망한 근로자의 과실 여부를 가려 그 과실에 해당하는 부분만큼을 위 유족보상금이나 장사비에서 손익상계할 수는 없는 것이고 또한 설사 위 유족보상금이나 장례비의 액수가 나중에 민법.기타의 법령에 의하여 산출된 재산상 손해배상액을 초과하게 되는 경우가 생긴다 할지라도 위 유족보상금이나 장사비의 성질에 비추어 그 지급자에 대한 초과부분에 대하여 부당이득반환청구권이 발생할 여지는 없다」고 판시하였다.

결국 위 2개의 대법원 판결을 종합하면 재해보상책임에는 과실책임의 원칙과 과실상계의 이론은 원칙적으로 적용되지 아니하고 근기법 제81조나 산재보험법 제83조 제1항과 같은 특별규정이 있는 경우에만 과실상계이론이 적용되므로, 근기법상의 유족보상금・장사비・요양보상금에는 피해자의 과실비율에 상당한 부분의 부당이득반환청구권이 발생될 여지가 없어 상계할 자동채권이 없으나 동법상의 휴업보상금과 장해보상금에 관하여는 가능하고, 한편 산재보

899) 현행법 제83조 제1항.

900) 공 1981. 12. 1. (669), 14437.

험법상의 유족보상일시금·장의비에 관하여는 과실비율에 따른 손익상계가 불가능하나 요양급여금에 관하여는 요양에 관한 지시를 위배하거나 그 치료를 방해한 경우에 그리고 장해보상연금에 관하여 장해등급재판정을 방해한 경우에 한하여 가능한 것으로 된다.

위 판결들을 따르면 근기법상은 특별규정이 있으나 산재보험법상은 같은 규정이 없는 휴업급여 그리고 산재보험법상은 특별규정이 있으나 근기법상은 같은 규정이 없는 요양보상은 과실비율에 따른 공제가 불가능하게 되는데 과연 그렇게 하여도 좋을지 의문이 생긴다.

그러나 전시 1981. 10. 13. 선고 80다2928 대법원 판결[901]이 설시하듯이 「산재보험법 제9조 제1·2항에 의하면 산재보험법에 의한 보험급여는 근기법에 규정된 재해보상의 사유가 발생할 때에 수급권자의 청구에 의하여 지급하도록 되어 있고 그 외 산재보험법이나 근기법에 규정하고 있는 보상사유는 서로 일치하고 있으며 또 보상체제간에도 서로 균형을 유지하고 있어 산재보험상의 모든 급여는 근기법상의 당해 재해보상에 상당하는 것이므로 두 법에 의한 유족보상금이나 장사비(장의비)는 그 성질에 있어서도 마찬가지」이고 따라서 휴업보상금과 휴업급여금·장해보상금과 장해급여금 또한 요양보상금과 요양급여금도 같은 성질이라고 보아야 타당할 것이고 그것은 산재보험금이 근기법상 사용자의 재해보상책임을 부담하는 것이기에 그런 것으로 생각된다.

그렇다면 산재보험법에만 특별규정이 있는 근기법상의 요양보상이나 근기법에만 특별규정이 있는 산재보험법상의 휴업급여에 관하여도 과실비율에 따른 공제를 인정하여야 하는 것은 아닐까?

그러나 보다 근본적인 의문은 위와 같은 특별규정이 있는 보상금·보험급여금이라 할지라도 이미 지급된 금원 중 과실비율에 따른 공제를 인정하는 것이 타당한가 하는 점에 있다.

근기법이나 산재보험법은 근로자를 위한 사회보장제도의 일환이고 따라서 전시 전원합의체 판결이 명시하듯이 과실책임이론의 적용은 배제된다고 보아야 할 것인 바, 위 판결이 예시한 예외규정도 그 규정내용을 보면 근로자에게 중대한 과실이 있고 또한 사용자가 그 과실에 대하여 노동위원회의 인정을 받

901) 공 1981. 12. 1. (669), 14437.

은 경우에 보상을 행하지 아니하여도 무방하다거나 근로자가 정당한 이유없이 요양에 관한 지시를 위배함으로써 부상·질병 또는 신체장해의 상태를 악화시키거나 그 치유를 방해한 것이 명백한 경우에 급여의 전부 또는 일부의 지급을 아니할 수 있다고 되어 있으므로 중과실이 아니거나 중과실이라도 근로위원회의 인정을 받음이 없이 또는 지시위배에 의한 상태의 악화 또는 치료의 방해가 명백하지 아니하여 이미 위 각 보상금나 급여금이 지급되면 근로자 보호의 입법취지상 새삼스레 과실비율에 따른 지급금 상당의 부당이득은 성립될 수 없고 그 지급금은 법에 의한 정당한 급여라고 보아야 할 것이 아닌지? 이렇게 보면 부당이득반환청구권에 기한 상계나 손익상계는 문제가 될 수 없게 될 것이다.

둘째, 손해배상책임을 제3자가 부담하는 경우를 본다.

제3자에게 손해배상책임이 있는 불법행위가 사용자의 업무상 발생됨으로써 산재보험급여가 지급되면 산재보험법 제87조 제1항에 의하여 공단이 그 급여금이 한도안에서 급여를 받은 자의 그 제3자에 대한 손해배상청구권을 대위행사하게 되므로 피해자의 위 손해배상청구권은 보험자대위규정에 따라 공단으로 이전되므로 동액 상당의 손해배상청구권을 상실하게 되고 또한 근기법상의 재해보상금이 지급된 경우에는 위와 같은 명문의 대위규정은 없더라도 위 양 금원이 같은 성질을 갖고 있고 따라서 산재보험자에게 대위권을 인정하는 이상 재해보상자에게도 같은 권리를 부여하는 것이 균형상 타당할 뿐 아니라 민법상 손해배상자대위규정이나 변제자대위규정의 취지를 유추하여 역시 해석상 대위를 인정하는 것이 타당하다고 생각되므로 근기법상 재해보상금이 지급된 경우에도 피해자의 동액 상당의 손해배상청구권은 사용자에게 이전되어 동 청구권을 상실한다고 봄이 타당할 것이다.

어쨌든 근기법상 재해보상금이든 산재보험법상 급여금이든 지급이 완료된 손해에 관하여는 손해배상을 청구하지 아니하는 것이 통례이다.

이와 같은 경우에 가해자인 제3자가 피해자에게도 과실이 있음을 이유로 하여 이미 지급된 보상금이나 급여금 중 손해자의 과실비율에 상당한 부분을 공제하여 달라고 주장할 수 있을까?

우선 부당이득반환청구권이 발생될 것인가의 점을 보건대 위 각 금원의 지급자는 피고인 제3자가 아니라 사용자 또는 공단이므로 가해자인 피고에게는 부당이득반환청구권은 발생될 여지가 없다.

그러나 피해자에게도 과실이 있다고 인정하는 한 이미 지급된 금원 중 피해자 자신의 과실에 상응하는 부분을 피해자가 이득하는 것은 아닐까?

전시 두 대법원 판례가 설시하듯이 과실상계에 관하여 특별규정이 있는 근기법상의 휴업보상·장해보상과 산재보험법상의 요양보상에 관하여는 위 각 금원이 지급되었더라도 피해자에게 과실이 인정되면 부당이득반환청구권이 각 지급자에게 발생될 것처럼 생각된다. 그러나 그렇다 하더라도 위 청구권은 가해자인 제3자의 청구권은 아니므로 그가 위 청구권을 자동채권으로 행사할 수 없을 뿐 아니라 앞서 설명한 바와 같이 근기법이나 산재보험법은 사회보장제도의 일환으로 근로자를 위한 것이므로 위 각 법상의 특별규정이 적용되어 사전에 보상을 행하지 아니하거나 보험급여를 거절함이 없이 전액이 지급되면 이미 부당이득반환의 문제는 일어나지 않는다고 해석함이 상당하므로 어느 모로 보나 부당이득반환청구권이 있음을 전제로 한 상계주장은 성립될 수 없다.

또한 위 대법원 판례에 따라 특별규정이 있는 급부에 관하여 손익상계의 대상이 되는 이득이 발생된 것이 아닌가 하는 의문이 제기될 수 있으나 위와 같은 이득의 발생을 인정한다 하더라도 그것은 모든 사고에 통상 발생되는 것이 아니라 피해자가 근로자로서 업무상 재해를 입은 경우에만 생기는 것이니 소위 상당인과관계 있는 이득이라고 인정할 수도 없고 그 이득의 결과는 사회보장제도에 의하여 사용자가 지급하거나 사용자가 지불해 온 보험료의 대가이므로 이를 공제하여 가해자에게 이득을 주는 것은 형평에 반하고 사회보장제도로서의 위 각 법의 취지에도 반하게 된다.

위 경우에 보험자대위나 배상자대위규정의 유추해석으로 가해자가 전액 구상 당하지 않을까 하는 의문도 일응 생기지만 그러나 보험자나 배상자는 피대위자의 권리 이상은 행사할 수 없으므로 피해자에 과실이 있는 경우에는 그 나머지 부분에 관하여만 가해자가 책임을 지게 되므로 전액구상에 응할 의무가 없으니 전혀 피해가 생기지 않는다.

따라서 가해자인 제3자 또한 이미 지급된 제 급여금 중 피해자 과실비율에 상응한 금원의 공제를 주장할 수는 없다.

산재에 관한 것은 아니나 대법원 1985. 3. 12. 선고 84다카735 판결[902]은 불법행위로 인한 손해배상청구사건에서 원고가 치료비청구를 하지 않고 있는 경우 불법행위자를 대리한 보험회사가 기지급한 치료비를 배상할 손해금의 일부로 변제된 것이라고 보아 이를 그대로 공제하는 것은 위법하다고 판시하였다. 그러나 피해자에게 상계될 과실이 있는 경우에는 피해자가 치료비를 소구하고 있지 않더라도 그 과실비율에 상응하는 치료비는 원고가 지급하여야 할 것이었으므로 그 범위내에서는 이득이 있고 그것은 불법행위와 상당인과관계를 인정할 수 있으므로 손익상계가 내용되어야 할 것으로 생각된다.

따라서 대법원 1981. 7. 7. 선고 80다2271 판결[903]이 가해자가 가입한 한국자동차보험회사로부터 피해자가 지급받은 치료비 중 피해자의 과실에 상당하는 부분은 피해자가 부담하여야 할 것인데도 이를 가해자가 부담한 셈이므로 이건 청구가 치료비에 관한 것이 아니라 해도 이를 가해자의 손해배상액에서 공제하여야 한다고 판시한 것이 타당하다고 생각한다.

제 9 절 분쟁의 종결과 추가청구의 허부

Ⅰ. 서 설

교통사고로 인하여 인신을 사상한 경우에는 민사상 손해배상책임의 발생 외에도 업무상 과실치사상이라는 형사문제가 야기되고 보험회사에는 보험금지급의무가 발생된다. 가해자로서는 위 형사책임을 가볍게 만들기 위한 중요한 자료로 제공하기 위하여 그의 손해배상책임을 완전이행하였다는 것을 증명하기 위하여 소위 "합의서"라는 것을 획득하려고 노력하여 보험회사로부터 신속히 보험금이 지급되도록 종용하고 보험회사로서도 적은 금액으로 보험금의 지급책임을 면하려고 피해자와의 협의를 시도하게 된다. 한편 피해자로서도 치료비의 조속한 조달, 당장 필요한 생활비의 해결을 위하여 승소판결의 획득과 그

902) 공 1985. 5. 1. (751), 539.

903) 공 1981. 9. 1. (663), 14155; 동지 대법 1999. 3. 23. 선고 98다64301〔공 1999. 5. 1. (81), 747〕; 동지 대법 2002. 9. 4. 선고 2001다80778〔공 2002. 10. 15. (164), 2321〕.

집행에 이르기까지 소요되는 시간과 경비의 지출을 면하려고 하기 때문에 위 합의에 응하게 된다.

소위 합의라는 것은 법률상 용어는 아니다. 그러나 그것은 법률적으로 해석한다면 손해배상책임의 유무 및 그 범위에 관한 당사자의 의사의 합치라고 볼 수 있을 것이다. 대체로 손해배상책임의 유무에 관한 다툼은 없고 단지 손해배상의 범위, 환언하면 손해액의 산정과 과실비율이 그 주요쟁점으로 나타나 결국 손해배상액의 확정으로 종결된다.

사망의 경우에는 향후 변동될 요소가 없겠으나 상해의 경우에 있어서는 그 치료기간·완치가능 여부·후유증에 의한 노동력상실정도 등은 위에서 말하는 합의당시의 의사의 진단은 추정에 불과하기 때문에 불안정할 수밖에 없다.

따라서 합의당시에 내려진 의사의 진단 즉, 상해의 부위 및 정도를 기초로 치료기간을 정하고 그에 따라 치료비·치료기간 동안의 휴업손해·위자료를 결정하고 또는 후유장애가 없을 것으로 보고 일실이익을 산정하지 아니하였던 경우, 후에 이르러 예상에 반하여 치료기간이 연장되거나 후유장애가 남게 됨으로써 예기치 못한 손해가 발생되는 사태가 발생되면 후발손해의 배상문제가 대두되게 된다.

비슷한 사정은 합의의 경우 뿐만이 아니라 재판상 화해가 성립된 경우 또는 판결이 확정된 경우에도 화해성립 후 또는 변론종결 후 치료가 장기간 계속되든가 부상한 피해자가 사망하는 결과가 발생됨으로써 야기될 수 있다.

이와 같이 일응 분쟁이 종결된 후에 발생되는 손해를 추가로 청구할 수 있느냐 하는 것이 여기의 문제이다.

합의서에 있어서는 그 합의금을 수령하는 외에는 일체 민사상 손해배상을 청구하지 아니한다는 소위 권리포기조항이 항상 삽입되어 있고, 재판상화해의 경우에도 원고는 나머지 청구를 포기한다는 조항이 들어가기 마련이고, 확정판결의 경우에는 소송물 이론상(재판상화해의 경우도 마찬가지이지만) 추가청구에 곤란성이 생기기 때문에 어떻게 이와 같은 곤란을 피하면서 피해자의 구제를 도모하느냐 하는 것이 문제가 된다. 그러나 한편 위와 같은 피해자의 구제에 있어서는 가해자가 위 분쟁종결에 대하여 기대하였던 신뢰가 무너지고 따라서 법적 안정성을 해하는 결과를 가져오게 된다. 그래서 초기의 판례는 추가청구를 부정하는 입장을 취하였었다.

그러나 위와 같은 후발장해는 원래 가해자가 부담하지 않으면 안 되는 손해이었고 합의의 근저에는 당시 당사자들의 예상이 빗나가지 아니할 것이라는 기대가 있었던 것이므로 그와 같은 기초된 기대가 무너진 경우까지 그 합의의 효력을 확대시켜 추가청구를 허용하지 아니하는 것은 부당하다는 생각이 지배적으로 됨에 따라서 합의상의 권리포기조항 및 기판력의 한계를 제한하는 이론과 판례가 등장하게 되었다.

그런데 합의와 재판상화해 내지 확정판결은 기판력의 유무에 의하여 고찰을 달리할 필요가 있으므로 이들을 나누어서 살펴보기로 한다.

Ⅱ. 합의 후의 추가청구

1. 서

합의란 손해배상책임이 있음을 인정하고 그 배상할 금액과 지급방법을 확정하고 그 외에는 일체의 청구를 하지 아니하기로 하는 의사의 합치이고, 그 기능은 가해자의 형사책임을 감경시키고 보험료지급의 전제조건을 형성하는 외에 가장 중요한 것은 가해자로 하여금 합의금 이외에는 일체의 민사책임을 면하게 하는 것이다.

그럼에도 불구하고 후발적인 추가청구를 허용한다면 그것은 어떤 방법으로든 권리포기조항의 효력을 부정하지 않으면 안 되는 것이다.

판례가 권리포기조항의 효력을 부정한 방법을 분석하여 보면, 첫째는 권리포기 의사표시가 비진의 의사표시·통정허위표시 또는 예문에 불과하여 무효라고 해석하는 것이고, 둘째는 권리포기 의사표시는 중요부분에 착오를 일으켜 한 것이라는 이유로 취소를 허용하거나 또는 해제조건부라고 해석한 후 그 조건의 성취를 인정함으로써 실효시키는 것이며, 셋째는 권리포기조항을 포함한 합의 자체를 그 성립과정상의 정황을 참작하여 불공정한 법률행위로 보아 무효라고 해석함으로써 권리포기조항도 무효화시키는 것이며, 넷째는 권리를 포기할 합의당시 당사자의 의사를 법원이 합리적이라고 보는 내용으로 해석한 뒤에 그와 같은 내용을 초과하는 부분 즉, 합의당시의 예상을 초월하는 후발적 손해에는 권리포기의 효력을 부인함으로써 합의의 효력을 제한하는 것의 네가지로 분류할 수 있다.

2. 합의와 비진의표시, 통정허위표시 및 예문해석

민법 제107조가 의사표시는 표의자가 진의 아님을 알고 한 것이라도 효력이 있지만 상대방이 표의자의 진의 아님을 알았거나 알 수 있었을 경우에는 무효로 한다고 규정하고, 또 제108조가 상대방과 통정한 허위의 의사표시는 무효로 한다고 규정하고 있음을 원용하여 합의서가 경찰서나 검찰청에 제출되는 것만을 목적으로 또는 보험금을 속히 수령하여 치료비라도 조달할 목적으로 작성된 경우에는 합의서에 기재된 금액 이외에는 일체의 청구권을 포기한다고 하는 합의의 내용은 비진의표시[904] 또는 통정허위표시[905]로서 무효로 보아야 한다든가 혹은 진정한 의사의 합치가 없는 인쇄문구에 불과한 예문으로서 무효로 보아야 한다는 견해도 있다.

그러나 대법원 1966. 10. 4. 선고 66다1479 판결[906]은 「원판결은 그 이유설명에서 원고 "갑"이 본건 사고발생 익일 피고로부터 피해자인 그의 처의 시체를 인도할 때 금 2만원을 지급받으면서 마치 손해배상청구권을 포기하는 듯한 내용이 기재된 서면(갑 제6호증)에 서명날인하였던 사실, 그 서면은 피고 산하 교통부에서 미리 그 내용을 인쇄해 두었던 것이라는 사실을 인정할 수 있는바, 그 사실에 의하면 그 서면은 예문에 지나지 않는 것으로서 위 원고가 그의 처의 사망직후 혼미 중 피고의 요구에 따라 그 서면 내용의 법률상 효과를 따져볼 겨를 없이 서명 날인하였다고 보아지는 점과 그가 지급받은 액수가 손해배상채권액에 관하여 너무나 적은 점 등으로 보아 위 피고가 진의로써 손해배상청구권을 포기한 것이라고는 보기 어렵다고 판단하였다.

그러나 갑 제6호증의 서면이 교통부에서 미리 그 내용을 인쇄해 두었던 것

904) 大阪地判 昭 43. 9. 24. 交通民事判例集 1권 3호 1061면.
905) 佐賀地 唐津支判 昭 43. 3. 27. 交通民事判例集 1권 1297면.
906) 판례카드 2256.

이라는 이유만으로는 그 서면이 예문에 불과한 것이라고 단정하기 어렵고 진의의 의사표시로 보기 어렵다는 이유의 의미가 분명치 아니할 뿐 아니라 위에서 설명한 바 이유만으로는 위의 서면에 표시된 내용이 원고 "갑"의 의사표시로서 효력을 인정할 수 없는 것이라 단정하기 곤란함에도 불구하고 위와 같이 판단한 원판결에는 채증법칙의 위배가 아니면 이유불비의 위법이 있다 할 것으로서 상고논지는 이유있고 원판결 중 원고 "갑"의 청구에 관한 피고 패소부분은 파기를 면치 못한 것인 바, 갑 제6호증 서면의 내용 특히 그것이 전 손해배상청구권을 포기한다는 취의의 서면인지의 여부에 관하여 좀 더 심리판단이 있어야 할 것」이라고 판시한 바 있다.

생각컨대 권리포기조항을 내포한 합의서는 형사책임 감경사유를 조성하기 위하여 또한 보험금의 신속한 지급을 통하여 빨리 사건을 일단락 지우기 위하여 가해자측에서는 합의를 갈망하게 되고 피해자측에서는 긴급한 치료비 또는 생계비의 조달을 도모하고 소송에 따르는 경비와 시간을 절약하려는 욕구가 있기 때문에 양자의 타협의 결과 작성되는 것이고, 그것이 작성되면 가해자로서는 일체의 민사책임을 면한다는 이점이 있고 피해자로서는 소송에 따르는 시간과 경비의 소요를 면하는 이점이 있기 때문에 합의가 성립되는 것으로 생각되는데, 이와 같은 합의 성립당시에 있었던 가해자측의 계기 즉, 형사책임의 감경을 위한 것이었다든가 보험금수령을 위하였던 것이라는 점만을 강력히 내세워 인쇄된 포기문언을 들어서 진의 아닌 의사표시라거나 효력 없는 예문이라고 해석하는 것은 소위 처분문서의 가치를 부당히 감소시키고 합의에 이르게 된 당사자들의 목적과 의사를 무시하는 것으로 보인다.

실무상은 민사상 책임을 제외시키는 소위 "형사합의"가 종종 이루어지기도 하고 보험금도 가도(假渡)의 형태로 지급되는 현실과 보험회사에서 가해자를 위하여 합의를 보는 경우에는 대체로 미리 인쇄된 합의서를 사용하는 실태를 고려하면 더욱 그렇게 생각된다.

위 대법원 판시는 위와 같은 생각에서 볼 때 타당하게 받아들여지고 또한 그 후미에서 암시하는 내용 즉, 후에 설명하는 바와 같이 합의당사자의 합의당시의 의사탐구에 의하여 과연 전 손해배상청구권을 포기한 것인지 아니면 그 당시에 당사자가 알고 있었고 예견할 수 있었던 손해 중 합의서에 기재된 금액을 초과하는 부분만을 포기하는 것이 진의이었는지를 심리 판단하여야 할 것이라는 교시는 하급심의 나아갈 방향을 제시한 것으로서 의의가 있다고 생각된다.

3. 합의와 착오 및 해제조건

민법 제109조는, 의사표시는 법률행위의 내용의 중요부분에 착오가 있는 때에는 취소할 수 있다고 규정한다.

그러나 합의는 손해배상의 범위에 관한 민법상 화해계약으로 보아야 하므로 이에 관한 민법 제733조를 고려하지 않으면 안 되는데, 동조는 화해계약은 착오를 이유로 취소하지 못하되 다만 화해당사자의 자격 또는 화해의 목적인 분쟁 이외의 사항에 착오가 있는 때에는 그렇지 않다고 규정한다.

따라서 합의가 착오라는 이유로 취소되기 위하여는 착오가 분쟁의 대상인 화해의 목적에 관하여 생겨서는 아니되고 합의의 전제가 되는 사항에 관하여 생겨야만 하는 데, 당사자 쌍방이 예측하지 못하였던 중대한 손해가 발생된 경우에는 공통의 착오로서 포기조항은 취소될 수 있고 이 조항과 불가분의 관계에 있는 합의 역시 취소될 수 있게 된다.907)

따라서 합의후에 피해자가 사망한 경우에는 유족은 중요부분의 착오를 이유로 합의계약을 취소할 수 있을 듯하다. 부상과 사망간에는 손해액에 큰 차이가 있고 생전에 합의한 경우에는 사망을 예측하지 못하는 것이 보통이기 때문이다.

그러나 치료기간이 연장된 경우에는 문제가 다르다. 의사의 진단이 단순골절로서 80일의 입원가료로 족하다는 것이었으므로 합의를 하였는 데, 그 후 세균 때문에 골수염을 일으켜 치료에 장기간을 요하게 되어도 입원가료기간 여하는 합의에 의하여 해결하려는 화해의 목적인 분쟁이므로 합의의 효력에 아무런 영향이 없다고 판시한 일본 하급심 판례908)도 있고, 대법원 1959. 11.

907) 일본에서는 소위 요소의 착오로서 무효로 보게 되고, 東京地判 昭 44. 9. 26. 判例タイムズ 240호 80면; 東京地判 昭 44. 9. 29. 判例時報 581호 61면이 이 견해를 취한다.

908) 津地判 昭 28. 8. 5. 下民集 4권 8호 1087면, 法律學全集 契約法 731면 인용.

26. 선고 4291민상140 판결[909]은 「본 상해로 인한 손해배상에 관하여 원·피고간에 화해가 성립된 경우에 설사 동 화해계약 이후 병상이 악화하여 손해가 증대하였다고 하더라도 그 손해의 증대가 화해 이후 피고의 새로운 고의·과실에 기한 것이 아닌 이상 피고에게 그 책임이 있다고 할 수 없는 것」이라고 판시하였고, 대법원 1960. 7. 7. 선고 4291민상523 판결[910]이 화해계약이 유효히 성립된 이상 그로써 해결하려고 하는 목적사항에 관한 착오가 아닌 한 착오를 이유로 화해계약의 효력을 다툴 수 없다고 판시한 것은 모두 위 화해계약에 관한 민법 제733조에 충실한 원칙적 입장을 취한 것으로 풀이될 수 있다.

그러나 위와 같은 원칙적 입장을 고수하면 앞서 서론에서 설명한 피해자보호에 소홀히 생기므로 대법원 1971. 4. 30. 선고 71다3999 판결[911]은 「본건 사고발생 익일인 1968. 11. 10. 원고는 피고측의 요청으로 피고가 치료비를 부담하기로 하되 약 6주일간 치료하면 완치된다는 것과 위 운전수의 형사사건에 대한 정상을 유리하게 하기 위하여 필요하다는 피고측 주장에 따라 피고가 원고측에 금70,000원을 지급하고 만일 치료비가 더 많이 나오면 피고측에서 부담한다는 약속하에 이를 믿고 이후 손해배상청구 등 행위를 하지 않겠다는 내용의 합의서를 피고에게 교부하였는 데, 그 후 치료기간은 위의 예상을 훨씬 넘어 원판시와 같이 사고이후 1969. 12. 24.까지의 장기간이 소요되고 금 897,300원의 입원치료비가 발생한 사실을 인정하고, 이와 같은 상황 아래서의 합의서에 의한 합의는 원고가 장래에 들 치료기간·치료비 등을 잘못 알고 피고측의 주장에 넘어가 착오에 의하여 한 의사표시라 할 것이니 그를 이유로 한 원고 주장의 위 합의표시의 취소는 유효」하다고 판시하였다.

따라서 위 대법원 판례는 치료기간과 치료비를 합의로써 해결하려는 목적인 분쟁으로 보지 아니한 결과가 된다.

생각컨대 화해계약인 합의에 있어서 화해의 목적인 분쟁이란 손해배상액인 것이고 그 손해배상액은 적극적 손해인 치료비, 소극적 손해인 일실이익·휴

909) 판례카드 7559.

910) 판례카드 6248.

911) 대법원판례집 19권 1집 민 391면.

업손해 그리고 위자료이며 그것의 산정기초는 사망여부・불구화여부・치료기간의 장단 등에 의하여 변화된다.

따라서 위와 같은 기초요건이 불확정한 상태에서 이루어지는 합의는 추상적으로 고찰할 때는 그 기초요소들의 불확정에 불구하고 손해배상액을 확정하는 것이므로 그것들이 모두 타협의 대상으로 등장되는 까닭에 화해의 목적인 분쟁이라고 말할 수도 있다.

그러나 현실적으로 성립된 합의의 형성과정을 구체적으로 탐구하면 합의의 당사자들은 합의당시 내려진 의사의 소견 즉, 전치 몇 주일을 요한다는 진단을 기초로 하고 예기치 못한 치료의 장기화나 후유증의 발생 등이 발생할 것은 고려함이 없이 치료비・휴업손해 및 위자료를 추산하고 합의금을 정하는 것이 통례로 보인다. 그러므로 위와 같은 현실적 구체적 합의에 있어서의 분쟁의 목적은 그 당시의 진단내용을 기초로 한 손해액이었다고 보아야 할 것이고 그 후에 발견된 새로운 상해나 장기화된 치료기간 또는 후유장애로 인한 증가된 손해액 및 예기치 못한 사망으로 인한 증대손해액은 모두 위 합의당시 당사자들이 타협의 대상으로 삼았던 것이 아니므로 화해의 목적인 분쟁이었다고는 해석할 수 없다.

따라서 위와 같은 예기치 못한 후발손해는 화해의 목적인 분쟁 이외의 사항이라고 볼 수 있다.

그런데 착오란 내심의 의사와 표시된 의사가 일치하지 아니하는 것을 의미하므로 합의금 이외에는 일체의 손해를 청구하지 아니하겠다는 피해자의 표시된 의사는 내심의 의사와 다른 것이었다고 보지 않으면 취소를 인정할 수 없게 되는데 당시 피해자의 내심의 의사는 무엇이었을까?

결과적으로 말하여 그 내심의 의사는 후발손해가 발생하면 이것을 추가청구하겠다는 것이었다고 말하지 않으면 안 된다. 그러나 합의당시 피해자는 그와 같은 후발손해를 예측하지 못한 상황에 있었으므로 그와 같은 손해의 추가청구권을 유보한다는 내심의 의사가 실제로 존재하였다고 보는 데 주저하지 않을 수 없고 결국 이를 인정한다면 그것은 의제라고 보지 않을 수 없다는 점에 착오설의 난점이 있다.

위의 착오취소설 외에 권리포기조항의 실효화(失效化)를 인정하는 견해로서

는 그 조항이 해제조건에 걸려 있다고 해석하고 그 조건의 성취를 인정하는 것이 있다.[912)]

이 견해는, 권리포기조항은 그 성립후의 사정변경에 불구하고 절대적 효력을 갖는 것이 아니라 전 손해를 정확히 파악할 수 없는 상황하에서 조급히 합의에 의하여 권리포기가 약속된 경우에는 특약이 없는 한 손해가 합의당시 예견하였던 범위 안에서 그칠 것을 암묵의 전제로 하는 것이라고 해석하여 그 이후 발생하는 현저한 사정의 변경은 권리포기조항의 해제조건으로 된다고 보는 것으로 권리포기조항만이 해제조건에 의하여 실효된다고 하는 점에 특징이 있다고 볼 수 있다.

이 견해는 위 착오취소설에 의할 때 표의자에게 중대한 과실이 있는 경우에 또는 취소를 주장하는 자가 표의자가 아닌 제3자인 경우에 취소할 수 없게 됨으로써 야기되는 헛점을 보완할 수 있는 장점이 있으나 합의당시 당사자가 생각하지도 못하였던 사정을 해제조건으로 삼아 권리포기의사에 부착되어 있었다고 해석하는 것은 착오취소설과 마찬가지로 너무 의제적이고 기교적이라는 비판을 면할 수 없다.[913)]

4. 합의와 불공정한 법률행위

민법 제104조는 당사자의 궁박, 경솔 또는 무경험으로 인하여 현저하게 공정을 잃은 법률행위는 무효로 한다고 규정한다. 이 규정은 원용하여 합의의 효력을 부인한 판례가 있다.

대법원 1979. 4. 10. 선고 78다2457 판결[914)]은 「원심은 소외 김재영(피고로부터 원심 판시 전선가설공사의 노무도급을 받은 사람임)을 대리한 소외 태을섭이 원심 설시의 본건 사고후 원고들 가족을 찾아와 합의를 하여 주지 않으면 위 김재영이 형사입건되게 되었으니 우선 서류상으로 빨리 합의서를 작성하여 달라고 누차 조르므로 농촌에서 농사만을 짓고 본건 사고와 같은 변을 처

912) 大阪高裁 昭 39. 12. 16. 判例時報 511호 20면.

913) 山下末人「示談當時 豫想しなかつた 後遺症等が 發生した 場合と 賠償請求權抛棄約款の 效力」判例時報 525호.

914) 판례카드 12082, 대법원판례집 27권 1집 민 252면.

음 당하는 무경험한 원고들을 대리한 소외 유재우와 원고들은 당시 가장을 잃어 경제적으로나 정신적으로나 경황이 없는 궁박한 상태하에서 본건 사고로 인한 손해배상금으로 얼마를 받을 수 있는 것인지도 잘 모르면서 경솔하게도 사고후 불과 1주일 밖에 되지 않은 1977. 8. 7.에 원고들이 받을 수 있는 금액의 1 / 8도 안되는 금150만원을 합의금으로 정하여 위 소외 김재영이나 피고 회사에 대하여 민·형사상 더 이상 문제 삼지 않기로 하는 내용의 합의서를 작성하여 위와 같은 사정을 잘 아는 위 태을섭에게 그 합의서를 교부하여 준 사실을 인정한 후 위 인정사실에 의하면 위 합의는 원고들과 소외 유재우의 경솔·무경험과 원고들의 궁박한 상태 아래에서 이루어진 현저하게 공정을 잃은 법률행위로서 무효라고 판시하였는 바, 원심의 이 판단은 정당하다」고 판시한 것이 그것이다.

위 사건에 관한 상고이유서에 의하면 본건은 감전사망사고이다. 따라서 사고후에 후유증 등에 의한 후발손해라는 사정변경은 발생되지 않은 것이고 따라서 앞서 본 바와 같은 제 이론은 원용될 수 없는 사안이다.

그러나 후발손해를 추가청구하는 경우에 있어서 앞서 본 제 이론을 적용할 수 없고, 인하여 합의의 효력을 부인하지 못하고 권리포기조항에 따라 추가청구가 불가능하게 되는 경우에, 결과적으로 그 합의금액이 법원이 인정하는 배상손해액에 비하여 현저하게 소액이고 그와 같은 합의에 도달하게 된 상황에 있어 피해자측의 궁박·경솔·무경험이 인정되어 불공정하다고 보이면 그 이론을 동원할 수 있을 것이지만, 사실 차량에 의한 사상사고는 피해자의 입장에서 볼 때 경험을 갖는 일은 거의 없고 예기치 않았던 치료비의 지출과 휴업으로 인하여 경제적인 궁박상태에 빠지게 되고 손해배상이론의 전문가가 아닌 일반인으로서는 얼마의 손해배상금을 받을 수 있는지를 정확히 알 까닭이 없으니 후에 법원이 산정한 손해액과 상당한 차이가 생기기만 하면 불공정법률행위로서 무효라고 주장할 수 있게 되고 그렇게 되면 법적 안정성을 해하고 합의가 담당하고 있는 사회적 역할은 무시되는 것이 아닌가 하는 의문이 제기되지 않을 수 없다.

불공정법률행위로서 무효라고 보는 중요한 까닭은 합의금과 손해배상인정액과의 현저한 불균형으로 보지 않을 수 없는 데, 그와 같은 불균형만을 들어내어 불공정성을 단정하는 데는 문제가 있다.

위 사건에 있어서와 같이 가해자가 한전과 같은 자력있는 대회사라면 모르되 종합보험에도 가입하지 아니하고 자력이 불충분한 개인이나 영세회사인 경우에는 법원 인정의 손해액을 실제로 집행할 수 있느냐 하는 것도 고려하지 않을 수 없고, 상당액의 착수금 외에 승소액의 몇 할을 사례금으로 지급한다는 등의 소송비용도 무시할 수 없고, 승소판결을 집행하여 실제로 금원을 수령하기까지의 비용과 시간도 생각하지 않을 수 없으니, 합의금과 인정손해액과 사이에 불균형이 있다 하여 앞서 본 바와 같이 쉽게 인정할 수 있는 궁박·경솔·무경험을 덧붙여 불공정법률행위라 단정함에는 재고가 필요하다고 생각된다.

그러나 아무리 그렇다 하더라도 인정되는 배상액의 1 / 8 또는 1 / 10 정도의 합의금인 경우에는 불공정법률행위라고 보지 않을 수 없을 것으로 생각된다.

사실 민법 제104조의 중점은 현저하게 공정을 잃은 결과에 있고, 궁박·경솔·무경험은 그 결과에 이른 원인을 거시한 것이므로, 불공정한 법률행위로 단정함에는 현저히 불공정한 결과 즉, 도저히 묵과할 수 없는 정의관념에 반하는 균형 잃은 결과를 제1의 요건으로 강조하여야 할 것인 데, 위와 같은 현저한 불공정성을 인정함에는 합의금과 법원에서 인정하는 손해액과의 차이가 상당히 있다 하여 쉽게 인정할 것이 아니라 가해자의 자력·보험가입 여부·그 보험의 내용·제소비용·시간·집행가능성과 그 비용·시간 등을 종합 고려하여 신중히 하여야 할 것이라고 생각한다.

5. 권리포기조항의 한정적 해석

이 견해는 권리포기조항의 효력을 인정하지만 그 포기의 효력은 합의 당시 당사자가 예상하였던 손해에만 미치고 예상을 넘은 후발적 손해에는 미치지 않는다고 해석하고 그렇게 해하는 것이 당사자의 의사를 합리적으로 해석하는 것이라고 풀이한다.

일본 최고재판소 소화 43. 3. 15. 판결[915]이 이 견해를 취한 이래 많은 하급심 판례들이[916] 이 견해를 따르고 학설도 대개 이에 찬성하고 있어 일본의 통설이라 할 수 있다.[917]

전시 일본 최고재판소 판결은「일반적으로 불법행위에 의한 손해배상의 합의에 있어서 피해자가 일정액의 지불을 받는 것으로 만족하고 그 나머지의 배상청구권을 포기하였을 때는 피해자는 합의당시에 그 이상의 손해가 있었다 하여도 혹은 그 이상의 손해가 사후에 생겼다 하여도 그 합의액을 상회하는 손해에 대하여는 사후에 청구할 수 없는 취지라고 해하는 것이 상당하다.

그러나 본건에 있어서 원판결이 확정한 바에 의하면 피해자 S는 소화 32년 4월 16일 좌전완 복잡골절의 상해를 입고, 사고 직후에 있어서 의사의 진단은 전치 15주간의 전망이었으므로 S 자신도 위 상해는 비교적 경미한 것이고 치료비 등은 자동차손해배상보험에서 줄 것이라고 생각하였으므로 사고후 10일도 안 되어 아직 입원 중이던 동월 25일에 S와 Y 회사간에 Y회사가 자동차손해배상보험금(10만원)을 S에게 지불하고 S는 금후 본건 사고에 의한 치료비 기타 위자료 등의 일체의 요구를 하지 않는다는 뜻의 합의계약이 성립되고 S는 10만원을 수령하였던 바, 사고후 1개월이 경과해서부터 위 상처는 예기에 반하는 중상임이 판명되어 S는 재수술을 받지 않을 수 없었고 수술후도 좌전완관절을 못 쓸 정도의 기능장해가 남고, 인하여 77만여원의 손해를 보게 되었다는 것이다.

이와 같이 전 손해를 정확히 파악하기 어려운 상황 아래서 조급히 소액의 배상금으로 만족한다는 뜻의 합의가 성립된 경우에 있어서는 합의에 의하여 피해자가 포기한 손해배상청구권은 합의 당시 예상하고 있던 손해에 대한 것만이었다고 해하여야 할 것이고, 그 당시 예상하지 못하였던 불측의 재수술비나 후유증이 그 후 발생된 경우 그 손해에 대하여서까지 손해배상청구권을 포

---

915) 民集 22권 35호 587면.

916) 東京地判 昭 44. 1. 29. 判例タイムズ 233호 166면; 大阪高判 昭 44. 10. 28. 判例タイムズ 241호 96면; 大阪地判 昭 45. 2. 10. 判例タイムズ 251호 315면; 新潟地判 昭 45. 3. 27. 判例時報 595호 85면; 福岡地判 昭 45. 8. 28. 判例タイムズ 257호 263면.

917) 星野批評, 法協 86권 6호 75면; 山下末人, 전게 논문 判例時報 525호 125면; 藪, 민상 59권 5호 95면; 並木,「民事交通事故の 理論的 課題」法曹時報 22권 5호 64면.

기한 취지라고 해하는 것은 당사자의 합리적 의사에 합치하는 것이라 할 수 없다」고 판시하였다.

우리나라 대법원은 1977. 4. 12. 선고 76다2737 판결[918]에서 「위 합의당일은 사고직후라 부상의 전모가 의학상으로 뚜렷이 제대로 나타났다고 보기도 어렵다고 인정되어 그때 현재로 원고는 물론 피고도 원심 인정과 같은 중한 불구가 되리라는 사정은 알 수 없었다고 아니할 수 없어 그 합의에서 예상한 정도의 부상은 원심이 인정한 바와 같은 중한 것이 아니라는 당사자간의 의사였다고 할 것이니, 그 후에 처음 예상한 것 이상으로 중한 사태가 일어났다면 그 합의를 들어 이 손해의 배상을 못한다고는 할 수 없다」고 판시하였고, 대법원 1980. 11. 25. 선고 80다1568 판결[919]은 전시 대법원 판결을 인용하면서 「기록에 의하여 살펴보니 원고 강낙식이 소론 합의서를 작성할 당시에 있어서는 원고 강병희의 상처가 쉽게 완치되리라는 전망이었고, 피고는 치료비를 부담하겠다고 성의를 보이므로 공무원인 피고의 형사책임을 감경되게끔 하기 위하여 치료비 외에 손해배상청구를 아니하겠다는 내용의 동 합의서를 작성하였으나 이때는 현재와 같이 불구로 인한 74퍼센트의 노동력상실이란 후유증은 예상 못하였다는 원심 판시사실을 수긍할 수 있으므로 이렇게 합의 당시 예상 못한 중대한 사태가 일어났다면 위와 같은 합의를 들어 예상 못하였던 손해의 배상을 구할 수 없는 것이라고는 볼 수 없으니(당원 1977. 4. 12. 선고 76다2737 판결 참조), 원심이 피고의 청구권 포기항변을 배척하고 원고 강병희의 일실손해 등의 배상청구를 인용한 원심의 조치는 결론에 있어 정당」하다고 판시하고, 대법원 1987. 4. 14. 선고 86다카1994 판결[920]도 교통사고로 상해를 입은 피해자가 그 병상이 호전되고 안정가료를 취하면 임상증상이 없어질 것이라는 의사의 말만 믿고 치료비와 손해배상금을 받고 이후의 치료비 및 손해에 대하여는 일체의 권리를 포기하며 장래 장애가 발생하더라도 민·형사상의 소송이나 이의를 제기하지 아니하기로 합의가 이루어졌다고 하더라도 그 뒤 병세가 더 악화되면서 피해자의 정신에 현저한 장애를 남겨 언제나

918) 대법원판례집 25권 1집 민 143면, 공 1977. 5. 15. (560), 10036.

919) 공 1981. 1. 15. (648), 13403.

920) 공 1987. 6. 1. (801), 802; 동지 대법 1984. 12. 26. 선고 84다카1483〔공 1985. 3. 1. (747), 244〕.

타인의 간호를 필요하는 상태에까지 이르게 되고 그 노동능력의 95퍼센트가 상실될 것으로 예상되는 등 격심한 후유장애가 있게 되었다면 피해자가 그러한 경우까지도 예상하여 아무런 이의를 하지 않기로 합의한 것이라고 쉽게 단정할 수는 없다고 판시하였는 데, 이 판례들은 모두 권리포기조항의 효력을 한정적으로 해석한 것으로 생각된다.

배상책임의 유무나 손해의 액수에 관하여 가해자와 피해자간에 다툼이 있고 쌍방이 서로 양보한 결과 소위 합의가 성립된 경우에는 그 합의계약은 민법 제733조의 화해에 해당한다. 그러나 합의가 성립되는 것은 사전에 다툼이 있고 쌍방이 양보하는 경우에만 이루어지는 것은 아니다. 손해에 관하여 쌍방 모두 명확한 인식이 없는 채로 성립되는 일도 있고 피해자가 일방적으로 양보하여 성립되는 경우도 있다. 이와 같은 경우의 합의계약은 화해 유사의 무명계약이라 할 수 있다.[921)]

어쨌든 사적자치의 원칙상 합의가 성립된 경우에는 쌍방 모두 여기에 구속되고 실손해가 합의금보다 적었다 하여도 가해자는 합의금의 지불을 거절할 수 없고 합의후에 손해가 증가하였다 해서 피해자가 추가청구를 할 수 없는 것은 당연하다. 이 효과 자체가 합의계약의 목적이고 이 구속력을 간단히 부정하여 버리는 것은 법적안정성을 해하고 현재 합의가 담당하고 있는 사회적 역할을 말살시키는 것이 된다.[922)]

계약에는 항상 어느 정도의 위험이 따르는 것인 데, 화해 내지 합의계약에 있어서는 이 점이 일층 현저하다. 합의후의 손해증대라는 위험은 그 위험중 하나이고 합의에 의하여 그 이상의 청구권을 포기한 피해자는 통상 위와 같은 위험을 인수한 것이라고 보지 않으면 안 된다.

상처는 가볍고 걱정 없다고 믿어서 합의에 응한 피해자의 기대가 잘못되었다 하여도 그는 자기의 부주의, 실패의 책임을 상대방에게 전가시킬 수 없다. 상대방은 이 합의계약에 의하여 사건에 종지부를 찍기를 기대하고 그 때문에 합의에 응한 것이다. 위와 같은 위험의 분배는 어떤 의미에서는 합의의 본질

921) 瀨戶正二, 「示談當時 豫想しなかつた 後遺症等か 發生した 場合と示談の 效力」 일 最高裁判例解說 民事編 昭 43. 17사건 144면.

922) 瀨戶正二, 전게 논문 145면.

에 관계가 있는 것이다.[923]

그러나 인신사고에 의한 손해의 전모를 정확하게 파악하는 것은 곤란하다. 특히 교통사고에 의한 부상에 대하여는 더욱 그렇다. 의사의 진단은 추정에 불과하고 치료과정과 결과는 환자의 건강상태, 의료시설, 의료담당자의 의술 등 여러 가지 조건에 관계가 있다. 낙관적인 경상으로 진단되었던 것이 후에 중상으로 판명되는 수도 있고, 쉽게 나을 줄 알았던 경상이 기대에 반하여 장기간의 치료를 요하게 되고, 완치되리라 믿었던 상처가 불구라는 후유증을 남기게 하는 일도 있다.

그런데 이와 같은 손해는 합의가 없었다면 원래 가해자가 부담했어야 하는 것이고 합의당시 당사자들이 위와 같은 손해까지 합의계약의 목적인 분쟁으로 삼았다고 보는 것은 지나치다. 사실 가해자는 합의에 의하여 사건에 종지부를 찍을 목적을 가졌다 하여도 합의당시에 있었던 의사의 오진이나 예기치 못한 후유증의 발생과 그로 인한 치료의 장기화 내지 불구화로 인한 손해의 증대까지 예상하고 합의에 의하여 그 책임을 면하려 하였다고 보는 것은 가해자에게 편파적인 해석이다.

내심에 그런 동기가 있었다고 하여도 그것을 명시적으로 들어내지 아니한 이상 그것을 합의계약을 체결한 당사자의 표시된 의사로는 볼 수 없다.

합의당시 합의당사자들이 분쟁의 목적으로 삼은 손해는 그 당시 내려진 진단과 순조로운 치료를 전제로 하여 발생되는 것이었다고 보는 것이 합리적이라고 보지 않을 수 없기 때문에 위와 같은 제한적 해석론이 성립되는 것이다.

그러나 합의당시에 내려진 진단내용보다 다소 치료기간이 연장된 경우까지 위 이론을 적용하는 것은 곤란하다.

만일 그렇게 한다면 그야말로 법적안정성을 해하고 합의가 갖는 사회적 법적 역할을 무시함으로써 합의를 말살시키는 결과가 될 것이다.

따라서 문제는 법적 안정성과 피해자의 구제라는 두가지 이익의 조화에 있다. 전시 일본 최고재판소 판결이 「전 손해를 정확히 파악하기 어려운 상황 아래서 조급히 소액의 배상금으로 만족한다는 뜻의 합의가 성립된 경우」를 들고, 전시 대법원 판례가 합의당일은 사고직후라 부상의 전모가 의학상으로 뚜렷이

923) 楠本安雄,「示談成立後に おける 損害の 增大について」 司法硏修所報 34호 37면.

제대로 나타났다고 보기도 어려웠는데 후에 중한 불구가 된 경우 또는 합의당시에는 상처가 쉽게 완치될 줄 알았는데 후에 노동력의 74%를 상실하는 중한 불구가 된 경우를 들어 권리포기조항의 효력을 제한적으로 해석한 것은 바로 위와 같은 상충이익의 조절이라고 볼 수 있다.

Ⅲ. 재판상 화해 및 판결확정후의 추가청구

재판상 화해와 확정판결에는 기판력이 부여되고 이 기판력은 소송물 전체에 미치므로 위 소송물의 일부를 이루는 새로운 추가청구는 기판력에 반하여 허용할 수 없게 된다.

그리고 불법행위로 인한 손해배상청구의 소송에 있어서 치료비 등 적극적 손해배상의 청구는 특단의 사정이 없는 한 1개의 소송물이므로[924] 원고가 전(前)소송과 동일한 불법행위로 인하여 입은 적극적 재산상 손해로서 그 치료비의 청구를 하려면 전소송에서 원고가 적극적 재산상의 손해 중 일부의 청구를 유보하고 그 이외의 일부만을 청구한다는 취지를 명시한 때에 한하여 그 청구권이 있다 할 것이고 전소송에서 일부청구라는 취지를 명시하지 아니하고 적극적 재산상 손해의 일부만을 청구하였다면 전소에 대한 판결의 기판력은 청구하지 아니한 부분에까지 미치게 되어 나머지 부분에 대하여는 이를 청구할 수 없으므로 일부청구유보의 취지가 내심의 의사만으로 유보된 것인 때에는 전소송의 확정판결의 기판력은 후소에 미치게 되고(대법원 1982. 11. 23. 선고 82다카845 판결[925]), 따라서 추가청구는 부정되지 않을 수 없고 이것이 원칙적 입장이라 생각된다.

그러므로 재판상 화해나 판결확정후에 치료기간이 장기간 연장되어 치료비가 증대되었다 할지라도 추가청구는 불가능하다.

그러나 재판상 화해 당시 또는 전소의 변론종결 당시 위와 같은 치료기간의 연장이 예견될 수 없었음에도 불구하고 그로 인한 손해를 피해자의 부담으로 돌려버린다면 피해자에게 가혹한 것이 아닌가 하는 생각이 들게 됨으로써 전

924) 대법 1980. 11. 25. 선고 80다1671 대법원판례집 28권 3집 민 215면.
925) 공 1983. 2. 1. (697), 206.

소의 기판력을 피할 방법을 모색하게 되었다.

그 결과로 나타난 것이 전시 일부청구이론에 있어서 일부청구유보요건의 완화이고, 또 하나의 방법은 기판력의 시간적 제한이었다.

대법원 1980. 11. 25. 선고 80다1671 판결[926]은 다음과 같이 판시하였다.

즉, 「불법행위로 인한 손해배상청구의 소송에 있어서 치료비 등 적극적 손해배상의 청구는 특단의 사정이 없는 한 1개의 소송물이라 할 것이나 그 적극적 손해의 배상을 청구한 전소송의 변론종결후에 새로 어떤 적극적 손해가 발생한 경우에 그 전소송의 변론종결당시 그 손해의 발생이 예견될 수 없었고 또 그 부분 청구를 포기하였다고는 볼 수 없는 등 특단의 사정이 있다면 비록 전소송에서 그에 관한 청구의 유보가 되어 있지 아니하였다 하더라도 그 부분에 관한 손해배상의 청구는 위 전소송의 소송물과 동일성이 없는 별개의 소송물로서 그 소의 이익이 없다고 할 수 없어 전소송의 기판력에 저촉되어 부적법한 것이라고는 할 수 없다.」

요컨대 1개의 소송물의 일부를 전소에서 청구하고 나머지 일부를 후소에서 청구하려면 전소에서 일부청구임을 명시함으로써 일부청구권을 유보한다는 취지를 분명히 해 두어야 하지만, 이와 같은 원칙은 전소의 변론종결당시 후소에서 청구된 일부청구 즉, 후발손해가 예견될 수 없었던 특수한 경우에는 위 원칙상 요구된 일부청구권유보의 명시라는 요건을 완화시켜 오히려 위 후발손해에 관한 청구권을 포기하였다고 볼 수 없는 한 유보된 것으로 보아야 한다는 뜻으로 풀이된다.

위 80다1671 판결이 특단의 사정이 없는 한 1개의 소송물이지만 특단의 사정이 있으면 후소의 청구는 전소송의 소송물과 동일성이 없는 별개의 소송물이 된다고 하고 그 특단의 사정으로서 ① 전소의 변론종결당시 그 손해의 발생을 예견할 수 없었고, ② 또 그 부분에 관한 청구를 포기하였다고 볼 수 없는 점을 들고 있으나, 1개의 소송물이면서도 후소에서 청구가 가능한 것은 일부청구권의 명시적 유보가 있었기 때문이고 이 유보가 바로 1개의 소송물을 2개로 갈라놓은 특단의 사정인 것인 데, 전소의 변론종결당시 예측 못한 손해가 후발적으로 발생되고 그것을 포기하였다고 볼 사정도 없다면 전시 명시적 유

926) 대법원판례집 28권 3집 민 215면.

보의 의사표시가 없더라도 유보한 것으로 보아야 한다는 취지로 해석함이 옳을 것으로 생각한다.

일 최판(소화 42. 7. 18.)[927]이 기판력의 한정을 받는 일부청구이기 위하여는 그 취지를 명시하여야 한다는 방침을 유지하면서도 구체적 사안에 있어서는 위 명시요건을 극히 완화시켜 피해자를 구제한 것 역시 같은 취지로 보인다.

그런데 후발손해에 관하여 별소를 허용하는 이론 중에는 위에서 설명한 일부청구이론의 요건완화방법 외에 기판력의 시적한계이론을 확장함으로써 기판력의 차단효력이 미치는 범위를 1개의 소송물의 일부에 한정시키고 혹은 소송물을 시적인 절단에 의하여 2개로 분리시킴으로써 후발손해에 대한 피해자의 구제를 도모하는 방법을 주장하는 견해도 있다.

이 견해는 후발손해를 수반하는 손해배상사건의 특수성에 착안하여 이와 같은 경우에는 분쟁의 일회적 해결이라는 요청을 완화시켜, 본래 단일의 소송물인 배상청구권의 일부를 구성하는 손해라 할지라도 그것이 기판력의 기준시 후에 비로소 판명된 경우에는 차단효과는 미치지 않는다고 해하는 것이다.[928]

소화 43. 4. 11. 일본 최고재판소 판결[929]의 사안은 교통사고로 부상한 피해자가 조정의 결과, 5만원을 지급받고 그 나머지 배상청구권을 포기하였는데 조정성립 10개월 후에 사망하였으므로 이번에는 상속인으로부터 사망에 인한 위자료의 지급이 청구된 것이었다.

원심은 본건 사고에 의한 손해에 대하여는 이미 조정이 성립되었으므로 재판소는 이에 반하는 판단을 할 수 없다 하여 청구를 기각하였다. 그러나 최고재는「위 조정당시 山本이 사망한다는 것이 전혀 예상되지 않았다면 신체침해를 이유로 하는 위자료청구권과 생명침해를 이유로 하는 위자료청구권과는 피침해권리를 달리하므로 위와 같은 경우에는 동일한 원인사실에 기한 경우라 하더라도 수상에 기한 위자료청구와 생명침해를 이유로 하는 위자료청구와는 동일성을 갖지 않는다고 해하는 것이 상당하다」고 판시하고 파기 환송하였다.

위 판결이 2개의 위자료청구권을 별개의 것이라고 인정하는 이유로서 피침

927) 民集 21권 6호 1559면, 加茂紀久男,「示談と 事情變更」判例タイムズ 268호 185면.
928) 三ヶ月 교수의 발언, 判例タイムズ 204호 15면, 五十部,「損害賠償訴訟の 訴訟物, 後遺症と 前訴判決の 旣判力」法學セミナー-1868-5호 62면.
929) 判例時報 513호 3면, 民集 22권 4호 862면.

해권리가 다르다는 것만이 아니라 전의 조정당시 사망이 예상되지 않았던 점을 들고 있는 것은 기판력의 시적한계를 설정하는 견해로의 맹아(萌芽)를 보인 것이고, 이와 같이 후발손해의 배상청구에 관하여 소송물의 분단을 인정하는 것은 소멸시효의 기산점에 관한 민법 제766조와 잘 조화된다고 풀이하는 견해도 있다.930)

생각컨대 법정화해나 판결확정후에 후발손해에 관한 별소를 확정하려는 입장은, 일부청구권유보의 요건을 완화하는 방법을 취하든, 기판력을 변론종결 또는 화해시까지 발생된 손해에만 미치게 하는 방법을 취하든 위 두 견해의 공통점은 그 후발손해가 사실심 변론종결당시 또는 법정화해당시 전혀 예측할 수 없었던 것이라는 점에 있고 이것은 합의 성립후의 후발손해에 관하여 권리포기조항 내지 합의의 효력을 미치지 않게 하려는 견해가 요구하는 요건과 동일한 것이다.

결국 합의나 법정화해나 확정판결에 부여하여야 하는 법적 안정성은 예견치 못한 후발손해의 배상청구를 인정함으로써 피해자를 구제하려는 구체적 타당성에 의하여 제한되지 않을 수 없는 결과가 된다고 볼 수 있다.

Ⅳ. 당사자간의 분쟁종결과 산재보험금에 대한 추가청구의 가부

교통사고의 피해자가 사업 또는 사업장에서 임금을 목적으로 근로를 제공하는 소위 근로자로서 업무상 부상 또는 사망한 경우에는 근기법이 정하는 바에 따라 피해자가 요양보상·휴업보상·장해보상을 받고, 그 유족은 장사비·유족보상을 받게 되며, 위와 같은 보상의무를 부담하는 사용자는 그 의무이행을 위하여 산재보험법이 정하는 바에 따라 산업재해보상보험(이하 산재보험이라 줄임)에 가입하게 되고 따라서 근로자인 피해자는 위 근기법상의 각종 보상금에 대응하는 각종 보험급여금을 지급받게 된다.

그런데 피해자가 제3자의 불법행위로 인하여 피해를 입은 경우에는 민법상 손해배상청구권도 취득하게 되므로 위 두가지 청구권 상호간의 관계가 문제

930) 加茂紀久男, 「示談と 事情變更」 判例タイムズ 268호 185면.

로 등장하게 되는 데, 이에 관하여 근기법 제87조는 보상을 받게 될 자가 동일한 사유에 대하여 민법 기타 법령에 의하여 이 법 재해보상에 상당한 금품을 받은 경우에는 그 가액의 한도에서 사용자는 보상책임을 면한다고 규정하고, 산재보험법 제80조 제2항 역시 수급권자가 동일한 사유에 대하여 이 법에 의한 보험급여를 받은 때에는 보험가입자는 그 금액의 한도내에서 민법 기타 법령에 의한 손해배상의 책임이 면제된다고 규정하고 있는 데, 양 조항의 규정 방식에 다소 차이가 있으나 취지는 같은 것으로 풀이되어야 하고, 또한 산재보험법 제87조 제2항은 제3자의 행위로 인한 재해로 인하여 수급권자가 제3자로부터 동일한 사유로 손해배상을 받은 때에는 공단은 그 받은 배상액의 한도내에서 보험급여를 하지 아니한다고 규정하고 있고, 수급권자가 먼저 보험금을 수급한 경우에는 공단은 그가 지급한 보험금의 한도내에서 수급권자의 제3자에 대한 손해배상청구권을 대위한다고 동법 제87조 제1항이 규정하므로, 제3자에 의한 재해로 인하여 보험급여청구권이 발생하였을 경우에 수급권자의 이 법에 의한 보험급여청구권은 그의 제3자에 대한 손해배상청구권과 상호 보완 관계에 있다고 풀이한다(대법원 1974. 7. 16. 선고 74다565 판결[931]).

따라서 수급권자인 피해자가 산재보험급여를 받기 전에 가해자인 제3자와 합의 또는 재판상화해에 의하여 손해배상금 중 일부만을 수령키로 하고 나머지 청구권을 포기한 후에 부족분을 산재보험급여로 수령할 수 있느냐 하는 것이 문제로 된다.

만일 이를 허용할 때는 공단은 보험급여를 지급한 후라 할지라도 피해자가 제3자에 대한 나머지 청구권을 포기한 까닭에 아무런 청구권이 없고, 인하여 공단은 제3자에 대한 구상권을 상실하게 되기 때문이다.

그럼에도 불구하고 대법원은 근기법이 강행법규이기 때문에 당사자의 합의는 근기법상의 보상청구에 영향이 없다고 판시한 바 있다. 즉, 대법원 1977. 4. 12. 선고 76다2920 제4부 판결[932]은 피고 소속 좌석버스 운전수의 부주의로 원고 소속 마이크로버스와 충돌하여 마이크로버스에 타고 있던 원고의 기술요원이 사망케 된 경우 이 사고로 인한 손해배상은 피고가 맡아 해결하기로

931) 대법원판례집 22권 2집 민 206면.

932) 대법원판례집 25권 1집 민 152면.

원·피고간에 합의가 성립되어 피고가 유족들에게 손해금으로써 금1,200,000원을 지급하고 유족들은 그 이상의 손해배상을 청구하지 아니하기로 합의를 보았다 하더라도 유족들은 위 금원으로써 그 손해의 전부를 만족시키기에 부족하다면 그 부족된 범위내에서 원고에 대하여 근기법에 의한 보상책임을 물을 수 있음은 물론이라고 하면서 그 이유를 위 유족들이 원고에 대하여 근기법에 의하여 구할 수 있는 장사비와 유족보상 등에 대한 청구권은 원래 근기법이 강행법규임에 비추어 원·피고간의 또는 피고와 유족들 간의 합의에 의하여 영향을 받을 바 되지 아니하기 때문이라고 판시하였다.

그런데 근기법에는 산재보험법 제87조 제1항과 같은 제3자에 대한 구상규정이 없다. 그러나 산재보험법은 근기법상의 사용자의 보상책임을 이행하는 수단관계에 있고, 산재보험에 가입된 사업주의 사업장에 피용된 자와 그렇지 못한 사업장에 피용된 자와 구별하여야 할 이유도 없고, 민법 제481조는 변제할 정당한 이익이 있는 자는 변제로 당연히 채권자를 대위한다고 규정하고 있으므로 명문은 없더라도 근기법상의 보상금을 지급한 사용자는 불법행위자인 제3자에게 구상권이 있는 것으로 해석함이 타당할 것이다.

그렇다면 전시 대법원 판결은 결과적으로 근기법상 보상금청구권이 제3자에 대한 손해배상책임을 면제 또는 일부면제하여도 아무런 영향이 없다고 판시함으로써 피해자의 제3자에 대한 청구권은 합의에 의하여 소멸되었음에도 불구하고 사용자에게 보상금의 지급을 명하였고, 인하여 사용자는 보상금을 지급한 후라도 구상의 대상인 청구권이 소멸된 결과 구상권행사가 불가능하게 되고 결국 피용자인 피해자는 제3자와의 합의에 의하여 사용자의 제3자에 대한 구상권을 침해한 셈이 된다.

이와 같은 불합리를 시정하려고 한 것이 대법원 1978. 2. 14. 선고 76다2119 전원합의체 판결[933]이다.

그 사안을 요약하면, 산재보험에 가입한 사업장인 한국화성공업주식회사의 피용자인 소외 갑이 세기항공주식회사의 비행기에 탑승하였다가 추락사고로

933) 대법원판례집 26권 1집 민 67면, 판례카드 11716, 공 1978. 4. 15. (582), 10668; 동지 대법 1981. 7. 7. 선고 80다1643〔공 1981. 9. 1. (863), 14150〕; 대법 2007. 6. 15. 선고 2005두7501〔공 2007. 7. 15. (278), 1091〕.

사망한 후 그의 유족들이 위 세기항공을 상대로 손해배상청구소송을 제기하여 금16,034,272원의 승소판결을 받았음에도 그 후 법정화해를 하여 금3,011,788원 만을 수령키로 하고 나머지 청구권을 포기하였다. 그리고 나서 위 유족들은 산재보험금으로 인정된 금6,126,454원에서 법정화해금으로 수령하였다고 신고한 금액(적게 신고하였음)을 공제하고 금3,614,666원을 지급받았다. 이와 같은 사정을 안 국가는 위 유족들은 제3자에 대한 손해배상청구권을 면제함으로써 그 한도내에서 산재보험금청구권을 상실하였음에도 불구하고 이를 수령하였으니 원인없는 부당이득으로써 반환하여야 한다고 제소하였던 것이다.

원심은 피고들(유족)이 법정화해에서 면제한 손해배상금 부분에 대하여도 여전히 수급권자로서의 보험급여청구권이 있다고 판시함으로써 전시 1977. 4. 12. 선고 76다2920 판결과 궤를 같이 하였으나, 다수의견은 이를 파기하면서 다음과 같이 판시하였다.

「살피건대 산업재해보상보험법에 의한 보상보험금 수급권자가 제3자의 가해행위로 인하여 재해를 입은 경우에 그 제3자에 대하여 가지는 손해배상청구권은 통상의 불법행위상의 채권으로서 그 재해에 관하여 산업재해보상보험법에 의한 보험에 가입되어 있다 하여 위 손해배상청구권의 성질에 소장이 있다고는 할 수 없다 할 것이므로 일반적으로 위 수급권자는 사법자치의 원칙에 비추어서 제3자가 자기에 대하여 부담하는 손해배상채무의 전부 또는 일부를 면제할 수 있다 할 것이고(위 법 제16조 제2항에 의하면 보험급여를 받을 권리는 양도 또는 압류할 수 없다고 규정하고 있으나, 이를 보험급여는 수급권자의 청구에 의하여 지급한다는 위 법 제9조 제2항과 아울러보면 보험급여를 받을 권리는 양도 또는 압류할 수 없는 것이기는 하나 그렇다고 하여 이로써 곧 보험급여를 받을 권리 그 자체를 수급권자 스스로가 반드시 행사하지 않으면 안 되는 취지라고는 풀이되지 아니한다 할 것이고, 위 법 제15조 제1항[934]의 규정에 의하면 노동청장의 제3자에 대한 수급권자의 손해배상청구권의 대위규정이 있으나 이로써 그 대위하기 이전에 있어서도 수급권자의 위와 같은 면제가 제한된다고는 풀이될 수도 없는 이치라 할 것이므로 위 법 제16조 제2항 및 제15조 제1항의 규정으로 말미암아 수급권자의 자기에 대하

934) 현행법 제87조 제1항.

여 부담하는 제3자의 손해배상채무의 전부 또는 일부의 면제가 제한된다고는 볼 수 없다 할 것이다.), 재해보상보험제도는 수급권자가 입은 재해를 그 청구에 의하여 보상함에 그 목적이 있다 할 것이며(위 법 제1조 및 제9조 제2항), 위 법 제15조 제2항[935]의 규정은 수급권자가 제3자로부터 동일한 사유에 인하여 손해를 받은 때에는 노동청장(국가)은 수급권자가 받은 그 손해액의 한도 안에서 보험급여를 하지 아니한다는 것을 밝히고 있고, 제3자의 행위에 의한 재해로 인하여 수급권자의 보험급여청구권이 발생하였을 경우에 수급권자의 보험급여청구권은 그의 제3자에 대한 손해배상청구권과 상호 보완관계 있다 할 것이므로 수급권자의 지급받은 보험급여액은 가해 제3자에 대한 손해배상액에서 공제되어야 한다는 취지의 법리(대법원 1974. 7. 16. 선고 74다565 판결 참조) 및 위 법 제15조 제2항의 규정의 노동청장은 수급권자가 제3자로부터 동일사유로 인하여 손해배상을 받을 때에는 그 받은 손해액의 한도 안에서 보험급여를 하지 아니한다는 취지로 미루어 하물며 수급권자가 마땅히 받을 그 배상액의 전부 또는 일부를 면제한 것이라면 노동청장은 수급권자의 그 면제한 한도에 있어서의 보험급여도 역시 지급하지 아니하는 취지로 풀이되는 등 여러 모로 종합해서 보면, 위 법 제15조 제1항의 규정에 의하여 노동청장이 제3자에 대한 손해배상청구권을 대위하기 전에는 수급권자 스스로가 제3자의 자기에 대한 손해배상채무의 전부 또는 일부를 면제할 수 있는 것이며, 그 면제한 한도에서 손해배상청구권을 상실한 경우에는 그 면제한 것으로 인정될 수 없는 특별한 사정이 없는 한 그 면제한 한도에 있어서의 산재보험금청구권을 상실한 것으로 보아야 할 것이고 따라서 노동청장(국가)은 수급권자의 그 면제한 한도 부분에 있어서의 보험급여지급이 면제되는 것으로 해석함이 상당하다 할 것이다.

다만 이와 같이 해석한다면 수급권자의 경솔한 또는 진의 아닌 화해 등으로 보험급여를 받을 권리를 상실하게 되어 수급권자에 대한 신속·공정한 보상을 하려는 산재보험제도의 취지에 어긋나는 결과가 될 우려가 없다고는 할 수 없으나 이는 위 설시와 같이 위 산업재해보상보험규정 및 사법자치원칙 등의 해석상 부득이하다고 하지 않을 수 없으므로 위와 같이 바람직하지 못한 것으로

935) 현행법 제87조 제2항.

예상될 수도 있는 점은 산재보험제도에 대한 수급권자의 인식을 주지시키고 보험급여지급을 신속히 하는 한편 손해배상채무의 면제가 수급권자의 진의에 의한 것인지의 여부 특히 착오 또는 사기·강박 등에 의한 것인지를 신중히 가려내는 등으로 가능한 한 그 예상될 수 있는 폐단을 방지하거나 축소케 할 수 없는 바는 아니라 할 것이다.

그렇다면 원심이 확실한 사실과 같이 수급권자인 피고들이 가해 제3자인 소외 항공회사와의 간의 손해배상청구에서 한 화해에 있어서 그 면제한 부분의 효력을 다투는 아무런 주장 입증을 한 바 없고 특히 그 면제가 법정화해에 의한 것으로서 그 화해의 기판력에 저촉되는 주장을 할 수 없는 사건의 경우에 있어서는 위 설시와 같이 수급권자인 피고들의 위와 같은 면제는 그 진의에 따른 것으로 볼 수밖에 없다 할 것이고 따라서 그 면제한 부분에 있어서는 노동청장에 대한 산재보험급여청구권은 상실된 것으로 보아야 할 것임에도 원심이 위와 같이 피고들의 법정화해에서 면제한 손해배상금액부분에 대하여서도 여전히 수급권자로서의 그 보험급여를 청구할 권한이 있다고 한 판단조처는 산업재해보상보험법에 있어서의 보험급여청구에 관한 법리를 오해함으로써 판결결과에 영향을 미쳤다 할 것이니 이 점을 논란하는 보험급여청구권이 상실되었다는 논지의 결론은 이유있다 할 것이므로 원심 판결 중 원고 패소부분은 파기를 면치 못한다 할 것이다」라고 판시하였던 것이다.

그러나 위 판결은 당시 16명의 대법원판사 중 9명이 다수의견이고 나머지 7명은 다음과 같은 소수의견(전시 대법원 1977. 4. 12. 선고 76다2920 판결을 내린 제4부 소속 대법원판사들은 모두 소수의견에 가담하였다)을 표시하였다. 즉,

「산업재해보상보험제도는 근로자 보호에 기여함을 그 목적으로 하여(법 제1조), 법이 정한 근로자가 업무상 부상을 입었거나 사망한 경우에 그 근로자나 유족에게 보험급여를 하도록 규정되어 있으면서도(법 제9조), 동 보험사업의 재원은 근로자로부터 징수하는 것이 아니고 보험가입이 강제된 사업주와 국고의 부담(법 제2조의2)으로 충당하게 되어 있으며, 법은 근로자의 보험수급권을 보호하기 위하여 보험급여를 받을 권리는 양도 또는 압류도 할 수 없고(법 제16조 제2항), 보험금에 대하여는 조세 기타 공과금도 부과하지 못하도록 규정하는 등(법 제17조), 산업재해보상보험법 전규정의 정신은 근로자보호에 철저를

기하고자 함에 있음을 알 수 있는 바, 이러한 제도하의 근로자의 보험금수급권이 상실되거나 소멸되려면 법에 규정된 소멸시효가 완성되거나(법 제30조), 근로자가 제3자의 불법행위로 인하여 손해를 입은 경우에 그 제3자로부터 손해배상을 이미 받은 경우 등(법 제15조 제2항), 법에 명문의 규정이 있는 경우에 한한다 할 것이요 이러한 명문의 규정 없이 근로자의 보험수급권이 박탈될 수 없음은 너무나 당연한 법리라 할 것이다.

위와 같은 사리는 사법상 일반적인 권리도 명문의 규정 없이 이를 제한하거나 박탈할 수 없음은 명백한 법리인 데, 하물며 사회정책적 목적으로 근로자에게 일방적인 혜택을 주려는 특별법상의 이 건 보험금수급권을 명문의 규정 없이 상실되었다고 가볍게 선언한 조처는 법을 일탈한 것이라 아니할 수 없다.

다수의견은 법 제15조 제1·2항의 규정을 들어 이 건의 경우 피고들이 소외 세기항공회사로부터 손해배상을 받을 권리를 포기함으로써 원고 산하 노동청장으로 하여금 동 항공회사에 대한 피고들의 손해배상청구권을 대위행사할 수 없도록 하였으니 따라서 보험급여청구권이 상실되었다는 취지인 것 같으나, 법의 어느 조문을 보아도 위와 같이 수급권자가 가해자인 제3자에 대한 손해배상청구권을 면제하거나 포기한 경우에는 보험급여를 아니한다는 규정은 없고 다만 제15조 제2항에 수급권자가 제3자로부터 손해배상을 받은 때에는 그 한도에서 보험급여를 아니한다는 규정이 있을 뿐이므로, 다수의견은 위 조항을 유추해석하여 위와 같은 판단을 한 것 같으나, 법의 유추해석으로 타인의 권리를 박탈할 수 있다는 법리도 없거니와 가사 그러한 법리가 있다고 하더라도 위 조항은 가해자인 제3자로부터 근로자에게 이미 손해배상금이 지급된 경우에 이중으로 보험금을 지급하지 아니한다는 규정일 뿐 동 규정이 있다 하여 근로자가 제3자로부터 손해배상금을 받은 경우가 아니더라도 동 손해배상청구권을 근로자가 포기한 경우에는 보험급여청구권은 소멸된다는 비약적 유추해석은 다음과 같은 이유로 인하여 도저히 나올 수 없다 할 것이다.

즉, 산업재해보상보험제도에 있어서는 근로자의 부상이나 사망이 제3자의 불법행위로 인한 경우라도 법 제15조 제1항에 의한 대위권행사로 인하여 노동청장이 받는 손해배상금으로 보험급여를 하는 것이 아니고 위 대위권행사로 인하여 손해배상을 받고 안 받고에 관계없이 보험금이 지급될 것임은 법의 규정상 명백한 법리인 이상 노동청장의 보험금지급의무와 법 제15조 제1항의 대위권과는 법률상 아무런 연관이 없다 할 것인 데, 어떠한 법적 근거로 근로청장의 대위권을 상실시킨 근로자측의 행위로 인하여 근로자의 보험금수급권이 상실된단 말인가? 이는 근로자가 노동청장의 권리를 상실시켰으니 노동청장도 근로자의 다른 권리를 상실시켜야 한다는 법에 없는 보복적 사고에서 연유된 논지에 불과하다고 아니할 수 없다.

차라리 법에 충실하려면 근로자측의 행위로 인하여 노동청장의 위 대위권이 상실되었으니 근로자는 이로 인한 손해배상을 할 의무가 있다 함은 별문제라 할 것이고 이 경우 근로자에게 노동청장에 대한 손해배상의무가 있다 하여 근로자가 가지는 산업재해보상보험법상의 보험금지급권이 상실된다는 법리는 있을 수 없다 할 것이다.

결국 다수의견은 법리에 어긋나는 유추해석으로 적법한 판결을 위법하다 하여 파기하는 잘못을 저지른 결과가 되었다고 아니할 수 없다.」

생각컨대 반대의견은 산재보상보험법이 사회정책적인 근로자 보호에 목적이 있음을 강조하고 따라서 명문 없이 근로자의 권리를 상실 내지 소멸시킬 수 없을 뿐 아니라 유추해석으로도 그와 같이 할 수 없고 그와 같은 유추해석할 조문도 없으니 다수의견은 결국 법에 근거 없는 보복적 사고에서 연유된 것이라고 결론지음으로써 제3자의 자기에 대한 배상책임을 면제해 주었거나 동 배상채권을 포기한 자에게도 보험금청구권을 인정하여야 한다는 견해이다.

그러나 그 결과는 근로자 자신은 아무런 손해 없이 국가에게 부담을 지워 선심을 쓰고 생색을 내게 하는 것이 된다고 생각한다.

산재보상보험법이 사회정책적으로 근로자를 보호하려는데 목적이 있다 할지라도 위와 같이 불합리하게 자기는 손해 없이 국가에게 손해를 가하면서 자기에 대한 가해자에게 채무를 면제하거나 채권을 포기하는 근로자까지 보호하려는 취지를 갖고 있다고는 생각되지 아니하고 명문규정이 없는 경우에도 때에 따라서 법원은 합리적이라고 생각되는 원리를 판례로 정립하는 입법기능도 갖고 있는 것이며 그와 같은 입법기능(law-making function)은 판례법주의국가의 법원에게만 있는 것은 아니며 정도의 차이는 있을지라도 성문법국가의 법원에게도 부여되어 있다고 생각되고 그래야만 끊임없이 변화하는 사회현상을 공평 타당하게 규율할 수 있게 된다.

반대의견은 근로자측의 행위로 인하여 노동청장의 위 대위권이 상실되었으니 근로자는 이로 인한 손해배상을 할 의무가 있다 함은 별문제라고 설시하고 있으나 이 견해는 자기의 손해배상채권의 포기를 가리켜 위법성이 있다고 볼 수 있는지 의문이 생긴다. 자기의 권리라 할지라도 그것이 타인의 구상권 행사의 목적으로 되어있을 때는 구상권자의 동의 없는 자의적 포기는 위법한 것이 된다고 해석할 여지도 있고 이렇게 해석하는 경우 노동청장은 위 불법행위로 인한 손해배상채권을 자동채권으로 하고 근로자의 보험금청구권을 수동채권으로 하여 상계함으로써 보험금의 지급을 면할 수 있게 되므로 결국 결론은 같게 되는 데 다수의견은 위와 같은 논리전개를 생략하고 간단히 근로자의 보험금수급권이 상실된 것으로 보았던 것이라고 해석될 수도 있다.

소화 38. 6. 4. 일본 최고재판소 제3소법정 판결[936]은 위 다수의견과 같은 취지의 판결을 하였음을 참고로 적어둔다.

936) 民集 17권 5호 716면.

[부 록]

영국의 자동차사고손해배상 및 보험제도

Ⅰ. 서 설

자동차는 현대사회에 필요불가결의 교통수단이지만 그 무게와 속력 때문에 생명·신체·재산에 대하여 무서운 위험물로 등장하고, 도로사정이 극히 나쁘고 운전수의 준법정신이 일반적으로 높이 평가되지 아니하여 운행질서가 좋지 못한 우리나라에서는 교통사고율이 다른 어느 나라보다도 높아 교통사고로 인한 손해배상문제는 사회의 큰 골칫거리가 되어 버렸고, 교통사고 피해자들을 어떠한 방법으로 완전히 구제해 줄 수 있느냐 하는 것은 국가의 큰 문제가 되어 버렸다.

주지하는 바와 같이 우리나라는 세계의 추세에 따라 1963. 4. 4. 법률 제1314호로써 자동차손해배상보장법을 제정·공포하여 자기를 위하여 자동차를 운행하는 자는 그 운행으로 타인의 생명·신체를 사상한 때 그 손해를 배상할 책임이 있다고 규정하고, 다만 승객 이외의 자가 사상한 경우에 있어서 자기 및 운전자가 자동차의 운행에 관하여 주의를 태만히 하지 아니하고 피해자 또는 운전자 이외의 제3자에게 고의·과실이 있으며 또 자동차의 구조상의 결함 또는 기능의 장해가 없었다는 것을 증명한 때와 승객의 경우에 있어서 고의 및 자살행위로 인하여 사상한 경우에만 예외로 취급하여 책임을 면하게 하고 있다.

이 규정은 종래 민법 제756조에 의하여 피용자의 불법행위에 대하여 책임을 지던 사용자를 “자기를 위하여 자동차를 운행하는 자” 또는 “보유자”라는 개념으로 대치, 손해배상의무자를 확장하였을 뿐 아니라 입증책임을 전도시켜 보유자가 앞서 본 바와 같은 두가지 면책사유를 주장·입증하지 못하는 한 책임을 지지 않을 수 없게 한 점에서 민법 제756조의 특칙으로 간주되고 있다.

뿐만 아니라 동법 제5조는 도로운송차량법 제4조의 규정에 의하여 자동차의 등록을 받은 자는 자동차의 운행으로 타인의 생명 또는 신체를 사상한 경우에 대통령령으로 정하는 일정 범위내의 보험금을 지급하는 소위 책임보험에 가입할 것을 강제함으로써 위에서 본 바와 같은 손해배상의무자의 확대 및 입증책임의 전도와 함께 교통사고 피해자의 보호를 위한 법률제도상의 혁신을 단행한 것으로 보여진다.

한편 자동차손해배상보장법은 그 제1조에 규정한 바와 같이 피해자의 보호를 도모함과 아울러 자동차운송의 건전한 발달을 촉진함을 목적으로 하는 것이므로 보유자의 책임과 범위를 무한정 확대하여서도 아니 될 것인 바, 동법 제2조 제3항은 보유자의 개념을 "자동차소유자 또는 자동차를 사용할 권리가 있는 자로서 자기를 위하여 자동차를 운행하는 자를 말한다"고 규정하였으나 자기를 위하여 자동차를 운행하는 자라는 개념은 극히 추상적이어서 쉽게 알 수가 없다. 일반적으로 자동차의 운행을 지배하고 그 운행에 관하여 이익을 가지는 자로 이해되고는 있으나 그 운행지배라는 말 그 자체가 또 추상적이어서 정확하게 알 수 없기는 마찬가지이다.

본래 운행지배라는 것은 후술하는 영국판례에서도 엿볼 수 있듯이 자동차를 자기 손발로 운전하거나 아니면 동승하여 운전자에게 방향, 속도, 정차, 주차 등을 지시하는 등 자기의 수족처럼 운전자를 통제하는 사실상의 지배를 가리킨다 할 것이다. 그러나 판례는 종종 여기에서 벗어나 자동차소유자가 차내에 현재하지 아니한 경우에도 그 운전자가 피용자인 때는 물론 친·인척관계 또는 친지관계에 있고 그 운행이 일시적이어서 운전자 자신의 배타적 지배가 인정되지 않을 때에는 설사 그 운행이 무단히 이루어진 경우에도 소유자의 운행지배를 인정함은 물론[1] 그 보유자의 범위를 정함에 있어서도 임차인 이외에도 사고자동차를 사실상 통제하고 그 이익을 향수하는 경우에는 비록 소유자 또는 임차인이 아니더라도 보유자로 인정하는 사례가 생기기에 이르렀다.[2]

이와 같은 운행지배 내지 보유자 개념의 확대추이는 피해자보호 측면에서는 좋은 일인지 몰라도 자동차손해배상보장법의 또 하나의 목적인 자동차전송의

1) 서울고법 1972. 8. 30. 선고 72나412 판례월보 28호 46면; 最高判 昭 39. 2. 11. 判例不法行爲法 199면; 東京地判 昭 36. 7. 13. 判例時報 278호 22면.

2) 東京地判 昭 41. 2. 22. 判例時報 436호 30면.

건전한 발달과는 모순된다고 보지 않을 수 없다.

뿐만 아니라 자동차사고손해배상제도의 궁극의 목적인 억울한 피해자가 배상금을 현실로 지급받지 못하는 일이 없도록 하자는 취지에서 보면 집행불능으로 귀착되는 판결문은 한 장의 휴지에 불과하게 된다. 또한 배상의무자의 일반재산으로 손해를 배상하게 함은 때로는 일부집행불능상태를, 때로는 배상의무자의 파산을 초래하게 함으로써 또 하나의 사회문제를 야기시키고 자동차운송의 건전한 발달을 꾀할 수 없게 만든다.

이와 같은 결함을 보완하는 것이 보험제도임은 두말을 할 필요가 없다. 따라서 그 보험금은 배상의무를 지는 손해액을 완전히 전보할 수 있지 않으면 아니 되고 보험가입자는 손해배상의무를 부담할 가능성이 있는 자는 모두 포함하여 피보험자로 하지 않으면 아니 된다.

그럼에도 불구하고 여러 가지 이유를 들어 우리나라의 책임보험은 그 보험금액의 한도가 대통령령으로 제한되어 있고 그 한도액은 극히 불행하게도 현실적인 손해액과는 천지차이를 보이고 있을 뿐만 아니라 배상의무자들의 주요한 일반재산은 저당권 또는 가등기 등의 설정으로 인하여 강제집행을 사실상 실효없게 만들어 형편없이 저렴한 배상액을 합의라는 미명하에 강요하고 있는 것 또한 현실로 보인다.

가사 보험제도가 완벽하더라도 고의 또는 과실(기간만료를 모르는 등)로 보험금의 전보를 얻지 못하든가 보험계약상의 제 문제(계약의 실효 · 취소 · 해제 등) 때문에 보험금의 혜택을 받지 못하는 경우도 상정할 수 있는 데, 이러한 경우에 피해자는 어떠한 구제를 받을 수 있는가 하는 여러 가지 문제를 검토하지 않으면 안 된다.

이에 필자는 19세기초부터 자동차를 이용하여 그때부터 발견된 교통사고손해배상의 문제점들을 해결하여 온 영국의 손해배상제도와 보험제도를 살펴봄으로써 우리의 현실을 반성하고 우리가 나아갈 방향을 모색하려고 하는 바이다.

Ⅱ. 영국의 판례법에 의한 자동차손해배상제도

1. 19세기초

주지하는 바와 같이 영국은 성문법주의가 아니고 판례법주의이기 때문에 그들의 제도는 성문법에 의해서가 아니라 판례에 의하여 성립・발전되어 왔다. 당초 차량소유자의 배상책임에 관하여는 두가지의 특징을 볼 수 있는 바, 그 하나는 근대적인 불법행위이론이 형성되기 이전의 것인 데, 자동차의 소유권을 갖고 있다는 것만으로 소유자의 배상책임을 인정한 것으로서[3] 이것은 당시 선박의 소유자는 해상선박충돌사고가 생긴 경우에 자기선박의 잘못이 인정되면 누가 운항에 책임을 지고 있었는가 운항책임자와 소유자간에 어떤 관계가 있는가에 관계없이 손해배상책임을 져야 한다는 해상법이론의 강력한 영향을 받은 것으로 보인다. 그러나 점차 불법행위이론이 정립됨에 따라 선주는 과실있는 피용자의 사고에 대하여만 책임을 부담하게 되었고 자동차사고에 관하여도 궤를 같이하게 됨으로써 사용자는 피용자의 운전상 과실에 대하여 대위책임(Vicarious Liability)을 부담한다는 원칙이 확립되었다.[4]

다른 하나의 특징은 소송유형상의 기술적인 문제로서 영국법정에서는 불법침해(Trespass)와 사용자에게 피용자의 과실책임을 묻는 소송(이를 case라고 부름)을 구별하여 곤란한 문제를 일으킨 것이다. 즉, 원고가 사용자를 피고로 삼아 피용자의 과실에 대한 대위책임을 추궁하였는 데, 알고 보니 피용자의 옆좌석에 앉아 직접 말고삐를 잡고 운행하고 있었다든지 또는 피고가 직접 운행하다가 과실로 사고를 일으켰다는 이유로 소송을 제기하였는 데, 결국 사고당시 피고는 일시적으로 피용자에게 고삐를 넘겨주었다고 사실이 인정되는 경우에 원고를 패소시킬 것인가 하는 문제에 봉착하였다. 이러한 곤란성을 극복하기 위하여 법원은 운전자 옆에 앉은 피고는 마차를 충분히 지배하고 있었기 때문에 불법침해자로서 책임을 져야 하지만 이러한 경우에는 택일적으로 사용

3) Moreton v. Hardern 〔1825〕 4 B & C 223, E.R. 107.

4) Quarman v. Burnett 〔1840〕 All E.R. 350.

자책임을 물을 수 있다고 판결하였다. 이 당시 판결에서 말하는 "지배(control)"란 사실상의 육체적 지배를 뜻한 것이고 지배권을 의미한 것이 아니었다.

지배라는 단어를 도입한 것은 피고를 공동불법행위자로 끌어들이기 위한 것이었을 뿐 대위책임사상으로부터 나온 것은 아니었다.[5)]

2. 시금석으로서의 지배개념

위와 같은 19세기 초기의 판례 후에는 상당한 시대적 간격이 있다가 20세기 초에 이르러 새로운 발전이 생기기 시작하였다. 그 하나는 법원이 소송형식에 구애되지 아니하고 그 실질문제만을 다루게 되었다는 것이고, 다른 하나는 피용자이냐 아니냐를 판단하는데 지배권 또는 통제권을 유지하고 있느냐(the retention of the right of control)의 여부를 기준으로 삼게 되었다는 것이다. 따라서 법원이 지배권·통제권이 있다고 인정하면 고용계약을 인정하고 그 지배와 통제하에 있는 자를 피용자(servant)로서 인정하였다. 그러나 그 후의 판례에 있어서는 지배하의 사람을 피용자 또는 대리인(servant or agent)라고 판시하여 혼용하면서[6)] 어떤 용어를 쓰든 무관하다는 태도를 보였다.

즉, Samson v. Aitchison사건에서 상고인은 C부인과 자기소유 차량의 상담을 하다가 그 부인과 그녀의 아들을 태워 시험운전을 해 보이던 중 아들에게 운전을 허용하였는 데, 그녀 아들의 과실로 사고를 낸 사안에 관하여 Privy Coucil[7)]은 상고인은 그의 지배권을 포기하지 않았기 때문에 책임을 져야하며 그 아들이 상고인의 피용자이었느냐 대리인이었느냐 하는 것은 관계없는 일이라고 판시하였다.

이와 같은 책임소재의 기초가 된 지배 유무의 시험은 위와 같은 유형의 사건에 계속 적용되어 왔지만 최소한 다음과 같은 두가지 형태의 경우에 관하여는 의문이 발생하였다. 첫째 유형은 자동차소유자가 차내에 있지 않았을 때 발생된 사고로서 소유자가 임대차계약이나 할부판매계약에 의하여 차를 넘겨주

5) Wheatly v. Patrick 〔1837〕 E.R. 150.
6) Samson v. Aitchison 〔1912〕 A.C. 844.
7) Privy Council－영국 이외의 영연방국가들로부터의 상고사건을 다루는 최고법원.

지 않는 한 항상 어떤 지배권을 유지하고 있기 때문에 책임을 지게 된다는 것이었다. 결국 Parker v. Miller사건에서 친구에게 종종 자기차의 운전을 허용했던 소유자는 그 친구가 일으킨 사고에 대하여 그 운행목적에 관한 아무런 증거도 없이 책임을 인정 당하였는 데, 그 사건에서 Scrutton판사는 중요한 것은 사실상의 지배가 아닌 지배권이라고 주장하였다.8)

그러나 이렇게 되면 자동차 소유자는 운전자의 과실로 발생한 사고는 어느 것이나 책임을 지게 된다는 적극적인 결론까지 갈 염려를 느낀 나머지 법원은 여기서 후퇴하기 시작하여 Britt v. Galmoye사건에서는 피고가 그의 피용자에게 일과 후 두 친구와 함께 극장에 갈 수 있도록 자기차를 빌려 주었지만 배상책임없다고 판시하였다.9)

이러한 판시에 대하여 종래의 이론은 자동차를 빌려줄 때 지배권도 포기한 것이라고 합리화시킬지 모르지만 소유자는 피용자에게 시속 30마일 이상으로 달리지 말라든가, 극장 이외의 다른 곳을 가서는 안 된다든가, 자동차는 반드시 주차장에 세워두라든가 하는 등의 지시가 있을 수 있으므로 사실과 부합되지 않는 이론구성이라고 보지 않을 수 없다.

뿐만 아니라 Chawdhary v. Gillot사건에서는 원고가 자기차를 피고의 정비공장에 수리의뢰하러 가져간 후 기차역까지 차를 태워달라고 요청, 피고는 그의 기술자에게 원고 소유의 위 수리의뢰차를 운전, 태워다주고 오라고 지시하여 역으로 가다가 위 기술자의 과실로 일어난 사고에 관하여 피고는 원고가 자기소유 자동차 안에 있었고 지배권을 가지고 있었으므로 원고 자신이 운전자의 과실에 대하여 책임이 있다고 주장하였으나 법원은 원고가 차를 정비공장에 가져갔을 때 이미 지배권을 포기한 것이라고 판시하였다.10)

그러나 그 후 영국의 판사들은 위와 같은 지배권 유무를 통한 책임인정은 극히 가상적이어서 비현실적이고 부당하다는 생각을 하게 된 것 같다. 그리하여 그들은 책임의 근거를 소유자의 지배권에서 찾지 아니하고 대리원칙(the principle of agency)에서 찾게 되었다. 여기에서의 대리인이란 계약법상의 대

8) Parker v. Miller 〔1926〕 42. T.L.R. 408.
9) Britt v. Galmoye 〔1928〕 44. T.L.R. 294.
10) Chawdhary v. Gillot 〔1947〕 2. All E.R. 541.

리인이 아니라 차량 소유자의 동의하에 그의 사업이나 목적을 위하여 자동차를 운전하는 자를 말한다. 이와 같은 새로운 이론을 시도한 것은 Ormrod v. Crosville Motor Services, Ltd.사건이었다.

3. 책임근거로서의 대리이론

전시의 사건에서 피고는 자동차경주를 하러 몬테칼로로 가면서 친구와 합의하에 그 친구가 영국에 있던 피고차를 운전, 그 부인과 함께 몬테칼로로 와서 3명이 합류하여 같이 휴가를 가기로 하였다. 그런데 그 친구는 도중에 자기 일을 보기 위하여 며칠 일찍 출발하여 가던 중 사고를 일으켰다.

이 사건에서 1심법원과 항소법원은 위 친구는 피고의 대리인(agent)이기 때문에 피고는 책임이 있다고 판시하였다.

Denning고법판사는 다음과 같은 이유로 소유자의 책임을 확고히 인정하였다. 즉, "종종 자동차소유자는 그 피용자가 고용과정에서 과실로 사고를 낸 경우에만 책임을 지는 것으로 생각되었지만 이것은 잘못된 생각이다. 소유자는 운전자와 그 대리인인 경우, 다시 말하면 운전자가 소유자의 동의하에 그의 사업이나 그의 목적을 위하여 자동차를 운전하는 경우에는 역시 책임이 있다. 이 사건에서 운전자는 상호 합의하에 부분적으로는 그 자신의 목적을 위하여 부분적으로는 소유자의 목적을 위하여 운전하고 있었다. 법은 운전자가 소유자의 피용자이든, 그의 친구든, 누구든지간에 도로상에 자동차의 운행을 허용한 자동차 소유자에게 특별한 책임을 부과하는 것이다. 만일 자동차가 소유자의 사업이나 목적을 위하여 일부이든 전부이든 사용되었다면 소유자는 운전자의 과실에 대하여 책임을 지지 않으면 안 된다. 단지 소유자는 자동차를 제3자에게 빌려주어 자기와는 아무 이해나 관계가 없는 목적에 사용되는 경우에만 면책되는 것이다."[11)]

이 사건 이전에도 Hewitt v. Bonvin사건[12)]이 같은 이론으로 판시되었고 이 사건 이후에는 Carberry v. Davies사건[13)]과 Vandyke v. Fender사건[14)]이 그

11) Ormrod v. Crosville Motor Services, Ltd. 〔1953〕 2 All E.R. 753 C.A.

12) Hewitt v. Bonvin 〔1940〕 1 K.B. 188.

궤를 같이하고 있다.

Hewitt v. Bonvin사건에서 Bonvin의 아들은 허가권을 가진 어머니로부터 Bonvin의 자동차사용을 허가받아 여자친구들과 놀러갔다 오던 중 사고를 내었다. 부모는 그 여자친구들을 모르고 있었다. Bonvin을 상대로 한 손해배상소송에서 항소법원은 원심을 파기하면서 그 아들은 아버지의 피용자도 대리인도 아니고 그 자동차가 아버지의 목적에 사용된 것도 아니므로 책임없다고 판시하였고, Carberry v. Davies사건에서는 Davies가 16세 아들의 요청에 따라 자동차사용을 허가하면서 자기의 피용자로 하여금 이를 운전하게 하였고 그 피용자의 과실로 사고가 발생하였는데 이 사건에 관하여 항소법원은 운전자는 소유자를 위하여 그의 권한을 받아 운행한 것이므로 소유자는 책임이 있다고 결론을 내리면서 "소유자는 운전자가 소유자로부터 권한을 받아(명시적이든 묵시적이든) 운행중 일으킨 사고에 대하여 책임이 있는데 그것은 소유권 때문이 아니라 일(task) 혹은 의무(duty)의 위임 때문"이라는 Du Parcq판사의 판시[15]를 인용하였다. Vandyke v. Fender사건에서 Sachs판사는 "Ormrod v. Crosville, Ltd.사건에 관한 이 항소법원의 판결 이래 자동차 소유자가 운전자에게 권한을 주고 특정운행목적에 이익을 갖는 경우에는 그 운전자가 소유자의 대리인이 된다고 생각되어 왔다"고 판시하였다.

이와 같은 새로운 이론은 지배권을 시금석으로 사용하는 종래의 이론이 봉착하였던 "순수한 가상(pure fiction)"이라는 비난을 해소시키면서 소유자 자신이 차내에 있지도 않았고 운전자가 피용자도 아닌 경우에 왜 책임을 져야 하는지를 보다 잘 설명하고 있다고 본다.[16]

4. 대리인의 요건

앞서 본 바와 같이 운전자가 소유자의 대리인으로 인정되어 차주가 운전자의 과실에 인한 사고에 관하여 손해배상책임을 진다고 본다면 과연 어떤 요건

13) Carberry b. Davies [1968] 2 All E.R. 817.
14) Vandyke v. Fender [1970] 2 All E.R. 355, 2 Q.B. 292.
15) Hewitt v. Bonvin [1940] 1 K.B. 194, 195.
16) Vicarious Liability, P.S. Atiyah 1967. 1ed. 129.

이 구비되어야 대리인이 되는가?

우선 여기에서의 대리인이 계약법상의 그것이 아님은 Denning판사가 지적한 바와 같다. 그리고 앞서 Hewitt v. Bonvin사건에서 보았듯이 단순한 자동차사용의 허가(permission)만으로는 부족하다고 한다. 위 허가가 있어야 함은 물론 그 운행목적이 차주의 사업을 위하여 또는 차주의 목적을 위하여 사용되지 않으면 안 된다고 Ormrod v. Crosville Motor Services, Ltd.사건에서 판시된 바 있다. 그래서 운전자가 자신만의 유흥(frolic)을 위하여 자동차를 운행하였던 Rambarran v. Gurruchran사건[17]에서는 차주의 책임이 부정되었다. 일찍이 Du Parcq판사는 자동차소유자가 운전자의 과실사고에 책임을 지는 것은 소유권 때문이 아니라 일 혹은 의무의 위임(deligation of task or duty)때문이라고 판시하였다.[18]

그러나 그 운행목적이 완전히 차주의 사업이나 목적을 위한 것일 필요는 없고 부분적으로는 운전자 자신을 위한 목적이 있었더라도 또 부분적으로 차주를 위한 목적이 있었다면 그것으로써 운전자는 대리인이 되기에 족하다고 보았다. 앞서 본 Ormrod v. Crosville Motor Services, Ltd.,사건에서도 그랬고 Klein v. Caluori사건에서도 운전자가 자동차를 운전할 권한을 받아 그의 승낙하에 전부건 일부건 소유자의 목적을 위하여 운행을 한 경우에는 대리인이 되지만 소유자의 승낙하에 단순히 차를 빌려 오로지 자기 목적만을 위하여 사용한 경우에는 대리인이 되지 않는다고 판시하였다.[19] 결국 자동차의 운행목적이 전체적으로 보아서 소유자로부터 위임받은 일을 하기 위한 것이라면 부분적으로 운전자 자신을 위한 목적이 있었다고 하더라도 대리인으로 됨에 장애가 없다는 취지로 생각된다.

가족관계와 같은 신분관계는 대리인을 인정하는데 어떠한 영향을 주는가? 앞서의 Hewitt v. Bonvin사건에서 본 바와 같이 가족관계도 대리인 인정에는 독자적인 가치를 부여받지 못하였고 단지 다른 사정과 합쳐 중요한 의미를 가질 수 있을 뿐이라고 한다. 따라서 만일 아버지가 아들에게 집으로의 친구

---

17) Rambarran v. Gurruchran 〔1970〕 1 All E.R. 749.

18) Hewitt v. Bonvin 〔1940〕 1 K.B. 195.

19) Klein v. Caluori 〔1971〕 2. All E.R. 701.

초대를 승낙하고 손님들의 유흥이나 편의를 위하여 자기차의 사용을 허가하였다면 그 아들은 아버지의 대리인이 될 수 있다고 판시한 바가 있다.[20)]

뉴질랜드에서는 남편의 자동차를 운전하는 처가 남편의 대리인이 될 수 있느냐 하는 점이 Manawatu County v. Rowe사건을 둘러싸고 항소법원에서 다투어졌으나 결국 통상의 대리인이론으로 귀착됨으로써 처가 자기만을 위한 목적으로 사용하였다면 남편의 대리인이 될 수 없다고 판시하였다.[21)] 이와 같은 논쟁은 뒤에서 보는 바와 같이 영국에서도 있었지만 영국귀족원에 의하여 같은 결론에 귀착되고 말았다.[22)]

5. 새로운 시도에 대한 영국 귀족원의 판결

이상에서 본 바와 같이 영국에 있어서 운전자의 과실에 대한 자동차 소유자의 대위책임은 첫째 운전자와 소유자간에 피용자와 사용자의 관계가 인정되면 발생된다는 원칙이 1840년대에 확립되었고, 둘째 운전자가 피용자는 아닐지라도 소유자로부터 일이나 의무의 위임을 받아 그의 사업이나 목적을 위하여 운행을 한 경우에는 운전자를 소유자의 대리인으로 보아 역시 대위책임이 발생된다는 원칙이 1940년대 확립되었다.

그러나 이와 같은 원칙은 너무 엄격하여 구체적 사안에 즉응하여 타당성을 잃는다고 생각한 나머지 1970년에 이르러서는 미국의 혼인생활차량(matrimonial car) 또는 가족차량(family car)에 관한 이론의 도입을 시도하여 자동차 소유자의 책임을 확장하려고 하였다. 그러나 영국의 귀족원(the House of Lords)은 종래의 이론을 고집하면서 책임확장은 각국의 제도를 비교・검토한 뒤 국회에서 결정하여 입법으로 해결할 중대사이므로 법원이 판결로써 할 일이 아니라고 판결하였다. 이 사건에 관한 판결은 그때까지의 자동차 소유자의 대위책임에 관한 이론을 대법원이 정리・확정하고 타국의 제도들을 소개・비교하면서 영국의 법체계가 나아갈 방향까지 제시한 주목할 만한 판결이므로

20) Hewitt v. Bonvin [1940] 1 K.B. 196.

21) Manawatu County v. Rowe [1956] N.Z.L.R. 78 C.A.

22) Lanchbury and others v. Morgans and others [1972] 2 All E.R. 606.

이하 사건의 개요와 판시내용을 소개하고자 한다.

가. 사건내용[23)]

결혼당시 부부는 각자 자동차를 소유하고 있었으나 1년 후 2대를 갖고 있을 필요가 없다고 결정하여 남편의 차를 처분하였다. 나머지 차는 처의 소유이었으나 부부에게 속하는 가족차량으로 생각하였다. 부부는 각각 직장이 있었으나 남편의 직장이 몇 마일 떨어져 있었으므로 남편은 규칙적으로 출·퇴근에 자동차를 사용하였다. 남편은 퇴근 후 귀가 전에 종종 친구들과 늦게까지 술을 마셨기 때문에 처는 이것을 걱정하였다. 그러나 남편은 운전하기에 부적당할 때는 친구에게 운전을 부탁하겠다고 약속을 하였다. 어느 날 저녁 친구와 술을 마시러가기 때문에 늦을 것이라고 전화를 한 후 술집을 돌아다니며 술을 마셨다. 남편은 술을 마시다가 운전하기에 부적당하다는 것을 깨닫고 친구에게 운전을 부탁하면서 열쇠를 넘겨주었다. 마지막 술집에서 그들은 원고들을 만났는데 그 중 한사람은 위 친구의 친구이었고 남편의 친구는 원고들에게 집까지 태워다 주겠다고 했다. 잠시 후 남편은 몹시 술에 취하여 자동차 뒷좌석에 들어가 잠이 들어버렸다.

그 친구는 출발하였으나 남편의 집 방향이 아닌 반대방향으로 가면서 야식을 하러 가자고 하였고 조금 후에 위 친구의 과실로 버스와 충돌하여 그 친구와 남편은 사망하고 원고들은 부상당하였다. 처는 위 친구가 차를 운전하리라는 것 또는 할지도 모른다는 사실을 전혀 몰랐고 단지 면식이 있는 정도이었다. 원고들은 차주인 처를 상대로 제소하여 위 운전자의 과실에 대한 대위책임을 물었다.

나. 항소법원의 판결요지[24)]

(1) 고등법원장 Denning판사의 판결요지

보통법상(판례법상) 자동차의 소유자는 그가 운전을 허락한 운전자가 과실로 일으킨 사고의 인적·물적손해를 배상할 책임이 있고 단지 그 차가 소유자

23) Morgans v. Lanchbury and others 〔1972〕 2 All E.R. 606.

24) Lanchbury and others v. Morgans and others 〔1971〕 1 All E.R. 642.

와는 아무런 이해관계가 없고 또한 허락도 하지 않은 일에 사용된 경우에만 면책된다. 남편이 소유하고 있으나 처가 아무 때나 자유로이 사용할 수 있는 가족차량(family car)의 경우에는 처가 남편의 목적을 위하여 사용하든, 자신의 목적을 위하여 사용하든 혹은 가족・자녀를 위하여 사용하든, 남편이 처의 과실사고에 대한 책임을 져야 할 것이고 이 원칙은 처 소유의 차를 남편이 운전하는 경우도 마찬가지다. 만일 남편이 운전에 부적당하여 제3자에게 부탁을 하였다면 그럼에도 불구하고 처는 제3자의 과실사고에 대하여 책임을 져야 할 것이다. 왜냐하면 처는 제3자가 차를 몰고 집으로 오는 것에 이해관계가 있기 때문이다.

(2) Edmund Davies판사의 판결요지

자동차의 소유권이 과실 있는 운전자의 사고에 대위책임을 발생시키지는 않는다. 또한 단순한 허가 그 자체가 책임을 끌어들이지도 않는다. 대위책임이 성립되려면 그 자동차가 소유자만을 위한 목적에 사용되거나 소유자와 운전자의 공동목적에 사용되어야 한다. 가족차량의 경우에 혼인관계 그 자체는 충분한 것이 못되고 만일 처가 남편의 동의하에 자기만을 위한 목적에 차를 사용하였다면 남편은 처의 과실 있는 운전에 책임이 없다. 이 사건에 있어서 남편이 출・퇴근에 차를 사용한 것은 자기만의 목적에 사용한 것은 아니며 부부의 공동이익을 위한 목적에 사용한 것이다. 따라서 남편이 친구에게 집으로 차를 몰아달라고 부탁했을 때 처의 승낙하에 했을 뿐 아니라 집에 돌아오려고 한 것이다. 그러므로 남편의 친구는 남편을 통하여 간접적이긴 하지만 처의 요청으로 운전한 것이고 처의 대리인으로 보아야 한다.

다. 영국 귀족원의 판결요지

자동차 소유자에게 운전자의 과실에 대하여 책임을 물으려면 운전자가 소유자의 피용자라거나 사고당시 운전자가 소유자의 대리인으로서 그를 위하여 운전하고 있었다고 입증하지 않으면 안 된다. 대리인관계를 성립시키려면 운전자가 명시적이든 묵시적이든 소유자의 요청에 의하여 혹은 그의 지시에 따라서 소유자가 그에게 맡긴 일이나 의무를 수행하고 있지 않으면 안 된다. 운전자가 소유자의 승낙하에 소유자가 이해관계를 가지는 목적에 사용하고 있었다는 사실만으로는 대위책임을 성립시키기에 불충분하다. 그리고 배우자 일방이 소유하고 타방이 운전한 가족차량에 대하여 특별한 원칙이 있는 것도 아니다.

그렇다면 처는 남편친구의 부주의한 운전에 대하여 대위책임은 없다. 남편이 출・퇴근에 차를 사용할 때 그가 처의 대리인으로서 운전하였다고 볼 증거는 없다. 그가 사고당일 귀가전에 많은 술집을 방문하기로 하였을 때는 더욱 대리인으로 볼 수 없는 것이다. 남편이 친구에게 운전을 부탁한 것은 그 친구를 처의 대리인으로 만들기에 불충분하다. 남편이 너무 술을 마셨을 때에는 누군가에게 운전을 시키겠다는 부부간의 상호이해는 책임감 있는 남편이라면 누구나 처에게 주는 종류의 약속에 불과하고 그것은 처를 위한 운전권한의 부여나 운전업무의 위임과는 거리가 멀다. 사고당시 운전자는 집으로 돌아오고 있었던 것이 아니라 새로운 목적으로 집으로부터 멀리 가고 있었다.

이상은 전원일치 의견으로 전시 고등법원의 판결을 파기한 5인의 귀족원판사들의 의견을 종합한 것이나 위 요지 이외에도 Denning고등법원장의 책임확장시도에 대하여 귀족원 판사들의 의견개진이 있었는데 우리의 법제도를 반성시키는 부분을 느낄 수 있으므로 그 중 세 사람의 것을 간단히 발췌하여 소개하고자 한다.

(1) 귀족원판사 Wilberforce의 판시

타인의 과실에 대한 대위책임을 인정하는 데 "이해나 관계(interest or concern)"를 기준으로 하여야 한다는 판례들이 있다고 말하나 제시된 바가 없다. 나는 이 사건과 같은 경우에 자동차 소유자에게 책임을 지우려면 운전자가 소유자의 목적을 위하여 사무나 의무의 위임을 받아 자동차를 사용하였다고 입증하여야 한다고 명백히 생각한다.

이렇게 명백한 원칙을 이해나 관계라는 막연한 기준으로 대체할 이유도 없고 그것을 강제할 판례도 없다. 자동차의 사용을 허가한 자는 누구나 그 차가 조심스럽게 운전되는 것에 이해나 관계를 갖고 있다고 말할 수 있고 운전자의 안전에 이해나 관계가 있다고 말할 수 있다. 그러나 단순한 허가가 대위책임을 발생시키는데 충분하다고 판시된 일은 없다. 그리고 Ormrod v. Crosville Motor Services, Ltd. 사건에서 Denning판사와 Devlin판사가 말한 것 즉, 이해나 관계가 없으면 대리인이 될 수 없다는 부정적인 표현은 이해나 관계가 있으면 대리인으로 된다는 긍정적인 표현으로 바꿀 수 있다는 뜻은 아니다. 소유자는 그 운전을 할 권한을 주었거나 요구하였기 때문에 혹은 운전자가 위임된 사무나 의무를 수행하고 있었기 때문에 혹은 소유자가 운전자의 행위를 통제하고 있었기 때문에 배상책임이 있고 만일 소유자가 운전자를 통제할 수 없거나 권한을 주지도 요구한 일도 없고 운전자가 자신의 목적만을 위하여 운전하였다면 배상책임이 없는 것이다. ……술을 너무 많이 마시면 운전하지 않겠다는 약속은 양식있는 남편이라면 누구나 처에게 할 수 있는 것으로서 이것을 처를 위한 수권행위라거나 운전업무의 위임으로 볼 수는 없는 것이다. 만일 남편이 자신의 목적을 위하여 차를 사용하였다면 남편이 친구에게 운전을 부탁하였다고 해서 남편 친구가 처의 대리인이 될 수 있는지 이해할 수가 없다. ……피상고인들(원고들)은 상고인을 소유자로서 책임지울 수 있는 새로운 원칙을 세우려 하였고 Denning고등법원장은 부부가 일상목적을 위하여 사용하는 혼인차량의 개념을 수립하였다. 장을 보러간다든지 출근을 한다든지 아이들을 수송한다든지 하는 모든 목적, 적어도 대부분은 자동차를 구입·소유하는 혼인생활의 목적이고 따라서 소유자는 타배우자가 어떤 목적에 쓰든지(단 자신만의 유흥목적에 쓰지 않는 한) 법률상 책임져야 한다고 하면서 나아가 소유자는 운전을 허가하기만 하면 책임이 있다고 하려 한다.

사실 자동차의 수가 증가하고 속도가 빨라지며 무고한 사람을 희생시키는 사고가 증가함에 따라 법률이 좇아가지 못하는 사회적 곤란이 일어나고 있는 것은 사실이다. 그래서 나는 덜 위험한 자동차에 대한 관계에서 전개된 대리이론에 근거한 전통적인 대위책임의 개념이 부적당할 수도 있다는 것을 받아들일 용의가 있다. 또한 판사들이 새로운 문제에 대하여 적용할 판례법을 채택할 수도 있다고 생각한다. 미국에서는 1913년에 워싱톤주에서 입법의 도움없이 가족차량의 원칙(the doctrine of the family car)[25]을 발전시켰고 몇몇 다른 주에서는 약간의 변화는 있으나 같은 길을 취하고 있고,[26] 다른 주에서는 입법에 맡겼다. 그러나 나는 이 귀족원에서는 그러한 혁신을 할 수 없다는 결론에 명백히 도달하였다. 그 이유는 자동차 소유자에게 과실운전의 책임을

25) Birch v. Abercrombie 〔1913〕 74 Wash. 486, 133 p.1020.

26) Prosser on Torts 3rd. ed. 1964. p.494.

묻는데 관하여는 우리가 채택할 수 있는 세가지 법체계가 있는데 그 하나는 Denning판사가 명백히 제창한 혼인차량(matrimonial car)의 이론으로서 배우자 일방이 사용하는 모든 목적은 혼인생활의 목적이라고 추정하는 것이고, 또 하나는 미국의 몇 개 주에서 채택한 것으로 가족차량(family car)의 이론인데 가족구성원의 어떤 사용도 소유자의 일(business)로 본다. 세 번째는 도로상의 자기차의 운행을 허락한 소유자는 그 허락사실 때문에 책임을 져야 한다는 원칙으로써 오스트레일리아의 몇 개 주가 입법으로 채택한 것이다. 그러나 소유자가 허가를 해 주었건 안해 주었건 그에게 책임을 지우는 가능성도 있을 수 있다. 그러나 나는 우리가 구체적으로 어떤 예외를 인정하면서 어떤 체계를 택하여야 할지 모르겠다. 그러나 선택은 사회정책이다. 순수히 이론적인 입장에서라면 세 번째 것이 낫겠다. 왜냐하면 나는 배우자나 가족 중 어디에 선을 그어야 할지 이론적(정책적이 아닌) 근거를 제시할 수 없기 때문이다. 그러나 제3의 체계를 지지한 판결이 있음을 알지 못한다. 사실 판례들은 반대의 견해를 채택하고 있어 단순한 허가는 책임의 충분한 근거가 되지 못한다고 하였고 그것이 현존하는 법임은 의심할 나위 없다.

(2) 대법원판사 Pearson의 판시

Denning고등법원장은 부상자에게 보상금을 줄 목적으로 자동차보험에 가입하여야 할 사람은 소유자라는 이유로 타인의 운전과실에 대한 소유자의 책임을 확장하려 하여 대리원칙(qui facit per alium, facit per se, —— 타인을 통하여 행위하는 자는 자신이 행위한 것으로 간주된다)을 떠나 새로운 책임근거를 도입하려 하였다.

첫째, 그는 "만일 자동차가 전부적으로나 부분적으로 소유자의 사무에 혹은 소유자의 이해에서 운행되었다면 소유자는 운전자의 과실에 책임을 져야 한다"고 말하는데 여기에는 열성적이고 참견을 좋아하는 사람이 소유자의 사전승낙이나 사후추인 없이 소유자의 사업이나 이해관계에서 운전을 하는 경우도 포함될 것이다. 그러나 여기에는 통상 의미에 있어서의 대리인은 있을 수 없고 소유자는 그러한 자의 운전을 시킨 일도 허가한 일도 없는 것이다. 만일 소유자에게 책임을 지운다면 그것은 새로운 원칙이다.

둘째, Denning판사는 소유자의 타인에 대한 자기차의 운전허가를 대부분의 경우에 타인의 과실운전에 대하여 책임을 지게 하는 충분한 것으로 보려 하며 소유자는 제3자에게 사용대차 또는 임대차에 의하여 넘겨주어 자기와는 이해나 관계가 없는 목적에 사용된 경우에만 면책된다고 한다. …… 이것은 대리인이 아닌 "허가"에 책임근거를 둔 것으로 새로운 원칙이라 할 것이다.

그러나 나는 이러한 혁신은 그것이 바람직하건 않건 간에 사법판결로써 도입하기에는 적당치 않다고 생각한다. 이 혁신은 어려운 정책의 문제를 일으키며 이미 승인되고 실시되는 어떤 원칙의 확장이라기보다는 새로운 법률원칙을 도입하는데 따르는 어려운 문제를 일으킨다. 정책의 문제는 정부와 의회의 숙고를 요하며 제창된 혁신에 따르는 실제적인 효과에 관한 증거와 의견을 모으기 위하여 동원할 수 있는 자료들을 사용하여야 할 것이다. 법의 변경으로 인하여 불충분하게 되는 현행 보험증서의 과도기적 곤란 이외에도 어떤 이유로 충분한 보험전보를 받지 못하거나 아마도 전혀 전보받지 못하는 소유자들(예컨대 증서의 갱신을 잊었다든지, 유효한 줄 알았으나 사실은 무효인 보험가입이 되었다든가, 무자력인 보험회사에 보험가입이 된 경우)에게 불공평을 줄 염려가 있다. 뿐만 아니라 보험전보가 안 된다는 것은 어떤 경우에는 제창된 혁신의 목적을 달성치 못하게 한다. 왜냐하면 보험전보를 못받거나 불충분한 전보를 받는 소유자는 흔히 부상당한 원고들에게 지급하라는 손해를 배상할 능력이 없기 때문이다. 자동차 소유자의 책임확장은 어느 것이나 효과적인 보험의 확장을 동반하지 않으면 안 된다. 그것을 어떻게 실현할 것인가? 그리고 어떻게 지불할 것인가? 자동차 소유자는 그 차를 운전할지 모르는 어떤 사람의 이익을 위하여 보험가입을 해야 하는가? 불법적인 운전에까지 확대할 것인가? 자동차보험료의 실질적인 인상은 비용과 가격면에 인플레를 가져 올 가능성이 있다. 내 생각으로는 만일 제창된 혁신이 바람직한 것이라면 그것은 사법부의 판결에 의한 것이 아니라 적절한 조사와 내포된 정책문제를 충분히 고려한 후에 입법에 의하여 도입되어야 한다고 본다.

6. 입증책임에 관한 판례태도

우리나라의 자배법은 불법행위에 관한 입증책임을 전도시켜 원고는 피고가 사고자동차의 보유자라는 것과 그가 사고차에 의하여 사상을 당하였다는 것만 입증하면 족한 것으로 규정하였다.

영국에는 이와 같은 입증책임의 전도는 없다. 그러나 피해자를 보호하여야 한다는 기본적인 입장은 우리와 다를 것이 없고, 피해자가 사고차량의 운전자와 소유자의 관계나 운행목적·경위 등을 알아내어 입증한다는 것이 상당히 곤란하다는 것을 알고 있기는 마찬가지다. 그리하여 일찍이 1931. 7. 26. 상급법원(King's Bench Division of High Court, 우리나라의 지방법원 합의부)에서는 Barnard v. Sully사건에 관하여 과실책임을 묻는 소송에서 원고가 피고 소유 차량에 손해를 입었다고 입증하면 자동차의 소유사실은 그 자동차가 사고시간에 소유자나 그의 피용자 또는 대리인에 의하여 운행되었다는 점에 관한 일응의 증거(prima facie evidence)가 된다고 판시하였고[27] 이 사실상의 추정원칙은 지금까지 지속되고 있다. 이 추정의 내용을 분석하면,

첫째, 운전자는 소유자 자신이거나 그의 피용자 또는 대리인이라는 것, 둘째, 피용자나 대리인이 운전자인 경우에는 그들이 사고 직후 고용과정 중 또는 대리행위 중 운전하고 있었다는 두가지로 된다.

피고가 사고자동차의 소유자라는 입증은 그 이상 아무런 증거가 없는 경우에는 소유자에게 대위책임을 지우기 위한 전시 두가지 요건에 관하여 증거가 된다. 그러나 소유자와 운전자와의 관계가 밝혀진 뒤에도 전시 두 번째의 요건이 추정될 것인가는 의문이다.

예컨대 아버지의 자동차를 딸이 운전하였다는 것은 입증되었으나 그 운행목적이 입증되지 아니한 경우에 아버지에게 책임을 물을 수 있는가? 이와 같은 사건에 관하여 뉴질랜드법원에서는 원고를 패소시켰다.[28]

결국 입증책임은 어디까지나 원고에게 있는 것이고 전증거에 의하여 위와 같은 요건의 입증에 의심이 가는 경우에는 원고는 패소할 수밖에 없다. 환언하면 소유자와 운전자와의 관계와 운행목적 내지 운행경위가 밝혀지면 추정이란 아무런 쓸모가 없게 된다.[29]

---

27) Barnard v. Sully [1931] 47 T.L.R. 557 C.A.

28) Wood v. Freyne [1930] N.Z.L.R. 353.

29) Vicarious Liability P.S. Atiyah 1967. 1ed. 132.

미국법원에서는 사고당시 소유자가 차내에 있었던 경우에 운전자는 소유자의 피용자 또는 대리인이라고 강력히 추정한다고 하지만[30] 이것은 입증책임에 관한 추정이라기보다는 어떤 기본적인 사실로부터 일응의 증거를 인출하는 것으로 약간 의미가 다르며 영국에서는 이와 같은 원칙은 일반적으로 인정되고 있지는 않다. 그러나 자동차내에 있었던 소유자는 대리관계를 벗어나기가 쉽지 않을 것임을 시사한다고 볼 수 있다.

어쨌든 이와 같은 추정은 Barnard v. Sully case에서 Scrutton판사가 지적한 바와 같이 자동차의 소유자도 아니고 그의 피용자가 대리인도 아니면서 타인의 자동차를 운전하거나 또는 피용자나 대리인이 자신의 유흥을 위하여 함부로 자동차를 운전하는 일이 적지는 아니하나 통상 자동차는 소유자 자신이나 그의 피용자 또는 대리인에 의하여 운행되고 있다는 사실에 비추어 위와 같은 추정이 이루어지고 있는 것이고 보면 이와 같은 추정은 피고가 사고차량의 소유자라는 점 이외에 아무런 입증이 없는 사건에서 원고에게 주어지는 약간의 입증책임상 이익에 불과할 뿐 우리나라에서의 입증책임의 전도와는 거리가 멀다고 하지 않을 수 없다.

7. 자동차소유자의 운전자에 대한 대위책임에 관한 현행의 영국판례법과 보험제도와의 관계

이상에서 고찰한 바와 같이 운전자의 운행상 과실에 관한 현행 영국의 판례법은 운전자가 소유자의 피용자로서 그 고용사무 수행중에 발생된 것이거나 운행자가 소유자로부터 일이나 의무의 위임을 받아 소유자의 사무나 목적을 수행하다가 발생된 것이어야 하는 것으로 확립되어 있다. 따라서 운전자가 소유자의 허락을 받아 운전하는 경우라도 일이나 의무의 위임을 받은 일 없이 자기 자신의 목적을 위하여 사용한 경우에는 소유자는 책임을 지지 않는다.

생각컨대 이와 같은 원칙은 소유자를 보호함에 그 이상 좋은 제도가 없을 것이나 피해를 입은 제3자의 보호에는 소홀한 것으로 보인다.

30) Beam v. Pittsburg Railway Co. 〔1951〕 77 Atl. 2ed. 634 s.c. Penn., Ross v. Roogan 〔1955〕 126 N.E. 2ed 592, s.c. Ohio.

그러나 제3자의 보호는 보험에 관한 다른 제도를 살펴보지 않고는 이를 알 수가 없다. 우선 자동차소유자가 책임을 지지 아니함으로써 보험금으로 전보되지 아니하는 경우에는 자동차보험자협회(The Motor Insurers' Bureau)에서 책임을 지도록 되어 있다(후에 상술). 영국의 자동차사고 손해배상제도는 판례법에 의한 대위책임에 의해서라기보다는 오히려 보험제도로써 이루어졌다고 보아도 과언이 아니다.

개관하면 누구든지 도로상에 자동차를 사용하거나 사용하게 하는 자는 제3자의 손해에 관하여 보험증서나 담보증서를 갖고 있어야 하며 이 규정을 위반하는 것은 범죄로 규정되고 보험회사가 지급하는 대 제3자 손해액에는 한도가 없다. 뿐만 아니라 보험가입자와 보험회사간의 보험계약이 가입자에게 부당하게 불리하게 체결됨으로써 제3자가 보호되지 않는 것을 방지하기 위하여 보험계약내용을 규제하고 보험계약의 취소·해제·기간만료 등으로 인하여 보험금이 지급되지 아니하거나 보험에 들었으나 전부 또는 일부가 지급되지 아니하는 경우와 전혀 보험가입이 안된 자의 사고로 인한 손해 또는 사실상 배상의무자를 추적할 수 없는 경우에는 모두 자동차보험자협회가 책임을 지도록 하고 있다.

나아가 손해배상의무자(보험가입자)가 파산 또는 청산을 함으로써 동인의 보험금청구권이 파산재단으로 넘어가고 청산인의 관리하에 들어감으로써 피해자가 다른 채권자와 함께 채권액에 비례하는 일부만을 변제받게 됨으로써 입는 피해를 방지할 목적으로 이러한 경우에는 배상의무자의 보험금청구권이 피해자에게 이전되도록 규정하고 있다.

따라서 이와 같은 규정들을 모아보면 영국에서는 자동차사고 피해자(물론 보험가입자 자신의 손해를 별론)가 손해배상을 받지 못하는 일은 상상하기 어렵고 이른바 손해배상을 받지 못하는 억울한 피해자를 없앤다는 자동차손해배상제도의 이상이 완벽하게 성취되고 있다고 보아도 지나칠 것이 없다.

아래에서는 이와 같은 각 규정들의 내용과 취지를 살피면서 우리나라 손해배상제도의 결함을 반성하고 우리의 진로를 생각하여 보기로 한다.

Ⅲ. 영국의 자동차보험제도

1. 자동차보험에의 가입강제

영국의 도로교통법(Road Traffic Act 1972) 제6장은 제3자에 대한 책임, 제3자 위험에 대한 강제보험과 담보라는 제목 밑에 그 제143조 제1항에서 누구든지 이 법 본장의 규정에 따른 유효한 보험증서나 담보 없이 도로상에 자동차를 사용하거나 사용하게 하거나 허락하는 것은 불법이고 누구든지 이 규정에 반하여 행동하는 것은 유죄가 된다고 규정하고 동세칙 제4조에서는 이 규정에 위배된 때에는 50파운드 이하의 벌금이나 3개월 이하의 징역 또는 그 병과형에 처한다고 규정하였다.[31)]

따라서 자동차소유자는 그 자신이 운전할 경우는 물론 자기의 처나 자녀나 피용자가 운전을 하게 되는 경우에는 위 운전자 전원을 피보험자로 한 보험계약을 체결하여야 하며 자기의 보험계약의 피보험자가 아닌 타인에게 자기차의 운전을 허락함에는 그 타인이 그 사람 자신의 보험계약에 의하여 자기차 운행 중의 사고에 대하여 손해배상보험금을 수령할 피보험자인가를 확인하지 않으면 안 된다(보험계약에 따라서는 보험가입차량의 고장・수리기간 중 다른 차를 빌려 쓸 수 있게 하고 그 빌린 차를 운전하다가 사고를 내어도 보험자에게 보험금을 지급한다고 약정하는 사례가 많다). 그러므로 피보험자로 기재되어 있지 않은 자기의 배우자나 자녀, 친척에게 운전을 허가해 주거나 다른 보험계약에 의하여 보호받지 못하는 제3자에게 운전을 허용하는 것은 모두 범죄가 된다. 그러나 동법 제144조에서는 예외규정을 설치하여 귀족원 공탁국장에게 15,000파운드를 공탁한 자의 소유차량, 경찰차량, 지방자치단체 등 공공단체의 소유차량, 군용차량 등은 전시 보험에 가입하지 않아도 위법이 아니라고 규정한다. 그리고 동법 제145조에서는 보험은 반드시 피보험자가 그 자동차의 사용에 의하여 발생시키는 사상에 관한 책임을 담보하여야 한다고 규정하여 제3자에 대한 인적 손해만이 강제보험의 대상으로 삼고 있음은 우리의 자배법과 같

31) Road Traffic Act 1972. s 143 (1) and Sched. 4. Part Ⅰ.

다. 그러나 우리나라와는 달리 그 보험금에 관한 제한이 없으므로 제3자의 인적 손해에 관한 보험은 전액 완전보험임이 뚜렷하고 실제상도 그렇다.

그리고 강제보험의 대상인 제3자 안에 당초 1930년도의 도로교통법에는 승객을 제외하였었으나 1972년 개정에 의하여 승객에 대한 인적 손해도 강제보험의 대상으로 포함하고 있어 우리나라와 같다.

2. 보험자에 대한 제3자의 권리

가. 제3자(보험자에 대한)의 권리에 관한 법률 —— The Third Parties (Rights against Insurers) Act 1930

이 법이 제정되기 이전에는 피해자가 가해회사를 상대로 승소판결을 얻고 보험회사가 그 금원을 가해자(피보험자)에게 지급하여도 피보험자가 청산에 들어가든가[32] 파산을 하면 그 금원은 청산인의 관리하에 들어가고 또는 파산재산의 일부가 되어 피해자는 일반채권자와 함께 채권비율에 따라 배당받지 않으면 안 되었다. 이와 같은 경우에 피해자가 받은 손해를 방지하기 위하여 이 법이 제정되었다. 이 법은 전문 5조로 구성되어 있는데 ① 피보험자의 파산·청산 등의 경우에 보험회사에 대한 제3자의 권리, ② 제3자에 대한 필요한 정보제공의무 및 ③ 보험자와 피보험자간의 계약 등에 관하여 규정하고 있다.

첫째, 피보험자가 파산을 하거나 채권자들과 화해를 하는 경우 피보험자가 회사로서 강제해산 또는 임의해산하는 경우 등에는 피보험자의 보험자에 대한 권리는 이에 배치되는 법률·원칙에 불구하고 제3자에게 이전·부여된다. 피보험자가 자력없이 사망한 경우에도 마찬가지이며 위와 같은 제3자의 권리를 해하는 보험약정은 무효라고 규정한다.[33]

둘째, 제3자에게 필요한 정보를 제공할 의무에 관하여 동법 제2조는 피보험자가 파산한 경우에는 그 파산인과 파산관재인은 제3자의 요구에 따라 동법에 의하여 어떤 권리가 그에게 이전되며 부여되는지를 확인하고 그러한 권리를

32) Re Harrington Motor Co., Ltd. Ex parte Chapline [1928] Ch. 105 C.A.
33) Third Parties (Rights Against Insurers) Act 1930 s 1 (1) and (2).

행사할 목적으로 제3자가 합리적으로 요구하는 정보를 제공하여야 하며 피보험자가 회사인 경우에는 그 회사 및 청산인이 위와 같은 의무를 지고 이와 같은 제3자의 권리를 해하는 보험약정은 무효라고 규정하며 이와 같이 제공된 정보에 의하여 특정보험자에 대한 권리가 이전되었거나 될지도 모른다고 볼 합리적 이유가 있을 때에는 보험자도 같은 의무를 지고 위 정보제공의무에는 모든 계약서, 보험료영수증, 기타 관계문서를 제시하고 복사를 허용할 의무가 포함된다.

셋째, 피보험자의 제3자에 대한 의무가 발생한 후 파산개시후에 체결한 보험자와 피보험자간의 합의는 제3자에게 권리가 이전되는데 영향이 없고 파산개시후에 한 피보험자의 권리포기, 양도, 기타 처분이나 피보험자에의 지급은 제3자의 권리를 해하지 못한다[34]고 규정한다.

나. 보험계약에의 간섭

앞에서 본 바와 같이 제3자를 위한 자동차보험에의 가입은 1930년 도로교통법에 의하여 강제되었고(당시 승객을 의한 보험은 강제가 아니었으나 1972년의 개정에 의하여 그것 역시 강제의 대상으로 되면서 도로교통법 제6장에 수록되었다), 같은 해 제정・공포된 전시 제3자에 관한 법률에 의하여 피보험자가 파산・청산・무자력 사망하는 경우에는 피보험자의 권리가 제3자에게 이전됨으로써 제3자는 보험자를 상대로 직접 제소할 수 있게 되었다. 그러나 그로 인하여 보험자의 피보험자에 대한 항변사유가 봉쇄되는 것은 아니고 또한 보험자와 보험가입자간의 보험계약은 그들 의사에 따라 결정되는 것이었으므로 피보험자가 도로운행에 부적합한 차량을 운전하였다든가 계약조건을 위반함으로써 계약상 면책사유가 발생하였다고 항변하고 그 항변이 이유 있다고 인정되는 경우에는 제3자는 패소할 수밖에 없었다. 그래서 이와 같은 사태를 방지하기 위하여 의회는 1934년 도로교통법 제2장(현행 도로교통법 제148조 1972년 개정)을 제정하여 보험계약내용을 규정하기에 이르렀다.

동 조항들은 ① 제3자에 대하여 효력을 발생할 수 없는 면책규정 및 조건, ② 몇 개의 요건이 구비되었을 때 피보험자의 판결상 채무를 보험자가 지급할

34) 동조 제3항.

의무, ③ 보험자의 피보험자에 대한 구상권, ④ 피보험자가 파산을 하여도 제3자의 권리에 영향이 없는 것, ⑤ 피보험자의 제3자에 대한 정보제공의무 등을 규정하였다. 상술하면,

첫째, 운전자의 연령, 육체적 혹은 정신적 상태, 자동차의 상태, 승차인원수, 운송화물의 중량 또는 물리적 특징, 운행시간과 장소, 자동차의 마력, 실린더 용량, 가격 등을 규정하고, 특정공구나 자동차법(Vehicle Excise Act 1971)에서 요구하는 증명서 이외의 증명서 휴대를 요구하고 그에 위반하면 책임지지 않는다는 면책약관이나 조건약정은 제3자에 대하여 효력이 없고[35] 사고발생후 특정한 작위 또는 부작위를 이유로 보험자의 책임소멸을 규정하는 약관[36] 강제보험의 대상이 되는 차량의 사용자가 미리 승객과 합의하여 위 사용자의 책임을 부정하거나 제한하고 혹은 책임을 묻는데 어떤 조건을 붙였다 하더라도 효력이 없고 위 승객이 자동차사용자의 과실을 자의로 수인하였다는 사실은 위 사용자의 책임을 부정하는 것으로 취급되지 아니한다[37]고 규정한다.

그러나 위와 같은 약정 이외의 약정은 유효하고 따라서 피보험자의 차량사용 목적이 사교적, 가정적, 유흥적 그리고 자동차수리사업으로 되어 있음에도 불구하고 양(sheep)을 운반하다가 사고를 일으켰다면 보험자는 면책된다고 판시한 예가 있다.[38]

둘째, 보험자는 제3자가 피보험자를 상대로 얻은 승소판결에 의한 배상금을 지급할 의무가 있다. 즉, 일단 보험자가 보험가입자에게 보험증서를 교부하면 보험자가 보험계약을 회피하거나 취소할 자격이 있을지라도 혹은 회피·취소하였다 할지라도 판결채권자에게 비용과 이자를 포함하여 지급하지 않으면 안 된다.[39] 그러나 판결이 내려진 소송절차 개시후 7일 이내에 혹은 그 개시전에 보험자가 제3자로부터 통지를 받지 못하였거나 항소로 집행이 유보되었거나 사고발생전에 합의나 약관에 따라 계약이 취소되고 이미 증서가 반환되었거나 증서의 분실 또는 멸실의 선언이 있을 때 사고발생후 그러나 취소효

35) The Road Traffic Act 1972. s. 148 (1).
36) 동조 제2항.
37) 동조 제3항.
38) Jones v. Welsh Insurance Corporation, Ltd. (1937) 59 Ll.L. Rep. 13, K.B.
39) The Road Traffic Act 1972. s. 149 (1).

력발생일로부터 14일 이내에 증서가 반환되거나 그 분실 또는 멸실의 선언이 있을 때, 사고발생전후 14일 이내에 보험자가 증서반환 실패에 관하여 절차를 개시한 때는 지급할 의무가 없다고 규정한다.[40] 또한 보험자가 판결이 내려진 절차가 개시되기 전 혹은 개시후라도 그 3개월 이내에 개시한 소송에서 보험계약체결시 중요사실(예컨대 교통사고 전과)를 은폐하였거나 중요한 사항에 관하여 허위진술을 하였다는 이유로 보험을 회피할 수 있다는 선고를 얻었을 때에도 책임을 면할 수 있다고 규정[41]함으로써 보험자와 제3자의 권리를 조정하고 있다.

셋째, 보험자와 보험계약자간의 특정한 약정 또는 조건이 위 법의 규정에 따라 제3자에 대한 관계에서는 무효라 할지라도 당사자간에는 유효하므로 위 약정 또는 조건위반을 이유로 한 보험자의 구상권행사에는 아무런 영향이 없다.[42]

3. 자동차보험자협회(The Motor Insurers' Bureau)에 의한 손해전보

이상에서 설명한 바와 같이 제3자를 위한 보험을 강제하고 피보험자의 파산·청산·무자력 사망의 경우에 제3자의 권리를 확보해 주고 보험계약의 내용까지 간섭하여 제3자를 해할 수 없게 하고 보험자로 하여금 피보험자의 판결채무를 지급토록 하였다 하더라도 아직도 제3자는 손해배상금을 실제로 받지 못하는 경우가 생긴다. 예컨대 보험에 가입되지 않은 자가 타인의 자동차를 무단운전하든가, 보험에 가입되어 있었다 하더라도 동 계약이 합법적으로 취소되었든가, 피보험자의 계약불이행을 이유로 보험자가 보험을 회피할 수 있고 제3자에 대하여도 대항가능한 것일 경우 또는 운전자가 추적되지 않는 뺑소니 차량사고인 경우에는 제3자는 손해를 전보받을 길이 없게 된다.

이와 같은 경우에 제3자를 보호하기 위하여 1972년 영국에서는 환경을 위한

---

40) 동조 제2항.

41) 동조 제3항.

42) 동법 제148조 제1항 및 제2항 후단.

국무성(The Secretary of State for the Enviroment)과 자동차보험자협회(The Motor Insurers' Bureau)와 사이에 합의(agreement)가 성립되어 그 손해를 위 협회가 보상하여 주도록 하였다. 그 합의내용은 ① 보험으로 전보되지 않는 운전자에 의한 피해자의 손해를 보상하여 주는 것과 ② 추적할 수 없는 운전자에 의한 피해자의 손해를 보상하여 주는 것으로 대분된다.

가. 보험으로 전보되지 않는 운전자의 피해자 보상을 위한 합의(The Agreement for Compensation of Victims of Uninsured Drivers)

위 합의의 주요골자는 강제보험의 대상이 되는 책임에 관하여 특정인을 상대로(그가 보험에 가입되어 있든 않든) 법원에서 승소판결을 받았으나 집행할 수 있는 날로부터 7일 이내에 만족을 얻지 못한 경우에는 위 협회가 지급하거나 지급되게 한다는 것이다. 위 금원 안에는 이자와 소송비용까지 포함된다.[43]

단, 이와 같은 보상을 받으려면 네가지 조건을 성취시켜야 하다.

첫째, 그 책임이 보험으로 전보되어 있지 아니하거나 보험자를 확인할 수 없는 경우에는 위 협회에 보험자가 확인되는 경우에 그 보험자에게 절차개시전 혹은 절차개시후 7일 이내에 통지하여야 하고 둘째, 절차를 개시하는 자는 협회가 합리적으로 요구하는 정보를 협회에 제공하여야 하며 셋째, 위 협회가 절차를 개시한 자로부터 정보를 제공받아 그 비용을 대주기로 하면 그 자는 제3자의 사상에 관하여 책임있는 자·피용자나 대리인인 경우에는 사용자나 본인을 상대로 승소판결을 얻는데 필요한 합리적인 모든 조치를 취하여야 하며 넷째, 위와 같이 얻은 승소판결과 소송비용지급명령은 위 협회나 그 수임자에게 양도되어야 한다.[44]

그러나 위 협회는 다음과 같은 경우에는 책임을 지지 않는다. 즉 사상자가 사고당시 사고차량에 승차한 사람으로서,

첫째, 사고차량이 소유자나 기타 합법적인 권한있는 자의 동의없이 운행됨을 알았거나 알 수 있었던 때 그러나 피해자가 승차할 합법적인 권한이 있다

---

43) Compensation of Victims of Uninsur ed Drivers cl. 2.

44) 전동 제5조.

고 믿었거나 믿을 이유가 있었을 때 혹은 만일 소유자가 피해자의 탑승과 차량의 상황을 알았다면 동의를 했을 것이라고 믿었거나 믿을 이유가 있었을 때는 예외이다. 다시 말해서 무단운전인 줄 알면서 탑승하여 사상한 경우에는 보호받지 못하지만 무단운전이라고 생각할 이유도 있었지만 한편 탑승할 권한이 있다고 믿었거나 믿을 이유가 있었을 때 차주의 추정적 승낙을 믿거나 믿을 이유가 있었을 때는 선의의 피해자로 보아서 보호해 준다는 취지로 보인다. 또한 승차후에 비로소 무단운전임을 깨달았으나 하차하기를 기대할 수 없었던 사람도 예외로 취급된다.

둘째, 강제보험의 대상인 차량임에도 불구하고 유효한 보험계약이 없음을 알았거나 알 수 있었던 사고차량의 소유자 또는 그 운전자는 사상을 당하여도 위 협회가 보상책임을 지지 아니한다.[45] 이것은 보험을 강제한 이상 당연한 규정이다.

나. 추적불가능한 운전자에 의한 피해자 보상을 위한 합의(The Agreement for Compensation of Victims of Untraced Drivers)

일반적으로 이 합의는 영국내에서 자동차의 사용에 의하여 또는 그 사용으로부터 발생된 사상에 관하여 위 협회에 금원지급을 요구하는 모든 사건에 적용되며 다음의 다섯가지 조건을 구비하여야 한다.[46]

첫째, ① 사상에 책임있는 자를 추적할 수 없는 경우, ② 사상이 추적할 수 없는 자와 신원이 확인되는 자의 공동과실로 발생된 경우, ③ 추적할 수 없는 자와 사용자 또는 본인(master of principal)의 신원은 확인되나 추적할 수 없는 피용자 또는 대리인의 공동과실로 발생된 경우이어야 하며,

둘째, 위 추적할 수 없는 자에게 손해배상책임을 인정할 가능성이 있어야 하며,

셋째, 추적불가능자의 손해배상책임은 도로교통법 제6장 소정의 강제보험의 대상이어야 하고,

넷째, 사상은 자동차를 고의적으로 무기로 사용한 범죄의 결과가 아니며,

---

45) 전동 제6조.

46) Compensation of Victims of Untraced Drivers cl. 1 (1).

다섯째, 신청은 사상일로부터 3년간에 서면으로 이루어져야 한다.

그리고 이와 같은 합의는 앞서 보험으로 전보되지 않는 자의 피해자에 대한 보상과 같은 예외적인 경우(무단운전임을 알면서 동승한 자 또는 강제보험가입을 하여야 할 자동차의 소유자 등)에는 적용되지 아니한다.[47]

또한 협회가 보상액을 결정함에는 신청인이 추적불가능자를 상대로 제소하여 승소할 경우에 법원이 산정하는 것과 같은 방법으로 하여야 하나 The Law Refom(Miscellaneous Provisions) Act 1934에 의하여 신청인이 청구할 수도 있는 평균여명상실로 인한 손해는 반드시 보상액에 포함시킬 것은 요구되지 아니하며 일실이익산정에 있어 고용주로부터 받은 임금을 공제한다.

추적불가능자와의 과실경합으로 손해가 발생된 경우에 신원판명된 자를 상대로 승소판결을 얻었으나 집행할 수 있는 날로부터 3개월내에 전혀 집행을 못한 때에는 추적불가능자의 과실공여부분만큼만 보상하고 일부를 집행한 경우 그 나머지가 추적불가능자의 과실공여부분보다 적으면 그 나머지만 보상해 주고 많으면 과실공여부분만큼만 보상하여 준다.[48]

만일 신청인이 신원판명된 자를 상대로 승소판결을 얻지 못하였거나 제소를 요구당하지 아니한 경우(협회로부터)에는 추적불가능자의 과실공여부분만큼 보상한다.

그리고 신청인은 협회에 가능한 모든 협조와 조치를 취하여야 하며 승소판결은 협회에 양도하여야 한다.

Ⅳ. 결 어

자동차사고손해배상제도의 목적은 자배법 제1조가 명정하듯이 피해자의 보호를 도모하고 자동차운송의 건전한 발달을 꾀하자는데 있음은 두말할 필요가 없다. 피해자의 보호는 제1차적으로 손해배상의 법이론에 의하여 배상책임자와 배상액수를 결정하고 제2차적으로 손해배상액의 임의변제 또는 집행에 의하여 성취된다. 따라서 무엇보다도 중요한 것은 손해배상의 이론이다. 그러나

47) 전동 cl. 1 (2).
48) 전동 cl. 5 (4).

아무리 이론이 정연하고 타당성이 있다 하더라도 판결에서 명한 배상액이 지급되지 아니하고 또한 강제집행이 실효를 거두지 못한다면 판결문은 휴지가 되고 만다. 여기에 보험제도의 필요성이 생기는 것이고 따라서 보험제도는 판결채무를 완전히 충족시키지 아니하면 안 되는 것이다. 자동차소유자의 일반재산에 의한 담보는 소유자를 파산하게 하고 자동차운송의 건전한 발달은 꾀할 수 없게 한다. 보험금에는 제한이 없어야 하고 모든 운전자는 보험으로 위험이 전보되지 않으면 운전을 할 수 없도록 조치하지 않으면 안 된다.

이와 같이 법원에 의한 손해배상책임은 모두 보험으로 전보되지 않으면 안 된다.

위에서 본 바와 같이 자동차손해배상에 관한 영국의 법이론은 가장 엄격하고 보기에 따라서는 전근대적이라고까지 평할 수 있다. 우리나라는 영국에 있어서의 피용자·대리인이론에서 한걸음 더 나아간 미국의 혼인차량이론(the doctrine of martrimonial car) 혹은 가족차이론(the doctrine of family car) 더 진보한 호주의 이론(차량운행을 허가한 자는 유책)에서 더 앞서서 자기를 위하여 자동차를 운행하는 자는 그 차가 피용자나 대리인 또는 가족에 의하여 운행된 경우는 물론, 허락도 받지 못한 제3자의 무단운전이라 할지라도 그 제3자의 배타적 운행지배가 인정되지 않는 한 손해배상책임을 진다고 하고 있다. 이와 같이 우리나라의 자동차손해배상법이론은 세계의 첨단을 걷고 있다고 볼 수 있다. 그렇다면 우리나라의 자동차사고 피해자는 세계에서 가장 잘 보호받고 있는 것인가. 법이론상으로는 그렇다. 그러나 손해배상판결은 사실상 그 집행에 있어서 전부 또는 일부의 불능을 가져오기가 일쑤이고 따라서 피해자들은 합의금이라는 미명 아래 실손해액의 몇 분의 일을 받고 마는 실정이다. 자동차강제보험금은 사망의 경우 금2,000,000원, 부상의 경우 금3,200,000원으로 한정되어 있음은 넌센스라고 보지 않을 수 없다.[49] 이와 같은 기현상은 보험제도의 불합리에 있다. 법에서 명하는 손해배상책임은 그 액수에 제한없이 완전히 보험에서 전보되지 아니하면 피해자보호도 운송의 건전한 발달도 꾀할

49) 2009. 9. 3.자 령 제21714호로 개정된 자동차손해배상보장법시행령 제3조 제1항 제1호 및 제2호에 의하면, 사망의 경우에는 금1억원, 부상의 경우에는 금2,000만원이 상한으로 되어 있다.

수 없다. 영국에서의 자동차손해배상에 관한 대위책임은 극도의 개인주의·보수주의 탓인지는 몰라도 전통적인 이론에 머물러 있어 자동차 소유자의 책임을 엄격히 제한하고 있어서 피해자의 보호가 극히 소홀한 것으로 보일지 모르지만 보험제도를 살펴보면 피해자가 배상금 없이 울면서 돌아가게 하는 일이 없도록 되어 있음을 알 수 있다. 따라서 소유자에게 억울한 책임을 지우지 아니할 뿐 아니라 피해자는 보험제도를 확장하여 보호하고 있으니 법이론보다 보험제도가 앞서 있다고 볼 수 있다. 이에 필자는 우리나라의 자동차손해배상책임에 관한 이론과 보험제도에 관한 몇 가지 소감을 피력하고자 한다.

첫째는 보유자의 책임을 인정함에 있어 피해자보호에 지나치게 치우쳐 확대일로를 걷고 있는 듯한 느낌이 있다. 특히 무단운전의 경우에 보유자의 책임을 인정함에는 상당한 주의를 하여야 할 필요가 있다고 본다. 무단운전을 당하여 손해배상책임을 지게 되는 자도 역시 피해자가 되는 것이므로 차량의 관리소홀로 인한 과실책임은 별론으로 하고 자배법상의 무과실책임에 가까운 책임을 지우는 것은 고려할 가치가 있다. 자동차운송의 건전한 발달이라는 자배법의 또 하나의 목적을 생각하면 자동차 소유자의 책임을 정함에 있어 그대로 책임을 지울 합리적 근거가 있을 경우에만 책임을 지도록 하는 것이 타당하고 자동차를 소유·운영함에 겁을 내지 않을 것이다.

둘째는 자동차강제보험의 보험금의 상한선을 없애지 아니하면 안 된다. 영국에 있어서의 자동차는 모든 국민의 발이나 마찬가지이기 때문에 보험료의 인상은 인플레를 가져올 염려가 있어 손해배상의무자의 확대는 판결에 의하여 할 수 없다고 귀족원 판사는 판시한 바가 있다. 그러나 우리나라에서는 국가나 공공단체의 소유 차량을 제외하면 운수회사나 기업체 또는 재산적 부유층만이 자동차를 소유하고 있는 실정이다. 그렇다면 서민들이 약간의 교통요금인상을 감수하더라도 보험료를 인상하여 전액보험으로 만들어야 할 것이다.

셋째는 우리나라는 보험에 들지 않은 자도 운전면허만 있으면 운전이 가능하다. 자동차보험계약은 소유자와 보험자간의 계약이고 피보험자는 계약상 특정된다. 따라서 계약상 피보험자로 기재되지 아니한 자가 사고를 내면 보험자는 보험금을 지급하지 아니한다. 따라서 모든 운전자는 피보험자로 기재되어 있어야 하며 영국법이 무보험자의 운전행위를 범죄로 단정하는 이유가 여기에 있는 것이다. 우리나라도 법률제정을 서둘러야 할 것으로 믿는다.

넷째는 보험으로 전보되지 아니하는 자가 일으킨 사고피해자 보호문제이다. 보험계약은 어디까지나 차량 소유자와 보험자의 사법상 계약이다. 보험자는 여러 가지 까다로운 면책규정을 둘 것이고 그 계약은 어떤 사유로 인하여 무효이거나 취소될 수도 있다. 이렇게 되면 피해자는 보험금마저 지급받을 길이 없다. 따라서 국가는 보험계약에 적극적으로 간섭하여 피해자를 위한 노력을 하지 않으면 안 되고 이에 관한 영국의 법제도는 고려할 가치가 충분하다고 본다.

다섯째는 보험으로 전보되지 않는 피해자의 구제문제이다. 보험계약이 무효이거나 취소되거나 또는 보험자 면책사유가 발생한 경우에 피해자를 위한 제도가 있어야 할 것이다. 우리나라에서는 소위 뺑소니 차량에 의한 피해보상에 관하여는 규정이 있으나 무보험운전자의 사고로 인한 피해자는 보호대책이 없다. 따라서 하루 바삐 이와 같은 제도를 도입하여야 할 것으로 본다.

| 사항 찾아보기 |

[하]

제3판 자동차사고손해배상소송

1983. 10. 25. 초 판 1쇄 발행
1990. 1. 25. 개정판 1쇄 발행
2010. 5. 31. 제3판 1쇄 발행

저 자 이보환
펴낸이 백 욱
펴낸곳 **육법사**
121-838 서울특별시 마포구 서교동 370-28
TEL (02) 332-1830 · 1831
FAX (02) 332-1836
http://www.yp1966.co.kr
등록연월일 1966. 8. 19. 1-300호

ISBN 978-89-7214-176-1 93360
정가 65,000원